Wilhelm Baur

Geschichte und Lebensbilder aus der Erneuerung des religiösen Lebens in den deutschen Befreiungskriegen

Erster Band

Wilhelm Baur

Geschichte und Lebensbilder aus der Erneuerung des religiösen Lebens in den deutschen Befreiungskriegen
Erster Band

ISBN/EAN: 9783742898760

Hergestellt in Europa, USA, Kanada, Australien, Japan

Cover: Foto ©ninafisch / pixelio.de

Manufactured and distributed by brebook publishing software (www.brebook.com)

Wilhelm Baur

Geschichte und Lebensbilder aus der Erneuerung des religiösen Lebens in den deutschen Befreiungskriegen

Geschichts- und Lebensbilder

aus der

Erneuerung des religiösen Lebens

in den deutschen Befreiungskriegen.

Von

Wilhelm Baur.

Erster Band.

Vierte, sehr veränderte Auflage.

Hamburg, 1884.

Meinen alten und neuen Freunden

Ernst Becker, Wilhelm Buchner, Ludwig Clemm, Ludwig
Hallwachs, Karl von Hofmann, Bernhard Jaup, Adolf Lasson,
Max Rieger, Gustav Schlosser, Hermann Sieveking, Thomas
Stock, Christian Stromberger

gewidmet.

Es ist der 18. October, an welchem ich Euch, Ihr lieben Freunde, dies Buch zum viertenmal zueigne. Seit ich es im frischen Buchwald erdacht und im stillen Pfarrhaus geschrieben, hat mich Gottes gütige Hand aus der Wetterau über Hamburg und Berlin an den Rhein geführt. Ich sitze heut' an seinem Ufer und vom Schreibtisch gleitet mein Blick zu dem bewegten Leben hinüber, das von seinen Wellen getragen wird. Der Siegstag, der vor siebenzig Jahren unserm Volk Befreiung gebracht, ist heut' in wunderbarer Schönheit aufgegangen. Die Sonne spendet den Rebenhügeln den wärmsten Schein. Die Rhein= brücke und der Ehrenbreitstein haben sich für den Geburtstag des deutschen Kronprinzen mit fröhlich wehenden Fahnen geschmückt. Mit so heiterm Glanz eilen die Wellen des deutschesten Stroms an Städten und Dörfern, an Kirchen und Burgen vorüber, als wären sie noch von dem Gruß der „Germania" entzückt, unter deren Standbild Kaiser Wilhelm mit dem Thronerben jüngst ein Volks= und Reichsfest gefeiert, so herrlich wie die Schwertleite des Königs Heinrich in den Tagen Friedrichs Barbarossa. In der freien Luft, in der warmen Luft des wieder= erstandenen deutschen Reiches darf ich dies Buch aufs neue entsenden, das auch an seinem Theil in trüben Tagen das Gelübde zu halten beflissen war:

> Wir wollen das Wort nicht brechen,
> Nicht Buben werden gleich,
> Woll'n predigen und sprechen
> Vom Kaiser und vom Reich.

Ich denke der alten Zeit, der vorigen Jahre. Wenn ich im Elternhause mit meinen Geschwistern in dichtem Haufen um die liebe selige Mutter saß und sie uns aus ihrer Jugend erzählte, da bewegte mich die Geschichte besonders, wie sie und ihre Schwester einst meinen Vater und meinen Oheim, die eine den Bräutigam, die andre den angetrauten Mann, als freiwillige Jäger nach Frankreich ziehen ließen und nach der ersten Einnahme von Paris mit Jubel wieder begrüßten. Und wenn der immer jugendfrische Vater sich zur Jagd rüstete, hörte ich ihn hundertmal in Erinnerung an das Jahr 1814 mit seiner klangreichen Stimme singen: „Frisch auf zum fröhlichen Jagen," und streifte ich nachher als sein Jagdknappe mit ihm durch die schönen Odenwälder Berge — wie oft weckte das Knallen der Büchsen im tiefen Forst den alten Liedesklang in ihm: „Das ist Lützows wilde verwegene Jagd!" — Ich kam aus dem Waldleben auf die Schulbank der Residenz. Ihr lieben ältesten meiner Freunde, mit denen ich damals einen reich gesegneten Freundschaftsbund geschlossen, Ihr habt es nicht vergessen, wie bei sehr dürftigem Geschichtsunterricht die deutsche Dichtung es war, welche die Glut der Vaterlandsliebe in uns schürte, wie wir Kallinos und Tyrtäos übersetzten, aber tiefer mit Klopstock uns befaßten und am liebsten die nie rastende Gesangeslust neben dem deutschen Volkslied mit Arndt, Schenkendorf und Körner stillten. Und es klang durch die schönen Studentenjahre hindurch: „Sind wir vereint zur guten Stunde," „Du Schwert an meiner Linken," „Freiheit, die ich meine!" — Die Lehrjahre gingen hin. In jener Zeit erschwang sich aus gährender Volksbewegung die Hoffnung für die Wiederaufrichtung des deutschen Reiches und sank schnell darnieder. Im Herzen mochte das Lied vom Kaiser und vom Reich nicht verstummen. Ich war im Anfang der fünfziger Jahre ins geistliche Amt getreten und fühlte die frischen Wellen neu erwachten christlichen Lebens um mich her, als ich durch Steins Leben von Pertz einen Blick in die vaterländische Geschichte that, wie er mir seither nicht vergönnt gewesen war. Auf meinem Vicarsstübchen macht' ich mir Auszüge aus dem reichen, tapfern Buche, und Ihr, die Ihr mir nahe wohntet, waret so freundlich, meine Aufzeichnungen euch vorlesen zu lassen. Aus der Erinnerung an die Abendstunden, die wir damals in christlichen und vaterländischen Gesprächen verlebten, taucht das Bild unsers Adolf Spieß in warmer Beleuchtung vor mir auf. Denn der liebe Heimgegangene, der fromme Erneurer des deutschen Turnwesens, den christlichen wie den vaterländischen Angelegenheiten mit derselben Liebe hingegeben, hat mir in jenen Tagen eine immer gleiche, anregende und aufmunternde Freundlichkeit entgegengebracht. Und wie könnt' ich bei der Erinnerung an den Darmstädter Freundeskreis des Mannes vergessen, der von Zeit zu Zeit wie unser Patron zu uns hereintrat — Karl Bernhard Hundeshagens, von dem wir gelernt, daß der biblische Glaube und die Liebe zum

Vaterland zusammen gehören, daß aus der Freiheit des Christenmenschen ein edler Hauch der Freiheit auch in die öffentlichen Verhältnisse wehe, daß die besten Christen auch die besten Deutschen, die besten Deutschen die besten Christen sein müssen.

Ein Jahrzehnt verging, ehe der tiefen Sehnsucht der deutschen Herzen die vaterländischen Thaten entgegenkamen. In den Tagen der fünfzigjährigen Jubelfeier der Leipziger Schlacht schrieb ich dies Buch. Die Feuer, die am 18. October 1863 auf den deutschen Bergen loderten, leuchteten einer neuen Zeit voran. Als der Dänenkönig wenige Wochen nachher plötzlich starb, da grünte die Hoffnung auf, daß der übel-entschiedene Handel zwischen Deutschland und Dänemark zu besserer Entscheidung wieder aufgenommen werden würde und die Losung durch-zuckte uns: „Jetzt oder nie!" Gott gab uns ein „Jetzt". Deutschland gewann im Handel mit Dänemark. Schleswig-Holstein blieb deutsch. Am Ziele waren wir damit noch nicht. Der tiefe, schmerzliche Schnitt von 1866 schien nothwendig, wenn der Leib des deutschen Volks genesen sollte. Welche Opfer hat diese Genesung erfordert! Das schmerzlichste, das unserm Freundeskreis auferlegt ward, war Julius Königer, der Freund voll Biederkeit und Treue. Er hatte mit gleichem Eifer für die christliche und nationale Auferstehung unsers Volkes gearbeitet, er hatte uns bei der fünfzigjährigen Jubelfeier die Befreiungsschlachten von Leipzig und Belle-Alliance meisterhaft beschrieben, er hatte in Preußens König den von Gott berufenen Führer zur deutschen Einheit, in der Fortbildung der Scharnhorstschen Wehrverfassung Deutschlands Schild und Schwert erkannt — und von einer preußischen Kugel ge-troffen ist er im Juli 1866 bei Laufach gefallen — ein Opfer der Mannentreue wie Rüdiger von Bechlaren. Wem hätten wir lieber gegönnt, daß er das große Jahr des deutschen Siegs und der Auf-richtung des deutschen Reichs mit erlebt hätte! — Den Sieg hat unser Wilhelm von Plönnies noch mit erlebt. Mit errungen hat er ihn nicht. Er lag während des Kriegs auf dem Siechbette. Nur mit-gesungen hat er ihn in seinen „Immortellen des Schlachtfeldes." In gesunden Tagen hat dieser lebendige und reiche Geist uns bald die Kämpfe vorgeführt, welche der alte Wate mit seinen Helden um Kudrun kämpfte, bald sich wieder zu Deutschlands Wehr ganz seinen Studien über die Feuerwaffe hingegeben. Bald hat er den Odenwald auf der Jagd nach Mährchen und Volksliedern durchstreift, bald auf dem Schießstande seine Erfindungen erprobt. Als er auf ein langjähriges

Schmerzenslager geworfen worden war, fand er noch Stunden geistiger
Freiheit, um mit köstlichem Humor das alte morsche Soldatenwesen
zu geißeln und mit dichterischer Phantasie das Bild der herantagenden
deutschen Einigkeit uns vorzuführen. Und ich darf es bezeugen:
auch die Hand dessen, der unser Lebensschifflein endlich zu seligen
Gestaden hinüberlenkt, hat er während seines Leidens immer fester
erfaßt. „Gesänge aus dem feurigen Osen" hat seine geistlichen Lieder
die eigene Mutter genannt. Mir klingt, wenn ich sein gedenke, durch
die Seele die Strophe, die Einer unter Euch, Ihr lieben Freunde,
seiner prächtigen Ballade von der Schlacht von Wörth zugesetzt hat:

> Und der dies Lied gesungen frei,
> Liegt auf dem Siechenbette:
> Viel lieber wär' er auch dabei,
> Wo man gestritten hätte,
> Und läg' im Blut auf kühlem Grund
> Ganz ohne Schmerz mit bleichem Mund —
> Es kann doch nie kein Leiden
> Sein Herz von Deutschland scheiden.

Die Namen der Getreuen, deren Herzen kein Leid von Deutschland
scheiden konnte, die Namen, die ich nicht mehr in die Reihe der
lebenden setzen darf, Spieß und Hundeshagen, Königer und von
Plönnies, seien uns, die wir noch im Dienste des Vaterlandes
stehen, eine Mahnung, unserm Volke mit unverbrüchlicher Treue zu
dienen. Wie ich diesen Dienst verstehe, davon soll dies Buch zeugen,
davon laßt mich in der Widmung desselben an Euch, Ihr lieben Freunde,
ein Wort sagen. Einen bessern Dienst können wir unserm Volke nicht
leisten als die Bemühung, das deutsche Volkstum und das
evangelische Christentum in unauflöslicher Einheit zu
erhalten. Kein Volk kann seinen Beruf erfüllen ohne das Evangelium.
Ein Volk aber, dem das Evangelium einmal eingepflanzt war, kann
dasselbe nicht wieder aus seinem Wesen ausscheiden, ohne sich das
Todesurtheil zu sprechen. Und das deutsche Volk — welch eine
tiefe, gesegnete Vermählung mit den Kräften des Evangeliums hat
es gefeiert! Anderthalb Jahrtausende sind vergangen, seit Gott die
deutsche Art zuerst mit dem Evangelium in Berührung gebracht.
Zur selben Zeit, als im Osten des Römerreichs Ulfila seinem Gothen=
stamm die erste deutsche Bibel gab, ein kräftiges Zeugnis, daß deutscher
Geist selbst forschen und selbst glauben will, eine reiche Quelle der Sprache,
ein schönes Vorbild für Luthers Arbeit, kam im Westen auf mancherlei

Wegen die Kirche den deutschen Stämmen nahe. Und das deutsche Volk brachte dem Evangelium reiche Gaben entgegen und zwar solche, die sich wie eine besondere Empfänglichkeit für die Botschaft von Christus darstellen: Mannhaftigkeit und Ehrfurcht vor den Frauen; Geist, der über die Sinnlichkeit sich erhebt und Gemüt, das sinnig auch dem kleinen Leben sich aufthut; Freiheit, die für die eigene Person einsteht und Treue, die der andern willig sich hingiebt; Kampfeslust und Familienliebe; Versenkung in die Natur und Heimweh nach einem Leben, das ewiger Frühling ist. Das sind alles Züge des Volkstums, die nur, so scheint es, von der Sonne des Evangeliums angeschienen zu werden brauchten, um wie lauteres Christentum zu strahlen. Aber der Mensch kommt nicht zu Christus durch das, was er hat, sondern durch das, was ihm fehlt. Und wundersam, wie kein andrer Volksglaube ist der alte deutsche Glaube von dem Gefühl durchzogen, daß diese ganze Welt, die Götter mit eingeschlossen, einmal zusammenbrechen wird. „Götterdämmerung" nennen die alten Lieder diesen Zusammenbruch. In den Kreis der Götter selbst tritt die Sünde, das ist dem sittlichen Ernst der Deutschen unerträglich. Wenn die Asen, die Träger der sittlichen Weltordnung entarten, wo soll dann noch Halt sein? Wenn das Licht finster wird, wie groß wird dann die Finsternis selbst sein! Das ist die Selbst= kritik des germanischen Heidentums, wie unser Max Rieger, das ist das Tragische in der germanischen Mythologie, wie es Felix Dahn genannt hat. „Die Lieblingsgestalten der eigenen Phantasie und Sehnsucht, so sagt dieser, das ganze selige Leben in Walhalla mit Kampf, Jagd und ewigem Gelag im glänzenden Waffensaal unter den weißarmigen Wunschmädchen — des Herzens schönsten Sehnsuchts= traum — haben die Germanen ihrem höchsten sittlichen Ideal geopfert. Das ist das teuerste aller Opfer und unerreicht von allen andern Völkern." — Und ein Opfer galt es wieder, als nun dieses reichbegabte deutsche Volk, wie der Christophorus der Sage, der nur dem Stärksten dienen wollte und darum endlich Christus sich ergab, dem Evangelium lauschte, erst mit zäher Kraft sich sträubte und endlich Christi Dienst= mann wurde.

Das tiefe deutsche Gemüt, das redliche deutsche Gewissen konnte die von Rom kommende Veräußerlichung und Verunstaltung des Christentums auf die Länge nicht ertragen. Tiefer und ernster als je seit Paulus Tagen ward das Evangelium von Martin Luther erfaßt. Er erscheint als die kräftigste und reichste persönliche Darstellung von der Einheit des deutschen Volkstums und des evangelischen Christentums. Die Mannhaftigkeit, die wir an ihm bewundern, ist deutsch und christlich zugleich. Geistesmächtig erscheint er uns als Deutscher und Christ. Wotans kräftiger Anhauch ist in ihm zur christlichen Begeisterung, Donars Donner zum Donner des Worts, Zius Schwert zum Schwert des Geistes geworden. Die Freiheit des Christenmenschen, mit welcher Luther uns anathmet, hat in ihm den deutschen Freiheitshauch geheiliget. Deutsche Treue und Christentreue haben sich in Luther wunderbar geeinigt. Freiheit, die sich selbst, Treue, die den Nächsten schützt, ist ohne Kampf nicht zu denken: wie der christliche Rittersmann, dessen Waffenrüstung uns Paulus geschildert, dessen gläubigen Trotz uns Dürer gemalt, geht Luther seinen Weg. Und daß dem Kämpfer häus= licher Friede Herzensbedürfnis war — auch darin ist er ein Deutscher und ein Christenmann. Er singt und spielt in deutschem Wort und Ton Christus zu Ehren. Die deutsche Sinnigkeit, mit welcher er Gottes Creatur betrachtet, lernt von Christus in ihre Tiefe zu dringen und im Vergänglichen das Gleichnis des Unvergänglichen zu erkennen. Und das alles durch den Glauben, in welchem der gewaltige Mann, an sich selbst verzagend, ein armer Sünder, der Gnade des reichen Heilands sich zu eigen giebt.

Seit in Luther die Durchdringung des Deutschen und Evangelischen leibhaftig erscheinen, kann unser Volk keine tiefere Bewegung erleben, ohne daß Luthers Geist in ihr wieder erwachte und wirkte. Auch die religiöse Erneuerung unsres Volkes in den deutschen Be= freiungskriegen muthet uns wie Luthergeist an. Wie tapfer auch die deutschen Katholiken im Kampf wider den ersten Napoleon mitgefochten, wie innig die Christen beider Confessionen durch die Gluth der Trübsal und das Feuer der Begeisterung verschmolzen wurden, wie gern wir in dem Bildersaal dieses Buchs auch die Bilder von Görres und Stolberg mit aufstellen — Römischer Geist war in Deutschlands Erhebung nicht und die Hauptführer hatten protestantischen Athem. Die herzliche Gemeinschaft, welche Stein mit den frommen Münster= länder Katholiken verband, dämpfte nicht seinen protestantischen Eifer, den er in Angelegenheiten seiner Kirche und als Förderer der deutschen Geschichtsforschung bewies. Von Fichtes Reden an die deutsche Nation hat man gesagt, daß seit Luther so zum deutschen Volke nicht gesprochen worden sei. Und in diesen Reden wies er selbst auf Luther zurück

und mit welchem Verständnis! Und Ernst Moritz Arndt trägt nicht
bloß als Schriftsteller viele Züge Luthers im Antlitz: das beharrliche
Wiederholen derselben Wahrheiten, an denen des Volkes Freiheit und
Wohlfart hängt, das pfeilschnelle und zielbewußte Aussenden seiner
Flugschriften unter dem Drange des Augenblicks und den warmen
Hauch der tiefsten persönlichen Ergriffenheit. Er hat auch Lutherischen
Glauben, davon zeugen seine Bücher vom „Geist der Zeit", sein „Kate=
chismus vom deutschen Kriegs= und Wehrmann", seine Schrift vom
„Wort und vom Kirchenlied" und die geistesmächtigen und glaubens=
innigen Lieder, die er in Luthers Nachfolge gedichtet.

Deutsches Volkstum und evangelisches Christentum
gehören zusammen. Diese Wahrheit, von welcher die deutsche Ge=
schichte auf ihren ruhmreichsten Blättern zeugt, weist mein Buch an
der Zeit der Befreiungskriege nach. Diese Wahrheit, welche Kaiser
Wilhelm in Krieg und Sieg mit den einfachen und starken Losungen
verkündet: „Dankt nur Gott für seine Gnade! Welche Wendung durch
Gottes Fügung! Ehre sei Gott in der Höhe", laßt uns, Ihr lieben
Freunde, jeder in seinem Beruf, aufrecht erhalten. Wenn ich Euren
Kreis überschaue — welch „starker deutscher Männerchor!" Die einen
in hohen Staatsämtern, die andern als Diener der Kirche, die dritten
als Lehrer der Jugend, die vierten ohne Amt in unabhängiger Stellung
dem Volk zu treuem Dienst ergeben — laßt uns zum Dank für Gottes
große Gnade, die durch die deutsche Geschichte leuchtet, mit Wort und
That dafür eintreten, daß ungeschieden bleibe, was Gott zusammen=
gefügt: deutsches Volkstum und evangelisches Christentum!

Coblenz am 18. October 1883

Wilhelm Baur.

Inhalt.

1.

Die religiöse Zerfahrenheit.

Als im letzten Jahre des vorigen Jahrhunderts der junge Schleier=
macher, in heiliger Entrüstung über die herrschende Oberflächlichkeit des
religiösen Lebens und im tiefen Gefühl von der Notwendigkeit, der
Religion ihre Lebensquellen wieder zu zeigen, seine Reden über die
Religion an die Gebildeten unter ihren Verächtern hielt, redete er die=
selben mit diesen Worten an: „Schon von alters her ist der Glaube
nicht jedermanns Ding gewesen; und immer haben nur wenige die Re=
ligion erkannt, indes Millionen auf mancherlei Art mit den Umhül=
lungen gaukelten, welche sie sich lächelnd gefallen läßt. Aber zumal
jetzt ist das Leben der gebildeten Menschen fern von allem, was
ihr auch nur ähnlich wäre. Ja ich weiß, daß Ihr ebensowenig in
heiliger Stille die Gottheit verehrt, als ihr die verlassenen Tempel
besucht; daß in euren aufgeschmückten Wohnungen keine anderen Heilig=
tümer angetroffen werden, als die klugen Sprüche unserer Weisen und
die herrlichen Dichtungen unserer Künstler, und daß Menschlichkeit und
Geselligkeit, Kunst und Wissenschaft, wie viel ihr eben dafür zu thun
meint und euch davon anzueignen würdiget, so völlig von eurem Ge=
müte Besitz genommen haben, daß für das ewige und heilige Wesen,
welches euch jenseit der Welt liegt, nichts übrig bleibt, und ihr kein
Gefühl habt für dies und von diesem. Ich weiß, wie schön es euch
gelungen ist, das irdische Leben so reich und vielseitig auszubilden,
daß ihr der Ewigkeit nicht mehr bedürfet, und wie ihr, nachdem ihr
euch selbst ein Weltall geschaffen habt, nun überhoben seid, an das=
jenige zu denken, welches euch schuf. Ihr seid darüber einig, ich weiß

es, daß nichts Neues und nichts Triftiges mehr gesagt werden kann
über diese Sache, die von Weisen und Sehern, und dürfte ich nur
nicht hinzusetzen, von Spöttern und Priestern, nach allen Seiten zur
Genüge besprochen ist. Am wenigsten — das kann niemanden entgehen — seid ihr geneigt, die letzteren darüber zu vernehmen, diese
längst von euch ausgestoßenen und eures Vertrauens unwürdig erklärten, weil sie nämlich nur in der verwitterten Ruine ihres Heiligtums am liebsten wohnen, und auch dort nicht leben können, ohne
es noch mehr zu verunstalten und zu verderben." So konnte Schleiermacher in Berlin sprechen, in der Hauptstadt des Protestantismus, wo
der edle, in seiner Weise christlich eifrige Spalding doch für nötig
hielt, die „Nutzbarkeit des Predigtamts" in einer eigenen Schrift zu
beweisen, wo der oberflächliche Nicolai seit Jahren seine philisterhafte
Aufklärung verbreitet hatte, wo der Propst Teller einigen jüdischen
Hausvätern auf die Frage, ob sie nicht auf Grund der Lehre des
jüdischen Philosophen Mendelssohn in die christliche Gemeinschaft aufgenommen werden könnten, mit einem unbedenklichen Ja antwortete.
Wir finden aber solche Zerfahrenheit nicht etwa bloß im Protestantismus.
Mainz war die Hauptstadt des ersten deutschen Kurstaats, und zwar
eines katholischen, in welchem der Landesherr zugleich Erzbischof war,
in welchem man eine unmittelbare Pflege des katholischen Glaubens
durch die Regierung erwarten durfte. Aber die Aufklärung und Frei-
geisterei hatte unter dem letzten Kurfürsten auch dort das Schloß der
Regenten und die Häuser der Gebildeten eingenommen. „Der Kurfürst
war eitel darauf," so schreibt Perthes, „politisch und kirchlich als auf-
geklärter Herr zu gelten, der jeden glauben und reden ließ, was ihm
beliebte. Alle hohen Kreise in Mainz waren von der Illuminaten-
richtung durchzogen; ein großer Teil der Domherren, der Professoren,
der geistlichen und weltlichen Räte, der Koadjutor von Dalberg, der
Kurator von Benzel gehörten dem Orden an. An den Häusern mancher
Domherren sah man, statt des Bildes der heiligen Jungfrau, jetzt
Sinnbilder der Philosophie und Künste und in ihren Zimmern, statt
des Kruzifixes oder der Apostel Petrus und Paulus, die Büste von
Voltaire; auf dem Tische lagen Abhandlungen der Illuminaten und
die Schriften des Helvetius."[1])

Welch ein Bild von der religiösen Zerfahrenheit der Gebildeten
gewinnen wir aus diesen Worten! Einen gewissen Ernst hat das
Leben der Edelsten noch durch die wissenschaftliche Forschung, durch
die Arbeit um das tägliche Brot, durch die Wechselfälle des Geschicks;

heiter ist es durch den Schmuck der Kunst, durch die Klänge der Dichtung, durch die Geselligkeit, dazu von einer allgemeinen Begeisterung für das Wohl der Menschen angehaucht. Aber es ist ein natürliches Leben. Gott wird nicht darin gefunden, weil man darüber klar geworden, daß die Offenbarung nichts offenbart, daß der Sohn Gottes selbst nur dem natürlichen Leben angehört. Wenig Gebet wird in der Kammer verrichtet, die Familie tritt nicht zum Gottesdienst zusammen, die Kirchen werden leer, kein Stand ist unnützer als der geistliche, und nur dann findet er Anerkennung, wenn er sein Amt und seinen Beruf dem herrschenden Geiste zum Opfer bringt. So war es in den Kreisen der Gebildeten zu Anfang unsers Jahrhunderts. Nun weiß man, daß solche Verflüchtigung des Christentums, wie sie immer wieder in der Geschichte vorkommt, in den obern Schichten der Gesellschaft anfängt und erst allmählich zu den geistig weniger beweglichen Klassen des Volks durchdringt. Aber die Aufklärung hatte ihr Werk schon Jahrzehnte getrieben, und immer kommt dem Leichtsinn von oben die Roheit von unten auf halbem Wege entgegen, um eine dem göttlichen Leben abgewandte, natürliche, irdische, fleischliche Lebensstimmung zu wirken. Wir dürfen sagen, daß das religiöse Leben der Deutschen im großen und ganzen zu Anfang unsers Jahrhunderts die Zeichen der Zerfahrenheit an sich trug.

Alles religiöse Leben war freilich nicht erloschen. Von dem Feuer des Glaubens war hie und da ein Kohlenhäuflein zurückgeblieben und glimmte still fort. Die Brüdergemeinde erwärmte mit ihm mitten in der kalten Welt ihre traulichen Gemeinschaften. Pietistische Kreise sammelten sich noch immer um ihre alten Schatzkästlein und Erbauungsbücher. In manchen Haushaltungen war die fromme Sitte des Gebets und des Postillenlesens am Sonntag geblieben. In allen Ständen fehlte es nicht an solchen, die der Religion nicht entraten konnten und die zumal in Tagen der Trübsal gern aus des frommen Gellert Liedern sich erbauten. Einzelne Prediger verkündigten auch auf der Kanzel noch die evangelische Wahrheit, wiewohl selten in ihrer ganzen Tiefe und mit Beweisung des Geistes und der Kraft. Dichter wie Klopstock, Weltweise wie Hamann, Schriftsteller wie Claudius und Stilling, Prediger wie Lavater bekannten unter ihrem Geschlecht den Heiland. Aber man muß doch da und dort zusammensuchen, was in jener Zeit noch dem evangelischen Glauben zugehörte. Auch die christlichen Elemente der Zeit sind nicht organisch zusammengeschlossen und von einer gewissen Zerfahrenheit nicht frei.

Wo war aber im großen und ganzen der Glaube der Väter hin=
gekommen, der Glaube des zu aller Zeit hochbewunderten Luther?
Was war aus seinem Bekenntnis geworden: Das Wort sie sollen
lassen stahn? Was aus seinem Zeugnis von der Rechtfertigung durch
den Glauben: Von diesem Artikel kann man nichts weichen oder nach=
geben, es falle Himmel und Erde oder was nicht bleiben will? Der
damalige Rationalismus gab die Bibel nicht sofort auf; er konnte noch
immer mit recht protestantischem Eifer sich auf dieselbe berufen. Aber
er meisterte die Bibel. Mehr oder weniger war das überall seine
Rede, was Goethe Bahrdt, dem widerlichsten Vertreter der Aufklärung,
in den Mund legt: „Es fiel mir ein von ungefähr, so redt' ich, wenn
ich Christus wär." Die Bibel erschien nicht wie der von Gott ge=
gebene Organismus der Wahrheit von Gott und seinem Reiche, in
welchem alles seine Bedeutung hat, Christus aber der Kern und Stern
ist, nicht als die Offenbarung der ewigen Liebe, in welche sich der
Mensch einzuleben hat, sondern wie ein Spruchbuch, aus welchem man
sich beliebte Tugendlehren, Trostgründe und namentlich Sprüche gegen
Aberglauben und Verdummung heraussucht, in welchem man aber das
Tiefste und Wichtigste gleichgültig stehen läßt oder aufklärerisch beseitigt.
Und weil die Bibel nicht mehr als die göttliche Offenbarung galt,
welche die menschliche Vernunft liebevoll sich anzueignen habe, weil
nur das gelten sollte, wozu der natürliche Mensch unmittelbar sich ge=
neigt fühlt, ward die Grundlehre der Schrift abgeschwächt und ver=
worfen. Die Oberflächlichkeit der Zeit brachte es nicht zu der tiefen
biblischen Erkenntnis von der Sünde; darum ward die ganze Betrach=
tung des Heilswerks verflacht. Dem damaligen Geschlechte war kein
Gedanke gründlicher zuwider, als der an das gründliche Verderben,
welches die Kirche Erbsünde nennt; darum brauchte es keinen Heiland,
der wahrhaftiger Gott ist und doch zugleich als wahrhaftiger Mensch
sein Leben zum Sühnopfer dahingiebt. Den tiefen Zusammenhang
unserer Sünde mit der Sünde des Stammvaters ahnte man nicht,
darum auch nicht die Möglichkeit der Heilung durch die Herstellung
einer tiefen Verbindung mit dem einzig Gerechten im Glauben. Der
Mensch wird unschuldig geboren. Die Unschuld der Kinder ist ein
Lieblingsgedanke der Zeit. Obwohl der Mensch herrlich ausgestattet
ist, entwickelt sich doch seine Sinnlichkeit schneller als die Vernunft;
bis der Geist zum Bewußtsein kommt, daß ihm die Herrschaft im
Menschen gebührt, hat das Fleisch schon einen Vorsprung gewonnen.
Aber Lehre und Beispiel sollen den Schaden wieder gut machen. Und

als Lehrer und Tugendvorbild erscheint Jesus Christus. Die Sünde
ist nicht, wie die Schrift sagt, Feindschaft wider Gott, sondern lediglich eine Schwäche und, wenn man es genau nimmt, kommt diese
Schwäche nicht auf Rechnung des Menschen als eine Schuld, sondern auf
Rechnung Gottes, der zur Erschaffung des Menschen sich eines so
schlechten Stoffes bedient hat. Was dem Menschen not thut, ist nicht
eine Versöhnung mit Gott durch einen Gerechten, der unsre Schuld
auf sich nimmt, sondern eine Belehrung über unsre Pflichten und ein
ermunterndes Beispiel. Der Glaube ist nicht eine Hingabe des von
der Sünde geängsteten Menschen an die Gnade des Heilands und ein
Ruhen in dieser Gnade, aus welchem der Mensch den kräftigsten Aufschwung zum neuen Leben empfängt, sondern das Fürwahrhalten, daß
einmal ein so trefflicher Lehrer und frommer Mann wie Jesus Christus
gelebt hat. Gerecht wird der Mensch vor Gott nicht durch die Gnade
in Christus, die der Glaube ihm zueignet, sondern gerade wie in der
römischen Kirche durch die Werke, freilich nicht durch Werke von
religiösem Charakter, sondern durch das, was man ein rechtschaffenes
Leben nennt. Der Gedanke, daß der Mensch nie zum Gefühl seiner
Rechtfertigung vor Gott und damit zum Frieden der Seele kommen
könne, so lange er auf seine Vollkommenheit die Rechtfertigung und
den Frieden gründe, weil die Vollkommenheit des vollkommensten
Menschen doch nicht ganz vollkommen sei, machte darum keine Schwierig-
keit, weil man die Kluft zwischen Gott und den Menschen nicht fühlte,
und diese Kluft fühlte man nicht, weil man mit Gott nicht ernstlich
Gemeinschaft suchte. Da war keine Wiedergeburt nötig, sondern nur
eine Besserung; keine Versöhnung, sondern nur die allgemeine Vaterliebe; kein Gottmensch, sondern nur der Mensch Jesus; darum verlief
das Leben ohne das Zeugnis des Geistes von der Kindschaft, ohne das
Gefühl von der Nähe des Heilandes, und die Ewigkeit that sich auf,
nicht als das herrliche Gottesreich in seiner Vollendung, sondern als
das unbekannte Land. Man konnte zwar die schreckliche Vergeltung
sich lebhaft vorstellen, welche einst den Frevler treffen werde und sich
selbst schmeicheln, daß man Belohnung für seine Tugenden finden werde,
aber die Gewißheit fehlte, mit welcher der Christ spricht: wir wissen,
daß wir aus dem Tod ins Leben gedrungen sind.

Diese eben geschilderte Verwerfung und Abschwächung der Schrift-
lehre drückte auch dem öffentlichen Gottesdienst seinen Charakter auf.
Die Predigt ist nach evangelischer Anschauung das Hauptstück im Gottesdienst; denn der Glaube kommt aus der Predigt, und aus dem Glauben

kommt für den Sünder Leben und volles Genüge. Aber eben darum ist die rechte Predigt auch Zeugnis von Christus, die vom Glauben aufgenommene und aus lebendiger Erfahrung des Herzens wieder ver=kündigte Botschaft des Heils. Dies Zeugnis kann nicht anders, als sich mit Lehre, Warnung, Ermahnung verbinden, aber Zeugnis muß es bleiben und in allen Tönen schallen, die zur Schilderung unsers sündlichen Verderbens, zur Verherrlichung der göttlichen Gnade, zum Erguß der seligen Erfahrung des glaubenden, liebenden und hoffenden Christenherzens gehören. Es giebt keine Saite der christlichen Rede, von der nüchternen Entwicklung eines heilsamen Gedankens bis zum begeistertsten Hymnus, welche in der Predigt nicht angeschlagen werden könnte. Aber zu Anfang unsres Jahrhunderts war die Predigt lehr=haft geworden im schlechtesten Sinne des Worts, und wurde je ein Angriff auf das Herz gemacht, so geschah es durch die Mittel falscher Rührung. Da man von der grundverkehrten Willensrichtung des Menschen nicht überzeugt war, da man ihm Fähigkeit und Willigkeit reichlich zu=traute, so hielt man ihn nur einer verständigen Belehrung bedürftig. Und diese Belehrung war, weil der Zusammenhang des sittlichen Lebens mit der gläubigen Versenktheit des Sünders in die Gnade des Heilands nicht erkannt war, auf die Mitteilung von moralischen Vorschriften und Winken gerichtet. Oberflächlichkeit, Nüchternheit, Gewöhnlichkeit, ver=bunden mit falschem Pathos, thränenweicher Rührung, unnatürlichem Kanzelton, das sind die Merkmale der damaligen Predigt. Kein Wunder, wenn die Geister, die aus dem Born Goethescher und Schillerscher Poesie getrunken hatten, eine Rede nicht hören mochten, welche die elendesten Gemeinplätze in der ungenügendsten Form mitteilte, und daß der ge=meine Mann endlich es unnötig fand, in die Kirche zu gehen, wenn man in ihr nichts hörte, was sich für den natürlichen Menschen nicht von selbst verstand. Der Minister vom Stein, welcher treu seine Kirche besuchte, pflegte zu sagen: ist die Predigt schlecht, so erquickt uns ein Lied von Luther oder Paul Gerhardt. Aber dieser Trost war auch nur in geringem Grade vorhanden. Der Rationalismus hat auch das Lied in den Dienst seiner prosaischen Belehrung gezwungen. Kaum hat je ein größerer Vandalismus geistige Schöpfungen verwüstet, als der, welchen die Aufklärung an unserm deutschen Kirchenliede übte. Ihre altkluge Verständigkeit hatte kein Gefühl für die wunderbare Kind=lichkeit der alten Glaubenslieder. Ihr Gesichtskreis war zu beschränkt, um fassen zu können, was nicht ihr eigenes Bild an sich trug. Der Rationalismus verstand weder den Glauben, noch die Sprache der Alten.

Herrliche Lieder, mit denen die deutsche Kirche sich gegen Rom ihr Dasein erkämpft hatte, wurden aus den Gesangbüchern entfernt. Mit den bei= behaltenen erlaubte man sich die empörendsten Versuche, sie aufklärerisch umzustimmen. Und das Neue, was man in Masse brachte, war ein Hohn sowohl auf den Glauben, als auf die Poesie, elende Reime, in denen die christlichen Tugenden aus der heiligen Einheit des Glaubens heraus= und auseinandergezerrt wurden. Und diese gereimten Predigten sang man, weil keine Freude und kein Jubel darinnen war, schleppend lang= sam; man freute sich, wenn endlich des Predigers Erscheinen der Qual des Singens ein Ende machte; aber nicht lange, so sehnte man sich auch nach dem Amen des Predigers; man sang den letzten Vers und ging nach Hause. Oftmals hatte das deutsche Gemüt, weil es gesucht, trotz alledem eine Erbauung gefunden; man war doch in der Kirche ge= wesen, man hatte Gottes Wort gehört, hatte gebetet und gesungen. Allmählich lockerte sich das Band, das zur Kirche zog: es war kein le= bendiger Drang in den Herzen, kein Lob: Wie lieblich sind deine Woh= nungen, Herr Zebaoth! kein Verlangen: Eins bitte ich vom Herrn, das hätte ich gern, daß ich im Hause des Herrn bleiben möge mein lebenlang, zu schauen die schönen Gottesdienste des Herrn und seinen Tempel zu be= suchen! Die Geistlichen vermochten dem öffentlichen Gottesdienst nicht jene wunderbare Weihe zu geben, durch welche die Hörer fühlen: Gott ist gegenwärtig; und wenn sie obendrein den wenigen Kirchgängern auseinandersetzten, daß man doch ja nicht glauben solle, auf das Kirch= gehen komme es an, da es ja nur auf die Tugend im Leben ankomme, so wundert sich niemand, wenn die Bänke immer leerer wurden. Es giebt ja freilich eine Gegenwart Gottes in der Kirche, die unabhängig ist von der Predigt und dem Gesang, das ist Gottes Hingabe an uns im Sakrament des Altars; aber wie sollte das Volk diese Gegenwart fühlen, da alle Mystik aus der Lehre über das Abendmahl gewichen, da auch dieses aus einem Mittel der persönlichen Gemeinschaft mit der Person des Herrn zu einer Erinnerungsfeier, aus einer Mitteilung des Lebens Christi zu einer Ermunterung geworden war, in sich selbst ein tugendhaftes Leben zu erwecken. Eine neue, man darf vielleicht sagen: seit dem Anfang der Kirche unerhörte Stellung des Einzelnen zur kirchlichen Gemeinschaft hatte sich angebahnt: die des völligen Beliebens, ob man sich um die Kirche noch kümmern wolle oder nicht. Bei vielen ward der Dünkel, der Gemeinschaft nicht zu bedürfen, die schiefe Ebene, auf welcher das frömmste Gefühl allmählich in die völlige Leere hinab= glitt. „Ich mache noch täglich die Erfahrung,“ schrieb Georg Forster, „daß keine einzige Bewegung zum Reinguten in mir aus eignem An=

triebe entsteht und ich folglich keinen Augenblick darauf rechnen kann, in eigner Tugend standhaft zu beharren. Das glaube ich aber, daß ich alles werde vermögen durch den, der uns mächtig macht, Jesum Christum. Das glaube ich, daß ein Fünklein des Glaubens an Gott, welches er in uns rege werden läßt, und ein Fünklein Liebe zu ihm uns ein überaus herrliches Gnadenzeichen sei, woran wir erkennen mögen, daß die Pforte zu ihm auch uns offen stehe und er sich uns mit unbedingter, unvergoltener Liebe nähern wolle und werde." Dieser Mann, der dies warme Zeugnis empfundener Gnade ablegte, ist in seinem zerfahrenen Jugendleben ohne die Konfirmation geblieben und niemals zum Abendmahl gekommen. Wohin er aber zuletzt mit seiner Religion geraten, sehen wir aus Äußerungen wie diese, nachdem er sich mit der ungläubigen Tochter des berühmten Philologen Heyne verheiratet hatte: „Ich bin dir jetzt so ruhig." schrieb er an Sömmering. „so zufrieden, so vergnügt ohne Gott und ohne Gebet, als ich es ehedem mit aller Kraft und Ängstlichkeit des Glaubens nie sein konnte. Wenn es ein Wesen giebt, das als Schöpfer alle Wesen in sich faßt, so bin ich überzeugt, daß das Glück seiner Geschöpfe ihm angenehmer ist, als ihr unaufhörliches Betteln, und daß man rechtschaffen gut und edel sein und handeln könne, ohne aus Möglichkeiten und höchstens Wahrscheinlichkeiten sich Gesetze zu machen, viel weniger Absurditäten und Lügen zu glauben und ihnen den gesunden, schlichten Menschenverstand zu opfern."²) Das folgende zerrissene Leben Forsters bei einer so edel angelegten Natur zeigt, wohin der gesunde Menschenverstand führt, der gegen die Offenbarung sich sträubt. Und sein Weg war der Weg vieler in jener Zeit religiöser Zerfahrenheit.

Ein reges Leben zeigte Deutschland im vorigen Jahrhundert auf dem Gebiete der Erziehung. Aber die heilsamen Einflüsse des Franckeschen Pietismus, der freilich ohne Verständnis für manche Seite des menschlichen Lebens, doch auf dem festen Grunde des Evangeliums stand und von diesem Grunde aus tüchtige Menschen bildete, hatten sich bald in enge Kreise zurückgezogen, und weit und breit spürte man das kalte Wehen Rousseauscher Gedanken, wohl geeignet, manchen faulen Hauch zu verscheuchen, aber unfähig, christliche Pflanzungen zu fördern. Es sind kräftige Irrtümer, von denen Rousseau ausging. Er nahm den Menschen als natürlich gut und enthob ihn der Gesellschaft als der Schule des Verderbens. Indem er ihn aber als einzelnes Individuum und zwar in seiner Sinnlichkeit faßte, förderte er die Selbstsucht, die an und für sich des Menschen natürliches Wesen ist. So reizt derselbe Mann, der mit großer Entrüstung das Verderben des Gemeinschaftslebens

geißelte, den Hochmut des Einzelnen, durch welchen jedes echte Gemein=
schaftsleben gehindert wird. Natürlich, denn wer in sich ein hohes
Menschheitsideal trägt, die Menschheit umher aber in Gemeinheit ver=
sunken sieht und dabei nicht glaubt, daß der Mensch nach Gottes Bild
geschaffen ist, durch seine Sünde dies Bild bis zur Unkenntlichkeit
entstellt hat, durch Christus aber in die Gottbildlichkeit wieder erneuert
werden kann, der muß sich in den größten Widersprüchen verwickeln.
So kann Rousseau die Herrlichkeit des Menschen nicht hoch genug
preisen, und zugleich könnte er ihn nicht tiefer herabwürdigen, als er
thut, indem er ihn wie ein anderes Naturwesen behandelt. Er stellt
den Satz an die Spitze seiner Lehre: alles ist gut, wie es aus den
Händen des Schöpfers der Dinge kommt; alles artet aus unter den
Händen des Menschen. Das hört sich an, als ob er einen Sündenfall
glaubte, aber er ist weit entfernt, den Einzelnen für seine Sünde ver=
antwortlich zu machen. Die Gesellschaft muß an allem Übel schuld
sein; mit einer wahren Wut bekämpft er sie, ohne zu bedenken, daß
die Gesellschaft aus Individuen zusammengesetzt ist. Die ganze Er=
ziehungskunst sieht er darin, daß man den Naturmenschen nicht in die
Gesellschaft verflicht, aber er vergißt, daß der Mensch die arge Welt
in sich selbst hat, und daß die Ursünde des Menschen, die Selbstsucht,
gerade durch das Leben in der Gemeinschaft eine heilsame Beschrän=
kung erfahren soll. Rousseau hat manche gute Anregungen gegeben,
namentlich hat er das Recht des Einzelnen mit Erfolg nachgewiesen, aber das
Recht nur des Einzelnen, nicht der göttlichen Ordnungen dem Einzelnen
gegenüber, und des Einzelnen nur in seiner natürlichen Erscheinung. Der
Einfluß Rousseaus ist im großen und ganzen ein widerchristlicher. Die christ=
liche Lehre von der Bestimmung des Menschen zum Reiche Gottes hat er ge=
leugnet und ihm in dem Diesseits sein Ziel gesetzt; auf die schamloseste
Weise hat er, der ein Reformator der Erziehung sein wollte, den gesunden
Boden jeder tüchtigen Erziehung, das Familienleben unterwühlt, — seine in
wilder Ehe geborenen Kinder übergab er dem Findelhaus; der Gesellschaft
erklärte er den Krieg, statt ihr die Heilmittel des Evangeliums anzu=
preisen; an die Stelle der Christenheit trat ihm die Menschheit, und wäh=
rend er mit dem Scheine sich schmückte, als umschlänge er die Millionen,
hatte er nicht wahrhaftige Liebe genug, seine Kinder väterlich zu umfassen.
Rousseaus Ideen fanden in Deutschland begeisterte Aufnahme. Basedow
ergriff den Gedanken einer Erneuerung des Erziehungswesens mit einem
beispiellosen Eifer, aber während man in Rousseaus Worten die edlere
Wallung spürt, den Schwung des Gedankens, den Schimmer der Phan=
tasie, zeigt Basedow mehr Marktschreierei, und durch die Versicherung,

daß es ihm nur um das Wohl der Menschheit zu thun sei, klingt doch auch der Wunsch nach klingender Belohnung seiner Verdienste nicht un= deutlich durch. Wie hat er doch die Großen der Welt für sein Phil= anthropin zu werben gewußt, und was sollte diese Anstalt nicht alles leisten! Da kam es auf des Kindes Naturanlagen nicht mehr an, die Methode war unfehlbar und erreichte bei jedem Kinde dasselbe glän= zende Ergebnis. Nur verständige Belehrung war dem Kinde nötig, und diese wurde möglichst spielend beigebracht, und über nichts durfte mehr ein Schleier gebreitet sein, weder über die Dinge, welche die natürliche Schamhaftigkeit verbirgt, noch über die Geheimnisse, welche wegen ihrer Tiefe sich der leichten Erkenntnis entziehn. Darum bietet das Phil= anthropin eine für Juden und Christen, Katholiken und Protestanten gleichmäßig passende Religion. Basedows Schüler Campe und Salzmann standen um die Scheide des Jahrhunderts in der Blüte ihrer Wirk= samkeit. Sie unterschieden sich mit ihrer schönen Sittlichkeit, mit ihrem ernsten Arbeiten vorteilhaft von dem gemeinen Basedow. Als der junge Perthes von Leipzig nach Hamburg reiste, traf er unterwegs mit Campe und seiner Familie zusammen. Die Worte des Jünglings sind be= zeichnend für das Ansehen, welches der pädagogische Schriftsteller in jener Zeit genoß: „Herrn Rat Campe fand ich noch weit über das Ideal erhaben, das ich mir von dem Verfasser des Theophron gemacht hatte. Er ist ein langer, hagerer, aber schöner Mann: Würde ist über sein ganzes Wesen verbreitet; ein nur auf Vernunft beruhendes Betragen leuchtet auch aus der kleinsten seiner Handlungen hervor. Am meisten aber trägt zur Verherrlichung seiner Familie und zu seinem eigenen würdevollen Ruhm die vortreffliche Frau bei, welche die feinste Bildung der großen Welt mit dem besten Herzen und die trefflichsten Kennt= nisse mit den Pflichten der sorgsamen Hausfrau zu verbinden weiß. Und nun kommt noch das Meisterstück dieser Familie, das Muster der Erziehung und Bildung, Lottchen Campe. Sie zu loben, wie sie es verdient, bin ich nicht im stande."[3] Wer kennt nicht Campes Ro= binson, in welchem dies Lottchen eine so bedeutende Rolle spielt, und hätte sich nicht daran erfreut, aber auch nicht die über alle Maßen klugen Reden Lottchens gern überschlagen, um zur Geschichte zu kommen? Salzmanns Name lebt nicht bloß in mancher Schrift fort, die noch immer guten Rat giebt, sondern auch in der Anstalt zu Schnepfen= thal. Wir sind weit entfernt, den gesegneten Einfluß zu verkennen, den diese Männer auf eine gesunde Erziehung geübt haben. Aber der warme Hauch des Christenglaubens fehlt ihnen und über die In= stitutserziehung kommen sie nicht hinaus. Erst Pestalozzis schlichte und tiefe Liebe wirkt für die Volkserziehung und wird in den Tagen, da Deutschland verloren scheint, ein Wegweiser, ein neues Geschlecht heranzubilden. Soviel muß zugestanden werden, daß auch die Erziehung an religiöser Zerfahrenheit litt. Bibel, Gesangbuch und Katechismus waren nicht mehr, wie früher, die festen Säulen der Volkserziehung. Die Bibel war ein menschliches Buch geworden, das Gesangbuch war verwässert, für den Katechismus war freilich eine günstige Zeit, insofern die Neigung danach ging, der Jugend alles lehrhaft beizubringen. Aber eben darum galt Sokrates mehr als Luther, man wollte nicht mit reich gefüllter Hand der Jugend die von Gott geschenkten Wahrheiten mitteilen, sondern man stand ihr gegenüber, um die dürftigen Anfänge der Erkenntnis ihr mühsam zu entlocken. Neue Katechismen in Menge verdrängten den alten Lutherschen oder gingen ohne innere Vermittlung, denn eine andere als die der Gleichgültigkeit wäre nicht möglich gewesen, neben ihnen her. Wie aber in den niedern Schulen die Aufklärung um sich griff und die evangelischen Wahrheiten zurückdrängte, so fehlte den höheren und höchsten die christliche Haltung. Neben dem schamlosesten Treiben der Rohheit und der Unzucht finden wir den idealsten Aufflug jugendlicher Geister. Männer der alten Schule ziehen Jahr aus, Jahr ein an demselben Karren ihrer geistlosen Zurichtung auf das Brotstudium und sind gleichgültig für das sittliche Leben der Schüler, und Männer der gründlichsten Wissenschaft und der edelsten Sittlichkeit ziehen die Jünglinge an sich. Woran es aber durchgängig fehlte, das war die christliche Erkenntnis und das christliche Leben. Das gewöhnliche Studentenleben verlief doch wesentlich im Raufen, Trinken und allerlei Unzucht. Göttingen war vielleicht die berühmteste, besuchteste und mit den besten Lehrkräften ausgerüstete Hochschule. Das alte deutsche Recht lebte da in der gründlich gelehrten Staats- und Rechtswissenschaft eines Pütter; mit gleichem Ruhm vertraten andere Professoren andre Wissenschaften. Es war die konservative, die aristokratische Universität, auf welche die Grafen und Herren am liebsten zogen. Im Jahre 1802 gab der damalige Prorektor Meiners eine Schrift „über die Verwaltung und Verfassung deutscher Universitäten" heraus. Er hat einen doppelten Maßstab: für die „jungen Männer vom Stande", die Juristen, und für die armen Benefiziaten, meist Theologen. Daß junge Männer von Stande um des point d'honneur willen sich duellieren, findet er so schlimm nicht, aber daß künftige Lehrer der Christusreligion wegen empfangener Beleidigung mit dem Degen Genugthuung fordern, scheint ihm lächerlich. Die Prüfung der Gutgeborenen findet er bedenklich, heilsam dagegen die halbjährlichen Prüfungen der armen Benefiziaten. Den Zuzug der Jünglinge von Stande wünscht er natürlich sehr, aber „selbst eine mäßige Zahl von fleißigen und untadeligen jungen Leuten, die nicht ausreichen können, ist ein großes Übel". Dann sagt er: „Hasardspiele werden auf hohen Schulen, wo viele reiche und vornehme junge Leute zusammenkommen, nie aufhören. Die Söhne hören und sehen dies von ihrer ersten Kindheit an, und ahmen ihren Vätern so früh wie möglich nach. Selbst Hofmeister glauben, daß es heilsam wäre, wenn man Hasardspiele unter gehöriger Aufsicht zuließe, damit junge Leute mit solchen Spielen bekannt würden und früh lernten, sich beim Spiele zu mäßigen." Karl von Raumer, dem wir diese Mitteilungen verdanken, fügt aus seiner eigenen Erfahrung hinzu: „Ich war von meinen Eltern eindringlich vor Ausschweifungen gewarnt; mich aber vor Hasardspielen zu warnen, daran hatten sie nicht gedacht, es lag ihnen dies zu fern. So kam es, daß ich mich verführen ließ zum Spiel; es erschien mir nicht als Sünde, sondern als ein Adiaphoron. Was erlebte ich aber! Die Leidenschaft nahm mich ganz ein und machte mich gleichgültig gegen alles, was ich bisher mit größter Liebe erfaßt hatte. Es war mir, als wäre mein Herz eiskalt geworden. Ich danke Gott, daß ich in kurzer Zeit das große Glück hatte, Unglück im Spiel zu haben, wodurch ich zur Besinnung über dies unheimliche teuflische Treiben kam, und ihm fest entschlossen ein für allemal entsagte. — Am Spieltisch lernte ich nebenbei das entsetzlich liederliche Leben dieser Menschen kennen. Gott bewahrte mich vor solchen Ausschweifungen durch die mir ins Herz gepflanzten väterlichen Lehren und das schauderhaft warnende Beispiel, welches mir so vor Augen stand. Und dennoch gehörten diese Menschen zu den „gutgeborenen", welche für feine Leute galten, die sich zu „produzieren" verstanden, überall zu Gesellschaften gezogen wurden und in denselben glänzten."+) Es läßt sich nicht wohl bestreiten, daß es auf den heutigen Universitäten besser ist. Es war aber auch schon besser unmittelbar nach den Befreiungskriegen, und wenn auch unter den heutigen Studenten noch eben solche ekelhaften Erscheinungen vorkommen sollten, Gott sei Dank, die religiöse und vaterländische Begeisterung hat noch solche Kraft, daß sie Jünglinge zusammenschließt, welche die Blüte ihres Lebens dem Herrn weihen und in einem frommen keuschen Wandel sich die Kraft bewahren zum Dienste des Vaterlandes.

Wir haben nun eines anderen Gebietes des geistigen Lebens zu erwähnen, das sich um die Scheide des Jahrhunderts am fruchtbarsten erwies, um auch an ihm die religiöse Zerfahrenheit der Nation zu zeigen. Es gab damals nicht bloß oberflächliche Aufklärung, prosaische

Gewöhnlichkeit in Deutschland, es gab auch tiefe Genialität, wunder=
bare Poesie, es war die zweite Blütezeit unserer Nationallitteratur.
Man kann sich an dieser freuen und immer wieder zu ihr zurückkehren
als zu einem unversieglichen Quell geistiger Erfrischung und Erhebung,
und braucht doch die Klage nicht zu verschweigen, daß die neuere klas=
sische Periode unserer Litteratur an religiöser Zerfahrenheit leidet. An
der Schwelle derselben steht die ehrwürdige Gestalt Klopstocks, wie ein
Typus dessen, was Deutschland bedurfte: er kehrt zurück zum deutschen
Volkstum und zu den ruhmreichsten Gestalten der deutschen Geschichte,
er hat offenen Sinn für das antik Klassische, das nun einmal ein wesent=
liches Element in unserer Bildung geworden ist, und seine ganze Dich=
tung, auch wo sie nicht den Erlöser geradezu zum Gegenstand hat, ist
von dem Ernst und der Weihe des Christenglaubens durchdrungen.
Aber es war Klopstock nur selten gegeben, aus allen diesen Elementen
Dichtungen zu gestalten, die mit der Tiefe die Klarheit, mit der Ge=
dankenfülle oder überströmenden Empfindung Formvollendung vereinigt
hätten. Klopstock tritt wie ein Wunder in die deutsche Litteratur durch
den neuen Inhalt und den neuen Ton seiner Dichtung, welcher das
Unbedeutende, oder gar das Gemeine völlig fern blieb. Er behält den
Kreis seiner Jünger unter denen, welche seine eigentümliche religiöse,
vaterländische und freundschaftliche Stimmung nachzufühlen vermögen,
auf die Nation im großen konnte er dann keinen überwiegenden Ein=
fluß mehr haben, als Lessing, Herder, Goethe und Schiller auf den
Plan getreten waren. Wie segensreich auch die dichterischen Zeugnisse
seines Glaubens für unser Volk gewesen sind, so daß F. L. Stolberg
in der Grabschrift auf den frommen Dichter „eine goldene heilige Schale
voll Christenthränen" seinen Lohn nannte, dieser Glaube litt doch an
der Krankheit der Zeit, an einer zu weichen Stimmung, an mangelnder
begrifflicher Klarheit, an einem zu geringen Verständnis der volkstüm=
lichen Kraft des einfachen Gotteswortes. — Und Lessing, Herder, Goethe
und Schiller — sie haben alle an ihrem Teil gegen das Philistertum
der Aufklärung gekämpft und die religiöse Anschauung ihrer Zeit zu
vertiefen gesucht, aber der Kirche und der kirchlichen Lehrform abgewandt,
unvolkstümlich im Ausdruck ihrer Gedanken, vielfach sich lieber an
heidnische als an christliche Symbolik anlehnend, konnten sie die kirch=
liche Zerfahrenheit zunächst nur vermehren. Ein Greuel waren dem
schwertscharfen Geiste Lessings die gewöhnlichen Aufklärer und nicht
gelinder ist er mit ihnen umgegangen, als mit dem orthodoxen Haupt=
pastor Götze, aber die drei Ringe des Nathan zeigen deutlich genug,
daß er gegen die bestimmte Lehrform der geschichtlichen Religion gleich=

gültig den Irrtum hegte, als gebe es eine allgemeine menschliche Moral, mit welcher der religiöse Glaube nichts weiter zu schaffen habe und als seien die verschiedenen Religionsformen nur historische Eigentümlichkeiten ohne Bedeutung für das sittliche Leben. Seine Neigung, lieber zeitlebens nach der Wahrheit zu ringen, als sie zu besitzen, beweist, daß er von dem Frieden Gottes in Christo wenig persönliche Erfahrung hatte; selbst da, wo er am eingehendsten mit der Offenbarung sich beschäftigt und tiefe Blicke in ihren Organismus thut, kommt er doch nur zu einer Christusreligion, zu einer regiösen Anschauung des Heilandes, die wir uns aneignen müssen, aber nicht zu einer Religion, deren Gegenstand Jesus Christus ist, zu dem Glauben, daß an unser persönliches Verhältnis zu Christus unser Heil gebunden ist. Es ist allbekannt, welche Bekenner diese Meinung, freilich in viel weniger geistreicher Gestalt, in unsern Tagen noch hat. — Herder trat mit der Entrüstung eines genialen und der tiefsten religiösen Schauungen und Empfindungen fähigen Mannes dem Rationalismus entgegen, er geißelte die Meinung, als ob die Predigt nichts mehr sei, wenn sie nicht in andere Dienste träte, als die des Evangeliums, er trat für unsere alten Kirchenlieder ein, er erschloß den Geist der hebräischen Poesie, er pflückte sich vom Baume des Christentums köstliche Früchte, und die Frömmsten der Nation labten sich in jener armen Zeit daran, aber am einfältigen Glauben der Schrift fehlte es auch ihm. Die Wärme, mit welcher er in seiner Jugend von christlichen Gegenständen sprach, kühlte sich mit der Zeit ab, sein Christentum war zu sehr die Frucht seiner poetischen Empfänglichkeit für alles Schöne und Große, das im Laufe der Geschichte der Menschheit hervorgetreten ist, nicht genug die dankbare Liebe eines begnadigten Sünders. — Und Goethe — er hätte manchmal ausrufen mögen: es fehlt nicht viel, daß ich ein Christ würde! Der Brüdergemeinde stand er in der Jugend nahe, mit Hamanns Schriften hat er sich viel befaßt, mit Stilling und Lavater traulichen Umgang gepflogen, gegen Bahrdt eine furchtbare Geißel geschwungen, Nicolai seufzte unter seinen Züchtigungen. Die wunderbare Unbefangenheit, mit der Gott diesen großen Menschen ausgestattet hatte und mit der er die Gegenstände auf sich wirken ließ, sich still ihrem Einfluß ergab, jener Sinn, in welchem er es aussprach, daß es gegen große Vorzüge eines andern kein Rettungsmittel gebe als die Liebe: das waren Züge des Vaters zum Sohne. Aber Goethe war zugleich eine vornehme Natur. Er ließ die Gegenstände auf sich wirken, aber wenn sie ihm zu viel Unruhe ins Gemüt brachten, dann suchte er, so schnell als möglich, sich ihrer zu entledigen. Und der brennenden

Schmerzen, die ihm Gott nicht selten wegen seiner Verschuldung aufs Herz legte, entledigte er sich lieber, indem er in einer Dichtung hinaussang, was er litt, als daß er zu dem Heiland hingeflohen wäre, der den tiefsten Schmerz verstehen und heilen kann. Goethe lehnt das Christentum ab. Er entfremdet sich der Brüdergemeinde, weil ihm ihre Sündenerkenntnis zu weit geht, er giebt Lavater auf, weil ihm der seelensuchende Eifer unbehaglich ist, er schreibt seiner Jugendfreundin Auguste Stolberg höflich, aber bestimmt, daß er ihren Heiland nicht brauche. Wunderbar ist's, wie dieser Mann, der im tiefsten Grunde eine pantheistische Weltanschauung hat und sich gelegentlich als einen Heiden darstellt, christliche Seelenstimmungen schildern, ja die tiefsten christlichen Gedanken in plastischen Gestalten vorführen kann. Aber das thut er, weil sich kein tiefer Geist der Macht des Christentums völlig entziehen kann. Ernste Christen können sich am ruhigsten der Schönheit der Goetheschen Dichtungen erfreuen, nicht selten mag es geschehen, daß sie bei andern den Sinn für das Evangelium erschließen, gewöhnlich aber werden sie in einer Lebensrichtung bestärken, die, dem Heiland abgewandt, in dem Schönsten, was das natürliche Leben bietet, ihr Genüge findet. — Schiller zuletzt — wie oft ist seine Christlichkeit besprochen worden! Und wie wahr ist's, daß die Reinheit seiner sittlichen Ideen, der ernste Wille, mit welchem er nach dem Höchsten ringt, die Schönheit, die ihm mit der Wahrheit eins ist, daß die ganze Hoheit seiner Poesie den Menschen aus sich selbst, aus der Gemeinheit des Lebens emporhebt und dadurch für das Christentum vorbereitet, welches in vollendeter Weise dem Menschen diesen Dienst leistet. Aber auch bei ihm ist es offenbar, daß er nicht bloß der Kirche, sondern auch den Grundwahrheiten des Evangeliums entfremdet ist; und das ist das größte Hindernis des Eindringens dieses Lieblings der Deutschen in die eigentlichen Volkskreise. — An religiöser Zerfahrenheit leidet auch unsere deutsche Litteratur. Es ist nicht die Schuld der einzelnen Dichter, es ist die Schuld ihrer Zeit. Als sie in der Nation auftraten, kam ihnen nirgends das Christentum in überwältigender Gestalt entgegen. Sie wurden nicht getragen von den großen Organismen, in welche der tüchtige Mensch sich gern einzufügen pflegt, weder vom Staat noch von der Kirche. Auf sich selber standen sie ganz allein. Eben darum ist die neuere deutsche Litteratur so sehr geeignet, die Macht des Genies zu zeigen, das als eine Kraft Gottes aus dem Nichts schafft. Deutschland verdankt diesen Dichterhelden für seine geistige Erhebung, für die Idealität seines Lebens in einer Zeit, wo alle Ordnungen überall zusammenbrachen, außerordentlich viel. Und

gerade dadurch, daß sie der Welt der Gemeinheit eine Idealwelt gegen=
überstellen, können sie dem Herrn den Weg bereiten. Aber öfter noch
werden sie mißbraucht als Gewährsmänner dafür, daß die größten
Geister des Christentums in seiner festen biblischen Gestalt entraten
können.

Die religiöse Zerfahrenheit, welche der Schmach Deutschlands vor=
ausging, offenbart sich nicht am wenigsten in den sittlichen Anschauungen
und Gewohnheiten jener Tage. Man kann nicht sagen, daß das Auf=
geben der biblischen Grundlage des Christentums allemal eine Auf=
lösung des sittlichen Lebens zur unmittelbaren Folge habe. Es giebt
Menschen, die ein starkes Bedürfnis fühlen, gerade weil sie dem Glauben
der Christen gegenüber eine sehr freie Stellung einnehmen, ihre Tüchtig=
keit durch sittliche Lebensführung und ein kräftiges Betonen der sitt=
lichen Forderungen zu beweisen. Wenn ihnen dann freilich das Beste
fehlt, die sittliche Triebkraft, die in dem Glauben an die gekreuzigte
Liebe liegt, so muß man ihnen doch einen Raum im Vorhof des Heilig=
tums zugestehen. So ist Kant ein Pädagog auf Christum geworden
durch den kategorischen Imperativ, mit welchem er an die sittliche Per=
sönlichkeit des Menschen trat; daß er die Moral festhielt, als er den
Glauben aufgab, ward für viele seiner Jünger die Brücke, um zum
Glauben zurückzukehren; selbst einige der wichtigsten Grundbegriffe des
Christentums bemühte er sich pietätsvoll dem aufklärerischen Zeitalter
wieder begreiflich und annehmbar zu machen, wenn auch in einseitig
moralischer Umdeutung. Und wenn Schiller die moralische durch eine
ästhetische Erziehung des Menschen zu ergänzen suchte, so war ihm doch
das Schöne nie ohne das Gute und mit echter Begeisterung strebte er
über den äußerlich gesetzlichen Standpunkt des Kantischen Imperativs
hinaus zu einer dem Evangelium verwandten Auffassung des sittlichen
Lebens hin. Und eine Natur von solcher Tüchtigkeit wie Fichte arbeitete
an ihrer sittlichen Vervollkommnung, mit mystischer Vertiefung eine
Religionslehre als „Anweisung zum seligen Leben“ anstrebend. Wir
werden im Verlauf der Darstellung Kantische Einflüsse in der Tüchtig=
keit preußischer Beamten wahrnehmen, Schillers Vaterlandsliebe wird
uns, nur mit bestimmterem deutschen Ton, in den Liedern der Be=
freiungskriege nochmals entgegenklingen, wir werden die gewaltigen
Wirkungen Fichtes auf die Kräftigung des sittlichen Lebens kennen
lernen. Aber eine Sittlichkeit, die vorzugsweise auf der philosophischen
Erkenntnis beruht, ist unfähig in die weiteren Kreise des Volkes sich
auszubreiten, weil sie ihre Kraft nicht aus dem allen zugänglichen
Brunnen der göttlichen Barmherzigkeit schöpft. In der Menge der

Deutschen weckte darum die Oberflächlichkeit der Aufklärung eine Sittlichkeit, die ohne Tiefe und Kraft dem gewaltigen Anprall des Geschicks
nicht gewachsen war. Man hat niemals mehr von Tugend gesprochen,
als damals, aber der Tugendbegriff war überaus oberflächlich; das gute
Herz und äußerliche Rechtschaffenheit traten an die Stelle idealen Aufschwungs; mit ein wenig Humanität, Philanthropie und Liberalität
ohne den strengen Ernst des Pflichtbegriffs glaubte die aufgeklärte Bildung der unendlichen Aufgabe des Menschen sowie Gott gegenüber genügen
zu können. Es fehlte der Tugend die quellende Tiefe religiöser Innerlichkeit,
die Weite des Blickes, der auf die Fülle des göttlich-menschlichen Lebens
gerichtet ist, der Aufschwung, dem Zeit ist wie Ewigkeit und Ewigkeit
wie Zeit, der in dem zeitlichen Leben das ewige nicht allein sieht,
sondern bereits hat. Die Tugend war nicht das einheitliche menschliche
Leben, das aus der Einheit des göttlichen emporsteigend in dasselbe sich
zurücksehnt; sie bestand aus einzelnen Handlungen und war auf einzelne Güter gerichtet. Weil sie der Einheit des Glaubenslebens entbehrte, hatte sie etwas Atomistisches, die Einzelpersönlichkeit von der
Menschheit Isolierendes, Zeit und Ewigkeit Scheidendes, man darf
sagen, etwas Egoistisches. Und wo sie, die sonst äußerst nüchtern,
verständig, auf das Nützliche gerichtet war, sich einmal in das höhere
Gefühlsleben erhob, da geschah es in der egoistischen Form des Gefühls,
in der Sentimentalität, die in der Liebe zum Nächsten sich selbst, ihr
eigenes Liebesgefühl liebt, die mit den Schmerzen schön thut. Die
Geschichte hat gelehrt, daß diese in der Rührung ihre Oberflächlichkeit
verbergende Tugend oftmals es überaus verständig fand, sich einfach
in die Knechtschaft zu fügen und in den Sünden des Nationalfeindes
mitzusündigen. Die dichterische Genialität Goethes und seiner Jünger
bekämpfte nun zwar mit der Religion zugleich die Moral der Aufklärung. Aber selbst ohne christlichen Halt machte sie die sittliche Auflösung offenbarer, namentlich in betreff der göttlichen Ordnung, auf
welcher das sittliche Leben der Menschheit hauptsächlich ruht, der Ehe.
Hatte die Aufklärung Gründe auf Gründe gehäuft, aus welchen die
Ehe geschieden werden könne, so brachte die Genialität Gründe, sie gar
nicht zu vollziehen, sie predigte Liebe ohne Ehe in den süßesten Tönen.
Wenn wir auf zwei leuchtende Punkte des geistigen Lebens der Nation
hinsehen, die mit dem Geschick der Nation, das sich bei Jena vollzog,
in recht naher Verbindung stehen, nach Weimar und Berlin, wie beschämt uns neben der wunderbaren Fülle des Geistes die schmähliche
Zerrüttung der Sitte! Die letzte kirchliche Handlung, welche im Oktober

1806 in Weimar vollzogen ward, ehe die Kirchen den Franzosen als Lazarette und Magazine überliefert wurden, war die Trauung Goethes mit seiner „Mätresse", wie sie seine Freundin Frau von Stein nennt. „Sein Gemüt ist nicht ruhig genug." hatte Schiller schon sechs Jahre früher geklagt, „weil ihm seine elenden häuslichen Verhältnisse, die er zu schwach ist zu ändern, viel Verdruß erregen." Und Körner hatte geantwortet: „Man verletzt die Sitten nicht ungestraft." Aber wozu Goethe den Ton angegeben, das setzten gerade die seiner Jünger fort, welche am lautesten ihn als Dichterfürsten priesen. Wenn wir an der Scheide des Jahrhunderts in Berlin in die Kreise treten, in denen das reichste Geistesleben wohnt, so finden wir um die edlen Frauen Henriette Herz und Rahel Levin eine Schar geistreicher Männer versammelt, aber wie manchen, dessen Leben ein Spott ist auf die christliche Sittlichkeit; wir erinnern nur an den Prinzen Louis Ferdinand, an Gentz, der als Ehemann ein schändliches Leben führte, an Friedrich Schlegel, der sein schamloses Buch die „Lucinde" nicht allein selbst für eine Art Evangelium der echten Liebe hielt, sondern sogar von Schleiermacher darinnen bestärkt wurde. Denn auch dieser, sonst ein Musterbild sittlicher Reinheit, war durch die Entrüstung gegen die der Liebe tödlichen Ehen, gegen die der Sittlichkeit feindliche Moral jener Zeit, selbst für eine Zeitlang in den Irrtum der Romantiker verfallen, wenn er auch edel irrte. Auch die Sittlichkeit bedurfte einer Erneuerung, sie kam durch die Vertiefung ins Christliche und die läuternden Geschicke des Vaterlandes zustande und fand durch Schleiermacher ihre wissenschaftliche Darstellung. Aber als der Feind ins Vaterland einbrach, war Glaube und Liebe, Kunst und Sitte zerfahren. Ein Neues mußte aus dem ersterbenden Alten hervorgehen. „Schlecht sind wir" klagte Arndt, „feig und dumm, zu arm für die Liebe, zu lau für den Zorn, zu matt für den Haß, alles umfassend und nichts haltend, alles wollend und nichts könnend; und so in unseliger Mitte zwischen Leben und Tod, zwischen Himmel und Erde schwebend und hangend, sehen wir uns und die Erde unter uns vergehend. In dieser traurigen Gleichgültigkeit und Gottlosigkeit und Volkslosigkeit, die sie Vielseitigkeit nennen, liegt die Erklärung der Geschichte unserer beiden letzten Dezennien." Die Gottlosigkeit, um Arndts starken Ausdruck zu gebrauchen, haben wir geschildert, auch in die Volkslosigkeit müssen wir zur heilsamen Beschämung einen Blick thun.

2.

Die nationale Zerrissenheit.

~~~~~~

Das religiöse Leben eines Volks ist von seinem nationalen nicht
zu trennen. Es wäre ebenso verkehrt, wenn die Frommen im Lande
nach der politischen Gestaltung des Volkslebens nichts fragen, als wenn
die Politiker das religiöse Leben mit gleichgültigem Auge betrachten
wollten. Im Heidentum giebt es eine naturnotwendige Einheit des
Religiösen und Nationalen. Die Religion ist nur eine Seite des Volkstums überhaupt. Es versteht sich von selbst, daß, wer dem Volke angehört, auch seine Gottesdienste feiert; Übertritt von einer heidnischen
Religion zur andern wäre Wechsel der Nationalität. So werden die
Heiden auch durch ihre religiösen Anschauungen über den engen Kreis
ihres volkstümlichen Lebens nicht hinweggehoben. Das ist aber des
Christentums Art, daß es den Menschen, wie über jede andere Be-
schränkung, so auch über die nationale durch die herrliche Freiheit der
Kinder Gottes emporführt. Das Christentum wendet sich an den
Einzelnen, weil jeder Einzelne in Gottes Augen unendlichen Wert hat,
aber von dem Augenblick an, in welchem der Einzelne aus sich selbst
zu Gott zurückgeführt wird, thut sich ihm das Reich Gottes auf als
das Gemeinschaftsleben aller Menschen aus allen Völkern und Zungen,
welche im Namen Jesu die Kniee gebeugt haben. Das Christentum
stellt also aus dem Gewühl sich bekämpfender Völker eine Menschheit
her; diese aber ist keine farblose Allgemeinheit, sondern ein Leib mit
mannigfaltigen Gliedern, ein Organismus, der aus Einzelpersönlichkeiten
zu Volkspersönlichkeiten und von diesen zu der großen Familie Gottes
sich erbaut. Das Christentum hebt über die nationale Besonderung
empor, nicht durch Zerstörung, sondern durch Verklärung. Der König
des Himmelreichs hat kein Interesse daran, daß die Nationen ihre
eigentümlichen Gaben wegwerfen, ehe sie ihm huldigen, sondern er
sieht sie gerne kommen, und ihre Schätze zu seinen Füßen legen. Die

2*

nationale Besonderung ist also nicht nur erlaubt, sondern von dem Christentum gefordert. Aber ihr eigentliches Gebiet ist der Staat. Und damit sie nicht zur selbstischen Besonderung ausarte, muß ihr Gottes Reich zu Hülfe kommen und die volkstümliche Herbigkeit durch den Gedanken an die große Gottesfamilie mildern. Da aber Gott beides in den Menschen gelegt hat, den Trieb, sich selbst in einem kräftigen Volkstum erhöht und gestärkt wiederzufinden, und den Trieb, sich zur Allgemeinheit des Menschengeschlechts zu erheben, so wird da das gesundeste Leben sein, wo jeder Trieb zu seinem Rechte kommt, keiner den andern überwuchert. Die im Heidentum naturnotwendige Einheit des Nationalen und Religiösen soll im Christentum eine sittlich freie sein. Es soll die Kirche nicht den Staat knechten, der Staat nicht die Kirche einengen. Sie sollen, beide von Gott geordnet, zur gottgefälligen Ausgestaltung des Volkslebens zusammen wirken. Wo aber der Staat, in welchem zunächst der nationale Drang seine Be= friedigung finden soll, auch das religiöse Leben in seine starren Schranken einschließt, verliert die Religion ihre freie, die Menschheit umfassende Stellung und der religiöse Zwiespalt, den zu hindern der Staat doch keine Macht hat, fördert mittelbar die nationale Zerrissenheit. Als nach der Reformation in Deutschland das Christentum insofern eine falsche Besonderung annahm, daß es sich als katholische oder evange= lische Konfession mit den landesherrlichen Interessen ganz zusammen= schloß, da führte dies Verhältnis zum Krieg der Deutschen gegen die Deutschen, zum Hereinrufen fremder Herrscher als Bundesgenossen des einen deutschen Stammes gegen den andern, zur tiefsten Erniedrigung der Nation. Und wo in edleren Geistern das religiöse Leben zu keiner Kraft ge= kommen ist, da zeigt sich nicht selten die Erscheinung, daß der Drang ins Große der Menschheit, weil er im Christentum seine Befriedigung nicht gefunden hat, dieselbe in der Umhalsung der Nationen, in der Schwärmerei für die Freiheit fremder Völker sucht, selbst auf die Gefahr hin, daß mit der Förderung einer auswärtigen Nation die eigene an Macht und Ansehen Einbuße erleidet. Eine solche Begeisterung für Fremdländisches traf mit der religiösen Schlaffheit im Anfang dieses Jahrhunderts in Deutschland zusammen. Wir müssen aber, um die damalige nationale Erniedrigung und Zerrissenheit zu verstehen, etwas weiter in die Geschichte zurückgreifen.

Der Reichtum an Gaben, den Gott dem deutschen Volke verliehen hat, verpflichtet dasselbe, sein Volkstum treu zu bewahren und gegen jede Verwaschung, Zerrüttung und Unterdrückung mit festem Mut zu verteidigen. Ein so kostbares Besitztum wirft man nicht weg, dafür steht man mit seinem Leben ein. Die Deutschen sind durch Naturanlagen ein tiefes, innerliches, treues, beharrliches, der tiefsten Versenkung in Gott und der mutigsten That in der Welt, des unermüdlichen Weilens in dem Gebiet des bloßen Gedankens und der dichterischen Lust an der bunten Mannigfaltigkeit des erscheinenden Lebens fähiges Volk. Hat es einerseits weltoffene Augen und Mut genug, in der Welt sich durch große Thaten ein Denkmal zu setzen, so vergißt es doch andererseits nicht, daß alle Herrlichkeit des Fleisches wie das Gras hinwelkt und ruht nicht, bis es durch die Schale zum Kern, durch die Erscheinung zum Wesen durchgedrungen ist. Ihm ward zu allen seinen Geistesgaben die besondere des Gemütes verliehen: in sein Gemüt taucht der Deutsche seine Gedanken und Anschauungen wie in eine warme Atmosphäre; alles was er denkt und thut, soll dem innersten Menschen zu gute kommen; der innerste Mensch soll in ein herzliches Verhältnis treten zu allem, was ihn umgiebt. Darum giebt es kein Volk, welches die christlichen Gedanken tiefer erfaßt hätte, als das deutsche. Wir haben seinen Christenberuf bereits darin erkannt, daß es das Christentum immer in seiner lebendigen, sittlichen Innerlichkeit darzustellen habe. Und wenn der Gedanke deutscher Denker je und je von der Bahn der christlichen Wahrheit abgewichen ist, so geschah dies doch im großen und ganzen im Interesse ernster Forschung, im Interesse der lebendigen Aneignung der gottgeoffenbarten Wahrheit, im Gegensatz zur toten Überlieferung. Aber diese Innerlichkeit des deutschen Volks, seine besondere Begabung für das religiöse Leben hat es nicht gehindert, Großes in der Welt auszurichten. Der Gedanke, der Trieb, die Begeisterung, welche im tiefsten Grunde des Menschen wurzeln, drängen am mutigsten und am weitesten hinaus. In der Zeit, da das deutsche Volk seinen besonderen Charakter noch nicht ausgebildet hatte, war es mit andern Germanen der neue Schlauch für das Evangelium, der junge Erbe Europas, da die alten Besitzer jämmerlich hinstarben. Man darf den Vertrag von Verdun im gewissen Sinne als die Geburtsstunde der deutschen Nationalität ansehen. Das deutsche Kaisertum hat dann Jahrhunderte lang der Welt geboten, und als seine Macht unter dem Aufblühen der Stammesmächte sank, — deutscher Geist hat nie aufgehört, sich als ein königlicher unter den Völkern zu beweisen. Der Forschungstrieb der Deutschen hat zu den folgenreichsten, wohlthätigsten Erfindungen geführt, die Wanderlust zu Fahrten zu See und zu Land, durch welche deutsches Wesen in ferne Gegenden

verpflanzt ward und der deutschen Phantasie farbenhelle Bilder aus
den fremden Gebieten vorgeführt wurden. Die deutsche Baukunst
hat die Dome errichtet, in welchen die tiefste Sehnsucht und die seligste
Begeisterung des deutschen Gemütes den kalten Stein durchdringt und
sich unterthan macht. Die deutsche Malerei hat es in alter wie neuer
Zeit verstanden, nicht nur dem Auge Ergötzlichkeit, sondern zugleich
dem innersten Sinn Anlaß zur tiefsten Versenkung in das Bleibende,
das die Kunst in sichtbaren Gestalten darstellt, zu bieten. Wir haben
im Mittelalter eine große deutsche Dichtung gehabt, in welcher des
ganzen Volkes Art und Gemüt sich aussprach, und in neuerer Zeit
eine ebenso große, in welcher das deutsche Genie das Beste, was fremde
Völker bieten, sich aneignete und auf sich selbst allein gestellt dichterische
Gaben ersten Preises bot. Und die größte Wohlthat hat der Welt
das deutsche Volk durch sein Gewissen erzeigt, welches in der Reformation die Fesseln des Papsttums brach. Wo ist ein anderes Volk,
das mit seiner Innerlichkeit eine solche Vielseitigkeit geistiger Leistungen
verbände?

In dieser Vielseitigkeit liegt aber zugleich die größte Gefahr für
das deutsche Volkstum. Die Idealität des deutschen Geistes erfaßt
alles Schönste und Herrlichste gerne, das auf dem weiten Erdboden
zu finden ist, die deutsche Gerechtigkeit, welche Klopstock zu der Warnung
veranlaßt: sei nicht allzu gerecht! nimmt das Gute gerne auch von
den Völkern, welche uns feindlich gegenüber stehen, die deutsche Sprache
hat in ihrer Ursprünglichkeit eine von keiner andern erreichte Fähigkeit,
die Dichtungen fremder Völker zu übertragen. Aber dieser den Deutschen
eigentümlichen staunenswerten Empfänglichkeit für die Geisteserzeugnisse
anderer Völker gab die politische Machtstellung des deutschen Volks
lange Zeit kein heilsames Gegengewicht. Während andere Nationen nach
außen wirkten, an fernen Küsten ihre Banner aufpflanzten, die fremden
Völker ihre Überlegenheit fühlen ließen, waren wir im Herzen Europas
ein friedliches Volk, weder durch Naturgrenzen, noch durch eine schwertes-
scharfe Politik nach außen geschützt. Und der deutsche Geist, der gegen
die Feinde ringsum auf der Wacht hätte sein müssen, ließ sich durch
kosmopolitische Gedanken einschläfern. Wenn die Deutschen, wie der
alternde Goethe gethan hat, sich auf den Diwan des Orients strecken,
um ihre poetischen Gedanken auszuspinnen, so hat das zwar eine erschlaffende Wirkung, ist aber für unser politisches Dasein nicht unmittelbar gefährlich. Die Bewunderung Englands hat etwas Erniedri-
gendes, weil die Engländer im großen und ganzen einen zügellosen

Hochmut gegen die Deutschen an den Tag legen, und Klopstock mag den deutschen Bewunderern Englands auch heute noch zurufen: was that dir, Thor, dein Vaterland? Aber in dem Englischen bewundern wir, wie thöricht die uneingeschränkte Bewunderung eines Volks auch ist, das uns so lange verachtet oder gehaßt hatte, doch immer das Germanische, und England, von uns durch das Meer getrennt und in seiner Politik auf das Meer gewiesen, hat Ursache genug, seine Macht nicht in festländischen Angelegenheiten zu vergeuden. Am sorgfältigsten haben wir unser Volkstum gegen die Slaven im Osten und die Franzosen im Westen zu schützen. Und weil der deutsche Geist für russische und polnische Zustände keine besondere Sympathie hat, wohl aber immer wieder von der schillernden Bildung der Franzosen sich blenden läßt und weil es keine größeren politischen Gegensätze giebt, als die deutsche Genügsamkeit und die französische Habgier, so mußte die Pflicht der Deutschen, ihr Volkstum zu wahren, vor allem die Pflicht sein, gegen die französischen Beeinträchtigungen desselben auf der Hut zu stehn.

Schon 1444 erklärten die Manifeste des Königs von Frankreich: alles Land bis zum Rhein gehöre Frankreich. Mit den Tagen der Reformation gewinnen die Versuche Frankreichs, in Deutschland sich Einfluß zu verschaffen, Deutschland zu gunsten Frankreichs zu verkleinern, eine bestimmte Richtung. Franz I. von Frankreich gebrauchte, als der deutsche Kaiser Maximilian gestorben war, die schlimmsten französischen Künste, um die deutsche Kaiserkrone zu gewinnen. Aber die Hinweisung des Kurfürsten von Mainz auf die Gefahren des Franzosentums für Deutschland, auf die Beschimpfung, welcher die Kaiserkrone auf einem französischen Haupte ausgesetzt sei, machte den Anschlag zunichte, und Karl V. ward gewählt, leider auch kein echter deutscher Kaiser. Franz I., glühend im Haß gegen seinen Nebenbuhler und aufs neue im Streit um Mailand ihm feindlich gegenüber stehend, merkte auf die Thatsache, daß Deutschland keine Begeisterung für seinen Kaiser hatte und daß zumal die protestantischen Fürsten den Feind ihres Glaubens und um des Glaubens willen ihrer politischen Existenz in ihm sahen. Er suchte Zwietracht zwischen dem Kaiser und den Reichsfürsten zu säen, das Reich zu schwächen, damit Frankreich es zerreißen könne. Sein Sohn Heinrich II., im eigenen Lande durchaus kein Freund oder Beschützer der Evangelischen, ward in Deutschland ihr Bundesgenosse. Als Moritz von Sachsen kaum den ersten Gedanken gefaßt hatte, das Schwert, mit welchem er vor wenigen Jahren dem Kaiser Karl geholfen, die protestantischen Fürsten, namentlich den Kurfürsten von Sachsen und den Landgrafen von Hessen, niederzukämpfen, gegen Karl zu wenden, damit er seinen protestantischen Ruf herstelle, war schon ein französischer Unterhändler da, und es kam ein Bündnis zustande, in dessen Urkunde die deutschen protestantischen Fürsten sagen: „Man wird es für gut halten, daß der König von Frankreich sich, sobald er kann, mehrerer deutscher Städte, welche von alters her zum deutschen Reich gehören, namentlich Cambrai, und in Lothringen Metz, Toul, Verdun und anderer bemächtige, und daß er dieselben als Vikarius des heiligen Reiches behalte. Unter diesem Titel sind wir bereit, ihm in Zukunft weiter förderlich zu sein, indem wir jedoch dem Reiche alle Rechte vorbehalten, welche es auf die gedachten Städte hat. . . . In betracht, daß der allerchristlichste König sich gegen uns Deutsche in dieser Sache mit Hülfe und Beistand nicht nur als Freund, sondern als liebreicher Vater verhält, werden wir ihm alle Zeit unsers Lebens hindurch solches gedenken. . . . Auch werden wir bei künftiger Erwählung eines Kaisers und Reichsoberhauptes uns so verhalten, wie es Sr. Majestät gefallen wird, und keinen erwählen, der nicht Sr. Majestät Freund ist, gute Nachbarschaft mit demselben unterhalten will und sich dazu genugsam verpflichtet. Wenn es dem Könige selbst gelegen wäre, ein solches Amt anzunehmen, werden wir gegen ihn lieber, als gegen einen andern Gefallen tragen." In Folge dieser Vereinbarung kündigte sich Heinrich II. alsbald den Deutschen als vindex libertatis germanicae et principum captivorum an; sein Manifest, das er nach Deutschland schickte, strotzte von Wohlwollen gegen seine lieben Verwandten, die Deutschen, und insbesondere gegen die gefangenen Fürsten Johann Friedrich von Sachsen und Philipp von Hessen. Es ist wahr, die beiden Fürsten wurden in Verfolg dieses gemeinsamen Unternehmens deutscher Reichsstände und des Königs von Frankreich befreit. Aber Lothringen kam unter französische Abhängigkeit, und Metz, Toul und Verdun wurden von der französischen Krone in Besitz genommen, zwar vertragsmäßig nur für eine Zeit, aber wir wissen, wie lange die desfallsige Abrechnung auf sich warten ließ.

Dies war der Anfang jenes abscheulichen, von den Deutschen nie genug zu hassenden Dings, welches man später als Rheinbundspolitik bezeichnet hat, das Bestreben der französischen Machthaber, die deutschen Fürsten durch die Vorspiegelung ihrer Unabhängigkeit dem Reichsoberhaupt gegenüber unter französischen Einfluß zu bringen.

Dies war der Anfang der von Frankreich uns zugefügten Beraubungen, welche mit der völligen Niederlage unter Napoleon endigten. Aber nimmermehr hätten wir solche Verringerung unseres Besitzes ertragen, wären wir nicht am Nationalgefühl bereits aufs verhängnisvollste geschwächt gewesen. Ehe die Franzosen uns besiegten, hatten wir ihnen schon gehuldigt, hatten wir deutsche Sprache und Sitte schon für französische Sprache und Sitte hingegeben. Daß wir die fremden Völker selbst anlocken, uns zu unterwerfen, indem wir von unserm eigenen Geiste abfallen und fremden Geistern uns hingeben, das ist schon in sehr alter Zeit die Meinung tüchtiger deutscher Männer. Im Jahre 1629 gab Johann Ellinger, Kaplan zu Arheiligen bei Darmstadt den „allmodischen Kleiderteufel" heraus, in welchem er heftig gegen die Sucht der Deutschen, fremde Moden nachzuahmen, zu Felde zieht. Er wählt die Geschichte von jenem Maler, der für den türkischen Kaiser Leute aus allerlei Völkern in ihrer Nationaltracht habe malen sollen, der das auch gethan, zuletzt aber einen Nackten gemalt mit einem Stück Tuch unter dem Arm und der auf des Kaisers verwundertes Fragen, wer der Nackte sei, geantwortet: es ist ein Deutscher, und zugefügt, er wisse ihm keine eigene Tracht abzumalen, da er nicht bei der alten Kleidung bleibe, sondern gleichsam aller andern Nationen Affe sei. „Wollen wir deutschen Affen ja so thöricht sein, und allerhand fremder Nationen und Völker Trachten und Kleider uns belieben lassen, wohlan, so schicket uns Gott solche Völker auf unsern deutschen Boden, von denen man vor diesem nicht gern hören sagen, will geschweigen, mitten in unserm geliebten Vaterlande gesehen und gehöret hätte, die wissen uns dann das allmodische Muster dermaßen anzumessen, daß mit Haufen das Blut über den Kopf abfleußt und das Geld aus dem Beutel geschneuzet wird und wir tolle närrische Deutsche das Nachsehen und den Schaden behalten." Die Anspielung auf Frankreich ist deutlich genug.

Nicht lange nachher erhob Johann Michael Moscherosch seine Stimme. Im Elsaß geboren (1601), hatte er in Straßburg zu den Füßen des trefflichen deutschen Theologen Johann Schmidt die tiefe, innerliche, evangelische Frömmigkeit erhalten, mit welcher er, ein Laie, in mancherlei Ämtern, unter den größten Trübsalen des dreißigjährigen Krieges dem Herrn die Ehre gab. Seine Frömmigkeit kam nur seiner Deutschheit gleich, mit welcher er ernstlich vor dem französischen Einfluß warnte. „Zieht nach Norden," ruft er in seinem christlichen Vermächtnis seinen Kindern zu. „Die Hansestädte, ganz Dänemark und Schweden sind rein und reich mit Gottes Wort überfüllt . . . . Ja, ziehet eher weiter und zu den barbarischen Völkern hin, wenn ihr nur Gott dienet von Herzen, ungehindert und unverstümmelt seiner heiligen Gesetze. — Auf Westen rate ich nicht, habe auch keine Hoffnung dahin wegen der Religion. Denn der Atheismus und das alte römische Heidentum ist da in voller Blüte und im vollen Schwange. Ratio status, eingebildete Ehre und Reputation geht da über Gott und Seligkeit. Und obschon auch fromme Christen da sind, so sind doch deren nicht viel. Insgemein weiß der gemeine Mann von Gott und seinem Wesen nichts daselbst oder gar wenig. Sie glauben an ihren König und was derselbe glaubt, das glauben sie auch, zwar knechtischerweise tollkühn, ohne Verstand. Einige Beständigkeit ist da nicht zu hoffen. Obschon Frankreich den Evangelischen die Religion frei läßt, so ist doch gewiß, daß es eine viel andere Intention, als der christliche Held, König in Schweden, Gustavus Adolphus gehabt hat. Frankreich gebraucht die Deutschen nützlich wider die Deutschen, anders kann es ihrer nicht Meister werden, und giebt ihnen Fristung und Geld, so lange es ihrer bedarf, wie zu Zeiten C. Julii Caesaris schon in Übung gewesen."[5]) — Dieser redliche deutsche Mann hat in seinem „Philander von Sittewald" zwei Jahrzehnte nach dem westfälischen Frieden seinem Volk einen Spiegel seiner Sitten vorgehalten. „O alte Mannheit, o alte deutsche Tapferkeit und Redlichkeit, wo bist du hingeflogen? so ruft er wiederholt schmerzlich aus und tadelt hauptsächlich die Nachäffung fremder Trachten und die Verunreinigung der Sprache durch fremde Zuthat. „Habt ihr Deutsche nicht in der Erfahrung, daß, welchen Völkern ihr euch in Kleidung also gleichstellt und sie nachäfft, daß dieselbigen dermalen euch und eure Herzen bezwingen, euch unterdrücken, und zur Dienstbarkeit ziehen werden? Denn sie ja schon eure Herzen, das beste Bollwerk, die Schanzen der Augen und Außenwerke der Sinne untergraben, eingenommen und gewonnen haben." Sein gerader Sinn ist empört gegen die französischen Komplimentierkünste. „Einmal weiß man, daß das hochedele deutsche Blut keiner Nation spinnefeinder, als eben derjenigen jederzeit gewesen ist und noch ist, die der scheinbaren Heuchelei in Worten und Sitten ergeben. Was ist das neue Weltabenteuer, das gar ungestalte und gar zu gemeine jetzige Neigen und Bücken, Hände- und Füßeküssen anders, denn eine große weibische und kindische Weichheit und gauklerische Gelenke des Leibes . . . Was sind unsre von den Franzosen kommenden und zu den Franzosen ziehenden und die Franzosen liebenden Deutschlinge anders als effeminatissima virorum pectora — Gott verzeihe mir, daß ich diese uns feindselige Sprache mit untermische — welche kein eigenes Herz, keinen eigenen Willen, keine eigene Sprache haben: sondern der Welschen Wille ihr Wille, der Welschen Meinung ihre Meinung, der Welschen Rede, Essen, Trinken, Sitten und Ge= bärden ihre Reden, ihr Essen und Trinken, ihre Sitten und Gebärden, sie seien nun gut oder bös." In der That, wie ein Prophet erscheint uns der treffliche Mann, wenn er spricht: „Ich will euch meinen Deutschen hiermit geweissagt haben: es wird eine Zeit kommen, weil alle Dinge vergänglich sind, wann das deutsche Reich soll zu Grunde gehen: dann werden Bürger gegen Bürger, Brüder gegen Brüder im Felde streiten und sich ermorden, und werden ihre Herzen an fremde Dinge hängen, ihre Muttersprache verachten und der Welschen Gewäsch höher halten, wider ihr eigen Vaterland und Gewissen dienen. Und alsdann wird das Reich, das mächtigste Reich zu Grunde gehen und unter derer Hände kommen, mit welcher Sprache sie sich so gekützelt haben, wo Gott nicht einen Helden erwecket, der der Sprache wieder ihr Maß setze, sie durch gelehrte Leute aufbringe und die welschenden Stümpler nach Verdienst abstrafe. O Gott, welchen Helden hast du dir erwählt? Treibe ihn, auf daß dies Werk einen seligen Fortgang habe!⁶) Auch andere deutsche Männer erhoben ihre warnende Stimme. Schon im sechzehnten Jahrhundert hatte Bartholomäus Ringwaldt als „getreuer Eckart" geklagt, daß die Deutschen nicht auf feste deutsche Sitte halten. „sondern sie seind gleich wie die Affen, nach Welschen und Franzosen gaffen." Aus England, aus der deutschen Kanzlei, sandte der wackere Schwabe Georg Rudolf Weckherlin seine Weck= rufe nach Deutschland, das im Kriege blutete: „Zerbrich das schwere Joch, darunter du gebunden! O Deutschland, wach doch auf, faß wieder einen Mut!" Friedrich von Logau verwundet heilsam: „Ein Scheuland bist du jetzt, o liebes Teutschland worden, durch Zorn, Neid, Krieg, Gewalt, durch Rauben und durch Morden." Aber er tröstet: „herrscht der Teufel heut auf Erden, wird Gott morgen Meister werden." Und wie ein Morgenruf klingt am Ende des bösen sieb= zehnten Jahrhundert das Lied, das Hans Aßmann anstimmt:

Nun ist es Zeit zu wachen,
Eh Deutschlands Freiheit stirbt
Und in dem weiten Rachen
Des Krokodils verdirbt.

Herbei, daß man die Kröten,
Die unsern Rhein betreten,

Mit aller Macht zurücke
Zur Son' und Seine schicke.

Laßt Lerch' und Falke fliegen,
Setzt alle Kräfte bei,
Mit ihnen zu besiegen
Des Hahnes Prahlerei.

Aber die Franzosen waren unermüdlich, die Macht an sich zu reißen, die ihnen, wie sie glaubten, als der größten Nation gebührte. Schon 1632 gab Cassan ein Buch heraus, in welchem er unter dem Schein der Gelehrsamkeit das Recht Frankreichs auf ziemlich alle europäischen Länder, Großbritannien, Skandinavien und die slavischen Gebiete ausgenommen, namentlich aber das Recht auf Deutschland und das Reich zu beweisen suchte. Solche tollen Ansprüche waren das geheime Programm, nach welchem die Klugheit Richelieus während des dreißigjährigen Krieges und der darauf folgenden Friedensverhandlungen verfuhr. Kein Mittel wurde gespart: Anmaßung, Intrigue, Schmeichelei und namentlich Geld sollte zum Ziele führen. Die habsüchtige Regierung brachte ungeheure Opfer an Geld, um größeren Gewinn dafür zu erlangen. Fürsten, Prinzessinnen, Minister, Generale, Erzieher wurden durch große Summen gelockt; sie waren das nächste Ziel, das fernere waren Länder, schöne, deutsche Länder. Der westfälische Friede krönte die Bemühungen. Frankreichs Unterhändler hatten so lange von einer „angemessenen Entschädigung" für seine „Anstrengungen, Verluste und Ausgaben" gesprochen, bis die österreichischen Unterhändler sich daran gewöhnt hatten und nun zu Anerbietungen sich herbeiließen. Und nachdem erst die Abtretung zugestanden war, offenbarte sich die Unverschämtheit der französischen Forderungen. Österreich widerstrebte solchem Unmaß, der Fürstenrat erklärte, daß Kaiser und Reich schlechthin keine Verpflichtung gegen Frankreich habe, die Stände zeigten sich empört, daß mit deutscher Fürsten Erbgut der Ausländer Ehrgeiz und Habgier gestillt werden sollte. Die öffentliche Meinung rief das vaterländische Ehrgefühl auf. Frankreich siegte in der Verhandlung, von Bayern unterstützt. Österreich ließ sich ein paar Millionen Livres zahlen und gestattete dafür, daß durch den Friedensvertrag nicht nur die Bistümer Metz, Toul und Verdun, die seither, fast hundert Jahre lang, nur in thatsächlichem Besitz Frankreichs sich befanden, geradezu abgetreten würden, sondern daß zugleich die Landgrafschaft im obern und untern Elsaß nebst dem Sundgau und der Stadt Breisach, sowie die Landvogtei der zehn im Elsaß gelegenen Reichsstädte: Hagenau,

Kolmar, Schlettstadt, Weißenburg, Landau, Kaisersberg, Obernheim, Roßheim, Münster und Thüringheim an Frankreich überlassen wurden. Anfangs gedachte Frankreich die Freiheit und Reichsunmittelbarkeit diesen Städten zu belassen und selbst Sitz und Stimme im Reiche nicht zu verschmähen. Nachher ward der souveräne Besitz vorgezogen. Es war übrigens nur die Landgrafschaft, der dem Hause Österreich zustehende landgrafschaftliche Besitz im Elsaß, und die Landvogtei über die zehn Städte, das dem Hause Österreich zustehende Recht diesen Städten gegenüber, abgetreten, nicht die reichsunmittelbaren Stände des Elsasses und nicht die reichsunmittelbare Freiheit der Städte preisgegeben. So blieb der französischen List und Gewalt noch viel zu gewinnen.

Und für die fortgesetzte Beraubung hatte der westfälische Friede die Verhältnisse besonders günstig gestaltet. Die Gebietsabtretung er= scheint als das kleinere akute Übel. Ein größeres chronisches gesellte sich dazu. Frankreich hatte immer eine zärtliche Fürsorge gezeigt, daß die deutschen Reichsstände nicht in Sklaverei gerieten, d. h. dem Reiche nicht Gehorsam leisteten. Nun ward durch Frankreichs Einfluß im westfälischen Frieden die Souveränität der deutschen Reichsstände anerkannt: das Recht, nicht bloß über das Leben und Gut der deutschen Unterthanen zu verfügen, sondern auch zum Beistand fremder Mächte Truppen zu werben und Bündnisse zu schließen. Frankreich nutzte den zwiefachen Gewinn, den es aus dem westfälischen Frieden gezogen, aus. Die Gebietsabtretung ward zur Unterdrückung der deutschen Freiheiten, die Souveränität der Stände führte 1658 nach der Wahl Leopolds zum Kaiser Deutschlands zu einem rheinischen Bunde unter Frankreichs Protektorate, zu welchem unter andern die Kurfürsten von Mainz, Trier, Köln und der Bischof von Münster, ferner Braun= schweig, Lüneburg, Hessen=Kassel, später auch Württemberg, Hessen= Darmstadt, ja sogar Schweden wegen Bremen, Verden und Wismar gehörten. Zweck war auch jetzt wieder: die „Erhaltung der deut= schen Freiheit." d. h. die Auflösung des Reichsverbandes. Der Papst fühlte ein Grausen über das ungeheuerliche Bündnis, in welchem katholische Reichsstände mit protestantischen sich zusammengethan. Brandenburgs Herrscher, der große Kurfürst, wies nicht nur lange alle Zumutungen zum Eintritt ab, sondern rief das deutsche Vaterlands= gefühl gegen die List und Gewalt der fremden Mächte auf. Er schloß seinen patriotischen Aufruf: „So gedenke ein jeder, was er für die Ehre des deutschen Namens zu thun habe, um sich gegen sein eigen Blut und sein vor allen Nationen dieser Welt berühmtes Vaterland nicht zu vergreifen. Mir, du ehrlicher Deutscher, sind diese Dinge wohlbekannt, und habe sie dir daher wollen kommunizieren, damit man dich mit andern Berichten nicht länger äffen und ohne Grund der Wahrheit ewig blind herumleiten möge. Adieu! Gedenke, daß du ein Deutscher bist!" Der Rheinbund brachte Deutschland Schaden. Erst als der große Kurfürst selbst in denselben eintrat, ward er unschädlich und 1667 zu Grabe getragen.

Aber Frankreich gab seine Beraubungen nicht auf. Der Krieg mit Holland war ihm eine neue Gelegenheit, das Reich zu spalten und der Friede von Nimwegen (1679) brachte für Deutschland neue Schmach; im Westen schritt Frankreich in Deutschland weiter vor, im Norden setzte sich Schweden wieder fest. Der große Kurfürst, der Deutschlands Ehre in dem Kriege so tapfer verteidigt hatte, unter= schrieb, indem er seinen Gefühlen durch Vergils Wort Luft machte: Exoriare aliquis nostris ex ossibus ultor! Möge aus unsern Ge= beinen ein Rächer erstehen! Es begann zunächst die schmachvollste Zeit des Reiches: mitten im Frieden setzte Frankreich seine Berau= bungen fort, um ganz Elsaß und namentlich Straßburg an sich zu reißen! Die berüchtigten Reunionskammern wurden errichtet, um Gründe ausfindig zu machen, aus welchen jedes gewünschte deutsche Besitztum an Frankreich gebracht werden könne. Die ganze Welt staunte, weil auf diese Weise Frankreich auf die ganze Welt hätte Anspruch erheben können, aber die Beraubungen wurden nicht gehin= dert. Zwar ward zwischen Frankreich und dem Reichstag in Frankfurt a. M. ein Kongreß beliebt, aber während man deutscherseits mit den elendesten Äußerlichkeiten des Zeremoniells die Zeit verlor, gewann Frankreich Zeit und nahm plötzlich das überraschte Straßburg (27.— 30. September 1681) mit schändlicher List und roher Gewalt. Der Bischof Egon von Fürstenberg, mit seinen Brüdern ein feiger Fran= zosenfreund, begrüßte an dem Portal des bis dahin evangelischen Münsters, Ludwig XIV. mit den lästerlichen Worten: „Herr, nun lässest du deinen Diener in Frieden fahren, denn meine Augen haben deinen Heiland gesehen." Noch einmal am Ende der achtziger Jahre raffte sich Deutschland gegen das mordbrennerische Frankreich auf. Der Friede von Ryswyk (1697) bestätigte aber die geschehenen Berau= bungen, und die rechtswidrige Thatsache erhielt die Weihe des Vertrags.

Und während Deutschland von Frankreich seiner Länder und Städte beraubt ward, setzte es den Beraubungen an der Sitte und Ehre keinen Widerstand entgegen.

Über den Ryswyker Frieden zürnten die besten Deutschen vielleicht nicht weniger, als über den Pariser vom Jahr 1814. Die
Zeit hatte auch ihre Arndt und Görres, und treffliche Schriften erschienen, um die französischen Anmaßungen mit Gründen des Rechts
oder derbem Spott zurückzuweisen. Wie in den Flugschriften aus den Befreiungskriegen, gerade so werden die Franzosen in einer Menge damaliger
Schriften geschildert als ein leichtfertiges, treuloses, übermütiges Volk, vor
dem deutsche Zucht und Tüchtigkeit, Redlichkeit und Festigkeit nicht Ursache
habe sich zu beugen. Und man darf sagen, daß ein tiefer Abscheu des
Volkskernes gegen die Franzosen sich vom siebzehnten auf das achtzehnte
Jahrhundert vererbte. Aber schon gab die Volksentrüstung keinen Aus-
schlag mehr in deutschen Landen. Schon hatten die einzelnen deutschen
Fürsten gelernt, sich selbst als Staatszweck zu setzen und um ihres persönlichen Vorteils willen sich untereinander zu entzweien. Ludwig XIV., der
größte Feind Deutschlands, war das Musterbild für die deutschen Regenten geworden. Sie fanden Gefallen an der Devise des Franzosen-
königs: L'état c'est moi, und an der andern: Le peuple pour moi.
Es schien eine so leichte und anmutige Weise des Regierens, nur an sich
selbst zu denken, beliebig viel Geld aus dem Volk zu pressen, Mätressen
zu halten, neue Residenzen, Solitüden, Jagdschlösser zu bauen, an der
Oper und dem Ballett sich einen Kitzel für Ohren und Augen zu verschaffen und das ehrliche Deutsch mit der glatten französischen Hof-
sprache zu vertauschen. Jeder Prinz eilte nach Versailles, um sich dort
das Muster für sein Staats- und Hofleben abzusehen. In den An-
weisungen für die Erziehung ihrer Kinder, welche die fürstlichen Eltern
gaben, traten neben die überlieferten christlichen Grundsätze neue, aus
Frankreich gekommene, die ihnen widersprachen. „Je ne ferai rien
contre ma naissance et ma gloire," war der Wahlspruch der Maria
Amalie von Sachsen-Naumburg zur Zeit Ludwigs XIV. So zerrüttet
ward durch das französische Beispiel das deutsche Gewissen, daß man
bereits anfing, der scheußlichen Mätressenwirtschaft einen Schein des
Rechten zu geben. Was sollten die Fürsten sich nicht erlauben, wenn
die Hallesche Juristenfakultät unter dem berühmten Thomasius, dem
Bekämpfer der Hexenprozesse, das Rechtsgutachten giebt: „das odium
in concubinas muß bei großen Fürsten und Herren zessieren, indem
diese den legibus privatorum poenalibus nicht unterworfen, sondern
allein Gott von ihren Handlungen Rechenschaft geben müssen, hier-
nächst eine concubina etwas von dem splendeur ihres amanten zu
überkommen scheint." Und wenn die Deutschen noch eine gewisse

Scheu vor den neuen galanten Sünden hatten, bald waren die deutschen Höfe und Städte mit Franzosen überschwemmt. Man förderte von Frankreich aus möglichst die Heiraten deutscher Fürsten mit französischen Prinzessinnen und deutsche Fürstentöchter vermählten sich mit französischen Herren. Geschickte Unterhändler wurden überall an die Höfe gesandt, die mit goldgefüllten Händen, geläufiger Zunge, gewandtem Blicke und stumpfem Gewissen auf die deutsche Redlichkeit Jagd machten. Publizisten schrieben in französischem Solde. Von französischen Kavalieren wurden die Fürsten auf allen ihren Wegen begleitet, und wenn sie heimkehrten, wurden sie von französischen Kammerdienern ausgekleidet. Die Kinder lernten von französischen Bonnen eher französisch als deutsch. Die französische Litteratur drang überall ein, und die deutsche Dichtung ward unter der Tyrannei des französischen Geschmacks zu einer jämmerlichen Karikatur. Die Uhr, welche Ludwig XIV. sich hatte machen lassen, an welcher der deutsche Adler zitterte, wenn der gallische Hahn die Stunden krähte, war ein übermütiges, aber leider nicht unrichtiges Sinnbild des französischen Einflusses in Deutschland. Wie französische Kolonieen mitten in Deutschland schienen die deutschen Höfe. Es mochte vorkommen, daß der Kurfürst oder Herzog der einzige Deutsche war, der an der Tafel unter lauter Franzosen saß. Die deutschen Fürstinnen schrieben dem Gemahl oder Bräutigam nur französische Briefe und die herzlose Etikette drängte jeden warmen Herzenserguß zurück. Die vornehmen Damen in Wien trugen Wiener Schuhe nur dann, wenn sie auf der Post aus Paris kamen. „Wir wollen" sagt ein Zeitgenosse, „durch die Waffen Städte und Länder wider die Angriffe Frankreichs schützen; inzwischen sind wir und unsre Gemüter schon längst von Frankreich bezwungen und eingenommen, angesehn unsere Sitten, Sprache, Kleidung, ja so zu reden unser Inwendiges und Auswendiges französisch ist, und dennoch wollen wir die Franzosen für unsre Feinde halten und verfolgen? Kein Verständiger kann in Abrede stellen, daß, wo die Gemüter erstlich eingenommen und fremd gesinnt sind, hernach die Wenigsten mit rechtem Ernst für die Freiheit, den Glauben und das Vaterland streiten werden; viele verlangen nichts mehr, als daß sie hernach unter eine andere Herrschaft kommen mögen."

Friedrich der Große, der Preußenkönig, war der einzige, der im vorigen Jahrhundert dem deutschen Nationalgefühl wieder einigen Aufschwung verlieh. Er zog die Blicke der besten deutschen Geister und insbesondere der Jugend wie ein glänzender Stern auf sich. „Vom Vaterlande viel zu reden, schreibt Treitschke, war nicht die Weise dieses Hassers der Phrase; und doch lebte in seiner Seele ein reizbarer, schroff abweisender Nationalstolz, unzertrennlich verwachsen mit seinem gewaltigen Selbst= gefühl und seinem Fürstenstolze. Niemals hat er fremden Mächten eine Scholle deutschen Landes verheißen, niemals seinen Staat für ihre Zwecke mißbrauchen lassen. Und als die Franzosen das Rheinland überfluten, da singt er, freilich in französischer Sprache, jene Ode, die an die Klänge der Befreiungskriege gemahnt.

> Bis in seine tiefste Quelle
> Schäumt der alte Rhein vor Groll,
> Flucht der Schmach, daß seine Welle
> Fremdes Joch ertragen soll."

Aber jeder Sieg, den er erfocht, war eine Niederlage für das deutsche Reich, jede Verstärkung Preußens war eine Schwächung der Reichs= einheit. Indem unter seinen Fahnen deutsche Truppen die Franzosen bei Roßbach in die Flucht schlugen, erwärmte er das deutsche Selbst= gefühl gegenüber den Franzosen. Aber was er mit der einen Hand gab, nahm er mit der andern. Dieser deutsche König, der nicht sprach: der Staat bin ich, der sich als den ersten Diener des Staates ansah, nicht nach Glanz, sondern nach Kraft trachtete, war der ungerechteste Bewunderer französischer Bildung und verachtete die deutsche Sprache und Litteratur, als sie gerade anfing, wundervolle Werke hervorzubringen. Als dann die Revolution im benachbarten Frankreich kochte und über= sprudelte, da konnte die alte Reichsordnung gegen die junge Revolution nicht bestehen. Es fehlte dem deutschen Reich die Einheit und die Kraft. Der Kaiser war mehr österreichischer, als deutscher Kaiser. Auf dem Reichstag zu Regensburg wurden die nichtigsten Angelegenheiten in endlosen Beratungen hinausgezogen, und in den wichtigsten kam man zu keinem großen Entschluß. Mit dem Reichskammergericht in Wetzlar stritt der Reichshofrat in Wien, um den Vorrang. Nicht ein= mal so viel Geld konnte das Reich auftreiben, um zur Aufarbeitung der unzähligen Prozesse einige Beisitzer mehr zu ernennen. Dem Kaiser stand eine zum Äußersten der Selbständigkeit herangewachsene Stammes= fürstengewalt gegenüber. Die Reichsarmee war kein Körper, der sich mit Leichtigkeit und Kraft bewegte. Als nun das Ungeheuer der Re= volution den Königsthron in Frankreich umstürzte und das Leben des Königs bedrohte, da raffte sich Deutschland auf, in der Meinung, der Unruhe rasch ein Ende machen und das königliche Ansehen wieder her= stellen zu können. Kein Wunder aber, wenn die Revolution gegen die

fürstlichen Herren, welche von den Emigranten, zum großen Teil ver-
ächtlichen Menschen angestachelt wurden, ihre Marseillaise anstimmte,
und ihre ganze Macht entfaltete. Der erste Feldzug der Österreicher
und Preußen 1792 war ohne Erfolg, weil jeder der Verbündeten seine
eigenen politischen Zwecke verfolgte und ein aufrichtiges Zusammenwirken gegen den gemeinsamen Feind nicht einmal in der dringenden
Not des Augenblicks zu ermöglichen war. Mainz, der Sitz des
deutschen Reichserzkanzlers, fiel ohne Schwertstreich in die Hände der
Franzosen. Hinfort ist jedes Jahr mit einer deutschen Schmach bezeichnet. Mainz, von den Preußen wieder gewonnen, fiel alsbald in
die Hände der französischen Republik zurück. Die Koalition, in welcher
mit Preußen und Österreich das übrige Deutschland und außerdem
England, Holland, Neapel, Spanien, Portugal, Toscana und der Papst
gegen Frankreich zusammentraten, löste sich nach erfolglosem Kampfe
wieder auf. Preußen schließt in Basel Frieden (1795), Hannover,
Sachsen und Hessen treten hinzu, Norddeutschland und Süddeutschland
treiben hinfort das Werk, von dem die beiderseitige Freiheit abhängt
und das sie nur gemeinsam vollbringen können, nicht mehr miteinander.
Schon überläßt Preußen seine Besitzungen am linken Rheinufer der
französischen Republik und gewährt ihr freien Raum bis nach Westfalen.
Österreich mit seinen Bundesgenossen kann allein der französischen
Macht nicht standhalten, zumal seit Napoleon Bonaparte das Heer von
Sieg zu Sieg fortreißt. Es giebt im Frieden von Campo Formio
1797 die Niederlande an Frankreich und läßt sich für Mailand in
Venedig, Istrien, Dalmatien entschädigen. Neue Bündnisse helfen
nicht. Schmach folgt auf Schmach: der Friede von Luneville (1801) giebt
das linke Rheinufer an Frankreich. Der Reichsdeputationshauptschluß
(1803) entschädigt die deutschen Reichsstände, die an Frankreich Gebiete abgetreten, mit den Ländern ihrer Reichsgenossen. Fremde Fürsten
empfangen deutsche Reichsländer. Nicht lange — und Österreich liegt
völlig zu Boden; bevor das tödlich beleidigte Preußen zum Eingreifen
sich aufraffen konnte, hatte man kopflos den Friedensschluß übereilt.
Im Preßburger Frieden (1805) verliert es 1200 Quadratmeilen, nicht
nur an Frankreich, sondern zugleich an die deutschen Bundesgenossen
Frankreichs: Bayern, Württemberg und Baden. Napoleon ernennt die
deutschen Reichsfürsten von Bayern und Württemberg zu Königen. Er
errichtet den Rheinbund 1806 und der deutsche Kaiser legt die Kaiserkrone nieder.

Es mußte durch jahrhundertelange Mißregierung der nationale Geist aufs äußerste geschwächt worden sein, wenn der Leib des deutschen Reiches so schnell zerrissen und seine Glieder einer fremden Macht preisgegeben werden sollten. Und in der That, es giebt nichts Demütigenderes für den Deutschen, als zu sehen, wie um die Scheide des Jahrhunderts Fürsten und Völker dem französischen Wesen erlagen wie die einen von den französischen Emigranten, die andern von der französischen Revolution sich zum besten halten ließen. Wir erinnern an ein Beispiel, statt vieler, an die Vorgänge in Mainz, wie sie Clemens Perthes uns von neuem geschildert hat. Der Kurfürst hatte dem Prinzen von Condé das bischöfliche Schloß zu Worms zur Verfügung gestellt; der Prinz betrug sich sofort als Herr der Reichsstadt, sammelte große Scharen von Emigranten um sich, erteilte dem Rate Befehle, handhabte scharfe Polizei, verbörte und verhaftete. In Mainz selbst fühlte sich der Herr des Landes aufs höchste geschmeichelt, daß ihn die Emigranten, Adligen, Abbés, Offiziere père und protecteur nannten. Das war ihm dann ein Geringes, daß sie seines Volkes Mark aussaugten. „Als hilflose Flüchtlinge waren sie gekommen und auch von den Bürgern mitleidig und gutmütig aufgenommen worden. Bald aber wollten sie auf Kosten ihrer Wohlthäter prassen und schwelgen: wenn sie nicht mit ihrem Papa, wie sie den Kurfürsten vertraulich nannten, an dessen Tafel speisten, so forderten und erhielten sie vollständige und glänzende Gastmahle aus der Hofküche in das Haus geschickt; die edelsten Rheinweine wurden täglich einigen hundert Ludwigsrittern gespendet. Die freche Sittenlosigkeit, der prahlerische Übermut, der Stolz, mit welchem sie auf alles, was nicht in dem verderbten Pariser Hofkreise groß geworden war, herabsahen, reizte hoch und niedrig, ließ das revolutionäre Frankreich, welches Menschen dieser Art ausgestoßen hatte, in günstigem Lichte erscheinen und erregte Unwillen gegen die eigene Regierung, welche das Verweilen der hochmütigen Flüchtlinge wie eine ihr erwiesene Ehre betrachtete." Als dann das Heer der Revolution heranrückte, ließen der Kurfürst und sein Koadjutor Dalberg und der Minister das Volk im Stich, welches alsbald die Neufranken, die Bringer der Freiheit mit Jubel begrüßte, aufgeregt durch die Reden kurfürstlicher Beamten und Gelehrten. Die Emigranten waren schlecht; waren die Männer der Revolution besser? Forster ging als Deputierter nach Paris, um die Bitte um Einverleibung des Landes von Speier bis Bingen in die französische Republik dem Nationalkonvent auszusprechen. Er blieb,

3*

um die Schlechtigkeit der revolutionären Gewalt kennen zu lernen und zu sterben. „Je mehr man," schrieb er damals, „in die Geheimnisse der hiesigen Intrige eingeweiht, oder besser, je näher man mit dem ekelhaften Labyrinth bekannt wird, worin sich hier alles dreht und windet, desto mehr kalte Philosophie bedarf man, um nicht an allem, was Tugend heißt, zu verzweifeln. Es ist also wahr, daß heutzutage die Uneigennützigkeit und die Freiheitsliebe bloße Kinderklappern sind, bloße nichtssagende Töne, bloße geheuchelte Empfindungen im Munde derer, die jetzt das Schicksal der Nationen lenken. Es ist also wahr, daß der Egoismus ganz allein sein Spiel treibt, wo man reine Auf= opferung zu finden hoffte: wahr, daß zwischen Betrügern und Betro= genen kein Drittes zu finden ist, woran man sich halten, sich an= schließen könnte. Etwas so Seltenes sind Tugend und Rechtschaffenheit in dieser verderbten Nation geworden, daß man nichts Böses mehr für unmöglich halten kann." [7]

So bald war ein Bewunderer der Revolution und der Nation, aus welcher sie geboren worden war, enttäuscht, aber das deutsche Volk mußte erst in allen seinen einzelnen Stämmen und Staaten von der Revolution, die in Napoleon Person ward, niedergetreten werden, ehe es zum Bewußtsein kam, daß die in ihm wohnende sittliche Kraft eine Herrschaft stürzen könne, an welcher Gott kein Wohlgefallen hatte. [8]

3.

Preußens Stolz und Fall.

Nie hatte ein Königshaus und Volk gerechtere Ursache zu edlem Selbstgefühl als das preußische. Aus kleinen Anfängen hat sich der preußische Staat zur Weltmacht emporgeschwungen. Der Gunst der Vorsehung kam die Tüchtigkeit der Herrscher und der Stämme ent= gegen. Sehr verschiedenartige und weit getrennte Bestandteile erhielten ihr geistiges Band in der zusammenfassenden Kraft der Herrscher. Vielleicht giebt es kein anderes Fürstengeschlecht, aus welchem in so rascher Folge eine so große Zahl bedeutender Herrscher hervorgegangen ist. Und deutsche Art trugen sie alle an sich. Sie sahen das Volk nicht als Mittel an, persönliche Neigungen zu befriedigen; mit völliger Hingabe dienten sie dem Wohle des Volks. „Gottes schlichten Amt= mann an dem Fürstentum" nannte sich der erste märkische Hohenzoller. „Für Gott und das Volk", hieß der Wahlspruch des großen Kurfürsten. Friedrich Wilhelm I. offenbart in all seiner herben Strammheit, mit welcher er Geld sparte, Soldaten exerzierte und kirchliche Zucht übte, seine Hingabe an das Volkswohl. „Der König ist der erste Diener des Staats", so lautet das Bekenntnis des großen Friedrich. Und die Könige dieses Jahrhunderts zeigen jeder in eigentümlicher Weise, daß sie die Krone nur aus Gottes Gnaden und nur zum Besten des Volks tragen wollen. Die Härte im einzelnen, die sie nach der Weise der Zeit oder persönlichen Stimmungen ausübten, wurde durch die ganze Führung des Regiments gemildert, der man es anmerkt, daß sie nur die Größe, Kraft und den Wohlstand des Staats erstrebt. Sittliche Tüchtigkeit, geistiger Adlerblick, schneidige Führung des Schwerts — das sind die Mächte, welche Preußen erhoben haben. Den Mangel an Geschlossenheit und Rundung der Landesgrenzen ersetzte die alle Teile des Volks durchdringende Anhänglichkeit an das Königshaus; was dem Staat an geographischem Umfang fehlte, gewann er durch Entwicklung der Kräfte des Bodens und der Gewerbe; die tüchtige Schulung verdoppelte das Heer. Auf diesem Wege hat es

Preußen dahin gebracht, daß es schon im vorigen Jahrhundert der Stolz der edelsten deutschen Geister geworden ist. Dazu kommt der protestantische Charakter des preußischen Staats. Während Österreich seine alte jesuitische Kirchenpolitik fortsetzte und Kursachsen für die polnische Königskrone die Krone des evangelischen Glaubens dahingab, ist Preußen, der mächtigste protestantische Staat in Europa, dem Protestantismus treu geblieben. Mehr und mehr, mit geringen Unterbrechungen, hat sich Preußen als der Träger nicht bloß eines bestimmten Bekenntnisses, sondern als der Träger des protestantischen Geistes erwiesen, der die treibende Kraft nicht allein eines religiösen, sondern zugleich eines wissenschaftlichen und politischen Prinzips ist. Preußen hat die Abschwächung dieses Geistes bis zur ärmsten Gestalt mit durchgemacht, aber von ihm ist auch seine Erneuerung und durch sie eine tiefe Wirkung auf Deutschlands religiöse und politische Gegenwart ausgegangen. Man konnte zeitweilig durch eine augenblickliche Politik, die der Staat verfolgte, sich verstimmen lassen, aber diese Verstimmung hätte nie die Überzeugung trüben lassen dürfen, daß Deutschland und die evangelische Kirche für ihre künftige Gestaltung die größte Hoffnung auf Preußen setzen mußten. Und andrerseits, welch andrer Beruf konnte Preußen als Stern vorleuchten, als der, den es nunmehr so herrlich erfüllt hat, Deutschland zu einigen und die ihm gebührende Stellung unter den Völkern ihm zurückzugeben?

Wenn der deutsche Geist nicht mit überschwenglicher Kraft die durch Deutschlands Mitte sich hindurchstreckenden Teile des preußischen Staats erfüllte, wenn Preußen nicht aus ganz Deutschland die lebendigsten Geister heranzuziehen und mit den deutschen Stämmen zu einem Reiche sich zusammenzuschließen verstand, so konnte es schließlich keine größere Wirkung entfalten, als die seiner geographischen Größe entsprach. Das Ausscheiden Preußens aus der Verbindung der Staaten, welche die Revolution und ihren Erben Napoleon bekämpften, hatte einst keine andere Folge, als daß Preußen allein um so tiefer gedemütigt wurde; seine Erhebung begann mit dem Augenblicke, als es sich zum Führer der nationalen Begeisterung gegen die französische Zwingherrschaft aufwarf.

Man kann den Frieden von Basel, den Preußen schon 1795 mit Frankreich schloß und durch den es auf den Widerstand gegen Frankreichs Eroberungen in Deutschland verzichtete, mit vielen Gründen entschuldigen, mit dem Mangel einer durchgreifenden Kriegsführung auf seiten Österreichs, mit der verwerflichen Gleichgültigkeit und Saumseligkeit der kleineren Reichsstände in Erfüllung ihrer Pflichten, mit Preußens

Nöten in Polen, mit dem mangelnden Kriegsglück und dem Zustand der Finanzen; immerhin bleibt es traurig, daß Preußen nicht damals schon, anstatt zu weichen, alle Kraft aufs neue einsetzte, um die Ehre des deutschen Volkes zu retten, immerhin bleibt es eine Thatsache, daß durch den Frieden zu Basel zuerst die Zerrissenheit Deutschlands ihren öffentlichen Ausdruck erhielt, daß durch ihn die französische Politik, die dahin ging, Deutschland in drei Teile zu spalten, in das Deutschland der kleinen Fürsten im Westen, das österreichische und das preußische Deutschland, ihren ersten Sieg davontrug, daß insbesondere der alten französischen Losung: Frankreich bis zum Rhein, wenigstens vorläufig von Preußen ihre Berechtigung schien eingeräumt zu werden. Preußen bezahlte in den nächsten zehn Jahren den materiellen Vorteil, keinen Krieg führen zu müssen, mit dem sittlichen Nachteil, daß es von Frank= reich verächtlich behandelt wurde und in den Augen Deutschlands nicht als der Träger eines erhebenden politischen Gedankens dastand. Wenn das starke Preußen sich nicht scheute, Frankreich Zugeständnisse zu machen auf Kosten des deutschen Reichs — wer konnte es den kleinen deutschen Fürsten im Süden und Westen, die dem französischen Druck so unmittelbar ausgesetzt waren, verargen, wenn sie Frankreichs Einfluß sich hingaben? Wenn Preußen um seiner Ruhe willen von den Pflichten gegen die deutsche Nation sich lossagte, was konnte man von den andern Reichsständen verlangen, die, je kleiner sie waren, desto heftiger für ihre Sonderexistenz zitterten? Die Schmach des Friedens von Luneville und des Reichsdeputationshauptschlusses folgt, nicht bloß der Zeit nach, auf den Baseler Frieden. Und nachdem Preußen mit zu= gesehen, daß das ganze linke Rheinufer an Frankreich übergeben ward, nachdem es selbst aus dem scheußlichen Spiel Gewinn gezogen hatte, durch welches die deutschen Verluste am linken Rheinufer durch deutsche Besitzungen am rechten Rheinufer ersetzt, die Dynastien entschädigt, die Reichsgrenzen verringert worden waren, hatte es damit sich wirklich Ruhe erkauft? Trieb nicht Frankreich seine Herabwürdigung Preußens so lange, bis es sich endlich zum Krieg aufraffte und dem französischen Kaiser Gelegenheit gab, auch Preußen zu vernichten?

Wir schreiben keine politische Geschichte dieser Zeit, sondern eine Geschichte der religiösen Erweckung des deutschen Volks. Wir über= gehen alle die Schwierigkeiten und die Schwankungen der preußischen Politik, unter welchen Napoleon seine Beschimpfung dieses Staates fortsetzte. Wir erinnern nur an Österreichs Niederlage bei Ulm, Ruß= lands bei Austerlitz, an die feige, verräterische Führung der preußischen Politik durch Haugwitz, an die Abmachungen von Schönbrunn, Preß=

burg, Paris, an die Gründung der troisième Allemagne, des Rheinbundes, an die Revolution von oben, die Abdankung des deutschen Kaisers und die Preisgebung des deutschen Reiches. Durch Schuld der Habsburgischen Hauspolitik, durch die Abneigung der deutschen Kleinstaaten einem Kaisertum, das nicht Mehrer des Reichs, sondern seines Reichtums war, zu gehorchen und durch die Sirenenstimme Frankreichs von der deutschen Libertät war es dahin gekommen, daß das Reich sich auflöste. Da will Preußen die letzten Deutschen unter seine Fahnen sammeln, einen norddeutschen Bund gründen. Napoleon will's nicht dulden. Wir fassen den geschichtlichen Moment ins Auge, in welchem endlich durch Preußen die Losung: Krieg gegen Frankreich! erscholl, und suchen die sittliche Grundlage zu erkennen, auf welcher dieser Krieg begonnen wurde, um den darauf folgenden Fall zu verstehen; die Sünde möchten wir aufdecken, um die Züchtigung Gottes und die Buße des Volkes um so besser zu fassen.

Es ist allemal nicht bloß ein politischer Fehler, sondern ein sittliches Übel, eine Volkssünde, wenn ein Volk übermütig und sicher von dem Kapital früher erlangten Ruhms zehrt, unbekümmert, wie bald es aufgezehrt sein wird. Mit denselben Mitteln, mit welchen ein Staat heute einer Welt Widerstand leistet, kann er einige Jahrzehnte später einer einzelnen Macht nicht wirksam gegenübertreten. Denn in Wahrheit bleiben die Kräfte eines Staats nicht dieselben, sondern, wenn sie nicht mit dem lebendigen Fortgang der Geschichte sich immer erneuern, rosten sie ein und werden zu unbrauchbaren Waffen. Das war der Schaden des preußischen Volks, daß es in den Krieg gegen Napoleon ging, mit dem Übermut, der Sieg sei noch immer an die alten Fahnen Friedrichs des Großen geheftet, obwohl der Geist des gewaltigen Königs aus dem Heere gewichen war.

Der Bischof Eylert hat in seinen Erinnerungen an Friedrich Wilhelm III. ein deutliches Bild des preußischen Heeres gegeben, wie es vor der Niederlage von Jena war. Der größte sittliche Schaden war die Lostrennung desselben vom Volksganzen, die Erzeugung eines militärischen Geistes, der auf den Bürger verächtlich herabsah, für welchen der Bürger sich nicht begeistern konnte. Wie eine Knechtschaft lastete die Verpflichtung zum Dienst auf dem Einzelnen, den sie traf, weil sie nicht eine allgemeine Bürgerpflicht war. Das Werberwesen, durch welches Ausländer in Menge, oft die Größten und Stärksten, aber auch die Liederlichsten und Schlechtesten, zum Dienste gezwungen und in demselben festgehalten wurden, ließ in dem Heer keinen sittlichen Geist aufkommen! Man hatte keine Ahnung von der Möglichkeit, mi-

litärische Zucht aufrecht zu erhalten ohne die Anwendung der entehrend-
sten Strafen. Stockprügel und Spießrutenlaufen waren an der Tagesordnung. Der Zustand im Heer war derart, daß die Versuchung
zum Weglaufen den Soldaten immer wieder nahe trat, und jeder mißlungene
Versuch ward mit immer härterer Strafe, zuletzt mit Enthauptung ge-
ahndet. Die lange Dienstzeit, zumal wenn kein Krieg die Reihen
lichtete und frisches Leben in die Glieder des militärischen Körpers
brachte, dämpfte den kriegerischen Geist und fesselte die Offiziere und
Unteroffiziere an die stillen Beschäftigungen und Freuden des Familienlebens. Die mechanische Abrichtung konnte den mangelnden Geist unmöglich ersetzen. Man exerzierte für die Parade, und wenn auch der
alte Kurfürst von Hessen als Generalinspekteur sein Maß aus der
Tasche zog, um die Zöpfe zu messen, ob sie nicht zu lang oder kurz,
zu dünn oder dick seien, und wenn er auch nicht genötigt war, aus
tiefster Seele zu seufzen: es ist grausam schwer, einen guten Zopf zu
machen! wenn auf der Parade auch alles gut ging: damit war keine Gewähr für die kriegerische Befähigung der Regimenter gegeben. Der gemeine Mann hatte keine Liebe, kein Vertrauen zu den Führern, weil
ihr Übermut gegen den Soldaten und gegen den Bürger alles Maß
überschritt. Die Offiziere gehörten alle dem Adel an. Der Unfähige
gelangte durch seinen Stand zur höchsten Stelle; der Fähigste blieb in
der untergeordnetsten Stellung, wenn er nicht von adliger Geburt
war. Es giebt kaum eine größere Verhöhnung der christlichen oder
auch nur der einfach sittlichen Grundsätze, als das Benehmen der adligen Offiziere gegenüber dem Bürgerstande. Schon fing der gemeine
Mann an, über den Zustand des Heeres nachzudenken. „Nach meinem
dummen Verstande," sagte ein Bauernsohn aus Westfalen zu Eylert,
„hat das Exerzieren im Frieden den Zweck, uns auf den Krieg vorzubereiten. Da kann man es gelten lassen, daß wir zusammenhaltend
gerade in einer Linie marschieren und mit dem Gewehr hantieren und
dasselbe schnell zu laden und gleichförmig loszuschießen wissen. Das
alles hat seinen Nutzen gegen den Feind. Aber ich begreife nicht,
wozu das hilft immer zu kommandieren: Augen links, Augen rechts!
Linke Schulter vor, rechte Schulter vor! Brust und Rücken zurück!
Rechten Fuß, linken Fuß vor! Beim Marschieren jetzt nach der Zahl
26—27; vorher hieß es 1 und 2. Und was thun und machen die
gepuderten Locken und der Zopf! Unsere Vorgesetzten können wir nicht
lieben, wir fürchten sie. Man kann keinen Respekt mehr für sie haben.
Wenn meine Mutter der gnädigen Frau Hauptmännin Hühner und
ein selbstgesponnenes Stück Leinwand und dem Feldwebel und Unter-

offizier Butter, Eier, Speck und Schinken mitbringt, dann ist alles gut; wird es aber mal unterlassen, dann taugt es nicht und giebt saure Gesichter. Von den Franzosen hört man ganz andre Dinge; die haben keine Zöpfe und kein Mehl auf den Köpfen; die drehen die Augen nicht links noch rechts, aber sie sehen zu und sind immer auf dem rechten Fleck. Von dem Herrn Pastor erhalten wir die Lippstädter Zeitung, und da liest man mit Bewunderung, was der General Bonaparte mit seinen Soldaten für Dinge thut. Das ist ein ganzer Kerl! Wie wird es gehen, wenn wir auch einmal mit ihm zusammenkommen!"

Die Gelegenheit bot sich endlich und die Meinung des westfälischen Bauernsohns ward durch den Ausgang bestätigt. Es war das von Eylert geschilderte Heer, welches im Herbst 1806 nach Thüringen zog, um sich mit Napoleon zu messen; denn mit der Darstellung des etwas plauderhaften Militärpredigers stimmen Männer von Fach und die gewissenhaftesten Geschichtsschreiber völlig überein, und ob man seiner Schilderung des Drillens auf dem Exerzierplatz entgegenhalten kann, daß auf diesen Übungen in Schritt und Griff die Tüchtigkeit für das Schlachtfeld beruht, sofern nur der Geist nicht fehlt — so muß man klagen, daß der Geist gewichen war. Seit zwölf Jahren hatte dies Heer keinen Krieg geführt, sondern sich an das eintönige und friedliche Leben gewöhnt, das bei vielen zwischen dem Exerzierplatz und den Freuden des Familienlebens geteilt war. Waren schon in den Reihen der Soldaten viele in der fünfundzwanzig bis dreißigjährigen Dienstzeit ergraute Männer, so herrschte gar in den Offiziersstellen und zumal in den wichtigsten das Greisenalter vor. In der französischen Armee waren alle Generale durch ihre Diensttüchtigkeit emporgekommen und standen in ihrem kräftigsten Mannesalter zwischen 30 und 50 Jahren; in der preußischen dagegen waren die Generale Prinzen oder Greise. Möllendorf war 82, der Herzog von Braunschweig 71 Jahre alt, fast alle andern Sechziger oder Siebziger. Blücher hat in den Befreiungskriegen gezeigt, daß das Alter so frisch blühen kann, wie greisender Wein. Und 1870 haben König Wilhelm und die Generale Moltke und Roon bewiesen, daß die Weisheit des Greisenalters mit schneidiger Mannhaftigkeit gepaart sein kann. Die Kriegserfahrung der Generale von 1806 blieb ohne Einheit und Kühnheit der Führung. Dazu mangelte dem Heere das Nötigste. Während Napoleon rücksichtslos zugriff, um die Armee zu versorgen, herrschte in Preußen die äußerste Vorsicht, welche im Grunde der größte Leichtsinn war. Der Offizier suchte sich zu helfen und vermehrte die Packwagen durch Mitführung aller möglichen liebgewordenen Bedürfnisse, aber der gemeine Mann hatte Mangel an Nahrung und Kleidung. Wie für das Heer während des Kampfes schlecht gesorgt war, so hatte man ihm für den Fall eines Rückzugs den Rücken nicht gedeckt. Die stärksten Festungen waren in den Händen schlaffer Greise. Keine bestimmten Sammelplätze waren bezeichnet, man schien eben nur auf einen raschen Sieg, nicht auf eine rasche Nieder= lage gerechnet zu haben.

Es ist eine auffallende Erscheinung, daß bei diesem Zustand des Heeres das preußische Volk und besonders Berlin sich mit Siegeshoff= nungen berauschen konnte. Ist in diesen Hoffnungen lauter Übermut gewesen, oder war auch eine sittliche Berechtigung dazu vorhanden? Die Wahrheit ist, daß damals im preußischen Volke die Elemente chaotisch durcheinander wogten: mit denen, aus welchen das sinkende Preußen gebaut war, die schöpferkräftigen, aus denen ein neues her= vorgehen sollte; mit der sittlichen Thatkraft, die alles einzusetzen bereit ist, der Taumel der Überhebung, aus dem sofort der Fall sich ergeben muß. Was später scharf sich sonderte, ging jetzt noch zum Teil un= bewußt Verbindungen ein, die keine Dauer haben konnten. Es war eine Friedenspartei am preußischen Hofe, als deren Vertreter wir Haugwitz ansehen; sie wußte keinen andern Rat, als den, sich Napoleon zu unterwerfen. Wenn der König zum Frieden geneigt war, und es schien, als ob Haugwitz in seinen Bahnen ginge, so war es doch nur scheinbar. Haugwitz wünschte den Frieden aus sittlicher Schlaffheit, der König aus Liebe zu seinem Volk und aus Gründen der Besonnen= heit; denn er hatte die Schwächen seines Heeres wohl erkannt. Und eine Partei war am Hofe, welche zum Krieg drängte; wir nennen als einen Vertreter den Minister vom Stein. Aber während Stein und seine Gesinnungsgenossen den Krieg wünschten im vollen Bewußt= sein der Opfer, die er kosten würde, der Anstrengung aller Kräfte, die er erforderte, gab es andere, namentlich unter der jüngeren Schar der Offiziere, welche mit einer tollkühnen Kriegsfahrt glaubten Deutschland von den Franzosen reinigen zu können. Endlich als das Maß der Beschimpfung Preußens von seiten Napoleons voll war, riß die Ge= duld, und eine kriegerische Begeisterung schien das ganze Volk vom König bis zum gemeinen Mann ergriffen zu haben. Der König zog mit ins Feld und mit seiner treuen Gewissenhaftigkeit suchte er über= all einzelne Schäden zu verbessern. Schade, daß für die Führung des Ganzen so schlecht gesorgt war. Die Königin Luise begleitete ihren Gemahl, sie konnte ihr Glück nicht von dem des Königs und ebensowenig von dem ihres Volkes trennen, und seit Napoleon auch diese reine Gestalt, dieses Urbild deutscher Weiblichkeit zu beschimpfen gewagt, ward ihr Name eine Losung im Kampfe gegen den Feind. Die Prinzessin Marianne, des Prinzen Wilhelm Gemahlin, war von Steins Geiste angehaucht; in ihrer tiefen, deutschen, heldenmütigen Seele hegte sie einen sittlichen Abscheu gegen den Zwingherrn und alles, als dessen Vertreter er sich darstellte. Die Prinzessin Radziwill, des Prinzen Louis Ferdinand Schwester, schürte, wo sie konnte, das Feuer gegen Frankreich, mehr als die Königin und die Prinzeß Marianne eine politische Frau, die den Spott über den Emporkömmling zu dem Haß gegen den Tyrannen gesellte. Und während diese fürst= lichen Frauen mit dem Zauber, den für ein großes Ziel begeisterte Frauen auf die Männer zu üben pflegen, die ihnen Nahetretenden fortrissen, fehlte es wahrlich nicht an Männern, welche aus dem tiefen Grunde einer sittlichen und nationalen Auffassung der Dinge den kräftigen Widerstand gegen das hereinbrechende Unheil schöpften. Stein und Hardenberg arbeiteten schon damals für die Erneuerung des preu= ßischen Staatswesens. Schleiermacher predigte schon: „unser aller Leben ist eingewurzelt in deutscher Freiheit und deutscher Gesinnung; und diese gilt es!" Fichte bezeichnete schon den Beruf des vaterländischen Kriegers als die opferwillige, sterbensfrohe Erhebung zu etwas, was über das Leben und seine Genüsse hinausliegt. Scharnhorst, Blücher und Gneisenau — sie gehörten schon damals Preußen an und waren Führer und Kämpfer im Krieg. Aber die Nation bedurfte zuvor einer Läuterung im heißesten Feuer des Unglücks, ehe sie für die Gedanken dieser Großen empfänglich war. Bei dem gegenwärtigen Ausbruch der kriegerischen Begeisterung sind edle und verwerfliche Elemente ge= mischt; vorwiegend ist aber jenes unsittliche Trotzen auf ein ererbtes Ruhmeskapital, das wir oben als eine gefährliche Volkssünde be= zeichnet haben.

Hätte es jenem Aufschwung des Jahres 1806 an der echten va= terländischen Begeisterung gefehlt, Arndt hätte nicht schreiben können: „Nie hat man die Deutschen, nie die Preußen lebendiger gefühlt. Der Hohn war so brennend, die Erinnerung glorreicher Thaten und Leiden unter dem glorreichen Friedrich ward so frisch, das alte Vertrauen auf das Glück der preußischen Adler so sicher, daß man die Gefahr des ungleichen Kampfes, die fürchterlichen Mittel und die Kriegsart des Gegners nicht wog. Man wog nur die Notwendigkeit, die Gerechtig= keit und Heiligkeit des Streits. Dieser schöne Enthusiasmus, diese Be= geisterung für den König und das Vaterland, für die durch der Väter teures Blut erworbene Ehre und Unabhängigkeit schlug in der Brust des Soldaten und malte sich mit Flammenzügen auf dem Gesichte des

Bürgers und Bauern; mit ihnen entließ das Weib den Mann, die
Braut den Bräutigam, die Mutter den Sohn, die sie vielleicht nie
wieder umarmen sollten; so spielten die Buben auf den Straßen das
patriotische Spiel nach; es war eine Empfindung, ein Zorn, ein Glaube,
ein Vertrauen des ganzen Volks."⁹) Es ist wahr, der Gedanke war
damals schon lebendig, daß Preußen für ganz Deutschland ins Feld
ziehe. Die Presse sprach die feurigsten Empfindungen der Vaterlands=
liebe aus. Und wenn im Schauspielhause Wallensteins Lager, damals ein
Lieblingsstück, aufgeführt wurde, und der Kürassier sein Reiterlied anstimmte:

> „Wohlauf Kameraden, aufs Pferd, aufs Pferd,
> Ins Feld, in die Freiheit gezogen!" —

so ergriff das ganze Haus der Sturm des kriegerischen Geistes und
was singen konnte, sang mit. Aber es war viel frevelhafter Übermut
in der kriegerischen Stimmung. Die Offiziere in Berlin wetzten ihre
Klingen auf der Treppe des französischen Gesandten, und ein Oberst
sagte: „Es thue ihm leid, daß die tapfern Preußen Säbel und Ge=
wehre mitnehmen; Knüppel reichten hin, um die Hundefranzosen in
ihr Land zurückzujagen."¹⁰) Karl Sieveking, der nachmalige Hamburger
Staatsmann, kam im Herbst 1806 auf seiner ersten Wanderung zur
Hochschule durch Hannover. „Man gab Wallensteins Lager," so schrieb
er seiner Mutter, „die Logen waren gefüllt mit preußischen Offizieren.
Ein unaufhörliches Bravorufen nach der Beendigung des Reiterliedes,
dem eine Strophe angehängt war, wovon nur diese Worte mir einfallen:

> Es steht keine Krone so fest, so hoch,
> Der mutige Degen erreicht sie doch,

machte, daß der Vorhang von neuem aufgezogen ward und das Lied
wieder begann. Wenn man die nichtssagenden Gesichter der Offiziere
sah und die Geschmacklosigkeit, mit welcher sie die plattesten Stellen des
Stückes laut bewunderten, so kann man sich nicht enthalten, das Lied
zu bewundern, das fähig ist, so viel Begeisterung so vielen Geistlosen
einzuhauchen." Spricht sich in dem Urteil eine gewisse Vornehmigkeit
des hanseatischen Jünglings nicht nur gegen die preußischen Offiziere,
sondern auch gegen die Schillersche Dichtung aus — an patriotischer
Gesinnung hatte er keinen Mangel. „Der Mittag bei dem Minister von
der Decken machte den kräftigen Haß, die adlige Rechtlichkeit und die frohe
Hoffnung mir lieb, mit welcher man den großen Ereignissen entgegensah."
Wir schließen unsere Schilderung mit einer Äußerung von Steffens,¹¹)
die unsere Anschauung bestätigt: „Als der Herbst nahte," erzählt er, „rückte
das Heer vor. Bei meinem Schwiegervater in Giebichenstein wohnten
Generale, die mir aus früherer Zeit bekannt waren. Es waren einige

von denen, die später von den Schrecken des Krieges überwältigt, die
verderblichste und tadelnswerteste Gesinnung gezeigt haben; und ich will
es bekennen, die Sprache, die sie führten, erschreckte mich. Es war
nicht jene gesunde Begeisterung, die aus der frischen Fülle des Gemüts
hervorquillt; es war der beschränkte Übermut, welcher abgelebten, im
langen Frieden verrosteten, ohne höheren kriegerischen Sinn überlieferten
militärischen Formen eine zauberische Gewalt zuschrieb; ein Mut, wie
der von Shakespeare geschilderte der Engländer auf dem Schlachtfelde
von Azincourt würde die Gefahr der Lage nicht verkannt haben. Keiner
schien eine Ahnung von der furchtbaren Gewalt eines tapfern Heeres
zu haben, welches alle Verhältnisse der Kriegsführung wie der ganzen
Geschichte gewaltsam umgestaltet hatte, welches durch Siege, wie die
neuere Geschichte sie nicht gekannt, gehoben war, und jetzt aus der inneren
Aufregung eines ganzen Volkes entsprungen, sich uns Vernichtung
drohend entgegenwälzte. Das Gespenst des siebenjährigen Krieges,
meinten sie, würde den Feind mit unheimlichem Entsetzen ergreifen,
und er würde bei dem Anblick einer preußischen Wachtparade fliehen.«

Die Tage der Entscheidung rückten heran. Der Siegestraum war
bald verweht, das Erwachen war schrecklich. Die Doppelschlacht von
Jena und Auerstädt hatte hingereicht, um Preußen, das letzte Bollwerk der deutschen Freiheit, Napoleon zu Füßen zu legen. Was uns
bei dem Trauerspiele der preußischen Niederlage besonders berührt, das
ist die Thatsache, daß durch dasselbe nicht bloß militärische Fehler, sondern sittliche Schwächen zu Tage kommen. Auf sittlichem Schaden
beruhte der Mangel an einheitlicher Führung, und als durch ihn die
gerechteste Sache in wenig Tagen verloren war, kamen die größten
sittlichen Schäden zu Tage, in eilfertiger Übergabe großer Heeresabteilungen und wohlversehener Festungen in die Hände des Feindes. Man
mag dem gemeinen Mann Mangel an soldatischer Schneide, dem Volke,
das den Soldaten als Rückhalt dienen muß, Stumpfheit vorwerfen.
Doch sind einzelne Beispiele vorhanden von einer wunderbaren Tapferkeit und Ausdauer der Soldaten, und im allgemeinen darf man behaupten, daß der preußische Soldat, wie er damals war, sich bei allen
seinen Mängeln tüchtig geschlagen hätte, wenn er gut geführt worden
wäre. Auch Napoleon war der Meinung: »Die preußischen Truppen
sind gut, sehr gut. Sie haben nichts ausgerichtet, warum? weil niemand sie zu kommandieren verstand. Hätte ich sie geführt, so hätten sie
sich geschlagen wie Franzosen.«[12] Die größte Schuld fällt auf die
adligen Führer und Festungskommandanten. Welche Bilder der Schmach
bieten die Zehntausende, die vor den Franzosen die Waffen strecken,

die Generale, die auf ihre Güter sich zurückziehen und die Soldaten, die als Kriegsgefangene nach Frankreich geschleppt werden! Welch ein Modergeruch der sittlichen Fäulnis kommt uns aus den Festungen entgegen, die ohne Schwertstreich den Feinden überliefert werden! Magdeburg, der festeste Wall des preußischen Reiches, wird von dem alten Kleist mit 24,000 Mann, aller Artillerie und allen Vorräten übergeben, nachdem kurz vorher die flüchtigen Heerhaufen des eigenen Landes vergeblich Hilfe bei ihm gesucht hatten. Napoleon schrieb seinem Schwager Murat, nach dem, was er alle Tage vom Kapitulieren höre, brauche man die schwere Artillerie gar nicht, da man Festungen mit Husaren erobere. Romberg hatte nämlich die Festung Stettin mit 6000 Mann der Muratschen leichten Kavallerie auf die erste Auf= forderung übergeben. Als die Franzosen vor Küstrin kamen, hatten sie nicht einmal Schiffe, um über einen Arm der Oder zu der Festung zu gelangen. Der Oberst von Ingersleben kam den Franzosen zuvor, und diese bemerkten höhnisch, der Kommandant habe ihnen seine Schiffe geschickt, um sie herüberzuholen. Wer mag die Beispiele der Feigheit und Verwerflichkeit alle aufzählen, die der von seiner stolzen Höhe ge= stürzte preußische Kriegerstand darbot? Das ganze preußische Land war für die Franzosen offen. Die im Osten des Reichs zusammengerafften Kräfte suchten noch einmal Widerstand zu leisten, aber selbst von Ruß= land unterstützt vermochten sie nichts gegen den Sturmgang Napoleons, der dem tief gedemütigten Preußen im Juli 1807 den Frieden zu Tilsit diktierte. In Basel hatte sich Preußen Ruhe zu erkaufen gesucht, indem es seine Länder bis zum Rhein an Frankreich hingab, jetzt mußte es sich die Elbgrenze gefallen lassen. Und das Preußen, welches einst aus der Hand Napoleons Hannover angenommen hatte, das Land eines Reichsgenossen, mußte nun zu gunsten Sachsens den Kottbuser Kreis und die polnischen Besitzungen hergeben. Danzig ward zur freien Stadt gemacht. An Rußland kam der Bezirk Bialystock. Und zu diesen Gebietsverlusten kam die sittliche Niederlage, daß Preußen die ganze Politik Napoleons gut heißen mußte, von der Anerkennung der Brüder Napoleons als Könige von Neapel, Holland und Westfalen bis zu der des Rheinbundes, und daß es seine Häfen für die englischen Schiffe und den englischen Handel schließen und doch zugleich unge= heure Summen bezahlen sollte, bis zu deren Entrichtung die franzö= sischen Truppen im Lande blieben. Und zu allem schrieb Napoleon dem König von Preußen vor, daß er nur 42,000 Mann Soldaten halten dürfe. Keinem Urteil über den Feldzug im Herbst 1806 dürfen wir größere Bedeutung zuschreiben, als dem Gneisenaus, welcher als

Hauptmann denselben mitmachte. Es ist eine lange Reihe von Ursachen der Niederlage, die der scharfblickende Offizier aufzählt. „Die Unfähig= keit des Herzogs von Braunschweig, einen soliden Feldzugsplan zu entwerfen, die seinem Alter so gewöhnliche Unentschlossenheit, sein Feldherrnunglück, das Mißtrauen der Armee in ihn, die Uneinigkeit der Koryphäen des Generalstabs, die Neutralisierung einiger der höch= sten Mitglieder desselben, unsre des Krieges entwöhnte Armee, der beinahe in allen Zweigen sichtbare Mangel an Vorbereitungen zu dem= selben, die in den seitherigen Friedensjahren zur Tagesordnung gewordene Beschäftigung mit nichtswürdigen Kleinigkeiten der Elementar= taktik, für die Schaulustigkeit des Publikums erfunden, unser Rekrutie= rungswesen mit allen seinen Exemtionen, das nur einen Teil der Nation zu den Waffen verpflichtete, dessen Dienstzeit über die Gebühr ver= längerte, der folglich mit Widerwillen diente und nur noch durch Disziplin zusammengehalten wurde; unser Populationssystem, das dem Soldaten erlaubte, sich mit einer Familie zu belasten, deren Ernährung, wenn ihn der Krieg von seinem Herd abrief, der Wohlthätigkeit des Publikums überlassen blieb, und deren Schicksal oft dem bekümmerten Vater das Ende des Krieges wünschenswert machte; — die schlechte Beschaffenheit unsrer Waffen; die Untauglichkeit der meisten unsrer Generale; und, um alles zu umfassen, unser Eigendünkel, der uns nicht mit der Zeit fortschreiten ließ, pressen den Patrioten stille Seufzer aus, und nur in den Geist unsrer meisten Offiziere ließen sich noch Hoffnungen setzen." Unter so ungünstigen Verhältnissen ging man in den Krieg. Schlachten und Festungen gingen verloren. „So sind wir zu der Demütigung gebracht, Hilfe und Rettung von unseren Nach= barn oder von einem schimpflichen Frieden erwarten zu müssen. Selbst dieser kann uns nicht helfen, denn er bleibt immer nur ein Palliativ. Der Geist unsrer Armee ist verschlechtert. Die Unfähigkeit mehrerer Generale manifestiert. Kein Zutrauen von unten. Keine Willenskraft und keine Fähigkeiten von oben: die noch helfen könnten, haben nicht mehr die Mittel dazu. Kleinmut herrscht beinahe überall, und das Zeitalter ist so kraftlos, daß die Idee, mit Anstand zu fallen, für eine poetische Exaltation gilt. Ob eine neue Dynastie über die baltischen Männer herrschen soll, ist nicht dem Pöbel allein, nein, auch Männern in hohen Ämtern gleichgültig. Jeder will nur sich und seine Genüsse retten, und den Ehrliebenden bleibt nichts übrig, als diejenigen zu beneiden, welche auf dem Schlachtfelde blieben." Die Lage erscheint dem trefflichen Manne entsetzlich, doch giebt er die Hoffnung nicht auf, daß „unter tüchtigen Anführern und Verbannung aller Armee=Vorurteile sich vielleicht neue Menschen bilden lassen, die den Verlust eines großen Teils der alten vergessen ließen."[12])

Mit der Erniedrigung Preußens war die französische Tyrannei in Deutschland auf ihren Gipfel gekommen. So lange Preußen stand, konnten sich die deutschen Hoffnungen an ihm erheben; nun schien alles in einen wüsten Greuel versunken. Von Westen her hatte Frankreich die schönsten und reichsten Länder teils in französische Departements verwandelt, teils dem französischen Königreich Westfalen zugeteilt. Die Rheinbundsfürsten waren gehorsame Vasallen des Kaisers Napoleon. Preußen und Österreich waren so verkleinert an Umfang und so geschwächt an Kraft, daß sie keine Hoffnung auf Abwerfung des Jochs zu bieten schienen. Schon wurden deutsche Prinzessinnen willig den Brüdern und Verwandten Napoleons dargeboten. Die deutschen Soldaten folgten der französischen Trommel auf allen Schlachtfeldern von Spanien bis Rußland. Der Handel lag darnieder und doch mußten unglaubliche Summen aus dem Volke gepreßt werden. Unersättlich war Napoleon, unersättlich waren seine Generale. Den Summen, welche in öffentlichen Verträgen ausbedungen waren, kamen oft die durch Gewaltthat von den Generalen für ihren eigenen Bedarf abgezwungenen gleich. Es fehlte nicht an feilen Schriftstellern, welche Napoleon auch dem deutschen Volke als politischen Messias anpriesen, an mutlosen, welche keinen Rat wußten, als Unterwerfung für immer. Aber auf dem Volke lag die französische Herrschaft wie ein unerträgliches Joch; die Freiheit des deutschen Geistes war aufs schmählichste eingeschnürt, und was wäre aus ihr erst geworden, hätte Napoleon nicht die „deutschen Ideologen" so gründlich verachtet, hätte er eine Ahnung davon gehabt, was auch in der Politik die Macht des Volksgeistes bedeutet, wenn er einmal in seinem tiefsten Grunde aufgeregt und ihm ein großes Ziel von begeisterten Männern durch Schrift und Wort vorgesteckt ist!

Was war aus Deutschland geworden! Die Aufklärung hatte dem Volke die Kirche gleichgültig gemacht, die Bibel aus einem göttlichen zu einem menschlichen Buche herabgewürdigt, den Heiland als einen Toten hingestellt, der vor Zeiten gelehrt und gelebt, aber jetzt nicht bei den Seinen ist mit seiner allmächtigen Nähe, den Glauben entleert, die Lieder verwässert, das Gebet verleidet. Für das Himmelreich war der Sinn verschlossen, nur für die Dinge dieser Welt war er noch offen. Und nun fiel das Herrlichste zusammen, was der Mensch von irdischen Gütern hat, das Vaterland. Wofür der Mann seine beste Kraft einsetzt, die Mutter ihre Knaben erzieht, bei dessen Klang das

erlöschende Auge des Greises noch einmal leuchtet, das Herz des Jünglings rascher schlägt und der Arm zuckt, das Vaterland, an dessen
Gaben die Frauen und Jungfrauen in stiller Zurückgezogenheit ihre
höchste Wonne haben, war vernichtet. Woran sollte der Deutsche mit
dem tiefen Gemüte, dem hoch auffliegenden Geiste sich nun erfreuen
und erheben? Die Familie blieb ihm noch. Aber welche Freude bietet
das Haus, wenn das Volk in Trauer geht? Die Männer seufzten
unter dem gezwungenen Dienst, die Söhne kämpften für den Feind,
die Frauen und Jungfrauen fürchteten die französische Gewaltthat, die
Familie rang mit dem Mangel, und bis in die Häuser drangen die
Späher, um jedes freie Wort der französischen Polizei zu verraten.
Wenn das Vaterland in Knechtschaft liegt, kann keine Freude gedeihen.

Aber es war die Hand Gottes, die das schwere Joch auflegte;
Napoleon war nur sein Werkzeug. Er widersteht den Hoffärtigen, den
Demütigen aber giebt er Gnade. Er demütigt, um zu erhöhen. Wo
Gott mit seinen Züchtigungen über die Menschen kommt, da ist's unmöglich, nur Nacht zu sehen; da läßt sich allemal auch der Schimmer
der Morgenröte erkennen, welche den neuen Tag verkündet. Als eine
Gottesthat sehen wir die Erniedrigung Preußens und Deutschlands an;
das deutsche Volk sollte daran erinnert werden, daß er noch im Regimente sitzt, und daß, die ihn anlaufen, nicht zu schanden werden.
Es giebt außer dem Volke Israel kein anderes Volk, in dessen Geschichte der von Gott geordnete Weg von der Sünde zum Fall, von
dem Fall zur Buße, von der Buße zum Glauben und vom Glauben
zur Errettung so deutlich sich nachweisen ließe, als in der Geschichte
des deutschen. Wie der Einzelne, wenn er Fleisch seinen Arm sein
läßt und mit seinem Herzen vom Herrn weicht, auf sein Nichts hinab-
gedemütigt werden muß, damit er Gott wieder suche und in ihm sich
festwurzele, und wie er dann alsbald sich selig erneuert fühlt, nicht
durch sein Werk, sondern durch Gottes Barmherzigkeit: so das deutsche
Volk. Auf die Sünde der Gottvergessenheit und des Vertrauens auf
sich selbst folgte die Gottverlassenheit und die Vernichtung des Selbst.
Da ging Deutschland in sich, da erkannte es seine Sünde, da hob es
seine Augen hinauf zu den Bergen, von welchen Hilfe kommt, —
Buße und Glaube, das sind die Lebenszeichen, die Deutschland in den
Jahren nach der Schlacht bei Jena immer deutlicher sehen läßt; auf
die Gottesthat von Jena folgt die Gottesthat von Moskau. Auf die
Sünde antwortet Gott mit Preußens Vernichtung, auf die anhebende
Buße mit dem Untergange des französischen Heeres in Rußland — und
dann weiter mit Leipzig, Paris und Waterloo und wieder Paris.

Von dieser Betrachtung aus kann man den Frieden von Tilsit nicht bloß beklagen, man muß ihn zugleich preisen. Es ist wahr, Preußen war tief gebeugt — aber es war auch geläutert. Es konnte vor Gott hintreten und fragen: ist's nun nicht genug? Werde ich nun nicht wieder erfreuet, nachdem ich so schwer geplaget war? Es konnte auch vor die Glieder des deutschen Reiches hintreten mit dem reinen Gefühl, daß die Länder, die ihm von dem französischen Zwingherrn aus dem Eigentum deutscher Reichsstände gegeben worden waren, es nun wieder hingegeben hatte. Es sollte später diese oder andre deutsche Besitzungen wieder empfangen, aber unter ganz andern Verhältnissen und aus andern Händen. „Es hat die Einwohner der erworbenen Landschaften unter die Flügel seines Adlers zurückkehren sehen, nicht mit dem Grimm der Trennung von alteingewohnten, ihrer Ansicht nach schnöde behandelten Landherren, sondern mit dem Jubel der Trennung von übermütigen Fremdlingen, mit einem Bewußtsein im ganzen und großen, welches fruchtbaren Boden gewährte für das Keimen, Wachsen und Gedeihen einer innigen, gemeinschaftlichen Vaterlandsbegeisterung in allen Teilen der Monarchie. So lange in Preußen ein reines sittliches Gefühl lebt, muß es den Frieden von Tilsit in preisender Erinnerung werthalten, wie der Erlöste seine Buße, denn ein neues Leben ist mit ihm begonnen worden, ein Leben, was jetzt schon Kränze der Ehre errungen hat, die zu erringen auf der früheren Basis durchaus unmöglich geworden wären."[13] Mit diesem Urteil des Geschichtsschreibers, der aus dem Erfolg seine Ansicht sich bilden konnte, stimmt das Urteil merkwürdig überein, welches gleich nach dem Schlusse des Friedens die Königin Luise gefällt hat: „Der Friede ist geschlossen, aber um einen schmerzlichen Preis; unsere Grenzen werden künftig nur bis zur Elbe gehen; dennoch ist der König größer als sein Widersacher. Nach Eylau hätte er einen vorteilhaften Frieden machen können, aber da hätte er freiwillig mit dem bösen Prinzip unterhandeln und sich mit ihm verbinden müssen — jetzt hat er unterhandelt, gezwungen durch die Not und wird sich nicht mit ihm verbinden. Daß wird Preußen einst Segen bringen! Auch hätte er nach Eylau einen treuen Alliierten verlassen müssen, das wollte er nicht. Noch einmal, diese Handlungsweise des Königs wird Preußen Glück bringen. Das ist mein fester Glaube."[14]

Ein neues Leben begann von dem Augenblick in Deutschland, da es dem Tode verfallen schien. Die religiösen Elemente dieses Lebens im einzelnen anzuzeigen, ist im folgenden unsere Aufgabe.

4.

Blücher. Gneisenau. Nettelbeck. York. Scharnhorst.

⁂

Wir betreten mit diesem Kapitel noch nicht das Gebiet der eigen=
tümlich christlichen Erweckung, sondern das des sittlichen Handelns,
der Pflichterfüllung, der Hingabe des Menschen an das Heil des Volks,
des Mutes, der das vergängliche Dasein für ein höheres Gut unbe=
denklich in die Schanze schlägt, aber auch schon des Glaubens, freilich
in seiner Beziehung auf das irdische Gut der Freiheit des Vaterlandes,
immerhin des Glaubens, der eine gewisse Zuversicht ist des, das man
hoffet und nicht zweifelt an dem, das man nicht sieht. Das Sitten=
gesetz ist, wie das Gesetz Mosis, ein Zuchtmeister auf Christum, zunächst
dadurch, daß es unsere sittliche Ohnmacht aufdeckt und zu dem hintreibt,
in dessen Kraft der Schwache mächtig ist, aber auch dadurch, daß es
doch aus dem Kreise des selbstsüchtigen Einzellebens in das Gemein=
schaftsleben führt, den selbstsüchtigen Willen unter eine höhere Ordnung
beugt. Das Gesetz ist geistlich, sagt der Apostel, auch das Sittengesetz.
Es ist eine der Gnade in Christo vorlaufende Offenbarung Gottes.
Das lebendige Bewußtsein des Menschen, daß er einem göttlichen
Willen dienen soll, die begeisterte Willigkeit, sich demselben zu unter=
werfen, zumal wenn sie sich steigert bis zu der Erkenntnis des Wortes:
Wer sein Leben erhalten will, der wird es verlieren, bis zu dem Gefühl,
in der Hingabe des eigenen Daseins die rechte Lebensfreude zu finden
— das alles ist ein Strahl des göttlichen Wesens, der die Brust des
Menschen durchleuchtet und durchwärmt, das alles kann zum christlichen
Glauben führen, ist aber, auch wo dieser Glaube noch fehlt, als eine
Gabe Gottes hoch zu achten. In diesem Sinne halten wir es für
recht, ehe wir die eigentlichen christlichen Glaubensfrüchte aufweisen,
welche in der Trübsal gereift wurden, auf die in der zusammensinkenden
Nation noch vorhandenen sittlichen Kräfte hinzudeuten; nicht als ob
wir die hier zu besprechenden Männer als Tugendspiegel in jedem
Betracht hinstellen wollten, aber in der Meinung, daß jeder derselben

eine eigentümliche sittliche, von Gott stammende, darum nicht zum Untergang, sondern zur Neubelebung des Sterbenden bestimmte Kraft darstellt. Die geschichtliche Betrachtung begnügt sich nicht damit, ein Maß des Glaubens und der Glaubenswirkung aufzustellen und als nutzlos zu verwerfen, was für dies Maß zu klein ist, sondern mit Schmerz sieht sie ein Volk zusammensinken, aber mit Liebe liest sie dann wie Funken in der Asche alles zusammen, was noch Leben verspricht, und preist Gott, der, wenn die Zeit erfüllt ist, aus den gesammelten Kohlen eine lodernde Flamme wieder aufschlagen läßt. Wir werden hoffentlich mit den aufgeführten Namen nicht zu schanden werden. Sie alle sind Träger großer sittlicher Kräfte, und eins ist merkwürdig dabei und beweist die Macht Gottes, aus Steinen Kinder Abrahams zu erwecken und das Verachtete aus dem Staube zu heben, daß fast alle die Männer, an welche sich in der Zeit nach Preußens und Deutschlands Fall die Hoffnung einer Auferstehung knüpft, zugleich Namen sind, welche einen gewissen Gegensatz gegen das in alten Geleisen fahrende und ins Verderben auf abschüssiger Bahn versunkene Preußentum bilden. Blücher und York — beide sind zu ihrer Zeit wegen ihres trotzigen Selbstgefühls von Friedrich dem Großen mit dem ihm eigentümlichen Segenswunsch, daß sie sich zum Teufel scheren könnten, aus dem preußischen Heere entlassen worden. Gneisenau tritt aus andern Jugendeindrücken und nachdem er in fremdem deutschem Kriegsdienst und auf einer Fahrt nach Amerika einen Geist gepflegt, der sich nie unter den Zwang geistloser Überlieferungen beugen konnte, in den preußischen Dienst ein. Wie verschieden ist die Art Scharnhorsts, des niedersächsischen Bauernsohnes, ohne adligen Glanz, fast ohne militärische Haltung, aber voll hoher Entwürfe, voll zäher Kraft zur Ausführung, wie verschieden ist diese Schlichtheit des Genies von dem kecken Übermut derer, die ihre geistige Armut und ihre sittliche Blöße mit dem Schimmer der Standesvorrechte zu verhüllen suchten! Und Nettelbeck, ohne andern Beruf, in das Kriegshandwerk miteinzugreifen, als seine brennende Vaterlandsliebe, der Bürger, der den militärischen Befehlshaber zur That antreiben muß, welch ein weissagendes Bild von der kommenden Zeit, wo das Heer, vom Volksgeist, von der Bürgertugend getragen, rettende Thaten vollbrachte!

Wir haben zuerst Blücher genannt. Viele ernste Christen werden schwer begreifen, was ihnen an dem Wesen dieses Mannes als vorbildlich gepriesen werden soll. Wir sind nicht in Verlegenheit. Wir geben von vornherein die starken sittlichen Schatten zu, die auf seinem

Lebensbilde liegen, das Zügellose, Ungebändigte in seiner Natur, sein Spielen und Schuldenmachen, sein Fluchen und Wettern; aber wenn wir fragen, was ihn trotz alledem zu dem Helden gemacht habe, als welcher er im Herzen unsers Volks immer fortleben wird — bleibt da nichts übrig, als die ungewöhnliche natürliche Begabung, die körperliche Kraft und Gewandtheit, der schnelle und durchdringende Blick des Geistes, die köstliche volkstümliche Ader in seinem Wesen, die ihm die Herzen des Volks überall gewann? Wir behaupten, daß alle diese Gaben doch durch ein sittliches Band zusammengehalten werden und daß sie nur so den Helden ausgestalten konnten. Dies sittliche Band ist die Freudigkeit, die eigene Person für das Wohl des Ganzen aufzuopfern, aus welcher seine treue Pflichterfüllung, sein kühner, selbstvergessener Mut, sein unverbrüchlicher Glaube an bessere Zeiten hervorging. Und was diesem Heldenbilde neben den Zügen sittlicher Kraft auch Züge sittlicher Schönheit mitteilt, das ist die Demut, mit welcher er bei allem Selbstgefühl Gottes Barmherzigkeit pries und die Verdienste anderer anerkannte, das ist die Milde und Freundlichkeit, mit welcher er auf seinem Sturmgang zu des Volkes Befreiung es doch nicht lassen mochte, dem Einzelnen ein tröstliches Wort zuzurufen, und die ersehnte Hülfe zu bringen. Schon aus seinen ersten Feldzügen gegen Frankreich in den neunziger Jahren ist nicht allein seine sturmesschnelle und sturmeskühne Schlachtenführung, sondern auch seine Mildigkeit gegen Freund und Feind bekannt geworden.[15]) In dem Schwanken der preußischen Politik zu Anfang dieses Jahrhunderts hat er allezeit zu denen gezählt, die je eher je lieber gegen Frankreich losschlagen wollten, um die dem Vaterlande zugefügte Schmach zu rächen. Namentlich war er ganz mit den Prinzen Heinrich und Wilhelm, den Brüdern des Königs, dem Prinzen Louis Ferdinand, dem Minister vom Stein und dem General Rüchel einverstanden, als diese, auf die Gefahr hin, des Königs Ungnade sich zuzuziehen, in einer eigenen Denkschrift aufs kräftigste darauf drangen, den Grafen Haugwitz und die Friedenspolitik aufzugeben und gegen Napoleon zu rüsten. Die Schmach war ihm unerträglich, viel erträglicher der Tod. Er war immer der vorderste, wenn es galt die nationale Ehre herzustellen. Als endlich der König selbst die Rüstungen befahl, bat Blücher um die Erlaubnis, sogleich mit seinen Truppen auf die Franzosen stürzen zu dürfen. Er hatte in vollem Maße die Zuversicht des Sieges. Rüchel schrieb an ihn: „Sei's wie ihm sei, das Heer ist brav, unsere Offiziere die besten auf der Welt, und ohne uns zu rühmen, wir beide sind auch nicht ganz schlecht. Wir schlagen uns mit allen, denen wir gewachsen sind, wir weichen nur der Unmöglichkeit." Und Blücher schrieb: „Die Franzosen finden ihr Grab noch diesseit des Rheins, und die Hinübergekommenen bringen angenehme Nachricht mit wie bei Roßbach." Als dann aber die Niederlage von Jena und Auerstädt erfolgt war, als Blüchers und der königlichen Prinzen und anderer Führer Tapferkeit den Mangel an Einheit in der Führung nicht ersetzen konnten, als der Rückzug nötig war, da war Blücher fest entschlossen, seine Pflicht zu thun, und, wenn er auch darüber zu Grunde ginge, der Welt den Beweis aufzustellen, daß auch im preußischen Heere noch eine Tapferkeit wohne, die sich nicht ergebe, ehe sie bis aufs Blut gekämpft. Unglaubliche Anstrengungen machte er mit seinen Truppen, um zur rechten Stunde in Prenzlau anzukommen, wo er sich mit Fürst Hohenlohe vereinigen sollte. Und als er hörte, daß dieser mit 16,000 Mann den Franzosen sich ausgeliefert, versuchte er auf eigene Faust sich durchzuschlagen. Die Hoffnung belebte ihn, über die Elbe zurück zu können und vielleicht von Westfalen her den Franzosen in den Rücken zu kommen. Jeder noch so kühne Plan war ihm lieb, der gegen den Feind ging; verhaßt war ihm nur der Gedanke, die Waffen strecken zu müssen. Es blieb ihm, wie bekannt, zuletzt nichts übrig, als sich nach Lübeck hineinzuwerfen. Eine Trauerbotschaft über die Verluste der Preußen folgte der andern; der Fürst von Ponte-Corvo schickte nachts zu ihm: er habe für seinen Ruhm und seine Regierung genug geleistet, er möge sich nun auf ehrenvolle Bedingnisse ergeben. Er antwortete, seine Lage sei noch nicht so schlimm; andere als ehrenvolle Bedingnisse werde er nie eingehen, zur Unterhandlung aber wolle er den Tag abwarten. Endlich, als alle Aussicht, sich noch durchzuschlagen, verloren war, mußte er, von heftigem Fieber befallen, durch sein lautes Rufen und Schreien während des Gefechts zu Lübeck heiser, in die Übergabe willigen. Aber er verlangte, daß die Gründe der Übergabe in den Vertrag mit aufgenommen würden. Dies wollte man, als ganz außergewöhnlich, nicht verstatten. Da hat er sich damit selbst beruhigt, daß er in kurzem seine Gründe unter seine Namensunterschrift setzte. „Von allen preußischen Feldherren und Truppenscharen," urteilt Varnhagen, „die bis dahin den Kampfplatz betreten, hatte er allein den Ruhm der Waffen behauptet, und in dem allgemeinen Unglück, welches ihn schon mitergriffen hatte, vorüber allen breiten Abwegen der Schande, auf schmalem Pfade sich zu ehrenvollem Ziele durchgerungen. Seinem Kreise war kein Verzagen, welches überall Schlag auf Schlag die Ge-

prüftesten ergriff, kein Unmut und keine Schwäche genaht; seine Truppen
hatten sich tapfer und ausdauernd bis zum letzten Augenblick gehalten.
Ein solches Beispiel war in jenen Tagen der Verdunkelung und Trauer
ein helles Feuerzeichen, an welchem die Flamme der Hoffnung und
Zuversicht sich wieder entzünden konnte." Kaum war Blücher gegen
den französischen General Victor ausgewechselt, so hoffte er, für die
Befreiung des Vaterlandes wieder thätig sein zu können. Er rückte
nach Pommern, um in Verbindung mit den Schweden womöglich von
Norden her dem Feind in den Rücken zu fallen. Aber der Friede von
Tilsit kam und er konnte nichts weiter thun, als in der Stille seine
Truppen vervollkommnen. „Sie sind unser Anführer und Held,"
schrieb ihm damals schon Scharnhorst, „und müßten Sie auf der
Sänfte uns nachgetragen werden, nur mit Ihnen ist Entschlossenheit
und Glück." Er ward krank, aber seine Hoffnung auf die Befreiung
des Vaterlandes ward nicht schwächer. In seinen Anwandlungen nämlich
erzählte er viel und ausführlich, wie es künftig in der Welt kommen
müsse, wie er selbst mit Heeresmacht den französischen Kaiser stürzen,
Deutschland befreien und den König siegreich in sein Land zurückführen
werde; alles dies ohne den geringsten Zweifel, als ganz unfehlbare
Dinge. „Napoleon muß herunter," sprach er; „und ich werde helfen;
eh' das geschehn ist, will ich nicht sterben." Man lachte ihn mitunter
aus, aber er blieb auf seinem Sinn und glaubte fest an seinen hohen
Beruf und dessen nahe Erfüllung. So erzählt Barnhagen. Blüchers
Mut erhebt sich hier zum Glauben, zu der in Gottes Walten gegrün=
deten Gewißheit trotz allem Augenschein. Und von diesem Glauben,
der nichts fürchtet, der wünschen kann, es möge alles drunter und
drüber gehen, damit aus den Wehen die neue Geburt sich herausringe,
zeugt auch sein Brief bei der Nachricht von der Königin Luise Tod.
„Ich bin wie vom Blitz getroffen," schrieb er. „Der Stolz der Weiber
ist also von der Erde geschieden. Gott im Himmel, sie muß für uns
zu gut gewesen sein. Schreiben Sie mich ja, alter Freund, ich bedarf
Aufmunterung und Unterhaltung. Es ist doch unmöglich, daß einen
Staat so viel auf einander treffendes Unglück treffen kann, als den
unsrigen. Übrigens gebe der Himmel, daß sich alles, was Ihr letzter
Brief enthält, bestätiget, in meiner jetzigen Stimmung ist mir nichts
lieber, als daß ich erfahre, die Welt brenne an allen vier Enden.
Immer derselbe Blücher." Endlich leuchtete der Brand von Moskau
über die geknechteten Völker hin, und Blüchers Zeit kam. Seine
Heldenthaten sind bekannt und bedürfen hier keiner Wiedererzählung.

Worauf es uns ankam, war, zu zeigen, wie Blücher bei allen sittlichen
Mängeln dennoch ein Werkzeug Gottes war, den sittlichen Mut, ja
sogar den Glauben an den Gott, der im Regimente sitzt, im deutschen
Volk zu beleben. Scharnhorst hat ihm und Stein das Zeugnis ge=
geben, daß er außer ihnen niemand gekannt, der ohne alle Menschen=
furcht gewesen. Das deutet auf Gottesfurcht. Er ist ein Held des
Volkes, und zu seinem volkstümlichen Heldentum gehört auch sein
Glaube, daß Gott ihn zum Sieg geführt, seine Demut, seine liebens=
würdige Bescheidenheit, seine Verachtung alles eiteln Gepränges. Liebens=
würdiger konnte sich seine Bescheidenheit nicht äußern, als indem er
vor vielen Zeugen Gneisenau als seinen Kopf küßte. Zwei Züge aus
seinem Leben beweisen seine ungemeine sittliche Thatkraft und dabei
seine schlichte Demut. Es ist bekannt, daß er am 18. Juni 1815
trotz der eben erst erlittenen Niederlage Wellington zu Hilfe eilte.
Es war die größte Gefahr im Verzuge, aber der Weg ging mühsam
durch Schlamm und Pfützen. Blücher in heftigen Sorgen, sein ge=
gebenes Wort nicht zu lösen, ließ Blicke und Worte hin und her
fliegen. „Vorwärts! Kinder, vorwärts!" scholl sein Ruf. „Es geht
nicht, es ist unmöglich!" war die Antwort der mühsam Ringenden.
Da redete er mit tiefster Bewegung und Kraft seine Krieger an:
„Kinder, wir müssen vorwärts. Es heißt wohl: es geht nicht,
aber es muß gehen, ich habe es ja meinem Bruder Wellington ver=
sprochen! Ich habe es versprochen, hört ihr wohl? ihr wollt doch
nicht, daß ich wortbrüchig werden soll?" Und es ging. Bei solcher
Thatkraft blieb er gleichwohl so demütig, daß er einst einem Lobredner
entgegenrief: „Was ist's, das ihr rühmt, gewesen? es war meine
Verwegenheit, Gneisenaus Besonnenheit und des großen Gottes Barm=
herzigkeit."

Man kann von Blücher nicht reden, ohne Gneisenau zu ge=
denken, wie Melanchthons Gedächtnis mit Luthers für alle Zeit ver=
bunden ist. Wie Christus seine Jünger paarweise aussendete, so liebt
es der Herr der Geschichte, wo etwas Großes ausgerichtet werden soll,
noch immer neben den Helden der kühnen That den Mann des klugen
Rats zu stellen und aus zweien eins zu machen durch die aufopfernde
Liebe zum Volke. Es haben zwar noch andere zu dem treuen, starken
Männerbunde gehört, aus welchem die deutsche Freiheit wieder hervor=
grünte. Und das war das Große, das christlich Große an jenen
Männern, wenn sie auch die christliche Sprache nicht redeten und in
die Tiefe des Christentums nicht eingedrungen waren, daß einer dem

andern mit Ehrerbietung zuvorkam, daß einer dem andern willig sich
unterordnete, wenn es galt, dem Vaterlande zu dienen. Aber in
einem besondern Sinn gehören doch Blücher und Gneisenau zusammen,
und an ihnen zeigt sich im schönsten Lichte die Macht der Selbst=
verleugnung, um der großen Angelegenheiten des Volks und der Mensch=
heit willen. Es ist verlockend genug, diesen Lebensbildern ein aus=
führlicheres Bild Gneisenaus einzufügen. Aber wir dürfen unsern
Gegenstand, die religiöse Erneuerung Deutschlands, nicht aus dem
Auge lassen, zu welcher Gneisenau nicht unmittelbar mitgewirkt. Darum
begnügen wir uns mit einigen Zügen, durch die wir den strebsamen
Jüngling aus dunklem Kindesleben, die ritterliche Gestalt aus Preußens
Erniedrigung hervortauchen sehen. Unser Held stammt aus einem jener
österreichischen Adelsgeschlechter, welche um des evangelischen Glaubens
willen ihre Heimat verließen. Die Neithardte von Gneisenau hatten
einst ihre Burg dieses Namens nicht weit von Efferding in Österreich.
August Wilhelm von Neithardt, wie er sich damals nannte, ein säch=
sischer Artillerieleutnant, kam im siebenjährigen Kriege 1759 nach
Würzburg. Selbst ein Offizier, der sich auf das Baufach verstand,
fand er Zugang bei dem nachmaligen Oberstleutnant und Baumeister
Andreas Müller und gewann dessen Tochter lieb. Als der Vater und
die ganze Verwandtschaft in die heftigste Gemütserregung geriet durch
die Aussicht auf die Verbindung zwischen dem protestantischen Manne
und der katholischen Jungfrau, war diese bereit, die heitere, wohlhäbige
Heimat aufzugeben und dem geliebten Manne in alle Wechsel des
Lebens zu folgen. Zu Schilda fand die junge Frau im folgenden
Jahre ein Unterkommen, während der Mann weiter ziehen mußte, und
genas eines Söhnleins, unsers Helden, der noch an demselben Tage
getauft ward und die Namen August Wilhelm Antonius erhielt.
Gneisenau war also eines evangelisch=lutherischen Vaters Kind und in
der evangelisch=lutherischen Kirche getauft. Bald mußte die Mutter, vom
Kriegssturm vertrieben, Schilda verlassen. Die Schlacht bei Torgau
ward geschlagen. Mit den fliehenden Reichstruppen floh auch die
Wöchnerin. In der kalten Novembernacht todmüde eingeschlafen, ließ
sie das Kind dem Schoß entgleiten. Ein Soldat hob es auf und
brachte es der verzweifelnden Mutter wieder. Bald darauf starb diese
an Erschöpfung. Der Vater mußte weiter und ließ fremden Leuten
sechzehn Groschen und sein Kind zurück. So wuchs der Knabe auf,
in Dürftigkeit, barfuß zur Schule wandernd und die Gänse hütend.
Aber das dürftige Landleben machte ihn genügsam und kräftig und

aus Luthers Katechismus empfing er den Glauben, der ihn in schweren Zeiten aufrecht erhielt. Als er das Gebetbuch, das ihm seine Mutter hinterlassen, in kindlicher Gutmütigkeit einem Handwerksburschen geschenkt und er darum von seinen Pflegeeltern mißhandelt worden, ging's dem gegenüberwohnenden Schneider durchs Herz. Der schrieb an den Groß= vater in Würzburg. Alsbald kam eine prächtige Kutsche und holte den Gänsejungen ab in das reiche Haus des Großvaters und in das schöne Leben Würzburgs. Dort hat er dann seine Jugend verlebt und gründlich gelernt, bis er im Herbst 1777 nach Erfurt zur hohen Schule zog. Mathematik und Baukunst waren die Hauptzweige seines Studiums. Als der sorglose Jüngling seine Geldmittel zu Ende gehen sah, ward er Soldat zuerst in kaiserlichen Diensten. Dann vertauschte er diesen Dienst, der ihm wenig Aussicht auf kriegerische Thätigkeit bot, mit dem des Markgrafen von Brandenburg=Anspach und Bayreuth, um mit den Truppen desselben unter Englands Fahne in Nordamerika zu fechten. Am 3. März 1782 erhielt er unter dem Namen „August Wilhelm Neithardt von Gneisenau" das Patent als Unterleutnant im Jägerregiment. Alsbald schiffte er sich ein, stieg in Halifax in Neuschottland aus — aber der Krieg ging zu Ende und ließ dem jungen Offizier nichts zu thun. Das folgende Jahr brachte ihn nach Deutschland zurück. Er trat zur Infanterie und kam zur Garnison in Bayreuth. Hier trat er in dem Hause des Ministers von Trützschler zuerst in den Kreis edler, gebildeter und bildender Frauen, und die deutsche Ritterlichkeit, mit der er dem andern Geschlechte gegenüberstand, fand die schönste Anregung. In diesem edlen Umgange namentlich mit der Ministerin, die seine mütterliche Freundin war, reifte sein Entschluß ein thätigeres Leben zu suchen. Wie St. Christophorus suchte er den größten Herrn — das war für einen Offizier damals Friedrich der Große. Edel und offen wandte sich Gneisenau an den König in einem Briefe. Der König ließ ihn kommen. Das große, durchdringende blaue Auge des alten Helden ruhte mit Wohlgefallen „auf der schönen, kräftigen Gestalt, der selbstbewußten, würdevollen Haltung und den edlen ausdrucksvollen Zügen des Jünglings". Er nahm ihn gerne in die Reihe der Offiziere auf. Blücher, York, Gneisenau, nachher Scharnhorst — sie alle mußten aus fremdem Dienst in Preußens Heer aufgenommen werden, um nachher den Ruhm Preu= ßens, Deutschlands herzustellen. Gerade zwanzig Jahre hatte Gneisenau dem preußischen Staate gedient, als er in der Schmach der Nieder= tretung durch Napoleon wie ein fester Halt dasteht. Wir haben oben gehört, wie scharf er die Ursachen des Falls erkannte. Das Werk der Aufrichtung beginnt er als Kommandant von Kolberg. In den Jahren der Rüstung steht er mit Scharnhorst zusammen. Nach Scharnhorsts frühem Tode, Frühling 1813, ist er Blüchers Kopf. Und wie er dem Vaterlande gedient — Männer wie Karl von Raumer, wie Ernst Moritz Arndt haben es uns aus unmittelbarer Anschauung, aus freund= schaftlichem Verkehr berichtet. Wenn diese beiden ehrwürdigen Männer in ihrem Greisenalter das Bild Gneisenaus noch frisch in ihrer Seele sahen und sich gedrängt fühlten, es dem nachgebornen Geschlechte zu zeichnen, so muß doch wohl an ihm nicht bloß etwas Deutsches, son= dern auch etwas Christliches gewesen sein. Das Christliche ist die schöne Sittlichkeit an dem Manne, die vom Christentum stammt, auch wenn der Ursprung sich nicht besonders zu erkennen giebt. Welch ein Segen für das entartete Geschlecht war ein solcher Mann, an dem kaum ein Flecken sichtbar war; wie hell stand er da in seiner Selbst= losigkeit gegenüber den sittenlosen, geldgierigen französischen Generalen! Wir können es nicht unterlassen, einige Züge aus Arndts Schilderung von dem großen Mann unserer Darstellung einzuweben. Arndt war 1843, gerade dreißig Jahre nach der Leipziger Schlacht, in Nassau. Er besuchte den Turm seines alten Helden, des Ministers vom Stein, und sah die Bilder aus den Kriegs= und Siegesjahren wieder, die Stein aufgestellt hatte. Der Geist jener großen Zeit hatte ihn mächtig angeweht, und in liebevoller, dankbarer Erinnerung schrieb er sofort nieder, was ihm von Gneisenau in der Seele lag. So ist eine der schönsten und inhaltreichsten Schriften entstanden, die wir von Arndt haben, eine Schrift, wert, jedes Jahr, an einem der großen Gedächtnis= tage unsers Volks wieder gelesen zu werden. In unübertrefflicher Weise schildert er zuerst die körperliche, dann die geistige Natur des Mannes, um dann den sittlichen Adel, der die Naturgabe durchleuchtete, zu zeigen: „Diese edle Gestalt, dieser geschwinde Mut und geflügelte Geist, einer von Platons Gefiederten, war auch durch innerste Schön= heit der Seele geadelt: das Edle, Stolze, Hochherzige leuchtete wie ein lieblicher Sonnenschein aus allen seinen Bewegungen und Zügen. Man konnte in seinen glücklichen Augenblicken ordentlich wie in Freude und Verehrung vor dieser erhabenen Erscheinung stillstehen und sich still zurufen: Sieh! hier ist einmal ein ganz wohlgeborner, harmonischer Mensch. Bei gewaltigem Ungestüm und bei unendlicher Beweglichkeit die seltenste Herrschaft über die Triebe: selbst im Unmut und Zorn, worin er sich über fremde Niederträchtigkeiten und Schleichereien wohl

ergießen konnte, stand die Gebärde des Mannes unter höherer Gewalt
und die Sprache behielt den Klang des Helden, sie verwirrte und ver-
schnob und verblies sich nie zu der widerlich schrillenden Feinheit oder
dumpfen Grobheit der Töne, wodurch die Jähzornigen uns häufig erschrecken". Dann erzählt Arndt, wie in ihm neben den geschwinden
und kühnen auch die feineren und zarteren Triebe herrschten, die das
häusliche Leben schmücken; welch ein Vater und Freund er gewesen,
wie er willig sein Gut dem Vaterland geopfert und wie er in glänzen-
deren Zeiten ohne Hoffart und Habsucht geblieben, großmütig, hilfreich
und freigebig gewesen sei, wie die allbelebende Sonne und Luft.

„Alles dies, was bisher erzählt ist," fährt dann Arndt fort,
„hat den Menschen und Helden edel und liebenswürdig gezeigt, aber
unter keinem Schilde erscheint er größer, als auf welchem die Inschrift steht: „Ich dien'. Wie er seinem preußischen und deutschen Vaterlande und seinem Könige gedient hat, das steht mit unauslöschlichen Zügen in den Herzen der Nachlebenden geschrieben ...
Obgleich von Gottesgnaden ein Mann der ersten Ordnung, hat er
immer doch nur in zweiter Ordnung gestanden, ist von vielen, wie
es auch den Besten oft widerfährt, aus Neid oft nur als ein Mann
dritter, vierter Ordnung bezeichnet, während die, welche ihn erkannten,
wann Hardenbergs Entschlüsse, Blüchers Siege gelobt wurden, immer
auch wohl von Gneisenaus Einsicht, Mut und Kühnheit ein Wörtlein
mit drein schallen ließen. . . . Er hat dem großen Gefühl gedient, daß
ein Vaterland gerettet und verherrlicht, daß ein stolzer Königsthron
wieder zu verlorner Glorie aufgerichtet werden sollte. Wohl hat man
den lebendigen und feurigen Mann wundersame Vorfälle, merkwürdige
Abenteuer und Thaten von Freunden und Feinden oft lebendigst erzählen gehört, von eignen Thaten und Werken nimmer ein Wort. Da
wies er alle Fragen ab; auch über Hemmer, Neider, Feinde und was
Dummheit und Schlechtigkeit seinem Wollen und Streben in den Weg
geworfen, darüber konnte man kaum aus Winken von ihm etwas erraten."

„Es war eine große Zeit, wo sich ein Häuflein edler Menschen
durch Gottes Fügung und durch des eigenen Herzens Sendung zur
Rettung und Befreiung des Vaterlandes in einer großartigen Gemeinschaft zusammengefunden hatte. Ich nenne statt vieler die Namen
Blücher, Gneisenau, Boyen, Grollmann. Wenn man diese Männer
einzeln jeden für sich betrachtete und wog, so ließ sich kaum eine
größere Verschiedenheit der Charaktere denken, und doch ist hier das
Seltene gelungen, durch einträchtige beständige Tugend, die sich immer

dem Zweck und der Pflicht untergeordnet, als wenn nichts Eignes und Besonderes an ihnen gewesen wäre, ein Größtes zu vollbringen."[16]

Das militärische Genie und die sittliche Größe Gneisenaus leuchtete zuerst in der Nacht des preußischen Unglücks. Aus der Schlacht bei Jena führte er noch als Hauptmann, obwohl bereits 46 Jahre alt, sein Füsilierbataillon bis Königsberg. Hier war es Scharnhorst, der ihn, so zu sagen, entdeckte, Scharnhorst, den er einst im entscheidenden Kampfe gegen Frankreich zu ersetzen hatte. Er ward Major, erhielt den Verdienstorden, und bald darauf ward ihm eine Aufgabe zugeteilt, deren glückliche Lösung ihn zu einem Hoffnungszeichen für alle Vaterlandsfreunde machte. Er ward zum Kommandanten der Festung Kolberg ernannt, Ende April 1807, und verteidigte dieselbe mit Erfolg bis zum Abschluß des Tilsiter Friedens. In dieser Aufgabe verknüpft sich der Name des berühmten Feldherrn mit dem eines schlichten Bürgers, des alten Nettelbeck.

Joachim Nettelbeck war 1738 als ein Kolberger Bürgerskind geboren. Nachdem er schon als Knabe sich durch Mut und Entschlossenheit, durch körperliche Gewandtheit und Kraft ausgezeichnet hatte, ward er Schiffer, bald auf eigene, bald auf fremde Rechnung. Hundertmal war er in Lebensgefahr und ward gerettet, oftmals verlor er sein Vermögen und fing von vorne an. Eine beispiellose Raschheit, Umsicht, körperliche Kraft, sittlichen Mut, eine wahre Herrschernatur bewährte er im Kampf mit Sturm und Wellen, wie mit der Schlechtigkeit und Unzuverlässigkeit der Menschen. Er konnte kein Unrecht sehen, ohne zu entbrennen, aber wie das Herz ihm schlug, durchdrang auch das Auge schon die Lage der Dinge und der Arm griff zum Werke. Was aber diesen Bürger hoch über Tausende stellte, das war sein Gemeinsinn, seine feurige Liebe zum Vaterland. Vielleicht weist die neuere Geschichte kein leuchtenderes Beispiel auf, was ein Bürger in kleinen Verhältnissen mit den einfachsten Mitteln für das Gemeinwohl vermag, als das Leben Nettelbecks. Perthes ist ihm zu vergleichen; nur steht dieser viel höher als er durch die Tiefe seines religiösen Lebens und durch den Umfang seines geistigen Blickes. Was aber Nettelbeck vor allen auszeichnet, das ist das Plastische in ihm, die Einheit der sittlichen und körperlichen Fähigkeit in seinem Handeln, wir möchten sagen: das Antike, daß bei allen Thaten, die aus seinem flammenden Herzen geboren wurden, die körperliche Kraft und Gewandtheit unmittelbar in Anspruch genommen wurde. Dieser merkwürdige Mann hatte sich nach unzähligen Fahrten und Abenteuern zur See als Pfahlbürger, wie er selbst in seiner köstlichen Lebensbeschreibung erzählt, in seiner Vaterstadt niedergelassen, hatte Landwirtschaft getrieben, Branntwein gebrannt und Bier gebraut. Da kam die französische Windsbraut 1806 und 1807, und riß eine preußische Festung nach der andern um. Schon war Magdeburg und Stettin gefallen; wie sollte das kleine Kolberg mit seinem schlaffen Kommandanten, in seinem kläglichen Zustand widerstehen? Der alte Oberst von Loucadou bot gerade so wenig Gewähr, als alle die übrigen Kommandanten, die bereits mit der größten Bereitwilligkeit die Schlüssel den Franzosen übergeben hatten, und wie der Kommandant, so war im ganzen die Besatzung gesinnt. Da stellte sich Nettelbeck an die Spitze der Bürgerschaft, suchte den Kommandanten aus seiner Schlaffheit aufzurütteln und bot ihm die Hilfe der Bürgerschaft an. „Die Bürgerschaft! und immer wieder die Bürgerschaft! antwortete er häßlich hohnlachend, „ich will und brauche die Bürgerschaft nicht." Nettelbeck ließ nicht nach, und da der Kommandant merkte, daß er sich der Bürgerschaft doch nicht werde erwehren können, sprach er: „Was außerhalb der Stadt geschieht, kümmert mich nicht. Die Festung innerlich werde ich zu verteidigen wissen. Meinetwegen mögt ihr draußen schanzen, wie und wo ihr wollt, das geht mich nichts an." Nun zogen mit den Bürgern die Gesellen, Lehrjungen und Dienstmägde aus. Nettelbeck leitete die Arbeiten, sparte sein eigenes Geld nicht, um noch mehr Arbeiter zu gewinnen. Dann sorgte er für Vorräte. Er suchte Nachrichten über Kolberg unmittelbar an den König zu bringen, damit Hilfe gesandt werde. Zum Glück blieb Leutnant von Schill, der sich von Jena nach Kolberg durchgehauen hatte, mit schwerer Kopfwunde in der Festung liegen. Nettelbeck machte gemeinschaftliche Sache mit ihm, und sobald Schill zu Kraft gekommen war, ließ er der Verteidigung seine militärische Einsicht und besonders seine Geschicklichkeit, mit einem kleinen Soldatenhäuslein kühne Streifzüge auszuführen. Schill hauchte auch den Soldaten neuen Mut ein. Vom Könige kam Hilfe und Zusage noch größerer. Die Verteidigung ward, so gut es ging, fortgeführt, bis Gneisenau kam. Nettelbeck war und blieb die Seele derselben. Als der Kommandant sich einmal bewegen ließ, in Gesellschaft anderer Offiziere das Werk der Bürger zu besichtigen, und dasselbe wie ein Kinderspiel belächelte, als in dem Kreise der Offiziere Zweifel über die Haltbarkeit der Festung laut wurden, konnte Nettelbeck sein Herzklopfen nicht länger zähmen und rief: „Meine Herren, Kolberg kann und muß dem Könige erhalten werden; es koste, was es wolle! Wir haben Brot und Waffen: und was uns noch fehlt, wird uns zur See zugeführt werden. Wir Bürger sind, alle für einen Mann, entschlossen, und wenn auch alle unsere Häuser zu Schutthaufen würden, die Festung nicht übergeben zu lassen. Und hörten es je meine Ohren, daß irgend jemand — er sei Bürger oder Militär — von Übergabe spräche: Bei Mannes Wort! dem rennte ich gleich auf der Stelle diesen meinen Degen durch den Leib; und sollte ich ihn in der nächsten Minute mir selbst durch die Brust bohren müssen!" Es kam zu noch schärferen Auftritten zwischen Loucadou und Nettelbeck. Als einmal eine Bombe in der Nähe beider platzte und der Kommandant stotterte: „Meine Herren, wenn das so fortgeht, so werden wir doch noch müssen zu Kreuze kriechen," — geriet Nettelbeck außer sich und that einen Schritt, den er später selbst, als zu heftig, bereute. Er fuhr gegen Loucadou auf und schrie: „Halt! der erste, wer es auch sei, der das verdammte Wort wieder ausspricht von „zu Kreuze kriechen" und Übergabe der Festung, der stirbt des Todes von meiner Hand!" Der Degen fuhr ihm aus der Scheide und richtete sich gegen den Kommandanten: „Laßt uns brav und ehrlich sein, oder wir verdienen wie die Memmen zu sterben!" Wer kann die Freude der wackern Bürger beschreiben, als endlich Gneisenau kam! „Ein freudiges Erschrecken fuhr mir durch alle Glieder," so erzählte Nettelbeck von der ersten Begegnung mit Gneisenau. „Mein Herz schlug mir hoch im Busen, und die Thränen stürzten mir unaufhaltsam aus den alten Augen. Zugleich zitterten mir die Kniee unterm Leibe: ich fiel vor unserm neuen Schutzgeiste in hoher Rührung auf die Kniee, umklammerte ihn und rief aus: „Ich bitte Sie um Gotteswillen! verlassen Sie uns nicht; wir wollen Sie auch nicht verlassen, so lange wir noch einen warmen Blutstropfen in uns haben: sollten auch alle unsere Häuser zu Schutt- haufen werden! So denke ich nicht allein; in uns allen lebt nur ein Sinn und Gedanke: die Stadt darf und soll dem Feind nicht über- geben werden." Gneisenau hob den Alten freundlich auf und sprach: „Nein, Kinder! Ich werde euch nicht verlassen. Gott wird uns helfen!" Und die beiden hielten sofort zusammen und gaben dem Volk ein Bild, wie es das Geschlecht jener Zeit nicht zu sehen gewohnt war, ein leuchtendes Vorbild, wie Bürger und Soldat eins sein sollen zur Ver- teidigung des Vaterlandes. Nettelbeck rühmt von Gneisenau: „Vater und Freund des Soldaten wie des Bürgers, hielt er beider Herzen durch den milden Ernst seines Wesens, wie durch teilnehmende Freund- lichkeit gefesselt. Jeder seiner Anordnungen folgte das unbedingteste

Zutrauen. Es schien unmöglich, daß sein geprüfter Wille und Befehl sich nicht stracks auch in den allgemeinen Willen verwandelte." Die Not stieg auf das höchste. Bombardement und Brand hörte nicht mehr auf — da kam die Botschaft vom Frieden und — Jubel, unbeschreiblicher Jubel erfüllte die Geretteten. Und alle sahen, wie Nettelbeck erzählt, unwillkürlich auf Gneisenau, dem sie nächst Gott die Rettung verdankten. Und nun fingen für den redlichen Alten neue Sorgen an, den Abgebrannten, den Obdachlosen Wohnung und Nahrung zu verschaffen. So scharf er gegen Loucadou war, so mild gegen die Elenden. Der König schrieb ihm noch im Monat Juli und sandte ihm die goldene Verdienstmedaille. Gneisenau und die Bürgerschaft schieden von einander unter rührenden Beweisen der gegenseitigen Liebe. Nettelbeck erbat sich sein Bildnis und erhielt es, und bewahrte es als ein teures Kleinod. Wir können uns nicht versagen, noch der persönlichen Begegnung des Königs und Nettelbecks zu erwähnen, die im Dezember 1809, als die königliche Familie nach Berlin zurückkehrte, in Stargard stattfand. Es will uns scheinen, als ob solche Stunden, wie die von Nettelbeck geschilderten, Geburtsstunden eines neuen Lebens gewesen seien, eines neuen Verhältnisses zwischen König und Volk, tieferer Erfassung der sittlichen Aufgaben der Menschheit, ja Geburtsstunden eines erhöhten religiösen Lebens; es will uns scheinen, daß die Treue zwischen König und Volk, die hier zu Tage kam, auf der Treue gegen Gott beruhte, und zu neuer Treue, lebendigerem Glauben führen mußte. Die Kolberger Abgeordneten wurden von dem König aufs huldvollste empfangen. Man tauschte die Gefühle der treuen Anhänglichkeit gegenseitig aus. „Ich weiß es," sagte der König. „wenn früh oder spät es einmal die Umstände gebieten, werden die Kolberger auch gern wieder für mich auftreten."

„Hier fing ich Feuer," erzählt Nettelbeck, „und brach begeistert aus, indem ich mit der Hand auf mein Herz schlug: „Ew. Majestät, dazu lebt der freudige Mut in uns und unsern Kindern; und verflucht sei, wer seinem König und Vaterland nicht treu ist," — „Das ist recht! das ist brav!" versetzte der Monarch; und als er darauf fragte, wie wir sonst in Kolberg lebten, gab ich zur Antwort: „Gut, Ew. Majestät! Kleinigkeiten machen wir unter uns ab, und ist es etwas Bedeutenderes und können wir nicht durchkommen, da wenden wir uns geradezu an Ew. Majestät. Wir hoffen, Sie werden uns nicht sinken lassen!" — „Nein nicht sinken lassen, nicht sinken laß ich euch!" rief der König, wobei er mir die Hand entgegenbot. — „Wendet euch nur an mich, und was zu erfüllen möglich ist, soll geschehen." Der König lud die Bürger zur Tafel. Nach derselben mußte Nettelbeck mit dem Königspaar in ein besonderes Gemach treten. Sie führten eine Unterhaltung, bei welcher dem braven Nettelbeck das Herz in hohen Schlägen ging. Er erzählt:

„Als etwa nach einer halben Stunde eine kleine Stockung im Gespräch entstand, und ich dem König so recht zuversichtlich in die Augen sah, befiel mich plötzlich eine über alles schmerzliche Empfindung. „Gott!" dachte ich — „wie unglücklich ist doch mein König!" — und unwillkürlich erhoben sich meine Blicke, so wie meine gefalteten Hände gen Himmel. Mein Atem stockte."

„Da legte mir der König seine Hand auf die Schulter und fragte mit unendlicher Güte: „Haben Sie noch etwas auf dem Herzen?" (denn aus meinem seltsamen Benehmen mochte er schließen, daß ich vielleicht noch etwas zu erbitten wünschte.) — Nun aber brachen meine Gedanken in Worte aus: „Ach, wenn ich Ew. Majestät und meine gute Königin jetzt so vor mir sehe, und bedenke das Unglück, was Sie noch immer so schwer zu tragen haben: dann ist mir's, als müßte mir das Herz aus dem Leibe entfallen. Gott erhalte Ew. Majestäten und gebe Ihnen Kraft und Stärke, daß Sie diese harte Schicksalsprüfung bald und glücklich überstehen mögen."

„Bei diesen meinen Worten senkte der König sein Haupt auf die Brust und die hellen Thränen entfielen seinen Augen: die Königin aber streichelte ihm still die Wangen und weinte auch. Dieser erschütternde Anblick lockte auch mir die Zähren in die alten Augen, und mein Herz ward immer weiter und ich sprach zu der herrlichen Frau: „Ja, Gott erhalte auch Sie, meine gute Königin, zum Troste meines Königs, denn ohne Sie wäre er schon vergangen in seinem Unglück." — So standen wir beiderseits noch wenige Minuten in herzinniger Bewegung, ohne daß unsere Augen trocken wurden. Nachdem ich mich jedoch ein wenig gefaßt hatte, drückte ich Ihren Majestäten meinen gerührten Dank aus für so viel erwiesene Gnade, und noch im Abgehen rief der König mir nach: „Halten Sie bei Ihrer guten Bürgerschaft auf Sitte und gute Ordnung!" und mit der Antwort: „Daran soll es wahrlich nicht mangeln" — schied ich von dannen." — —

Hat die Treue, die deutsche Treue, die wechselseitige Treue zwischen König und Volk je einen schöneren Sieg gefeiert? — [17])

Wenn wir uns nach den wenigen Pfeilern umsehen, welche unter dem Zusammensturz des preußischen Staats nach der Schlacht bei Jena

stehen blieben, so können wir auch Yorks nicht vergessen. Welch
ein Gegensatz zwischen der liebenswürdigen Gefühlswallung, die wir
soeben bei Nettelbeck bemerkt haben, und dem schneidend scharfen Wesen
dieses eisernen Charakters, und doch — welche Ähnlichkeit in Kraft,
Mut, Feuer, wenn es die Rettung des Königs und des Vaterlandes
gilt! York ist unter all den Größen, welche Preußens und Deutschlands
Befreiung herbeigeführt haben, vielleicht der festestgeschlossene und schärfst=
schneidende Charakter. Blüchers gewaltiges Wesen ist doch in die milde
Flut einer leicht sich hingebenden Freundlichkeit getaucht, Steins hef=
tige Natur bricht zuweilen wie ein Strom durch die Dämme und er=
gießt sich in überflutender Fülle. York dagegen weiß auch die kochendste
Leidenschaft in sich zu zügeln, und wenn sie aus dem Innern hervor=
tritt, wirkt sie um so mächtiger, weil sie diszipliniert auftritt. Die
Pflicht — das ist die treibende Kraft im Leben dieses Helden; in
stolzestem Selbstgefühl geht er die Wege der Pflicht; wer seine Pflicht
nicht thut, der ist ihm verächtlich; sich selbst aber weiß er, weil er sie
thut, zu schätzen. Als junger Leutnant im bayrischen Erbfolgekrieg
hatte er einen wichtigen Posten zu halten. Der Erbprinz von Hohen=
lohe, des Regiments Oberst, reitet heran und setzt ihm stark zu, den
Posten nicht aufzugeben. „Sie können sich beruhigen, Durchlaucht,“
ruft er zurück, „ein preußischer Edelmann hat eben so viel Mut, als
ein deutscher Reichsfürst.“ Der Krieg ging ohne Lorbeeren zu Ende.
Man erzählte sich im Frieden die Erlebnisse des Krieges. Von einem
Stabskapitän ward erwähnt, daß er eine Altardecke aus einer Kirche
mitgenommen. „Das ist ja gestohlen,“ fällt York ein. Es giebt eine
Untersuchung. York wird freigesprochen, aber der alte Fritz schreibt
neben das Urteil: „Geplündert ist nicht gestohlen, York kann sich zum
Teufel scheren.“ York verweigert dem Kirchenräuber den Gehorsam
auf der Parade und wird kassiert. Mit keinem andern Besitz als
seinem Degen ging er nun nach Holland und von da ans Kap und
nach Ceylon. Seine Jägernatur findet Nahrung auf allerlei gefähr=
lichen Jagden; den wilden Kreolen seiner Kompagnie bringt er preußische
Kriegszucht bei. Auf das Kap zurückgekehrt findet er ein Mädchen
wieder, das er heiß liebt und von welchem er geliebt wird. Da bewirbt
sich ein reicher Kaufherr, ein wackerer Mann, um ihre Hand. Sie
gesteht, nicht mehr frei zu sein. Der Freier wendet sich an York; der
wagt nicht, das Glück des Mädchens an sein ungewisses Schicksal zu
binden, und entsagt. Bei der Trauung will er noch zugegen sein. Er
hört fest und kalt die Traurede, aber beim Ja der Braut stürzt die

heftige Natur gebrochen zusammen. Das nächste Schiff trägt ihn nach Europa zurück. Vergeblich suchte er unter Friedrich II. in den preußischen Dienst wieder einzutreten. Friedrich Wilhelm II. nahm ihn an und teilte ihn als Kapitän einem Füsilierbataillon in Namslau bei Breslau zu. Mit fröhlicher Werdelust wirft er sich in seine Aufgabe, Soldaten zu bilden, die nicht unter der Knechtschaft des Terrains stünden, son= dern das Terrain sich dienstbar zu machen wüßten. Hier führt er, zum Zeugnis, wie gering er vom Adel als bloßem Stande hielt, eine Bürgerstochter heim. In den polnischen Wirren der neunziger Jahre verrichtete er unter den Augen des Königs eine glänzende Waffenthat. Der König sandte für das Bataillon Yorks zwei Verdienstorden. Der Chef des Bataillons, obwohl er am Gefecht nicht teilgenommen, behielt den einen für sich und wünschte, daß York den andern trage. Dieser aber verbat sich die Ehre, die ihm auf Kosten des Bataillons zu teil werden sollte. 1797 erhielt er ein Füsilierbataillon und mit größerer Selbständigkeit konnte er seine Weise, Soldaten zu bilden, geltend machen. Sie stand im entschiedensten Gegensatz gegen die alte eingeroftete Tradition. Tritt und Schritt, Wurf und Schuß ward neu. Ihm ging es nicht, wie jenen Kommandeuren, die, gewohnt in der Minute höchstens 75 Schritte zu machen, meinten, bei 100 müsse alles drunter und drüber gehen. Eine kecke, schlaue, für jedes Terrain geschickte Beweglichkeit seinen Leuten beizubringen, war sein Streben. Sein Mittel war nicht Schimpfen und Prügeln, sondern die Belebung des Ehrgefühls. Desertionen kamen bei ihm nicht vor, obwohl die offene, waldige Gegend des Garnisonsorts Johannisburg in Masuren dieselben ungemein begünstigte. Auch Friedrich Wilhelm III. erkannte bald die Bedeutung Yorks. Da er für das Jägerregiment einen „ganz kapablen Kommandeur" brauchte, ernannte er ihn 1799 zum Führer dieses „für die Armee sehr interessanten Korps." Das Korps bestand aus lauter gelernten Jägern, Förster= und Beamtensöhnen, steifen Alten, die schon zu lange auf einen Dienst gewartet, und mutwilligen Jungen; allerlei Nationen waren in dem Korps vertreten. Die Leute wurden Messieurs genannt und hatten das Recht einer gewissen losen Haltung. Als ein Oberst sie einst im Paradeschritt Friedrich II. vorführen wollte, schwang er den Krückstock und rief: „Wollt ihr Schächer auseinander!" Sie waren ohne alle Dressur und dienten bei den Manövern den Zu= schauern zur Ergötzlichkeit. York wußte die alten Vorrechte zu schonen, aber dennoch die Truppe gänzlich umzugestalten. Tüchtige Jäger wollte York aus ihnen bilden und dem königlichen Heer den Vorteil eines

leichtbeweglichen, kecken, schlauen, auf jedem Terrain heimischen, den
günstigen Moment erspähenden Jägerkorps verschaffen. Dazu war er
der Mann, der seine Jägerschule nicht auf deutschen Hasenjagden, son=
dern im Kampf mit den wilden Tieren Ceylons durchgemacht. Im
Sommer 1803 ward York Oberst und im Herbst beim Manöver ward
der König selbst, der auf der Gegenseite sich befand, durch Verdienst
der Yorkschen Jäger umgangen. Der König lobte York und tadelte
die Potsdamer Herren, daß sie nicht einmal das Terrain um die Stadt
her kennten. Er sollte den Verdienstorden erhalten. York verbat sich
die Gnade, er wolle ihn nicht im Manöver, sondern wie das erstemal
so zum zweitenmal auf dem Schlachtfeld verdienen. So waren Yorks
Anfänge. Bald sollte er einen Blick thun in die militärische Leitung
des Ganzen. Er ward bald nach jenem Manöver nach Berlin in eine
Kommission berufen, die mit Gewehren und Büchsen Versuche anstellen
sollte. Er gewann kein Zutrauen in die altersgrauen Braunschweig,
Möllendorf, Kalkreuth, und zuwider waren ihm die ästhetischen Offiziere
im Schweife des Prinzen Louis Ferdinand. Auch die genialen Kreise,
in welchen Scharnhorst waltete, waren ihm die rechte Luft nicht. Die
Jenaer Schlacht hatte damals den Beweis noch nicht geführt, daß weder
mit der alten Dressur, noch mit der neuen Theorie das Vaterland zu
retten sei, daß aus dem Trübsalsfeuer ein neues Heer hervorgehen
müsse, aus Scharnhorstschen Geist und Yorkscher Tüchtigkeit durch eine
große vaterländische Begeisterung gestaltet. York ließ sich von keiner
Strömung mitreißen. Wenn alles von der Königin Luise wie bezau=
bert war, fand er ihre Hand zu groß, ihren Fuß nicht schön und lobte
den König. Er kehrte in seine Garnison nach Mittenwalde zurück,
um seine Schuldigkeit zu thun. Aus der Seele gesprochen war ihm
das Wort, das er beim Prinzen von Ligne fand: qu'il faut faire trois
fois plus que son devoir pour le faire passablement. Den Philosophen
Kant rühmte er, daß er die Pflicht in ihrer Bedeutung so klar und
energisch herausstelle. Für die Masse möge Furcht und Hoffnung
Triebfeder sein; von sich forderte er Selbstverleugnung um der Pflicht
willen. Man wird sich denken, daß dieser Mann auch in dem unglück=
lichen Zusammenstoß Preußens mit Napoleon seine Pflicht gethan haben
werde. In der Rüstung und Bereithaltung seiner Truppen bildete er
einen scharfen Gegensatz gegen die herrschende Sorglosigkeit; alle Einzel=
heiten durchdrang sein scharfes Auge, dem Trägen hauchte er Leben
ein. Er kam in den Tagen von Jena und Auerstädt nicht ins Gefecht.
Auf dem Rückzuge mußte er seine Waffenprobe ablegen. Er hatte

beim Elbübergang des Blücherschen Korps die Rückhut. An derselben Elbe sollte er sieben Jahre später, nicht zurückweichend, sondern vorandringend, jenen großen Sieg erfechten, der ihm den Namen „York von Wartenburg" eintrug. Aber, wie die Dinge nun standen, war das Gefecht bei Altenzaun ein großer Gewinn, nach so unermeßlicher Schande preußischer Waffen das erste glückliche Gefecht. York hatte sich noch nicht in den Gedanken ergeben: es bleibt nichts als Unterwerfung. Als ein General ihm von solcher feigen Ergebung sprach, antwortete York: „Herr General, wer das im Ernst glaubt, der muß, wenn er noch Ehre im Leibe hat, sich die Kugel durch den Kopf jagen." Noch manchen kühnen Streich hat er mit seinen Jägern ausgeführt, zuletzt mit einer schweren Wunde im Arme, bis sie gen Lübeck kamen. In Lübecks Straßen kämpfte er wie ein Löwe, einer der ersten Schüsse traf ihn ins rechte Schlüsselbein. Er kämpft fort, erhält einen Stich in den Unterleib und sinkt zusammen; ein Kerl kniet auf ihn mit solcher Gewalt, daß sofort ein Doppelbruch heraustritt. Da ruft York einen französischen Offizier an, ihn von diesem Kannibalen zu befreien. Als er nach einigen Tagen ein wenig sich erholte, hörte er, was mit Blücher geschehen war. Auf Ehrenwort entlassen kehrte er nach Mittenwalde zurück. Seine Frau, seine Kinder kannten den gebrochenen Helden nicht wieder, aber das Vögelchen, das er in den trüben Zeiten vor dem Ausmarsch mit besonderer Zärtlichkeit gepflegt hatte, flatterte wie vor Freude hoch auf und fiel dann tot hin. Welch ein leuchtendes Vorbild York in den Tagen der Erniedrigung gewesen, beweist der Umstand, daß die königliche Familie auf ihn die Augen lenkte, als für den Kronprinzen ein Erzieher gesucht ward. York setzte seine Grundsätze, seine Natur auseinander, um zu zeigen, daß er für diesen Posten nicht passe. „Ich bin sehr arm," sagte er am Schluß, „ich habe ein Weib und vier Kinder, die ich unaussprechlich liebe; ihr Wohl macht das Glück meines Lebens; mein ganzes Streben geht dahin, für ihre Zukunft zu sorgen. Dennoch werden aber die Pflichten gegen meine Familie stets und unter allen Umständen jederzeit meinen Pflichten gegen König und Vaterland untergeordnet bleiben." Der Plan zerschlug sich. In der folgenden Zeit, in welcher im stillen das geknechtete Preußen zu seiner Befreiung sich rüstete, war York unermüdlich in allerlei Missionen, die ihm zugeteilt wurden, das Heer, namentlich die Jägerregimenter, zu erneuern. Er that seine Schuldigkeit, aber er that sie im schärfsten Gegensatz gegen die Steinschen Ideen, in noch schärferem vielleicht gegen die Tugendbündelei. Er war Brigadegeneral und hatte ein größeres Gebiet der Wirksamkeit. Dazu wurden ihm Inspektionen aufgetragen. Kehrte er in den häuslichen Kreis zurück, so suchte er seinen Söhnen sein Feuer einzuhauchen. Er stellte mit ihnen den Versuch an, ob sie wie Mucius Scävola Mut und Ausdauer hätten, die Hand dem Feuer auszusetzen. Die Knaben bestehen die Probe. Und der Vater bleibt nicht zurück und bringt sich eine Brandwunde bei. Gegen Rußland zog er 1812 seinem König gehorsam, aber mit schwer verhaltenem Grimm gegen die französischen Bundesgenossen. Von einer sittlichen Stärke, die geeignet war, in den Ereignissen eine weltgeschichtliche Wendung herbeizuführen, zeugt sein Rücktritt von den Franzosen. Ein General, der keine höhere Pflicht kennt, als den Gehorsam gegen den königlichen Kriegsherrn, thut den entscheidenden Schritt ohne des Königs Willen. Und obgleich er fest überzeugt ist, dem König den wichtigsten Dienst geleistet zu haben, legt er ihm als Sühne für die scheinbare Pflichtwidrigkeit sein im Dienste ergrautes Haupt zu Füßen, mit dem Schwur, auf dem Sandhügel so ruhig als auf dem Schlachtfeld die Kugel zu erwarten. In stiller, starker Ergebenheit durchlebt er die Wochen, in denen der König seinen Entschluß noch nicht gefaßt hat. Den König bittet er, bei der Fällung des Urteils auf seine Person keine Rücksicht zu nehmen und er ist weit davon entfernt, für die zu erwartende königliche Mißbilligung durch die Gunst des Volks sich entschädigen zu wollen. Als die preußischen Stände ihm ein jubelndes: Es lebe York! zuriefen, gebot er mit ernster Stimme Stille. „Auf dem Schlachtfelde bitte ich mir das aus!" Was York geleistet von seinem Abfall von Frankreich bis zu seinem Einzug in Paris, ist bekannt. Uns galt es nur, zu zeigen, welche Bedeutung Männer wie er für die sittliche und religiöse Erhebung Deutschlands haben mußten. Wir sehen in ihm einen Mann von ungemeiner sittlicher Kraft, eine echte Heldengestalt. Wir sprechen auch die Überzeugung aus, daß diese Kraft auf einem religiösen Grunde ruhte. Er sprach in der Weise seiner Zeit nicht viel von Religion, auch hinderte der furchtbare Drang der Ereignisse die religiöse Betrachtung. Aber auf dem Glauben beruhte auch Yorks That, auf dem Glauben an den Herrn der Heerscharen, der eine sittliche Weltordnung aufrecht erhält. Er konnte wohl vor der Schlacht mit Paul Gerhardt andächtig sprechen: „Anfang, Mittel und Ende, o Gott, zum besten wende!" und aus den Briefen an seinen Sohn geht hervor, daß er für ihn betet und daß er von dem Vater im Himmel den besten Segen für seine Kinder erwartet. Mit demselben Ernste, mit welchem er des

Vaterlandes Wohl sucht, läßt er sich in die Sorgen der Erziehung ein; durch die scheinbar grimmige Kälte seines Wesens bricht oftmals nicht bloß die lodernde Glut der Vaterlandsliebe, sondern auch der liebliche Glanz der väterlichen Liebe hindurch.[18])

Wir haben hier, wo es uns gilt, die sittlichen Mächte, die Preußens und Deutschlands Erhebung vorbereiteten, zu schildern, noch den Mann zu nennen, der gerade durch seine sittliche Haltung vielleicht allen andern überlegen ist, Gerhard David Scharnhorst. Wenn das deutsche Volk ein Bild sehen will, aus welchem seine eigenen edelsten Züge strahlen, so trete es vor diesen hin! Zu Bordenau, Amts Neu= stadt, in Hannover am 12. November 1755 geboren, der Sohn eines niedersächsischen Bauern, der aber als Soldat es zu einem gewissen Erfolg gebracht, fühlte er früh unter dem Drucke bäuerlicher Arbeit und beschränkter Mittel eine glühende Neigung zum Soldatenstande. Zum Glück nahm ihn der große Kriegsheld, Graf Wilhelm von Schaum= burg=Lippe, in seine Kriegsschule Wilhelmstein am Steinhuder Meer auf. Im Grafen sah er ein schönes Vorbild kriegerischer Größe; seine fleißigen Studien zeigten ihm, wodurch solche Größe bedingt sei. Mit einundzwanzig Jahren ward er hannöverscher Offizier, er gab Unter= richt und zeichnete sich durch militärische Schriften aus. Bereits hatte er Ruf als Theoretiker, als er im Revolutionskrieg auch Gelegenheit hatte, sich als tüchtigen Praktiker zu zeigen. Für sein heldenmütiges Benehmen beim Durchschlagen aus der Festung Menin 1794 ward er Major, und bald darauf im Frieden Oberstleutnant im Generalstab. Merkwürdig ist die Energie und Klarheit, mit welcher er schon jetzt das Eigentümliche der französischen Kriegführung und die Mängel der deutschen beleuchtete. Der Feldmarschall Herzog von Braunschweig vermittelte 1801 seinen Eintritt in den preußischen Kriegsdienst. Erst in der Artillerie, dann 1804 als Oberst im Generalstabe angestellt, fuhr er hier fort als Lehrer und Schriftsteller auf die jüngern Offiziere zu wirken. War es ihm in Hannover schon schwer gefallen, als Bürgerlicher unter den Adligen sich geltend zu machen, zeugte es von seinem Genie, daß er gegen die Macht adliger Vorrechte und adligen Übermuts dennoch zu einer bedeutenden Stellung sich emporrang: so erschien er nun gar in der preußischen Armee wie ein Fremdling. Der Ausländer erregte Neid, der Bürgerliche fand Verkennung, und wer nur auf die äußere Haltung sah, der konnte in dem schlichten Mann von schiefer Körperhaltung, den Kopf auf die Brust gesenkt, den Geist nicht entdecken, der in ihm waltete. Im Krieg gegen Frankreich war

er im Generalstabe des Herzogs von Braunschweig Oberst, ohne sich
völlig geltend machen zu können. In Lübeck ward er gefangen, dann
ausgewechselt; die Erfolge der Preußen in der Schlacht bei Eylau sind
vorzugsweise seiner Mitwirkung zuzuschreiben. Der König lernte ihn
genauer kennen und stellte ihn nach dem Tilsiter Frieden an die Spitze
einer Kommission zur Wiedereinrichtung des Heeres. Hier ist er nun
der Waffenschmied deutscher Freiheit geworden und hat in aller Stille
und Anspruchslosigkeit Thaten gethan, welche den größten Heldenthaten
an die Seite zu stellen sind. Sein genialer Tiefblick drang bis in die
Wurzeln des Übels und entdeckte die Quellen der Erneuerung. Es
mußte ein Neues gepflügt werden. Das Heer durfte hinfort nicht den
Bürgern schroff gegenüber stehen, der Soldat sollte Bürger, der Bürger
Soldat sein. Nicht die militärische Dressur allein, die Liebe des Bürgers
zu König, Vaterland und Freiheit sollte die Schlachten schlagen. Nicht
für den Exerzierplatz, sondern für den Kampfplatz sollte die Einübung
stattfinden. Es galt, des Feindes Weise zu erkennen und ihr gewachsen
zu sein. Das sittliche Gefühl sollte hinfort nicht durch entehrende
Strafen ausgelöscht, sondern durch das Bewußtsein, Glied eines großen
Ganzen zu sein, belebt werden. Und auf der sittlichen Grundlage der sol-
datischen Bildung sollte sich dann jede technische Fertigkeit aufbauen. Zunächst wurden die Verräter bestraft, die Kommandanten, die ohne Widerstand
die Festungen auslieferten, die Offiziere, welche ohne Kampf die Waffen
weggeworfen. Das Gassenlaufen und andere entehrende Strafen wurden
abgeschafft. Es ward verordnet, daß jeder Unterthan militärpflichtig
sei, und nicht der Stand, sondern nur das Verdienst zum Offizier
befähige. Schulen wurden eingerichtet, den neuen Geist den militärischen Zöglingen einzuhauchen. Und diese Grundsätze wurden in
einem viel größeren Maßstab angewandt, als man hoffen zu dürfen
geglaubt. Es war vertragsmäßig bestimmt, daß Preußen nur 42,000
Mann Soldaten halten dürfe. Der Vertrag ward gehalten. Aber
Scharnhorst berief Rekruten, exerzierte sie ein, entließ sie und berief
neue und füllte das Land so sehr mit kriegsfähiger Mannschaft, daß
beim Beginn des Kampfes 1813 das Dreifache ins Feld ziehen konnte.
Und das alles vollbrachte Scharnhorst unter den Augen der französischen
Späher. Dadurch wird nicht nur seine geistige Überlegenheit, sondern
zugleich seine sittliche Schlichtheit bezeichnet. Er war voll genialer
Gedanken, aber er sprudelte dieselben nicht heraus. Allmählich ließ er
die Dinge reifen. Allmählich, wie die Ausführung voranschritt, ent-
hüllte er seinen Plan. Er geizte nicht nach dem Ruhm, das Ziel

vorher bezeichnet zu haben, er ließ andern gern die Meinung, daß sie
durch sich selbst auch zu dem Ziel gekommen wären, wenn es nur über=
haupt erreicht ward. Den Widerwillen, den seine fremde Geburt, seine
geistige Überlegenheit etwa hervorrufen konnten, besiegte er durch Ge=
rechtigkeit und Milde. Mit dem kühnsten Mute verband er das zart=
fühlendste Herz, bei dem unerschütterlichen Glauben, daß in Zukunft
das Geschick der Völker zum Heile Deutschlands sich wenden werde,
hatte er die treuste Sorgfalt, in jedem gegenwärtigen Augenblick seine
Pflicht zu thun. Er war tief, kühn, mutig, gedankenreich, ausharrend,
treu, und dabei schlicht und anspruchslos, von unbestechlicher Rechtlich=
keit. Er hat, mit Ernst Moritz Arndt zu reden, obgleich Millionen
durch seine Hände hingeglitten waren, auch nicht den Schmutz eines
Kupferpfennigs daran kleben lassen. Er ist ein vir innocens im großen
Sinn der Alten gewesen und arm gestorben. Als 1813 Deutschland
erwachte, hätte es keinen edleren Toten den gefallenen Helden die
Nachricht bringen lassen können, als Scharnhorst, der im Beginn des
Kampfes gegen Napoleon gefallen ist, um nun aus der andern Welt
zu schauen, wie seine Saat reifte.[19]

Es liegt nahe, neben dem Erneuerer des preußischen Heeres so=
gleich einen andern Mann von ungemeiner sittlicher Hoheit zu nennen,
den Erneuerer des preußischen Staats, neben Scharnhorst Stein, neben
dem niedersächsischen Bauernsohn von stiller Besonnenheit den frän=
kischen Reichsfreiherrn voll übersprudelnden Lebens. Das Werk des
einen hing an dem Werke des andern, und die Männer waren ein=
ander in innigster Hochachtung zugethan. Wenn Stein Fremde in
seinem Turm, den er mit vaterländischen Erinnerungen ausgeschmückt
hatte, einführte, so wies er ihnen immer zuerst das Bild Scharnhorsts.
Er selbst blieb wie in Andacht vor diesem Bilde stehen und sah es
mit einem rührenden Ernste an. So möchte auch in unserer Dar=
stellung Stein neben Scharnhorst gestellt werden. Aber wir müssen
ihm doch eine andere, eine höhere Stellung anweisen. Stein gilt uns
nicht allein als der Mann der sittlichen That, er ist uns zugleich der
Träger des alten christlichen Glaubens.

5.

Friedrich Wilhelm und Luise von Preußen.

Ein unberechenbarer Segen war es, daß bei dem politischen Fall Preußens, der durch den sittlichen und religiösen vorbereitet war, das Königspaar in edelster christlicher Haltung vor seinem Volk, vor Deutsch= land, vor der Welt stand. „Die allgemeine Auflösung ist schrecklich," schrieb Schleiermacher damals an Reimer, „und man sieht von allen Seiten einen Abgrund von Niederträchtigkeit und Feigheit, aus welchem nur wenige einzelne, unter ihnen obenan der König und die Königin hervorragen."[20] Wie verderbliche Einflüsse überraschend schnell von der Höhe des Throns in die breiten Niederungen des Volks sich ver= breiten, so geht von einem aufrichtig frommen Fürstenhaus ein gesunder Hauch des Lebens in das ganze Land. Wie stach doch der Hof Friedrich Wilhelms III. gegen den seines Vaters ab! Ein wahres Unglück ist es, wenn der christliche Glaube in evangelisch kirchlicher Fassung in den Verdacht kommt, mit den Vorrechten der höhern Stände oder gar mit der Unsittlichkeit bevorrechteter Klassen ein Schutz= und Trutzbündnis eingegangen zu sein. Diesen Verdacht zog dem Christen= tum die Regierung zu, welche unter Friedrich Wilhelm II. die Bischofs= werder und Wöllner führten. Königliche Mätressenwirtschaft im Bunde mit Edikten gegen die Aufklärung — das hat zur Folge, daß die bürgerliche Ehrbarkeit in den Gegensatz gegen die vornehme Liederlichkeit auch den gegen den christlichen Glauben mitaufnimmt. Welch eine Erquickung ist's für das gekränkte Gemüt eines Volks, ein Königspaar auf dem Thron zu sehen, welches mit königlicher Haltung bürgerliche Schlichtheit, mit herzlichem Glauben zarte Scheu vor sittlichem Anstoß verbindet! Und wie gegen die nächsten Vorfahren, so sticht der Hof Friedrich Wilhelms auch gegen die meisten deutschen Höfe seiner Zeit ab. Das waren doch andere Beschäftigungen, welche die Idylle des kronprinzlichen Paares von Preußen ausfüllten, als das Käfigverfertigen und die Siegellackindustrie des Erzherzogs Franz und die Konzerte, die er mit seiner Gemahlin, der Tochter der Königin von Neapel, der Freundin der berüchtigten Lady Hamilton, aufführte. Das waren andre Gesinnungen, als die in Kassel und Stuttgart und an so manchem kleineren und größeren Fürstenhofe die sittlich Schwachen noch schwächten, die sittlich Ernsten empörten. Ein echt deutsches Königstum trat vor die Augen des Volks, und daß gerade dieses so tief von dem französischen Gewalthaber gedemütigt worden war, das gewann ihm Herzen und Arme, das war nicht der geringste Anlaß zu dem unerbittlichen Haß, mit welchem Deutschland gegen den Zwingherrn sich erhoben.

Es wäre ungerecht, wenn man den König Friedrich Wilhelm nach der Genialität des Gedankens, der Kühnheit des Entschlusses und der Raschheit der That beurteilen wollte. Genie war nicht seine Gabe, er hatte nur Talent; an der Kühnheit des Entschlusses hinderte ihn, der nicht mit dem Blick des Genius die Dinge rasch durchschaute, die Gewissenhaftigkeit bei der Prüfung aller Umstände; an der Raschheit im Handeln seine sorgfältige Beschäftigung mit den Einzelheiten, aus denen eine große Wirkung sich zusammenfaßt. Auch hatte ihn der tiefe Fall nach so übermütiger Erhebung mit großem Mißtrauen in die Zuverlässigkeit der Menschen erfüllt. Nicht selten erscheint er um dieses mangelnden Aufschwungs willen in ungünstigem Lichte. Wem hätte nicht das harte Aufeinanderplatzen des Königs und des Ministers vom Stein in der Zeit, da sie am meisten einander bedurften, wehe gethan, und seine Teilnahmlosigkeit, als Stein in den Tagen der Entscheidung nervenfieberkrank in Breslau darniederlag? Oder wenn York vor dem Einzug in Paris vor den König heranreitet und ihm „das brave erste Armeekorps" vorführt, das freilich infolge seiner Tapferkeit und endloser Strapazen in keinem parademäßigem Zustande war und der König mit den Worten: „sehen schlecht aus, schmutzige Leute" zurückreitet, wer fühlte dann nicht den Grimm nach, mit welchem York Kehrt! und Marsch! kommandiert?[21]) Und dann die Politik des Königs nach den Befreiungskriegen unter dem Einfluß der Wittgenstein und Kampy — wie viel Ursache zum Tadel bietet sie! Hat aber selbst Arndt, der am härtesten durch sie betroffen worden ist, von seiner Liebe zu König Friedrich Wilhelm III. nicht gelassen, so muß ein ungewöhnlicher Reichtum trefflicher Eigenschaften und Tugenden sich in ihm vereinigt haben.

Friedrich Wilhelm war von seinem verschwenderischen, pracht- und genußliebenden Vater einfach erzogen worden. Zum Geburtstag erhielt er einst eine blühende Reseda in einem Topfe, und wenn sein Erzieher ihm eine Freude machen wollte, so kaufte er ihm in einem Garten

für einen Groschen oder zwei Kirschen. Kirschen aß der kleine Kron=
prinz sehr gerne. Als er zehn Jahre alt war, brachte ein Gärtner=
bursche im Monat Januar bei strenger Kälte ein Körbchen mit schönen,
reifen, im Treibhaus gezogenen Kirschen. Der Prinz freute sich bei
ihrem Anblick und wünschte die süßen Früchte zu genießen. Als er
aber hörte, daß sie fünf Thaler kosten sollten, drehte er sich um und
sagte mit festem Tone: Ich will sie nicht. Gleich darauf ließ er einem
armen Schuhmacher zum Lederankauf zwanzig Thaler schicken. Selbst
in den Tagen des höchsten königlichen Glücks liebte er für seine Person
die Einfachheit und verachtete die kostspieligen Genüsse, während er
für allerlei Not eine allezeit gefüllte und offene Hand hatte. Aber
auch im religiösen Leben unterschied sich Friedrich Wilhelm wesentlich
von seinem Vater. Während dieser, sittlich verwirrt, bald in der auf=
geklärten Geheimthuerei der Illuminaten, bald in den kirchlichen
Ordonnanzen, welche ihm Wöllner und Bischofswerder anrieten, Halt
für sich und den Staat suchte, zeigte der Sohn von Anfang an die
milde thätige Frömmigkeit eines Spalding und Sack, welche unter den
großen Trübsalen der folgenden Zeit sich nur noch vertiefte und be=
festigte. Tolerant gegen den freien Gedanken, der sich aussprechen
wollte, aber für sich selbst ohne alle Neigung zu irgend welcher Frei=
geisterei, vorsichtig im Fallenlassen alter Meinungen und Ordnungen,
aber mit weitem Christenherzen die Einheit der Christen suchend und
erstrebend, von der bestimmten Lehre der Offenbarung in der Schrift
nicht weichend, aber mit allem Ernst den Buchstaben durch den Geist
ins Leben umsetzend — das war seine Weise. Man ist versucht, die
Frömmigkeit und Rechtschaffenheit, die ihm eigen war, eine bürgerlich
schlichte zu nennen: sie war frei von staatsklugem Zwang und von
romantischer Überschwenglichkeit, sie war nüchtern mit Wärme, mild
mit Ernst, sie stellte den Durchschnitt der religiösen Anschauungen und
Antriebe dar, welche in den edelsten Gliedern des deutschen Volkes
herrschten. Selten zeigt uns die Geschichte einen Herrscher, der ohne
glänzende Eigenschaften auf die Geschicke seines Volks und Staats
einen so tiefen Einfluß gewann als Friedrich Wilhelm III. Von Natur
ohne Genialität und pedantisch erzogen hat er die genialen Kräfte einer
Zeit, welche die stärksten Dämme flutend durchbrach, doch zu benutzen
und zu ehren gelernt. Die Anschauung des zuchtlosen Lebens im Hause
des königlichen Vaters hat seine Sittlichkeit nicht geschwächt, sondern
gestärkt: der Königshof, der unter dem Vater den Besten im Volk den
tiefsten Schmerz bereitete, leuchtete unter dem Sohne vorbildlich ins

Land. Kein geborner Staatsmann, durch das süßeste Glück des jungen Familienlebens versucht, sich den Staatsgeschäften zu entfremden, ward er berufen, das Schiff des Staats vor dem Untergang zu bewahren und in ein glückliches Fahrwasser zu bringen. Auf dem Gebiete des kirchlichen Lebens besonnen, klar und mild hat er den Beruf der Hohen= zollern, die Einheit der evangelischen Bekenntnisse stärker zu betonen als ihre Verschiedenheit, so kräftig ergriffen, daß der Herrscher gerade in Sachen der Religion, welche der Freiheit bedarf und mit Zartheit behandelt sein will, am gewaltthätigsten erscheinen konnte. Friedrich Wilhelm III. war keine leuchtende Herrschergestalt: was ihm eine geschichtliche Größe, die über das Maß seiner Gaben hinauszureichen scheint, verliehen hat, das ist seine religiöse und sittliche Persönlichkeit, die Gewissenhaftigkeit, mit welcher er im grausamen Drang des geschicht= lichen Lebens auf die Stimme Gottes merkte, die Pflichttreue, mit welcher er der Rettung und Erneuerung des Staats, der äußerlichen Wohlfahrt und der geistigen Erhebung des Volkes sich widmete. Ihm fehlte die rücksichtslose Kraft Friedrich Wilhelms I. und die königliche Geistesmacht Friedrichs II., er hatte nicht die Fülle der Phantasie und das tragische Geschick des ersten, nicht die bezaubernde Liebenswürdigkeit und den glänzenden Erfolg des zweiten seiner königlichen Söhne. Aber er ist ein Beispiel, das zur eingehendsten Betrachtung lockt, daß auch auf dem Throne, auch in weltgeschichtlichen Entscheidungen die Gabe durch Tugend gemehrt und geheiligt werden kann. Und als religiöse und sittliche Persönlichkeit hat Friedrich Wilhelm III., indem er den Staat rettete, zugleich das Volk an die unverbrüchliche Wahrheit erinnert, daß Gerechtigkeit ein Volk erhöhet, die Sünde aber der Leute Verderben ist.

Die bürgerliche Schlichtheit im Glauben und Leben that seiner Ritterlichkeit keinen Eintrag. Als sein Vater, durch das Geschick der französischen Königsfamilie erschüttert, mit dem deutschen Kaiser sich gegen das revolutionäre Frankreich verbündete, war der Kronprinz der Tapfersten einer im preußischen Heere und that auf jedem Posten, der ihm angewiesen ward, seine Schuldigkeit. Der Lauf des Kriegs brachte ihn zuerst mit seiner künftigen Gemahlin zusammen. Nachdem die Preußen mit Hilfe tapfrer Hessen Frankfurt a/M. aus den Händen der Franzosen wiedergenommen hatten, blieb die alte Reichsstadt das Hauptquartier des preußischen Königs. Hier erschien im März 1793 auf der Rückreise von Hildburghausen die Landgräfin von Hessen= Darmstadt mit ihren Enkelinnen, Luise und Friederike, Prinzeßen von Mecklenburg-Strelitz. Die Mutter, eine Prinzeß von Hessen-Darmstadt, war gestorben, als Luise im sechsten Jahre stand; der Vater, damals noch hannöverscher Feldmarschall, das Jahr darauf an der Stelle seines verstorbenen Bruders Herzog von Mecklenburg-Strelitz, zum zweitenmal Witwer, hatte die Erziehung der Töchter der trefflichen Großmutter überlassen. Friedrich Wilhelm war drei-undzwanzig, die Prinzeß Luise siebzehn Jahre alt, als sie sich zuerst begegneten. Beide blühten in Jugend und Schönheit. Die erste Be-gegnung entschied. Friedrich Wilhelm, sonst nicht gerade stark zur Poesie geneigt, gestand noch in späten Jahren, daß er das Wunder der Liebe bei erster Begegnung, wie er es erlebt, nirgends schöner und treffender beschrieben gefunden habe, als in den Worten Schillers:

> Nicht ihres Lächelns holder Zauber war's,
> Die Reize nicht, die auf der Wange schweben,
> Selbst nicht der Glanz der göttlichen Gestalt —
> Es war ihr tiefstes und geheimstes Leben,
> Was mich ergriff mit heiliger Gewalt;
> Wie Zaubers Kräfte unbegreiflich weben —
> Die Seelen schienen ohne Worteslaut
> Sich ohne Mittel geistig zu berühren.
> Als sich mein Atem mischte mit dem ihren.
> Fremd war sie mir und innig doch vertraut,
> Und klar auf einmal fühlt' ich's in mir werden:
> Die ist es oder keine sonst auf Erden!
>
> Das ist der Liebe heil'ger Götterstrahl,
> Der in die Seele schlägt und trifft und zündet,
> Wenn sich Verwandtes zu Verwandtem findet;
> Da ist kein Widerstand und keine Wahl,
> Es löst der Mensch nicht, was der Himmel bindet.

Mitten im Krieg ward die Doppelverlobung zwischen zwei Brüdern und zwei Schwestern gefeiert: Friedrich Wilhelm verlobte sich mit Luise, sein Bruder Prinz Ludwig mit ihrer Schwester Friederike. Manchmal noch in den ersten Wochen des Brautstandes erschienen die holdseligen Jungfrauen im Kriegslager, entzückende Erscheinungen nicht für die verlobten Prinzen allein. Auf Weihnacht 1793 fand dann die Ver-mählung statt. Die Ehe des Prinzen Ludwig ward schon frühe durch seinen Tod gelöst, Friedrich Wilhelm und Luise aber gaben in Tagen des süßesten Glücks, wie in der Zeit des tiefsten Jammers ihrem Volke den erbaulichen Anblick einer wahrhaften, deutsch-christlichen Ehe.

Die Königin Luise, obwohl sie bis an ihr Ende durch den Einfluß ihrer frühesten Erziehung nach der Sitte ihrer Zeit, selbst in Augenblicken wärmster Herzenserregung, sich der französischen Sprache bediente, war eine durch und durch deutsche Fürstin. Die Tochter eines mit Kindern reich gesegneten Prinzen, der anfangs nicht glaubte zur Re= gierung zu gelangen, beim frühen Tod ihrer Mutter von der Groß= mutter an dem kleinen landgräflichen Hofe zu Darmstadt erzogen, war sie einfach aufgewachsen, und hatte, wie eine Fürstentochter aus alter Zeit, die seidenen Schuhe, die sie trug, sich selbst nähen müssen. Mit wunderbarer Schönheit der Gestalt, mit dem lieblichsten Licht der offnen blauen Augen verband sie, so lange sie auf Erden wandelte, den Zauber der Jugend, denn auch als sie starb, eine vielgeprüfte Christin, zählte sie nicht mehr als vierunddreißig Jahre, aber Schönheit und Jugend waren doch nur die köstlichen Gefäße eines köstlicheren Lebens, das von innen heraus durch Blick und Gebärde strahlte. Bei wahr= haft königlicher Haltung bewahrte sie eine Leutseligkeit, die um so tiefer entzückte, je unmittelbarer sie aus der Fülle eines liebevollen Herzens hervordrang. Es mußte die Deutschen mit der hellsten Wonne erfüllen, wenn sie sahen, wie Friedrich Wilhelm und Luise den aus Frankreich herüber verpflanzten steifen und herzlosen Formen des Hof= lebens trotzten und auch auf königlichen Höhen wagten, wie andere Christenleute sich einfältig ihrer Liebe und ihres Glücks zu freuen. Mit unbeschreiblichem Jubel ward Luise bei ihrem ersten Einzug in Berlin empfangen. An der Ehrenpforte vor der Stadt sagte eine kleine liebliche Mädchengestalt ein Gedicht her, das mit den Worten schloß:

> Vergiß, was du verlorst; es soll ein schönres Leben
> Dir dieser Festtag prophezein.
> Heil dir! der künft'gen Welt wirst du Monarchen geben,
> Beglückter Enkel Mutter sein!

Die fürstliche Braut ergab sich willig den Drange ihres Herzens, neigte sich zu dem Kinde, umarmte es und küßte ihm Mund, Stirn und Augen. Als am Tage der Vermählung die Rede war von einer allgemeinen Erleuchtung der Hauptstadt — es war der Weihnachtsabend 1793, erklärte der Kronprinz, es würde ihn mehr freuen, wenn die Bürger das Geld, das die Erleuchtung kosten würde, für die Waisen und Witwen der im Kriege Gebliebenen zusammenschössen; und mit dem Gelde der Bürger vereinigten sich die Gaben des königlichen Hauses, um den Unglücklichen eine reiche Weihnachtsbescherung zu bereiten. Es war, als ob das Fest der Geburt Christi, an welchem Friedrich Wilhelm und Luise vermählt wurden, das Fest der demütigen Liebe, der Wonne in der Hingebung, auf die ganze Ehe des fürstlichen Paares seinen

Segen ausgegossen hätte. Sie lebten miteinander am liebsten in länd=
licher Stille zu Oranienburg oder Paretz. Das trauliche Du, in jenen
Zeiten durch die Etikette aus dem ehelichen Verkehr sogar verbannt,
klang hinüber und herüber. Wie wohlhabende Gutsbesitzer wohnten
sie im Sommer auf dem Lande. Dem alten General KöKeritz brachte
die schöne Hauswirtin nach Tische Pfeife und brennenden Fidibus,
damit es ihm recht behaglich werde. War Erntefest in Paretz, so
mischte sich das Paar harmlos unter das Landvolk, und auf dem
Weihnachtsmarkt der Hauptstadt machte es Einkäufe, nicht bloß für das
eigene Haus. Das deutsche Volk ist von Natur geneigt, die Fürsten
herzlich zu lieben. Wo auf einem Throne häusliche, christliche Tugenden
strahlen, da kann es mit seiner Bewunderung nicht zurückhalten. Die
Königin Luise erschien bald den Deutschen wie die Erscheinung des
liebsten Bildes, das sie selbst in sich trugen. Sie war in deutscher
Einfachheit aufgewachsen, sie hatte ihren Geist mit dem Besten genährt,
was Deutschland damals zu bieten hatte, mit den Dichtungen Goethes,
Schillers, Herders, Jean Pauls, sie verband mit der Idealität, die dem
deutschen Volk eigentümlich ist, die deutsche Tugend der Häuslichkeit;
und diese Eigenschaften waren durch den warmen Hauch der Religiosität
geweiht; und da dies alles vor das Volk hintrat, in Gestalt einer
jugendlichen, schönen, leutseligen, innig liebenden Königin, so war's
natürlich, daß dieses bald mit schwärmerischer Zuneigung sich ihr ergab
und die Dichter wetteiferten, ihr Lob zu spenden. Unter andern war
es Novalis, welchem die typische Gestalt der Königin offenbar wurde.
„Jede gebildete Frau und jede sorgfältige Mutter," schrieb dieser,
„sollte das Bild der Königin in ihrem oder in ihrer Töchter Wohn=
zimmer haben. Welche schöne kräftige Erinnerung an das Urbild, das
jede zu erreichen sich vorgesetzt hätte! Ähnlichkeit mit der Königin
würde der Charakterzug der neupreußischen Frauen, ihr Nationalzug.
Ein liebenswürdiges Wesen unter tausendfachen Gestalten! — In unseren
Zeiten haben sich wahre Wunder der Transsubstantiation ereignet.
Verwandelt sich nicht ein Hof in eine Familie, ein Thron in ein
Heiligtum, eine königliche Vermählung in einen ewigen Herzensbund?
Wer den ewigen Frieden jetzt sehen und liebgewinnen will, der reise
nach Berlin und sehe die Königin. Dort kann sich jeder anschaulich
überzeugen, daß der ewige Friede herzliche Rechtlichkeit über alles liebt
und nur durch diese sich auf ewig fesseln läßt."

Die ersten zehn bis zwölf Jahre ihres ehelichen Glücks fielen in
die Zeit der Ruhe, welche sich Preußen durch den Basler Frieden erkauft

hatte. Luise erschien in dieser Zeit nur als Hausfrau, freilich als Hausfrau eines Königs. Als im Jahre 1805 Napoleon seinen Über= mut gegen Preußen zu erkennen gab, als das Wetterleuchten das Ge= witter aus der Ferne ankündigte, als der König und das Vaterland in erschütternde Bewegung gerieten, da ging jede Erschütterung durch das Gemüt Luisens; denn sie war Königin, sie war Mutter, sie war eine Deutsche. Die deutsche Frau ist keine politische Frau, wie es deren unter Romanen und Slaven geben mag. Sie hat keine Lust, im politischen Sprechsaal zu glänzen und im geheimen Zettelungen zu machen. Sie ist am liebsten an der Seite ihres Mannes, in der Mitte ihrer Kinder, am häuslichen Herde. Hier aber fühlt sie des Vater= landes Lust und Weh im tiefsten Grunde des Herzens, hier feuert sie den Mann ohne viele Worte durch ihre Opferwilligkeit, durch ihren Jubel über jeden Sieg, durch ihren Schmerz über jeden Verlust des Vaterlandes an, und in die Herzen der Söhne prägt sie den Sinn, der von allen irdischen Gütern das Vaterland für das höchste hält. Die deutsche Frau ist keine politische Frau, aber wie in den Tagen Hermanns, so hat sie in den Tagen des Kampfs gegen Napoleon Schmach dem Manne geboten, der sein Vaterland verließ, Ehre und Liebe dem, der bis aufs Blut für seine Freiheit kämpfte. Auch die Königin Luise war keine politische Frau, aber deutsch war sie durch und durch, und jede Schmach, die dem Vaterland zugefügt ward, brannte ihr in der Seele.

Der Durchmarsch französischer Truppen durch einen Teil des neutralen preußischen Staats, durch das ansbachsche Gebiet, eine Ver= letzung der Neutralität, die Napoleon kurzweg damit rechtfertigte, daß er den Sieg über die Österreicher, den er haben müsse, sich nicht durch falsche Bedenklichkeiten entgehen lassen dürfe, war das erste Anzeichen, daß auch Preußen mit Napoleon keinen Frieden bewahren könne. Es ist natürlich, wenn ein solcher Bruch des Völkerrechts allen, die des Vaterlandes Ehre liebten, durch das Herz schnitt. In dieser Zeit feierte der Kronprinz seinen Geburtstag (15. Okt. 1805). Er ward zehn Jahre alt, sein Vater schenkte ihm Hut und Degen, und zum ersten= mal erschien er in Uniform vor der Königin. „Ich hoffe, mein Sohn", sprach sie in tiefer Herzensbewegung, „daß an dem Tage, wo du Gebrauch machst von diesem Rocke, dein einziger Gedanke sein wird, deine un= glücklichen Brüder zu rächen." Bald darauf erschien Kaiser Alexander in Potsdam; an der Gruft Friedrichs des Großen, in der Stunde der Mitternacht, gelobten sich der Kaiser und der König in der Gegen=

wart der Königin den Kampf für die Befreiung Deutschlands. Aber noch ward Preußen durch die kraftlose Politik des Ministers Haugwitz schimpflich an Napoleon gekettet. In den Kämpfen zwischen der Kriegs- und der Friedenspartei, welche sich in dem Laufe des Jahrs 1806 am preußischen Hof gestalteten, spielte die Königin keine eingreifende Rolle, aber auch ohne daß sie antreiben wollte, war sie ein beständiger Antrieb für die besten Männer, auf des Vaterlandes Rettung zu sinnen. Sie war Königin, Gattin, Mutter, Deutsche, sie war das alles in edelster Weise mit allen Kräften; daß sie das war, nicht was sie that, machte ihren Namen schon jetzt zu einer Losung für die Feinde Napoleons. Dieser, in seiner diabolischen Verstandeskälte unfähig, die tieferen Regungen des Herzens nachzufühlen, fühlte wohl, daß die Königin Luise eine Macht war und so viel als ein Heer galt, aber er konnte sich das nicht anders erklären, als indem er ihr eigentliche politische Thätigkeit zuschrieb, und er versäumte nicht, sie um deswillen zu ver- unglimpfen. Sein Zorn gegen die Königin steigerte sich, als sie beim endlichen Ausbruch des Krieges ihrem Gemahl ins Feld folgte. Es war ihr zu schwer, sich von ihm zu trennen; zu gerne teilte sie und feuerte durch ihre Erscheinung die Begeisterung an, mit welcher man damals gegen Napoleon auszog. Schon donnerten die Kanonen der Jenaer Schlacht, als sie endlich auf dringendes Zureden sich entschloß, das Lager zu verlassen und nach Berlin zurückzukehren.

Noch vor den Thoren der Hauptstadt hörte sie die völlige Nieder- lage des preußischen Heers und daß die Heere Napoleons in das offene Land sich hereinwälzten. Sie rüstet ihre Reise gen Osten und verläßt mit ihren Kindern Berlin. Den ältesten Prinzen hat sie in diesen Tagen des tiefsten mütterlichen und vaterländischen Schmerzes Worte zugerufen, die wie Samenkörner einer bessern Zukunft in die empfäng- lichen Gemüter fallen mußten. „Ach, meine Söhne!" sprach sie, „Ihr seid in dem Alter, wo euer Verstand die großen Ereignisse, welche uns jetzt heimsuchen, fassen und fühlen kann; ruft künftig, wenn eure Mutter und Königin nicht mehr lebt, diese unglückliche Stunde in euer Gedächtnis zurück; weinet meinem Andenken Thränen, wie ich sie jetzt in diesem schrecklichen Augenblicke dem Umsturze meines Vaterlandes weine! Aber begnügt euch nicht mit den Thränen allein: handelt — entwickelt eure Kräfte; vielleicht läßt Preußens Schutzgeist sich auf euch nieder. Befreiet dann euer Volk von der Schande, dem Vorwurf und der Erniedrigung, worin es schmachtet; suchet den jetzt verdunkelten Ruhm eurer Vorfahren von Frankreich zurück zu erobern, wie euer

6*

Urgroßvater, der Große Kurfürst, einst bei Fehrbellin die Niederlage und Schmach seines Vaters an den Schweden rächte. Lasset euch, meine Prinzen, nicht von der Entartung dieses Zeitalters hinreißen; werdet Männer und geizet nach dem Ruhm großer Feldherren und Helden. Wenn euch dieser Ehrgeiz fehlte, so würdet ihr des Namens von Prinzen und Enkeln des großen Friedrich unwürdig sein. Könnt ihr aber mit aller Anstrengung den niedergebeugten Staat nicht wieder aufrichten, so sucht den Tod, wie ihn Louis Ferdinand gesucht hat!"

In Küstrin traf der König mit der Königin zusammen, gemein= sam trugen sie nun, Schlag auf Schlag, die Nachrichten von der Über= gabe der Heeresabteilungen und Festungen. In Ortelsburg schrieb die Königin am 5. Dezember 1806 in ihr Tagebuch:

> Wer nie sein Brot mit Thränen aß,
> Wer nie die kummervollen Nächte
> Auf seinem Bette weinend saß,
> Der kennt euch nicht, ihr himmlischen Mächte.

> Ihr führt ins Leben uns hinein
> Und laßt den Armen schuldig werden,
> Dann überlaßt ihr ihn der Pein,
> Denn alle Schuld rächt sich auf Erden.

Aber sie blieb bei diesen Worten der Trauer nicht stehen. Sie trocknete ihre Thränen, ging ans Klavier und spielte und sang Paul Gerhardts Lied: „Befiehl du deine Wege!" Sie hat Thränen gesäet, damit eine Freudenernte daraus sprieße. In Königsberg traf sie mit der jüngst bekehrten Frau von Krüdener zusammen. „Durch einen bewundernswürdigen Instinkt," sagt Eynard, „ahnte die Königin, deren Leben so rein gewesen war, was der Sünder gewöhnlich erst durch die Demütigung der Sünde lernt. Sie liebte, als ob ihr viel vergeben worden wäre, und fühlte, was ihrer Freundin durch eine schmerzliche Erfahrung in so grausamer Weise offenbart worden war." Die beiden Frauen versenkten sich miteinander in die Tiefen der Erkenntnis der göttlichen Gnade und besuchten in den Spitälern die kranken Soldaten.[22] Die Königin selbst ward von einem Nervenfieber befallen, und kaum genas sie, so ging die Flucht weiter nach Memel. Als der Rest des preußischen Heeres mit den Russen sich vereinigt hatte, begann noch einmal der Kampf; die Königin kehrte nach Königsberg zurück. Hier verkehrte sie mit den besten Männern, mit dem Hofprediger Borowsky, mit dem Kriegsrat Scheffner. Der Umgang mit diesen Männern be= lebte das vaterländische Gefühl, befestigte den Christensinn. Namentlich war es Borowsky, damals schon ein sechsundsechzigjähriger Greis, der dem jugendlichen schwer geprüften Königspaar den Stab des Worts reichte. Was die Propheten und Psalmen von Demütigung und Erhebung des Volks Gottes sagen, ward ihnen durch Borowskys Wort lebendig. Welch ein Segen! Nach der Schlacht von Friedland (14. Juni 1807) schien alles verloren. Die Flucht begann wieder; Memel, die äußerste Stadt im Osten des preußischen Staats ward wieder aufge= sucht. Hier schrieb die Königin am 24. Juni ihrem Vater: „Mein Glaube soll nicht wanken, aber hoffen kann ich nicht mehr. Auf dem Wege des Rechts leben, sterben und, wenn es sein muß, Brot und Salz essen; nie werde ich ganz unglücklich sein; nur hoffen kann ich nicht mehr. Wer so von seinem Himmel herunter gestürzt ist, kann nicht mehr hoffen. Kommt das Gute — o! kein Mensch kann es dankbarer empfinden, als ich es empfinden werde — aber erwarten thue ich es nicht mehr. Kommt das Unglück, so wird es mich auf Augenblicke in Verwunderung setzen, aber beugen kann es mich nie, sobald es nicht verdient ist. Nur Unrecht unsererseits würde mich zu Grabe bringen; da komme ich nicht hin, denn wir stehen hoch." Die Königin ward auf Veranlassung des Kaisers Alexander nach Piktuppönen zu den Friedensverhandlungen gerufen, wo sie Napoleon von Angesicht zu Angesicht sehen sollte — die edle Frau den unritterlichen Mann, die Geschmähte den Schmäher, die deutsche Fürstin, die ihr deutsches Volk glühend liebte, den Unterdrücker Deutschlands. „Das ist das schmerzhafteste Opfer, das ich meinem Volke bringe", so sprach sie und trat den Marterweg an. Die Begegnung mit dem Feinde schien er= folglos, aber sie hatte doch ihre Frucht — in dem Königspaar reifte in diesen Gluten des Schmerzes der tiefste Christensinn, in dem Volk die Hingabe an solch einen König, solch eine Königin.

„Mit uns ist es aus," schrieb sie im Frühjahr 1808 an ihren Vater, „wenn auch nicht für immer, doch für jetzt. Für mein Leben hoffe ich nichts mehr. Ich habe mich ergeben, und in dieser Ergebung, in dieser Fügung des Himmels bin ich jetzt ruhig und in solcher Ruhe, wenn auch nicht irdisch glücklich, doch, was mehr sagen will, geistig glücklich. — Es wird mir immer klarer, daß alles so kommen mußte, wie es gekommen ist. Die göttliche Vorsehung leitet unverkennbar neue Weltzustände ein, und es soll eine andere Ordnung der Dinge werden, da die alte sich überlebt hat, und in sich selbst als abgestorben zusammenstürzt. Wir sind eingeschlafen auf den Lorbeeren Friedrichs des Großen, welcher, der Herr seines Jahrhunderts, eine neue Zeit schuf. Wir sind mit derselben nicht fortgeschritten, deshalb überflügelt sie uns. — Das sieht niemand klarer ein als der König. Noch eben hatte ich mit ihm darüber eine lange Unterredung, und er sagte in sich gekehrt wiederholentlich: das muß auch bei uns anders werden. Auch das Beste und Überlegteste mißlingt, und der französische Kaiser ist wenigstens schlauer und listiger. Wenn die Russen und die Preußen tapfer wie die Löwen gefochten hatten, mußten wir, wenn auch nicht besiegt, doch das Feld räumen und der Feind blieb im Vorteil. Von ihm können wir vieles lernen, und es wird nicht verloren sein, was er gethan und ausgerichtet hat. Es wäre Lästerung zu sagen, Gott sei mit ihm; aber offenbar ist er ein Werkzeug in des Allmächtigen Hand, um das Alte, welches kein Leben mehr hat, das aber mit den Außen= dingen fest verwachsen ist, zu begraben! — Gewiß wird es besser werden: das verbürgt der Glaube an das vollkommenste Wesen. Aber es kann nur gut werden in der Welt durch die Guten. Deshalb glaube ich auch nicht, daß der Kaiser Napoleon Bonaparte fest und sicher auf seinem, jetzt freilich glänzenden Thron ist. Fest und ruhig ist nur allein Wahr= heit und Gerechtigkeit, und er ist nur politisch, das heißt klug, und er richtet sich nicht nach ewigen Gesetzen, sondern nach Umständen, wie sie nun eben sind. Dabei befleckt er seine Regierung mit vielen Un= gerechtigkeiten. Er meint es nicht redlich mit der guten Sache und mit den Menschen. Er und sein ungemessener Ehrgeiz meint nur sich selbst und sein persönliches Interesse. Man muß ihn mehr bewundern, als man ihn lieben kann. Er ist von seinem Glück geblendet und er meint alles zu vermögen. Dabei ist er ohne alle Mäßigung; und wer nicht Maß halten kann, verliert das Gleichgewicht und fällt. Ich glaube fest an Gott, also auch an eine sittliche Weltordnung. Diese sehe ich in der Herrschaft der Gewalt nicht, deshalb bin ich der Hoff= nung, daß auf die jetzige Zeit eine bessere folgen wird. Diese hoffen, wünschen und erwarten alle bessern Menschen, und durch die Lobredner der jetzigen und ihres großen Helden darf man sich nicht irre machen lassen. Ganz unverkennbar ist alles, was geschehen ist und geschieht, nicht das Letzte und Gute, wie es werden und bleiben soll, sondern nur die Bahnung des Wegs zu einem bessern Ziele hin. Dieses Ziel scheint aber in weiter Entfernung zu liegen, wir werden es wahr= scheinlich nicht erreicht sehen und darüber hinsterben. Wie Gott will; alles, wie er will. Aber ich finde Trost, Kraft und Mut und Heiter= keit in dieser Hoffnung, die tief in meiner Seele liegt. Ist doch alles in dieser Welt nur Übergang! Wir müssen durch. Sorgen wir nur dafür, daß wir mit jedem Tage reifer und besser werden. — Hier, lieber Vater! haben Sie mein politisches Glaubensbekenntnis, so gut ich, als eine Frau, es formen und zusammensetzen kann."

Dem politischen Glaubensbekenntnis der königlichen Frau fügen wir an, was sie mitten in der Volksnot über ihr häusliches Glück, über den König und über ihre Kinder, namentlich was sie über die Söhne sagt, die nachher Könige geworden sind. Es thut innig wohl, zu beachten, wie der Eltern Segen den Kindern Häuser baut, ja wie dieser Mutter Segen ihnen das Königreich in neuer Größe, endlich zum Kaiserreich gemacht und verklärt, gesichert hat.

„Gern werden Sie, lieber Vater, hören, daß das Unglück, welches uns getroffen, in unser eheliches und häusliches Leben nicht eingedrungen ist, vielmehr dasselbe befestigt und uns noch werter gemacht hat. Der König, der beste Mensch, ist gütiger und liebevoller, als je. Oft glaube ich in ihm den Liebhaber, den Bräutigam zu sehen. Mehr in Handlungen, wie er ist, als in Worten, ersehe ich die Aufmerksamkeit, die er in allen Stücken für mich hat, und noch gestern sagte er schlicht und ein= fach, mit seinen treuen Augen mich ansehend, zu mir: „Du liebe Luise! bist mir im Unglück noch werter und lieber geworden. Nun weiß ich aus Erfahrung, was ich an dir habe. Mag es draußen stürmen, wenn es in unserer Ehe nur gut Wetter ist und bleibt. Weil ich dich so lieb habe, habe ich unser jüngst geborenes Töchterchen Luise genannt. Möge es eine Luise werden!" Bis zu Thränen rührte mich diese Güte. Es ist mein Stolz, meine Freude und mein Glück, die Liebe und Zu= friedenheit des besten Mannes zu besitzen, und weil ich ihn von Herzen wieder liebe und wir so weit mit einander eins sind, daß der Wille des einen auch der Wille des andern ist, wird es mir leicht, dies glückliche Einverständnis, welches mit den Jahren inniger geworden ist, zu erhalten. Mit einem Wort, er gefällt mir in allen Stücken und ich gefalle ihm, und uns ist am wohlsten, wenn wir allein mit den Kindern beisammen sitzen. Verzeihen Sie, lieber Vater, wenn ich dies mit einer gewissen Ruhmredigkeit sage; es liegt darin der ungekünstelte Ausdruck meines Glücks, welches keinem auf der Welt wärmer am Herzen liegt, als Ihnen, bester, zärtlichster Vater. Gegen andere Menschen — auch das habe ich vom Könige gelernt — mag ich davon nicht sprechen; es ist genug, daß wir es wissen. Unsere Kinder sind unsere Schätze und unsere Augen ruhen voll Zufriedenheit und Hoffnung auf ihnen. Der Kronprinz ist voller Leben und Geist. Er hat vorzügliche Talente, die glücklich entwickelt und gebildet werden.

Er ist wahr in allen seinen Empfindungen und Worten, und seine Lebhaftigkeit macht Verstellung unmöglich. Er lernt mit vorzüglichem Erfolge Geschichte, und das Große und Gute zieht seinen idealischen Sinn an sich. Für das Witzige hat er viel Empfänglichkeit und seine komischen, überraschenden Einfälle unterhalten uns sehr angenehm. Er hängt vorzüglich an der Mutter, und er kann nicht reiner sein, als er ist. Ich habe ihn sehr lieb und spreche mit ihm oft davon, wie es sein wird, wenn er einmal König ist.

Unser Sohn Wilhelm — erlauben Sie, daß ich Ihnen Ihre Enkel nach der Reihe vorstelle — wird, wenn mich nicht alles trügt, wie sein Vater, einfach, bieder und verständig. Auch in seinem Äußeren hat er die meiste Ähnlichkeit mit ihm; nur wird er, glaube ich, nicht so schön. Sie sehen, lieber Vater, ich bin noch in meinen Mann ver= liebt. —

Unsere Tochter Charlotte macht mir immer mehr Freude; sie ist zwar verschlossen und in sich gekehrt, verbirgt aber, wie ihr Vater, hinter einer scheinbar kalten Hülle ein warmes, teilnehmendes Herz. Scheinbar gleichgültig geht sie einher, hat aber viel Liebe und Teil= nahme. Daher kommt es, daß sie etwas Vornehmes in ihrem Wesen hat. Erhält sie Gott am Leben, so ahne ich für sie eine glänzende Zukunft. —

Karl ist gutmütig, fröhlich, bieder und talentvoll; körperlich entwickelt er sich eben so gut als geistig. Er hat oft naive Einfälle, die bis zum Lachen reizen. Er ist heiter und witzig. Sein unauf= hörliches Fragen setzt mich oft in Verlegenheit, weil ich es nicht beant= worten kann und darf; doch zeugt es von Wißbegierde — zuweilen, wenn er schlau lächelt, auch von Neugierde. Er wird, ohne die Teil= nahme an dem Wohl und Wehe anderer zu verlieren, leicht und fröhlich durchs Leben gehen.

Unsere Tochter Alexandrine ist, wie Mädchen ihres Alters und Naturells sind, anschmiegend und kindlich. Sie zeigt eine richtige Auf= fassungsgabe, viel Verstand, eine lebhafte Einbildungskraft, und kann oft herzlich lachen. Für das Komische hat sie viel Sinn und Empfäng= lichkeit. Sie hat Anlagen zum Satirischen und sieht dabei ernsthaft aus, doch schadet das ihrer Gemütlichkeit nicht. Von der kleinen Luise läßt sich noch nichts sagen. Sie hat das Profil ihres redlichen Vaters und die Augen des Königs, nur etwas heller. Sie heißt Luise; möge sie ihrer Ahnfrau, der liebenswürdigen und frommen

Luise von Oranien, der würdigen Gemahlin des großen Kurfürsten, ähnlich werden.

Da habe ich Ihnen, geliebter Vater, meine ganze Galerie vorgeführt. Sie werden sagen: Das ist einmal eine in ihre Kinder verliebte Mutter, die an ihnen nur Gutes siehet und für ihre Mängel und Fehler kein Auge hat. Und in Wahrheit, böse Anlagen, die für die Zukunft besorgt machen, finde ich an allen nicht. Sie haben, wie andere Menschenkinder, auch ihre Unarten, aber die verlieren sich mit der Zeit, sowie sie verständiger werden. Umstände und Verhältnisse erziehen den Menschen, und für unsere Kinder mag es gut sein, daß sie die ernste Seite des Lebens schon in ihrer Jugend kennen lernen. Wären sie im Schoße des Überflusses und der Bequemlichkeit groß geworden, so würden sie meinen: das müsse so sein. Das es aber anders kommen kann, sehen sie an dem ernsten Angesicht ihres Vaters und an der Wehmut, den öfteren Thränen ihrer Mutter. Besonders wohlthätig ist es für den Kronprinzen, daß er das Unglück schon als Kronprinz kennen lernt; er wird das Glück, wenn, wie ich hoffe, künftig für ihn eine bessere Zeit kommen wird, um so höher schätzen und um so sorgfältiger bewahren.

Meine Sorgfalt ist meinen Kindern gewidmet für und für, und ich bitte Gott täglich in meinem sie einschließenden Gebete, daß er sie segne und seinen guten Geist nicht von ihnen nehmen möge. Erhält Gott sie uns, so erhält er meine besten Schätze, die niemand mir entreißen kann. Es mag kommen, was da will, mit und in der Vereinigung mit unsern guten Kindern werden wir glückselig sein. Ich schreibe Ihnen dies, geliebter Vater, damit Sie mit Beruhigung an uns denken. Ihrem freundlichen Andenken empfehle ich meinen Mann, auch unsere Kinder alle, die dem ehrwürdigen Großvater die Hände küssen, und ich bin und bleibe, bester Vater, Ihre dankbare Tochter Luise."

Es lag nicht in der Weise jener Zeit, die religiösen Gefühle in besonders starken Worten auszudrücken. Heutzutage wird manchem die Frömmigkeit der Frömmsten, die in jenen Tagen gelebt haben, wenn sie auf den Ausdruck merken, kühl erscheinen. Aber die Frömmigkeit war keuscher. Borowsky giebt auch der Frömmigkeit der Königin dieses Zeugnis, läßt uns aber zugleich einen Einblick thun in die Tiefen, in welchen damals der heilige Geist an ihr wirkte. „Mit dem Gefühl und Ausdruck der Schüchternheit nahet sie sich den heiligen Wahrheiten der Religion, aber auch mit dem Ausdruck der Sehnsucht

und des Durstes und nimmt eben darum ihre Erquickungen um so
reiner auf. Was mich am meisten erfreut, weil es für sie das Beste
ist und wirkt: sie giebt allen ihren religiösen Ansichten, Überzeugungen,
Gefühlen und Bestrebungen die feste Grundlage des göttlichen geoffen=
barten Bibelwortes; bringt damit Festigkeit, Gewißheit, Zusammenhang
und Zuversicht in ihr Gemüt, und bei dem huldvollen Vertrauen,
dessen sie mich würdiget, suche ich vorzüglich darin sie zu bestärken.
In ihrer vorherrschenden Stimmung sympathisiert sie jetzt ganz besonders
mit den Psalmen; die heilige Begeisterung, die in demselben waltet,
sagt ihrer schönen, poetischen Natur harmonisch zu und giebt ihrem
frommen Gemüt Schwingen. Selbstgemachte ernste Lebenserfahrungen
schließen ihr das Heiligtum der heiligen Schrift auf und führen sie
in den tiefen, reichen Sinn derselben. Der alte wahre Spruch:
„Trübsal lehret aufs Wort merken und verstehen“ bestätiget sich auch
an ihr aufs herrlichste, und ihre geist= und gemütvollen Bemerkungen,
Fragen und Antworten überraschen mich oft auf das angenehmste.

„Als ich am letztvergangenen Sonntage die Ehre hatte, meine
Aufwartung zu machen, fand ich sie allein in ihrem Wohnzimmer,
lesend in der heiligen Schrift. Schnell aufstehend und mir freundlich
entgegenkommend, begann sie sogleich:

„Nun habe ich mich hineingedacht und hineingefühlt in den köst=
lichen 126. Psalm, über den wir letzthin mit einander sprachen. Je
mehr ich nachdenke und zu fassen suche, desto mehr zieht er in seiner
Erhabenheit und Lieblichkeit mich an, und ich weiß nichts, was meiner
Stimmung sich so ernst und milde, erhebend und tröstend anschließt,
als dies liebe, teure Wort. Der Seelenschmerz, der sich darin einfach
ausspricht, ist tief und doch gelassen, ruhig und sanft. Was er wirken
und welche Früchte er bringen soll, ist in dem lieblichen Bilde der
Saat und Ernte treffend bezeichnet. Die alles Herzeleid tragende und
überwiegende Hoffnung geht darin auf wie Morgenröte, und von ferne
hört man schon durch die Unglücksstürme die Psalmen der Überwinder.
Es wehet ein Geist der Wehmut und doch auch des Sieges, der Er=
gebung und der frohesten Zuversicht darin: eine Elegie und doch auch
ein Hymnus, ein Halleluja mit Thränen. Ich schaue diesen Psalm
an, wie man eine schöne Blume anblickt, auf der ein klarer Tautropfen
im Morgenlichte glänzt: gelesen und wieder gelesen hat er auch meinem
Gedächtnis sich eingeprägt.“ Und nun sagte die Königin im Ausdruck
frommer Ehrfurcht, mit leiser, aber fester, klarer Stimme, in der warmen
Betonung reiner Andacht den in ihr Gemüt aufgenommenen Psalm

her, hie und da ein wenig anders und auf ihren Zustand angewandt. —
Wie ein schönes Lied, angenehm gesungen, mehr noch als gelesen,
einen tiefen, belebenden Eindruck macht, so erwachten, indem ich der
Königin zuhörte, in mir beim alten Worte neue Gefühle. Denn ihre
melodische, ich kann gar nicht sagen wie betonte Sprache war wie ein
entzückender Gesang, der aus ihrem reich besaiteten Herzen floß. Wie
ich horchte, und die hohe erleuchtete Frau, das Wort des ewigen Lebens
auf ihren beredten Lippen, ansah, fiel mir der Spruch ein: „In deinem
Lichte sehen wir das Licht", und, „selig sind, die da Leid tragen; sie
sollen getröstet werden!" Denn alles wurde mir heller, wie zuvor, und
sie selbst erschien mir in einer lichtvollen Klarheit, schöner als ich sie
je gesehen."

Von der religiösen Vertiefung der Königin giebt ein Brief an
Frau von Krüdener Zeugnis, welche mit ihr in den Tagen des tiefsten
Jammers in Königsberg zusammengetroffen war. „Ihrem trefflichen
Herzen bin ich ein Bekenntnis schuldig," schreibt sie, „und Sie werden es,
davon bin ich überzeugt, mit Freudenthränen vernehmen. Sie haben
mich besser gemacht, als ich war. Ihre Sprache der Wahrheit, unsere
Unterhaltungen über Religion und Christentum haben den tiefsten
Eindruck hinterlassen. Ich vertiefte mich ernster in die Dinge, deren
Dasein und Wert ich zwar schon vorher gefühlt, aber mehr geahnt,
als gewußt habe. Diese Betrachtungen hatten sehr tröstliche Ergebnisse
für mich. Ich trat näher zu Gott; mein Glaube wurde stärker und
so bin ich mitten im Unglück, unter zahllosen Kränkungen und Unbilden
niemals ohne Trost geblieben, niemals ganz unglücklich gewesen.
Nehmen Sie dazu die Güte des Gottes der Liebe, welcher niemals
mein Herz verhärtete, es immer dem Wohlwollen und der Liebe für
meine Mitmenschen zugänglich machte, immer mit dem Drange erfüllte,
ihnen zu helfen und nützlich zu werden. Sie begreifen, wie ich dabei
niemals ganz unglücklich werden kann, indem ich immer die Quelle
der reinsten Freude besitze. Mit dem Scharfblick der Wahrheit habe
ich die Eitelkeit der irdischen Größe erkannt, und ihre Nichtigkeit im
Vergleich mit den himmlischen Gütern. Ja, ich bin zu einer Seelenruhe und zu einem innern Frieden gelangt, welche mich hoffen lassen,
daß ich mit der Fassung und Demut einer echten Christin alle Fügungen
Gottes und alle Leiden ertragen werde, die mir zu meiner Läuterung
geschickt werden. Denn aus diesem Standpunkte betrachte ich alle die
Heimsuchungen, die uns hienieden beugen. — Ich habe mich wieder-
gefunden im Geräusche der Welt. Versprechen Sie mir, daß Sie immer

mit der Stimme der Wahrheit zu mir reden." Mit der religiösen Vertiefung hielt die Versenkung in die deutsche Geschichte Hand in Hand. Während sie auf den „Hufen" vor den Thoren Königsbergs in ländlicher Stille lebte, las sie die geschichtlichen Vorlesungen des Professors Süvern. Wie eine demütige Schülerin ließ sie sich belehren — eine Meisterin war sie in der Liebe zum Vaterland. „Mit wahrer Andacht," schrieb sie damals an den Kriegsrat Scheffner, „kniete ich in Gedanken am Altar der Burgkapelle und betete für bessere Zeiten zu dem Allmächtigen. Erlebe ich sie auch nicht mehr, geht es nur meinen Kindern und durch sie meinem Volke einmal wohl!"

Herrlich ist's wenn diese stille Ergebung, durch die Hoffnung auf bessere Zeiten angefacht, zur lodernden Flamme wird, in welcher sich die Glut des Glaubens mit dem Feuer der Vaterlandsliebe vermählt. „Haben Sie schon gehört," schrieb sie im September 1808, „der König hat befohlen, daß in den Kirchen Gedächtnistafeln der um das Vaterland verdienten Krieger aufgestellt werden, zur Ehre der Toten, zur Auszeichnung der Überlebenden und zur Nacheiferung der andern. Das ist ein Funke mehr, aus dem vielleicht doch noch die Flamme Gottes schlagen kann, welche die Geißel der Völker verzehrt. Hat es denn nicht, wie in Spanien, auch in Tirol schon gezündet? „Auf den Bergen ist die Freiheit!" Klingt diese Stelle, die ich jetzt erst verstehe, nicht wie eine Prophezeiung, wenn Sie auf das Hochgebirge blicken, was sich auf den Ruf seines Hofers erhoben hat? Welch ein Mann, dieser Andreas Hofer! Ein Bauer wird ein Feldherr und was für einer! Seine Waffe — Gebet; sein Bundesgenosse — Gott! Er kämpft mit gefalteten Händen, kämpft mit gebeugten Knieen und schlägt wie mit dem Flammenschwerte des Cherubs! Und dieses treue Schweizervolk, das meine Seele schon aus Pestalozzi angeheimelt hat — ein Kind an Gemüt kämpft es wie die Titanen mit Felsstücken, die es von seinen Bergen niederrollt. Ganz wie in Spanien! Gott, wenn die Zeit der Jungfrau wiederkäme, und wenn der Feind, der böse Feind, doch endlich überwunden würde, überwunden durch die nämliche Gewalt, durch die einst die Franken, das Mädchen von Orleans an der Spitze, ihren Erbfeind aus dem Lande schlugen! — Ach, auch in meinem Schiller hab' ich wieder und wieder gelesen! Warum ließ er sich nicht nach Berlin bewegen? Warum mußte er sterben? Ob der Dichter des Tell auch verblendet worden, wie der Geschichtschreiber der Eidgenossen! Nein! Nein! Lesen Sie nur die Stelle: „Nichtswürdig ist die Nation, die nicht ihr Alles setzt an ihre Ehre!" Kann diese Stelle trügen? Und ich kann noch fragen: warum er sterben mußte? Wen Gott lieb hat in dieser Zeit, den nimmt er zu sich."

Man kann fragen, wie bei einer solchen Stimmung religiöser Erhebung das Königspaar habe an dem Geräusch und der Pracht Gefallen finden können, womit sie um Neujahr 1809 in St. Petersburg von Kaiser Alexander empfangen wurden. Männer wie Stein und Gneisenau urteilten damals hart über die Reise. „Der König ist seit seiner Rückkehr übler Laune", schrieb Gneisenau. „Er schilt über die Kleinigkeiten des Dienstes. Dort, in Petersburg, hat er die für die Heerschau dressierten Russen gesehen: dagegen stechen die ungeschlachten Ostpreußen freilich ab. Es mag ihm überhaupt jetzt gegen die dortige Pracht alles sehr kleinlich vorkommen: seine halbe Monarchie, sein halbes Schloß, der Halbroman seiner letzten Lebensjahre; dies alles indes steht in Harmonie mit den halben Maßregeln." Und Stein erwiederte: „Die Reise war gemacht zu blenden; man wird Pomp für Kraft, furchtsame Weichlichkeit für Klugheit nehmen, und das Augenblickchen Ruhe noch gerne mitnehmen wollen, über die Zukunft, die eine qualvolle, demütigende Existenz verkündigt, sich verblenden."[23]) Die armen Könige, möchte man ausrufen, daß die politische Rücksicht so oft sie hindert, dem innersten Gefühle des Herzens nachzugeben! Es mag sein, daß der Petersburger Empfang nicht ohne Berechnung von seiten des russischen Hofes und nicht ohne erschlaffende Wirkung auf das Königspaar war, aber Herzlichkeit fehlte doch auch nicht in all den liebenswürdigen Aufmerksamkeiten, welche man dem tiefgebeugten Paare erwies — und daß der Königin Sinn nicht nach der Pracht der Feste stand, das ist offenbar. „Ich bin gekommen, wie ich gegangen," schrieb sie nach ihrer Zurückkunft. „Nichts blendet mich mehr, und ich sage Ihnen noch einmal: Mein Reich ist nicht von dieser Welt." Und in demselben Jahr: „Mein Geburtstag war ein Schreckenstag für mich! Abends ein großes glanzvolles Fest, das die Stadt mir zu Ehren gab, vorher ein reiches, frohes Mahl im Schlosse, — nein, wie mich das traurig gemacht hat! Das Herz war zerfleischt! Ich habe getanzt! — Ich habe gelächelt, ich habe den Festgebern Angenehmes gesagt, ich bin freundlich gewesen gegen alle Welt, und ich wußte vor Unglück nicht wohin! — Wem wird Preußen übers Jahr gehören? Wohin werden wir alle zerstreut sein? Gott, allmächtiger Vater, erbarme dich."

Das tiefste Verlangen ihrer Seele ging nach religiöser und sittlicher Hebung des Volks. Das hatte sie namentlich so eng mit Stein verbündet. Sie lernte unter ihrem schweren Kreuz, wie nichtig

die Religion der Aufklärung sei und grub immer tiefer in die ewigen
Gründe des Glaubens. Als sie im Oktober 1809 zu Königsberg einen
Sohn gebar, ward ihr das Tauffest durch die flache, rationalistische
Rede des Geistlichen zu einem Tage der Betrübnis. Er hatte keine
Ahnung von der Kraft des Sakraments, wußte nichts von einem
Bunde des Kindes mit Gott durch die Taufe in den Tod Christi, er
dachte nur, „das junge Menschenwesen ins Dasein einzuweihen." Die
Königin konnte sich nicht eher beruhigen, als bis ihr aus den Bekenntnis=
schriften der evangelischen Kirche bewiesen ward, daß die Kraft des
Sakraments unabhängig sei von der Würdigkeit des Spendenden.
Wir sehen auch in diesem Zuge die vertiefende Macht jener ereignis=
vollen Zeit, ein Zurücklenken zu dem echten Mystizismus des Christen=
tums, der die sittliche That zur beständigen Begleiterin hat. So hat
auch die Königin nicht aufgehört, der sittlichen Erneuerung durch die
Erziehung ihre Teilnahme zuzuwenden und sich angelegentlich um die
von einem Jünger Pestalozzis in Königsberg errichtete Musteranstalt
zu bekümmern.

Drei Jahre hatte die königliche Familie fern von der Hauptstadt
in kleinen Verhältnissen verlebt. Die Königin sehnte sich heim nach
Berlin und endlich im Dezember 1809 ward die Reise angetreten.
Sie gestaltete sich durch die Liebe des Volks zu einem Triumphzug.
Am 23. Dezember, an demselben Tage, an welchem vor sechzehn Jahren
die Braut eingezogen war, hielt das Königspaar seinen Einzug. Der
Empfang hätte nicht herzlicher sein können. Die Thränen der Königin
fielen wie heiße Tropfen in die Herzen der besten Männer. „O mehr
Augen waren naß von Wehmut und Schmerz, als von Freude! Der
schönen Königin, die sich dem begrüßenden Volke im Fenster zeigte,
sah man an den rotgeweinten Augen den tiefen Gram in der Wonne
an. Denn wo waren die siegklatschenden Adler hingeflogen?" So
erzählt Arndt, und Fouqué schreibt: „Jene engelklaren Augen wurden mit
Thränen getrübt durch Bonaparte. Geweint haben sie um unsern
Dank. Wir müssen kämpfen und sie freudig leuchten sehen um
unsere Siege."

Nicht lange mehr sollte sie unter ihrem Volke weilen. Öfters
fühlte sie sich körperlich angegriffen, und Todesahnungen gingen durch
ihre Seele. Sie verlangte noch einmal nach der mecklenburgischen
Heimat zu ihrem Vater und ihren Geschwistern. Ende Juni ward
die Reise dahin angetreten. Sie war unaussprechlich glücklich, die
Ihrigen wieder zu sehen und sich zugleich im Besitze des Gemahls

und der Kinder zu wissen. Öfters brach der Überschwang dieses Glücks in einfachem Laut hervor. Einmal, nachdem sie zu ihrem Bruder gesagt: „Lieber Georg, nun erst bin ich ganz glücklich," setzte sie sich an ihres Vaters Schreibtisch und beschrieb ein Blatt mit den Worten: „Mein lieber Vater, ich bin heute sehr glücklich, als Ihre Tochter und als die Frau des besten der Männer." Es waren die letzten Worte, die sie geschrieben. Überraschend schnell entwickelte sich die Krankheit, die ihr den Tod brachte. Kaum konnte der König und die beiden ältesten Prinzen sie noch am Leben sehen. „Herr Jesus, mach es kurz!" war ihr letzter Seufzer am 19. Juli 1810 — und mit dem Königshaus fühlte das Volk einen Schmerz, der die neue Geburt des Vaterlandes nicht wenig förderte. Von dem Eindruck, den der Tod der Königin in dem damals zum Königreich Westfalen gehörigen Halle machte, berichtet Steffens: „Es war eine Bewegung in der Stadt, nur mit derjenigen zu vergleichen, die in den ersten Tagen der Überwältigung durch die Feinde stattfand. Der Schmerz malte sich auf allen Gesichtern; die tiefste Trauer herrschte in allen Häusern, und ein Gefühl schien einen jeden zu durchdringen, als wäre die letzte schwache Hoffnung mit dem Leben der angebeteten hohen Frau entwichen. Allgemein schrieb man den Tod der Königin der unglücklichen Lage des Landes zu; „der Feind," sagte man sich, „habe die Schutzgöttin des Volkes getötet," und ein Gefühl der Rache und ein wenn auch nicht ausgesprochener Schwur, das Andenken an sie durch unerschütterliche Anhänglichkeit zu ehren, stärkte die volkstümliche Gesinnung, die eine jede Gelegenheit ergreifen wollte, das verhaßte Joch abzuwerfen. Die Königin blieb nach ihrem Tode, was sie in ihrem Leben war, die Heldin eines Kampfes, der selbst, nachdem er sich in das Innerste der Gemüter hineingezogen hatte, nicht aufhörte, sich vielmehr für den ersten günstigen Moment stärkte."[24]

Wir haben es schon ausgesprochen: es war etwas Typisches in der Königin Luise. Deutschland sah in ihr sein eigenes bestes Wesen ausgeprägt zur schönsten persönlichen Erscheinung: die Liebe zum Vaterland und zur Freiheit, die Freude an der Dichtung, die Lust an der Häuslichkeit und dem Familienleben, die tiefe, für alle Gaben Gottes dankbare Frömmigkeit; und in ihrem Geschick sah das Volk sein eigenes Geschick. Darum die ungewöhnliche Liebe zur Königin, daher der Jammer bei ihrem Tode, daher aber auch die neue Bewährung des alten Liebeswortes: „sie ist gestorben und lebt doch noch." Der Preis ihres Namens erklang nicht bloß an ihrem Sarg, sie blieb unvergessen in den letzten

Jahren der Schmach, und was bei der Erhebung im Jahre 1813 Körner sang: „Luise, schwebe segnend um den Gatten!" das war die Meinung aller, die sie lieb hatten und die es sich nicht anders denken konnten, als daß die Heimgegangene aus der Ruhe, die ihr geworden, mit ver= klärten Augen den Kampf des Gemahls und des ganzen Volks anschauen werde. Fouqué, Körner, Schenkendorf und andre haben zu der Königin Ruhm die Leier gestimmt, und noch in den Liedern der Burschenschaft singt Follen, der wahrlich keine besondere Freude an der Verherrlichung der Könige hatte:

> Kennst du die einsam glühende Rose?
> Ach, vor der Freiheit Frühlingsgekose
> Brach dich der Volksschmach brausender Wind,
> Treue Luise, Thusneldas Kind!

Der König, schon seither in tiefen Gram versunken, ward aufs schwerste von dem Tode der Königin getroffen. Als man ihm am Krankenbette Hoffnung zu machen suchte, sagte er: „Ach, wenn sie nicht mein wäre, würde sie leben; aber da sie meine Frau ist, stirbt sie gewiß." Zu dem Grafen Henkel von Donnersmark sprach er bei der ersten Begegnung nur das kurze Wort: „dies ist der härteste Schlag!" Unter dem Eindrucke dieses Schlages verlebte er die letzten Jahre der Schmach und trat in den neuen Kampf gegen Napoleon, wie ein Ritter für die beleidigte Geliebte gegen ihren Beleidiger. Arndt erzählt: „Der König hatte die schönen Gaben der Redlichkeit, Frömmigkeit und Tapferkeit, aber doch war er in sich selbst sehr er= starrt und verschlossen. In seiner stillen, schlichten Erscheinung und Gebärde lag der Ausdruck einer eigenen Traurigkeit: er war der trauernde Ritter, der seine verlorne Geliebte nimmer vergessen konnte. Nie hat ihn der Gedanke verlassen können, seine Königin, seine geliebte Luise sei durch die Wut und den Jammer der Zeit in der Blüte ihrer Schönheit hingerafft worden, sie sei durch den Gram über das Unglück getötet worden. Seit jenem Jahre 1810, wo sie in der Mecklenburger Heimat starb, hat Freude nimmer sein Gesicht mehr überstrahlt, er hat sich selbst des Glückes und der Siege der Jahre 1813, 14, 15 kaum mit seinem Volke freuen können, sondern in der stillen Einsamkeit des Schmerzes sich in das eigene Herz zurück= gezogen."²⁵) Es liegt eine wunderbare, weihende, den Tod überdauernde Kraft in der reinen Liebe zu einem edlen Weibe. Wie für Dante die für das irdische Leben verlorne Beatrice die Führerin zum Himmel ward und sich zur persönlichen Erscheinung der seligen Gotteserkenntnis

verklärte, so schwebte dem König das Bild der Königin voran,
nicht nur als das Bild der verklärten Gemahlin, sondern zugleich als
die persönliche Erscheinung aller um das Vaterland gelittenen Schmerzen
und für dasselbe zu unternehmenden Kämpfe. Es ist wirklich so, daß
der König mit Napoleon nicht für sein Königreich allein, sondern auch
für die Ehre der Geliebten stritt. Als in dem ersten Frühlingswehen
des Jahres 1814 alle Knospen der Liebe zum Vaterlande aufbrachen
und der König sich anschickte, mit seinem Volk in den Kampf zu geben,
stiftete er das eiserne Kreuz als Ehrenzeichen der Tapferkeit. Die Stiftung
bekundet aufs deutlichste des Königs Tiefe in Anschauung und Glauben.
Ein treffenderes Symbol der Tapferkeit hätte für den bevorstehenden
Kampf nicht gefunden werden können als dieses: ein Kreuz, das Zeichen
des tiefsten, um der höchsten Güter willen erlittenen Schmerzes, aber auch
des tiefsten, auf die freiwillige Hingabe der ewigen Liebe an uns gegrün=
deten Glaubens, ein Kreuz von Eisen zur Mahnung an die eiserne
Zeit, in welcher ohne den angestrengtesten Kampf kein Sieg errungen
werden kann. Aber welch überraschendes Licht der treusten Liebe fällt
auf diese Stiftung, sobald wir hören, daß der König sie für sich allein
ohne Beratung mit andern und zwar am Geburtstag der seligen
Königin Luise, am 10. März gemacht hat! Als dann der König ins
Feld zog, nahm er, jung in seiner Liebe wie ein Bräutigam, einige
Stücke aus dem Nachlaß der Königin mit sich, um auch durch den An=
blick dieser äußerlichen Dinge das Bild der Geliebten in sich immer
wieder aufzufrischen. Vom Leipziger Siegesfelde eilte er nach Berlin.
Sein erster Gang ist in die Hof= und Domkirche, um mit dem ver=
sammelten Volk dem Herrn die Ehre zu geben. Aber aus der großen
Versammlung eilte er dann nach Charlottenburg an das Grabmal der
Königin, er entblößt sein Haupt, legt den mitgebrachten Lorbeerzweig
auf den Sarg der Geliebten und bleibt dann in stillem Gebet. Mit
den Eindrücken dieses Ganges zum Grabe kehrt er zum Heere zurück.
Er überschreitet den Rhein, er hält siegreich seinen Einzug in Paris.
Bald reißt er auch hier aus dem Siegesgetümmel sich los und fährt
allein mit seinem Adjutanten heimwärts. Er nimmt seinen Weg durch
die Schweiz, das abgelegene Colombières sucht er auf und hält an dem
Pfarrhaus. Hier wohnt bei ihrem Bruder die greise Erzieherin seiner
seligen Luise, Fräulein Gelieu; zu ihr kommt der König, ihr zu danken
für die Liebe, die sie einst der jugendlichen Prinzeß erwiesen, und mit
ihr in der Erinnerung an die Heimgegangene sich zu laben. Er schenkte
ihr in sinniger Dankbarkeit einen Shawl aus dem Nachlaß der Ver=

weigten, den er im Feldzug mit sich geführt, und auf dem Rückweg
unterhielt er sich mit dem Adjutanten über die Königin, bedauerte, daß
sie die Tage des Siegs und der Ehre nicht erlebt, ließ sich aber be=
lehren, daß das Unglück ihres Todes das ganze preußische Volk noch
mehr ergrimmt und für den Kampf begeistert, daß also die selige Königin
aus der himmlischen Heimat dem Vaterlande noch Hilfe gebracht.
Heimgekehrt gründet er den Luisenorden zur Ehre der Frauen und
Jungfrauen, die im Kampfe mit Werken der Liebe geholfen und zu=
gleich zum Andenken an die Königin.

Es läßt sich denken, daß die erschütternden Ereignisse, die der
König von 1806—1814 erlebte, viel zur Vertiefung und Befestigung
seines Glaubenslebens beigetragen haben. Von Anfang an war er
eine durchaus auf religiöses Leben angelegte Persönlichkeit, wenn ihm
auch die Religion noch in der verdünnten und abgeschwächten Gestalt
der Zeit erschien. Für beides, seine religiöse Auffassung des Lebens
und die Abhängigkeit von den Zeitvorstellungen, ist sehr bezeichnend,
was er bei seinem Regierungsantritt dem Minister von Wöllner schrieb:
„Ich selbst verehre die Religion und befolge gern ihre beglückenden
Vorschriften, und möchte um vieles nicht über ein Volk herrschen,
welches keine Religion hätte: aber ich weiß auch, daß sie Sache des
Herzens, des Gefühls und der eigenen Überzeugung sein und bleiben
muß, und nicht durch methodischen Zwang zu einem gedankenlosen
Plapperwerke herabgewürdigt werden darf, wenn sie Tugend und
Rechtschaffenheit unter den Menschen befördern soll. Vernunft und
Philosophie müssen ihre unzertrennlichen Gefährten sein: dann wird
sie durch sich selbst feststehen, ohne der Autorität derer zu bedürfen, die
es sich anmaßen wollen, ihre Lehrsätze künftigen Jahrhunderten auf=
zudringen und den Nachkommen vorzuschreiben, wie sie zu jeder Zeit
und in jeden Verhältnissen über Gegenstände, die den wichtigsten Ein=
fluß auf ihre Wohlfahrt haben, denken sollen." Vernunft und Philo=
sophie, an sich trügerische Geleiterinnen auf dem Wege zum ewigen
Leben, mußten im Laufe der Zeit immer mehr zurücktreten und der
heiligen Schrift, als dem untrüglichen Licht, den Vortritt lassen. In
den Königsberger Tagen, nach der großen Niederlage, verlangte der
König nach dem Worte Gottes. Borowsky, den er in unvergänglicher
Dankbarkeit später mit dem Ehrennamen eines Bischofs, ja eines Erz=
bischofs nannte, stand ihm mit diesem kräftigsten Troste zur Seite.
Des Propheten Daniel gewaltige Gesichte hielt der Geistliche dem Könige
deutend vor, und in seine von Gram durchfurchte Seele fiel das Samen=

korn eines festen Glaubens. Er hielt sich an das Wort, und hat nie davon gelassen, daß die Religion Sache des Herzens, des Gefühls und der eigenen Überzeugung sein müsse. Seiner schlichten treuen Frömmigkeit war nichts fremder, als der seit einem Jahrhundert besonders beliebte und namentlich in Fürsten und Staatsmännern leicht auftauchende Gedanke, als ob die Religion zwar für die Sicherstellung der eigenen Person vor dem jüngsten Gericht nicht nötig, aber für die Beruhigung des Volks sehr nützlich sei. „Die dürftigste, miserabelste Ansicht," äußerte der König, „die man vom Christentum und seinen heiligen Gebräuchen haben kann, ist die, wenn man meint: kluge, aufgeklärte Leute hielten darum doch auch noch die Religion in Ehren, weil sie, wenn auch dem Gebildeten überflüssig und entbehrlich, doch notwendig und gut sei, um durch den Aberglauben, den sie einflöße, die mittleren und mehr noch die unteren Volksklassen zu zügeln und in Ordnung zu halten: die höheren und höchsten Stände aber könnten solchen Popanz von sich thun. Wenn das Aufklärung sein soll, so weiß ich nicht, was Verfinsterung ist! Ein solches Licht ist Sonnenstich, der verrückt macht." Seine Frömmigkeit war Sache des Herzens und der eigenen Überzeugung; er konnte ihrer nicht entraten zum Kampf wider die Sünde, zum geduldigen Tragen des Kreuzes und zur Hoffnung des ewigen Lebens. An der Bibel hing er mit der ganzen Liebe, die dem evangelischen Christen eigen sein soll. Die Lehren derselben schwächte er nicht ab: er hatte ein tiefes Gefühl von dem gründlichen Verderben des Menschengeschlechts, aber eben darum auch ein völliges Vertrauen auf die Gnade Jesu Christi. Er war ein ernster Beter, denn er wußte, daß das Gebet erhört werde und viel vermag, wenn es ernstlich ist. Den öffentlichen Gottesdienst konnte er nicht entbehren. Es war ihm wohlthuend, hier sich mit seinem Volke ganz auf gleicher Stufe zu wissen. Mit einer wahren Entrüstung konnte er die Schmeichelei zurückweisen, zumal wenn sie an heiliger Stätte sich ihm nahen wollte. Denn heilig war ihm das Haus des Herrn: er wußte, daß hier dem demütigen Bekenner der Sünde, dem gläubigen Fleher um die göttliche Gnade die ewige Liebe sich zuneige in der Verkündigung des Worts und der Spendung des Sakraments. Die bürgerliche Schlichtheit, die dem Könige eigen war, gestaltete sich im Heiligtum zur Demut des Sünders, der mit allen andern Sündern nur von der Gnade leben kann. Obgleich er aber mit seinem Glauben ganz in der Versöhnungsthat Jesu Christi ruhte, so hatte doch sein Christentum, wie der echte evangelische Glaube immer, eine durchaus sittliche Richtung. Rechtschaffen — das war der König in hohem Grade. Fleißig in seinem Berufe nach dem ererbten Grundsatz preußischer Könige, daß der König sich als den ersten Diener des Staats ansehen müsse, wohlthätig mit königlicher Freigebigkeit und zartem Sinn für den besonderen Notfall, keusch in Worten und Werken und überaus streng gegen Übertreter des sechsten Gebotes, von einem mächtigen Drange beseelt, für das allgemeine Beste zu wirken, suchte er dem Gebot der Liebe nachzukommen, daß sie nicht das Ihre suchen dürfe. Am stärksten aber tritt unter allen Antrieben seines königlichen Wirkens das Streben hervor, die gesunkene Religiosität im Volke zu heben und zwar dadurch, daß er mit seinem Bekenntnis zu der ewigen Wahrheit frei heraustreten wollte. Dieses Streben liegt dem heiligen Bunde zu grunde, welchen Friedrich Wilhelm nach den errungenen Siegen mit den Kaisern von Rußland und Österreich geschlossen und zu welchem er vielleicht die erste Anregung gegeben. Es war etwas Großartiges in dem gemeinsamen Bekenntnis der drei gewaltigen Herrscher zu der heiligen Dreieinigkeit und in dem gemeinsamen Gelübde, die Vorschriften des Evangeliums zur Richtschnur ihrer Regierungshandlungen zu machen. Die tiefen Eindrücke, welche die göttliche Barmherzigkeit in Krieg und Sieg auf seine Seele gemacht, haben dann in den Jahren des Friedens in den mancherlei Bestrebungen für die Förderung der preußischen Landeskirche fortgewirkt. Mehr vielleicht als auf jedem andern Gebiete hat er auf dem der Kirche mit eigenen Augen gesehen und aus eigenem Entschlusse gehandelt. In Sachen der Agende und der Union hat er sorgfältige Studien gemacht und sogar mehrmals durch eigene Schriften in den litterarischen Kampf sich hineingestellt. Wie bedenklich das war, wie bedenklich es allezeit ist, wenn ein Landesherr seine Stellung als Inhaber der Kirchengewalt benutzt, um persönliche Anschauungen in Kirchengesetzen auszuprägen, — das muß man dem Könige lassen, daß er auch in Fehlgriffen seinen treuen Eifer für die Kirche bewährt hat. Und selbst die, welche die unter seiner Regierung betriebene Unierung der Reformierten und Lutheraner am schärfsten verurteilen, geben zu, daß der König es aufrichtig gemeint und hören nicht auf, ihn als einen wahrhaft gottesfürchtigen König zu verehren.[26] „Meine Zeit in Unruhe, meine Hoffnung in Gott", ein Spruch, den er in schwerster Zeit an einem Grabmal im Königsberger Dom gefunden, war die Überschrift über seinem Vermächtnis, eine treffliche Losung für einen König, der so viel Widerwärtiges in Krieg und Frieden zu ertragen hatte, aber mit dem redlichsten Willen fortkämpfte und der Ruhe sich getröstete, die noch vorhanden ist dem Volke Gottes.[27]

Charlottenburg ist der ländlich stille Ort, an welchem die Erinnerung an Friedrich Wilhelm und Luise am ergreifendsten in der Seele des nachdenklichen Wanderers aufgefrischt wird. Durch eine lange Reihe feierlich rauschender Cypressen führt der Weg zu dem Grabestempel, der von wundersamen Lichte erleuchtet ist, von dessen Wänden in goldner Schrift die köstlichsten Sprüche aus Gottes Wort zu uns sprechen, in dessen Mitte, von Rauchs Meisterhand geschaffen, die Marmorbilder des entschlafenen Königspaars ehrfurchtgebietend und doch traulich uns anschauen. Es ist für den Preußen, für den Deutschen ein heiliger Ort, an welchem er für sein Vaterland, für sein Volk beten mag. Und wenn wir uns besinnen, daß am 19. Juli 1870, sechzig Jahre nach dem Hinscheiden der Königin Luise, an ihrem Todestag, welcher zum Tag der Kriegserklärung Frankreichs an Deutschland geworden, der Königin Sohn, der König Wilhelm, am Grabmal seiner Eltern seine Andacht gehalten und vom Grabmal der Eltern in den Krieg voll unvergleichlicher Siege zog, aus welchem er als Deutschlands Kaiser wieder heimkehrte — da erscheint uns die Königin Luise mit ihrem Glauben an Gott, mit ihren Mahnungen an die Söhne, mit ihrer Liebe zum Vaterlande als eine Prophetin, die hinstarb — als ein Weizenkorn, das in die Erde fällt, um viele Frucht zu bringen. „Ich glaube fest an Gott," so hatte sie gesagt, „also auch an eine sittliche Weltordnung." Und ihr Trost war: „die mit Thränen säen, werden mit Freuden ernten."

6.

Die Prinzessin Wilhelm von Preußen.

Neben der Königin Luise, ihr in jeder Beziehung ebenbürtig, steht die Prinzessin Wilhelm. Gleich der Königin aus stilleren Kreisen des fürstlichen Lebens an einen glänzenden Königshof gerufen, verstand sie nicht weniger die Kunst der Einfalt, sich durch die Verzäunungen der Etikette zu den Quellen des ursprünglichen Lebens und zum edel Mensch= lichen hindurch zu finden. Vielleicht noch leichter als die Königin, der bei aller Frische und Natürlichkeit des Sinnes doch ein Geschmack am Glänzenden eigen war, wußte sie sich in die Entbehrungen zu fügen, welche die gewaltige Zeit der königlichen Familie auferlegte, ja mit einer gewissen Sehnsucht konnte sie aus dem wieder erlangten fürst= lichen Glanze an das einfache, aber mit geistigen Genüssen erfüllte Leben in Memel und Königsberg zurückdenken. Völlig gleich aber waren die Königin und die Prinzessin in der nachhaltigen, durch nichts zu dämpfen= den Glut der Liebe zu Deutschland und dem deutschen Volke, und wenn es gilt, die Wirkungen der Befreiungskriege auf die religiöse Vertiefung und Belebung der Deutschen nachzuweisen, so bieten, wie die Briefe der Königin, so die der Prinzessin aus den Tagen der Er= niedrigung, ein ergreifendes Bild von der stillen, durchdringenden Arbeit des heiligen Geistes dar, die er an gedemütigten, göttlich trauernden Menschenseelen verrichtet.

Wir stellen an die Spitze unsrer Mitteilungen die Schilderung, welche der Minister vom Stein von der zweiundzwanzigjährigen Prin= zessin giebt: „Die Prinzessin Wilhelm verbindet mit Schönheit und Würde einen kräftigen, gebildeten, besonnenen Geist und ein edles, großes, tiefes Gemüt. Ihre Gestalt ist der Abdruck ihrer Seele, Rein= heit, Ebenmaß, Würde. Sie ist geboren zu einem Thron, aber sie wird auch jede Lage des Lebens verschönern und veredeln, und wäre sie die niedrigste. Ihre Erziehung erhielt sie von einem vortrefflichen Vater, der ihr Lehrer und Freund war, und frühzeitig die Keime des Großen und Guten in ihr entwickelte. Frühzeitig wurde sie mit Leiden und

Entbehrungen mancher Art bekannt; als Kind vertrieb sie die Invasion der Franzosen aus dem väterlichen Wohnsitz; nur wenige Jahre vermählt, begleitete sie die königliche Familie in den unglücklichen Jahren 1806. 7. 8. Hier verlor sie ihre zwei Kinder, und ihren Gemahl entfernte der Feldzug und die Sendung an Napoleon.

„Sie liebt Geschichte und erlernt sie aus den Übersetzungen der Alten, die sie mit großer Aufmerksamkeit liest und durch Auszüge in ihr Gedächtnis einprägt. Ihr Urteil über Menschen ist bei solchem Gemüt und solchen Beschäftigungen strenge, frei von Vorurteilen; sie ist unerbittlich gegen das Flache und Gemeine, und wäre es auch mit dem Glanze des Thrones umgeben.

„Eine Folge ihrer Besonnenheit und der Würde, mit der sie jedem seine Stelle anweist, ist die Verschwiegenheit, die sie in einem hohen Grade besitzt. Sie hat einen unwiderstehlichen Hang zur Einsamkeit, zu einem innern, in sich gesammelten Leben, das ihre äußern Verhältnisse, mehr als gut ist, befördern. Ihre Liebe zur Kunst ist verbunden mit einem ausgezeichneten Talent im Zeichnen, das sich durch sich selbst, weniger durch Unterricht entwickelt hat."

Der Hang zur Einsamkeit, von welchem Stein spricht, hat sie nicht gehindert, in den Tagen der Entscheidung mutig ins öffentliche Leben zu treten, aber als der Friede dem Vaterland wieder gegeben war, freute sie sich doppelt des Stilllebens im Kreise ihrer Familie.

Marianne, Prinzessin zu Hessen, ward geboren auf dem Schlosse zu Homburg vor der Höhe am 13. Oktober 1785, als Tochter des Landgrafen Friedrich V. Ludwig Wilhelm Christian und seiner Gemahlin, Karoline, Tochter des Landgrafen von Hessen-Darmstadt Ludwig IX. und der „großen Landgräfin", der Freundin Friedrichs des Großen. Ihre Kindheit fiel in die Zeit der ersten Kämpfe zwischen Deutschland und Frankreich. Das Bett des Kindes erzitterte, wie sie sich deutlich erinnerte, von den Kanonenschüssen der Belagerung von Mainz. Deutsches und französisches Wesen stritten um ihre Jugend. Ihre erste Gespielin war das Kind einer französischen Emigrantenfamilie. Den ersten Unterricht in der Musik gab ihr eine Französin, die jedoch Geschmack genug hatte, um ihre Schülerinnen unter anderm mit den Chören aus Glucks Iphigenie bekannt zu machen. Wenn sie dem Gespräch ihrer Eltern lauschte, so klang ihr aus dem Munde der Mutter die französische, aus dem des Vaters die deutsche Sprache in die Ohren. Die Mutter war lebhaften Geistes, an Größe und Glanz hängend und schwer sich in die beschränkten Verhältnisse ihres Hauses fügend, aber

der Einfluß des Vaters war diesmal überwiegend. Der Landgraf ge=
hörte zu den edelsten deutschen Fürsten in der Zeit des aufstrebenden
deutschen Geisteslebens. Vater einer zahlreichen Familie, Besitzer eines
nur kleinen Fürstentums, führte er sein Leben einfach und wirtschaftlich.
Er hatte mit eigenen Augen die Verderbnis in Frankreich gesehen und
freute sich herzlich, dem deutschen Volke anzugehören. Mit Klopstock
besprach er schon die Errichtung eines Hermannsdenkmals auf dem
Winfeld. Das deutsche Land durchreiste er viel, schlicht zu Pferde, und
das Stück deutscher Erde, das ihm zugefallen war, hatte er innig lieb.
Daheim war ihm die Pflege der Wissenschaft, der Genuß der schönen
Natur Bedürfnis. Sein ganzes Wesen aber, auf Veredlung des per=
sönlichen Lebens und die Wohlfahrt seiner Unterthanen gerichtet, ward
in Pflichttreue zusammengehalten durch die ernste christliche Frömmigkeit,
die ihm eigen war. Außer mit Klopstock war er auch mit Lavater und
Jung=Stilling in Verbindung. Für seine Kinder schrieb er selbst Schrift=
auslegungen und erbauliche Betrachtungen nieder und die Vorbereitung
zum Abendmahl nahm er für sich und die Seinen allemal sehr ernst.

Unter dem Einfluß dieses trefflichen Vaters reiften sechs Söhne
zu tüchtigen deutschen Kriegsmännern heran, fünf Töchter zu deutschen
Fürstinnen, welche in dem Kreise ihres Berufs den edelsten Bestrebungen
Vorbild und Halt gewährten. Wie weit in deutschen Landen zerstreut
die Geschwister wohnten, das väterliche Schloß, das heimatliche Land
blieb ihnen lange der heißersehnte Sammelpunkt. Treue ist ein Grund=
zug in dem Wesen dieser Familie, treues Hangen an der Kirche, am
Vaterland, der Heimat, der Familie zeichnete auch die Prinzessin Ma=
rianne aus. Nie erkaltete ihre Anhänglichkeit an die Mächte, die auf
ihr Jugendleben eingewirkt, die innigste Kindes=, Geschwister= und
Freundesliebe, die herzlichste Dankbarkeit gegen ihre Lehrer und die
lebhafte Freude an ihrer süddeutschen Heimat. Das Wort, das Jakob
Grimm, selbst ein Hesse, einmal ausgesprochen, daß keinem deutschen
Stamm ein innigeres Heimatsgefühl eigen sei als dem hessischen, findet
in dem Leben der Prinzessin Wilhelm eine ergreifende Bestätigung.
„Es hat mir eine ganz unaussprechlich große Freude gemacht," so
schreibt sie im Januar 1815 an ihren Lehrer in der Religion in Hom=
burg, einmal wieder die Züge Ihrer Hand zu erblicken, lieber Herr
Oberpfarrer, und ich danke Ihnen herzlich, daß Sie meine kleine Gabe
so gütig und freundlich aufgenommen haben; es ist mir ein lieber Ge=
danke, daß mein Bild in ihrer hübschen Gartenstube hängt, damit Sie
manchmal aufgefordert werden, wenn Sie Sich in derselben der neuen

Frühlingssonne erfreuen werden, meiner zu gedenken, denn in der Stube habe ich so angenehme Augenblicke in meinem Leben zugebracht, die mir ewig erinnerlich bleiben werden. ... Keine Empfindung ist mir willkommener in meinem Norden, als wenn es mich so lebendig an das über alles geliebte Vaterland mahnt." Der Erzieherin ihrer Kindheit bewahrte sie die treuste Liebe. Mit einer Jugendfreundin aus bürgerlichem Stande unterhielt sie bis an ihr Ende einen Briefwechsel, der immer dieselbe Wärme des Gefühls, dieselbe Innigkeit der Liebe, dieselbe Frische der Erinnerung an die lieben alten Homburger Tage bekundet. An ihrem Berliner Aufenthalt ist nicht der geringste Mangel der, daß ihr die heimischen Berge fehlen; in Fischbach in Schlesien sind ihr die Berge auch darum so lieb, weil sie an die Höhen der Heimat erinnern; als ihre älteste Tochter ins Land der Hessen sich vermählt, fühlt sie zu allem andern Glück auch das: sie ist nun in der Nähe meines lieben Homburg. Diese Treue, die sich mehr und mehr zur christlichen Treue vertieft, ist die gestaltende Kraft ihres Charakters, wie sie auch das Wort als ihre Losung ansah: Sei getreu bis in den Tod, so will ich dir die Krone des Lebens geben! —

Im Sommer 1803 kam die Königin Friederike von Preußen, die Schwester der Landgräfin von Hessen=Homburg, mit ihren Söhnen Heinrich und Wilhelm nach Hanau zum Besuch ihrer Tochter, der Kurprinzessin von Hessen=Kassel. Dem Wunsch der Mutter, daß einer ihrer Söhne sich mit der siebzehnjährigen, anmutig aufgeblühten Prinzessin Marianne vermählen möchte, kam die in dem Herzen des Prinzen Wilhelm keimende Neigung entgegen. Die Verlobung kam zustande und im Anfang des Jahres 1804 reiste die Braut nach der Heimat des Bräutigams zur Trauung. Die Tagebuchblätter der Prinzeß gewähren uns in ihr inneres und äußeres Leben einen klaren Einblick. Wir sind so glücklich,' über die ersten Jahre nach der Vermählung und über die Jahre 1813—1815 aus denselben reiche Mitteilung machen zu können: die gewaltige Zeit erscheint uns in ihnen so, wie sie auf eine deutsche Fürstin, die eine herrliche Frau und fromme Christin war, wirkte. Nichts Besseres könnten wir unsern Lesern bieten, als die Geschichte der Zeit in diesen anspruchslosen Blättern, die unter warmem Herzschlag geschrieben sind. Die Trennung von Homburg, von der Heimat, der Familie war ihr überaus schmerzlich. Der Vater fand einen Brief der Abgereisten: „Ich verlasse Sie, geliebter Vater, das Teuerste für mich auf der ganzen Erde! Ihr Segen, Ihr Vorbild wird mich ewig, wird mich überall begleiten! O dann kann ich nicht straucheln! Nie ward ein Vater ge=

liebt, wie ich Sie liebe!" Wie betäubt fuhr sie durchs Land. „So kam ich in Potsdam an," schreibt sie, „wo mir zum erstenmal meine Be= stimmung wieder vor die Seele kam — die Feier des Einzugs, es war Abend und dunkel, das Geläute der Glocken, die Kanonen, das erste Vivat des Volks, das mir galt, die Reden, die an mich gerichtet wurden und die ich in der Stimmung, worin ich war, ohne Verlegenheit be= antwortete, — endlich, wie ich sah, daß ich demjenigen, dem ich an= gehören würde, mein übriges Leben hindurch, immer näher und näher kam, — da schlug mir das Herz hoch auf — es war ein Gefühl, das mir eine richtige Ahndung geworden ist — so fand ich mich in seinen Armen, ohne im Taumel bemerkt zu haben, daß der Wagen anhielt. Es war ein rührender Moment und ich war tief erschüttert! Jetzt führte er mich schnell durch eine Menge Menschen hindurch. Der König, der mir entgegen gekommen war, umarmte mich, schien erfreut und begegnete mir sehr freundlich." Am andern Tag war der festliche Einzug in Berlin. Die fürstliche Braut, die bisher so einfach gelebt, daß ihr noch nie jemand vorgestellt worden war, mußte durch die glänzendsten Feierlichkeiten hindurch, über die sie noch größeres Unbe= hagen empfunden haben würde, wär' ihr aus der Pracht des königs= lichen Hofes nicht so viel herzliche Liebe entgegengekommen.

Nach der Trauung, die am 12. Januar 1804 im weißen Saale stattgefunden, dem Festessen und Fackeltanz, fand sich das Paar endlich allein und nahm sich vor, sich recht viel zu beschäftigen. Und Prinz Wilhelm begann damit, der jungen Gemahlin Schillers „Braut von Messina" vorzu= lesen. Das eheliche Glück wuchs von Tag zu Tage. Eine militärische Reise, die der Prinz im Spätsommer machte, gab der Prinzeß Gelegenheit, ihre zwei verheirateten Schwestern in Rudolstadt zu besuchen und dort auch ihren Vater und ihren Bruder Leopold wiederzusehen. „Welcher Moment war dieser!" schreibt sie, „zum erstenmal ward mir schlimm vor lauter Wonne, ich mußte beständig weinen!" Von dem Gemahl nach Potsdam zurückgeführt, war sie dort recht vergnügt, weil Unwohlsein ihr ver= stattete, mit ihm viel allein zu sein. Haben wir so Gelegenheit gehabt, ihren innigen Familiensinn kennen zu lernen, so tritt uns ihr leb= haftes vaterländisches Gefühl aus ihren Äußerungen über Napoleons Kaiserkrönung entgegen. „Den Beschluß von 1804 machte Napoleons Kaiserkrönung, 2. Dezember. Leider erniedrigten sich deutsche Fürsten so weit, ihm bei dieser Gelegenheit ihre Ergebenheit zu bezeugen. Hier sank wohl Dalberg, der erst so brav, so deutsch war, zuerst von seiner Höhe herab, er ertrug in Paris allen Hochmut des habsüchtigen niedern

Tyrannen." Dann wieder zu einem schmerzlichen Familienereignisse sich wendend, schreibt sie: „25. Februar 1805 starb die gute vortreff= liche Königin Mutter, die ich herzlich verehrte und liebte, weil sie Wil= helms angebetete Mutter, meiner Mutter gute Schwester war, welche mir so unendlich viel Liebes und Gutes erzeigt hatte. Am 26. Januar rührte sie der Schlag. Es war ein herzzerreißender Anblick, sie zu sehen in dem gräßlichen Zustand, ohne Sprache, dabei ihre Kinder, welche um sie herum beschäftigt standen. Sie war so sanft und lieb= reich gegen uns während dieser Krankheit, nie beleidigte sie mit einer üblen Laune, obwohl man sie nicht verstand, man ihr alles unrecht besorgte — für den geringsten Dienst drückte sie uns dankbar die Hände. Wilhelm rührte mich so oft, wenn er sie hob und trug, ihr dann eine Thräne ins Auge trat, als wollte sie sagen: es wird nicht mehr lange dauern. Sie schien am liebsten von ihm bedient zu werden, wenn er sich entfernte, sah sie ihm immer so lange nach, als wenn sie glaubte, ihn zum letztenmal gesehen zu haben." Im Juli genas die Prinzessin ihres ersten Kindes, Amalie. Am 14. September vertraut sie dem Tagebuch eine Begegnung mit der Königin Luise an. „Heute war einmal wieder ein Sonntag in Charlottenburg. Den Abend ging ich mit der Königin auf der Terrasse spazieren, der erste Herbstnebel hatte sich leider schon eingefunden und alles war so düster und trübe um uns her, wie die jetzige Zeit. Sie sprach mir so viel, so vertrauensvoll, sie ist so gut mitfühlend, kindlich im höchsten Grade und oft so naiv."

Die Zeit rückte näher, in welcher die fürstlichen Frauen sich be= währen sollten. In den Erzählungen der Prinzessin über das Jahr 1805, in welchem Preußens Politik haltlos hin= und herschwankte, tritt überall der deutsche, kräftige Sinn der edlen Frau hervor. Vier ihrer Brüder dienten in Österreichs Heer tapfer in ruhmlosen Schlachten. Am 5. November kam Kaiser Alexander nach Berlin. „Mir machte der Gedanke an Feste und Hofzwang wenig Freude, da ich meine Kleine stillte. Aber ich ertrug's mit vieler Beharrlichkeit. Ich kann sagen, daß ich beinahe geweint hätte, wie er (der Kaiser) von uns schied, so sehr hatte ich mich an seine freundliche, sanfte Leutseligkeit gewöhnt. — Der Abschied war beim Grabe Friedrichs des Großen in Potsdam in der Garnisonkirche, niemand wie der König und die Königin waren dabei zugegen." Es ist bekannt, wie Alexander und Friedrich Wilhelm damals ewige Freundschaft schlossen, die aber von seiten Preußens jetzt noch nicht zur kräftigen Mitwirkung gegen Napoleon führte. Zum Ausmarsch kam es freilich (4. Dezember), von welchem die Prinzessin diese Schilderung giebt: „Morgens in Potsdam saß ich

vor meinem Fenster mein Schicksal sich bereiten, als wär' es meine
Richtstelle, mit Grausen sah ich herunter, wie die Garden sich still ver=
sammelten, nur das Weinen der Mütter, die noch einmal in den Gliedern
dem Vater ihre Kinder zum Abschiedskuß brachten, unterbrach die
tötende Ruhe — auch ich stand mit meiner Kleinen auf dem Arm vor
meinem Geliebten und sagte ihm erstarrt mein Lebewohl. Jetzt schied
er, ich sah auf mein Kind und erbat ihm Gottes Segen. Er ermannte
sich, wie er sich vorgenommen; schüchtern sah ich hinunter, um ihn so
vor dem schönen Kavallerieregimente zu sehen — jetzt setzte er sich in
Marsch (er wünschte mich nicht am Fenster zu sehen, um seine Fassung
männlich zu behalten), nun hörte ich seine Stimme, die sich Kraft
geben wollte, kommandieren. Dem König reichte er seine Hand, es
rührte mich tief — und nun ertönten die Trompeten; der Ton griff
tief in mein Herz — ich höre ihn nie mehr ohne schmerzliche Gefühle —
der schmetternde Ton lautet so siegend und jubelnd! Jetzt schwenkte
er sein Roß und mit verhängtem Zügel war er in zwei Minuten außer
dem Kreise meiner Sehkraft." Der Prinz kam wieder, diesmal noch
ohne Schwertschlag. In den Tagebuchblättern der Prinzessin wird mit
Schmerz all die Schmach verzeichnet, die seit dem Frieden von Preß=
burg über Deutschland kam.

In dieser Zeit des Grams über das vaterländische Unglück (Sommer
1806) wird ihr die Freude zu teil, Homburg wiederzusehen. In der
Erwartung der Reise in die Heimat war sie selig wie ein Kind. „Seit
einiger Zeit," schreibt sie, „rede ich von gar nichts mehr anderm, wie
von unsren Bergen und Gegenden und von allen Spaziergängen und
Anekdötchen, die darauf vorgefallen sind, jede Blume, die ich rieche,
erinnert mich an ein Lieblingsplätzchen in meinem teuren Vaterland
und an die Jahreszeit, in der sie dort blüht — jetzt habe ich Veilchen,
da erzähle ich Wilhelm, wie sie in Homburg gebunden werden —
dann hol' ich mein Bild von Homburg von der Wand herunter, und
erkläre Wilhelm, wie da die Aussicht ist, wie dort — gestern erzählte
ich noch tief in die Nacht hinein von Ariovists Mauern auf dem
göttlichen Altking — wann werde ich dort sein? Die Sehnsucht ist
gar zu groß!" Von der Reise erzählte sie: „Obgleich ich dahin ging,
schied ich doch nicht ohne Thränen von meinem Wilhelm. Auf der
Reise ins Vaterland besah ich in Wittenberg und auf der Wartburg
die Merkwürdigkeiten. Am 17. kam ich an in Homburg — alles was
ich über diesen Moment sagen könnte, wäre nicht hinreichend meine
Wonne auszudrücken — ich fand alle, wie ich sie verlassen hatte, nur

daß ich jetzt, seitdem ich in der Welt gefunden habe, daß sie einzig
darauf sind, sowohl wie unsre Liebe einzig ist, ich erst erkannt habe,
was Gott mir für ein Los in seiner höchsten Gnade beschieden hat!
Knieend im Staub, Allmächtiger, empfange meinen ewigen grenzenlosen
Dank dafür! . . . Auch ich lebte wieder dort, als wär' ich nie ab=
wesend gewesen, so ungetrübt verflogen unsre Tage in heiliger Liebe
und Eintracht — diese Glückseligkeit werde ich wohl nie wieder erleben,
denn alles, alles, was sich der Mensch nur entfernt denken kann, ver=
einigte sich damals für mich. Am 11. Juli kam mein Geliebter. Jetzt
eilten wir, meinem Wilhelm alle Plätze noch zu zeigen, die mir teuer
waren und so schön sind und alle Berge, am 21. waren wir auf dem
Feldberg. Mit hoher Freude sah ich, wie ihm alles so bekannt und
lieb wurde. Wilhelm war stets froh und glücklich, oft hat er mir
gesagt: Könnte ich doch ewig in Homburg sein! — Vorher fürchtete
ich, Wilhelm und meine Brüder würden nicht harmonieren, wenngleich
die Herzen gleich gut, die Seelen gleich erhaben — aber bei dem
ersten Blick auf ihre reine Stirne schlossen sie sich fest an einander in
großer Liebe — o es war mir ein himmlisches Glück!" Zwischen diesen
Jubel über die Familie ertönt dann ein Weh über die großen Tyrannen.
„Mein Bruder Louis frug einmal Napolon in Mainz: man sagte von
ihm (mehrere Generale waren zugegen), er habe 6000 Blessierte und
Gefangene in Spitälern in Ägypten umbringen lassen. Er besann
sich kurz und antwortete: Tenez, ma foi, je les ai fait fusiller tous.
Alles stand starr und verstummt vor dem großen Mörder."

Der große Mörder war mittlerweile nahe herangekommen, um
Preußen, und mit ihm Deutschland, aufs tiefste zu demütigen. Der
Krieg zwischen Preußen und Napoleon war ausgebrochen. Mit den
Zeugnissen, daß das Volk von einer begeisterten Stimmung getragen
sei, wechseln in den Tagebüchern der Prinzessin, die allein mit ihrem
Kinde ihre Gedanken immer zu dem Gemahl im Kriege schweifen läßt,
bange Ahnungen. Endlich kommt die schauerliche Gewißheit. Sie
schreibt an ihrem Geburtstag, dem 13. Oktober, dem Vorabend des
Tags von Jena und Auerstädt: „Gott im Himmel, es ist mir eiskalt
am ganzen Leib — Louis Ferdinand ist verwundet, schwer verwundet
ist er denn wirklich tot? Ich kann es nicht fragen, es wäre zu
schrecklich. Abends. Es ist denn wirklich so, er fiel, indem er die
Saale verteidigte, bei Rudolstadt — die Feinde waren zu sehr an
Macht überlegen, 6 Stunden verteidigte er sich mit Löwenmut, sein
Adjutant Nostiz fiel noch über ihn, um ihn sterbend zu verteidigen und

ward schwer verwundet. O er ist unersetzlich — und das zum Anfang!
— die Franken schrieen immer: ah, c'est le roi de Prusse! Beim
Abschied hatte er seiner Schwester Luise (Prinzeß Radziwill) gesagt:
es geht gut oder du siehst mich niemals wieder!" Am 16. schreibt
die Prinzessin: „Heute kam die Nachricht, daß das Korps von Hohen=
lohe von dem des Königs abgeschnitten ist. Ersterer aber soll Berna=
dotte auch geschlagen haben. Man hörte bei Potsdam sogar Kanonade.
Gott weiß, die Ungewißheit ist tötend, bald jubelt alles, bald schweigt
man wieder — kein Kind bleibt ruhig und doch keine bestimmte Nach=
richt aus dem Hauptquartier. Am 17. Welch ein Tag! Nie erlebt'
ich einen zerstörenderen! Werde ich noch Worte finden können, ihn zu be=
schreiben — noch Gedanken zusammenreimen können in dieser fürchter=
lichen Anspannung der Nerven, mit diesem stürmenden Blut? Heut
früh kommt die Dorville (Oberhofmeisterin der Prinzessin). Nur sie
in der Stube zu wissen, brachte mich in ein heftiges Zittern und ich
erblaßte so, daß ich nicht so vor ihr kommen wollte, ich suchte mich
zu fassen und spielend mit der Kleinen näherte ich mich endlich, und
das alles, ohne meinen inneren Schreck, meine Ahndung deuten zu
können. Sie fing damit an, mich zum Sitzen zu nötigen, wegen ihrer
Botschaft, so daß ich schon das Allerschrecklichste ahnete zu hören —
doch sagte sie mir dann, es wäre eine große, eine fürchterliche Schlacht
geschlagen worden, aber Wilhelm sei wohl." Und nachdem sie dem
Tagebuch eine Darstellung der unglücklichen Ereignisse bei Jena und
Auerstädt anvertraut und den Löwenmut der Preußen, den sie auch
unterliegend bewiesen, gerühmt, fährt sie fort: „Es ist ein herrliches
Volk, das ist wahr! Heute sage ich's zum erstenmal — andre hätten
Strafe verdient und Erniedrigung, nicht dieses! Die drei königlichen
Brüder haben Pferde unter sich totgeschossen bekommen. Blüchers
Husaren verließen Wilhelm beim Einhauen auf ein Karree und alle
Kugeln flogen auf den Unbeschützten! Vieles, vieles habe ich gehört,
zu viel für diesen Raum, zu viel Unglück! Leo lebt — mir ist's
unbegreiflich, wie sie, die mir teuer sind, noch alle leben können! Auf
den Knieen, Allerhöchster, danke ich dir für Wilhelm, für Leopolds
Leben! — Den ganzen Tag lief ein jeder rastlos umher, mit Einpacken
mußte man sich beschäftigen. Wahrscheinlich werden sie bald hier sein,
die Franzosen! .. Die Königin kam heute Abend (17. Oktober) noch
an — das gute Volk, das so manchen Freund und Verwandten heut
beweinte, brachte ihr doch ein Vivat — wir waren alle zusammen
bald da, bald dort, und morgen geht ein jeder fort nach Stettin. Gott

gebe, daß wir bald wieder hier sein mögen! — Wie das Volk so
ängstlich heut überall gehäuft war, ach, ich werde den Tag nie ver=
gessen — Tote hat es sogar gegeben, — die sich gefreut hatten über
die Niederlage unsrer braven Truppen, so daß das Volk erbittert über
sie herfiel. Die Berliner wollen 12,000 Mann stellen zur Sicherheit,
der Gouverneur Schulenburg hat es aber nicht geglaubt annehmen zu
können. — Lebewohl, liebe Stube, wo ich so unendlich glücklich war,
werde ich dich so einst wieder bewohnen? Hier oben war ich außer
aller Fassung bei Wilhelms Abschied — allmächtiger Gott, lasse dies
keine böse Vorbedeutung gewesen sein und beschütze ihn!" Die Prin=
zessin reiste von Berlin ab. In Schwedt schreibt sie am 19. Oktober:
„Die Oder liegt vor mir, es ist alles still — keine Angst verlorner
Schlacht stört die ruhige Bahn des schönen Mondes, der mir entgegen
leuchtet und den sanftflutenden Strom versilbert. Gestern vor der
Abreise bekam ich einen Brief von Wilhelm aus Harzgerode. Vor
der Abreise war ich noch gegenwärtig bei der Taufe von Augustens
(Kurprinzessin von Hessen) Kind: der Prediger Sack hielt eine schöne
Rede, dem trauervollen Tag angemessen — in dieser Stimmung der
tiefsten Rührung ging ich durchs Volk, was auf allen Seiten der
Schloßtreppe stand — mich beklagend und mir still Glück zumurmelnd
— so ging ich weinend mitten unter ihnen hinab." Rasch ging die
Reise weiter. In Naugard schreibt sie am 24. Oktober: „Der Sturm=
wind heult und pfeift über die Halme der öden Felder, aber der Mond
blickt freundlich aus den schwarzen Wolken auf mich herab, mich tröstend;
jetzt denkt er auch meiner. Zwei Tage haben wir in Stettin zusammen
verlebt. Wie kränkt ihn das Schicksal seines Vaterlandes!" In
Danzig hofft sie Ruhe zu finden. Aber am 2. November schreibt sie:
„Ich muß doch noch fort. Der Himmel weiß, wie weit sie mich noch
werden schleppen können!"

Die Prinzessin gebar am 6. November in Danzig eine Tochter,
die vierzehn Tage nach der Geburt wieder starb. Der Prinz eilte von
dem versprengten Heere seiner Gemahlin zur Hilfe. Die Flucht mußte
fortgesetzt werden, obwohl das einzige Kind nicht wohl war. Bei der
Fahrt über die Nehrung jubelte der Prinz über den prachtvollen Unter=
gang der Sonne im Meer, der Prinzessin lag ein ahnungsvolles Weh
auf dem Gemüte. Ihr Kind fuhr in einem andern Wagen. In
Pillau angekommen, eilt die Mutter auf das Bett der Kleinen zu,
reißt die Vorhänge weg — sie hatte kein lebendiges Kind mehr. Der
Schmerz über die Schmach des Vaterlandes grub sich, durch häusliche
Trübsale verstärkt, mit doppelter Macht in ihre Seele.

Aber bei allem Weh war's doch ein wunderbar schönes Leben, das sich für die königliche Familie von 1806—9 in Königsberg und Memel aufthat, sobald man die Schönheit des Lebens nicht nach dem äußern Glanz, sondern nach der innern Fülle beurteilt. Das lebensfähige Preußen hatte sich in seinen östlichsten Winkel gerettet, um von dort aus durch geistige Kraft zu ersetzen, was an Land verloren war, und um durch diese geistige Kraft auch dem Königreich seinen früheren Umfang zurückzuerobern. Die Wucht der Ereignisse drängte alles kleinliche Wesen zurück. Die Opfer, die dem Lande auferlegt waren und in denen die königliche Familie freudig voranging, geboten die größte Einfalt im Leben. Der Arm Gottes, der züchtigend über Preußen ausgestreckt war, führte aus allen Ständen die besten Männer zusammen. Während es den Anschein hatte, als ob Napoleon sich nun völlig als den Unüberwindlichen gezeigt hätte, wagten es Staatsmänner wie Stein, Feldherren wie Scharnhorst, Gneisenau, Boyen, Grolmann, Dichter wie Schenkendorf, Redner wie Süvern die Überwindlichkeit des Zwingherrn und die Unüberwindlichkeit des deutschen Geistes, sobald er einmal in seiner Tiefe erregt sei, zu verkünden. An diesem lichten, mutigen Leben nahm die Prinzessin teil, und während der Prinz draußen war, um an der Herstellung des Heers mitzuarbeiten, saß sie viel allein, in Geschichtswerke versenkt, lesend und schreibend, und so die Seele stählend zu den mutigsten Thaten. Bald sehen wir in der Nacht des Unglücks die Namen des Prinzen und der Prinzessin Wilhelm wie ein Paar leuchtender Sterne. Unerträglich war die Last, welche durch den Tilsiter Frieden dem preußischen Lande aufgebürdet war. Die Franzosen sollten nicht eher das Land räumen, als bis die geforderten ungeheuren Summen bezahlt wären, und diese Summen schienen unerschwinglich, so lange die Franzosen im Lande blieben. Man hoffte von einer Sendung des Prinzen Wilhelm an Napoleon Linderung. Dem Prinzen sollte Alexander von Humboldt in Paris den Weg bahnen und auf dem schlüpfrigen Boden ratend zur Seite stehn. Dem Worte des Prinzen sollte durch die Aussicht, daß er in Zukunft wesentlichen Anteil an den Staatsgeschäften haben würde, Nachdruck gegeben werden. Aber außer diesen Mitteln, von welchen die Regierung sich Erfolg versprach, hatte sich der Prinz mit seiner Gemahlin in der Stille ein anderes ausgedacht; er wollte seine Person als Geisel anbieten, damit die Last des Vaterlandes erleichtert würde und die Prinzessin war bereit, ihm in die Gefangenschaft zu folgen. Diese Opferwilligkeit spricht sie in einem Briefe an den Prinzen mit den rührenden

Worten aus: „Daß ich solches niederschreiben kann, ohne Zittern, ohne Hinsinken, sieh, das lehrt Liebe — die starke Liebe nur! — Wenn ich bei Dir sein kann, gleichviel im Kerker oder in Palästen, wenn nur mit Ehre, — dort ereile ich dich bald — wenn es dann einst beendet ist, kehren wir beglückt zurück ins Vaterland. — Wenn es aber möglich wäre, daß ihm das Zögern zu lange dauerte mit den Bezahlungen, und er es anders mit Dir enden wollte — o da giebt es ja wohl Wege genug zu seinem Herzen, oder nicht Herz, daß er mich mit Dir gehen ließ! — Wir stehen allein jetzt — wir dürfen es — Amalie ist ja auch schon tot. — O und dann sind wir ja auf ewig selig." Als der Brief nach Paris kam, war die Sendung schon mißlungen. In der ersten Unterredung äußerte sich Napoleon hart und bitter über den König. Der Prinz stellte ihm lebendig das Unglück der königlichen Familie und des preußischen Landes vor und suchte den Kaiser zu überzeugen, daß Preußen seinen Verpflichtungen gewiß nachkommen würde. Die Rede schien auf Napoleon Eindruck zu machen, denn er bemühte sich den Prinzen zu beruhigen. Da schien diesem der rechte Augenblick gekommen, um das Mittel zu gebrauchen, das er eigentlich erst dann gebrauchen wollte, wenn alle andern er=schöpft wären, und mit größter Lebhaftigkeit erbot er sich mit seiner Gemahlin zur persönlichen Verhaftung bis zur Zahlung. Da trat Napoleon vor ihn, umfaßte ihn und sprach: das ist sehr edel, aber es ist unmöglich! Der Prinz ward fortwährend mit Auszeichnung behandelt, aber in den Geschäften erreichte er nichts. Und doch war die Sendung nicht vergeblich, sie trug dem fürstlichen Paar die Liebe Steins und andrer edler Männer ein, sie wirkte an ihrem Teil zur Entflammung jener opferwilligen Vaterlandsliebe mit, welcher Napoleon schließlich erliegen mußte.

Im Oktober und November 1808 begannen in Königsberg unter dem Einfluß der Franzosen und Franzosenfreunde die Unterhandlungen und Zerwürfnisse, welche die zweite Entlassung Steins aus dem Ministerium zur Folge hatten, worauf dann seine Ächtung und Flucht nach Böhmen folgte. Stein schrieb der Prinzessin in jenen Tagen einen Brief, der ein zu schönes Zeugnis für ihre lautre und mutige Gesinnung ist, als daß wir ihn nicht mitteilen sollten. „Über=lassen sich Eure königliche Hoheit nicht Ihrem Unwillen über die Er=eignisse dieser Tage, und geben Sie den Vorsatz auf, wieder einsam in sich zu leben. Es liegen in Ihnen zu viele große und edle Eigenschaften, als daß diese nicht in unsrer verhängnisvollen Zeit in

das Leben einwirken müßten: Sie besitzen ein tiefes Gefühl für das
Große und Edle, einen kräftigen, gebildeten Geist: Sie und Ihr Ge=
mahl sind gemacht, das Panier zu erheben, unter dem sich die Bessern
und Edlern sammeln. Verzweifeln Eure königliche Hoheit an den
Menschen nicht; hat gleich Charakterschwäche, Leichtsinn und Flachheit
der einen, niedriger Neid und Selbstsucht der andern, sehr schlimm in
diesen Tagen ihr Wesen getrieben, erregt dieses Gemisch der unedelsten
Leidenschaften mit dem dienstfertigen Geklatsche den tiefsten Unwillen,
so überzeugt mich doch meine neueste Erfahrung von dem Dasein aus=
gezeichnet vortrefflicher Eigenschaften, von wieder auflebender Vater=
landsliebe, von Bereitwilligkeit, alles diesem Gefühl aufzuopfern, und
ich habe von Personen, von denen ich es nicht zu erwarten Ursache
hatte, die rührendsten Beweise treuer Anhänglichkeit und Liebe zu der
guten Sache und mir erhalten. Gewiß sind die Bemühungen der
Guten und Kräftigen nicht verloren, ewig wahr bleibt:

> Tho firm patriot,
> Who made the welfare of mankind his care,
> Though still by faction vice and fortune cross'd
> Shall find the gen'rous labour was not lost.
>
> *Cato by Addison.*

Geben Eure königliche Hoheit den Vorsatz der Abgeschiedenheit auf,
dies wäre ein moralischer Selbstmord: Ihr Gemahl und Sie müssen
die Bessern und Edlern um sich sammeln, und ihre Anführer im Kampfe
des Gemeinen und Schlechten sein — entfernen Sie von Sich alles
was zu dem letztern gehört, und erfüllen Sie gewissenhaft den Beruf,
den Sie von der Vorsehung erhielten, indem sie Sie mit so herrlichen
Eigenschaften ausrüstete." Als Stein dann fliehen mußte, war es ihm
tröstlich, daß die Prinzessin zurückblieb, „mit ihrem großen und edlen
Charakter, mit ihrem kräftigen, gebildeten Geist," und er schied mit
dem Wunsch, daß derselbe seinen wohlthätigen Einfluß ferner auf
alles verbreiten werde, was die Prinzessin umgebe.

Als der König und die Königin im Winter 1809 an den
St. Petersburger Hof gingen, begleitete sie Prinz Wilhelm. Die
Prinzessin blieb, ganz ihrer Freude am stillen, häuslichen Leben gemäß,
in Königsberg zurück. Selbst kinderlos pflegte sie die königlichen
Kinder wie ihre eigenen und gewann ihre Liebe für immer. Die
Hoffnung, die ihr Gott um diese Zeit gegeben hatte, erlosch im August
1809 durch die Geburt eines toten Sohnes. An den vaterländischen
Hoffnungen, die in der österreichischen Erhebung dieses Jahres auf=

leuchteten, nahm sie lebhaft Anteil. Vier Brüder dienten im österreichischen Heere und Stein gab ihr von Prag aus Kunde von dem
trefflichen Geiste, der Heer und Volk durchdrang. Auch diese Hoffnungen gingen nicht in Erfüllung; es lag noch die ganze Schwere
der Knechtschaft auf dem Vaterlande, als die königliche Familie und
mit ihr auch Prinz und Prinzessin Wilhelm im Dezember 1809 nach
Berlin zurückkehrten. Der Abschied von Königsberg war nicht leicht,
der Einzug in Berlin noch schwerer, sie kam ohne Kinder, sie kam
aus dem bescheidenen Leben, das sie in Königsberg geführt, um sich
wieder in ihren „goldenen Käfig," wie sie ihre schönen Zimmer
im königlichen Schloß nannte, einsperren zu lassen. Wahrscheinlich
hatte sie sich darüber in einem Brief an Stein ausgesprochen, denn
dieser wirft in einem Briefe an sie diesen schönen Rückblick auf die
Vergangenheit: „Der Aufenthalt in Königsberg muß uns allen unvergeßlich sein; es war eine Zeit der Prüfung, des Ausdauerns, des
Strebens nach einem bessern und edlern Zustande der Dinge. Schwäche,
Ränke der Einheimischen, rohe Gewalt der Fremden, zufällige Ereignisse haben alles vereitelt, die Werkzeuge zertrümmert, zerstreut. Das
Bewußtsein einer reinen Absicht, die Bilder der bessern und edlern
Menschen, die diesen Gerechtigkeit widerfahren ließen und ihre Teilnahme gewährten, begleiten die Entfernten in jeder Lage des Lebens, und
ganz ohne Wirkung und Folge blieb das Begonnene nicht. Mir wird
das Andenken an eine junge Fürstin, die mit allem Glanz äußerer
Schönheit, ein herrliches, für jedes Edle und Große empfängliches
Gemüt verbindet, unvergeßlich sein; ihre Lage im Leben sei, welche
sie wolle, sie wird sie durch ihre Gesinnung und Betragen veredeln
und erheben. — Allerdings sind unsere Wünsche und Erwartungen in
vielem getäuscht, es bleibt aber immer tröstlich, daß Treue und Tapferkeit, wenn sie auch nicht zu siegen vermochten, sich auf eine glänzende
Art äußerten und die Grundfesten des Staats erhielten, daß ihre
Äußerung als hervorleuchtendes Beispiel auf Zeitgenossen und Nachwelt
wirken werden, und daß ein System, gegründet auf Gewalt und Willkür
zur Verherrlichung des Einzigen, nicht zur Beglückung des Ganzen,
früh oder spät der öffentlichen Meinung und der Gegenwirkung ge-
reizter Kräfte und gekränkter Gefühle unterliegen muß. Diese öffentliche Meinung aufrecht zu erhalten, das Gemeine zu bekämpfen, ist
die Pflicht und das Geschäft der Bessern unter den Zeitgenossen. Mit
einer solchen Überzeugung wird man die mannigfaltigen peinlichen
Lagen, die unserer noch warten, mit Mut und Resignation durchleben,

seinen innern Frieden bewahren, seinen Weg unter Verwicklungen aller Art leicht auffinden und es vermeiden, ein Spiel der Meinungen, des Einflusses und der Ränke gemeiner Menschen zu sein."

Die innige Freundschaft, welche die Prinzessin in Königsberg mit der Königin und der Prinzessin Luise Radziwill, Schwester des bei Saalfeld gefallenen Prinzen Louis Ferdinand, verbunden hatte, dauerte in Berlin fort. Aber welch ein Schmerz, als sie im Sommer 1810, mitten in der Freude bei ihren Lieben in der hessischen Heimat, die Kunde von dem plötzlichen Tod der Königin erhielt! Der Brief= wechsel mit Stein, der sich an dies traurige Ereignis knüpfte, läßt uns in ihr tiefstes Herz hineinsehen, wie in eine Werkstätte, in welcher der Geist Gottes unter dem Kreuz Glauben und neues Leben wirkte. Er ist eins der untrüglichsten Zeugnisse dafür, daß die Zeit der Be= freiungskriege das religiöse Leben erweckt und vertieft hat. Indem wir die Briefe mitteilen, erinnern wir daran, daß die Prinzessin da= mals fünfundzwanzig, Stein dreiundfünfzig Jahre zählte.

Stein an die Prinzessin Wilhelm.

„Prag, den 27. Sept. 1810. Ew. Königliche Hoheit haben den Sommer mitten unter den Ihrigen in dem schönen Vaterlande zuge= bracht, wie sehr wurde aber dieser Genuß nicht durch den Zustand von Herabwürdigung und Sklaverei, in dem es sich befindet, getrübt! Wie viel mehr noch durch den Verlust, der die königliche Familie während Ihrer Entfernung traf! Sie fanden ein zartes inniges Band, das Liebe, Schönheit und Güte geknüpft hatten, zerrissen; und wer wird die Wunden heilen, wer den durch das Schicksal verfolgten, tief bekümmerten, nun ganz isoliert stehenden König trösten, aufrichten? Er wird aller= dings Trostgründe finden in dem religiösen Sinn, der ihn belebt, in der Liebe zu seinen Kindern, in der Erfüllung seiner Pflichten; nichts kann ihm aber die Leere ausfüllen, die der Verlust einer zärtlichen, treuen Freundin und Gefährtin verursacht. Gewiß wird seine Familie sich liebevoll bestreben, seinen Kummer zu lindern, und man darf ihn glücklich preisen, unter seinen Angehörigen eine so edle, geistreiche, fromme und zartfühlende Fürstin, wie Eure Königliche Hoheit sind, zu finden."

Die Prinzessin Wilhelm an Stein.

„Berlin, den 14. Dez. 1810. Zwei liebe Briefe von Ihnen liegen vor mir, und ich kann es selbst gar nicht begreifen, wie ich sie so lange habe unbeantwortet lassen können. Die Hauptursache davon

war wohl die tiefe Traurigkeit, in der ich hier zurückkehrte; nach vier
so glücklich verlebten Monaten im teuren Vaterlande mußte dieser harte
Schlag mich treffen, mich zu mahnen an die Unvollkommenheit des
irdischen Glücks. Sie haben auch in dieser Gelegenheit teilnehmend
mein gedacht, dankbar fühlt es mein Herz, wie gut das von Ihnen
war. — Hätten Sie nur dem Ihrigen ganz gefolgt, und es dem armen,
unglücklichen Könige gezeigt, wie Sie seinen großen Verlust bejam-
merten, es würde ihn sehr gefreut haben, und wer hätte denn schlecht
genug sein können, diesen Schritt Ihnen in einem solchen Augenblick
anders auslegen zu wollen, wie Sie es befürchteten? — Es thut mir
wirklich recht leid, daß Sie ihm nicht geschrieben haben, weil ich Zeuge
gewesen bin, wie sehr ihn solche Beweise von Anteil noch gerührt
haben in seinem unendlichen Schmerz, so viel mehr wie ich gedacht
hätte, daß man empfänglich sein könnte für so etwas in einer
solchen Zeit.

In einem Briefe läßt es sich nicht alles so auseinandersetzen, aber
mündlich würde ich es Ihnen so gerne sagen, wie so alle Annehmlichkeit
des Lebens für mich dahin ist, mit ihr — sie war so unaussprechlich
gut und schwesterlich mitfühlend gegen mich, so daß ich jeden Augenblick und bei jedem Ereignis sie ach! mit ewigem Kummer vermisse.
Wie bereue ich jedes Wort, was ich gegen sie kann gesagt haben:
seitdem es mir klar geworden ist, daß, wenn ich es that, es gewiß nur
Neid war, der aus mir sprach — weil sie so viel besser war als ich! —
Ich kann nicht fortfahren, es thut mir zu weh . . .

Der König ist so verehrungswürdig in seinem Leid, das gewiß
nie enden wird, — er ist so christlich ergeben und das so geduldig;
er ist so gut gegen mich, daß ich ohne Thränen ihn nicht ansehen
kann. —

Was mich heut so unwillkürlich hinriß, Ihnen zu schreiben, war,
daß ich zum erstenmal die V. Vorlesung von Süvern über die
Ritterzeit gelesen habe. — Sie sagten mir so oft, ich sollte jene Vorlesungen durchlesen, aber ich kam in Königsberg nur zu der ersten;
nun las ich die V. — Es hat mich diese Schrift so erhoben und er-
ergriffen, wie beinahe noch keine, denn es war so ganz alles wie ich
es meine und fühle, so fromm und deutsch, wie gewiß nur die
Zeit sein konnte, wo die Menschen noch glaubten und demütig
waren. — Mir ist's, als wenn Philosophie Eigendünkel erzeugte, und
daß diese beiden Dinge daher das Zeitalter verdürben. — Ich rede wohl
recht eingeschränkt, und als wenn ich aus einer dunklen Zeit redete,

— aber mit jedem Tage nimmt das bei mir zu, je mehr ich mich so augenscheinlich von der Nichtigkeit des Irdischen überzeuge. Ach! da wird man so klein und demütig vor dem Allein=Allmächtigen — das führt zum Glauben, deucht mir, nicht zum Hellsehen, in den Dingen, die der Mensch doch einmal nicht durchschauen kann.

In einem bin ich besser geworden, ich darf es sagen, seitdem wir von einander schieden, in der Frömmigkeit. —

Lesen Sie mir zu Gefallen doch noch einmal die V. Vorlesung. — Mein erster Gedanke war, warum Sie den Verfasser nicht zum Erzieher damals vorgeschlagen hätten?

Ich werde ihn nun kennen lernen.

Beinahe erschrecke ich, indem ich gewahr werde, daß ich nur von mir sprach — und so gerne hätte ich nur von Ihnen gesprochen, und Ihnen alles erzählt, was ich von Ihnen gehört habe von Ihren Unterthanen — aber im Grunde geht das in einem Briefe auch nicht wohl an. Wie ich dort in der Gegend nur an Sie dachte, werden Sie mir leicht glauben, ein jeder sprach von Ihnen, wie ich von Ihnen denke, das thut mir so innig wohl und rührte mich oft zu Thränen. — Einmal bekamen wir ein starkes Gewitter auf der Lahn, da mußten wir ein paar Stunden in Nassau bleiben. Der Arzt war in der Stube, und ein junger Mann, der Sohn eines Justizrates — da wurde viel erzählt von der alten Zeit — ach! und das interessierte mich so sehr, so sehr. — Ein Mann von N. kam auch als zu uns und war im höchsten Entzücken, wenn er von Ihnen reden konnte, ein gemeiner Mann nur, Philipp Balzer.

Ich muß enden. Leben Sie wohl und gedenken Sie meiner und meiner hohen Achtung.   M.

N. S. Meiner wartet morgen ein großes Glück. Fünf meiner Brüder kommen — ich bin ganz außer mir vor Freude. Der eine liebt so sehr Ihren Schwager und möchte Sie so gerne kennen lernen. — Ich habe Schön mehrere Male gesehen und er gefiel mir sehr. — Wilhelm empfiehlt sich Ihrem Andenken, ich mich Ihrer Gemahlin.“

Stein an die Prinzessin Wilhelm.

„Prag, den 17. März 1811. Die Erwartung einer sicheren Ge= legenheit hielt mich seither ab, Ew. Königlichen Hoheit gnädiges Schreiben vom 14. Dezember zu beantworten, dessen Inhalt Ihr zartes, frommes Gemüt so treu darstellt und mich tief gerührt hat. In dem Umgang mit einer so edlen Freundin wird der König einen Ersatz für das Ver=

lorne finden, in dem täglichen Leben, in den Augenblicken des Kummers, den ihm die Erinnerung des Vergangenen und die trübe Aussicht auf eine verhängnisvolle Zukunft verursachen. Ich verehre ihn wegen seiner religiösen Sittlichkeit, seiner reinen Liebe zum Guten, ich liebe ihn wegen seines wohlwollenden Charakters, und beklage ihn, daß er in einem eisernen Zeitalter lebt, wo diese Milde, diese Rechtschaffenheit nur seinen Fall beförderten und in welchem nur eins not thut, um sich zu erhalten, ein überwiegendes Feldherrntalent, verbunden mit rück= sichtslosem Egoismus, der alles beugt und niedertritt, um auf Leich= namen zu thronen.

Die Vorlesungen von Süvern las ich zu Königsberg in einer der Königin gehörenden Handschrift, ich selbst besitze sie nicht, wünsche aber, sie zu haben. Der Verfasser ist ein äußerst achtungswerter Mann wegen seiner seltenen Geisteskräfte und Kenntnisse, wegen seines reinen, edlen Charakters, sollte aber dieser einfache, schlichte, mit dem Hof und seinem Treiben, der großen Welt und ihrem Gewirre so ganz unbe= kannte Gelehrte geeignet sein, in diese Verhältnisse zu treten, um einen jungen Prinzen zu leiten? — sollte er es selbst gewünscht haben? — ich glaube es kaum.

Gewiß besaß das Zeitalter, dessen Ew. Königliche Hoheit erwähnen, überwiegende Vorzüge vor dem unsrigen; diese frommen, treuen, für Religion, kriegerische Ehre und Liebe beseelten Menschen, wie vermag man die zu vergleichen mit den kleinlichen, frivolen, zusammenge= schrumpften, genußliebenden Egoisten unseres Zeitalters! In jenem Zeitalter erscheinen große Begebenheiten und vorzügliche Menschen, in dem unsrigen große Begebenheiten durch die Gemeinheit und Unge= bundenheit der Menschen herbeigeführt. Was hat bei uns jene großen Gefühle, jene kräftigen Triebfedern des menschlichen Handelns ersetzt? Was hat unser metaphysisches Wortgeklingel bewirkt? — Frankreich klagt jetzt laut seine Philosophen an, als Verderber des öffentlichen Geistes, als Zerstörer der religiösen und moralischen Grundsätze, als Veranlasser einer scheußlichen Revolution, die mit einem eisernen Despotismus geendigt hat — und was verdankt Deutschland der Berliner theologischen Schule und ihrem Koryphäen und Kolporteur Nicolai und seinen neuern Metaphysikern? Jene haben den einfältigen schlichten Bibelglauben hinwegexegesiert, und diese die alte deutsche Biederkeit und Treue hinwegräsonniert, den schlichten gesunden Menschenverstand verdunkelt, und Lehren vorgetragen, die die Grundsätze der Moral, den Glauben an Gott und Unsterblichkeit tief erschütterten und die Herzen

der Menschen austrockneten. Glücklicherweise hat sich diese Schule
durch die unter ihren Anhängern entstandenen Zänkereien verächtlich
gemacht, und es wird diese Thorheit, wie bereits so viele andere, ver=
schwinden. Auch blieben noch Männer in der Nation übrig, die ihr
Vertrauen verdienten und sich dem eindringenden Strom des Verderbens
widersetzten, zu diesen rechne ich vorzüglich Herder, einen Mann, der
einen kräftigen gesunden Menschenverstand, einen religiösen, tugend=
haften Sinn, einen zarten, reinen Geschmack besaß und äußerte, und
damit einen großen Tiefsinn, eine ausgebreitete Gelehrsamkeit verband,
und durch sie zu einem seltenen Reichtum von Ideen und Ansichten
gelangte. Ich empfehle Ew. Königlichen Hoheit das Lesen derjenigen
Teile seiner Werke, worin für Sie besonders interessante Gegenstände
behandelt werden. Sie werden aus ihnen Belehrung, Veredelung, Be=
festigung im Guten schöpfen."

Die Prinzessin Wilhelm an Stein.

„Berlin, den 6. Juni 1811. Obgleich ich krank bin und zum
Schreiben daher nicht sehr aufgelegt, so kann ich die Feder doch heut
nicht ruhen lassen, da sich eine gute Gelegenheit darbietet, sie um
Ihretwillen zu gebrauchen — auch kann ich nicht länger meinen ge=
rührtesten Dank verschweigen für Ihren Brief vom 17. März; es war
mir einmal wieder so wohl dabei, weil es mir schien, ich hörte Sie selbst
reden. Alles was Sie mir sagen, muß mir lieb sein und mich
interessieren, aber der Inhalt dieses letzten Briefes gab mir doppelt viel,
denn es war mir so wert, aus Ihrem Munde die Bestätigung dessen
zu hören, woran ich so oft denke und in denselben Gesinnungen bin —
denn die Zeit und die neuen Menschen fordern einen auf, Vergleichungen
anzustellen, und da fällt mir auch immer der Kontrast in die Augen;
wenn ich die hohe Aufklärung und Gebildheit unseres Zeitalters loben
höre und rühmen, und mir so klar scheint, daß der alte gerade Weg
so viel eher zum Ziele führte, wie unsre geregelten, die doch so krumm
laufen. Ebenso schlicht, aber festen Glaubens steht in meinem Herzen
der Unterschied der Religion und Philosophie geschrieben; ich kann
zwar von letzterer nicht anders urteilen, wie in ihren Wirkungen, aber
da habe ich in mir einen Grund, der mir die erstere so unendlich hoch
über die andere setzt — es kommen die Menschen nämlich und dis=
putieren darüber und sagen, ob denn ein schönerer Grundsatz zu finden
sei in der ganzen Bibel wie der: „thue das Gute um des Guten
willen" — wie uneigennützig, wie groß, wie einfach das sei? Meine

geringe Meinung ist aber, daß gerade darin der Stolz der heutigen
Menschen sich ausspricht — ach! die Demut, deucht mir, steht dem schwachen
Menschen so viel besser an; und in dem Ausspruch des Christentums,
welcher dieses charakterisiert, wie jener die Philosophie, liegt so ganz
der Unterschied: „thue das Gute um der Liebe willen" welche Milde!
Ja, wenn der Hochmutsschwindel einmal vorüber ist, dann, meine ich,
werden schönere Sterne wieder leuchten. — Wie ich eben wieder lese,
was ich hingeschrieben habe, werde ich rot, daß ich einem solchen
Manne meine vielleicht so lächerliche Meinung geradehin konnte gesagt
haben, oder mich gar vermessen haben, über Dinge zu reden, die ich
nicht verstehen kann, die mir zu hoch sind — ich vertraue ganz
auf die Nachsicht, mit der Sie mich oft genug verzogen haben. Gestern
erscholl hier eine herrliche Nachricht, zu gut, als daß ich sie glauben
könnte, nämlich der Sequester Ihrer Güter sei aufgehoben — wie unendlich wollte ich mich darüber freuen, Sie wieder im Besitz jener
schönen Gegend zu wissen! — Doppelt fühle ich mit Ihnen, was Sie
verloren haben, seitdem ich dort war. — Hiebei schicke ich Ihnen ein
kleines Andenken von dort; weil es daher ist, muß es Ihnen einen
Augenblick von Vergnügen machen, schmeichle ich mir — es ist ein
Stein Ihrer Burg Stein — wie ich oben war, konnte ich nur an Sie
denken, und gewiß nicht ohne Thränen, das können Sie mir glauben;
da nehme ich einen Stein vom alten Gebäude, mit dem Vorsatz,
Ihnen, mir selbst und meinen zwei Begleitern, Wilhelm und Philipp,
etwas davon machen zu lassen, was ich that — das Steinchen ist sehr
weich, da es ein Splitter nur war, also dürfen Sie nicht zu warm
damit siegeln.

Wilhelm empfiehlt sich Ihrem teuern Andenken, das thue auch ich
und bitte um die Fortdauer Ihrer Freundschaft, die mich so glücklich
und so stolz macht.   Marianne.

Empfehlen sie mich ja auch Ihrer Gemahlin."

Stein an die Prinzessin Wilhelm.

„Prag, den 14. August 1811. Der im Schreiben Eurer Königlichen Hoheit herrschende fromme, kindliche Sinn hat mich tief gerührt,
in ihm liegt die einzige Weisheit und die höchste Wahrheit — alles,
was um uns vorgeht, muß uns täglich mehr überzeugen von dem
Leeren und Unzureichenden alles menschlichen Wissens, auch war dies
Gefühl und innige Bescheidenheit zu allen Zeiten den vorzüglichsten
Männern eigen, nur den Neuern wurde es durch Stolz und die An-

maßungen der Sophisten des 18. Jahrhunderts verdrängt, die ihre Afterweisheit an die Stelle der Grundsätze und Einrichtungen zu setzen bemühet waren, auf die unsere Vorfahren ihr zeitliches und ewiges Wohl begründet hatten! — sie zerstörten beides, und ihren unglücklichen Zeitgenossen blieb nur Reue über das Verlorne und Unvermögen, es wieder zu erringen.

In einem vortrefflichen, religiöse Gefühle erweckenden Sinne ist Chateaubriands Génie du Christianisme geschrieben; er stellt mit Beredsamkeit und tiefem, innigem Gefühl die Leerheit des menschlichen Wissens, die Vortrefflichkeit des Christentums, seiner Lehren, Gebräuche und kirchlichen Einrichtungen dar, man kann ihn nicht unerbauet und ungebessert aus der Hand legen. Auch Friedrich Schlegels Vorlesungen über die neuere Geschichte verdienen die Aufmerksamkeit Eurer Königlichen Hoheit durch den verständigen, besonnenen, bescheidenen Geist, die richtige Würdigung des Zustandes unserer Vorfahren und unserer Zeitgenossen. Er zeigt, wie in der alten Zeit: „die Kraft im Herzen desto lebendiger und reiner wirkte, und wie den beschränkten Wirkungskreis der Glaube an alles Göttliche verschönerte."

In dem Geschenk Eurer Königlichen Hoheit erkenne ich die Zartheit Ihres edlen Gemüts, Sie erinnerten Sich wohlwollend und teilnehmend des Verbannten, und fühlten mit ihm, daß es schmerzlich ist, „die Stiege des Fremden" betreten zu müssen und die Wohnung der Kindheit zu meiden; und wenn nun alle Verhältnisse aufgelöst oder bedrohet sind, wenn alle Gegenstände bestimmter Thätigkeit gewaltsam entrückt, so verliert das Leben allen Wert, es bleibt nur ein Wunsch übrig, der der Hoffnung des baldigen Übergangs zu einem bessern." —

Ein solcher Glaube, wie er in den mitgeteilten Briefen sich ausspricht, mußte gekrönt werden, eine solche Beugung durfte der einstigen Erhöhung gewiß sein. Seelen, die so in Gott sich gestärkt hatten, waren stark genug, die Wucht der letzten Entscheidung zu tragen und demütig genug, den erlangten Sieg der Gnade Gottes zuzuschreiben. — Am 29. Oktober 1811 gebar die Prinzessin Zwillinge, die Prinzen Adalbert und Friedrich Thassilo. Bald darauf erschütterte eine Krankheit ihres Gemahls ihre eigene Gesundheit. Im Sommer darauf sollte sie das Bad in Ems gebrauchen. Sie sah Homburg wieder, sie fuhr zum erstenmal den Rhein bis Köln hinunter, in Begleitung ihres Gemahls und ihres Bruders Leopold, der den preußischen Dienst verlassen hatte, um nicht auf Napoleons Seite in Rußland kämpfen zu müssen und der gern nach Spanien gezogen wäre, um dort gegen ihn zu stehn, wenn sein Vater es erlaubt hätte. Es war ein sonniges Leben am deutschen Rhein und der Wunsch brannte in der deutschen Seele der Prinzessin: möchte er doch wieder frei sein! Sie kehrte nach Berlin zurück, um alsbald das größte Jahr des Jahrhunderts, das merkwürdigste Jahr ihres Lebens anzutreten. Wir dürfen auch in der Schilderung dieser Zeit den Tagebuchblättern der Prinzessin folgen. Sie werden uns nicht nur die mächtige Zeit lebendig vergegenwärtigen, sie werden uns zugleich die Seelengröße einer frommen, deutschen Fürstin im ruhmreichsten Jahre des deutschen Volks in herzerfrischender Weise vor die Augen führen.

Wie im Jahr 1806, so war im Jahr 1813 die gewaltige Ent- scheidung in den nationalen Angelegenheiten für die Prinzessin mit einer Krise im Familienleben verbunden. Die Nachrichten von dem Untergang des französischen Heeres, von Yorks Konvention mit Ruß- land, von Österreichs erstem Hinüberneigen zur deutschen Sache, trafen die Prinzessin am Krankenbette ihres Kindes, Friedrich Thassilo. Das Kind starb am 10. Januar. „Der Glaube überdauert das Hoffen“, schrieb die Mutter am Todestag, „das lernte ich heut früh, wie ich die halb erstarrte Totenhand meines Fried Thassilo in meinen Händen suchte zu beleben und zu erwärmen — ich sagte mir immer: bei Gott ist kein Ding unmöglich, er half Simson und ich glaubte fest, er würde mir zurufen: Weib, dein Glaube hat dir geholfen! oder war mein Glaube doch noch nicht fest genug? Ist Glaube auch ein Hoffen? — Aber die Liebe ist doch wohl die größeste unter ihnen, denn dort oben dauert die fort, wenn hienieden der Glaube und die Hoffnung uns hinauf geleitet haben. Gegen 9 Uhr ist mein Fried Thassilo entschlafen, es war der erste Mensch, den ich sterben sah, und wohl mir, daß ich es sah, es hat mich so ruhig gemacht, ich fühlte so ganz, wie er nur länger schlafen würde und weiter nichts — sonst war mir das Bild des Todes so gräßlich, nun durch diesen Anblick des Hinscheidens ist mir der Eindruck so ganz verändert, ich sah auch, wie vergänglich diese Hülle sein mußte, nur wie eine Uhr, die abläuft, wie eine Maschinerie für diese Erde vonnöten, und daß das alles nur eine Nebensache sei, das Wesen allein bleibt und dauert gewiß ewig fort. — — Da will ich zum erstenmal zu Bett gehen, ohne für ihn zu beten, — jetzt bete du für mich, mein Engelchen!“

Kaum hatte die Mutter ihr Kind, mit Myrtenkranz und Ring geschmückt, zur Ruhe bestattet, so ward Berlin und der Hof in die größte Erregung versetzt. Die französische Division Grenier war in

die Kurmark eingerückt. Sowie die Deutschgesinnten die Stunde
kaum erwarten konnten, in welcher Preußen sich gegen Frankreich erklären würde, so mußte man jeden Augenblick darauf gefaßt sein, daß
die mißtrauischen Franzosen gegen die preußischen Bundesgenossen losschlagen würden. Es verbreitete sich das Gerücht, der König und die
königliche Familie sollte von den Franzosen gefangen genommen werden.
Die deutsche Partei wünschte des Königs Entfernung, die französische
legte den Wunsch so aus, als ob der Tugendbund nur gerne freies
Spiel haben wollte. In der Nacht vom 17. auf den 18. Januar
kommt Prinz Heinrich zu Prinz Wilhelm mit der Nachricht, die Franzosen
dächten an eine Gewaltthat gegen den Hof. Prinz Wilhelm reitet
nach Potsdam zum König. Der Kronprinz soll schnell konfirmiert
werden, dann will der König zum Heer nach Schlesien. „Heut ist der
Kronprinz konfirmiert worden," schreibt die Prinzessin am 20. Januar.
„Er hat mich erbaut, er kam mir vor wie ein kleiner Heiliger, so
fromm durchdrungen war er von dem, was er aussprach, die Menschen
zerstreuten ihn so gar nicht, er war, als stünde er allein vor Gott,
zuletzt wie er gelobte, treu zu bleiben im Christentum, hielt er die
Hände fest gefaltet über der Brust und hob die Augen so gen Himmel,
daß ich schon über den bloßen Anblick weinen mußte, auch Sack sprach
sehr gut, er war auch so ergriffen, der nun schon den Vater und den
Sohn eingesegnet hat." In der Nacht vor des Prinzen Konfirmation
war des Königs Adjutant, von Natzmer, vom Kaiser Alexander zurück-
gekommen mit der Nachricht, der Kaiser habe das angebotene Schutz-
und Trutzbündnis angenommen und wolle den Krieg fortsetzen und
gegen die Oder rücken. Am 22. Januar morgens drei Uhr reiste der
König mit dem Kronprinzen von Potsdam nach Schlesien ab. Auch
um die Prinzessin in Berlin ward es einsam. Die Männer eilten
dahin, wo nun ihr Platz war. Ihr Bruder Louis zog am 21. Januar
zum Heer, am 27. folgte ihm ihr Gemahl. Sie blieb allein im Schlosse
mit ihrem Kinde.

Es kommt nun die Zeit, in welcher die Prinzessin eine große
geschichtliche Aufgabe zu erfüllen hatte. Das Bild ihres Lebens in
den nächsten Monaten bietet neben dem poetischen Zauber der Spannung der Gemüter, des bunten Wechsels der Ereignisse, neben der
tragischen Verschlingung ihres tiefen Mutterschmerzes mit der Sorge
um das Vaterland den höhern Reiz der sittlichen, heldenmütigen Haltung der hohen Frau. Der König und die Prinzen sind bei dem
Heer, die Königin ist bereits heimgegangen, so ist die Prinzessin Wil-

helm die erste Vertreterin des königlichen Hauses in der Hauptstadt. Feindseligkeiten der Franzosen mußten sie zunächst treffen, darum war es ihr Beruf, stand zu halten, damit sie nicht durch ihre Flucht die Franzosen ermutige und des Volkes Stimmung niederschlage. Sie verhandelt mit dem französischen Marschall, zu ihr kommen die russischen und preußischen Anführer, um ihrem Mute zu huldigen. Und wie Preußen sich erhebt, tritt sie an die Spitze der Frauen zum Werk der Hilfe und Pflege. Ihr Leben ist zwischen der Sorge um das einzige ihr gebliebene Kind und den großen Angelegenheiten des Vaterlandes geteilt. Oft verläßt sie des Kindes Bett, um vom Fenster des Schlosses die Bewegungen der Franzosen im Lustgarten und auf den Straßen zu sehen, oder sie steigt mitten in der Nacht auf die Zinne des Schlosses, um sich die durch das Dunkel leuchtenden Zeichen brennender Häuser oder lodernder Wachtfeuer zu deuten. Was die Phantasie der Dichter in dramatischen Dichtungen uns vorführt: von der Höhe des Turmes ruft ein Wächter denen im Hause zu, was auf dem Schlachtfeld geschieht, er schildert den Kampf, der hin und her schwankt, bald Furcht, bald Hoffnung malt sich auf den Gesichtern, er verkündigt den Sieg und der hellste Jubel erwacht — das zeigt uns in der einfachsten Wirklichkeit das Tagebuch der Prinzessin.

Zunächst sieht sie mit ihren Augen die Jammergestalten der in Rußland Übriggebliebenen durch die Straßen wanken. Noch ist ihre patriotische Empfindung durch den Schmerz über das verlorene Kind gebunden, noch hebt sie sich nicht zur völligen Freiheit des Urteils über die französischen Dränger empor. Es mißfällt ihr an Marheineke, den sie predigen hört, daß er das Gleichnis vom guten Samen und vom Unkraut zu unmittelbar auf die Zeitverhältnisse deutet, und die Zeit nahe sieht, da das Unkraut, Napoleon und die Franzosen, ausgereutet werden soll. Aber als des Königs Aufruf an die Freiwilligen wenige Tage darauf die Hörsäle leert und der Jubel der begeisterten Jugend die Straßen durchtönt, da schlägt auch ihre deutsche Begeisterung kräftiger die Flügel. Sie sieht die russischen Waffen als von Gott gesegnete an und mit edler Eifersucht wünscht sie den deutschen gleichen Erfolg. In der Nacht vom 19. auf den 20. Februar träumte sie, die Franzosen hätten das Schloß bombardiert, so daß die Kugeln durch die Zimmer flogen. Am Morgen kam die Nachricht, daß die Russen nahten. Sie stieg auf die Plattform des Schlosses und sah bei Pankow und Schönhausen die Bewegungen der Kosaken. Als am Mittag die Franzosen wie gewöhnlich die Wache bezogen hatten, sprengt ein Kosak plötzlich zu Berlin herein, das Volk nimmt ihn mit ungemessenem Jubel auf, der französische Posten am großen Kurfürsten flieht, die Franzosen schlagen Alarm, die Besatzung rückt im Lustgarten auf, Infanterie, Kavallerie, Kanonen, Pulverwagen, der Marschall Augereau an der Spitze. Die Prinzessin sieht alles mit an. Ein Parlamentär von den Kosaken kommt herangesprengt und wird wieder entlassen. Eine Kanone wird losgebrannt, an einer andern Stelle noch eine, eine dritte wird vom Volke vernagelt, weggefahren, zurückgeholt, Pelotonfeuer hört man vor den Thoren. Jeden Augenblick ist zu fürchten, daß die Feuerschlünde sich gegen das Schloß richten. Der Kastellan zittert, aber die Prinzessin bleibt am offnen Fenster sitzen und läßt sich nicht zum Verlassen des Schlosses überreden. Sie dachte: hören die Franzosen, daß alles das Schloß verlassen, so werden sie erst auf den Gedanken kommen, sich hineinzuwerfen; sie wollte des Königs Eigentum nicht der Plünderung und Verwüstung preisgeben und rechnete dabei ein wenig auf die Galanterie der Franzosen gegen die Damen. Sie schickt den Hofmarschall Grafen von der Gröben zu Augereau, wird beruhigt und setzt sich zum Abendessen, das ihr vorkommt wie das Mahl im Götz von Berlichingen, als des Ritters Schloß belagert war. Noch ein paar Tage dauert die Unsicherheit in den Bewegungen des Feindes und als Augereau in der Nacht vom 24. auf den 25. Februar bereits abgezogen war, wimmelte am 28. noch einmal Berlin von den Truppen des Vizekönigs von Italien. „Ach, ich wünschte, es wäre wieder ruhiger," schreibt sie am 1. März, „das thut meinem leidenden Herzen so weh, sich gewaltsam immer hinweggerissen zu sehen von seinem innersten Gedanken durch die rauhen Stürme der äußern Welt. „Am 4. aber als Czernitscheff, Tettenborn, Repnin einrücken, seufzt sie: „Ach, wär' es ein deutscher Triumphzug!" und fügt hinzu: „Mich rührt es unendlich, das Singen beim Einmarsch und wie Tettenborn vor uns mitten vor dem Schloß hielt, die Mütze abnahm und Vivat dem König rief und alles Volk: Hurra, und wir wehten mit den Tüchern — ich werde es nicht vergessen! Es ist doch ein sehr schöner Tag. Sieg, Sieg, o himmlische Musik des Wortes, wann werde ich es aussprechen dürfen für deutsche Waffen!" und am Abend spät: „Die Illumination war schön, aber ich sah Spandau lichterloh brennen, ein dunkler Dampf zog sich von da bis hierher, der Mond dazwischen, der beide Lichter verband, dort des Elends, hier der Freude. Sonderbar war es einem, wie auf einmal nach so langer Schmach die Zunge wieder losgebunden sein durfte." Und die losgebundene Zunge konnte sich in den nächsten Tagen mit den angekommenen Heerführern nach Lust über Deutschlands Befreiung unterhalten. Clausewitz erzählte der Prinzessin den ganzen russischen

Feldzug: „worin weder der Rückzug bis hinter Moskau, noch einmal der völlige Brand von Moskau System war, sondern es fügte sich so, teils aus Zufall, teils aus halbem Willen, und wie werden bis ans Ende der Weltgeschichte diese zwei Sachen hervorleuchtend vorgestellt werden als kluger Plan, — das hören wir, wenn wir selbst leben, nicht ganz wahr erzählen und sollen nun den Schriftstellern von tausend Jahren her völlig Glauben beimessen." Am 7. Februar tritt sie an die Spitze des Frauenvereins zur Unterstützung der Landwehr: Unbemittelte sollen ausgerüstet, Spitäler errichtet, Witwen und Waisen versorgt werden. Neues Leben kam mit dem Einzug Wittgensteins in Berlin. Dörnberg erzählte der Prinzessin die ganze Geschichte seines Lebens. Auf dem Ball, den die Bürger im Schauspielhause gaben, trank sie Dörnbergs Gesundheit neben der der Monarchen und Wittgensteins. An demselben Tage bekam sie von dem Gemahl die fröhliche Nachricht, daß er mit Blücher ziehe und verhandelte mit Kaufmann Eppenstein über den Frauenverein. Am 17. rückte dann York in die Stadt. „Heut war der dritte Freudentag, der Preußen Ankunft nach so langer Zeit, aber lauer sind doch die Menschen geworden nach all der Freude dieser Art. York mag recht stolz gewesen sein — eben jetzt ist die Stadt illuminiert und der Mond prangt so herrlich mit herüber in die befreite Stadt. — Jetzt ist alles im Opernhaus, man giebt Wallen= steins Lager seit 1805 zum erstenmal wieder. — Ich mag nicht dahin gehen. Ich bin den Abend ganz allein. — Die Schweden kommen und die Engländer — soll es denn einmal wieder ganz anders werden, die alte Welt — ist es dein Wille, mein Herr Gott?" In den nächsten Tagen kam der König nach Berlin. „Er gestand, daß er seit der Königin Tod zum erstenmal wieder Freude empfunden hätte, so viel er noch fähig wäre zu fühlen." Zwischen den Aufregungen, welche die großen Ereignisse bringen, fühlt sie die Last, die ihr als Vorsteherin der Frauenvereine obliegt. Sie bittet sich die andern Prinzessinnen als Mitvorsteherinnen aus, um ja recht demütig zu bleiben. Die Empfang= nahme der Beiträge ist ihr oft schmerzlich, weil sie in einer Menge einzelner Fälle sehen muß, wie es wirkliche Opfer sind, was die Menschen bringen. Große Freude aber hat sie, den energischen Dr. Gräfe in Einrichtung der Lazarette mit Kochgeschirren, Betttüchern und andern Nützlichkeiten unterstützen zu können. Obwohl sie einen Schauder empfindet bei dem Gedanken, die wohleingerichteten Räume nun bald mit Verwundeten aller Art gefüllt zu sehen, kommen ihr zugleich, wenn sie im Schmerz über das heimgegangene Kind die Bitterkeit des Lebens empfindet, früher gehegte Klostergedanken zurück. Dann aber rafft sie

sich zur Thätigkeit auf und betritt die Räume, in welchen beim Fort=
schritt des Kriegs immer mehr Verwundete Pflege finden. „Am Sonn=
tag den 25. (April) war ich zum erstenmal in unserm Hospital, seitdem
es gefüllt ist, so mutvoll und freundlich und dankbar fand ich alle, daß
es recht rührend war mir, die ich mit Überwindung und Selbstverleug=
nung zu kämpfen hatte, um hinein zu treten. Einer freute sich nur,
daß er die Wunden nicht gegen die Russen erhalten hatte; einer mit
einem zerschmetterten Bein wünschte nur mit Lachen, wieder auf den
Beinen stehen zu können, dann wollte er bald wieder nach sein —
das Traurigste war mir einer, der durch die Brust geschossen war,
wohl sterben wird, der gerade gegenüber seinem verwundeten Bruder
lag, der ihm nun zusah sterben." Wir täuschen uns wohl nicht, wenn
wir in dieser Thätigkeit erbarmender Liebe, verbunden mit der Sehn=
sucht nach Stille und Abgeschiedenheit, ein Bedürfnis erkennen, das in
den Befreiungskriegen zuerst wieder mit Macht hervortrat und seitdem
in den evangelischen Diakonissenhäusern seine Befriedigung gefunden hat.

Der Krieg schritt voran. Die Prinzessin stickte mit andern eine
Fahne, die bald den mutigen Freiwilligen, welche ihrer Fürsorge zum
Teil das Ausrücken verdankten, voranwehte. Erschütternd wirkte auf
die Prinzessin die erste große Schlacht, die am 2. Mai bei Großgörschen
(Lützen) stattfand. Bange Ahnung erfüllte sie bei der ersten Nachricht.
Als dann genauere Kunde kam, hörte sie, daß ihrem tapfern Gemahl
zwar ein Pferd unter dem Leibe erschossen ward, daß er aber lebe,
während ihr Bruder Leopold den Heldentod gestorben war. Vor vier=
zehn Tagen erst hatte ihn der König, der über seinen Austritt aus
dem preußischen Dienst beim Beginn des russischen Feldzugs ärgerlich
war, als Major wieder angestellt. Er fiel mit Scharnhorst, der in
derselben Schlacht die Todeswunde empfing, als eins der ersten und
reinsten Opfer, als Abelsopfer, wie es die Schwester öfter nennt.
Da sie anfangs nur von einer Verwundung hört, so sieht sie mit
ängstlicher Spannung weitern Nachrichten entgegen. „Wo mag Leopold
sein? Dieses Schlachtfeld von Lützen, wie oft nannte ers und wir
zusammen, es zog mich stets so an, wie freute ich mich, es ihm zum
erstenmal zu zeigen 1806. Das letztemal, daß ich darüber fuhr,
schien der Vollmond so herrlich darauf, und wie ich hinzureiste, da las
ich Pappenheims Tod, wie oft beneidete ihm Leopold diesen schönen
Tod! — O mein Gott, schicke mir morgen eine gute Botschaft beim
Erwachen — doch ich kann keine erwarten." Und in der That muß
sie am Tag darauf schreiben: „Er ist wirklich tot — gleich zu Anfang

der Schlacht traf ihn eine Kugel ins Herz — er blieb so ruhig auf dem Pferd, daß man ihn nur ohnmächtig glaubte, ein Kürassier setzte sich hinter ihn, ihn haltend — als man ihn herunternahm, sah man, daß er längst gestorben war... Die Blumen blühen noch, die Nachtigallen singen und er ist nicht mehr." Immer genauere Kunde erhielt sie: wie er sich geweigert, sich vom General Ziethen an einen weniger ge= fährlichen Ort schicken zu lassen, wie er seinen Stern nicht abnehmen wollte, und wie er, die Kugel in der Brust, nur noch gesagt: „macht nur, daß ich nicht unter die Franzosen komme." Sie sorgt dann dafür, daß des Bruders Leichnam aus dem Grabe, in welches ihn Natzmer gelegt, in die Gruft nach Homburg gebracht werde. Lange noch zieht sich durch das Tagebuch neben der Freude über des Gemahls Heldenmut der Schmerz über den Tod des Bruders. Als ein Zeugnis, in welcher Liebe Bruder und Schwester und die ganze Familie, aus welcher noch immer fünf Söhne, einer in preußischem, vier in öster= reichischem Dienst gegen Napoleon kämpften, im deutschen Volke stand, mögen hier einige Strophen aus dem Liede stehen, das Schenkendorf der Prinzessin nach dem Tode des Bruders gesungen.

Fürstenblut geflossen
In der Lütznerschlacht
Wie so gern vergossen,
Willig dargebracht.
Kattenblut, Hessenblut,
Schönes deutsches Blut.

Es entrann dem Kühnen
All sein Lebensblut,
Freudig zu versühnen
Schlechten Fürstenmut.
Rotes Blut, warmes Blut,
Schönes Opferblut.

Und es tönt kein Wehe
In des Vaters Schloß —
Homburg an der Höhe
Zeugt noch manchen Sproß,
Reiches Blut, junges Blut,
Schönes Prinzenblut. —

Wendet schnell die Rosse,
Boten, heimatwärts,
Auf dem Königsschlosse
Zagt ein Schwesternherz.
Stolzes Blut, mildes Blut,
Schönes Frauenblut.

Du von Homburgs Höhen
Herrlich Fürstenkind,
Wirst ihn wiedersehen,
Lebenslust gewinnt.
Freudig Blut, Heldenblut,
Schönes Bruderblut.

Alle Herzen schlagen,
Herrin, ja für dich,
Alle Zungen sagen
Deinen Namen sich.
Reines Blut, frommes Blut,
Schönes deutsches Blut! —

Als beim Rückzug des Heeres nach Schlesien Berlin in neue Gefahr kam, hielt die Prinzessin aus, solang es ihr erlaubt war. Und das Volk, das in ihrer Anwesenheit eine Bürgschaft für die eigene Sicherheit sah, jubelte ihr zu. Sie steht mitten in dem damaligen Überschwang der Begeisterung. Junge Mädchen kommen zu ihr und bitten um Ausrüstung für den Krieg. Karl Maria von Weber bringt ihr mit seinem Sängerchor ein Ständchen im Schloßhof und neben dem Hoch auf den König scholl laut das Hoch auf Prinz und Prinzessin Wilhelm. „Rührend war es mir in der alten Burg, in der lauen Stern- und Mondennacht, verknüpft mit so vielen Erinnerungen an die Lieder, die gespielt wurden — und dennoch wie eitel ist der Beifall, der Ruhm der Welt, — ich habe ja kein Verdienst jetzt — und alles huldigt mir, weil ich noch da bin. Ich mußte dabei so viel Betrachtungen im Herzen anstellen über Welt und Menschen und Nichtigkeit und mich selbst!" Aber sie muß die Stadt verlassen, auf des Königs Befehl. Nachdem sie am Abend zuvor noch einmal die Geschichte der Schlacht bei Lützen gelesen, reist sie ab und ist am 17. Mai in Frankfurt a/O. Welch eine Zeit! Jeder Augenblick brachte erschütternde Ereignisse, führte Menschen unter ergreifenden Umständen zusammen. Auf der Landstraße begegnet sie dem Herzog von Braunschweig-Öls, der damals aus England zurückkam, um am Kampfe teil zu nehmen; er springt aus dem Wagen, als er die Prinzessin erkennt, und als sie von seiner seligen Frau redet, bricht er in heftiges Weinen aus und reichlich benetzen die Thränen den schwarzen Waffenrock. Am Himmelfahrtstag wird sie durch ein Ritterschwert, das an einem Pfeiler der Kirche aufgehängt ist, an ihres Bruders Schwert erinnert, — „er war ein Christheld, der für die heilige Sache des Vaterlandes fiel." Auch in Frankfurt wird sie als Vertreterin des Frauenvereines angegangen: Dienstmädchen bringen ihr sechzig Thaler, Jungfrauen reichen ihr Kränze in der Rosenzeit. Aber der Sommer erinnert sie auch an ihre Sommer-reise am Rhein mit Leopold und an seine Luft an der deutschen Herr-lichkeit, die in jenen Gegenden überall den Blicken sich aufthut. Der Waffenstillstand, über den ihr deutsches Herz trauert, bringt sie mit ihrem Gemahl wieder zusammen und am 14. Juni nach Berlin zurück, wo sie bald ein Haus im Tiergarten bezogen, um die frische Luft zu genießen. Das Leben war lieblich mitten unter den Stürmen, sie spürte es an dem Glücke ihres Kindes, daß Mann und Frau und Kind zusammengehören, aber in die Idylle der glücklichen Familie ragt oft genug das Trauerspiel der Weltgeschichte herein, so durch den Tod Scharnhorsts. Als sie von der „zweiten Beresina" hört, die Wellington der französischen Macht in Spanien bereitet, seufzt sie: „wäre doch am Rhein die dritte!"

Der Krieg begann wieder. Österreich ging mit. „Schön ist's, daß endlich die drei Adler zusammenflattern, nun ist der schönste Moment von Jahrtausenden eingetreten, und es wird gelingen, das sagt mir meines Leopolds Abelsopfer." Bald begannen, trotz der Zögerungen des Kronprinzen von Schweden, die vordringenden Bewegungen des Nordheeres. Bei Trebbin, bei Wittstock gab es in den Tagen vor der Schlacht von Großbeeren Gefechte, die Kanonenschüsse hörte man in Berlin. Der Tag vor der Schlacht bei Großbeeren war der Sonntag, an welchem über Jesu Thränen über Jerusalem gepredigt zu werden pflegt. „Ich ging in die Kirche, um mich ruhig zu sammeln und hörte eine vortreffliche Predigt von Marheineke, gerade über Jerusalem und was ihm Christus für ein Schicksal prophezeite, und wie er dar-über weinte. Er schloß auch mit den Worten: o daß nur jetzt der Heiland nicht weinen möge vor unsern Mauern, und mahnte uns zur frühen Bußfertigkeit und zur dauernden, damit das Unglück von uns gewendet werde! Ja, wohl sollten wir beten!" In denselben Tagen hatte der alte Jänicke in Berlin ein Gebetsheer organisiert, das Tag und Nacht nicht abließ, bis der Sieg kam. Am Schlachttag von Groß-beeren sitzt die Prinzessin an der Wiege und singt ihrem Adalbert einen Schlachtgesang, in den sie die Namen aller Generale einflicht, die heute im Kampfe stehen. Und am 24. beim Erwachen tönt ihr die Freuden-kunde von Bülows und Tauentziens Sieg entgegen. „Wie glücklich sind wir, daß der Kelch so vorübergegangen ist. „Herr Gott, dich loben wir!" Bald kam auch die Kunde von Blüchers Sieg an der Katzbach. „Traumhaft, herrlich fängt es an zu gehen, es stürzt alles

über den Tyrannen zusammen, alle seine eigenen Gebäude, seine Stunde
muß gekommen sein." Merkwürdig ist die Übereinstimmung im Urteil
der Prinzessin über Moreaus Tod mit dem, was Arndt darüber sagt.
Dieser rechnet den frühen Tod des französischen Generals, der den
Deutschen zu Hilfe gekommen, unter die „fünf oder sechs Wunder
Gottes," die zur Befreiung Deutschlands geschahen. Er sieht es als
eine Gnade Gottes an, daß der Schein verschwand, als ob Napoleon
nur durch einen Franzosen hätte besiegt werden können. Und die
Prinzessin schreibt: „Ich habe weinen müssen um den Unbekannten —
welch Geschick! Auf ihn baute die Welt — ich baute allein auf Gottes
Willen, auf keinen Menschen nicht. Aber wie fällt es mir dennoch auf,
zu sehen, wie unaufhaltsam das Schicksal waltet über den Einzelnen
wie in der Welt — wie der Bach fließt über die Kiesel unter ihm, so
das Schicksal über Menschen. Geschlechter, Welt, Zeit und Jahrhundert —
da stehen denn die Menschen verwundert, daß sie sich geirrt haben in
ihren kurzsichtigen Berechnungen — und nun fangen sie aufs neue zu
rechnen an, um sich zu irren bis ans Ende — das Schicksal bleibt
kalt und eisern, keine Thräne, keine Verzweiflung, kein Dulden, keine
Ergebung rührt es — aber Gott wird uns in seine Arme schließen,
wenn wir zu ihm kommen, dorthin, wo des Schicksals düstrer Lauf
wird aufgehört haben. Ach, wie wohl wird dem zertretenen Herzen
werden!" Ihr Gemahl schrieb ihr über diesen Tod: Gott wolle sich selbst
recht offenbaren in diesem Streit als der einzig Gewaltige und des=
halb würden die Werkzeuge zerstört, auf die wir am meisten gehofft,
darum sei Scharnhorst nicht mehr und Moreau gelähmt. „Er will,
fügt sie hinzu, und dazu braucht es der Kunst der Menschen nicht.
Daß Er würde wollen, stand auch felsenfest in mir, diesmal."
Ende September hatte sie die Freude, ihren Gemahl auf ein paar
Tage bei sich zu sehen. Von ihrer innersten Stimmung giebt die Äuße=
rung Zeugnis: „Seit drei Monaten leide ich am Husten so arg, daß
ich manchmal an die Auszehrung denke, aber recht heiter denke ich daran,
sogar lächelnd." Und am Abend vor ihrem achtundzwanzigsten Geburts=
tag: „Gott, mache mich nur gut für deinen Himmel, dann ist alles
noch freudig zum Ende. Gott, noch eine Bitte: segne meine Lieben
und erhalte sie meinen Eltern alle, o gebe der Menschheit bald Frei=
heit und den goldnen Frieden! Amen. Der Mond scheint schön, ach,
meine Seele ist niedergeschlagen und sehr betrübt!" Aus solcher Stim=
mung ward sie dann durch die Not der Zeit wieder mitten ins thätige
Leben hineingerissen. Am 19. Oktober ward auf ihrer Treppe ein Kind

gefunden, erst drei Wochen alt; der Vater, ein preußischer Leutnant, war im Krieg gefallen, die Mutter aus Gram gestorben, die Pflegerin fühlte sich der Sorge nicht gewachsen und übergab das Kind der Prinzessin. Sie sorgte für das Kind; es lebt noch heute in Berlin verheiratet und erfreut sich der Huld seiner fürstlichen Pflegegeschwister. Während die Prinzessin mit demselben beschäftigt war, kam die große Siegesbotschaft von Leipzig. „Ein großer Tag, die Stadt ist illuminiert, die Luft erfüllt das Freudengeschrei des Volks, ein unaufhörliches Schießen begleitet das Vivatrufen. — Gott hat glorreich gesiegt. — 500,000 Menschen standen da unter dem Donner von 2000 Kanonen. Wer mag da noch leben? Ich kann nur weinen, freuen kann ich mich nicht. — O meine Sechs hat Gott auch beschützt. — Ich möchte beten, aber mein Kopf, meine Nerven sind mir zu angegriffen." Und tags darauf bei der Schilderung des fortdauernden Jubels: „Ich sah nie so etwas, das Rufen stieg zum Himmel, ich weinte und dachte: Teutschland, ach Teutschland ist befreit! Lebte doch die Königin noch! Wie wird Leopold herablächeln!" Dem Einzug des Königs konnte sie nur verstohlen zusehen, weil sie ernstlich unwohl war. Er kam zu der Kranken. Sie sprachen von der Königin, der König weinte wie in den ersten Wochen nach ihrem Tod und sagte, er könne nichts mehr genießen, es wär' ihm alles zerrissen. Dann lobte er die tapfern Brüder der Prinzessin.

Zwei derselben, einer verwundet, weilten nach der Leipziger Schlacht in Dessau, wo eine Schwester mit dem Erbprinzen vermählt war. Im November war es der Prinzessin vergönnt, dort ihre Geschwister wiederzusehen. „Wie weggeblasen" war ihr bösartiger Husten schon durch den Entschluß, nach Dessau zu reisen. Sie durfte sich der Lorbeeren mitfreuen, welche die Brüder im Krieg erworben. Noch eine andere Schwester kam aus Rudolstadt. Sie genoß die „gottselige Geschwisterliebe" in vollen Zügen und kehrte im Dezember nach Berlin zurück. Das neue Jahr brach unter glücklichen Zeichen für Deutschland an. Sie schrieb am Sylvesterabend in ihr Tagebuch: „Hier bin ich, wie schon oft an diesem ernsten Tag, — aber noch nie fehlte mir heut unter den Geschwistern ein teures Haupt, wenn ich sie liebend überzählte, sie Gott empfahl und mich ihrer Liebe — aber heute fehlt mein Leopold mir! — Zum erstenmal, seit Fried Thassilo im Dom liegt, betrat ich diesen Ort wieder, wie feierlich waren mir diese Hallen! es ward ein Gebet gehalten, über Gottes Hand über uns in diesem großen Jahr, — ich habe mich recht ausweinen können, denn zu wem mehr, als zu mir konnte er sprechen! — Mein Vater im Himmel, wache schützend über meinen Eltern, Wilhelm, Geschwistern, Kind, Freundinnen und Freunden und mache mich denen allen stets würdiger. — Könnte ich doch beim Rücktritt wirklich sagen, daß ich mich gebessert hätte in dem Jahre, aber ich kann das wohl nicht? — Ich fühl's, daß ich leichter gut werden würde in meinem Element, einer schönen Natur und entfernt vom Hofleben — ach, wie sehne ich mich darnach! — Allmächtiger Gott, gebe der Welt ein Jahr 1813 noch einmal glor= reich beendet, beschlossen in diesem 1814ten Jahre, — wie thut mir das Scheiden so leid von jedem Jahr und dies war doch ein trauriges für mich! — Lebwohl 1813 — jetzt schreibe ich an Wilhelm. Heut bekam ich einen Brief von ihm aus Wiesbaden. Gott segne ihn ewig= lich. Amen! — Amen!"

In der Nacht, in welcher das Jahr 1813 den Rest der Kriegs= arbeit dem Jahre 1814 auftrug, war Blüchers Heer bei Kaub über den Rhein gegangen, mit demselben auch Prinz Wilhelm. Für die Prinzeß wurden auch durch dies Ereignis wehmütige Erinnerungen ge= weckt: auf der Pfalz, von welcher aus der Prinz den Übergang seiner Brigade beobachtete, hatte sie noch 1812 den Gemahl mit Bruder Leopold stehen sehen! In ihr Leben, das sie mitten in der Residenz gerne stille führte, griff um diese Zeit der Besuch der Kaiserin Elisabeth von Rußland, als dieselbe auf dem Wege zu ihrer badischen Heimat war, erregend ein. Es ist jene Fürstin aus deutschem Stamme, der Schenkendorf einen edlen hohen Beruf an der Seite des russischen Herrschers in einem schönen Liede zuerkannte.

Hohes Amt hat aufgetragen
Dir dein deutsches Vaterland,
Sel'ges Los von fernen Tagen,
Fürstin, liegt in deiner Hand.

Wenn dein Ritter, dem in Kriegen
Wie im Rat ein Lorbeer sprießt,
Nach den fernen langen Zügen
Deine Schönheit fröhlich grüßt;

Lab' ihn dann mit neuer Stärke,
Schenk ihm süßen Heldenwein,
Daß noch viel der Gotteswerke
Durch sein gutes Schwert gedeihn.

Laß ihn Deutschlands Kraft und Milde,
Deutschlands Glauben, Deutschlands Treu
Schauen in dem schönsten Bilde
Sich zur Seite jung und neu!

Das Tagebuch der Prinzessin, der als der ersten Frau am preu=
ßischen Hofe der Empfang der Kaiserin zukam, giebt uns erneutes
Zeugnis, wie ihre warme Liebe die kalte Etikette zu überwinden
suchte. Sie unterwarf sich freilich dem Urteil der strengen Oberhof=
meisterin und zog bei feierlicher Gelegenheit das Kleid an, das diese
für das richtige hielt — aber schwesterlich der Kaiserin nahen, im
schlichten Hauskleid, das war ihr das Liebste. Sie schreibt am 25. Januar:
„Seit 5 diesen Nachmittag ist die Kaiserin Elisabeth abgereist — wie
anders ist es mir nun, wenn ich den geliebten Namen nenne: sie war
mir immer teuer schon in der Idee und jetzt ist sie mir eine Herzens=
freundin geworden. Sonnabend den 22. kam sie, nachdem wir sie vom
12. an erwartet hatten — das Geläute der Glocken, der Donner der
Kanonen, der Jubel des Volks verkündeten ihre Annäherung; mir
war wohl ein wenig bange wegen meiner ersten Rolle und sehr ver=
legen, aber gleich als ich sie auf der Treppe sah, da wurde mir schon
wohler — Karlchen (des Königs Sohn) führte sie auf der einen Seite,
sie ich auf der andern. Am 23. kam sie zu mir, gab sich viel mit
dem Kleinen ab, der so zutraulich gleich mit ihr war. Bei mir war
sie im Negligé, zu den andern fuhr sie im Staat, auch zu dem König
von Sachsen, der gleich abends bei ihr war nebst Familie. Am 24.
auf ihren eigentlichen Geburtstag fuhren wir mit Amalie allein nach
Charlottenburg, besahen der Königin Zimmer und dann ihr Monu=
ment — wie tief mich das erschüttert hat, läßt sich denken — noch
dazu war ich nicht im Monument gewesen, seit sie selbst darin liegt
— ich war jenen 12. April mit den Brüdern nur da gewesen —
so feierlich war es uns allen. Daß sie wirklich da lag, war mir so
unbegreiflich!" Der Bericht über den hohen Besuch schließt mit dem
Seufzer: „Ach, wäre sie doch keine Kaiserin, damit die Hofqual weg=
fiele um sie herum, die sie nachschleppt wie eine Last!"

Wie der Kaiserin Besuch, so spricht die Wirksamkeit der Männer
deutschen Geistes aus dem Tagebuch: „29. Heute ist Fichte gestorben
an der Epidemie. Diesen Abend begannen unsre Vorlesungen von
Delbrück beim Kinderthee. Morgen tritt Delbrück zum erstenmal seit
13 Jahren wieder auf die Kanzel (eine schöne Rede hat er gehalten,
aber noch nicht Predigt). 4. Februar. Noch immer lebt man in
Spannung, längst spricht man, es müsse bei Chalons (auf Attilas
Feldern) was vorgefallen sein, aber noch weiß man nichts, die späten
Nachrichten sind schrecklich! — Ich las vorhin von Arndt, der so
kräftig spricht, über den Rhein, Deutschlands Strom, was ich sehr gut

fand." Und wie der vaterländische Geist, den die Männer weckten, auch die Kinder schon anhauchte, davon übergiebt sie diesen Zug dem Tagebuch: „Man erzählte von einem fünfjährigen Kinde, was am Tage, wo die Nachricht der Schlacht von Leipzig gekommen war, betete: Gott, ich danke dir, daß die Preußen die Franzosen geschlagen haben, mach doch, daß sie sie alle totschlagen, dann, lieber Gott, bekommst du auch das eiserne Kreuz!" — Während die Prinzeß auf Nachrichten vom Kriegsschauplatz harrt, thut sie still ihre Pflicht an dem eigenen Kinde und den königlichen Kindern, von denen sich namentlich Char=lotte, die nachmalige Kaiserin von Rußland, an ihre „Herzenstante" innig anschließt. Die Frage, was dazu gehöre, daß man in den Himmel komme — nur ein gutes, thätiges Herz, oder auch allerlei Wissen, bespricht sie mit den Damen bei Tisch. Die interessante Be=kanntschaft des Predigers Theremin macht sie auf einem Kinderball. Dann bespricht sie wieder die großen Ereignisse am 1. März: „Man sagt, daß die Friedenspräliminarien unterzeichnet wären und ich hatte die Eitelkeit — ist das Vermessenheit, mein Gott? — zu wünschen, man solle erst Frieden schließen, wenn man Paris genommen hat zur Satisfaktion aller Völker — um das Werk zu krönen, dünkt mir, und die Franzosen zu demütigen, die in alle Hauptstädte Europas fast ein=gedrungen sind. 10. März. Endlich hört man in später Nacht einmal wieder das freudige Schreien eines Extrablattes. Am 27. Februar war ein glückliches Gefecht bei Bar sur Aube und noch glücklicher war eine Seitenbewegung Blüchers, durch welche er nach Meaux dem Na=poleon zuvorgekommen ist — so daß er vielleicht schon in Paris ist. Gott behüte meine Lieben in dem Ort! So führt Gott diesen heiligen Krieg, wir werden geschlagen, damit Napoleons Übermut wieder steigt und er nimmt den angebotenen, schon unterzeichneten Frieden nicht an, und der Kongreß von Chatillon zur Seine soll auseinandergehen — nun siegen wir und erlangen wohl das Ziel. — 20. Ich bin so froh, so glücklich heute, wie recht lange nicht — gestern kam die offizielle Nachricht einer Schlacht bei Laon vom 9. und diesen Abend kommt mir die Bestätigung durch Wilhelm selbst. Er schrieb am 11., seit 4 Wochen hatt' ich keinen Brief von ihm und nun einen so herrlichen und nicht die hohe Freude, ihn gesund zu wissen, allein beglückt mich heute, nein, auch seine Gott vertrauende Sprache, die vorzüglich einem Soldaten geziemt. Grausend beschreibt er mir, wie er in der Nacht vom 9. das brennende Dorf Athis mit Sturm genommen hat und noch eine Höhe mit Bäumen dazu. — Wie heiter und Gott dankend

geh ich heute zu Bett! Gott beschütze dich ferner, dich und die Brüder!"
Als dann Yorks Schlachtbericht kommt, so jubelt sie, daß dem Prinzen
Wilhelm darin vor allem die Ehre des Tages zugeschrieben wird. Während
sie aber den Helden zujauchzt, findet sie die Friedensstimmung im
Hauptquartier vor der Einnahme von Paris erbärmlich. Dann wieder
ein Zeugnis stiller Einkehr ins Innere. „29. Am heutigen Tage lese
ich immer meine Konfirmations-Akte durch — nun sind es schon 13
Jahre — o Gott, laß mich dir immer noch treuer werden, wie ich es
bisher war — was ich dir doch so heilig schwur an jenem Tage! —
wäre doch nur dieses Glaubensbekenntnis nicht gar so kalt und modern
abgefaßt — der arme Oberpfarrer lebte in einer solchen Zeit, daß er
aus falscher Scham die Sache philosophischer aufsetzte, als es wohl
eigentlich seine innerste Meinung war... 3. April. Heute ist mein
heiliger Sonntag Palmarum, mein Einsegnungstag fiel auf denselben.
Delbrück predigte so sehr gut über den Text: „der Geist ist willig,
aber das Fleisch ist schwach, wachet und betet", vom Gebet sprach er
überzeugend und eindringlich. — Zuletzt sprach Delbrück so rührend
von den Gefallenen in diesem Jahr und wie wir am Karfreitag nun
besser bei unsern Thränen den Schmerz Marias verstehen würden, wie
sie unter dem Kreuze geweint. — Ach! zwei Lieben sind mir seit dem
vorigen Karfreitag zu Christo vorgeeilt. — Freitag geh ich zum Abend=
mahl. Wenn ich heute so hinaussehe ins Mondenlicht, so ganz ruhig
— da denke ich so still für mich — wie lange wird es wohl hier noch
mit dir dauern, bis es vorbei ist mit dem wechselnden Leben hienieden?
8. nach dem Abendmahl. Recht in mich gekehrt, still im Gemüt feierte
ich dein Gedächtnis, großer Meister und Heiland, laß mich die Erinne=
rung stets daran stärken in allem Guten, Kraft geben zu den Gelübden,
die ich dir heute that. Nur ein Gedanke störte mich manchmal, doch
ich weiß, du verzeihst mir, der Gedanke an Leopold. — Wie wohl
thut mir die Gesammeltheit solcher Tage!"

Auf die bußfertige Stille des Karfreitags folgte dann heller Oster=
jubel. „10. April, Ostertag. 12 Uhr mittags. Wieder Sonntag
— eine Sonntagsnachricht!!! Welch herrliches Osterfest — erweckt
wurde ich mit der Nachricht der Einnahme von Paris! — Die
Monarchen sind 31. März eingezogen nach einer Schlacht am 30. beim
Montmartre, der Senat ist entgegengekommen, alles rief vive le Roi,
à bas l'Empereur! So wird auch gleich eine Proklamation erlassen,
daß man nichts mehr mit ihm zu thun haben wollte. — Das war
die rechte Sprache. So hoffe ich wird es noch ein großes Versöhnungs=

fest werden und die Franzosen selbst werden noch mit uns ziehen —
— auf daß allen recht geschehe, keiner verschmäht würde in so heiliger
Zeit. Schon seit mehreren Tagen heißt es, daß Napoleon gen Nancy
ist mit 70,000 Mann. Frau von L'Estocq kam zu mir aus Bett
mit der Nachricht — so stand sie am Tage der Nachricht von Großgörschen auch da — das war mein erster Gedanke! Ach, Leopold! —
Es wurden Kanonen gelöst, da erscholl der Jubel des Volks, wie drang
mir's ans Herz — die Thränen wollten mir herab! W. A. sagte:
Papa wohnt in Paris! Nun ging's in die Nikolai-Kirche — wie
freundlich waren alle Gesichter auf den Straßen und dort ward wie
jeden Festtag das Tedeum gesungen, wie wohl thaten mir die Thränen,
die ich dort fließen lassen konnte für unausdrückbaren Dank gegen den
Allmächtigen — das Chor der Vögelchen mischte sich unter das der
Seraphim im Himmel und der beglückten frohen Menschen hienieden
im Tempel Gottes! Wie stimmte mein Ostermorgengebet von der
Auferstehung und die Predigt, alles, alles zu der herrlichen Nachricht! Wie schön und warm scheint die Sonne und ich geh frühstücken
in den Tiergarten mit den königlichen Kindern, zur Tafel habe ich alle
hiesigen Kommandeure eingeladen — und abends geh ich ins Opernhaus — solch ein Tag muß anders gemacht werden wie ein gewöhn-
licher — hinaus aus der Einsamkeit treibt mich auch einmal die Freude,
um mich mitzuteilen unter den Menschen. Gott gebe mir bald Nachricht von den teuren Meinen! Herr Gott, wir danken dir, Herr Gott,
wir loben dich! Amen. Ich bin so unruhig, ich kann nicht auf einem
Fleck bleiben, ich muß wieder ans Fenster. Abends 11 Uhr. Im Taumel
ward der Tag hingebracht, gegen 6 Uhr kam der Graf Wilhelm Schwerin
als Kurier mit den Postillons herein und zu mir herauf mit einem
Briefe von meinem teuren, tapfern, heldenmütigen Wilhelm,
vom 30. aus dem Faubourg von Paris, er mit seiner Division nahmen
den Tag 17 Kanonen. Der König und die andern Prinzen schrieben
alle noch den 30. aus Pantin, eine halbe Meile von Paris, welch
doppelter Triumph für Wilhelm, so der allererste dort gewesen zu sein.
Alles, was er schreibt, kann ich hier nicht hersetzen, die Nachwelt wird
es ja ewig wissen und im Gedächtnis behalten. Die Franzosen jubelten
ärger noch als man hier es that und wollten Nap. Bonapartes Statue
schon herabreißen. Gott gebe nun gnädig bald den Frieden! . . .
11. Gestern fiel es mir oft ein, wie Leopold und die Königin sich darüber freuen würden im Himmel, doch das wird ihnen gar nicht auf-
fallen, nur auf der Welt dauert so etwas Jahrtausende, ehe

man sich einmal so freuen kann wie gestern. — 13. abends. Welchen Stoff zu unendlichem Nachdenken geben einem diese Zeiten, an alles das zu denken, was in einem Menschenalter sich gehäuft hat, was sonst Jahrtausende bedarf zur Reise — wir haben es selbst mit- erlebt, es ist kein Traum. — Ich klage nicht die Franzosen allein an (obgleich von ihnen es ausgegangen ist meist), ich behaupte, in alle Menschen unter allen Völkern war diese große Verirrung eingedrungen. Der Geist der damaligen Philosophie hat es hervorgebracht, die Unter- drückung der Könige in Frankreich gegen das Volk war der Vorwand — jetzt hat durchs Unglück die Welt eingesehen, daß ohne Religion keine Glückseligkeit bestehen kann, und so ist denn alles wieder aufgelöst worden, was man falsch geordnet hatte. Gott selbst leitete das Ganze, die Herrscher der Völker wurden nur so mit hingezogen, das alles war sichtbar. — Man hielt es für unnötig und tollkühn, nach Paris zu ziehen, wie anders wird das alles für die Nachwelt aussehen, wie wird man die Beharrlichkeit loben!" Und nach einer Betrachtung, in der die Herstellung des alten Königshauses in Frankreich als versöhnende Politik gelobt wird: „wir sollen nun nicht halb helfen, sondern ganz, das heißt christlich demütig, uns nicht stolz erheben, sonst werden unsre Siege uns nichts helfen, mild wollen wir sein gegen alle Menschen, denn alle sind uns gleich, sind unsre Brüder." Am 15. fährt sie fort: „Unsre Pferde vom Brandenburger Thor sind schon unterwegs — welcher Jubel! — Der Papst ist auch freigelassen nach Rom. Wie die französischen Zeitungen nun von dem auch wieder reden, nachdem in der Revolutionszeit die Religion und die Geistlichkeit mit Füßen ge- treten wurde, — kurz, es ist, als wären diese 25 Jahre ausgelöscht aus dem Buche der Weltgeschichte. Eins ärgert mich doch, daß man mehr von dem Kaiser Alexander und den Russen sprechen hört, weil der Kaiser mehr das Talent hat de se faire valoir — denn das ist doch ausgemacht, daß von der Elbe an die Preußen das meiste, ohne Vergleich, gethan haben in diesem heiligen Krieg. Hoffentlich wird es die Nachwelt erkennen. 17. April, Sonntag. Welch ein Tag! Es ist wirklich wahr, Napoleon ist gefangen, hat selbst dem Thron entsagt — und so recht klein, das hätte ich auch nicht gedacht — alles soll ihm recht sein, was die Verbündeten wollen, — er kriegt Geld und kommt auf die Insel Elba. Morgens war Tedeum im Dom mit Kanonen- donner für Paris. Leider war Predigt und Musik schlecht, also keine Erbauung, — der Text Ps. 77, 14—16. Nachher holte ich die königs- lichen Kinder ab zum Spazieren, da schreit mir zuerst Karl entgegen:

Friede! — und nun bestätigt sich eins nach dem andern. Eben geh' ich in „Wilhelm Tell", wo es verlesen wird. Die französischen Marschälle sind schon angelangt und die französischen Truppen werden als Verbündete angesehn. Sogar der König und die Königin von Sachsen waren heut im Tedeum in der kath. Kirche. So ist denn kein Feind mehr auf Erden, fassen kann ich es noch nicht." Neben der Freude an Sieg und Frieden geht die Sorge für die Verwundeten und Kranken her. 24. Gestern war ich wieder im Hospital; als wie eine Pflicht kommt mir das vor und ich bin dann recht heiter, wenn ich mich überwunden habe und hab' sie ausgeübt. Ich war auch im weiblichen Verpflegungsverein, den F. von Boguslawsky gestiftet hat, ich halte diesen Verein für recht zweckmäßig.... 27. Gestern hat mir Fouqué aus seinen Gedichten vorgelesen — er ist doch eitel, das stört mich. Wir haben auch viel gesprochen über Karl Gröben, den er so liebt, und hörte ihn gern darüber reden." Am 2. Mai, dem Tag von Großgörschen, wo Prinz Leopold gefallen, heißt es im Tagebuch: „So ist denn dieser Tag mir wieder angebrochen, wäre er doch schon durch= lebt! Wie glücklich war Wilhelm voriges Jahr, der sah ihn noch am Vorabend seines letzten Morgens. Wilhelm geht vielleicht mit nach England: er hat ganz recht; diese Gelegenheit kommt nicht wieder." Am 8. Mai. „Seit gestern, wo ich Wilhelms Brief mit des Königs Erlaubnis erhielt, ist meine Reise nach Homburg entschieden."

Der Frühling 1814 erweckte in vielen deutschen Gemütern jene Wanderlust, in welcher Schenkendorf seinen Frühlingsgruß an das Vaterland dichtete:

Wie mir deine Freuden winken
Nach der Knechtschaft, nach dem Streit!
Vaterland, ich muß versinken
Hier in deiner Herrlichkeit!
Wo die hohen Eichen sausen,
Himmelan das Haupt gewandt,
Wo die starken Ströme brausen,
Alles das ist deutsches Land!

Auch die Prinzessin sehnte sich, nachdem sie in den zwei Kriegs= jahren treulich in Berlin ausgehalten, dem königlichen Hause und der Stadt und dem Volke eine Hüterin und Pflegerin gewesen, in dem Odem des Frühlings und der Freiheit das deutsche Land zu durch= fahren und die Stätte wieder zu besuchen, an der sie ihre Kindheit verlebt, an der sie mit innigster Treue hing. Mitte Mai verließ sie Berlin. Ihr Weg war ein Triumphzug, aber überall waren noch grausige Spuren des Krieges zu sehen. „Überall, so schreibt die Reisende, lagen tote Pferde, Kleidungsstücke, Tschakos, Helme, Patrontaschen, Schuhe, Hemden u. s. w. und zu dem allen noch Totenhügel überall, vorzüglich bei Hanau, verbrannte Häuser, niedergerissene Zäune — kurz ohne Thränen konnte man nicht vorbei. Vor Buttler, dem bei= nahe ganz in Asche liegenden, sonst so hübschen Dörfchen, wird dies Elend noch ärger, und was mir besonders auffiel, auf jeder Seite der Chaussee sieht man noch jetzt die Hufe der Pferde — die armen Menschen, wie schrecklich muß diese Flucht gewesen sein!" — In Dessau feierte die Reisende ihr Wiedersehen mit ihrer Schwester Amalie. In Leipzig zeigte ihr der russische Oberst Brendel das Grimmaische Thor, an welchem ihr Bruder Louis gestürmt hatte. Auch den Stein, der in der Pleiße an den ertrunkenen Fürsten Poniatowsky erinnert, sah sie. Über einen Teil des Schlachtfeldes fuhr sie, dem Eindrucke des Lebens, das durch das Sterben errungen wird, hingegeben. Nachdem sie in Weimar liebe Verwandte begrüßt, ward ihr in Erfurt ein Empfang bereitet, wie der Königin des Landes. Die Franzosen waren gerade am Morgen aus den Forts ausmarschiert, als die deutsche Fürstin ihren Einzug hielt. Das erhöhte den Jubel. Geschütz aus der jüngst befreiten Witten= berger Festung ließ seine Donner hören, die große Glocke ihr Geläute. Eingeholt von dem General Dobschütz und seinem Gefolge fuhr sie durch die Soldaten der Garnison und den Landsturm hindurch, unter lautem Hurra. Es fehlten nicht die weißgekleideten Jungfrauen, die ein Gedicht überreichten. Beim General waren zum Essen Offiziere, Beamte, Geistliche, Magistratspersonen. Von Erfurt dauerte das Ehren= geleite noch über Gotha und Eisenach hinaus. Es war aber der Reisenden herzlich wohl, als man von Berka an nicht mehr Notiz von ihr nahm. In Hanau trifft sie eine Schwester; ihre Schwägerin, die Kurprinzessin von Hessen, und die hessische Musik, das hessische Mahl gereichen ihr zur Herzensfreude. Wir müssen aus den eigenen Worten hören, wie die Liebe zur Heimat ihr ganzes Wesen wonnig und schmerz= lich durchzittert. „Wie schön und voll kommt mir von neuem die alte Gegend vor — aber dennoch wie ich sie durchfuhr, war nur ein Ge= danke in meiner Seele: ich fahre hin, wo Leopold in der Gruft liegt! — Heut vor zwei Jahren kam ich auch an und er traf mich in Bonames, wo wir auch schieden — ach, wie überfiel's mich da! 30. Mai. 2. Pfingst= tag. Gestern war ich in der Kirche, wo er ruht — was habe ich da empfunden! aber recht klar wurde mir auch dabei, daß er da nicht sein könne, daß er gewiß in der himmlischen Klarheit wohne, der geliebte Leopold!" Die lebenden Brüder kamen einer nach dem andern in das

Vaterhaus, es war ein rechtes Familienleben, in das Nachrichten aus der großen Politik und aus dem Kreise der fernen Angehörigen, sowie liebe Gäste Anregung brachten. Der Friede mit Frankreich weckte Entrüstung in der deutschen Fürstin wegen der unbegründeten Großmut, welche den Franzosen in demselben erwiesen ward. Mit herzlicher Dankbarkeit erfuhr sie, daß der König dem Prinzen und der Prinzessin als Anerkennung ihres Verhaltens Fischbach in Schlesien schenken wolle. Dann kam Stein, der Freund der Prinzeß. „Stein war da, schreibt sie am 19. Juni, wie freute mich sein Anblick! Er liebt Deutschland mehr als je, seit er in der Fremde war, und will auch nie wieder hinaus. Der Kaiser von Rußland wollte, er sollte was von ihm verlangen, er dankte dafür, daß er ihm so viel schon gegeben hätte und ihn hätte Zeuge sein lassen der Thaten, die er, der Kaiser, mit gelenkt habe, und Nassau mache ihn wohlhabend genug. Der Kaiser sagte hierauf, sie wollten sich ferner dann wenigstens schreiben und er wolle ihm Aufträge geben." Arndt sah sie bald darauf in Frankfurt und freute sich seiner köstlichen Erzählungen. Dann kam Arndt mit Schenkendorf und Eichhorn nach Homburg. Endlich als alle fünf Brüder in der väterlichen Burg zusammen waren, ward wie in den Tagen der Kindheit eine Fahrt auf den Feldberg unternommen. Sie schreibt am 12. Juli: „Wir haben diese Nacht bivouaquiert oben auf dem Feldberg — es war gar grausig und schön — trotz Sturm und Gewitter. Es macht mir gar viel Freude." — Dann fährt sie fort: „Eben trennte ich mich mit schweren Thränen von den Sachen, die ich noch von Leopold hatte und die ich für Pflicht hielt, hier abzuliefern — ach, die Schärpe zumal that mir so weh!" Und nachdem sie sich von den Zeichen der Erinnerung an den geliebten Toten getrennt hatte, mußte sie bald auch von den Lebenden und der Heimat wieder scheiden.

Am 23. Juli kam die Prinzessin nach Berlin zurück, von ihrem Gemahl in ihren Räumen empfangen. Als sie ein paar Tage darauf zum erstenmal das Theater wieder besuchte, ward sie aufs lebhafteste begrüßt, fürchtete aber, recht linkisch in ihrer Verlegenheit gewesen zu sein. Blücher wieder zu sehen, ist ihr große Freude. Sie ist mit der Abwickelung der Frauenthätigkeit für die Pflege der Verwundeten und Kranken beschäftigt. Und unter solchen Erlebnissen naht das Friedensfest. „Der 7. Aug. war der endlich erschienene, der lang ersehnte Tag des Friedensfestes — der König zog ein mit den Garden, gleichsam als Repräsentanten der Armee, so auch nur nahm der König den

Empfang an, den 5. war er darum schon unversehens einmal in die Stadt gefahren vorher. Vom Einzug hörte ich nur, sah ihn nicht, weil wir schon gleich nach 8 Uhr früh auf der Tribüne warteten: im Lustgarten verbunden mit der Tribüne war der Altar, wo die Geistlichkeit versammelt war und noch eine Tribüne für die Zivilbehörden. Der König und alle die ihm folgten, standen vor der Geistlichkeit, leider verdeckte die uns den Anblick. Der Himmel war trübe, nur beim Gebet, nachdem einige Tropfen gefallen waren, erschien leuchtend die Sonne über der tief gerührten frommen Versammlung. Der Moment des Knieens wird mir unvergeßlich bleiben, ich hatte es mir längst gewünscht, öffentlich vor Gott es einmal thun zu dürfen und hier that ich's mit 1000 gleichfühlenden Seelen, unter der freien Gottes Sonne, an einem so einzig herrlichen Tage — ich war auch ganz Anbetung und Entzückung. Es war dann großes Diner in der Bildergallerie, abends Oper und eine sehr prächtige Illumination, wie ich noch keine sah, ich fuhr von 9—12 herum. Der König ritt dabei herum, er war recht vergnügt, hatte aber viel den Leuten die Freude verdorben, weil er alle Demonstrationen verboten hatte für die Soldaten, solang sie unter dem Gewehr wären, die Ordnung des Marsches und seine Feierlichkeit haben, er nennt sie geheiligte Personen unter den Waffen und findet das, wie es scheint, imposanter, wenn es still abgeht. Gegen Blücher war der König den Tag sehr freundlich." Doch sollte es auch den Soldaten nicht an der Anerkennung des Königs fehlen. „Am 15. war öffentliche Speisung auf dem Lustgarten und unter den Linden vom König veranstaltet für die russischen und preußischen Garden, wir fuhren überall hin, der König und alles ritt, stieg ab und mengte sich unter die Soldaten, trank auf ihr Wohl mit ihnen, kurz, es war großer Jubel und Freude, ein schöner Anblick, wie Brüder näherten sich die beiden Völker und zogen freundlich mit einander umher. Vom Schloßdach sah ich sie später recht fröhlich tanzen, es war zum wahren Volksfest geworden." Und abends tanzte der Hof im Opernhause, es war am 15. Aug., Napoleons Geburtstag, und in demselben Raum, wo man zuletzt zur Geburtsfeier des Königs von Rom pflichtschuldigst getanzt hatte.

Einige Not machte der Prinzessin der Luisenorden, den der König gestiftet. „Den 19. August. Heut brachte mir Hardenberg den Brief des Königs und die Urkunde des Luisenordens. Der Brief ist äußerst schmeichelhaft für mich abgefaßt, es ist die Rede darin vom Vorbild, das ich gewesen sei in der Zeit u. s. w. In Charlottenburg, wo wir

aßen, dankte ich ihm dann so gut ich's ausdrücken konnte in der Ver=
legenheit, er war sehr freundlich." Am folgenden Tage schreibt sie:
„Hedemann hat mir so viel vorgesprochen wegen dem Orden, so daß,
wenn mehrere so darüber denken, mir die Sache recht verleidet ist.
Er setzte so wahr auseinander, wie bei Frauen nur ein stilles Verdienst
sein dürfe — kaum reden dürfte man von ihnen — und er hat wohl
recht — ich mache mir so nichts daraus." Ja, die herrliche Frau
machte sich nichts aus der Ehre vor den Menschen — davon giebt ein
Wort des Tagebuchs rührendes Zeugnis. Am 26. August, dem Jahres=
tag der Schlacht an der Katzbach, hatten der Prinz und die Prinzessin
den Helden von der Katzbach ein Festessen gegeben, zu welchem auch
der König sich eingeladen hatte. Blücher harangierte dabei, nachdem
schon mancherlei Toaste gefallen waren, die Prinzessin selbst mit einer
Lobrede unter des Königs Beifall. Am andern Tag fuhr der alte
Held am anderen Orte im angeschlagenen Tone fort: „Im Hospital,"
so erzählt die Prinzessin, „hielt Blücher mir und den Damen Reden,
darüber flossen Thränen und ich stand da, als sollt' ich konfir=
miert werden." Man spürt es allen ihren Äußerungen an, daß sie
die Dinge am liebsten nicht persönlich nahm, sondern sachlich. Gern
wäre sie in der Verborgenheit geblieben, aber um des Volks willen
scheute sie die Öffentlichkeit nicht. Am 1. September heißt es im Tage=
buch: „Heut war denn das Kapitel (des Luisenordens), erst war mir's
lächerlich, die Damen waren recht verlegen und wußten erst vor Feier=
lichkeit nichts herauszubringen, dann aber ging's. — Von allen Seiten
aus Deutschland bekomm' ich anonyme Briefe, daß ich eine National=
tracht einführen soll. — Bin ich denn Königin in Deutschland? ich
weiß nicht was man will, an Becker in Gotha schrieb ich, durch dessen
Hand ging ein Brief, um es abzulehnen und dagegen einen Rat, den
mir Wilhelm gab, anzubieten, eine Art von deutschem Mode=Journal
einzuführen, das würde das Fremde verbannen und die Gemüter vor=
bereiten und den Fabrikanten nicht schaden wie die einförmigen Trachten."
    Als am 21. September Prinz Wilhelm nach Wien zum Kongreß
abgereist war — von dem König von Sachsen vorher um seine Für=
sprache wegen Wiedereinsetzung in sein Land vertrauensvoll angesprochen
— da schienen für die Prinzeß Tage des Stilllebens gekommen, die
ihr immer am wohlsten thaten. Auf einem Spaziergang trat sie, von
den Bewohnern freundlichst eingeladen, in das neue Häuschen eines
Windmüllers. „Ich saß lang da," so schreibt sie, „und ließ mir erzählen.
So gerne bin ich und rede mit der Klasse von Menschen, ihre Nütz=

lichkeit und Thätigkeit ist es doch allein, die uns bestehen macht. Wenn ich reich wäre, würde es meine größte Freude sein, solchen Menschen noch mehr aufzuhelfen — mit wenigem thun sie so viel, wenden es nur zum Nötigen an und doch macht sie das ganz glücklich und nützlich für andre und brauchbare Glieder der menschlichen Gesellschaft. Hätte ich Geld gehabt, wie gerne hätte ich es ihnen zu einem Stalle gegeben, für Obstbäume, das Häuschen zu beschatten!" Von solchen Spazier= gängen heimgekehrt griff sie ihr Lieblingsstudium, die Geschichte, wieder auf, ohne doch den öffentlichen Angelegenheiten und der Sorge für die mutterlosen königlichen Kinder sich zu entziehen. „Vor einiger Zeit," so erzählt sie, „lernte ich bei Gelegenheit des Ordens eine treffliche Frau kennen, die Witwe Fichtes, wie einfach, würdig und klug ist sie, ich fühlte mich recht zu ihr hingezogen. Der König genehmigt den neuen Plan für die Verstümmelten und Blinden, da werde ich wieder mit zu thun haben, auch mit Zusammenkünften, die des Kapitels gehen noch immer fort und nun noch alle die Quadrillegeschichten (zur Feier der zu erwartenden Anwesenheit des Kaisers Alexander). Dabei können die königlichen Kinder unsre Zusammenkünfte auch nicht satt kriegen, also werden immer neue veranstaltet, wo getollt wird; ich bin lustig dabei, so daß sie es alle aufheitert, — es ist mir eine Erinnerung aus vergangenen Tagen. Sonst paßte ich nicht mehr dazu, aber sie haben mich so gerne dabei und das mehrt ihr Vertrauen." So ging das Jahr 1814 zu Ende. „Gieb Glück all denen, die mir lieb sind in diesem Jahr und verleihe der Welt, die es braucht, ein friedliches, ruhiges Jahr!" so lautet ihr Gebet am 1. Januar 1815. Und so ruhig und friedlich gehen die ersten paar Monate hin, daß sie ihren Tagebuchblättern nichts besonderes anzuvertrauen weiß. Da am 13. März heißt es plötzlich: „Welche Zeit! Soll man denn nie mehr aus der Spannung und ewiger Erwartung erlöst werden? Was ich nur für eine romantische Dichtung ansah, von der man fabelte vor einigen Wochen, ist nun auch in Wirklichkeit getreten — vom 8. schreibt mir Wilhelm, den Tag vorher war die Nachricht gekommen, daß Napoleon echappirt ist von Elba nebst Garde und Kanonen, gewiß um sich mit Murat zu vereinigen, dabei das so schon unruhige Italien, was kann da wieder für Krieg und Unruh daraus entstehen! Den Murat wollten die Franzosen und Engländer nicht ruhig im Besitz seines Thrones lassen. Am Ende ist es auch wieder zum besten, auch dieser Thron wird bei dieser Gelegenheit noch gesäubert werden, die Welt wohl gänzlich auf immer befreit von Napoleon, der doch vielen ein Schreck=

bild geblieben war — und durch das Abbrechen des Kongresses viel=
leicht Zeit gewonnen für Deutschlands Verfassung, um diese reiflicher
noch zu überlegen. Aber wieder Krieg, das ist doch schrecklich! Talleyrand
sagte an Wilhelm den Abend: il n'y a de mal en cela, cela mettra
de l'accord entre les puissances de l'Europe. Wenn das nur ist!
Wenn Napoleon aber in Frankreich noch Anhänger findet, die für ihn
aufstehen, dann wird die Verwirrung erst groß werden — überhaupt
den Franzosen traue ich nicht, wenn sie einmal wieder bewaffnet auf
die Beine kommen, denn das linke Rheinufer konnten sie doch nie
verschmerzen."

Und neben der auswärtigen Politik beschäftigt sie sich mit der
inneren deutschen und lobt die Vorschläge zur deutschen Verfassung,
die Prinz Karl von Mecklenburg gemacht. „Sogar einen Kaiser
könnte man wieder haben auf diese Art, so schließt ihre Betrachtung,
der das Reich beschützte, ohne daß die Teilung zwischen Süd und Nord
nötig wäre!" Dann erregt sie am 28. März die Nachricht, daß
Napoleon in Paris eingerückt sei. „Am 20. ist der Böse wieder ein=
gerückt in Paris. Welch erbärmliche Nation ist das, wahrlich keine
Schonung verdient sie mehr, kommt man diesmal wieder nach Frank=
reich — sie muß gezüchtigt werden und Napoleon enden, auf Leben
und Tod mit ihm muß der Kampf sein, dann erst, will's Gott, wird
es das Letzte gewesen sein." Alles drängt aufs neue zum Krieg.
Gneisenau nimmt Abschied, der Prinz kommt, um sich zum Kommando
zu rüsten. In all diesem wechselvollen Leben sucht die Prinzessin sich
selbst in Gott zu bewahren und zu befestigen. „18. April. Heut
predigte Marheineke so gut über das Vergängliche und das allein
Bleibende; da fiel es mir so auf, wie sonderbar das im Menschen
ist, daß er's weiß, was sein Heil ist und daß er doch immer wieder
nach dem Irdischen strebt, — so fest klebt er daran. Ich sang mit
Wilhelm alte Reichardtsche Lieder aus Memel noch her. Am Abend
las er Schillersche Gedichte vor. Die „Künstler," die hatte ich auch
sonst nie durchgehends verstanden, aber eine innere Stimme sagte mir,
es stimme nicht mit meiner Denkungsart zusammen, diese Tendenzen
— heute erst war mir's klar genug, um es auszusprechen, was mir
nicht recht daran ist. Schiller, finde ich, hat es geschrieben als Heide,
denn was ist das Schöne? Das soll Wahrheit sein? Was wäre das
für ein Anhalt? Er hat das verwechselt, nach meiner Meinung, mit
der alleinigen Wahrheit, dem inneren Frieden der Religion.
Wie alt macht einen aber dies Gedicht, jetzt könnte man so kindlich

nicht mehr schreiben, es wäre ordentlich kindisch, in dieser Zeit nun, wo das Leben so ernst und tief geworden ist. Lang fiel mir etwas nicht mehr so aufs Herz wie die Rückerinnerungen, — weil ich mir selbst dabei so viel mehr fortgeschritten vorkam. Diese Gedichte waren das erste, was mir Wilhelm vorlas, hier, als ich ankam, das erste war es also auch derart, was ich kennen lernte — denn bis dahin hatte ich nur theoretische Kenntnisse gesammelt, was gewiß auch sehr weise von meinem alten Lehrer war, er legte ein recht sicheres Fundament in mich, solche Lektüre würde es nur auseinander verstiebt haben! — Wohl mir, daß ich den Lehrer hatte, er gab mir immer Lust zum Lernen, weil er mir immer Luft ließ und das ist gewiß die beste Art!"

Und wieder zogen die deutschen Heere zum Rhein, übern Rhein. Und zum zehntenmal in zehn Jahren nahm der heldenmütige Gemahl von der Prinzessin Abschied, um das Schwert für das Vaterland zu ziehen. Ihr war es, da sie ein Kind des Helden unter dem Herzen trug, besonders ernst dabei zu Mute. Graf Stolberg hatte ihr geraten, den Gemahl zu bitten, daß er sich nicht unnötig aussetze, da er gar sehr dazu geneigt sei. „Ach, lieber Wilhelm, kämst du doch bald wieder," den Seufzer enthält das Tagebuch. Aber auch den Segenswunsch: „Gott möge sie alle segnen, die da auszogen!" Ein paar Tage nach dem Ausmarsch der Garden ward ein ernstes Familienfest im Hause des Königs gefeiert. Wie 1813 vor dem Beginn des Kampfes der Kronprinz Friedrich Wilhelm, so ward jetzt der Prinz Wilhelm, den Gott berufen hatte, das deutsche Kaisertum zu erneuern, eingesegnet. „Heut war wieder ein recht ergreifender, rührender Tag," so schreibt die Prinzeß am 8. Juni. „Wilhelm wurde eingesegnet in der Schloßkapelle zu Charlottenburg, was doppelt rührend durch diese Zeit gemacht war, wo es ihm doch näher wie je steht, seinen Glauben und sein Gelübde halten zu können bis in den Tod. Was die Feierlichkeit noch erhöhte, war, daß uns der Abschied bevorstand noch einmal von den beiden ältesten, die ihren Bataillonen heute nachreisten." Die ernsteste Stimmung durchdrang sie in diesen Tagen, in denen sich so vieles für sie entscheiden sollte, sie brachte ihre Angelegenheiten in Ordnung. „Es ist wie eine Art Testament," schreibt sie, „denn ich will, man soll einst finden, was ich zusammengeschrieben habe im Leben und aufbewahrt, es mag doch manchen Nutzen haben und Interesse für die, welche mich geliebt. — Ich will denn auch diesen Abend noch nutzen, ehe es zu spät wird, Euch allen, die ich liebe, Lebewohl zu sagen. Ich glaube zwar nicht, daß Gott mich Wilhelm nehmen wird jetzt schon,

— aber ich kann's doch auch nicht wissen, was sein Wille sein wird!" Die Entscheidung für ihr häusliches Glück und für das Heil des Vaterlandes kam an demselben Tage. Es war am 18. Juni 1815, ein Sonntag, da schrieb die Prinzessin in der heiligen Frühe noch vier Seiten an ihren Gemahl, las dann ein Kapitel im Matthäus und um ³/₄ auf 7 war ihr Töchterlein geboren, das in der Taufe nach dem Namen der Elisabeth von Thüringen genannt und von Gott berufen ward, einem Fürstenhaus, das in der heiligen Elisabeth die Urahne verehrt, zum Segen zu werden. Und an demselben Tage half Prinz Wilhelm bei Belle Alliance den Sieg erstreiten, der Napoleons neu aufgebauten Thron zusammenwarf. Und derselbe 18. Juni — er war im Jahre 1871 der große Friedens- und Danktag, an welchem jener im Juni 1815 eingesegnete Prinz Wilhelm als deutscher Kaiser auf den tapfern Sohn, des deutschen Reiches Erben, an welchem jene am 18. Juni 1815 geborne Prinzeß Elisabeth ebenfalls auf einen tapfern Sohn, des hessischen Landes Erben, mit Freuden sehen konnte! Als der Kurier mit der Siegesbotschaft unter Kanonendonner nach Berlin kam, ließ die Wöchnerin ihr Bett ans Fenster rücken, um die Freude des Volks lebendiger mitzuempfinden. An des Vaters Geburtstag, dem 3. Juli, der im Biwak im Angesicht des Montmartre und des Dom des invalides die Nachricht von der Geburt des Kindes empfangen, fand die Taufe statt. Der Name Viktoria wurde neben den andern Namen dem Kinde gegeben, das bei seiner Geburt, am 18. Juni, den Kanonen den Mund öffnete, als ob ihr Donner den Sieg des Tags feiern sollte. Die feierliche Stimmung, in welcher die Prinzessin sich befand, ward durch die Sorge, es möchte vor Paris noch eine Schlacht geliefert werden müssen, nur vertieft. „Ich zittere doch," so schreibt sie am 8., daß es am 30. zur Schlacht gekommen ist — ich hörte heute so verstohlen von der Wahrscheinlichkeit — Gott möge mit ihm gewesen sein! — 9. Noch immer keine Nachricht — nur Gott vertraut, nun ist es schon längst entschieden, der Gedanke ist so fürchterlich! — 11. 10 Uhr abends: Gelobt sei Gott vor allem! Ich schreibe unter dem Jubel des Volks wieder in der hellen festlichen Stadt. Um 4 Uhr erfuhr ich, daß Leo Lützow in Schöneberg sei mit der Botschaft von Paris. — 3. war eine Kapitulation abgeschlossen worden zwischen Blücher, Wellington und dem Sünder Davoust, 4. notifiziert, da ging Lützow ab von Meudon. Wilhelm schrieb durch ihn aus Versailles mir. Um 8 Uhr war der feierliche Einzug Lützows, wo ich ihn dann lange sprach, mit seiner bestimmten Redensart und seinem gehaltvollen

Charakter macht er einem gleich alles so deutlich. Auf dem Scheide=
weg von Gonesse nach Senlis, erzählt mir Lützow, erfuhr Wilhelm
damals der Kleinen Geburt. Wilhelm hat nicht Blücher allein, son=
dern auch Wellington zu Gevatter gebeten. Das ist hübsch! — W. A.
fährt noch herum in der erleuchteten Stadt — Elisabeth hat auch zum
Fenster hinaus gejubelt beim Einzug." Die Siegesfreude schien die
Genesung zu fördern. „So wohl läßt du es mir diesmal ergehen,
mein lieber Gott," so schreibt die Wöchnerin am 17. Juli, „daß ich
heut schon habe ausfahren und gehen können — ich war erst mit den
Kindern beiden in Monbijou — wie reich saß ich da unter den
alten wohlbekannten Bäumen in der schönen warmen Sonne, mit zwei
Kindern, wie gnädig bist du mir, mein Gott!" Von ihrem Familien=
glück gehen dann ihre Gedanken nach Paris, wo aufs neue eine große
Entscheidung getroffen ward. Sie schreibt über einen bekannten Zwischen=
fall aus der Geschichte jener Tage: „Blücher und Gneisenau hatten
die Idee, nach dem Durchmarsch die Brücke von Jena zu sprengen,
aber es war konventionswidrig, also machten Wellington, Bülow und
Wilhelm Vorstellungen dagegen. Der gute Ludwig drohte, er würde
sich mitten darauf stellen, als wenn ihn diese Zeit von Jena was
anginge, man sieht an ihm doch nur den Franzosen, er betrug sich
recht unschicklich. Wie der König kam, verbot er es gleich." Am
sechsten Sonntag nach der Geburt des Kindes hielt die Wöchnerin
ihren Kirchgang. „Eben komm ich aus dem Dom. Wie viel mehr
hätte ich tief, tief gerührt und anbetend dankbar gegen dich sein sollen,
mein über alles mir gnädig gewesener Gott! Aber ich weiß es nicht,
es mag mit an Ehrenberg gelegen haben, er sprach mein Herz nicht
an, es war zu viel gesagt von mir, was ich nicht verdiene; ich war
zum Dank gestimmt, als ich hinging, nicht zu einer Lobrede, die dort=
hin nicht paßte!" Bald nachher trat sie eine Reise zu den Schwestern
nach Rudolstadt an. Ihr Kindchen mußte sie in die Kinderstube bringen.
„5. August. Ich war in Charlottenburg, ging, bis es ganz dunkel,
mit den Niecen, es war einmal so herrlich Wetter, so lang war ich
nicht in der Dunkelheit gegangen, es erinnerte mich an Homburg,
ich sprach auch davon — es war recht hübsch mit ihnen, dann kam ich
hierher — ach! da trug ich mein Elisabethchen nach zehn Uhr hinüber
in die Kinderstube fort von mir, wie traurig war mir das — alles
stimmte mich zur Wehmut, meine baldige Abreise ohne das liebe Kind,
ich dachte erst nicht, daß es mich so schwer überfallen würde — jedes
Neue, wenn alles zum letztenmal gewesen ist, — dann wieder zwei

Kinder in der Stube zu sehen wie einst — und dazu die frappante
Ähnlichkeit mit Fried Thassilo, wie ich's daher auch ertrug — es war
mir schrecklich. W. A. aß ganz unbefangen dabei seinen Brei, dachte nicht
an meinen Schmerz und welche Gedanken mir diese Stunde erzeugte."

Die Reise ging nach Rudolstadt, wo ihr der Umgang mit den ge=
liebten Schwestern, die freie Natur und die Liebe des mitgenommenen
kleinen Prinzen — der seiner Mutter bei jeder Trennung mit Ent=
laufen nach Amerika drohte — innig wohl that. Auch Schillers, des
Dichters, Witwe sah sie dort und ließ sich noch von seinem Tode er=
zählen. Nachdem sie Schwarzburg und Weimar besucht hatte, kehrte
sie zu Anfang Oktobers nach Berlin zurück, wo Prinz Wilhelm am
12. Oktober aus Frankreich ankommt und seinen kleinen Sohn, der
sich den thüringischen Dialekt angewöhnt, kaum wieder erkennt. Das
Familienleben, dem fürstlichen Paar das schönste Leben, gewann wieder
den gewünschten Reichtum. Und wie die Prinzessin auch das Leben
stillerer Tage mit dem Gehalt der großen Zeiten deutscher Geschichte
zu füllen verstand, zeigt eine Stelle im Tagebuch vom 28. November:
„Ich beschäftige mich, ein Sujet für Fouqué zu suchen, worum er mich
bat. Deutsch muß es sein und aus den Kreuzzügen oder der Ritter=
zeit will ich es wählen, weil es die poetische Zeit ist. Da fand ich
meine St. Hildegard, auf deren Ring steht: „ich leide gern," sie hatte
ihn von St. Bernhard. Diese beiden und Konrad III. scheinen mir
gut als Symbole dieser begeisternden Zeit — ich werde eine Legende
noch hinzufügen vom Rhein „die Brüder", um es dramatisch mir
denken zu können. Bei der Nachforschung frappierte es mich angenehm,
wie ich und meine Brüder immer so entzückt blieben von jeher von
diesen Zeiten, obgleich die Bücher, aus denen wir unterrichtet
wurden, welche so in den 80 Jahren geschrieben waren, sich alle
über diese Zeiten mokierten. Es war uns angeboren dieser Sinn wie
es scheint. Jetzt erst ist die Zeit gekommen, in der man von jener
Zeit schreiben kann — denn seit dem Jahre 1813 hat man in Deutsch=
land sich selbst an sich selbst überzeugt, daß Begeisterung stattfinden
kann und daß solche Stimmungen nicht Heuchelei noch Dummheit zu
sein brauchten — im Gegenteil, man hat erfahren, daß alles Hohe nur
ausgeführt werden kann in solchem Sinn — daß es nicht Sache der
Einbildung nur ist und der Idee, sondern der Wirklichkeit — kurz,
man hat es verstehen lernen, was die Menschen beseelte und zu Christus'
Grab hinführte in dem 11. und 12. Jahrhundert." Nachdem die
Prinzessin in diesen Worten klar dies als einen Hauptgewinn einer

großen Gegenwart des Volks bezeichnet hat, daß auch die vergangene große Geschichte des Volks und damit die innerste Volksseele sich aufschließt, finden wir in dem Tagebuch noch die fromme Stimmung ausgesprochen, in welcher sie aus dem großen Jahr 1815 ins neue Jahr eintrat. Am 31. Dezember schreibt sie: „Den Abend kam ich zufällig in die katholische Kirche — es war mir lieb, dort einen Augenblick doch an heiliger Stätte meine Gedanken zu sammeln, am Sylvester ist das vorzüglich nötig. Für manche schöne freudige Stunde habe ich Dir wieder zu danken in dem verflossenen Jahr — so viel mehr schöne, wie traurige hatte ich diesmal. Großer, liebender Gott, erwärme mit deinen Strahlen dieses Herz, nur was durch Dich kommt, ich fühle es wohl, ist bleibend und das Wahre! O gieb mir Deinen Frieden! In einer halben Stunde fängt das Jahr 1816 schon an. Gott, erhalte in demselben Wilhelm, meine Kinder, die geliebten Eltern und Geschwister und Freunde und Freundinnen — gieb ihnen allen das Beste, deine Segnungen, deinen Frieden! Amen."

Soweit reichen die Mitteilungen aus den Tagebüchern, die uns vergönnt sind: Erlebnisse, Beobachtungen, Empfindungen, Gedanken, Gebete einer Frau, welche eine der wichtigsten Zeiten deutscher Geschichte mit hohem deutschen Sinn und christlicher Beugung, mit dem freien Blick der ersten Frau Preußens und mit der Schlichtheit einer treuen Hausfrau durchlebte. Schwerlich giebt es ein köstlicheres Zeugnis von der Wirkung der großen Ereignisse jener Zeit in einer einzelnen Seele als diese Tagebücher. Wir freuen uns herzlich, daß aus den Blättern derselben auch unserm Geschlechte das Bild der Prinzessin lebensvoll entgegentritt. Denn in der Geschichte Deutschlands nimmt sie eine ehrenvolle Stelle ein, nicht bloß als deutsche Fürstin, welche mit ganzer Seele der Schmach des Vaterlandes entgegenarbeitete und der Herrlichkeit desselben zujauchzte, sondern zugleich als eine der edelsten und thätigsten Förderinnen jener christlichen Liebesarbeit, die seitdem in Frauenvereinen und Diakonissenhäusern eine so reiche Nachfolge gefunden hat. Wie im Volke, so war sie in der königlichen Familie durch ihre herzliche Freundlichkeit, durch ihr hilfreiches Wesen geliebt. „Minnetrost", — das war der schöne Name, den ihre Nichten, in Erinnerung an Fouqués Zauberring, ihr beilegten. Und in der That hatte Fouqué und mancher andre Dichter in der Prinzessin, auch wo ihr Name nicht genannt wurde, das Urbild der deutschen Fürstin erkannt und besungen, die mit fürstlicher Hoheit christliche Milde, mit ernster Sittlichkeit entzückende Anmut verband, die als eine ideale Blüte des deutschen Wesens von dem deutschen Volke bewundert und geliebt werden mußte.

In unsrer Darstellung, die nicht die kriegerische, sondern die re=
ligiöse Bewegung schildern will, ist es natürlich, wenn Prinz Wilhelm,
der im Kampfe steht, hinter der Prinzessin zurücktritt, die in der Stille
des Hauses über die Ereignisse der Zeit betrachtend sich aussprechen
kann. Aber obwohl es unsre Aufgabe nicht ist, die Thaten des Prinzen
zu erzählen, so müssen wir es wenigstens andeuten: daß er neben einer
solchen Frau, wie die Prinzessin war, als der rechte Mann erschien,
ein Löwe im Kampfe, aber voll hingebender Freundlichkeit. Bei Groß=
görschen hat er heldenmütig gefochten. Bei Leipzig ward er durch die
Aufgabe, den widerspenstigen Kronprinzen von Schweden zur Teilnahme
an der Schlacht herbeizuziehen, vom Kampfplatz fern gehalten. In
Frankreich aber hat er sich bei Laon durch die nächtliche Erstürmung
des brennenden Dorfs Athis unsterblichen Ruhm erworben. Der Prinz
führte persönlich die ostpreußischen Füsiliere gerade auf den Feind, „mit
dem, man kann sagen, löwenhaften Mut, den er besitzt", so schreibt
der Graf Brandenburg, „und dem er es zu verdanken hat, daß er schon
zweimal in und vor feindlichen Quarrés gelegen, auch hier mitten im
nahen Gewehrfeuer, wo die Kugeln uns hageldicht um die Ohren
pfiffen." Der Löwe war wie ein Lamm, als bald darauf York in
persönlicher Verstimmung den Oberbefehl niederlegte und ihn dem
Prinzen Wilhelm vorläufig übertrug. Der Prinz bat den General
aufs dringendste, er möchte sich der großen Sache des Vaterlandes in
diesem schwierigen Augenblick nicht entziehen. „Wohl nie", schrieb er
„hat Preußen einsichtsvoller Feldherren mehr bedurft als jetzt, und
auf welchen· kann es wohl mehr bauen, als auf den Wiederhersteller
seines alten Ruhms, der in Kurland wieder herrlich aufblühte, als auf
den, welcher das Signal gab zur Abwerfung der fremden Herrschaft,
der sein tapferes Heer siegreich führte von den Ufern der Düna bis
an der Seine Strand. Als Ihr Mitbürger, als Ihr Unterfeldherr,
als Enkel, Sohn und Bruder Ihrer Könige beschwöre ich Sie, das
Kommando nicht niederzulegen." York kehrte zum Heer zurück. Prinz
Wilhelm zog in Paris mit ein, begleitete den König nach England
und kehrte, von drei großen Monarchen mit wohlverdienten kriegerischen
Ehrenzeichen geschmückt, vor dem Wiener Kongreß auf kurze Zeit in
den Schoß seiner Familie zurück. Bei Napoleons Rückkehr von Elba
begab er sich zum Heer und half an seinem Teil zum Sieg bei Belle Alliance.
Wie die größten Erschütterungen des Vaterlandes mit schmerzlichen
Ereignissen in der Familie des Prinzen zusammengetroffen waren, so
nun vaterländisches und häusliches Glück. Der Siegestag, der 18. Juni,

war, wie uns die Tagebuchblätter berichtet, der Geburtstag der Prin=
zessin Elisabeth. In den folgenden Jahren wurden der Prinz Wal=
demar und die Prinzessin Marie geboren. Durch diese Erweiterung
des Familienkreises wurden die Jahre des öffentlichen Friedens für
den Prinzen und die Prinzessin Wilhelm Jahre des schönsten häus=
lichen Glückes. Bei Gelegenheit ihrer silbernen Hochzeit schrieb sie
aus Berlin einer Jugendfreundin: „Ja, es ist ein langer Zeitraum,
diese fünfundzwanzig Jahre — und doch habe ich nur Gnade em=
pfangen vom lieben Herrn und ich kann nur loben und danken für
alles, was er an mir gethan hat. Selbst jeder erfahrene Schmerz ist
zum Dank geworden. Hier wurde mir so viel Liebe von allen Seiten
bewiesen, daß ich nur beschämt darüber sein kann, dennoch, wie unver=
dient genieß' ich das alles!" Nur allmählich, aber sicher hatte sie die
Liebe des Königs Friedrich Wilhelm III. erworben; der Kronprinz
hing mit der ganzen Glut seines warmen, erschlossenen Herzens an
ihr. „Nach einem solchen Vater ein solcher Sohn, das war Gnade
vom Herrn", so schrieb sie beim Regierungsantritt Friedrich Wilhelms IV.

Der sehnsüchtige Wunsch, ihr häusliches Glück in der Stille einer
schönen Natur genießen zu können, ward durch den Besitz des Schlosses
und Gutes Fischbach in Schlesien, das der König dem Bruder und
der Schwägerin als Anerkennung für ihr Thun in den schweren Jahren des
Vaterlandes geschenkt, erfüllt. Dort brachte die Familie seit 1821
die Sommermonate zu, ja, bis gegen Weihnachten dehnte sich manch=
mal der Aufenthalt aus. Das Leben in den Bergen war erfrischend;
die Familien in der Nähe, Prinzessin Radziwill in Ruhberg, Feldmar=
schall Gneisenau in Erdmansdorf, Gräfin Reden in Buchwald, die
Stolberg und Reuß, boten den angenehmsten Verkehr. Und wenn
das Glaubensleben der Prinzessin durch die Prediger Berlins, die sie
gerne hörte, Strauß, Goßner, Theremin, auf dem Grunde der in den
Trübsalsjahren gemachten Erfahrungen zu immer größerer christlicher
Bestimmtheit sich entwickelte, so wirkte dazu gewiß auch der Aufent=
halt in Schlesien mit, namentlich der Verkehr mit Buchwald, wo die
Gräfin Reden eine Art Mittelpunkt für die Bestrebungen der Mission
und Bibelverbreitung war und für ernste Christen aus Deutschland und
England, aus der Landeskirche und der Brüdergemeinde ein offnes
Haus hatte. Wie es ihr überhaupt nach des Hofpredigers Strauß
Äußerung in seltener Weise gelungen war, mit dem innern das ganz
äußere Leben zu durchdringen, so legte ihr Leben, je tiefer ihr Glauben
sich gründete, desto helleres Zeugnis davon ab. Für diesen Glauben,

für ihre Liebe zu dem Gemahl und für ihre Freude an Gottes schönen Bergen ist es in gleichem Maße bezeichnend, daß sie im Jahre 1830 im Verein mit ihren Kindern zum Geburtstag des Prinzen Wilhelm auf dem Falkenstein, einer der schönen Höhen bei Fischbach, ein Kreuz errichten ließ, mit der Inschrift: „Des Kreuzes Segen über Wilhelm, seine Nachkommen und das ganze Thal!" Von dem Segen des Kreuzes, der in dem Thal sich spüren ließ und von den herrlichen Menschen, die es bewohnten, angezogen, machte sich um jene Zeit Stein auf den Weg, es zu besuchen. Auch in Fischbach kehrte er ein und die alte Freundschaft ward erneuert. Wie teuer der Prinzessin noch immer diese Freundschaft war, beweist, daß sie Stein zum Andenken an seinen Besuch ein Schreibbuch stickte und zusandte. „Ich werde dies schöne Geschenk mit Sorgfalt aufbewahren", schrieb der edle Greis, „und sein Gebrauch wird mich an die hochverehrte Geberin mit ehrfurchts= vollem Dank erinnern. Das Andenken an die glücklichen, am Fuß der Schneekoppe zugebrachten Tage begleitete mich auf meiner Zurück= reise und ist mir in meiner Einsamkeit ungestört gegenwärtig. — Nichts übertrifft an Vollkommenheit das Bild des auf innern Frieden, re= ligiösen Sinn, geistige Bildung gegründeten Familienglücks der Be= wohner von Fischbach; möge es lange wohlthätig, Heil verbreitend auf alle, die mit ihnen in Beziehung stehen, ungetrübt fortdauern, unter dem Schutz der göttlichen Vorsehung, die dieses Glück erhalten wird, da sie es so sorgfältig und väterlich gründete." Der Aufenthalt in Schlesien ward nur durch öftere Reisen in die Heimat, nach Homburg und an den Rhein abgekürzt, wozu durch dreimalige Ernennung des Prinzen zum Gouverneur von Mainz und im Jahr 1830 durch seine Berufung zum Gouverneur der Rheinprovinz besondere Veranlassung war. Das leutselige Benehmen des Fürstenpaares gewann ihm rasch die Herzen der Rheinländer. Überall wurden sie mit Jubel empfangen. Auch bei dem alten Freunde, bei Stein auf Kappenberg, kehrten sie ein.

Vorbildlich wie im Krieg war die Prinzeß Wilhelm auch im Frieden. Wie sie im Krieg Zeit und Kraft neben der treusten Pflege des Familienlebens dem Vaterlande widmet, so im Frieden dem Reiche Gottes. Wo sie wohnte, in Berlin oder Fischbach, ward sie ungesucht der Mittelpunkt der lebendigen christlichen Kräfte. Die bedeutendsten Geistlichen traten ihr fördernd und gefördert nah: Strauß und Theremin, Touard und Arndt, in späterer Zeit namentlich Goßner. Die Gemein= schaft des Glaubens, die sie mit den „Stillen im Lande" hielt, ward zur Brunnenstube werkthätiger Liebe. In Pankow bei Berlin grün=

dete sie im Zusammenwirken mit einer frommen Pfarrfrau, Karoline Weisse, das Elisabethstift zur Erziehung ganz kleiner Kinder und nannte es nach ihrer Tochter, der am Tag von Belle=Alliance gebornen Prinzeß. Mit Goßner nahm sie sich der Kleinkinderbewahran= stalten an und des Frauen=Kranken=Vereins, aus welchem das Elisabethkrankenhaus hervorging. Durch ihre Besuche in den Gefängnissen und im Arbeitshaus auf dem Alexanderplatz kam sie mit der Sünde und dem Elend in unmittelbarste Berührung und ihr hauptsächlich ist die Gründung des noch heute blühenden Magdalenen= stifts zu danken.

Die Prinzessin hatte in den Friedensjahren namentlich durch den Landaufenthalt ihre Gesundheit sehr gestärkt gefühlt. Erst 1845 ward sie in Darmstadt beim Besuch ihrer Tochter Elisabeth krank und lag dann wochenlang in dem heimatlichen Homburg schwer darnieder. Noch konnte sie nach Berlin zurückkehren, aber am 14. April 1846, am 3. Ostertag, ward sie heimgerufen. Ihre Kinder und Schwiegerkinder knieeten betend um ihr Bett, sie starb, während die Prinzeß Marie, jetzt Königin Witwe von Bayern, P. Gerhardts wundertröstliche Worte sprach: „Wenn ich einmal soll scheiden, so scheide nicht von mir, wenn ich den Tod soll leiden, so tritt du dann herfür; wenn mir am aller= bängsten wird um das Herze sein, so reiß mich aus den Ängsten kraft deiner Angst und Pein."

In einem vollen, warmen, christlichen Tone endete dies schöne Leben. Die Heimgegangene hatte sich durch das eiserne Geschick zur Vater= liebe Gottes, durch schwarze Trübsalswolken zur Sonne der Gnade hindurchgerettet. Ehe sie noch viel von Christus sprach, war sie eine Christin durch die Demut, mit welcher sie sich als sündig wußte, durch den Glauben, mit welchem sie das Heil ergriff. Zu dem demütigen Glauben neigte sich Christus hernieder und die Frömmigkeit gründete sich fester und fester nur auf ihn. Für die Nachwelt bleibt sie eine vorbildliche Gestalt durch die Verbindung ihrer Frömmigkeit mit einem ungemein lebendigen deutschen Sinn, mit der lautersten Liebe zum Vaterlande. So hat die hohe Frau ihr königlicher Schwiegersohn, der nunmehr auch schon heimgegangene deutsch gesinnte König Max von Baiern, angesehen, wenn er in seinem dichterischen Nachruf sie anredet:

> Deutscher Frauen Zier und Krone,
> Gehe nun zum Frieden ein,
> Denn du wolltest nah dem Throne
> Stets des Herren Magd nur sein.

und von ihr rühmt:

In der Prüfung schweren Tagen
Wo der Corse Deutschland schlug,
Fürsten ihm zu Füßen lagen
Und Europa Fesseln trug,
Hat sie treulich mitgelitten
Für des Vaterlandes Ruhm,
Geistig hat sie mit gestritten
Für der Freiheit Heiligtum!

Stand am Bette wunder Krieger,
Wie ein Engel tröstend mild,
Es begeisterte die Sieger
Ihrer Tugend hehres Bild.
Im erkämpften süßen Frieden
War Beglücken ihre Lust —
Und die Kraft war ihr beschieden,
Oft zu trösten unbewußt.

Die deutschen Frauen aber weist der königliche Sänger auf das
Vorbild der Prinzessin hin:

Nun an euch, ihr deutschen Frauen,
Die ihr wißt, was jene war, —
Ja, auf euch darf Deutschland bauen
In der Stunde der Gefahr!
Nähret der Begeistrung Flamme
Für der Väter heil'gen Grund,
Wir gehören einem Stamme,
Knüpfet fest der Brüder Bund!

Gewiß, wenn die deutschen Frauen im letzten Kampfe mit dem
alten Feinde, 1870 und 1871, der Begeisterung Flamme nicht dämpften,
sondern nährten und wenn sie eine nie gesehene Thätigkeit zur Lin=
derung des Kriegselends entfalteten, so hat dazu auch das schöne Vor=
bild aus den Befreiungskriegen, das Bild der Prinzessin Wilhelm von
Preußen, mitgewirkt.[28])

7.

Heinrich Karl Friedrich vom Stein.

Napoleons mächtigster Gegner war Stein. In ihm kämpfte die
dem deutschen Reichsfreiherrn aus altem Geschlechte eigene Ehrfurcht
vor der Geschichte gegen das revolutionäre Auftreten des corsischen Empor=
kömmlings; deutsches Gewissen gegen romanische Gewissenlosigkeit; die
Leidenschaft für das Recht und das Rechte gegen die Maßlosigkeit eines
übermütigen Tyrannen; die tiefe, ernste Sittlichkeit, welche kein wahr=
haftes Gut für den äußern Erfolg hingiebt, gegen eine Leichtfertigkeit,
die auf den Trümmern des sittlichen Lebens ihre Erfolge sucht; der
Glaube an den lebendigen, mit Gerechtigkeit waltenden Gott gegen
den Wahn, der auf den Stern des Geschicks vertraut. Alle andern
Bestrebungen zum Sturze Napoleons haben in Stein ihre zusammen=
haltende Kraft. Friedrich Wilhelm, raschen, kühnen Entschlüssen abge=
neigt, bedarf des Steinschen Mutes, um sich aufzuraffen; der weiche
und bestimmbare Alexander muß etwas von dem Eisengehalt des
Steinschen Charakters in sich aufnehmen, um gegen Napoleon mit der
Losung ins Feld zu ziehen: er oder ich; Scharnhorsts Kriegsrüstungen
ruhen auf der Befreiung der Volkskräfte, welche die Steinschen Re=
formen herbeiführen; Gneisenaus klarer Feldherrnblick, der nur in Paris
das Ziel und Ende des Krieges sieht, wäre ohne den ganzen Erfolg,
wenn Stein nicht mit unermüdlicher Kraft die politische Verhandlung
im deutschen Geleise erhielte, und selbst Blüchers Stürmen erschiene
als Tollkühnheit ohne Steins staatsmännisches Handeln, das die Mo=
narchen und Minister fortzieht. Stein verwendet Arndts volkstümliche
Beredsamkeit für die Befreiung des Vaterlandes, Fichtes Hoffnungen
auf die Erziehung eines bessern Geschlechts finden durch seine auf die
innere Befreiung eben so sehr wie auf die äußere gerichtete staats=
männische Weisheit eine teilweise Verwirklichung, Steffens' Begeisterung,
wie viel Stein sonst gegen den Philosophen haben mochte, wird von
ihm gewürdigt, und in der religiösen Vertiefung, welche Schleiermacher
predigt, sieht Stein nicht allein für das Volk, sondern vor allem für

sich selbst Heil. Den politischen Luther hat Arndt diesen Gewaltigen genannt: die Vergleichung ist nicht ungeschickt, denn wie Luther war Stein frei von aller Menschenfurcht, weil er Gott fürchtete und sein Gewissen, wie Luther verwarf Stein das Alte nicht aus Neuerungssucht, sondern aus der heiligen Lust an dauerndem, gottgefälligem Leben, wie bei Luther lag bei Stein die Schwäche, die das reinste Menschenbild trübt, in der übersprudelnden Kraft, die Stärke in dem sittlichen Mut, welcher mit einer Welt den Kampf aufnimmt, in der christlichen Demut, die sich nur als Gottes Werkzeug weiß, in der schönen Menschlichkeit, die im Kampf und Sturm nicht verlernt, zu dem Kleinen und Stillen sich herniederzuneigen. Das Menschliche, Sittliche, Christliche des Mannes herauszuheben, wird in unsrer Darstellung die Aufgabe sein. Nachdem wir anderwärts versucht, den großen, lange dem Volk zu unbekannt gebliebenen Mann weiteren Volkskreisen nahe zu bringen, werden wir hier sein Leben so erzählen, daß überall der innere Gehalt desselben, durch welchen der Staatsmann auch auf die religiöse Belebung Deutschlands eingewirkt, hervorleuchtet.

Heinrich Karl Friedrich, Reichsfreiherr vom und zum Stein ist am 26. Oktober 1757, als das vorletzte von zehn Kindern, von welchen vier Söhne und drei Töchter die Eltern überlebten, auf dem alten Stammsitz des Geschlechts zu Nassau an der Lahn geboren. Sein Vater war kurmainzischer Geheimrat und mittelrheinischer Ritterrat, ein biedrer, redlicher, heftiger Mann, der sich durch eine leidenschaftliche Liebe zur Jagd und zum Walde gegen die physischen, und durch unverbrüchliche Rechtlichkeit gegen die sittlichen Einflüsse des Hoflebens schützte, ein echt deutscher Mann, dem sein Sohn die Grabschrift setzte:

> Sein Nein war Nein gewichtig
> Sein Ja war Ja vollmächtig,
> Seines Ja war er gedächtig;
> Sein Grund, sein Mund einträchtig,
> Sein Wort, das war sein Siegel.

Welch ein Vorbild für den Sohn! Und daneben stand die Mutter, eine geborne Langwerth von Simmern, und verwittwete Löw, mit klarem Geist, lebhaftem, selbst heftigem Gefühl, festem Willen, aber alle diese Eigenschaften durch den christlichen Sinn veredelt, den sie früh ihrem Kinde einflößte. Noch als Greis hat der Sohn den christlichen Einfluß der Mutter gepriesen, durch welchen er früh lernte, sich demütig unter Gottes Hand zu beugen und als williges Werkzeug ihr darzubieten. Das ländliche Leben, das Durchstreifen der Bergwälder gab seinem Leibe Frische, Kraft und Gewandtheit, und sein Geist fand Nahrung in Dichtung und Geschichte. Als die Geschwister Shakespeares Sommernachtstraum aufführten, wies er jede andre Rolle mit dem prophetisch klingenden Wort: I am the wall! zurück, und um ein Wall seinem Volke sein zu können, forschte er schon jetzt mit Eifer in den Büchern der Geschichte und stärkte sich an ihren großen Vorbildern. In Göttingen, wo er fleißig Rechts- und Staatswissenschaft und Geschichte unter der Leitung berühmter Gelehrten studierte, ging ihm der Stern der Freundschaft auf. Ein wunderbares Geistesleben regte sich damals in Deutschland: Friedrich und Maria Theresia und der nordamerikanische Freiheitskrieg hatten die schlafende Welt aufgerüttelt, Kants Philosophie blühte, Klopstock, Lessing, Herder, Goethe hatten den Zauber ihrer Dichtungen schon entfaltet, die jugendlichen Gemüter schlossen sich gegenseitig auf. Aber während die Grafen Stolberg in poetischer Überschwenglichkeit mit dem bäuerlichen Voß um die Eiche tanzten oder bei den Freundschaftsgelagen unter dem Fluch auf alle Tyrannen ihm ans Herz sanken, pflegte Stein mit Brandes und namentlich mit Rehberg, dem spätern hannöverschen Staatsmann, einer ruhigern Freundschaft, die realer auf künftiges Arbeiten und Wirken gerichtet war. „Es war," schreibt Rehberg über Stein aus dieser Zeit, „in allen seinen Empfindungen und Verhältnissen etwas Leidenschaftliches: aber welche Leidenschaft! Dem lebendigen und unbiegsamen Gefühle für alles Große, Edle und Schöne unterordnete sich in ihm sogar der Ehrgeiz von selbst. Mit den wenigen Menschen, denen er sich hingab, war er nur durch die Vermittlung seiner Empfindungen verbunden, und wer dazu gelangte, konnte nicht anders, als ihn wieder leidenschaftlich zu lieben." Obwohl nun Stein und Rehberg einen innigen Herzensbund miteinander geschlossen hatten, gingen sie doch im Religiösen verschiedene Wege. Rehberg wandte sich Kant zu, Stein blieb bei dem Katechismusglauben, den ihm die Mutter eingepflanzt. Und bis ans Ende hat er den gefährlichen Wegen der Spekulation den sichern Pfad einfältigen Glaubens vorgezogen.

Stein hatte nach Vollendung seiner Studien auf der Hochschule sich im Leben umgesehen, das alte deutsche Reich in Wetzlar, Regensburg und Wien betrachtet, die Höfe von Mannheim, Darmstadt, Stuttgart und München gemustert und war nach seinem Stammsitz zurückgekehrt. Es trat nun die Aufgabe, sich für einen Lebensberuf zu entscheiden, an ihn heran, die er mit sittlichem Ernste erfaßte. Zunächst zeigt sich dieser schon darin, daß er überhaupt einen Lebensberuf suchte. Er war durch Familienbeschluß zum Erben und Stammhalter ernannt worden, er hätte in der Bewirtschaftung seiner Güter, in der Sorge für seine Untergebenen, in der Pflege geistiger Interessen, wie sie dem Adel wohl ansteht, eine hinlängliche Aufgabe finden können. Aber der Drang seines gewaltigen Wesens ging auf öffentliche, vater= ländische Thätigkeit. Und da ist's bezeichnend, daß ihm Reichstag, Reichskammergericht, Reichshofrat und Fürstenhöfe als morsche Schläuche erschienen, in denen der neue, in seinem Geiste gärende Most nicht Raum hatte, daß er gegen die Tradition der Familie den Dienst in dem Staate und bei dem Fürsten suchte, zu denen der deutsche Ruhm sich damals geflüchtet zu haben schien. Es war ein deutscher, ein protestantischer Zug in Stein, der ihn in den Dienst des großen Friedrich von Preußen trieb. Und wieder bezeichnend ist es für den jungen Freiherrn, daß er sich nicht damit begnügte, Kämmerer des Königs zu sein, sondern daß er sich unter dem Minister von Heiniß als Referendar im Bergwerks= und Hüttenwesen mit allem Eifer in das Studium dieses Zweiges der Staatsverwaltung warf und auf Reisen seine Kenntnisse erweiterte. Im fünfundzwanzigsten Jahre war er schon Oberbergrat, im siebenundzwanzigsten zog er zur Leitung der westfälischen Bergämter und der Mindenschen Bergwerkskommission nach Wetter an der Ruhr. Als ob der Gegenstand seiner ersten Thätig= keit auf sein Wesen eingewirkt hätte, wie Eisen so fest, so scharf, so sprühend, wenn er erhißt ward, war sein Charakter. Jedenfalls kam der innersten Neigung seiner Seele Land und Volk der Mark wohl= thätig entgegen. Die Gegend war bergig, in den Thälern strömten frische Gewässer, der Volksstamm war kernhaft, tüchtig, fleißig, fromm, im bürgerlichen und kirchlichen Leben auf Selbstverwaltung gerichtet. In kleinem Raume sah und förderte Stein hier, was er später für das ganze Vaterland erstrebt hat: ein Volksleben, von einem freien und religiösen Geiste durchhaucht, nicht büreaukratisch gebunden, sondern aus seiner innersten Kraft sich entwickelnd. Ein Stachel der Sehn= sucht nach dem Leben in jener Gegend ist ihm zeitlebens geblieben. Aus der frischen Thätigkeit, die ihn unmittelbar mit den Menschen und ihren Interessen in Berührung brachte, ward er im Jahre 1785 zu einer diplomatischen Mission berufen, die er mit Widerstreben nur aus Pflichttreue annahm. In Sachen des Fürstenbundes, den der greise Friedrich gegen die österreichischen Bestrebungen, vermittelst des deutschen Kaisertums die Habsburgische Hausmacht zu vergrößern, zu schließen wünschte, ward Stein an die Höfe von Mainz, Darmstadt, Durlach und Zweibrücken gesandt. Er löste seine schwierige Aufgabe glänzend, behielt aber immer eine Abneigung gegen die diplomatische Laufbahn, einen sittlichen Widerwillen gegen die „elenden Künste der Diplomatie." Friedrich Wilhelm II. ernannte ihn 1786 zum Geheimen Oberbergrat, als welcher er mit dem nachmaligen Minister des Bergbaues, dem Grafen Redern, eine Reise nach England machte. Zwei Jahre später war er in Hamm erster Kammerdirektor bei den Kriegs- und Domänenkammern zu Kleve und Mark und besonders mit Leitung des Fabrikwesens, dem Wasserbau am Rhein und an der Ruhr und dem Wegbau beauftragt. Hier hat er sich ein dauerndes Denkmal durch Schiffbarmachung der Ruhr gestiftet, durch welche der Kohlenbau in jenen Gegenden einen unerhörten Aufschwung genommen hat. Außerdem hat er innerhalb vier Jahren zwanzig Meilen Kunststraßen erbaut, wobei er einen Feuereifer bewies, der selten gefunden wird. Man konnte ihm nicht schnell genug arbeiten, und fehlte Geld, so schoß er aus seiner Kasse bedeutende Summen bis zu 10,000 Thalern vor.

Mittlerweile hatte Deutschland mit dem revolutionären Frankreich den ersten unglücklichen Krieg geführt. Als Custine gegen Mainz rückte, hatte der preußische Gesandte am Mainzer Hofe, Steins Bruder, die Fürsten vergeblich zum Widerstande zu waffnen gesucht. Mainz fiel und verzweiflungsvoll eilte der Gesandte, um Hilfe zu suchen, ins Land. In Wetzlar traf er mit seinem Bruder, dem westfälischen Kammerdirektor zusammen und beide berieten in Gießen mit dem hannöverschen Feldmarschall Wallmoden, was zur Verteidigung des Landes zu thun sei. Wie ein heiliger Sturm fuhr Stein die Liebe zum Vaterland durch die Seele. Er schoß dem Bruder 4000 Gulden vor, die Rettung des Landes zu betreiben, er rüttelte die Landgrafen von Darmstadt und Kassel auf, daß sie ihre Regimenter zur Wehr stellten, er drang auf die Hilfeleistung der Hannoveraner, seinem König aber gab er so guten Rat, daß er nicht rückwärts zog, sondern vorwärts gen Frankfurt, daß er mit Hilfe todesmutiger, blind einstürmender Hessen die Krönungsstadt der deutschen Kaiser (2. Dez. 1792) befreite, und daß er nicht lange darauf auch in Mainz seinen Einzug halten konnte. Als Hochheim bei Mainz wieder den Händen der Franzosen entrissen war, eilte Stein rheinabwärts; schon standen die Franzosen der Festung Wesel gegenüber, schon hatten sie die unbefestigte Insel Büderich besetzt, schon war in der Festung von Übergabe die Rede, da geriet Stein in einen mächtigen Zorn, bewaffnete die Trainknechte, die er als Verpfleger der Truppen unter seinem Befehl hatte, steckte sie in Uniform, stellte sich an ihre Spitze, nahm die Insel und rettete die Festung.

In dieser Zeit des Sturmes und Dranges führte ihm Gott die Gemahlin zu. Er hatte sich oft unter seinen Geschäften recht einsam gefühlt, nur das Andenken an seine Mutter, das Bewußtsein treuer Pflichterfüllung, der briefliche Gedankenaustausch mit Freunden, namentlich der edlen Frau von Berg in Berlin, konnten ihm die Öde im Innern wohlthätig erfüllen und beleben. Von der Ehe aber hatte er eine so tiefe und sittliche Auffassung, daß er ohne lebendiges Gefühl der Liebe nicht zu ihr schreiten wollte. In Gießen und Kassel bei seinem Zusammenleben mit der Familie des Feldmarschalls Grafen Wallmoden hatte er dessen Tochter Wilhelmine kennen gelernt. Im Jahre 1793 führte Stein die junge Gemahlin heim. In den ersten Jahren hemmte die Unruhe der Zeit, die das Ehepaar manchmal für Monate trennte, die Verschiedenheit des Alters und der Sinnesart die völlige Innigkeit des Verhältnisses. Aber immer mehr wuchs auf beiden Seiten aus der Achtung innige Liebe, welche die kommenden schweren Zeiten und schrecklichen Geschicke überdauerte. 1793 zum Kammerpräsidenten ernannt, bezog er das Schloß zu Kleve als Amtswohnung. So eifrig, so wohlthätig, so aufopfernd war seine Thätigkeit, daß die Herzen des Volks ihm freudig entgegenschlugen. In einer Zuschrift des Wetterkreises beim Erntefest 1795 heißt es: „Höchste sittliche Größe ist's, wenn ein Mann, den Geburts- und Glücksgüter zum unabhängigen Privatleben und zum Genuß seiner reinsten Freuden einladen und berechtigen, diese verleugnet und aus Pflichtgefühl ein mühevolles öffentliches Leben zum Besten anderer wählt, um den Beruf, ein Mensch zu sein, ganz zu erfüllen! Heil dem Volke, dem solch ein Mann zu teil ward! Heil uns!" In größerem Maßstabe arbeitete er weiter, als er im Jahre 1796 zum Oberpräsidenten aller westfälischen Kammern mit dem Wohnsitz in Minden ernannt worden war. Von hier aus pflegte er durch Besuche in Hannover die Freundschaft mit Rehberg und kam Scharnhorst und dem Grafen Münster nahe. Einen ihm im Sommer 1802 gemachten Antrag, Minister in Hannover zu werden, lehnte er ab. Dagegen leistete er um dieselbe Zeit dem preußischen Staate wichtige Dienste bei der Übernahme ihm infolge des Friedens von Luneville zugefallener neuer Besitzungen. Als durch die deutsche Schwäche und Uneinigkeit das linke Rheinufer an Frankreich verloren gegangen war, und die deutschen Fürsten für die jenseits verloren ge-

n sich diesseits durch die Besitznahme von Bis=
nd Klöstern entschädigen ließen, erhielt Preußen
und andere Gebiete in Westfalen, und Stein ward
jung beauftragt. Die Aufgabe war schwer, denn
ches Land, das vortrefflich regiert war und Ursache
eligiösen Volksgeist und gute Erziehungsanstalten
protestantischen Regierung zu unterwerfen, gegen
ändern großes Mißtrauen herrschte. Stein war der
eser Aufgabe durch den Vollgehalt seines sittlich
Die seitherigen Einrichtungen und Sitten schonte
ösen Hauch, der in den Kreisen der Fürstenberg,
wehte, hatte er entschiedene Sympathien, ohne
mus etwas zu vergeben; und um Vertrauen zu
i, brauchte er nur in seiner offenen, redlichen, edlen,
unter dem Volke aufzutreten. Nachdem die Besitz=
war, hatte er gemeinsam mit dem General Blücher
Schlosse zu Münster. — Es war am Schluß des
der Fürst von Nassau=Usingen ein Patent erließ:
n Gebiet gelegenen reichsritterschaftlichen Besitzungen
tände sichern und darüber die Landeshoheit nehmen,
der Reichsritterschaft erfolgen sollte. Der nassauische
sitz von Steins Gütern Frücht und Schweighausen.
einen Protest an den Fürsten, voll edlen Freimuts,
landsliebe. Für die Größe Deutschlands war er
gen bereit, für die Vergrößerung der Kleinstaaten
ß Unabhängigkeit und Selbständigkeit," so schrieb
n den Reichsfürsten, „wird durch die Konsolidation
terschaftlichen Besitzungen mit denen sie umgebenden
wenig gewinnen: sollen diese für die Nation so
erreicht werden, so müssen diese kleinen Staaten
ien Monarchien, von deren Existenz die Fortdauer
ß abhängt, vereinigt werden, und die Vorsehung
lückliche Ereignis erlebe. — In dem harten Kampfe,
o sich jetzt momentan ausruht, floß das Blut des
utschlands zahlreiche Regenten, mit Ausnahme des
Braunschweig, entzogen sich aller Teilnahme und
ng ihrer hinfälligen Fortdauer durch Auswanderung.
Bestechung der französischen Heerführer. Was ge=
Unabhängigkeit, wenn seine Kräfte noch in größerer

Maſſe in dieſe Hände konzentriert werden? — — Es iſt hart, ein
erweislich ſiebenhundertjähriges Familieneigentum verlaſſen und ſich in
entfernte Gegenden verpflanzen zu müſſen, die Ausſicht aufzugeben
nach einem arbeitſamen, und, ich darf es ſagen, nützlichen Geſchäfts
leben im väterlichen Hauſe, unter den Erinnerungen ſeiner Jugend
Ruhe zu genießen und den Übergang zu einem beſſeren Sein zu er
werden. Es iſt noch härter, alle dieſe Opfer nicht irgend einem großen
edlen, das Wohl des Ganzen fördernden Zwecke zu bringen, ſondern
um der geſetzloſen Übermacht zu entgehen, um — doch es giebt ein
richtendes Gewiſſen und eine ſtrafende Gottheit.“

Mit derſelben Entſchiedenheit, mit welcher er hier für Deutſchland
gegen einen deutſchen Fürſten auftrat, ſollte er bald in den Kampf
wider Napoleon eintreten. Um dieſelbe Zeit, in welcher der erſte
Konſul ſich die Kaiſerkrone aufſetzte, ward Stein als Staatsminiſter
für Acciſe, Zoll, Fabriken, Handel und Bank nach Berlin berufen.
Er führte das Miniſterium in der Zeit vor und nach der Schlacht bei
Jena, in der unglücklichſten und ſchmachvollſten Zeit, welche Preußen
erlebt hat. Da bewies er ſeine Treue im Dienſt, indem er die Kräfte
des Landes weckte, um die ungeheuren Koſten aufzubringen, welche die
böſe Zeit erforderte, und indem er im Volke einen mutigen, tüchtigen
Geiſt, der die franzöſiſchen Feſſeln einſt zu ſprengen fähig wäre, förderte.
Wäre es ſeinem kräftigen, kühnen Rat nachgegangen, Napoleon hätte
nicht ſo lange Deutſchland mit Füßen treten dürfen. Stein drang
beim König unermüdlich auf die Entfernung der unfähigen und zum
Teil unſittlichen Männer, die ſich in ſeinen Rat zwiſchen ihn und die
Miniſter gedrängt hatten und die eine einheitliche mutige Leitung des
Staates hinderten. Nach der Schlacht bei Jena, als Stein die Kaſſe
gerettet hatte und dem Könige nach Königsberg gefolgt war, ward er
je furchtbarer die Not der Zeit drückte, deſto andringender mit ſeiner
Bitte beim König, die Verbeſſerung der oberſten Staatsverwaltung
durchzuführen. Dem König, der gern ſelbſt ſah, ſelbſt entſchied, und
ſo große, raſche Entſchlüſſe, wie Stein forderte, nicht wollte, ward Stein
Andrängen zu viel. In einem derben Briefe ſagte der König der
Miniſter auf „gut deutſch“ ſeine Meinung, daß er ihn für einen
widerſpenſtigen, trotzigen, hartnäckigen, ungehorſamen Staatsdiener
halte, der auf ſein Genie und ſeine Talente pochend, ohne das Beſte
des Staats vor Augen zu haben, aus Leidenſchaft und perſönlicher
Haß und Bitterkeit handle. Dem Miniſter blieb nichts übrig, als um
ſeine Entlaſſung zu bitten, die ihm auch gewährt ward. Es iſt wahr

haft tragisch, wie zwei durchaus edle Männer, weil die Energie mit
der Bedenklichkeit, das rasche Zufahren mit dem langen Besinnen, der
geniale Blick über das Ganze mit dem ängstlichen Haften am Einzelnen
sich nicht vereinigen kann, in der gefährlichsten Lage, da der eine des
andern am meisten bedarf und dieser ihm am liebsten dienen möchte,
von einander scheiden. Sobald Stein weg war, ward die Lücke schmerzlich
gefühlt, die er gelassen. England, Rußland und Österreich hatten kein
Vertrauen zu Preußen, weil Stein nicht mehr preußischer Minister
war. Die Beamten, welche unter ihm gedient hatten, trauerten über
das Scheiden des Mannes, unter dessen Leitung sie am besten dem
Vaterlande zu dienen glaubten. Und Preußen ging von einer De=
mütigung zur andern. Als der Friede mit Frankreich unterhandelt
werden sollte, erklärte Napoleon: er wolle lieber vierzig Jahre länger
Krieg führen, als mit dem Minister Hardenberg unterhandeln. Da
mußte der König auch diesen entlassen. Hardenberg empfahl dem König,
Stein zurückzurufen. Und Napoleon selbst, der wohl dachte, wenn
Stein Minister wäre, ginge es mit den Zahlungen, die Preußen an
Frankreich entrichten sollte, besser, soll zum König gesagt haben:
„Nehmen Sie den Baron vom Stein, er ist ein gescheiter Mann!"
An demselben Tage, an welchem der Friede von Tilsit unterzeichnet
und Preußen um die Hälfte verkleinert ward, schrieb die Prinzessin
Luise Radziwill, unter den fürstlichen Frauen vielleicht die thatkräftigste
Vorfechterin in allem, was Napoleons Sturz bezweckte, an Stein;
Blücher und Hardenberg fügten Briefe hinzu, sie alle beschworen Stein,
zurückzukommen. Stein weilte auf seinem Stammsitz zu Nassau, ordnete
seine eigenen Angelegenheiten, sann über die Rettung des Vaterlandes
und pflegte seine durch Gicht angegriffene Gesundheit, als zwei Feld=
jäger die Briefe überbrachten. Nie ist seine Treue im Dienst, seine
Selbstverleugnung, seine Hingabe an das Vaterland in schönerem Lichte
erschienen, als da der schwerverletzte, durch Krankheit gebeugte Mann
seiner Gemahlin die Antwort an den König diktierte: „Ich befolge
die Befehle unbedingt und überlasse E. K. M. die Bestimmung jedes
Verhältnisses, es beziehe sich auf Geschäfte oder Personen, mit denen
E. K. M. für gut halten, daß ich arbeiten soll. In diesem Augen=
blick des allgemeinen Unglücks wäre es sehr unmoralisch, seine eigene
Person in Anrechnung zu bringen, um so mehr, da E. M. selbst einen
so hohen Beweis von Standhaftigkeit geben." Sobald die Gesundheit
es erlaubte, verließ der Held, der sich selbst bezwungen, Weib und
Kind und Haus und Hof und eilte dem Könige in sein Unglück nach,

um ihn zu halten, zu stärken. Mit unaussprechlichem Segen hat
Stein nun gearbeitet, Außerordentliches in der kurzen Zeit vom Sep=
tember 1807 bis zum November 1808 vollbracht. Im Verein mit
gleichgesinnten Männern war es sein Streben, einen sittlichen, reli=
giösen, vaterländischen Geist im Volke zu wecken, der bereit wäre, auch
mit Opfern die Freiheit und Selbständigkeit bei der ersten günstigen
Gelegenheit wieder zu erringen. „Hat eine Nation sich über den
Zustand der Sinnlichkeit erhoben," so schrieb er, „hat sie sich eine
bedeutende Masse von Kenntnissen erworben, genießt sie einen mäßigen
Grad von Denkfreiheit, so richtet sie ihre Aufmerksamkeit auf ihre
eigenen National= und Kommunalangelegenheiten. Räumt man ihr
nur eine Teilnahme daran ein, so zeigen sich die wohlthätigsten
Äußerungen der Vaterlandsliebe und des Gemeingeistes; verweigert
man ihr alles Mitwirken, so entsteht Mißmut und Unwille, der ent=
weder auf mannigfaltige schädliche Art ausbricht oder durch gewaltsame,
den Geist lähmende Maßregeln unterdrückt werden muß. Die arbei-
tenden und mittleren Stände der bürgerlichen Gesellschaft werden
alsdann verunedelt, indem ihre Thätigkeit ausschließend auf Erwerb
und Genuß geleitet wird; die obern Stände sinken in der öffentlichen
Achtung durch Genußliebe und Müßiggang oder wirken nachteilig durch
wilden unverständigen Tadel der Regierung. Die spekulativen Wissen=
schaften erhalten einen usurpierten Wert, das Gemeinnützige wird
vernachlässigt und das Sonderbare, Unverständliche zieht die Aufmerk=
samkeit des menschlichen Geistes an sich, der sich einem müßigen Hin-
brüten überläßt, statt zu einem kräftigen Handeln zu schreiten." Zu
kräftigem Handeln sucht er die Nation aufzurütteln, kräftig handelte
er darum vor allem selbst. Während die ungemessenen Geldforderungen
Napoleons vollauf zu thun gaben, ließ Stein keinen Augenblick die
Reformen des Staatslebens aus dem Auge. Sollten die Forderungen
befriedigt, sollte in Zukunft das Vaterland wieder befreit werden, so
mußte dem Volk vor allem Freiheit gegeben werden, materielle und
geistige. Das Grundeigentum ward alsbald nach Steins Eintritt ins
Ministerium für frei erklärt, und damit fiel die Eigenbehörigkeit, Leib=
eigenschaft und Erbuntertbänigkeit. Freier ward die Verwaltung der
Gemeinden in Stadt und Land, auf freien Gebrauch der geistigen
Kräfte zielte Stein in seinen Bemühungen für die Erziehung, für den
Lehrstand, für den Adel, für die Landstände und, als Schlußstein für
den organischen Aufbau des Volkslebens, hoffte er in wenig Jahren
die Reichsstände einberufen zu können. Alle diese Reformen mußten

der durch Scharnhorst unternommenen Herstellung des Heeres zu gut kommen: der freie Bürger hatte Lust, für König und Vaterland Gut und Blut einzusetzen. Schon waren die Gedanken vieler patriotischen Männer auf Landsturm und Landwehr gerichtet, und als in Spanien der Volkskrieg gegen Napoleon ausbrach, als Österreich gegen ihn rüstete, da fing Stein mit seinen Gesinnungsgenossen zu hoffen an, da glaubte er an die Möglichkeit, daß auch Preußen mit in den Kampf eintrete und erwartete einen Aufstand in den altpreußischen Provinzen, in Westfalen und Hessen gegen den Zwingherrn. Ein Brief, in welchem Stein solche Hoffnungen aussprach, ward aufgefangen, Franzosen und Franzosenfreunde fielen über ihn her, als ob er das Vaterland ins Verderben stürze, er glaubte, dem König die Bitte um Entlassung schuldig zu sein. Der König zögerte und gab sie ihm erst im November, nachdem die schwächliche Politik abermals über die starke gesiegt hatte und mit Napoleon ein neuer Vertrag abgeschlossen worden war. Leidenschaftlich geliebt von den Guten, leidenschaftlich gehaßt von den Schlechten, verließ er den Staatsdienst, nachdem er alles gethan, was zu thun war, um den Geist seiner Verwaltung in Gesetzen und Einrichtungen dauernde Wirkung zu verleihen. In einem Rund= schreiben an die Beamten legte er sein politisches Testament nieder: „die Regierung geht nur von der höchsten Gewalt aus, der Besitz eines Grundstückes kann nicht zur Herrschaft über einen Mitunterthanen das Recht verleihen, die Erbunterthänigkeit ist vernichtet, eine allgemeine Nationalrepräsentation steht in Aussicht, der Adel muß reformiert und die Kluft zwischen ihm und dem Bürgerstande ausgefüllt werden, die Wehrpflicht ist allgemein, die Frohnen werden auf gesetzlichem Wege abgeschafft und wenn alles gedeihen soll, muß der religiöse Sinn des Volks neu belebt, unwürdige Geistliche müssen beseitigt, leichtfertigen und unwissenden Kandidaten muß der Eintritt ins Amt gewehrt, der Gottesdienst muß durch größere Feierlichkeit eindringlicher gestaltet werden. Und mit der Jugend werde begonnen durch eine Erziehung, die jede geistige und sittliche Kraft weckt, Liebe zu Gott, König und Vaterland pflegt und mit der Heranbildung eines sittlich kräftigen Geschlechts eine bessere Zukunft verbürgt."

Kaum war Stein nach seiner Entlassung aus dem Dienste in Berlin eingetroffen und mit seiner Familie nach fünfzehnmonatlicher Trennung wieder vereinigt, so erschien der französische Gesandte St. Marsan mit einem aus Madrid vom 16. Dez. 1808 datierten kaiserlichen Dekret des Inhalts: „1. Der namens Stein, welcher

Unruhe in Deutschland zu erregen sucht, ist zum Feinde Frankreichs und des Rheinbundes erklärt. 2. Die Güter, welche der besagte Stein, sei es in Frankreich, sei es in den Ländern des Rheinbunds besitzen sollte, werden mit Beschlag belegt. Der besagte Stein wird überall, wo er durch unsere oder unserer Verbündeten Truppen erreicht werden kann, persönlich zur Haft gebracht." In allen Teilen Deutschlands, welche dem französischen Heere gehorchten, war die Achtserklärung bekannt gemacht, der preußischen Regierung war mit Krieg gedroht, wenn Stein sich noch in preußischem Dienste oder Lande befände. Er mußte fort. Aber Napoleons Haß hatte seinen Feinden ihren Führer bezeichnet. Die Achtung umgab ihn mit dem Glanze des Märtyrers. Er ward das Zeichen, um welches alle sich scharten, die auf Deutschlands Befreiung hofften. Von Segenswünschen und Gebeten begleitet, unter dem Eindruck einer Predigt von Schleiermacher, die er am Neujahrstage mit den Seinigen gelesen „über das, was der Mensch zu fürchten habe und was nicht zu fürchten sei," unterwegs in Buchwald bei der frommen Familie des Grafen Reden gastlich aufgenommen, von dem trefflichen Grafen Geßler über die Grenze geleitet, ging er nach Prag. Hier und in Brünn lebte er einige Jahre der Ruhe mit seiner Familie. An der österreichischen Erhebung im Jahre 1809 nahm er lebhaften Anteil. Wie freute er sich, als Erzherzog Karl bei Aspern gezeigt, daß deutsche Waffen im stande seien, Napoleon zu schlagen, als die Hoffnung grünte, von Österreich aus werde die deutsche Freiheit ihren Siegeslauf durch alle deutschen Länder beginnen! In demselben Jahre kam die Kunde, daß die Engländer ein Heer an der Küste von Norddeutschland landen zu lassen gedächten, um gegen Napoleon zu kämpfen. Stein griff die Sache lebhaft auf und wünschte, daß alles, was in Norddeutschland die Arme regen könne, unter der Führung eines deutschen Prinzen sich zu dem englischen Heere sammle, um Deutschland zu befreien. „Daß die Teilnahme an einer solchen Maßregel," schrieb er damals, „wenn sie mißglückt, meine ganze bürgerliche Existenz in Deutschland vernichtet, davon habe ich die lebhafteste Überzeugung, sie wird mich aber jetzt so wenig, als es in viel traurigeren Lagen geschah, abhalten, meine Pflichten gegen mein Vaterland zu erfüllen." Damit die Erhebung in Norddeutschland keine gesetzlose werde, wünschte er, daß die norddeutschen Staaten unter dem Schutze des deutschen Kaisers einen deutschen Bund schlössen zur Wiederherstellung der deutschen Unabhängigkeit von fremder Gewalt und zur Zerstörung des Rheinbundes. Ein echt deutsches Heer sollte zu Felde ziehen unter Fahnen, auf denen die Namen der großen deutschen Kaiser leuchteten, im Heer sollte durch Gottesdienst gesorgt werden, daß die kriegerische Begeisterung eine heilige bleibe. Und während er mit den deutschgesinnten Männern im Königreich Westfalen, durch Gneisenau, Schleiermacher und Prinzeß Wilhelm mit Preußen, durch Stadion und Gentz mit Österreich in Verbindung stand und überallhin den Flammenhauch seines Geistes wehen ließ, erfüllte er zugleich die Pflichten des Vaters mit Treue, indem er seinen Töchtern Unterricht in der Geschichte erteilte, immer im Großen wie im Kleinen darauf bedacht, wie ein tüchtiges, frommes, freies Geschlecht aus den Trümmern des deutschen Reichs erweckt werden könne.

Aus dieser stilleren Thätigkeit ward Stein plötzlich auf den offenen Kampfplatz gerufen. Napoleon zog gegen Rußland. Der Kaiser Alexander, im Begriff, alle Kraft gegen den Zerstörer der europäischen Freiheit einzusetzen, erinnerte sich Steins, seiner ausgezeichneten Fähigkeiten, seines unerschütterlichen Mutes, seiner unauslöschlichen Liebe zur Menschheit. Er schickte ihm Botschaft nach Prag und lud ihn ein, nach Rußland zu kommen und ihm mit seinem bewährten Rate zur Seite zu stehen. Stein, vom Sturm der Thatenlust ergriffen, eilte und kam am 12. Juni 1812 in Wilna im Hauptquartier des Kaisers an. In bewundernswürdiger Reinheit strahlte sein Charakter während der neuen Thätigkeit, die ihm Gott zugewiesen. Er trat nicht in den russischen Dienst und begehrte nicht nach russischen Ehren. Er war des Kaisers persönlicher Ratgeber, ihm hauchte er Mut ein, um bis aufs äußerste gegen den Feind zu kämpfen: aber Deutschland, sein heißgeliebtes Vaterland, war es, das er meinte, dessen Befreiung sein ganzes Gemüt erfüllte und jeden Nerv in Spannung setzte. Schon dachte er daran, daß das siegende russische Heer den gejagten Feind nach Deutschland hin verfolgen würde. Für diesen Fall arbeitete er an der Gründung einer deutschen Legion; preußische Offiziere, die nach Rußland gegangen waren, um nicht mit, sondern gegen Napoleon zu kämpfen, sollten sie bilden; er hoffte sie in Verbindung mit einer englisch=schwedischen Landung in Norddeutschland bringen zu können, und wenn erst ein solcher kriegerischer Halt da wäre, dann erwartete er einen Aufstand des deutschen Volkes in Preußen, Hannover, Westfalen, Hessen. Durch den Staatsrat Gruner, der in Prag sich aufhielt, knüpfte er tausend Fäden zur Beförderung einer solchen Erhebung an. Nicht bloß vom Schwerte hoffte er, er hoffte vom Geiste, vom Gewissen: die Professoren an deutschen Hochschulen, die protestantischen Geistlichen, die begeisterte Jugend, alles geistig Lebendige, sittlich Kräftige suchte er zu erregen.

Er berief Arndt zu sich nach Rußland, um der deutschen Legion den rechten Geist einzuhauchen, um vom sichern Orte aus das beflügelte Wort in Lied und Schrift wie fliegende Funken in die Pulverkammern deutscher, unter den Ketten knirschender Herzen zu werfen. Deutsch= land, Deutschland über alles! Das war der Grundton seines Lebens und Strebens, auch in Rußland. Was mit diesem Ton nicht stimmte, das galt ihm nichts. „Es ist mir leid, schrieb er dem Grafen von Münster nach London, „daß Ew. Exzellenz in mir den Preußen ver= muten und in sich den Hannoveraner entdecken — ich habe nur ein Vaterland, das heißt Deutschland, und da ich nach alter Verfassung nur ihm und keinem besondern Teile desselben angehörte, so bin ich auch nur ihm und nicht einem Teile desselben von Herzen ergeben. Mir sind die Dynastien in diesem Augenblick großer Entwicklungen völlig gleichgültig, es sind bloß Werkzeuge; mein Wunsch ist, daß Deutschland groß und stark werde, um seine Selbständigkeit, Unab= hängigkeit, Nationalität wieder zu erlangen und beides in seiner Lage zwischen Frankreich und Rußland zu behaupten: das ist das Interesse der Nation und ganz Europas, es kann auf dem Wege alter zerfallener und verfaulter Formen nicht erhalten werden." Steins Freudigkeit und Mut blieb sich unter den Wechselfällen des Krieges gleich. Die Räumung, der Brand Moskaus ward in St. Petersburg, wo sich Stein damals aufhielt, nicht alsbald in ihrer heilsamen Bedeutung erkannt. „Es kann sein," sagte Stein zu Arndt, als die Botschaft eingetroffen war, „daß wir nach Orel oder gar nach Orenburg die Fahrt antreten müssen. Ich habe schon zwei= dreimal im Leben mein Gepäck verloren; was thut's? sterben müssen wir ja doch einmal. Es ist ein erbärmlich Volk, die meisten Menschen." Und dann, als er mit Arndt, Dörnberg und andern Tapfern zu Mittag aß, war er unbe= schreiblich fröhlich und trank auf Spanien und England und auf alles, was Napoleon stürzen konnte. Als dann Napoleon zurückziehen mußte, als sein Heer zu Grunde ging, da hatten auch die, welche vorher nur zum Frieden mit ihm geraten hatten, große Worte. Bei einem kaiser= lichen Familienfeste, zu welchem Stein geladen war, sprach die Kaiserin Mutter, eine württembergische Prinzessin, aufgeregt von Glück und Sieg: „Fürwahr, wenn von dem französischen Heer ein Mann über den Rhein ins Vaterland zurückkommt, werde ich mich schämen, eine Deutsche zu sein!" Stein wechselte die Farbe von Rot zu Weiß, und plötzlich sich erhebend brach er in diese Worte aus: „Eure Majestät haben sehr unrecht, dies zu sagen, und zwar vor den Russen zu sagen, welche

den Deutschen so viel verdanken. Sie sollten nicht sagen: Sie werden
Sich der Deutschen schämen, sondern sollten Ihre Vettern nennen, die
deutschen Fürsten. Ich habe in den Jahren 1792, 93, 94, 95,
96 u. s. w. am Rhein gelebt; das brave deutsche Volk hatte nicht
schuld; hätte man ihm vertraut, hätte man es zu brauchen verstanden,
nie wäre ein Franzose über die Elbe, geschweige über die Weichsel und
den Dnieper gekommen!" Die Kaiserin, anfangs bestürzt über die
kräftige Rede, faßte sich doch bald und erwiederte würdig: „Sie haben
recht, Herr Baron, ich danke Ihnen für die Lektion!"

Im Januar 1813 ging Stein nach Preußen, von Alexander beauftragt, die Mittel des Landes den Unternehmungen gegen Napoleon
dienstbar zu machen. York hatte bereits die Konvention abgeschlossen,
durch welche er sein Heer aus Napoleons Dienst befreite und für eine
deutsche Politik Preußens bereit hielt. Stein und York — die beiden
Helden heben sich aus allem Herrlichen heraus, was Preußens Hauptstadt, Königsberg, damals einschloß, beide Männer von starkem Eisengehalt, Stein mehr sprühend, York mehr schneidend. Stein, der Erbe
eines alten Namens und großer Besitzungen, der reichsunmittelbare
Freiherr, zum Herrschen wie geboren; York ohne lange Ahnenreihe, von
armem Adel, eines Predigers Enkel, eines Hauptmanns Sohn, nur
auf seinen Degen gewiesen, aber auf den kriegerischen Dienst so stolz,
als irgend ein Fürst und Graf und Freiherr auf sein Geschlecht. Stein,
wenn er auch in Preußen den Hort deutscher Größe erkannte, so war
es doch immer Deutschland, was ihm am Herzen lag. York, einst
aus preußischem Dienst verstoßen, fühlt keinen festen Boden unter sich,
bis er wieder zur preußischen Armee gehörte, seinem König und seinem
preußischen Vaterland ist er unbedingt ergeben. Stein, voll Vertrauens
auf die Volkskraft, darum unermüdlich in Reformen diese Kraft zu ent-
fesseln, York, einst einer der heftigsten Gegner der Steinschen Reformen,
gegen das Genialische mißtrauisch, im ganzen Feldzug gegen Frankreich in des Marschalls Vorwärts Heer der Vorderste, aber oft ver-
stimmt gegen Blüchers und Gneisenaus hochfliegende Gedanken. Die
Lage der Dinge war höchst schwierig. Stein, der ehemalige Minister
Preußens, war beauftragt, die Kräfte des Landes gegen die Franzosen
aufzubringen, aber durch einen fremden Monarchen. York hatte sich
von den Franzosen zu den Russen gewendet, aber ohne Befehl seines
obersten Gebieters. Schön, Dohna und so viele treffliche Männer
wußten, daß es heiße, den König und das Vaterland retten, wenn sie in
Steins Gedanken thatkräftig eingingen, aber sie hatten keinen Befehl

ihres Königs. Der Landtag ward berufen auf Steins Verlangen.
Man nannte ihn „landständische Versammlung" und behielt sich, indem
man Hand ans Werk legte, des Königs Genehmigung vor. Stein
verlangte, York sollte dem Landtag Eröffnungen machen. Dieser behauptete, Stein müsse es thun. Schön trat vermittelnd dazwischen.
Es gab heftige Auftritte. Aber die Liebe zum Vaterland war stark
genug, diese starken Männer zu mildern, daß sie sich in das, was not
that, fügten. Beide waren ja eins in dem glühenden Wunsche, Napoleon
zu vernichten, waren sich gleich in Kühnheit, Furchtlosigkeit und Opferwilligkeit. So bieten sie uns in Königsberg den entzückenden Anblick,
daß zwei Männer ersten Ranges, von ausgeprägtester, sich gegenseitig
bekämpfender Eigentümlichkeit um des Vaterlandes willen sich selbst
verleugnen und einigen. Was geschehen ist von Königsberg bis Paris,
es wurzelt in Steins und Yorks Gesinnung und That.

Der deutsche Krieg begann. Von Königsberg war Stein nach
Breslau geeilt, um den König zum Vertrag mit Alexander anzutreiben.
Es war Ende Februar. Seine Mission gelang, er selbst ward aufs
Krankenlager geworfen. Seine Frau eilte mit ihren Töchtern aus
Prag herbei: sie fanden einen Genesenden. Und bald war er wieder
in voller Thätigkeit. Nachdem der König am 16. und 17. März die
Kriegserklärung und den „Aufruf an mein Volk" erlassen hatte, kam
am 19. ein Vertrag über die Verwaltung der im Laufe des Krieges
zu befreienden Länder zwischen Rußland und Preußen zustande. Stein
war die Seele des eingesetzten Verwaltungsrates. Von Breslau ging
er nach Kalisch, von da nach Dresden. Dort war er in der lebendigsten Geschäftsthätigkeit, von allen Seiten angelaufen, nach allen
Seiten in seiner mächtigen Weise wirkend, bald erweckend, bald schreckend,
die Wonne aller Guten, die Furcht aller Feinde des Vaterlandes, von
Napoleon in seinen Bülletins beschimpft und damit dem deutschen
Volke gezeigt als des Guten Grundstein, des Bösen Eckstein, des deutschen
Volkes Edelstein. Nach den Schlachten von Großgörschen und Bautzen
sah er die Seinen in Prag wieder und zum letztenmal den verwun-
deten Scharnhorst. Die Tage des Waffenstillstandes brachte er im
Hauptquartier zu Reichenbach zu. Als die siegreichen Schlachten im
Spätsommer geschlagen wurden, hielt er immer nicht bloß die Befreiung
Deutschlands, sondern zugleich seine Neugestaltung im Auge. Am Tage
nach dem Einzug der verbündeten Monarchen kam auch er nach Leipzig.
Alexander umarmte ihn mit der innigsten Freude. Mit Gneisenau
schloß hier Stein einen Bund und sie faßten den Entschluß: der Krieg

dürfe nur mit der Entthronung Napoleons enden. „Da liegt also", schrieb er an seine Frau, „das mit Blut und Thränen so vieler Millionen gekittete, durch die tollste und verruchteste Tyrannei aufgerichtete ungeheure Gebäude am Boden; von einem Ende Deutschlands bis zum andern wagt man es auszurufen, daß Napoleon ein Bösewicht und der Feind des menschlichen Geschlechtes ist, daß die schändlichen Fesseln, in denen er unser Vaterland hielt, zerbrochen und die Schande, womit er uns bedeckte, in Strömen französischen Blutes abgewaschen ist. . . . Die Vorsehung ist gerechtfertigt durch das große Gericht, das sie über das Ungeheuer ergehen ließ; seine Verstockung hat ihn zu politischen und militärischen Tollheiten verleitet, die seinen Fall beschleunigt und ihn zum Gespött des Volks herabwürdigen." Am 9. November ging Stein nach Frankfurt. Seine Anwesenheit war dort hoch nötig. Schon dachte Metternich mit Napoleon Frieden zu schließen und ihm die Rheingrenze zu überlassen. Stein hatte von Anfang an, seit er mit diesem Staatsmanne in Berührung gekommen war, ihm nichts Gutes zugetraut. Er gedachte des trefflichen Geistes, den Stadion 1809 dem österreichischen Volke einzuhauchen gewußt. „Jetzt", klagt er, „steht ein kalter, absichtlich flach berechnender Mann an der Spitze, der sich vor jeder kräftigen Maßregel scheut und sich das Ziel nahe steckt und mit kümmerlichem Flickwerk behilft." Er sah mit Schmerz, daß Metternich durch die Freude über den Beitritt Österreichs zum Krieg gegen Napoleon eine Übermacht erhielt, die dieser Mann gewiß auf keine Deutschland beglückende Art ausüben werde, die man beobachten und beschränken müsse. Stein hatte von Frankfurt bis Paris immer zu drängen, wenn Metternich hemmte. Es war ein Glück für Deutschland, das nicht hoch genug anzuschlagen ist, daß Stein in jener Zeit durch seine politische Stellung und seine sittliche Kraft ein ungemessenes Ansehn genoß. Dachten doch die glühendsten Verehrer sogar daran, ob er nicht deutscher Kaiser werden könne! Von Frankfurt ging er nach Freiburg, Basel, dann nach Frankreich, überall im Hauptquartier thätig, daß die kühnen militärischen Gedanken Blüchers und Gneisenaus keine politischen Hemmnisse erfahren müßten. Er hatte die Freude, in Paris einziehen zu dürfen. „Hier bin ich in Paris seit gestern, dem Jahrestag meiner Ankunft in Dresden" — schrieb er am 10. April an seine Frau, „welche Ereignisse seitdem, welcher Abgrund von Unglück, aus dem wir gerettet sind! Dank der Vorsehung, dem Kaiser Alexander und seinen tapfern Waffengefährten, Russen und Deutschen. Zu welchem Grade von Glück, von Unabhängigkeit, von Ruhm sind

wir gekommen — wir wagen endlich uns dem Genusse der Gefühle
hinzugeben, welche diese Lage einflößt, und im Frieden in den Schoß
unserer Familie zurückzukehren, das Los derer, aus welchen sie besteht,
gegen das Unglück gesichert, welches ihnen Zerstörung drohte. Nur
wenn ich das Gefühl, das sich über mein ganzes Dasein verbreitet,
mit dem des Druckes und der Leiden vergleiche, das neun Jahre mich
ergriffen hatte — nur diese Vergleichung setzt mich in den Stand, den
ganzen Umfang meines jetzigen Glücks, die Größe meines vorigen
Leidens zu würdigen." Sein Werk war vollbracht — er hatte das
Seine gethan, um Napoleon stürzen zu helfen. Als Napoleon sich
die Kaiserkrone aufgesetzt, war Stein preußischer Minister geworden.
So gewaltig schien dem Tyrannen der deutsche Reichsfreiherr, daß
er ihm die Märtyrerkrone der Acht aufsetzte und ihn damit vor der
Welt als einen ebenbürtigen Gegner bezeichnete. Als der Kaiser die
russische Grenze überschritten, stand Stein ihm schon gegenüber und jetzt
zieht der Geächtete in der Hauptstadt des Weltherrschers ein und
hilft die Acht über ihn vollstrecken. Zufrieden, den richtenden Arm
Gottes gesehen zu haben, kehrt der deutsche Freiherr auf seine Burg
heim. Alexander hatte ihn eingeladen, mit nach England zu gehen.
Er aber hatte nicht Lust, sich von dem Prinz=Regenten begaffen zu
lassen. Von seiner Familie mit heißer Sehnsucht erwartet, von seinen
Untergebenen mit Jubel bewillkommnet, zieht er in Nassau wieder ein,
das er vor sieben Jahren verlassen, um sieben Jahre um Deutschland
zu dienen.

Noch war ihm keine lange Ruhe im Hause vergönnt. Die va=
terländischen Angelegenheiten riefen ihn bald nach Frankfurt a/M., von
da nach Bruchsal zu Kaiser Alexander und im September nach Wien
auf den Kongreß. Nur von seiner Anwesenheit schienen die besten
Männer zu erwarten, daß die Federn nicht verdürben, was die Schwerter
gut gemacht. Er gehörte keiner der Mächte, die das entscheidende Wort
zu sprechen hatten, als Minister an. Er erschien als Ratgeber Alex=
anders für die deutschen Angelegenheiten, er hatte Ansehn als Haupt
der obersten Verwaltung der eroberten deutschen Länder, größeres aber
noch durch seine Persönlichkeit, seinen festen, unbeugsamen, reinen
Charakter. Stein that, was er konnte, um für Deutschlands Ver=
fassung etwas zu gewinnen. Mit der Schlußakte, welche aus den zu=
letzt unter dem Eindruck der Wiederkehr Napoleons etwas rascher be=
triebenen Beratungen hervorgegangen war, zeigte er sich aber keineswegs
zufrieden. Er kehrte nach Nassau zurück in den ersten Tagen nach der

Schlacht bei Waterloo. Als die Monarchen zum zweitenmal in Paris eingezogen waren, regte sich vielfach das Verlangen nach Steins bewärtem Rate. Er brach von Nassau auf und kam am 14. August nach Paris. Aber dem redlichsten Willen gelang es nicht, durch die widerstreitenden Interessen so vieler länderbegieriger Monarchen hindurch für Deutschlands Ehre die volle Beute zu gewinnen. Er kam schon am 16. September in Nassau wieder an. Die Friedensjahre begannen für ihn. Er baute seinen Turm in Nassau aus, in welchem er alle seine deutschen Schätze an Büchern und Bildwerken zu sammeln gedachte; er bewerkstelligte die Erwerbung der Domäne Kappenberg in Westfalen, er wirkte durch Briefwechsel nach allen Seiten, daß das Ungenügende, das durch die Bundesverfassung den deutschen Ländern gewährt ward, genügend verwirklicht würde. Die österreichische Präsidialgesandtenstelle beim Bundestag sowol als die preußische Gesandtenstelle schlug er aus. Aber beim Ordensfeste in Berlin im Januar 1816 klang sein Name als der erste; er allein erhielt den schwarzen Adlerorden. Die Winter der nächsten Jahre verlebte er in Frankfurt, im Sommer war er abwechselnd in Nassau oder Kappenberg, später brachte er auch den Winter auf einer dieser Besitzungen zu. 1818 wohnte er auf Einladung des Kaisers Alexander dem Kongreß von Aachen bei, 1819 verlor er seine Frau. 1820 machte er eine Reise mit seinen Töchtern nach der Schweiz und Italien. In den letzten zehn Jahren seines Lebens widmete er seine beste Kraft der Sammlung der Quellen für deutsche Geschichte und dem westfälischen Landtag. Wir werden, nachdem wir einen Abriß seines Lebens gegeben, den innern Gehalt dieses Lebens nach seinen verschiedenen Beziehungen anschaulich zu machen versuchen.

Der Mensch pflegt auch in dem Innersten und Freisten, was er haben soll, in seinem Glaubensleben, von seiner Geburt, seiner Erziehung, den Zeitverhältnissen abhängig zu sein. Der ewige Gehalt des Glaubens erscheint in einer Form, welche das Gepräge der Zeit an sich trägt. Steins Jugend fällt in die Zeit des herrschenden Rationalismus; von ihm hat er die nüchterne Weise, sich über religiöse Dinge auszusprechen, die scheinbar ausschließliche Erfahrung auf dem Gebiete des ersten Artikels, die Vorliebe für das Wort Vorsehung, anstatt der persönlichen Bezeichnung Gottes. Aber wir spüren den Herzensglauben allemal, wenn er von der Vorsehung spricht, und die Zeugnisse sind untrüglich, daß ihm in der Vorsehung das Vaterantlitz Gottes und dieses durch Jesus Christus offenbar geworden war.

Über seine religiöse Entwicklung giebt er selbst eine Andeutung in dem Briefe, den er nach dem Tode seiner Frau an den Pfarrer Stein in Frankfurt schrieb: „Dank meinen frommen Eltern und besonders meiner vortrefflichen Mutter — ward mir frühe Achtung und Liebe für die Lehren und das Leben unseres Heilandes eingeflößt, haben gleich Leidenschaften, Zerstreuungen, Überladung von Geschäften diese Gesinnungen öfters verdunkelt, bisweilen vergessen machen, so blieb ihr Keim, nie war er durch Verachtung oder Spott unterdrückt, und er erwachte und entwickelte sich wieder im Leiden und in den trüben Stunden, die den Abend meines Lebens begleiteten." In der That, wie selten in dem früheren geschäftsvollen Leben religiöse Äußerungen bei ihm gefunden werden, er erscheint niemals als ein Ungläubiger, Zweifler, Spötter. Er bewahrt, was er in der Kindheit empfangen, wie ein Samenkorn, das künftiger reicher Entfaltung harret. Und wo die Verhältnisse ihn zu einer Äußerung über sein Glaubensleben anregen, geschieht es immer in dem christlich bestimmtesten Sinne, der überhaupt in jener Zeit gefunden werden mochte. In Göttingen bleibt er im Gegensatz gegen die Philosophie Kants, welche damals gerade auf sittlich kräftige Männer einen gewaltigen Einfluß übte, beim Katechismusglauben. In seinen ersten Ämtern in der Mark haucht ihn der evangelische Geist, der auch in der rationalistischen Zeit in jenen Gegenden eigentümlich christliches Leben weckte, aufs wohlthätigste an, und zu tüchtigen Geistlichen tritt er, wie wir aus Eylerts Erinnerungen wissen, in ein freundliches Verhältnis. Als er später mit der Besitzergreifung des Münsterlandes beauftragt war, hat er wieder ein besonderes Wohlgefallen an dem religiös-sittlichen Volksgeiste, der in dem Lande herrschte, und sein mildes Urteil über Stolbergs Übertritt zum Katholizismus ist ein sicherer Beweis, daß auch er die Gehaltlosigkeit des Rationalismus innerhalb der protestantischen Kirche erkannte und in dem positiv Christlichen das echt Christliche sah. Wir sehen ihn in späterer Zeit allen Versuchen, das Christlichbestimmte in der Religion zu erhalten oder wiederzubringen, eine rege Teilnahme zuwenden, er empfiehlt Herder, Chateaubriand, er beschäftigt sich mit Schleiermacher. Der Briefwechsel mit der Prinzessin Wilhelm hat uns einen Blick in den Ernst thun lassen, mit welchem er an der eignen und an andrer religiöser Vertiefung arbeitete. Die Jahre 1812, 13, 14 und 15 kamen; Gott offenbarte sich ihm deutlich in ungeheuren Ereignissen, und seine Briefe bekunden, daß seine innerste Seele den Ruf Gottes verstand. Er hatte viele große Eindrücke religiös zu verarbeiten, als er sich endlich ins Stillleben zurückziehen konnte. Wie er sie in sich aufgenommen, beweisen die Freundesgespräche, von denen uns Arndt Kunde hinterlassen. „Ja, der liebe Gott," pflegte er dann zu sagen, „hat viele unsrer Thorheiten und Verkehrtheiten und auch nicht wenig erbärmliches und schlechtes Beginnen ohne unser Verdienst zum Guten gewendet, nur ihm allein verdanken wir die Rettung." Oder er sagte: „Lieber Freund, wir haben doch viel gewonnen, Gott wird weiter helfen." Wenn er dann der Schlechten gedachte, die das Gute aufgehalten, fügte er hinzu: „Diese Welt ist einmal eine böse Welt, wo die Schelme oft oben schwimmen: man sehnt sich oft dahin, wo es besser ist; ich hoffe doch dahin zu kommen, wo man immer in Gesellschaft von ehrlichen Leuten lebt und einem nicht so viele Schelme und feige Schurken begegnen, als einem hier oft den Weg versperren wollen." Sah er von seiner Zukunft im Himmel wieder auf die Zukunft Deutschlands, dann sprach er zu dem Freunde: „Ich bin alt und hoffe, die neue babylonische Ver= wirrung nicht mehr mit ansehn zu müssen. Sie sind viel jünger als ich und werden wahrscheinlich noch gewaltige Stürme über uns und andere Völker hereinbrechen sehen. Da thut es not, mehr als je mit festem Gottvertrauen sich zu wappnen, um die rechte innere Stütze und Richtung nicht zu verlieren. Gott wird die Welt noch nicht un= tergehen lassen, aber die wohlverdiente Züchtigung kann und wird er in seiner weisen Gerechtigkeit nicht immer erlassen." Die Befreiungs= kriege hatten seinen Glauben wach gerufen. Er arbeitete nun an der Vertiefung desselben. Arndt erzählt, er habe ihn nie allein oder mit den Seinen beten gesehen, wohl aber beobachtet, wie Stein zuweilen bei seinem Eintritt ein aufgeschlagenes Bibel= oder Gesangbuch schnell beiseite gethan. Das war auch die Weise jener Zeit, daß die Fröm= migkeit, gegen deren äußerliches, heuchlerisches Wesen der Rationalismus so viel deklamiert hatte, auch wo sie eine aufrichtige war, am liebsten sich ins Kämmerlein einschloß und möglichst wenig von dem offenbarte, was sie dem Geiste Gottes dort abgelauscht. Es ist aber Thatsache, daß er jeden Morgen nach dem Ankleiden eine Viertel= oder halbe Stunde der stillen Betrachtung im Gebet widmete. Dann that er wohl einen Blick aus dem Fenster oder vom Balkon, um die Landschaft in der Weihe der heiligen Frühe zu überschauen. Einen Freund, den er zum Be= suche einlud, bat er, nicht am Karfreitag zu kommen, weil er diesen Tag ganz zu Andachtsübungen bestimmt habe. Die Kirche besuchte er regel= mäßig, aber das moralische Gewäsche und die blumenreichen Gehalt= losigkeiten rationalistischer Prediger waren ihm zuwider. Kam er un=

befriedigt heim, dann konnte er wohl sagen: „Die dummen Kerle haben die Kapitel vergessen, die im allerheiligsten der Bundeslade in Gold eingewickelt liegen, vor welchen sie anbeten sollten; sie wissen viel mehr zu schwatzen und Glossen über die Ochsen und Esel zu machen, welche die Bundeslade ziehen sollen. Das Herz empor! und den Hut ab in Ehrfurcht! Das empfinden sie nicht! Je nun, wir können uns doch trösten; ist die Predigt schlecht, so klingt doch noch mitunter ein Lied von Doktor Luther oder Paul Gerhardt, und wenn man fromm sein will, so geht's doch." Gegen die Katholiken war er mild gestimmt, er fühlte, daß ihn etwas Gemeinsames, das Festhalten an dem Positiven des Christentums, mit den besten Katholiken jener Zeit verband. Mit dem Grafen Spiegel, Domherrn in Münster, nachmals Erzbischof in Köln, unterhielt er jahrelang einen freundschaftlichen Briefwechsel, in welchem er aber nicht unterließ, auf Mängel in der katholischen Kirche hinzuweisen und sein evangelisches Bekenntnis zu wahren. Mit dem katholischen Pfarrer Fey aus Bodendorf, den er als ehemaliger Herr von der Herrschaft Landskron mit einer ansehnlichen Dotation bedacht hatte, gab's, wenn er bei seinem Patron zum Besuch war, allerlei konfessionelle Kämpfe in Liebe. Kam auf die Verehrung der Heiligen die Rede, so sagte Stein: „Ein Gott und immer wieder Ein Gott, und Gott allein! Immer zu dem Einen, zu dem Höchsten das Herz und die Hände erhoben! Das giebt auch Einen Mut, den rechten Mut. Wir Protestanten sind Soldaten, die im Frieden mit schwerem Gepäck ihre Übungen machen, haben also besser geübten Atem für den Krieg; ihr Katholiken habt in euern Heiligen die Menge Diener und Troßbuben, die euch das Gepäck abnehmen und ein gutes Stück Weges tragen helfen, ihr habt aber nur halben Atem für die volle Arbeit des Kampfes." Er war froh, des Segens zu genießen, den die Reformation Luthers gebracht. „Doktor Luther," pflegte er zu sagen, „hat uns den Weg und den Eintritt in den Himmel Gottlob etwas kürzer gemacht, da er die vielen Hofmarschälle, Zeremonienmeister und Thürhüter des Himmelspalastes weggeschafft hat. Sie wissen, ich liebe das Kurze, wenn der Weg auch etwas abschüssig und gefährlich ist."

Wer den innern Zusammenhang geistiger Richtungen erkennt, der wird es nicht auffallend finden, wenn wir nach der Darstellung der religiösen Entwickelung, die Stein durchlaufen, sofort über seinen Eifer, ein junges Geschlecht zu erziehen, ein Wort sagen. Es lag in der Lauterkeit und Redlichkeit seines innern Lebens mit Notwendigkeit der Wunsch, die Jugend möchte nicht äußerlich zum Frohndienste dieser Welt abgerichtet, sondern vor allem innerlich befreit, entwickelt, zu einem selbständigen, kräftigen Leben erzogen werden. Wir haben gesehen, wie er bei seinem Austritt aus dem Ministerium im Jahre 1808 in seinem politischen Testamente zuletzt die Erziehung aufs stärkste betont. Mit Fichte und der Königin Luise hoffte er viel von einer durch Pestalozzis Vorbild angeregten Methode, die auf die innere Natur des Menschen gegründet, jede Geisteskraft von innen heraus entwickelt, jedes edle Lebensprinzip anreizt und nährt. Aber bei diesem Allgemeinen blieb er nicht stehen; wo er konnte, wirkte er selbst auf die Jugend ein und das Mittel, dessen er sich am liebsten zur Erweckung eines edlen, kräftigen, tüchtigen Sinnes bediente, war die Geschichte. Als Oberpräsident in Westfalen führte er einen Briefwechsel mit dem Prinzen Louis Ferdinand, dessen Kräfte er nicht gern in Ausschweifungen vergeudet, sondern lieber für das Vaterland aufbewahrt sah. „Lebt der Mann," so schreibt er an den Prinzen, „welcher sich durch die Natur zu einer großen und nützlichen Laufbahn berufen fühlt, inmitten der Weichlichkeit der Höfe oder unter kleinlichen Leuten, so kann er nur dann sich erhalten und diese Charakterstärke entfalten, wenn er sich mit den großen Männern der Geschichte umgiebt und sich durch ihre Vorbilder gegen die zerstörenden Eindrücke verderbter und kleiner Umgebungen schützt." Stein war es auch, der auf die Erziehung des Kronprinzen einen entscheidenden Einfluß übte. Er fand, daß sein seitheriger Erzieher Delbrück für den guten, gefühlvollen, heftigen, lernbegierigen, mit einer lebhaften und fruchtbaren Einbildungskraft begabten Prinzen nicht mehr genüge, daß für ihn eine allgemeine Erziehung zu einem sittlichen und unterrichteten Manne nicht hinreichend sei, sondern daß frühzeitig seine Aufmerksamkeit auf die Kenntnis der Geschichte der Nationen und ihrer Beherrscher, auf die Ursachen ihrer Größe und ihres Verfalls gerichtet werden müsse, und schlug Ancillon vor, der hinfort die Erziehung des Kronprinzen leitete. Seinen eignen Töchtern trug er in der Zeit seines Aufenthalts in Böhmen die Geschichte der französischen Revolution vor, die er nach den besten Quellen und eignen Erlebnissen bearbeitete. Sein Schwager Arnim hatte ihm sterbend die Erziehung seiner Kinder ans Herz gelegt. Mit der größten Treue nahm er sich dieses Werks an und auch hier war es die Geschichte, von welcher er heilsame Eindrücke erwartet. „Der Einfluß der Geschichte," so schrieb er an den Erzieher der Kinder, Dr. Eiselen, „ist wohlthätig für ein junges Gemüt, wenn sie gründlich, treu, einfältig studiert wird, und man nicht auf der Bahn metaphy= sischer Schwätzer und politischer Sophisten daherwandelt; sie erhebt uns über das Gemeine der Zeitgenossen und macht uns bekannt mit dem, was die edelsten und größten Menschen geleistet, und was Träg= heit, Sinnlichkeit oder verkehrte Anwendung großer Kräfte zerstört. Ich halte es daher für wesentlich, den Sinn für Studium der Geschichte zu erregen, und damit den Jüngling vorzüglich zu beschäftigen." Was er so für die Einzelnen durch Anregung zum Geschichtsstudium gethan, das wünschte er in der Zeit des wiedererlangten Friedens für die ganze deutsche Nation zu thun, durch die Sammlung der Quellen= schriftsteller deutscher Geschichte. Es bewies einen adligen Sinn, daß er zu einem Unternehmen, das durch die Gelehrten allein nicht zu stande gekommen wäre, die Hilfe seiner Stellung, seiner Verbindungen, seiner Kasse gern gewährte, einen deutschen Sinn, daß er nach den tiefsten Wurzeln deutschen Wesens und deutscher Geschichte forschte, einen wissenschaftlichen Sinn, daß er ein Werk unternahm, das erst durch die zweite und dritte gelehrte Hand der großen·Menge der Ge= bildeten Gewinn und Genuß brachte, und einen protestantischen Sinn, daß er die Wahrheit förderte, ohne Nebenabsichten, die andere entweder fürchteten oder wünschten. War es nicht echt protestantisch, wenn er an Pertz, der über das Mißtrauen des Kaisers Franz und des Fürsten Metternich gegen das Unternehmen berichtet hatte, schrieb: „Will man das böse Prinzip bekämpfen, so sollte man sich doch nicht zum Ver= dacht gegen das Gute hinreißen und zum Glauben verleiten lassen, daß nur das Gewöhnliche, wohl gar nur das Gemeine Vertrauen ver= diene. — Wozu die Geschichte gebraucht werden soll? Mir scheint, daß eine solche Frage von dem ganzen Menschengeschlechte längst beant= wortet worden — denn der rohe Wilde, wie der kultivierte Europäer lebt gerne in der Erinnerung der Thaten seiner Vorfahren — soll Ge= schichte auf Universitäten einen Lehrstuhl finden, so muß der Lehrer aus reinen ungetrübten Geschichtsquellen schöpfen. Wer konnte es sich nur träumen lassen, daß ein Unternehmen, welches einen so ausge= machten litterarischen Wert hat, als eine vollständige kritische Samm= lung der ohnehin größtenteils längst gedruckten und längst benutzten Scriptores rerum German., als ein gefahrdrohendes, Staatsmänner be= unruhigendes Unternehmen angesehen werden könne! Ein russischer Zensor ließ in Mitau Tissots Avis au peuple, ein bekanntes medizi= nisches Buch, ein anderer in Moskau Klopstocks Messias, als mystische Irrtümer verbreitend, verbrennen. Tadelt man nicht mit Recht an der

revolutionären Schule, daß sie alles Geschichtliche verwerfe, alles Be=
stehende zerstören und ein neues Gebäude aufführen wolle, das
in ihrem Gehirn erzeugt worden, in der Luft gegründet sei?" —
Ein protestantischer Atem weht uns aus solchen Worten entgegen.
Und der Protestantismus Steins war der echte, weil er der evange=
lische war. War er immer der Kirche zugethan und sah er in den
Tagen der Knechtschaft in der Wirkung kirchlichen Lebens eins der
Mittel, durch welches der Nationalgeist zur Abschüttelung der Ketten
gekräftigt werden könnte, so hat er in spätern Jahren während seines
Aufenthaltes in Westfalen sich aufs eingehendste und förderlichste mit
kirchlichen Fragen beschäftigt. Denn Westfalen und Rheinland haben
seit lange in ihrer Verfassung ein Mittel, Unkirchliches von der Kirche
zurückzuweisen, dagegen christlich gesinnte Laien in die kirchliche Thä=
tigkeit hereinzuziehen. Nach der Kirchenverfassung der Grafschaft Mark
war der Besitzer von Kappenberg Mitglied der Synode. Stein wurde
zum Leiter derselben gewählt. Von einer Synodalverfassung, wie sie
in jenen Gegenden heimisch war, fürchtete er nicht Wachstum, sondern
hoffte Abnahme des Unglaubens. „Eine Synodalverfassung," schrieb
er an Eichhorn, „wird unsere protestantischen aufgeklärten Geistlichen
zwingen, zu der Einfachheit der christlichen Lehre zurückzukehren, denn
nicht ihr exegetisches, naturphilosophisches Gewäsch, nicht ihr christlich
atheistisches Rotwelsch, sondern die einfache Lehre des Christentums,
auf die sich Glaube, Liebe, Hoffnung gründen, will und bedarf das
deutsche Volk zur Richtschnur im Leben, zum festen Hort und Anker
im Tod: es wird sich solche Geistliche wählen und von andern sich ab=
sondern." Sehr angelegentlich beschäftigt er sich noch im Jahre vor
seinem Tode als Synodalmitglied mit der Errichtung eines Prediger=
seminars. Er erbot sich zu einem Beitrag von 5000 ℳ und hoffte
Nachfolger zu finden. Aber es galt ihm nicht bloß um die äußeren
Mittel, der Geist der Anstalt war ihm die Hauptsache. Während er
mit der größten Entrüstung einerseits gegen allerlei Erscheinungen des
Unglaubens, namentlich gegen die Schule eines Semler, Paulus,
Wegscheider, Gesenius, andrerseits gegen Aberglaube und Sektiererei
sich ausspricht, fragt er: „was soll gelehrt werden? eine geoffenbarte
christliche Religion? etwas Festes, Bestehendes, in einem Geiste, der
bekennt, daß Christus von Gott ist, oder der das nicht bekennt, den
1. Joh. 4, 1—3 Geist des Widerchrists nennt, der Rationalismus,
etwas Unbegrenztes, Vages, das zuletzt allen Irrtümern, deren mensch=
licher Dünkel und menschlicher Geist fähig ist, den Zugang eröffnet?"

Er steht mit vollem Bekenntnis auf dem biblischen Christentum und hofft, daß das Predigerseminar seine Zöglinge zur einfachen Verkündigung desselben heranbilden werde. Die philosophischen Prediger findet er, wenn sie geistvoll sind, für die Gebildeten allenfalls belehrend, wenn sie mittelmäßige Gaben haben, den Ungebildeten unverständlich, den Halbgebildeten langweilig, den Gebildeten unerträglich. Dagegen „für den Vortrag eines selbst höchst gewöhnlichen, aber demütigen, frommen, für das Seelenheil seiner Gemeinde besorgten Predigers sind die Zuhörer immer empfänglich, durch den in ihm herrschenden frommen Sinn, durch die Einwirkung des Geistes Gottes, durch die Kraft des Gebets. In bezug auf die Einrichtung des Seminars spricht er sich für einen Konvikt aus. Der Konsistorialrat Möller fand, daß Stein in bezug auf das Seminar den Nagel auf den Kopf getroffen habe. Von dem Synodalpräses Bäumer auch um seine Meinung über das Gesangbuch befragt, erwiderte Stein, hier traue er sich kein Urteil zu, gab aber sofort ein sehr treffendes: „Vor das erste, das Gesangbuch muß mit dem allgemeinen christlichen Glaubensbekenntnis übereinstimmen! denn wer giebt einer Gesangbuchs-Kommission oder einem Konsistorio oder irgend einem Verein einzelner Personen die Befugnis, von diesem allgemeinen Glaubensbekenntnis eigenmächtig abzuweichen, — der, der es bezweifelt, der verlasse Kanzel und Katheder und handle nicht gegen den ihm erteilten Beruf. Dies wäre also ein Gesichtspunkt, der bei dem Gesangbuch ins Auge zu fassen sein wird. Der andere wäre. man wähle alte Lieder bis zu dem Anfang des achtzehnten Jahrhunderts; denn das spätere Zeitalter, auch großenteils das unsrige, ist kein religiöses, ist ein wissenschaftliches, industrielles, kommerzielles, politisierendes, geschwätziges, frech absprechendes und höchst eitles Zeitalter... Ich würde also unter den Tausenden von vortrefflichen alten Liedern auswählen, sie nicht ändern, aus den oben angeführten Gründen, zu denen hinzukommt, daß so viele Geschlechter in diesen alten Trost, Erbauung und ein Asyl fanden gegen langweilige kalte Prediger, die ihr schales Machwerk oft mit einem widrigen Organ, lächerlicher Gebärde und großer Selbstgefälligkeit vortragen.“ Auch über den Entwurf einer neuen Agende, die er sehr nötig hält, damit die Form des Kultus nicht von den momentanen Launen einzelner Männer abhänge, giebt er sein Urteil, lobt die Einfachheit, Kraft und Salbung der alten Gebete und freut sich über die Ausschließung der flachen Neuerungssucht und der „langweiligen idyllenartigen Phraseologie“ — ein Ausdruck der für sich allein Steins Gabe, die Geister zu unterscheiden, glänzend beweist. Welche Prediger Stein am liebsten hörte, läßt sich aus dem Gesagten leicht schließen — die, welche einfach und kräftig Christum den Gekreuzigten predigten. In Frankfurt a/M. zog in den Jahren nach den Befreiungskriegen der Pfarrer Stein alle die=jenigen in die Kirche, denen es um herzliche Erbauung auf dem rechten Grunde zu thun war. Eine Frau von Löw soll den Minister zuerst auf den Pfarrer aufmerksam gemacht haben. „Wird wohl ein Weiberpfaff sein!" war seine erste Antwort. Doch ging er mit und fortan ward der junge Pfarrer sein geistlicher Ratgeber. „Das war eine schöne Predigt!" sagte Frau Schmidt zu ihm, aus der Kirche heraustretend. „Schöne Predigt?" fuhr er die Frau an, „Schöner Roman! so sagt man nicht; es war eine christliche, eine erbauliche Predigt."[30])

Der freien Thätigkeit der christlichen Liebe widmete Stein seine volle Teilnahme. Die Heidenmission erregte seine liebevolle Aufmerk=samkeit, in einer Zeit, wo sie fast überall noch als ein Ärgernis oder eine Thorheit erschien. Für die entlassenen Sträflinge that er was er konnte. Wie er überhaupt auch aus der katholischen Kirche gerne das Gute sich aneignete, den Klöstern gern einen Segen zugestand, aus dem Leben eines Karl Borromäus, aus den Schriften eines Sailer Erbauung schöpfte, so hatten ihm die barmherzigen Schwestern, die er in Frankreich und Lothringen kennen gelernt, einen tiefen Eindruck ge=macht. Er förderte die Einführung derselben in Deutschland und lange trug er den Gedanken in seiner Seele, auf dem Boden der evangelischen Kirche das Institut solcher Krankenpflegerinnen in evan=gelischer Weise zu errichten. Er hatte darüber mit seinem vorhin er=wähnten geistlichen Freunde, dem Pfarrer Stein in Frankfurt, ver=handelt, auch mit seinem jungen Freunde, dem nachmaligen Minister und Biographen Vinckes, von Bodelschwingh, darüber gesprochen. Durch diesen hörte Amalie Sieveking in Hamburg von Steins Ge=danken und trat mit ihm in Briefwechsel. Der ehrwürdige Greis schrieb an die Hamburger Tabea über seine Erfahrungen, die er in den Instituten des Borromäus und des Vincenz von Paula gemacht: „Bei dem Besuch beiderlei Anstalten war mir höchst auffallend der Ausdruck von innerem Frieden, Ruhe, Selbstverleugnung, frommer Heiterkeit der Schwestern, ihre stille geräuschlose Wirksamkeit, die liebevolle segenbrin=gende Behandlung der ihrer Pflege anbefohlenen Kranken. Mit allen diesen Erscheinungen machten einen beleidigenden Kontrast der Aus=druck von Unbehaglichkeit aufgereizter, wegen nicht befriedigter Eitelkeit

über Vernachläſſigung gekränkter, unverheirateter, alternder Jungfrauen
aus den oberen und mittleren, zum Broterwerb durch Handarbeit nicht
berufenen Ständen — die wegen ihrer auf tauſendfache Art geſtörten
Anſprüche, wegen ihres Müßiggangs eine Leerheit, eine Bitterkeit
fühlten, die ſie unglücklich und anderen läſtig machte. — Dieſer Zu-
ſtand der Unbehaglichkeit wirkte wieder nachteilig auf ihre Geſundheit. —
Die Frage war wohl natürlich, warum finden ſich nicht ähnliche In-
ſtitute, wie das der barmherzigen Schweſtern, bei den proteſtantiſchen
Konfeſſions-Verwandten? — Wir haben in vielen Städten Stiftungen
für ähnliche Anſtalten, es zeigt ſich auch fortdauernd noch ein thätiger
Geiſt der Wohlthätigkeit in Frauenvereinen u. dgl., aber ſolche feſte
dauernde Verbindungen, wie die der barmherzigen Schweſtern, an die
ſich wieder ſo manches Vortreffliche anſchließt, die fehlen uns.“ Dann
freut er ſich über die Abnahme der Vernünftelei, über die Zunahme
der frommen chriſtlichen Lehrer, ſieht darin günſtige Vorbedingungen
für die chriſtliche Liebesthätigkeit, ermuntert Amalie Sieveking, ihr
Werk fortzuſetzen und empfiehlt ihr, die Anſtalten in Nancy und Lothringen zu beſuchen und mit Pfarrer Stein in Frankfurt in Verbindung
zu treten. Wenn heute faſt in allen evangeliſchen Ländern Deutſch-
lands Diakoniſſenhäuſer blühen, ſo müſſen wir einen Teil des Ruhms,
dieſelben angeregt zu haben, Stein zuſchreiben, die letzten Gründe aber,
warum er zu ſolchen Unternehmungen ermuntert, liegen offenbar in
den äußern Erlebniſſen und innern Erfahrungen, welche die Kriegs-
jahre herbeigeführt.

Aus allem, was Stein über kirchliche Einrichtungen und chriſtliche
Werke ſagt, ſpricht unverkennbar die Redlichkeit, Lauterkeit, Herzlichkeit
ſeines chriſtlichen Sinnes. Noch deutlicher tritt uns derſelbe entgegen,
wenn wir in Steins Familienleben und freundſchaftlichen Verkehr eintreten. Die Unruhe, in welche die Welt verſetzt war, hat auch ihm
jahrelang das ſtille Glück der Häuslichkeit verſagt. Und als er endlich mit den Seinen wieder vereinigt war, verlor er nach ſechsund-
zwanzigjähriger Ehe ſeine Frau. Er entwarf ihr Bild und gab ihm
die Überſchrift: „Chriſtus iſt mein Leben, Sterben iſt mein Gewinn.“
Dann rühmt er die Heimgerufene: „Der Inhalt ihres ganzen Lebens
war Glaube, der durch die Liebe thätig iſt; aus dieſem entſprangen
die Tugenden, die die Verewigte zierten: Seelenadel, Demut, Reinheit,
hohes Gefühl für Wahrheit und Recht, Treue als Mutter und Gattin,
Klarheit des Geiſtes, Richtigkeit des Urteils: — ſie ſprachen ſich durch
ihr ganzes vielgeprüftes Leben aus und verbreiteten Segen auf alle

ihre Verhältnisse und Umgebungen ... Die Richtung ihres ganzen Lebens ging auf Häuslichkeit, Familienleben, Geselligkeit, Ruhe: sie zu genießen ward ihr aber von der Vorsehung nicht beschieden ... Selbst= süchtig oder gleichgültig gegen das Gebot der Pflicht, die Stimme des Gewissens, hätte sie ihr Schicksal von dem des Gatten trennen, oder hätte sie ihm in den verschiedenen Kreisen, die sie mit ihm durchlebte, zu nichtswürdiger Nachgiebigkeit oder zu feiger Vermeidung neuer Ge= fahren raten können. Sie blieb aber immer der Pflicht getreu, ver= trauend auf Gott und den von ihr in den Zeiten des Unglücks ge= wählten und auf einen ihrer Ringe eingegrabenen Denkspruch be= folgend: Dulden und Entbehren. — Sie hat einen guten Kampf ge= kämpfet, sie hat den Lauf vollendet, sie hat den Glauben gehalten. 2. Tim. 4, 7." Die Hoffnung auf ein Wiedersehn grünte ihm aus der Gruft der Heimgegangenen entgegen. „Auch dürfen wir hoffen," schrieb er an den Pfarrer Stein, „wieder mit ihr vereinigt zu werden, versichert diese Wiedervereinigung doch Jesus seinen Jüngern: warum dürfen wir sie nicht hoffen? Die Liebe stirbt nicht, wie sollte sie aber leben ohne Wiedervereinigung?" Die Töchter schlossen sich nun noch inniger an den Vater an und er that mit größter Gewissenhaftigkeit, was ihm zur Vollendung ihrer Erziehung oblag. Gott gab ihm die Freude, beide an tüchtige Männer verheiratet zu sehen, die ältere Henriette an den Reichsgrafen Giech, die jüngere Therese an den Grafen Kielmannsegge.

Die durch den Tod seiner Frau geförderte Vertiefung seines Glaubenslebens zeigt sich in dem Briefwechsel mit Freunden auf mannig= faltige Weise. Seine Briefe sind immer gehaltvoll, ernst, darauf gerichtet, dem Freunde eine heilsame Anregung zu geben, oft aber wahrhaft seelsorgerlich. Bald ist's ein frommes Liebeswort, bald ein Bibelspruch, den er betrübten Freunden sendet, immer weist er auf die rechte Trostquelle hin. Mit seinem alten Freund Hans von Gagern unterhielt er, trotz großer Verschiedenheit in manchen Anschauungen, lebhaften brieflichen und persönlichen Verkehr. Stein hatte den Freund schon 1819 beim Tod einer Tochter auf den Trost hingewiesen, den der auferstandene Christus giebt und hatte ihm ein inniges Wort Sailers über das ewige Leben abgeschrieben. Gleichwohl erwähnte Ga= gern 1822 der Tröstung, die ihm in schwerer Krankheit Ciceros Buch über die Natur der Götter gewährt. Stein geriet darüber in eine heilige Entrüstung: „Bei der ernsten feierlichen Stimmung, in die Sie die Erwartung des Heimgangs setzte, nehmen Sie Cicero de natura deorum etc. zur Hand!!! — Konnte Ihnen der Schüler der griechischen Weltweisen, der römische Staatsmann, denn mehr sagen von dem Land, das Ihnen entgegen winkte, als der Gekreuzigte und Auferstandene, durch dessen Gnade allein wir gerecht werden? Was würden sie von einem Reisenden sagen, der, um die Welt zu umsegeln, und um die Nord-westpassage aufzusuchen, Homanns Schulatlas anschaffte und alle neueren geographischen Hilfsmittel zu Hause ließe?" Gagern erwiederte darauf, aber Stein ließ ihn noch nicht los. „E. E. finden uns getrennt durch Glauben und Preußentum, das hieß geschieden für Zeit und Ewig-keit. — Sie sagen mit vollem Recht: man nimmt den Glauben nicht wie eine Prise Tabak, denn ich vermisse bei diesem Gleichnis irgend eine Ähnlichkeit, und es gehört zu denen, die nicht einmal hinken, die selbst nicht gehen. Den Glauben vernünftelt man, wie alle Metaphysiker und Theologen behaupten, so wenig herbei, als man ihn einschnupft, sondern man erbittet ihn von Gott in tiefer Demut und mit gänz-licher Selbstverleugnung. Versuchen Sie dieses, da Vernünfteln und Schnupfen nichts geholfen." An den verfolgten Arndt schrieb Stein: „Vertrauen Sie auf Gott und einen gerechten edlen König. Wenden Sie Sich an jenen im Gebet, an diesen mit Vorstellung, wenn Ihre Feinde Sie verschlingen wollen." Und ein andermal: „Warum muß dieses Schicksal den Mann treffen, der in den Zeiten der Fremdherrschaft mit Mut und Selbstaufopferung Gefühle für Vaterland und König er-weckte und verbreitete, während so manche nichtswürdige Werkzeuge und Verehrer Napoleons und selbst Erzjakobiner Einfluß behalten und zu Ehren gelangt sind? — Aber wir haben einen Gott, der hilft, und den Herrn Herrn, der vom Tode errettet. Ps. 68, 2." An Niebuhr, dessen Gemüt gar sehr durch die politischen und persönlichen Ver-hältnisse gedrückt und gereizt war, schrieb Stein Ende 1824: „Nur ein Wort, ein freimütiges, freundschaftliches Wort eines alten Mannes, der Sie innig liebt, ausgesprochen am letzten Tag des Jahres. Ver-gessen Sie Sich, verleugnen Sie Sich, die Vorsehung hat Sie zu etwas Besserm, Edlerm bestimmt, als zum bloßen Genuß häuslicher Freuden, zum Arbeiten in Garten und Weinberg. . . Vergessen Sie Sich, ver-leugnen Sie Sich, beten Sie in Demut, daß Er, von dem alle Kraft entquillt, Ihnen Stärke und Mut gebe." Einem jungen Freunde, dem preußischen Geschäftsträger in Bern, von Armin, hat er unter andern liebenswürdigen Briefen beim Tode eines Kindes, das Stein auf seiner Schweizerreise selbst kennen gelernt, das schöne Wort ge-schrieben: „Suchen Sie, mein tiefgebeugter Freund, Trost bei dem, der

allen denen Erquickung verspricht, die mühselig und beladen sind; suchen
Sie es durch das Gebet, dessen Kraft uns das Seinige am Ölberg
lehrte und zugleich das, was wir bitten sollen: doch nicht mein, sondern
dein Wille geschehe!" —

In dem Glaubenstrost, den er anderen spendete, erwartete er sein
eigenes Ende. Er hatte Lust abzuscheiden und bei Christo zu sein.
Schon 1817 war er auf dem rechten Auge erblindet. Seit er die
Siebzig zurückgelegt, verging kein Jahr, in welchem er nicht die Be=
schwerden der Krankheit hätte fühlen müssen. Die Gicht, an welcher
er schon in den kräftigen Mannesjahren gelitten, legte sich ihm auf
die Brust, verursachte krampfhaftes Husten und drohte einmal einen
Lungenschlag herbeizuführen. Nach dem ersten heftigeren Anfall schrieb
er: „Krankheit lehrt Geduld, Ergebung in den väterlichen Willen
dessen, der sie uns sendet, löst vom Irdischen; Krankheit gehört zu
den Erziehungsanstalten, die das ganze Leben ausfüllen; also wollen
wir sie mit Dank annehmen und nach ihrer Bestimmung benutzen."
Im folgenden Jahre erneuerte sich der Anfall. „Es geht stark zur
Neige," schrieb er da, „ich wünsche Ruhe und Entfernung von allem
Irdischen, — dies ist keine Klage; wer darf klagen, wenn man die
Größe des menschlichen Elends nur einigermaßen kennen zu lernen
Gelegenheit hatte? — Aber ich wünsche, daß die Bande, die mich noch
halten, gänzlich gelöst werden und ich zu denen, die mir lieb waren
und vorausgegangen sind, zurückkehren möge." Es war im Sommer
1830; der greise Held war noch einmal nach dem Stammsitz Nassau
gegangen. Wenn er am Brückenpfeiler auf der Bank ein wenig aus=
ruhte und in die Abendlandschaft hinausblickte, rief er wohl aus:
„Wie prächtig schon hier: wie viel schöner muß es drüben sein! Freuen
Sie Sich mit mir, daß ich dem Ziele so nahe bin!" Wenn die Liebe
derer, die mit ihm waren, die Todesgedanken zurückscheuchen wollte,
dann gab er zur Antwort: „Meinen Sie, ich fürchte mich zu sterben?
Keineswegs! Wenn man 72 Jahre alt ist, so ist das Gescheiteste:
man stirbt." Als ihm der Ausbruch der Revolution in Frankreich ge=
meldet wurde, rief er tief erschüttert aus: „Also noch einmal soll das
böse Volk Verwirrung über Europa bringen! Wenn sie einmal los=
brechen wollten und mußten, so wollt' ich doch, sie hätten gewartet,
bis ich tot wäre." Aber die Heldennatur verleugnete sich noch nicht:
„Werden wir angegriffen," so schrieb er an Arndt, „so müssen wir
uns tüchtig schlagen. Heil von den Franzosen erwarten, welche Narr=
heit! von diesem habsüchtigen, gottlosen, gemütlosen, eitlen, lügenhaften

Volke?" Die Unruhen, die rings umher in der Welt sich zeigten, preßten ihm öfter den Ruf aus: „Fort, fort von hier! ich tauge nichts mehr auf Erden!" Und zuweilen klang die Sehnsucht nach dem Himmel in dem weichern Laut:

Macht mir ein Bett gar weich und schön,
Denn ich bin müde und will schlafen gehn.

Er erlebte noch den folgenden Sommer in Kappenberg. Das Irdische trat immer mehr zurück, nur die Liebe war wach. Die Geschäfte der Gutsverwaltung wurden ihm lästig, er klagte sich an, zu viel verbaut und zu wenig für die Werke der Barmherzigkeit gethan zu haben: wo er konnte, diente er Bedürftigen, namentlich jungen Leuten. Im Früh= ling 1831 wiederholte sich der Schlaganfall. Als er erwachte und die Zunge sich wieder regte, seufzte er: „Ach, Gott, hier liege ich, und die schlagen sich in Polen!" Der Prophetengeist schien mit der Abnahme der Leibeskraft zu erwachen. Er saß nach einem Waldspaziergang mit seinem lieben Oberförster Pook in der Laube, mit seinem großen Krückenstock strich er nachdenklich eine Rinne in den Sand. Plötzlich sich umwendend, sagte er zu dem Oberförster mit der größten Heftig= keit: „Ich erlebe es nicht, Sie können es noch erleben, fürchterliche Kriege. Völkerwanderungen, und Gott weiß, was noch alles Fürch= terliche mehr."

Im Juni wollte er in Pyrmont seine Tochter Therese und den Enkel, den sie ihm geboren, sehen und dann nach Nassau gehen. Aber eine Krankheit, die er sich in einem Gewitterregen zugezogen, hielt ihn zurück. Er bereitete sich zu einer andern Reise. Die frühere Erzieherin seiner Kinder, die treu bei ihm aushielt und ihn pflegte, mußte ihm öfter Todesbetrachtungen vorlesen. „Gott wird mir gewiß, nach einem so reichlich gesegneten Leben, auch die Gnade verleihen, mich zur rechten Zeit abzurufen," sagte er, als er die Zeitungen zum letztenmal gehört. Die Zeit war nahe. In der Nacht vom 28. auf den 29. Juni begehrte er nach dem heiligen Abendmahl. Bis der entfernt wohnende Pfarrer kam, nahm er Abschied von seinen Beamten und Dienern. Von den Kindern konnte leider keins am Sterbebette sein. Dem Oberförster dankte er aufs innigste und schloß: „Dann muß ich Ihnen noch sagen, daß ich fest glaube, daß zwischen den Toten und Lebenden eine innige Gemeinschaft besteht, es wird mir also zum Vergnügen gereichen, wenn ich von oben herab wahrnehme, daß Sie meinen Kindern mit der nämlichen Treue und Anhänglichkeit Ihre Dienste widmen, als Sie dies mir gethan haben. . . . Jenseits sehen

wir uns wieder; grüßen Sie Ihre Frau und Familie!" So verab=
schiedete er sich von einem nach dem andern, mahnte zur Frömmig=
keit und Rechtschaffenheit, verzieh und erbat Verzeihung und wies
auf das Wiedersehen hin. Einem jungen Förster rief er noch nach:
„Und bricht der Krieg aus, so schlagen Sie sich wie ein braver Preuße
für König und Vaterland." Als der Pfarrer kam, ließ sich der Ster=
bende aufrichten, reichte ihm die Hand und sprach: „Herr Pastor, ich
erscheine vor Ihnen als ein armer Sünder; ich wünsche, meinem Er=
löser meine Sünden zu bekennen, und mich mit ihm auszusöhnen und
bitte um das heilige Abendmahl." Er nahm es mit Andacht, dann
ließ er sich nochmals aufrichten, reichte dem Pfarrer abermals die Hand
und ermahnte ihn, im echten Glauben zu wachsen: „Der Kirche drohet
Gefahr von Frankreich her, ihre Diener müssen also auf ihrer Hut
sein. Allein, Gott hat sie bisher geschützt, er wird sie auch ferner
schützen!" Die Umstehenden vergossen viele Thränen, denn des ge=
liebten Herrn Sprache ward immer schwächer. „Herr Doktor, ist denn
gar keine Hoffnung?" fragte er noch einmal und verfiel auf die be=
ruhigende Antwort in einen sanften Schlummer. Bald darauf gegen
6 Uhr abends wendete er sich auf die linke Seite; der Lungenschlag,
den er längst erwartet, stellte sich ein, ein letzter tiefer Atemzug, —
und des Helden edler Geist war seiner Hülle entflohen.

Die Beamten, die Dienerschaft, der Arzt, der evangelische und der
katholische Pfarrer — alle waren aufs tiefste von dem frommen Tod
des geliebten Herrn ergriffen. Und die Armen, die unten im Schloß=
hof standen, brachen bei der Todeskunde in lautes Weinen aus. „Ach,"
rief eine arme Frau, die am Tag darauf zu ihm wollte, „ist der gute
Minister tot? Wenn der nicht im Himmel ist, so kommt keiner hinein!"
Und als die Leiche zu der Gruft der Väter nach Frücht bei Nassau
gebracht wurde, — da ward offenbar, welche Liebe das gesamte Volk
zu dem Helden hatte. In der neuen Heimat Westfalen und in der
alten an der Lahn verkündeten die Glocken, daß ein Jünger Christi
zu seines Herrn Freude eingegangen sei; von Kirchspiel zu Kirchspiel
gab alt und jung, der Adel wie der Bauernstand der Leiche das Ge=
leite, von Bonn aus ging auch Arndt eine gute Strecke hinter dem
besten Manne her, den er auf Erden gehabt. Mit Trost aus Gottes
Wort und heiligen Gesängen setzten die Kinder des Verstorbenen, um=
geben von einer Gemeinde treuer Verehrer desselben, den Sarg in der
Gruft nieder. Die Grabschrift nennt ihn, „demütig vor Gott, hoch=
herzig gegen Menschen, der Lüge und des Unrechts Feind, hochbegabt

in Pflicht und Treue, unerschüttert in Acht und Bann, des gebeugten Vaterlandes ungebeugten Sohn, in Kampf und Sieg Deutschlands Mitbefreier" und läßt den Ruhm des vaterländischen Helden in dem Sehnsuchtslaut des Christen ausklingen: „Ich habe Lust abzuscheiden und bei Christo zu sein."

Stein, durch die Ungunst der Zeit jahrzehntelang aus dem Gedächtnis der Deutschen fast hinausgedrängt, dem heranwachsenden Geschlecht unter den großen Namen der Befreiungskriege kaum genannt, steht heute vor dem deutschen Volke mit einem frischen, grünen Eichen= kranze geschmückt, mit dem Ruhm, unter den Heimgegangenen Deutsch= lands größter Staatsmann zu sein. Er hat Eigenschaften in sich ver= einigt, die sich kaum je so zusammengefunden haben: mit einer Ge= schäftserfahrung, die er durch den Dienst von unten auf sich er= worben hatte, den freiesten Blick über das Ganze des Staatswesens, mit dem Widerwillen gegen ein bloß litterarisches Leben der Nation den anhaltendsten Eifer, das Wissen durch die Litteratur zu bereichern, mit der Achtung für das geschichtlich Gewordene schöpferische Genialität, mit dem genialen Blick ungeheure Thatkraft; und alle seine Thätig= keit war getragen von den Adlerflügeln einer über das Kleine und Enge sich emporschwingenden Vaterlandsliebe, gelenkt von dem Zügel eines unverletzten Gewissens, geläutert durch herzliche christliche Fröm= migkeit. Das ganze Bild des Mannes, sein deutsches wie sein christ= liches Wesen, soll uns als die lebendigste Zusammenfassung der in den Befreiungskriegen waltenden Kräfte unvergessen bleiben. Deutschland hat lange gewartet, bis die Saat, die sein edelster und kräftigster Staatsmann gestreut, aufging. Sie ist endlich aufgegangen, und wenn die Seele des Helden nach dem Glauben, den er bekannt, aus der höhern Welt auf unser Land und Volk herniederschaut, so wird ihre Freude groß sein über das starke deutsche Reich, das im siegreichen Krieg wider den alten Feind herrlich sich erhoben hat.[30])

8.

Johann Gottlieb Fichte.

Die vorzüglichste Stelle in der Geschichte der religiösen Erwek=
kung in den deutschen Befreiungskriegen nehmen diejenigen Männer
ein, welche die innere Knechtschaft der schlechten Gesinnung als die
Ursache der Unterwerfung unter einen fremden Herrscher erkannten und
darum nur in einer inneren Befreiung, in einer Wiedergeburt des
deutschen Volkes dauerndes Heil sahen. Die Zahl der deutschen Männer,
welche eine solche Erneuerung des Volks von seinen tiefsten Lebens=
wurzeln aus predigten, war nicht gering. Gottesgelehrte, Philosophen,
Geschichtschreiber, Dichter, Staatsmänner, schlichte Bürger gehörten
dazu, aber unter allen heben sich drei Geistesgewaltige heraus, von denen
Ströme lebendigen Wassers in die dürren Gefilde des deutschen Volkstums
ausgegangen sind, Fichte, Arndt, Schleiermacher. Man hat mit be=
sonderer Beziehung auf Fichte, gesagt, daß seit Luther so zum deutschen
Volke nicht geredet worden sei, als in jenen Tagen. Wir stimmen bei und
behaupten, daß die christlich = deutsche Bewegung der Befreiungskriege mit
der reformatorischen Bewegung des sechzehnten Jahrhunderts nicht nur
eine gewisse Ähnlichkeit habe, sondern mit derselben in einem inner=
lichen und wesentlichen Zusammenhange stehe. Die Ähnlichkeit liegt
am Tage: es handelte sich dort wie hier um die Abwerfung eines
Jochs, das nicht nur die äußerliche Freiheit hemmte, sondern vielmehr
noch auf den deutschen Geist drückte, und die zur Abwerfung desselben
aufriefen, vor allen Luther, predigten mit der Freiheit zugleich die in=
nerlichste Erneuerung, die möglich ist, und zwar so, daß weder das
christliche noch das nationale Element außer acht gelassen wurde. Die
reformatorische, wie die Bewegung in den Befreiungskriegen, war eine
christlich=deutsche. Und beide stehen in innerem Zusammenhang. Es
war der Geist der Reformation, welcher in den Befreiungskriegen
wieder erwachte, der Geist, der durch nichts Äußerliches sich binden läßt,
aber sich selbst an Gott bindet und seine ewigen Ordnungen, der Geist

tiefer Innerlichkeit und lebendiger Wirkung zum Heil des Ganzen. Wir wollen nicht verkennen, was katholische Länder zur Befreiung ge= than, wir wollen uns gegen den hellen Ruf, der aus Tirol erklungen und gegen die in jener Zeit in manchen katholischen Kreisen vollzogene Verinnerlichung des Glaubens nicht verschließen, wir freuen uns darüber, daß in jenen großen Tagen ein christlich=deutsches Gemeingefühl die Katholiken und Protestanten unsers Vaterlandes durchdrang, aber unverkennbar ist doch der protestantische Atem, der in der Buße und dem Glauben, der in der Liebe und der Werktüchtigkeit jener Zeit lebt. Sein tiefstes Selbstbewußtsein, das Luther dem deutschen Volk erschlossen, war wieder wach geworden. Der Stern seines Berufs leuchtete ihm wieder, wär' er doch nicht so bald hinter die Wolken getreten!

Die Aufgabe, einem größeren Leserkreise die Bedeutung Fichtes klar zu machen, erscheint auf den ersten Blick nicht gering. Denn nur wenigen kann zugemutet werden, dem Philosophen in die Gebiete des abgezogenen Denkens zu folgen, aus welchem seine meisten Schriften stammen. Doch scheuen wir vor der Aufgabe nicht zurück: denn erstlich wirkt die bloße Kenntnis seines Lebensganges schon erbaulich, sodann war doch auch seine schwerste Gedankenarbeit durchaus praktisch, nämlich auf die Herstellung einer tüchtigen Sittlichkeit gerichtet, und endlich ist die reife Frucht seines Lebens, seine gewaltige Wirksamkeit zur Ab= schüttelung des fremden Jochs, jedem zugänglich, weil sie ganz in dem allgemeinen Lebenselement der Religion wurzelt, und ganz in dem Sturm und Drang der geschichtlichen Ereignisse gezeitigt wird.

Im dreißigjährigen Kriege — so erzählt die Familienüberlieferung — war in dem Dorfe Rammenau in der Oberlausitz ein Wachtmeister, aus dem schwedischen Heer, namens Fichte, dem Namen nach kein Schwede, son= dern ein Deutscher, verwundet zurückgeblieben. Ein Bauersmann pflegte ihn in seinem Hause und schützte den lutherischen Glaubensgenossen gegen den katholischen Feind, gab ihm seine Tochter, und als der Krieg alle seine Söhne weggerafft hatte, auch sein kleines Bauerngut. Von diesem Krieger aus Gustav Adolfs Heere stammt Fichte ab. Sein Groß= vater hatte von den Eltern einen kleinen Handel mit leinenen Bändern ererbt, die er auf eigenen Webstühlen fertigen ließ und in der Um= gegend verkaufte. Seinen Sohn Christian sandte er als Lehrling nach Pulsnitz in die Band= und Leinewandfabrik zu Johann Schurich, damit er in dem väterlichen Gewerbe sich höhere Kenntnis und Fer= tigkeit verschaffe. Christian Fichte ward des Fabrikanten Liebling.

Als er aber die Tochter des Hauses liebgewann, wollte doch der bür=
gerlich stolze Vater dem bäuerlichen Schwiegersohn keine Ansiedelung
in seiner Nähe bewilligen. Die jungen Leute zogen darum nach Ram=
menau und bauten von der Mitgift der Frau sich ein Haus, in welchem
das Webergeschäft weiter betrieben ward. Hier ward ihnen am 19. Mai
1762 ihr erster Sohn geboren, Johann Gottlieb. Der Knabe wuchs
heran als das Ebenbild seiner Mutter, klug, behend im Auffassen und
Antworten, von selbständigem Willen, wenn die Genossen spielten, oft
stundenlang träumerisch in die Ferne schauend oder den Blick in den
Sonnenuntergang und Abendhimmel versenkend. Sein erster Lehr=
meister war der Vater, der ihn im Lesen unterrichtete und Spruch und
Lied ihm einprägte. Bald konnte er beim Morgen= und Abendsegen
das Amt des Vorlesers übernehmen. Was der Vater von seinen
Wanderungen erzählte, erregte wohlthätig seine Einbildungskraft, aber
schon in der frühesten Jugend war der Knabe gewillt, seinen Geist in
der Zucht zu halten. Der Vater brachte dem Siebenjährigen einst
das Volksbuch vom gehörnten Siegfried mit, wohl außer Bibel und
Gesangbuch das erste Buch, das ihm in die Hände kam. Die wunder=
bare Geschichte erfüllte ihn so, daß er beim Unterricht unaufmerksam
ward. Da faßt er den Entschluß, das Buch in den Bach zu schleudern.
Er thut's, weint dann dem schwimmenden Buch einige Thränen nach
und da der Vater dazu kommt, läßt er sich wegen der Verschleuderung
des Geschenkes bestrafen, ohne ihm den tiefen sittlichen Beweggrund
zur That einzugestehen. Als später der ausgesöhnte Vater ihm ein
anderes Buch geben wollte, lenkte er das Geschenk auf die Geschwister
ab. Von der zusammenhaltenden Kraft seines Geistes zeugt auch die
Fähigkeit des Knaben, die gehörten Predigten zu behalten, eine Fähig=
keit, welche seinen Lebensgang entschieden hat. Der Freiherr von
Miltitz kam eines Sonntags morgens nach Rammenau, um die Predigt
des trefflichen Ortsgeistlichen zu hören. Der Gottesdienst hatte schon
begonnen. Als er am Tisch des Gutsherrn von Rammenau sein Be=
dauern aussprach, daß er die Predigt versäumt, tröstete man ihn halb
im Scherz: es sei ein Bauernjunge hier, Gottlieb Fichte, der könne
ihm die Predigt erzählen. Der Knabe ward gerufen. Anfangs schüchtern,
aber wie der Gegenstand ihn ergriff mit steigender Wärme, wieder=
holte er die Predigt und ließ den Strom seiner Rede so lange fließen,
bis ihm Einhalt geboten ward. Der Freiherr fühlte eine rege Teil=
nahme für den Knaben, und der Pfarrer, der sich seiner seither an=
genommen hatte, ergriff die Gelegenheit, seinen Liebling ihm zu

empfehlen. Da entschloß sich Miltitz, den Knaben mitzunehmen. Die Mutter fürchtete für ihr fromm und einfach erzogenes Kind von dem vornehmen Haus einen schlimmen Einfluß, ward aber beruhigt durch die Zusagen des Wohlthäters, das Kind treu hüten zu wollen. So kam Fichte auf das Schloß Oberau bei Meißen. Da er unter den fremden Verhältnissen vom Heimweh befallen ward, übergab ihn sein gütiger Pflegevater dem Pfarrer Krebel in Niederau, in dessen Haus der Knabe selige Jahre verlebte. In Schulpforte (1774—80) erhielt sein Charakter neuen Anstoß zur Selbständigkeit. Die Enge und Strenge der dortigen Einrichtungen, die dadurch geförderte Heimlich= keit und Unwahrhaftigkeit, die Herrschaft, welche die Älteren über die Jüngeren führten, der Mangel an dem erwärmenden und erweichenden Hauch des Familienlebens wirkten zusammen, daß der Knabe sich auf sich selbst zurückzog und durch den Entschluß seines Willens den äußer= lichen Verhältnissen Trotz bot. Einmal faßte er, durch Robinson erregt, sogar den Gedanken, der Schule zu entfliehen und sich auf eigne Rechnung sein Glück zu erbauen. Er sucht sich auf der Karte den Weg nach Hamburg und verläßt die Mauern der Anstalt. Als er einsam seine Straße zieht, fällt ihm die Ermahnung seines Pfarrers ein, daß man jedes wichtige Werk mit Gebet beginnen müsse. Er knieet nieder und unter dem Gebet tritt das Bild seiner Eltern ihm vor die Seele. Der Gedanke, ihnen durch sein Verschwinden Gram zu machen, ist ihm unerträglich, er ist entschlossen zurückzukehren und alles zu ge= stehen. Die einfältige Beichte von seiner Flucht mit allen Neben= umständen machte aber einen solchen Eindruck, daß ihm hinfort be= sondere Teilnahme zugewendet wurde. Die Schulzeit benutzte er dann fleißig und saß oft tief in die Nacht über den Büchern. Ein Lieb= lingsschriftsteller ward ihm Lessing und ein Lieblingsspruch der Horazische: Si fractus illabatur orbis, impavidum ferient ruinae!

Michaelis 1780 ging Fichte nach Jena, 1781 nach Leipzig. Er studierte Theologie, jedoch ohne Neigung. Dagegen spekulierte er frühe, und in der Frage über Freiheit oder Nichtfreiheit des mensch= lichen Willens entschied er sich für den Determinismus, für die Mei= nung, daß der Mensch sein selbst nicht mächtig sei, sondern daß sein Wille in allen seinen Äußerungen einer zwingenden Notwendigkeit un= terliege, und bewahrte diese Meinung, bis er durch Kant zu der entgegen= gesetzten geführt ward. Es muß aber bemerkt werden, daß die theo= retische Meinung keineswegs, wie man vermuten sollte, einen nieder= drückenden Einfluß auf Fichtes sittliches Wesen ausübte, sondern daß

er in der so häufigen glücklichen Inkonsequenz blieb mit dem Kopfe
die Freiheit des Willens zu leugnen und mit ganzem Herzen nach
sittlicher Vervollkommnung zu streben. Eine treffliche Übung der
Willenskraft bot ihm der Mangel, in welchem er lebte. Sein Wohl=
thäter war gestorben, von seinen Eltern konnte er keine wesentliche
Unterstützung erwarten, so teilte er, um sein Leben zu fristen, die
Stunden, die er gerne ausschließlich für seine Studien gehabt hätte,
zwischen diesen und Erteilung von Unterricht und Korrekturarbeiten.
1784 kehrte er als Kandidat in das Haus der Eltern zurück und mit
Stolz und Freude hören sie ihn in der Dorfkirche predigen. Dann
begann ein unstätes Hauslehrerleben. Im Jahre 1787 finden wir ihn
wieder in Leipzig, auch jetzt ärmlich sich durchschlagend, aber im Um=
gang mit hervorragenden Männern. Sieben Jahre waren hingeflossen
zwischen der Süßigkeit wissenschaftlicher Forschung und der Bitterkeit
des Mangels an dem, was zum äußeren Leben notwendig ist. Da
möchte er endlich zu einem Festen kommen, er wendet sich an den
Konsistorialpräsidenten von Sachsen, legt ihm aufrichtig seine Ver=
hältnisse, auch seine theologischen Überzeugungen dar, sagt ihm, was
er kann und nicht kann, und bittet um eine Unterstützung zur Vollen=
dung seiner theologischen Studien für das zweite Examen, um auf
einer Pfarre dann dem Gedanken seines Lebens weiter nachgehen zu
können. Es ward ihm keine Hilfe. Das war ihm ein Wink, die
theologische Laufbahn nicht zu verfolgen. Am Vorabend seines Ge=
burtstages im Jahre 1788 schien ihm jedes ehrenvolle Mittel, sich
weiter zu helfen, ausgegangen. Die Zukunft lag schwarz vor ihm.
Doch war er entschlossen, sich niemand zu entdecken. Da läßt ihn
unerwartet der Kreissteuereinnehmer Weiße, der bekannte Verfasser des
Kinderfreundes, rufen, und bietet ihm eine Hauslehrerstelle in Zürich
an. Dort wandert denn Fichte hin und tritt sein Amt bei den Kindern
des Gastwirts Ott an. Bald stellen sich bedeutende Verschiedenheiten
in der Erziehungsart der Eltern und Fichtes heraus. Dieser führte
ein Tagebuch über die von den Eltern gemachten Fehler und so über=
wältigend muß der Mutter der Verstand des Erziehers erschienen sein,
daß sie sich das wöchentliche Vorlesen dieses Tagebuchs gefallen ließ.
Im übrigen fuhr Fichte in Zürich fort zu spekulieren und zu forschen.
Er predigte, übersetzte, machte den Plan zu einer Rednerschule und
lebte mit vortrefflichen Freunden. Daß er die französische Revolution
während seines Aufenthalts in einer Republik geistig zu verarbeiten
hatte, war für die Freiheit seiner politischen Anschauungen von großer

Bedeutung. Entscheidend aber für sein Leben war seine durch Lavater
vermittelte Bekanntschaft mit dem Haus des Wagenmeisters Rahn.
Dieser hatte sich zu der Zeit, als Klopstock in Zürich war und die
Entzückungen der dortigen Natur und Freundschaft in der Ode auf
den Züricher See besang, innig an den gefeierten Mann angeschlossen,
und nachher dessen einzige Schwester geheiratet. Die Tochter des Hauses
Anna Maria Rahn, ward, ohne sogleich Fichtes Braut zu heißen, hin=
fort der freundlichste Stern seines Lebens. Es war ein herrliches
Leben in Zürich im Umgang mit den trefflichsten Männern, im Glück
einer klaren, besonnenen, aber zugleich tiefen und innigen Liebe. Aber
Fichte mußte doch endlich wieder von dannen ziehen, um einen Punkt
zu suchen, an welchem er seine Häuslichkeit aufbauen, von welchem er
auf die Welt wirken konnte. „Den gewöhnlichen Weg schleichen, sich
auf eine Dorfpfarre setzen, konnte er einmal nicht," so schreibt er selbst
Er konnte es nicht aus Aufrichtigkeit. Auf Reisen oder an einem
Fürstenhofe hoffte er wirken zu können. Aber seine Rückkehr ins Vater=
land (1790), sein Aufenthalt in Leipzig, der wieder zwischen ernstem
Forschen und Stundengeben um des Brotes willen verlief, brachte für
sein äußerliches Leben keine glückliche Entscheidung. Wohl aber für
sein innerliches, denn durch den Unterricht, den er einem Studierenden
in der Kantischen Philosophie gab, ward er zu tieferem Studium der=
selben geführt: die Frucht desselben war die Befreiung von dem Wider=
spruch zwischen seinen Theorien von der Unfreiheit des menschlichen
Willens und seinem unermüdlichen Streben nach sittlicher Vervollkom=
mung, in welchem er sich befand; er ergriff mit ganzer Begeisterung
die Wahrheit, daß der Mensch mit sittlicher Freiheit begabt sei, und
genoß das anregende und erwärmende Gefühl, die Fesseln eines Irr=
tums durchbrochen zu haben und in das lichte Reich einer großen,
freilich noch nicht christlich klaren Wahrheit durchgedrungen zu sein. An
seinen Freund Achelis in Bremen, mit dem er in Zürich ein Herz
und eine Seele geworden war, schreibt er über diese wichtige Ent=
scheidung in seinem Leben also: „Ich kam mit meinem Kopfe, der
von großen Planen wimmelte, nach Leipzig. Alles scheiterte, und von
so vielen Seifenblasen blieb mir nicht der leichte Schaum übrig, aus
welchem sie zusammengesetzt waren. Anfangs störte dies meine Seelen=
ruhe wohl ein wenig, und es war halbe Verzweiflung, daß ich eine
Partie ergriff, die ich schon längst hätte ergreifen sollen. Da ich das
Außer= mir nicht ändern konnte, so beschloß ich das In= mir zu ändern.
Ich warf mich in die Philosophie, und das zwar, wie sich versteht, in

die Kantische. Hier fand ich das Gegenmittel für die wahre Quelle
meines Übels und Freude genug obendrein. Der Einfluß, den diese
Philosophie, besonders aber der moralische Teil derselben, der aber
ohne Studium der „Kritik der reinen Vernunft" unverständlich bleibt,
auf das ganze Denksystem eines Menschen hat, die Revolution, die
durch sie besonders in meiner ganzen Denkungsart entstanden ist, ist
unbegreiflich. Ihnen besonders bin ich das Geständnis schuldig, daß
ich jetzt von ganzem Herzen an die Freiheit des Menschen glaube und
wohl einsehe, daß nur unter dieser Voraussetzung Pflicht, Tugend und
überhaupt eine Moral möglich ist, eine Wahrheit, die ich auch sonst
sehr wohl einsah und auch Ihnen vielleicht eingestanden habe. Es ist
mir ferner sehr einleuchtend, daß aus dem angenommenen Satze der
Notwendigkeit aller menschlichen Handlungen sehr schädliche Folgen für
die Gesellschaft fließen, daß das Sittenverderben der sogenannten höheren
Stände großenteils aus dieser Quelle entsteht, und daß es ganz andere
Gründe hat, als die Unschädlichkeit oder wohl gar Nützlichkeit dieses Satzes,
wenn jemand, der ihn annimmt, sich von diesem Verderben rein erhält. . . Ich bin ferner sehr fest überzeugt, daß hienieden gar nicht
das Land des Genusses, sondern das Land der Arbeit und Mühe ist,
und daß jede Freude nichts weiter als Stärkung zu weiterer Mühe
sein soll: daß die Bereitung unsers Schicksals gar nicht, sondern bloß
die Kultur unsrer selbst von uns gefordert wird. Ich kümmere mich
daher um die Dinge, die außer mir sind, gar nicht, trachte nicht zu
scheinen, sondern zu sein, und diesen Überzeugungen danke ich denn die
tiefe Seelenruhe, welche ich genieße. Meine äußerliche Lage ist völlig
so, wie sie für eine solche Disposition sein muß. Ich bin niemandes
Herr noch Knecht. Aussichten habe ich gar nicht; denn die ganze hie-
sige kirchliche Verfassung sowie beinahe auch die Menschen gefallen
mir nicht. So lange ich meine jetzige Unabhängigkeit behaupten kann,
werde ich es um jeden Preis thun." Ein großer Umschwung war es
in der That, der in Fichte sich vollzogen hatte. War ihm zuvor die
Welt außer ihm ein Gewebe von Ursachen und Wirkungen, in welchen
sein Ich gefangen lag, so war das Ich ihm nun das herrschende, entscheidende, und die äußere Welt war ihm nur Schein. Wonach längst
sein eigentümliches Wesen unbewußt getrachtet hatte, das war ihm nun
geworden; „das Bewußtsein der absoluten Freiheit des Ichs, das an
seinem Willen die ganze Macht der Welt sich brechen sieht; an den
Willen aber gerichtet ein absolutes Gebot, das nun, allmächtig herrschend über jede Neigung und Leidenschaft, völlige Einheit und Gleich-

maß dem Gemüte verleiht." Es ist ein erbaulicher Anblick: der sieg-
reiche Kampf, den Fichte in Kraft dieser neugewonnenen sittlichen Anschauungen gegen das Schicksal kämpft. Die Versuchung war oft groß,
aber mit gewaltigem Selbstgefühl hat sich seine sittliche Persönlichkeit
erniedrigender Zumutungen des Geschicks erwehrt. Im Jahr 1791,
als Fichte nach Zürich zurückkehren wollte, um mit seiner inniggeliebten,
geisteshellen und herzenswarmen Braut den Ehebund zu schließen, da
verliert der Schwiegervater sein Vermögen und die äußerliche Grundlage des neuen Hausstandes ist damit plötzlich abhanden gekommen.
Statt nach dem Süden froher Hoffnung voll zu wandern, ergreift
er den Stab und wandert zu Fuß nach Warschau, um dort wieder
eine Hauslehrerstelle zu übernehmen. Unterwegs kehrte er im elterlichen Hause ein. Mit kindlicher Liebe spricht er in seinem Tagebuch
von seinem „guten, braven, herzlichen Vater," und betet: „Mache mich,
o Gott, zu einem so guten, ehrlichen, rechtschaffenen Mann, und nimm
mir alle meine Weisheit und ich habe für immer gewonnen!" Als er
in Warschau ankam, merkte er bald, daß sich die gräfliche Familie, in
der er Hauslehrer sein sollte, gänzlich in ihm getäuscht hatte, und da er
sich sagen durfte, daß er an dieser Täuschung unschuldig sei, so trug
er auf Lösung des Verhältnisses an, beanspruchte aber die Auszahlung
einer Entschädigungssumme. Mit dieser wandte er sich, nachdem er
am Fronleichnamsfest in der evangelischen Kirche Warschaus gepredigt,
nach Königsberg, in der Gewißheit, hier aus der Bekanntschaft mit
Kant für seine innere Entwicklung reichen Gewinn zu ziehen und zugleich wohl in der Hoffnung, daß sich von Königsberg aus auch sein
äußeres Geschick entscheiden werde. Er besucht Kant, wird von ihm
nicht sonderlich aufgenommen; er besucht seine Vorlesungen und findet
seinen Vortrag schläfrig. Er wünscht mit Kant in tieferen Verkehr
zu kommen, und schreibt in fünf Wochen seine „Kritik aller Offenbarung" und übergiebt dieselbe als einen Empfehlungsbrief, den er sich
selbst ausgestellt, dem großen Philosophen. Hierauf wird er mit ausgezeichneter Güte von Kant empfangen und genießt den Umgang mit
den bedeutendsten Männern und Frauen Königsbergs. Aber während
der Geist in seinem Elemente ist, fängt der Leib an, dem bittersten
Mangel entgegenzugehen. Wem wird er sich offenbaren? Dem er das
größte Vertrauen in bezug auf die Führung des innern Lebens schenkt,
dem allein will er auch bekennen, bis zu welchem Punkte seine äußere
Lebensführung angekommen ist. Der Brief, in welchem er Kant seine
Not entdeckt und ihn um die Vermittlung eines Darlehns zur Heim-

reise anspricht, ist besonders merkwürdig wegen der Weise, in welcher der Schreiber jede etwa aus diesem Schritte zu folgernde sittliche Verdächtigung abweist. Kant ging auf seine Bitte nicht ein. Als es aber keinen Ausweg mehr zu geben schien, ward ihm eine äußerlich und innerlich befriedigende Hauslehrerstelle in der edelgesinnten Familie des Grafen von Krockow angetragen, wohin er sich nunmehr begab. Mittlerweile hatte sich ein Verleger für den „Versuch einer Kritik aller Offenbarung" gefunden. Das Buch machte das größte Aufsehen. Allgemein sah man es als ein Werk von Kant an, als ein neues Glied in der Kette der Schriften, durch welche derselbe seine Philosophie auf die verschiedenen Gebiete des geistigen Lebens anwendete. Die Verehrer Kants waren überschwenglich im Lobe des neuen Buchs. Kant gab eine öffentliche Erklärung ab, in welcher der berühmte Meister in der Weltweisheit das ihm gespendete Lob auf den Kandidaten Fichte ablenkte. Fichte hat von dieser Zeit an eine tiefe Verachtung des gewöhnlichen Publikums und des Rezensionswesens gefaßt: beides, die schnelle Bewunderung und die eben so schnell eintretende Lauigkeit in der Beurteilung, war ihm ein Zeugnis dafür, daß ein Schriftsteller nach der Meinung des lesenden Publikums nicht viel fragen dürfe. Indes war Fichte durch sein Buch plötzlich in die Reihe der Philosophen von Namen eingetreten.

Die Klugheit der Braut hatte mittlerweile einen Teil des väterlichen Vermögens zu retten gewußt, und im Frühling 1793 machte sich Fichte auf, um nach Zürich zu wandern und Hochzeit zu halten. Im Oktober ward das Fest gefeiert. Auf einer darauf unternommenen Reise lernt er in Bern Baggesen kennen und hält sich einige Tage lang bei Pestalozzi auf, dessen Erziehungsmethode er fünfzehn Jahre später als ein Rettungsmittel der deutschen Nation angepriesen hat. Heimgekehrt vollendete er seine im Krockowschen Hause begonnenen Beiträge „zur Berichtigung der Urteile des Publikums über die französische Revolution," eine Schrift, die ihn in manchen Kreisen als Demokraten oder gar Jakobiner verdächtig machte. Sein unvertilgbarer Trieb, wohlthätig auf die Geister der Menschen zu wirken, veranlaßte ihn, in Zürich Vorlesungen zu halten. Lavater war unter seinen Zuhörern, und bei der gründlichen Verschiedenheit zwischen der Denkart dieses offenbarungsgläubigen Mannes und der des frei forschenden Philosophen ist das Zeugnis, das Lavater Fichte ausstellt, doppelt bedeutsam. Lavater schrieb an Fichte am Ende der Vorlesungen: „Heller, schärfer und tiefer denken, mehr umfassen, leichter verallgemeinern, schneller vom Allge-

meinen zum Besonderen übergehen, richtiger und sicherer prüfen, be=
stimmter alles bezeichnen, darstellender sprechen, noch nie Ausgesprochenes
zur klaren Anschauung bringen, die Kräfte des menschlichen Geistes
mehr bewundern, mir zu der Ehre, Mensch zu sein, mit neuem Freuden=
gefühle Glück wünschen, die hohe Menschennatur in jedem einzelnen
Menschen mehr verehren und auf alle, besonders aber auf meine Weise
an ihrer Entwicklung, Vervollkommnung, Harmonie mit dem höchsten Ge=
setze immer ernster, freithätiger, mutiger, hoffnungsvoller, ununter=
brochener arbeiten: dies — und wie viel ist dies! — sollt' ich noch
von dem schärfsten Denker, den ich kenne, und der mir und einigen
Freunden der Wahrheit so manche köstliche Stunde seines letzten Aufent=
halts in Zürich großmütig schenkte, gelernt haben. Lebenslang dankt
ihm dafür als Schüler, Freund und Mitmensch — Joh. Kasp. Lavater."
Wir fügen ein Blatt aus dem Jahre 1800 hinzu, das nach Lavaters
Tode Fichte übergeben werden sollte:

Unerreichbarer Denker, dein Dasein beweist mir das Dasein
Eines ewigen Geistes, dem hohe Geister entstrahlen!
Könntest je du zweifeln, ich stellte dich selbst vor dich selbst nur,
Zeigte dir in dir selbst den Strahl des ewigen Geistes.

Aus dem schönen Leben in Zürich ward Fichte in erfreulichster
Weise abgerufen, indem ihm zu Ende des Jahres 1793 die philo=
sophische Lehrstelle Reinholds in Jena nach dessen Berufung nach Kiel
angetragen wurde. Er ging Ostern 1794, zunächst allein, nach Jena
ab, und begann nun als das Muster eines akademischen Lehrers seine
gesegnete Wirksamkeit unter der deutschen Jugend. Vielleicht hat nie
ein akademischer Lehrer begeistertere Jünger gehabt, als Fichte. Und
die Begeisterung, die ihm entgegenkam, ist ihm niemals zum Strick ge=
worden, in welchem die Eitelkeit ihn hätte fangen können, sie feuerte
ihn nur an, auf die Jugend, die ihm sich ergab, auch sittlich zu wirken.
Auf allen Stufen seiner Thätigkeit war das durchschlagende immer der
Trieb, die Menschen zu bessern, sie aus der selbstsüchtigen Vereinzelung
zum willigen Dienst für das Ganze, aus der Hingabe an den Schein
der Dinge zur Einwurzelung in das Bleibende und Lebendige hinzu=
führen. Aus diesem Trieb gingen auch seine moralischen Sonntags=
vorlesungen hervor, durch welche er die der Kirche einmal entfremdete
Jugend auf seine Weise in dem Einen und Ewigen zu sammeln hoffte,
ein Unternehmen, welches übrigens an dem Widerstande der geistlichen

Behörde scheiterte. Unermüdlich arbeitete er daran, den bösen Geist, der in den Landsmannschaften herrschte, zu bannen, und nichts bezeugt kräftiger die Liebe, welche die Studentenschaf tihrem Lehrer zollte, als die von ihr erklärte Bereitwilligkeit, sich ganz den Anordnungen Fichtes zu fügen. Leider scheiterte auch dieses Unternehmen an der Schwer=fälligkeit, mit welcher die Regierung diese so sehr auf richtiger Schätzung und Verwertung der persönlichen Beziehungen beruhende Angelegenheit behandelte. Gleichwohl stand Fichte in den fünf Jahren, die er in Jena verlebte, auf der Höhe seines Wirkens und seines Glückes. Mit dem regsten wissenschaftlichen Leben hatte sich das schönste häusliche Glück verbunden. Der treffliche Schwiegervater war den Kindern nach Jena gefolgt und sie hatten die Freude, ihm seinen Lebensabend zu verschönern. Bei seinem Tode thun wir einen Blick in die religiöse Stimmung Fichtes, deren Wärme sich damals noch nicht aus seiner Philosophie heraussühlen ließ. „Ruhe sanft, du guter Geist! nach der langen Arbeit," so schrieb Fichte damals an seine Frau, „schlafe deinen Abend nach dem heißen Tag! Ist ein Gott — und es ist einer — so ist es nicht möglich, daß das Leben dieses Guten nun geschlossen, daß mit ihm nun alles aus sei. Gewiß, es geht ihm jetzt wohl, indem du über ihn weinst, und indem auch mir die Augen übergehen." — Die Freude, ein scheidendes Leben zu pflegen, ward dem Ehepaar bald durch die Freude an einem werdenden ersetzt. Ein Sohn ward ihnen geboren, welcher das einzige Kind geblieben ist. Die Studenten brachten bei Gelegenheit dieses Ereignisses dem Vater und dem Kinde ein Hoch und der Prorektor der Universität begrüßte den Neugebornen mit der Ehrenmatrikel eines jenaischen Studierenden. So sehr war Fichte mit der Universität zusammengewachsen, so viel Anerkennung fand er bei der Regierung, so ehrend war für ihn die Hochachtung der größten Geister, wie Schillers und Goethes, daß man ihm eine lange gesegnete Wirksamkeit auf der Universität Jena, die durch ihn einen ungewöhn=lichen Glanz erhielt, hätte weissagen können. Aber plötzlich ward diese Wirksamkeit abgeschnitten durch die unvermutet gegen ihn gerich=tete Klage auf Atheismus.

Es dürfte manchem unserer Leser auffallend erscheinen, daß wir einen Mann, welcher des Atheismus angeklagt werden konnte, unter der Zahl derjenigen aufführen, welche zur religiösen Erweckung Deutsch=lands wesentlich beigetragen haben. Wir hoffen diesen scheinbaren Widerspruch in einer Weise zu erklären, daß wir weder gegen den Angeklagten ungerecht werden, noch der geoffenbarten christlichen Wahr=

heit, zu welcher wir uns bekennen, etwas vergeben. Fichte war
als Kind seiner Zeit dem evangelischen Glauben, wie ihn die Refor=
matoren aus der Schrift gewonnen und dargestellt hatten, entfremdet,
das jämmerliche Halbieren der rationalistischen Geistlichen, die in den
von den Vätern ererbten Gefäßen den Gemeinden das laue Wasser
ihrer sehr zweifelhaften Vernünftigkeit darboten, war ihm zuwider,
darum hatte er auch den Gedanken, ein geistliches Amt anzutreten, aufge=
geben. Das Schiff, auf welchem er zuerst in die Wogen des Lebens ge=
fahren war, hatte er verbrannt und suchte sich nun auf dem Eiland seiner
Spekulation ein neues aufzubauen. Er vermied es beim Vortrage seiner
Lehre aufs sorgfältigste, sich der kirchlichen Ausdrücke für die Darstellung
des geistlichen Lebens zu bedienen. Wenn er in seinem Tagebuch seine
Lebenserfahrungen niederschrieb, rief er, wie wir gehört haben, Gott
an, und mit der ewigen Liebe Gottes tröstet er sich auch beim Hin=
scheiden lieber Menschen. Und nicht etwa war dies nur eine Anbe=
quemung an die Vorstellung der gewöhnlichen Menschen, sondern von
Herzen glaubte er, daß ein Gott sei, glaubte auch an Gott, hing an
ihm und streckte die Arme seiner Sehnsucht nach ihm aus, um ihn zu
umfangen. Aber der Gottesbegriff sollte aller Ähnlichkeit mit ir=
gend einem Endlichen und Bedingten entnommen, alles, was an
Schranke erinnert, sollte daraus beseitigt werden. Und weil nun aller
religiöse Glaube in dem Bewußtsein unserer sittlichen Verpflichtung
zu wurzeln schien, so forderte er von dem Gottesbegriff eben dies, daß
dies sittliche Bewußtsein an ihm seinen Halt habe, und beschrieb des=
halb Gott in allerdings leicht mißzuverstehender Weise als lebendige
und wirkende sittliche Weltordnung. Er verband damit den Zweck,
„dem Menschen alle Stützen seiner Trägheit und alle Beschönigungs=
gründe seines Verderbens zu entreißen, alle Quellen seines falschen
Trostes zu verstopfen und weder seinem Verstande noch seinem Herzen
irgend einen Standpunkt übrig zu lassen, als den der reinen Pflicht
und des Glaubens an eine übersinnliche Welt." Aber in seiner Aus=
druckweise wie in seinen Gedanken schien er die Persönlichkeit Gottes
preiszugeben und an Stelle des lebendigen Gottes nur ein thätiges
geistiges Prinzip festzuhalten. Er hat sich gegen solche Vorwürfe aufs
energischste verwahrt; aber es ist wohl begreiflich, wie gerade die land=
läufige Aufklärung solchen Vorwurf gegen ihn erheben konnte. Be=
hauptete er doch, das Christentum, diese erhabenste und heiligste Lehre,
die je unter Menschen gekommen, sei in eine entnervende Glückselig=
keitslehre verwandelt worden; wandte er sich doch ausdrücklich gegen

„die eudämonistische, oberflächliche, schöngeisterische, süßschwatzende Philo=
sophie" mit der ernsten Forderung „der gänzlichen Wiedergeburt als
der ausschließenden Bedingung unseres Heiles, der Ertötung des Fleisches
und des Absterbens der Welt, des Lebens im Himmel, ohnerachtet man
sich noch in diesem Leibe befinde." So waren denn in der That unter
dem mißverständlichen Ausdruck die reichsten Keime tiefer Religiosität
bei Fichte vorhanden. Ein reines Verhältnis zum Übersinnlichen wollte
er in der Form des Glaubens wiederherstellen; das Sinnliche dagegen
galt ihm schlechterdings nichts. Die erscheinende äußere Welt erklärte
er geradezu für ein bloßes Erzeugnis des Ichs im Menschen. Seine
Lehre war somit der schärfste Gegensatz gegen den Materialismus: er
sagte, des Atheismus angeklagt, mit Recht, daß man ihn eher des
Akosmismus, der Leugnung der Welt, anklagen könne. Daß er Gott
keine Existenz zuschriebe, das konnte man ihm nicht nachsagen, viel eher,
daß er die selbständige Realität der Welt leugnete. Um aber den Un=
endlichen nicht durch die Endlichkeit des menschlichen Fassungsvermögens
auch endlich zu bestimmen, enthielt er sich der Bestimmung ganz.
„Jene lebendige und wirkende moralische Ordnung ist selbst Gott.
Wir bedürfen keines andern Gottes und können keinen andern fassen."
Man muß sagen, daß dies höchst dürftige Sätze sind. Der Christ hat
alles Recht zu antworten: ich bedarf eines andern Gottes, ich bedarf
eines Gottes, der Herz zu Herzen ist, der zu mir spricht, wie ein Vater
und zu dem ich spreche, wie ein Kind, und er wird hinzufügen: ich
kann auch Gott in andrer Gestalt fassen, ich fasse ihn in seiner Er=
scheinung im Fleisch. Man wird aufs neue an Fichte die Erfahrung
machen, daß die Philosophie sucht und mit der größten Anstrengung
nicht findet, was die Offenbarung hat und die Offenbarungsgläubigen
genießen. Aber der große Abstand zwischen Fichtes Lehre auf seinem
damaligen Standpunkt und der Lehre der Schrift darf uns doch nicht
verleiten, in die Anklage des Atheismus gegen ihn ohne weiteres mit=
einzustimmen.

Diese Anklage ward übrigens gegen ihn erhoben und zwar nicht
von seiner eigenen, sondern von der Kursächsischen Regierung. In
einer philosophischen Zeitschrift, die er herausgab, hatte Fichte einen
Aufsatz eines andern Philosophen aufgenommen, der mit dem Zweifel
an Gottes Dasein endigte, und in einem Aufsatz von ihm selbst, in
demselben Hefte, hatte er für gewöhnliche Augen nicht deutlich genug
gegen diesen Zweifel angekämpft. Auf eine Denunziation hin verlangte
die Kursächsische Regierung, wie gewöhnlich ohne Kenntnis und Ver=

ständnis der Fichteschen Lehre, und während sie auf ihrer eigenen Uni=
versität Leipzig viel Ärgeres duldete, von der Regierung des Herzog=
tums Maßregeln gegen den gefährlichen Mann. Die Regierung, in
welcher Goethe saß, wünschte sehr, die Sache ruhig zu schlichten, aber
Fichtes selbständige, den meisten trotzig scheinende Natur, die niemals
geneigt war, einem äußeren Gut ein inneres aufzuopfern und insbe=
sondere der Gegensatz zwischen dieser Natur und der vornehmen Ruhe
Goethes machte den Riß klaffend. Fichte erhielt, trotz der unter ver=
schiedenen Formen ausgesprochenen Bitte der Studenten, ihn der Hoch=
schule zu erhalten und trotz des Verfalls, welcher derselben durch seinen
Weggang drohte, seine Entlassung im Jahre 1799. Die Studenten
ließen eine Medaille mit seinem Bildnis prägen, um ihre Anhänglich=
keit zu beweisen. Da er in Jena nicht bleiben konnte und ihm ein
Aufenthalt in Schwarzburg=Rudolstadt durch Einfluß der Weimarischen
Regierung versagt ward, so ergriff er wieder, vorläufig mit Zurück=
lassung von Weib und Kind, seinen Wanderstab und ging im Juli 1799
nach Berlin. Man gewährte ihm hier einen ungestörten Aufenthalt.
Bekannt ist die Äußerung, welche der König Friedrich Wilhelm III.
auf gestellte Anfrage gethan haben soll: „Ist Fichte ein so ruhiger
Bürger, ist er so fern von allen gefährlichen Verbindungen, wie ich
vernehme, so gestatte ich ihm gern den Aufenthalt in meinen Staaten.
Über seine religiösen Grundsätze zu entscheiden, kommt dem Staat
nicht zu;" oder wie man sonst erzählt: „Ist es wahr, daß er mit dem
lieben Gott in Feindseligkeiten begriffen ist, so mag das der liebe Gott
mit ihm abmachen, mir thut das nichts." Hinfort faßte der Vertriebene
in Preußen Fuß und vergilt seinem König reichlich das Wohlwollen,
des er sich erfreute. Wie man über die Lehre Fichtes urteilen
mag, man muß seine sittliche Persönlichkeit ehren und bewundern.
Er war sich selbst treu geblieben und mit der größten Ruhe des Ge=
müts konnte er von Berlin aus der Frau schreiben: „Siehe, meine
Gute, ich sehe jetzt die Sache so an: daß ich keinen Verweis haben
wollte und mit dem Abschiede drohte, war ganz recht und meine
Sache, es reut mich nicht im geringsten und ich würde dasselbe in
demselben Falle wiederholen: daß sie die Demission annahmen, ist ihre
Sache. Daß sie dabei die Form nicht so ganz beobachteten, gleichfalls
die ihrige, nicht die meinige. Ich zürne nicht auf sie, ich habe meinen
Willen. Ich wollte keinen Verweis und ich habe keinen. Dieser Abschied
wird mich nicht unglücklich machen." Und ein andermal, als die Frau
ihm über die gegen ihn ausgestreuten Lügen klagt: „Sage mir, ist es

denn das erstemal, daß man uns verleumdet? Sind nicht diese Ver=
leumdungen verstummt? Jetzt giebt es andere! Gut, diese werden auch
verstummen wie jene. Es wird dann vielleicht wieder andere geben!
Es kann sein: aber endlich, nachdem man uns allgemein kennen lernen
wird, werden sie es doch müde werden. Ich wette mit dir, so viel du
willst, nach 10 Jahren bin ich ein im ganzen deutschen Publikum durch=
gängig geschätzter und verehrter Mann. Dies sind nur die ersten
kräftigen Gegenstöße gegen die gewaltsame Einwirkung meines Geistes,
die sich nun nicht mehr verleugnen läßt. Das muß nun alles durch=
gefochten werden. Ich werde es an mir nicht fehlen lassen und werde
endlich siegen."

Das ist noch die Sprache des sittlichen Selbstgefühls, nicht des
Glaubens, der spricht: durch Gottes Gnade bin ich, das ich bin. Aber
der kategorische Imperativ, wenn er am kräftigsten auftritt, ist der
Beugung unter die Gnade am nächsten, und je ernster ein Mensch es
mit dem Sittengesetz nimmt, desto sicherer wird dasselbe zu einem Zucht=
meister auf Christum. In Berlin führte Fichte seine Lehre zu der
Vollendung, in welcher die Religion als ihre Wurzel und ihre Frucht
erscheint. Auch Fichte hat etwas davon erfahren müssen, daß die An=
fechtung aufs Wort merken lehrt. Er benutzte seine Muße zunächst
zur Abfassung seines Buchs „über die Bestimmung des Menschen,"
welches 1800 erschien. Gegen das Ende des Jahrhunderts schrieb er
an seine Frau: „Ich habe bei der Ausarbeitung meiner gegenwärtigen
Schrift einen tieferen Blick in die Religion gethan, als noch je. Bei
mir geht die Bewegung des Herzens nur aus vollkommener Klarheit
hervor: es konnte nicht fehlen, daß die errungene Klarheit zugleich
mein Herz ergriff. Glaube mir, daß diese Stimmung an meiner un=
erschütterlichen Freudigkeit und an der Milde, womit ich die Ungerech=
tigkeit meiner Gegner ansehe, großen Anteil hat. Ich glaube nicht,
daß ich ohne diesen fatalen Streit und ohne die bösen Folgen desselben
jemals zu dieser klaren Einsicht und zu dieser Herzensstimmung gekom=
men wäre, und so hätten ja die mir zugefügten Gewaltthätigkeiten
schon jetzt eine Folge, die weder du noch ich wegwünschen werden." —
Ohne Anstellung in Berlin, aber noch immer von dem Triebe beseelt,
auf die Zeitgenossen in tiefster Weise zu wirken, ließ er sich auch jetzt
nicht mit der stillen schriftstellerischen Arbeit und der Freundschaft der
ausgezeichnetsten Männer genügen, in Privatvorlesungen sammelte er
sich einen auserwählten Hörerkreis, in welchem die höchsten Staats=
beamten neben den Bürgern, strebsame Offiziere neben gelehrten Männern

faßen, alle mit gleicher Aufmerksamkeit die Funken höheren Lebens in
sich aufnehmend, welche von Fichtes gewaltiger Rede ausgingen. In
dieser Weise hat er sein Pfund verwertet, bis er im Frühling 1805
zum Professor der Philosophie an der damals preußischen Universität
Erlangen ernannt ward, jedoch mit der Bestimmung, nur im Sommer
dort zu lesen und im Winter nach Berlin zurückzukehren. Nur einen
Sommer war ihm die akademische Thätigkeit in Erlangen vergönnt.
An der Rückkehr dahin hinderte ihn die Gewalt der im Jahre 1806
eingetretenen Ereignisse. Und hier sind wir an dem Punkt angekommen,
wo unsre Aufgabe, Fichtes Wirken für die Wiedergeburt des deutschen
Volkes zu schildern, die durch den Abriß seines Lebens vorbereitete
Lösung finden wird.

Im Winter von 1804 auf 1805 hielt Fichte in Berlin Vorlesun=
gen über „die Grundzüge des gegenwärtigen Zeitalters." In ihnen
trat seine neu gewonnene religiöse Anschauung zuerst entschieden hervor.
Sie ist weit entfernt von jeder Spur kirchlicher Rechtgläubigkeit oder
auch nur biblischer Theologie. Aber wer die geschichtlichen Erschei=
nungen geschichtlich zu würdigen liebt, wer sich in unserm Falle von
der Haltlosigkeit dessen überzeugt hat, was damals im supranatura=
listischen Lager sowohl als im rationalistischen geboten ward und wer
zugleich die Überzeugung gewonnen hat, daß die Theologie von Grund
aus erneuert werden mußte, wenn sie dem Christentum neue Kräfte
zuführen sollte, der freut sich über jeden aus der Tiefe des Denkens
und dem Ernste des Gewissens kommenden Versuch zu solcher Er=
neuerung, auch wo ihm die nächsten Ergebnisse nicht genügen. Zunächst
haben Fichtes Reden eine reinigende Wirkung, indem er wie in einem
Bußspiegel dem Zeitalter seine Grundzüge zeigt. Er überschaut die
ganze vergangene und künftige Entwicklung des Menschengeschlechts
von der Höhe seiner philosophischen Betrachtung. Indem er als Zweck
des Erdenlebens der Menschheit den setzt, daß sie in demselben alle
ihre Verhältnisse mit der Freiheit nach der Vernunft einrichte, gewinnt
er fünf einzig und allein mögliche und das ganze Leben der mensch=
lichen Gattung erschöpfende Hauptepochen. Mag man an der Richtigkeit
dieser Theorie zweifeln, von der größten praktischen Bedeutung war es
jedenfalls, daß Fichte sein Zeitalter als die dritte der fünf Hauptepochen,
als das Zeitalter der völligen Befreiung von der Herrschaft der Vernunft,
als das Zeitalter der absoluten Gleichgültigkeit gegen alle Wahrheit und
der völligen Ungebundenheit ohne einigen Leitfaden, darum als das der
vollendeten Sündhaftigkeit begriff. Damit war ein Bußton angeschlagen,
der lange nicht gehört worden war, aber vor allem not that. Weil Fichte

das Leben nach der Vernunft als das Leben für die Gattung und dieses wieder als das Leben für die Idee, als ein Leben der gänzlichen Hingabe der Person für die idealen Interessen des ganzen Geschlechts ansah, so erschien ihm das von der Vernunft losgerissene Leben als ein Leben für das persönliche Wohlsein allein. Nach allen Seiten mit vernichtender Schärfe entwickelte er diesen seinen Grundgedanken über das gegenwärtige Zeitalter. Als das Werkzeug der Befreiung von jeglicher Autorität, durch welche die Vernunft sich geltend machte, erkennt er den dem blinden Instinkt entgegengesetzten Begriff, demnach ist die Grundmaxime derer, die auf der Höhe des Zeitalters stehen und darum das Prinzip des Zeitalters selber, dieses: durchaus nichts als seiend und bindend gelten zu lassen, als dasjenige, was man verstehe und klärlich begreife. Vor dem Zeitalter der Wissenschaft hat das gegenwärtige Zeitalter voraus, daß jenes alles begreifen will und nicht ruht, bis es zum Unbegreiflichen vorgedrungen ist und dies als Unbegreifliches begriffen hat, während dieses ein stehendes und vorhandenes Begreifen zum Maßstabe des Seins macht. „Es hat vor dem Zeitalter der Wissenschaft den großen Vorteil," sagt Fichte mit der kalten Ironie der philosophischen Betrachtung, „daß es alle Dinge weiß, ohne je etwas gelernt zu haben, und über alles, was ihm vorkommt, sofort und ohne weiteren Anstand urteilen kann, ohne jemals der vorhergehenden Prüfung zu bedürfen." Einem solchen Zeitalter nun, das von dem Vernunftinstinkt sich losmacht, ohne die Vernunft in einer andern Gestalt an die Stelle desselben zu bekommen, bleibt durchaus nichts Reelles übrig als das Leben des Individuums. Das individuelle Leben aber ist bestimmt durch den Trieb der Selbsterhaltung und des Wohlseins. Um diesem Trieb seine Befriedigung zu gewähren, bedarf der Mensch Verstand und Erfahrung, weiter nichts, den gemeinen und gesunden Menschenverstand, der die Summe der gemachten Erfahrungen für das Dasein und Wohlsein des Individuums verwertet. Was er nicht begreift, das ist nicht. Nun begreift er überall nichts, als was sich auf sein persönliches Dasein und Wohlsein bezieht, darum ist auch nichts weiter. Die ganze Welt ist eigentlich nur dafür da, damit das Individuum da sein und wohl sein könne. Die Erfahrung ist dem Zeitalter die einzige Quelle der Erkenntnis. In bezug auf Dinge, die er nicht erfahren hat, die aber doch behauptet werden, wird der Mensch des gegenwärtigen Zeitalters zweifeln und sich in jene unerschütterliche Parteilosigkeit als die höchste Weisheit hüllen. In Absicht auf die Natur und den Gebrauch ihrer Kräfte und Erzeugnisse wird er auf das unmittelbar und materiell Nützliche, zur Wohnung, Kleidung und Speise Notwendige sehen, jede höhere Herrschaft über die Natur wodurch der widerstrebenden das majestätische Gepräge der Menschheit als Gattung, also das Gepräge der Ideen aufgedrückt wird, wird er nicht kennen oder als Schwärmerei verlachen. In Absicht auf das Staatsleben wird er entweder gehaltlose, weitschallende Phrasen lieben oder blind an die Erfahrung sich halten. „In Absicht der Sittlichkeit wird es das für die einzige Tugend anerkennen, daß man seinen eigenen Nutzen befördere, ansügend höchstens, entweder ehrenhalben, oder aus Inkonsequenz, den des andern, — es versteht sich, wenn er dem unsern nicht entgegen ist; und für das einzige Laster, seines Vorteils zu ver= fehlen. Es wird behaupten, — und da es ihm nicht schwer fallen kann, für jede mögliche Handlung eine unechte Triebfeder zu finden, indem es ja das Edle durchaus nicht kennt, — es wird sogar beweisen, daß wirklich alle Menschen, die jemals gelebt haben und leben, also gedacht und gehandelt haben, und daß es überhaupt gar keinen andern Antrieb im Menschen gebe, als den des Eigennutzes, beklagend die= jenigen, welche noch etwas anderes in ihm annehmen — als arme Thoren, welche die Welt und die Menschen nur noch nicht kennen. Was endlich die Religion anbetrifft, so wird auch diese sich ihm in eine bloße Glückseligkeitslehre verwandeln, bestimmt uns zu erinnern, daß man mäßig genießen müsse, um recht lange und recht vieles zu genießen: ein Gott wird ihm nur dazu da sein müssen, damit er unser Wohlsein besorge, und bloß unsere Bedürftigkeit wird es sein, die ihn ins Dasein gerufen und ihn zu dem Entschlusse gebracht, existieren zu wollen. Was es von dem übersinnlichen Inhalt eines etwa vorhan= denen Religionssystems allenfalls noch beibehalten will, wird diese Scho= nung ganz allein dem Bedürfnisse eines Zaums für den ungezügelten Pöbel, dessen der gebildete nicht bedarf, und dem Mangel eines zweck= mäßigen Ergänzungsmittels der Polizei und des gerichtlichen Beweises verdanken. In Summa, und um es mit einem Worte auszusprechen, ein solches Zeitalter steht auf seiner Höhe, wenn ihm nun klar ge= worden, daß die Vernunft, und mit ihr alles über das bloße sinnliche Dasein der Person Hinausliegende, lediglich eine Erfindung sei gewisser müßiger Menschen, die man Philosophen nennt.“

Wenn für ein krankes Geschlecht die erste Bedingung des Heils in der Erkenntnis seiner Krankheit liegt, so mußte diese schonungslose Aufdeckung des Schadens, an welchem Deutschland krankte, ein wahrer Segen sein. Wie scharf ist doch der vulgäre Rationalismus und das feige Philistertum, an dem wir zu Grunde gegangen sind, durch Fichtes

Worte geschildert! Und wenn wir nun daneben seine begeisterte Schil=
derung des Lebens für die Gattung, für die Idee lesen, so fühlen
wir die Bedeutung des Mannes unmittelbar an der sittlichen Stärkung,
die von seiner Rede auf uns übergeht. Und schon ist in dieser Hin=
gabe des Individuums an das Ganze, die der Philosoph verlangt, der
warme Hauch der Religion zu spüren. Ist er noch lange nicht zur
biblischen Wahrheit durchgedrungen, das Eine und Herrliche hat er er=
faßt, daß der Mensch nicht in seinem Sichselbstschätzen, sondern in
seinem Sichselbstaufgeben für das allgemeine göttliche Leben seine
Seligkeit findet.

„Die Religion eröffnet dem Menschen die Bedeutung des einen
ewigen Gesetzes, das als Pflichtgebot dem freien und edlen, und als
Naturgesetz dem unedleren Werkzeuge gebietet. Der Religiöse begreift
dieses Gesetz und fühlt es in sich lebendig als das Gesetz der ewigen
Fortentwicklung des einen Lebens. Mit unaussprechlicher Liebe, mit
unnennbarem Entzücken taucht sein Auge in den Urquell alles Lebens
und fließet, von ihm unabtrennlich, mit ihm fort im ewigen Strome.
Was der moralische Mensch Pflicht nannte, und Gebot, was ist es ihm?
Die geistigste Blüte des Lebens, sein Element, in welchem er allein
atmen kann. Er will und mag nichts anderes, denn dies, und alles
andere ist ihm Tod und Verdammnis. Für ihn kommt also das ge=
bietende Soll zu spät; ehe es gebietet, will er schon und kann nicht
anders wollen. Wie vor der Moralität alles äußere Gesetz verschwindet,
so verschwindet vor der Religiosität selbst das innere; der Gesetzgeber
in unsrer Brust schweigt, denn der Wille, die Lust, die Liebe, die
Seligkeit hat das Gesetz in sich aufgenommen. Dem moralischen
Menschen wird es oft schwer, seine Pflicht zu thun, und das Opfer
seiner tiefsten Neigungen und liebsten Gefühle wird von ihm gefor=
dert. Er thut es demohngeachtet: es muß sein: er unterdrückt seine
Gefühle und betäubt seinen Schmerz. Die Frage, warum es nun gerade
dieses Schmerzes bedürfe, und woher dieser Zwiespalt zwischen seiner
ihm doch auch eingepflanzten Neigung, und der eben so unabweislichen
Forderung des Gesetzes komme, darf er sich nicht erlauben; er muß
stumm und blind sich opfern, denn nur unter der Bedingung dieser
stummen Aufopferung ist das Opfer echt. Dem Religiösen ist diese
Frage mit einemmal für ewig gelöst. Das, was da widerstrebt
und nicht sterben mag, ist unvollkommneres Leben, das eben darum,
weil es doch Leben ist, nach Fortbestehen ringt; das aber aufgegeben
werden muß, wenn das höhere und edlere Leben in das Dasein ein=

treten soll. Jene Neigungen, die ich aufopfern soll, denkt der Religiöse, sind gar nicht meine Neigungen, sondern es sind Neigungen, die gegen mich und mein höheres Dasein gerichtet sind: sie
sind meine Feinde, die nicht zu früh sterben können. Der Schmerz,
der mir zugefügt wird, ist nicht mein Schmerz, sondern der Schmerz
einer gegen mich verschworenen Natur: es sind nicht die Zuckungen
des Sterbens, sondern die Wehen einer neuen Geburt, welche herrlich
sein wird über alle meine Erwartungen.". . . .

„Die Religion erhebt ihren Geweihten absolute über die Zeit als
solche, und über die Vergänglichkeit, und versetzt ihn unmittelbar in
den Besitz der einen Ewigkeit. In dem einen göttlichen Grundleben
ruht sein Blick und wurzelt seine Liebe: was noch außer diesem einen
Grundleben ihm erschienen, ist nicht außer ihm, sondern in ihm
und bloß eine zeitige Gestalt seiner Entwicklung nach einem absoluten
Gesetze, das da gleichfalls in ihm selber ist: er erblickt alles nur in
dem Einen und vermittelst desselben: dann erblickt er aber auch zugleich in jedem Einzelnen das ganze unendliche All. Sein Blick ist
daher immer der Blick der Ewigkeit und was er erblickt, erblickt er
als ewig und in der Ewigkeit: nichts kann wahrhaftig sein, was nicht
eben darum ewig wäre. Jene Befürchtungen vom Untergange im
Tode und jene Bestrebungen, einen künstlichen Beweis für die Unsterblichkeit der Seelen zu finden, liegen darum tief unter ihm. In
jedem Momente hat und besitzt er das ewige Leben, mit aller seiner
Seligkeit, unmittelbar und ganz: und was er allgegenwärtig hat und
fühlt, braucht er sich nicht erst anzuvernünfteln. Giebt es irgend
einen schlagenden Beweis, daß die Erkenntnis der wahren Religion
unter den Menschen von jeher sehr selten gewesen, und daß sie insbesondere den herrschenden Systemen fremd sei, so ist es der, daß sie
die ewige Seligkeit erst jenseit des Grabes setzen, und nicht ahnden,
daß jeder, der nur will, auf der Stelle selig sein könne." . . . . .

„Im Beginn dieser Rede haben wir alles Große und Edle im
Menschen darauf zurückgeführt, daß er seine Person in der Gattung
verliere und an die Sache dieser Gattung sein Leben setze, für sie arbeite, entbehre, dulde, und, sich opfernd, sterbe. Immer waren es
Thaten: immer, was heraustreten konnte in die äußere Erscheinung,
worauf wir sahen. Dabei mußten wir anknüpfen mit dem Zeitalter.
Jetzo beim Durchgehen durch diese Ansicht veredelt, wie ich voraussetze,
sagen wir nicht mehr also. Das einzige wahrhaft Edle im Menschen,
die höchste Form der in sich selbst klar gewordenen Idee ist die Religion:

aber die Religion ist gar kein Äußerliches und erscheint nie in irgend einer Äußerung, sondern sie vollendet bloß innerlich den Menschen. Sie ist Licht und Wahrheit im Geiste. Das richtige Handeln findet sich dann von selber, denn die Wahrheit kann nicht anders handeln, als nach der Wahrheit; aber dieses richtige Handeln ist kein Opfer mehr, noch ein Dulden und Entbehren, sondern es ist selber die Ausübung und Ausströmung der höchsten inneren Seligkeit."

Die religiöse Ansicht, welche uns zuerst in den Vorlesungen über die „Grundzüge des gegenwärtigen Zeitalters" entgegentritt, hat Fichte in seiner „Anweisung zum seligen Leben", auch die „Religionslehre" genannt, Vorlesungen aus dem Jahr 1806, ausführlich dargelegt. Wenn wir nicht umhin können, den Vorlesungen und dem Buche eine große Bedeutung für die Erweckung des religiösen Sinnes beizulegen, mit welchem Tausende der edelsten Deutschen in den darauf folgenden Jahren in den Kampf gingen, so ist es doch auch unsre Pflicht, die großen Gebrechen der Fichteschen Lehre anzudeuten. Während der Philosoph hier mit der einen Hand die köstlichsten Gaben der Offen= barung in Christus ergreift, hält er mit der andern fein ihr wider= sprechendes Denksystem fest. Während er thatsächlich schon von der begeisternden Kraft des Christentums getragen wird, zweifelt er noch an den Grundwahrheiten desselben. Wir heben nur einzelnes heraus. Die Tiefe des Sündenbewußtseins ist die hauptsächlichste Bedingung christlicher Erkenntnis. Wer sich nur erinnert, daß Fichte sein Zeit= alter als das der vollendeten Sündhaftigkeit schilderte, weil in ihm das Leben des Individuums, die Sorge für sein Dasein und Wohlsein, als das eigentliche Leben erschien und das Leben für die Gattung als Leben für die Idee nichts mehr galt, der wird nicht zweifeln, daß Fichte die Sünde erkannte. Aber er erkannte sie nicht sowohl als einen all= gemeinen, von der That des Stammvaters des Menschengeschlechts her= rührenden Abfall von Gott, der sich zur Feindschaft wider Gott ge= staltete, sondern mehr nur als eine Abschwächung des göttlichen Lebens in einzelnen. Wie Novalis in seinem schönen Hymnus auf Christus, spricht auch Fichte von einem „Wahn von Sünde." Das göttliche Leben erschien ihm darum weniger auf einer Herstellung durch den lebendigen Gott, sondern auf einem freien Entschluß des Menschen zu beruhen. Er glaubte zwar, daß eine solche Einheit des göttlichen und menschlichen Lebens, wie in Christus, weder vorher noch nachher ge= wesen, aber das war ihm nur geschichtliches Faktum, nicht metaphysische Notwendigkeit. Er hielt es für möglich, daß vor Christus irgend je=

14*

mand das reine Verhältnis durch freien Entschluß hätte erzeugen können und daß nach ihm ohne ihn jemand das Nämliche thäte. Man sieht deutlich, wie er die Wahrheit nicht leugnen, aber auch den lange ge= hegten Irrtum nicht aufgeben kann. Weil ihm nun die Sünde nicht als eine Kluft zwischen dem abgefallenen Menschen und dem in Liebe zürnenden Gott erscheint, will er von keiner Entsündigung und Ver= söhnung wissen und verwirft die Lehre des Paulus als eine falsche, im Judentum befangene. Wenn Johannes doch auch von dem Lamme Gottes spricht, das der Welt Sünde trägt, und von dem Blut, das uns von der Sünde reinigt, so denkt er sich dabei nicht „sein zur Abbüßung unserer Sünden vergossenes Blut, sondern sein in uns ein= getretenes Geblüt und Gemüt, sein Leben in uns." Aber auch die= jenigen biblischen Schriftsteller und Abschnitte gelten ihm nichts, in welchen er bloße Moral, wenn auch eine sehr treffliche, erkennt. Jo= hannes, der Evangelist, ist ihm der einzige, bei welchem er die Wahr= heit und zwar die mit seiner durch eigene Forschung gefundenen überein= stimmende Wahrheit findet. Worin bestand aber bei so starken Gebrechen das relativ Gute in der Fichteschen Lehre? Vor allem darin, daß er der Religion wieder eine selbständige, alles Leben des Menschen wie das warme Herzblut durchdringende Kraft zuschrieb. Kant und die von ihm abhängige Theologie hatten durch ihre einseitige Betonung des Moralischen die Religion verflacht. Mit der Bibel wußten sie nichts anzufangen, als daß sie Stellen wie die Bergpredigt in den Vordergrund stellten und alles andere nach der Schwere seines mora= lischen Gehalts schätzten. Welch ein Fortschritt, daß Fichte, zur Mystik des Johannes sich bekennend, das unmittelbare Leben in Gott wieder als Religion verkündete! „Erhebe dich nur in den Standpunkt der Religion und alle Hüllen schwinden: die Welt vergehet dir mit ihrem toten Prinzip und die Gottheit selbst tritt wieder in dich ein, in ihrer ersten und ursprünglichen Form als Leben, als dein eigenes Leben, das du leben sollst und leben wirst..... In dem, was der heilige Mensch thut, lebet und liebet, erscheint Gott nicht mehr im Schatten oder be= deckt von einer Hülle, sondern in seinem eigenen, unmittelbaren und kräftigen Leben: und die aus dem leeren Schattenbegriffe von Gott unbeantwortliche Frage: Was ist Gott? wird hier so beantwortet: er ist dasjenige, was der ihm Ergebene und von ihm Begeisterte thut. Willst du Gott schauen, wie er in sich selber ist, von Angesicht zu Angesicht? Suche ihn nicht jenseit der Wolken: du kannst ihn allent= halben finden, wo du bist. Schaue an das Leben seiner Ergebenen und du schaust ihn an; ergieb dich selber ihm und du findest ihn in deiner Brust". Und wie Paulus und Luther, wenn sie vom Glauben reden, der nicht fragt, ob Gutes zu thun sei, sondern ehe er fragt, es gethan hat, so spricht Fichte. Er geht über Kants Moral hinaus, aber um sie in der Religion tiefer zu gewinnen: "Wirkliche und wahre Religiosität ist nicht lediglich betrachtend und beschauend, nicht bloß brütend über andächtigen Gedanken, sondern sie ist notwendig thätig. Sie besteht in dem innigen Bewußtsein, daß Gott in uns wirklich lebe und thätig sei und sein Werk vollziehe... Die Religion ist nicht bloß andächtiges Träumen, — die Religion ist überhaupt nicht ein für sich bestehendes Geschäft, das man abgesondert von andern Ge= schäften, in gewissen Tagen und Stunden treiben könnte: sondern sie ist der innere Geist, der alles unser, übrigens seinen Weg ununter= brochen fortsetzendes Denken und Handeln durchdringt, belebt und in sich eintaucht." — Hat mit solchen Worten Fichte das Wesen der Re= ligion in viel trefflicherer Weise geschildert, als man es zu seiner Zeit gewöhnt war, so muß uns auch die Wärme, mit welcher er, der Philo= soph, von ihrem Gegenstande, Christus, spricht, wohlthun als ein Hoff= nungszeichen, daß man zu dem vergessenen zurückkehren werde. Man sieht das Pantheistische, das in den Anschauungen des Philosophen sich findet, und das titanenhafte Streben des Denkers, selbst erzeugen zu können, was Christus hat, mit nicht so strengen Augen an, wenn man das Zugeständnis hört, daß niemand vor oder nach ihm wie Christus gewesen und daß wir alle in unserem religiösen Erkennen von diesem Einzigen abhängig sind. "Allerdings," sagt Fichte, "ist die Einsicht in die absolute Einheit des menschlichen Daseins mit dem göttlichen die tiefste Erkenntnis, welche der Mensch erschwingen kann. Sie ist vor Jesu nirgends vorhanden gewesen; sie ist auch seit seiner Zeit, man möchte sagen, bis auf diesen Tag, wenigstens in der profanen Erkenntnis, wieder so gut als ausgerottet und verloren... Wie kam nun Jesus zu dieser Einsicht? Daß jemand hinterher, nachdem die Wahrheit schon entdeckt ist, sie nacherfinde, ist kein so großes Wunder, wie aber der erste, von Jahrtausenden vor ihm, und von Jahrtausenden nach ihm, durch den Alleinbesitz dieser Einsicht geschieden, zu ihr ge= kommen sei, dies ist ein ungeheures Wunder. Und so ist denn in der That wahr, daß Jesus von Nazareth der, — auf eine ganz vor= zügliche, durchaus keinem Individuum außer ihm zukommende Weise, — eingeborne und erstgeborne Sohn Gottes ist: und daß alle Zeiten, die nur fähig sind, ihn zu verstehen, ihn dafür werden erkennen müssen."

Bei aller Standhaftigkeit, mit welcher er behauptet, daß der Philosoph unabhängig vom Christentum dieselben Wahrheiten finden und sie konsequenter und klarer überblicken könne als wenigstens das gegenwärtige Christentum thue, giebt er die Abhängigkeit unserer Anschauung vom Christentum zu, und spricht: „Und so bleibt denn auch der zweite Teil des christlichen Dogma, daß alle diejenigen, die seit Jesu zur Vereinigung mit Gott gekommen, nur durch ihn und vermittelst seiner dazu gekommen, gleichfalls unwidersprechlich wahr. Und so bestätigt es sich denn auf alle Weise, daß bis an das Ende der Tage vor diesem Jesus von Nazareth wohl alle Verständigen sich tief beugen, und alle, je mehr sie nun selber sind, desto demütiger, die überschwengliche Herrlichkeit dieser großen Erscheinung anerkennen werden." Und nicht als Gegenstand großer Bewunderung, die aber vor der Nachfolge zurückbebt, stellt er Christus hin. „Sein Fleisch essen und sein Blut trinken, heißt: ganz und durchaus er selber werden und in seine Person, ohne Abbruch oder Rückhalt sich verwandeln, — ihn in seiner Persönlichkeit nur wiederholen, — transsubstantiiert werden mit ihm, — so wie er das zu Fleisch und Blut gewordene ewige Wort ist, eben so zu seinem Fleische und Blute, und, was nun daraus folgt und dasselbe ist, zu dem zu Fleisch und Blut gewordenen ewigen Worte selber werden: denken, durchaus und ganz wie er, und so, als ob er selber dächte, und nicht wir; leben, durchaus und ganz wie er, und so, als ob er selber lebte, an unsrer Stelle."

Die Anweisung zum seligen Leben, die Fichte aus der eben geschilderten Anschauung giebt, ist mittlerweile durch viel sicherere, weil einfältiger von Gottes Wort ausgehende Wegführungen übertroffen worden. Daß sie aber zu ihrer Zeit ein Segen für Deutschland war, geht schon aus dem damaligen traurigen religiösen Zustande hervor. Es war von der höchsten Bedeutung, daß der hochgesteigerten Gedankenbildung des Zeitalters, dem das Christentum und die Religion abhanden gekommen war, ein Verständnis für die Grundideen der Religion gerade durch gedankliche Vertiefung vermittelt würde. Fichte klagt über die gänzliche Verkehrtheit des Zeitalters. Während man voraussetzen sollte, daß der religiöse Mensch geachtet würde, „weil die Religion, sich erhebend über den Schein und eindringend in das Wesen der Dinge, notwendig den glücklichsten Gebrauch der Geisteskräfte, den höchsten Tiefsinn und Scharfsinn und die davon unabtrennliche höchste Stärke des Charakters entdeckt", kehrt die herrschende Denkweise des Zeitalters alles um. „Nichts bringt bei der Majorität desselben unmittelbarer und sicherer Schande, als wenn man sich auf einem religiösen Gedanken oder auf einer solchen Empfindung ergreifen läßt; nichts kann, was daraus folgt, sicherer Ehre bringen, als wenn man von dergleichen Gedanken und Empfindungen sich frei erhält." Die Bitte um die Erlaubnis, vor seinen Zuhörern sich zuweilen biblischer Ausdrücke bedienen zu dürfen, leitet er mit den Worten ein: „Es ist mir nicht unbekannt, daß man in unserm Zeitalter in keinen nur ein wenig zahlreichen Zirkel aus den gebildeten Klassen treten kann, worin sich nicht einzelne befinden sollten, bei denen die Erwähnung Jesu, und der Gebrauch biblischer Ausdrücke, unangenehme Empfindungen anregt, und den Verdacht, daß der Redende eines von beiden, entweder ein Heuchler, oder ein beschränkter Kopf sein müsse." Und vor dieses Geschlecht tritt Fichte hin mit der Begeisterung eines von Gott Bevollmächtigten, um die Funken neuen Lebens in die Gemüter zu werfen. Mit unerbittlicher Schärfe deckt er den Schaden auf, die Zerstreuung des Geschlechts in dem Nichtigen, den Mangel an energischer Zusammenfassung des gesamten Lebens in einem schöpferischen Punkte, die oberflächliche Ansicht von Religion, die Abschwächung des Tugendbegriffs zu einzelnen sittlichen Fertigkeiten und der Seligkeit zur bloßen Glückseligkeit. Und so hart er die herrschenden Schäden geißelt, mit so inniger Wärme verkündet er den Aufgang neuen Lebens durch die Religion. Es gewinnt jeder Begriff, den man auch in der Zeit der Aufklärung nicht ganz aufgeben wollte, durch seine reiche, sittliche und religiöse Persönlichkeit an Tiefe und Höhe. Wir haben die Zuversicht zu den Ausstrahlungen eines reichen innern Lebens, die wir in diesen Vorlesungen haben, daß auch der, welcher mit dem entschiedenen Bewußtsein, Widerspruch gegen viele einzelne Lehren einlegen zu müssen, an das Lesen des Buchs ginge, doch von der warmen Energie, mit welcher hier eine herrliche sittliche Persönlichkeit sich über die höchsten Dinge der Menschheit ausspricht, ergriffen werden müßte. Hier tritt der Gott, den der Rationalismus in unnahbare Ferne gerückt hatte, wieder nahe als der, in dem wir leben und weben und sind. Die Seligkeit, die man sich gewöhnt hatte, in die Zeit nach dem Tode zu verlegen, wird als eine allezeit gegenwärtige geschildert, die nur darauf warte, ergriffen zu werden. Die gänzliche Hingabe des Individuums an den göttlichen Willen, das völlige Aufgehen des endlichen Seins in dem Unendlichen ist das Mittel, diese Seligkeit zu gewinnen. Und wer diese Einheit vollzogen hat, dem wird alles, auch was am widerwärtigsten scheint, nur Anlaß zu größerer Vertiefung jener Einheit, also zur Vermehrung der Seligkeit. Weit entfernt aber, daß diese Hingabe des Individuums

an Gott, die von Fichte in der Sprache der edelsten Mystik verkündet
wird, vom thätigen Leben abführte, ist sie selbst unablässig thätig, weil
sie Aneignung des göttlichen Lebens ist. Es entwickelt sich aus den Tiefen
dieser mystischen Versenkung eine segenbringende Sittlichkeit wie der
erwärmende Strahl aus der Sonne, wie der erfrischende Strom aus
der Quelle; eine Sittlichkeit, welche den Haß nicht ausschließt, weil sie
durch und durch Liebe ist. Wir geben diesen Behauptungen Farbe,
indem wir aus dem schönen Organismus der Fichteschen Darstellung
einzelne Sätze herausgreifen: „So lange der Mensch noch irgend etwas
selbst zu sein begehrt, kommt Gott nicht zu ihm, denn kein Mensch
kann Gott werden. Sobald er sich aber rein, ganz und bis in die
Wurzel vernichtet, bleibet allein Gott übrig, und ist alles in allem.
Der Mensch kann sich keinen Gott erzeugen; aber sich selbst, als die
eigentliche Negation, kann er vernichten und dann versinkt er in
Gott." — „Alle äußerlichen Begegnisse sind ja nichts anderes, als
die notwendige und unveränderliche Erscheinung des in seinem Innern
sich vollziehenden, göttlichen Werks; und er kann nicht wollen, daß
irgend etwas in diesen Begegnissen anders sei, als es ist, ohne zu
wollen, daß das Innere, was nur also erscheinen kann, anders sei, und
ohne dadurch seinen Willen von Gottes Willen abzusondern und ihm ent=
gegenzusetzen.... Auch an denjenigen, in denen Gottes Willen inner=
lich nicht geschieht, weil gar kein Innerliches da ist, sondern sie über=
haupt nur Außendinge sind: geschieht dennoch äußerlich, wohin er
allein zu langen vermag, der zuvörderst ungnädige und strafende, im
Grunde aber dennoch höchst gnädige und liebevolle Wille Gottes; indem
es ihnen schlimm gehet, und immer schlimmer, und sie in dem vergeb=
lichen Haschen nach einem Gute, das immer vor ihnen schwebt und
immer vor ihnen flieht, sich abmatten und sich verächtlich und lächerlich
machen, bis sie dadurch getrieben werden, das Glück da zu suchen, wo
es allein zu finden ist. Denen, die Gott nicht lieben, müssen alle Dinge
unmittelbar zur Pein und zur Qual dienen, bis sie, mittelbar durch diese
Qual selbst, ihnen zum Heile gereichen.... Was ist es, das die Re=
flexion nirgends stille stehen läßt, sondern sie unaufhaltsam forttreibt,
von jedem Reflektierten, bei dem sie angekommen ist, zu einem Fol=
genden, und von diesem zu seinem Folgenden? die unaustilgbare Liebe
ist es zu dem der Reflexion notwendig entfliehenden, hinter aller Re=
flexion sich verbergenden, und darum notwendig in alle Unendlichkeit
hinter aller Reflexion aufzusuchenden, reinen und realen Absoluten;
diese ist es, welche sie forttreibt und sie ausdehnt zu einer lebendigen

Ewigkeit. Die Liebe daher ist höher denn alle Vernunft, und sie ist selbst die Quelle der Vernunft und die Wurzel der Realität und die einzige Schöpferin des Lebens und der Zeit." Und diese Liebe, die unaufhaltsam zu Gott hindringt, umfaßt zugleich die Brüder; aber nicht um die sinnliche Glückseligkeit des Menschengeschlechts ist der wahrhaft Liebende besorgt. „Wiederfindend ihr Sein in Gott, wird er ihr Sein lieben: ihr Sein außer Gott hasset er innig und dies ist eben seine Liebe zu ihrem eigentlichen Sein, daß er ihr beschränkendes Sein hasset.... Sehend auf das, was die Menschen sein könnten, ist sein herrschender Affekt eine heilige Indignation über ihr unwürdiges und ehrloses Dasein;... bedenkend, daß sie nur ihre Hand ausstrecken dürften nach dem immerfort sie umgebenden Guten, um im Augenblicke würdig und selig zu sein: überfällt ihn die innigste Wehmut und der tiefste Jammer.... Schlechthin nie und unter keiner Bedingung giebt er es auf, an ihrer Veredlung zu arbeiten, und was daraus folgt, schlechthin nie und unter keiner Bedingung giebt er die Hoffnung von ihnen auf. So oft er auch abgewiesen werde von außen, ohne den gehofften Er= folg, wird er, in sich selbst zurückgetrieben, schöpfen aus der in ihm ewig fortfließenden Quelle der Liebe neue Lust und Liebe und neue Mittel.... Blicke er hinaus über die Gegenwart in die Zukunft!.. Endlich — und wo ist denn das Ende? — endlich muß doch alles einlaufen in den sichern Hafen der ewigen Ruhe und Seligkeit; endlich einmal muß doch heraustreten das göttliche Reich: und Seine Gewalt und Seine Kraft und Seine Herrlichkeit."

Man erzählt von der berühmtesten Anweisung zum seligen Leben, welche das deutsche Volk seit Jahrhunderten gebraucht, von Arndts „wahrem Christentum", daß dies Buch nebst angehängtem Paradies= gärtlein im dreißigjährigen Kriege mehrmals auf eine wunderbare Weise gegen die verderbenden Hände der Päpstlichen geschützt worden sei. Solche Erzählungen haben jedenfalls den Wert, daß sie die tiefe Dankbarkeit des Volkes gegen das Buch bezeugen. Etwas Ähnliches wird von Fichtes Anweisung zum seligen Leben erzählt. Ein preußischer freiwilliger Jäger, Friedrich Wilhelm Schulze, verdankte nach dem Berichte, den er in tiefer religiöser Erregung seinem „Vater Fichte" schrieb, in der Schlacht bei Dennewitz diesem Buche sein Leben. „Ich trug in meinem Tschako das treffliche Werk, die Religionslehre von Fichte," so erzählt der Freiwillige, „welches mein unzertrennlicher Be= gleiter den Feldzug hindurch gewesen ist. So stürzte ich mich hinein in die mörderische Kugelsaat und empfing eine Kugel durch den Tschako unmittelbar durch den Scheitel, wo mein Buch, seinem Zwecke nach eine moralische Schutzwehr, zugleich mich als körperliche Ägide schützte, indem es die sonst ohne Zweifel tödliche Kugel auffing, die, zwischen die Blätter eindringend, ihre Kraft nur durch einen betäubenden Stoß äußern konnte. Vorzüglich bedeutend wird dies Ereignis dadurch für mich, daß die Kugel auf einer bezüglichen Stelle (S. 249) gerade bei den Worten haften blieb: denn alles, was da kommt, ist der Wille Gottes mit ihm, und darum das allerbeste, was da kommen konnte." Die tiefgehende Wirkung der Fichteschen Lehre, zumal in dem Kriege von 1813 und 14, welche sie auf die jungen Streiter übte, und damit das Recht, Fichte unter die Männer der religiösen Erweckung jener Zeit zu stellen, kann durch nichts deutlicher bewiesen werden, als durch das angeführte Ereignis und durch die Weise, wie es aufgefaßt worden ist.

Durch die religiöse Vertiefung, die wir kennen gelernt, gab sich Fichte selbst die beste Weihe für die bald ausbrechenden Kämpfe. Als Preußen gegen Napoleon auszog, wollte Fichte hinter keinem mit seiner Liebe und Treue gegen das Vaterland zurückstehen. Er bedauerte, daß der Philosoph durch die Schuld des Zeitalters nicht unmittelbar am Kampfe teilnehmen könne, wie einst Äschylos oder Cervantes, aber er hofft durch die patriotische Glut seiner Beredsamkeit die Reihen der Kämpfer anfeuern zu können und bittet darum den König um die Erlaubnis, ins Hauptquartier folgen zu dürfen und seinen Gaben Raum zu verstatten. Der König lehnt den unerhörten Vorschlag ab und hofft die Vorteile des errungenen Sieges durch die Beredsamkeit des Philosophen erhöht zu sehen. Fichte ergab sich und bezeugte seinen Eifer wenigstens durch reiche Geldspenden für die Kriegsbedürfnisse. Bald zeigte sich's in entsetzlicher Weise, daß ihm noch nicht vergönnt sein sollte, den Sieg mit seiner Beredsamkeit zu feiern, daß es noch einmal des tiefsten Atemholens des gedrückten Geistes bedurfte, um die ersterbende Umgebung begeisternd anhauchen zu können. Nach dem Einzug der Franzosen in Berlin folgte er dem König nach Königsberg, nicht um einer Gefahr feig zu entlaufen, sondern um da zu sein, wo noch Preußen war, und für Preußens Auferstehung nach Kräften zu wirken. Als der Friede zwischen Preußen und Frankreich sich vorbereitete und die Dinge wieder in gewisse feste Bahnen einlenkten, kehrte er über Kopenhagen nach Berlin zurück. Er war tiefgebeugt. „Gottes Wege waren diesmal nicht die unsern; ich glaubte, die deutsche Nation müsse erhalten werden, und siehe, sie ist ausgelöscht." War es nun aus mit Fichtes Hoffnungen? Es ist der Glaube eine gewisse Zuverſicht des, das man hoffet. und nicht zweifelt an dem, das man nicht ſieht. Fichte ſchöpft tief Atem und haucht ihn ſeinem Volke ein in den „Reden an die deutſche Nation", die er im folgenden Winter von 1807 auf 1808 in Berlin hält, oft vom Lärm franzöſiſcher Trommeln geſtört und von franzöſiſchen Spähern belauſcht. Dieſe Reden, in der ſcheußlichſten Knechtſchaft vor den Ohren der Dränger eine Auffor= derung an die Bedrängten, die Ketten zu brechen, waren Fichtes Helden= that. Daß die franzöſiſche Verachtung der deutſchen Ideologie die Gefährlichkeit dieſer Reden nicht begriff, vermindert den Ruhm der= ſelben nicht.

Fichte bezweckt durch die Reden an die deutſche Nation zunächſt eine beſſere Erziehung des heranwachſenden Geſchlechts und dadurch eine Erneuerung der Nation. Frau von Staël nannte das vorge= ſchlagene Mittel ein ſehr langſames. Aber darin gerade zeigte ſich der tiefe Glaube an die Unſterblichkeit des deutſchen Geiſtes, daß Fichte ein Mittel, das zur Belebung desſelben dienen konnte, nicht darum verwarf, weil es langſam ſchien, daß er überhaupt nicht mit ſeinen Augen an einem ſchwindenden Zeitpunkt haftete, ſondern auf die ganze Zukunft hinblickte. Wenn übrigens die Deutſchen jener Zeit in der That kein heiligeres Werk unternehmen konnten, als dies, daß ſie die Befreiung des Vaterlandes durch die Erziehung eines beſſeren Geſchlechtes vorbereiteten, ſo ward damit dem, was der lebendige Gott thun wollte, nicht vorgegriffen. Und als dieſer, der in einem Augenblick eine neue Schöpfung ins Leben ruft, endlich darein griff, da erſtarkte unter dem Wehen des Gottesgeiſtes, der Deutſchland erfaßte, raſch die von Fichte geſtreute Saat. Ein neues Geſchlecht war wirklich erſtanden, nicht bloß aus den Knaben, die Jünglinge und aus den Jünglingen, die Männer geworden waren, ſondern die als Männer die deutſche Schmach erlebt, waren unter dem Drucke zu einer neuen Geſinnung gereift, die alles an die Befreiung des Vaterlandes ſetzte. Wir können darum die Wirkung der Reden auf die Erziehung keineswegs geringſchätzen. Freilich können wir eben ſo wenig die Weiſe der Erziehung, die Fichte vorſchlägt, als die richtige anſehen. Ein Grundirrtum, den wir für ſeine religiöſe Anſchauung als nachteilig erkannt haben, ſchadet auch ſeiner Erziehung. Es iſt der Wahn von der angebornen Güte des Menſchen, der Ingrimm gegen die Lehre von der allgemeinen Sünd= haftigkeit. Die ungewöhnliche ſittliche Energie des Mannes, ſein hel= denhafter Wille, der wie ein Adler mit kräftigem Flügelſchlage den Dunſtkreis des ſinnlich ſelbſtiſchen Weſens durcheilt, um an freiere, reinere Luft zu kommen, die Scheu, das ohnedies verſunkene Volk durch die Lehre von dem ererbten Verderben in völlige Gleichgultigkeit versinken zu lassen, hindert ihn an einer unbefangenen Würdigung der biblischen Lehre. Er vergißt, daß dieselbe Lehre, welche die Knecht= schaft des menschlichen Willens ausspricht, auch seine Freiheit ver= kündigt, daß von jeher die, welche am demütigsten ihr sündliches Ver= derben bekannten, die lichtesten Träger des Lebens aus Gott geworden sind, daß das Christentum, welches die allgemeine Sündhaftigkeit be= hauptet, auch von dem Bilde Gottes im Menschen weiß, das, aus dem Schutte hervorgezogen, in der Sonne der Gnade in wunderbarer Schönheit leuchten soll. Den Widerstreit des alten und neuen Menschen, der in jedem Individuum wohnt, versetzt er in die Gattung, indem er die einen als die Erstorbenen, die andern als die Lebendigen ansieht. Diese Rousseausche Leugnung der Erbsünde bringt auch den an Rousseau erinnernden Vorschlag zu Wege, die Jugend aus dem gegenwärtigen verderbten Geschlecht ganz herauszunehmen, nur daß der deutsche Philo= soph den Zögling nicht, wie der französische, vereinzeln, also die Selbst= sucht recht offenbar nähren, sondern daß er die Gesamtheit der jugend= lichen Glieder des Volkes zu einem Gemeinwesen unter der Leitung derer, die dem Tode noch nicht verfallen sind, sich gestalten lassen will. Der Einzelne soll im Leben der Nation aufgehen. Abgesehn von der Unterschätzung des Familienlebens, welche hier zu Tage kommt, ist der Grundfehler bei der vorgeschlagenen Erziehung die Verkennung des gründlichen Verderbens in jedem einzelnen, auch in dem Jüngsten und Besten, der Wahn, die Jugend durch dieses Gemeinwesen un= fehlbar von dem Verderben fern halten zu können. Doch wir lassen diese Einwürfe und viele andere, welche gegen die Fichteschen An= schauungen gemacht werden können, und bekennen aus der häufigen, bei jedem Wiederlesen der Reden neu gewonnenen Erfahrung, daß in der That seit Luther so zum Volke nicht geredet worden ist, mit so tiefer Erkenntnis des Schadens und der Herrlichkeit des deutschen Volks und mit so brennender Vaterlandsliebe. Buße, Glaube, Liebe — das sind die drei Gewalten, mit welchen diese Reden an die Deutschen herandringen; ein brennender Schmerz über das mit scho= nungsloser Klarheit erkannte, selbstverschuldete Verderben; eine uner= schütterliche Gewißheit von dem hohen Beruf des deutschen Volks; ein Trieb, das Volk auf die Bahn seines Berufs zurückzubringen, dem es ein kleines ist, auch das Leben hinzuopfern. Als Deutsche schlecht= weg redet er die Nation an, alle Unterschiede innerhalb derselben gelten ihm nichts im Angesicht der erlittenen Schmach und der wieder zu er= ringenden Ehren. Den Deutschen zeigt er, was sie sind, ein ursprüng=

liches Volk und als solches alle Völker umher überragend: ursprüng=
lich und deutsch, deutsch und lebensfähig — das ist ihm dasselbe. Die
Ursprünglichkeit des Volks und seine ganze Herrlichkeit entfaltet er aus
der Ursprünglichkeit und Herrlichkeit der deutschen Sprache. Von diesem
Punkte aus zeigt er das Deutsche in Verfassung, Wissenschaft und
Religion. Mit hellem Geiste dringt er in die Geschichte ein, um in
ihr den lebendigen Strom der Deutschheit aufzuweisen, und von der
Geschichte aus läßt er Licht fallen auf die gegenwärtige Lage. Er selbst
erscheint sich wie der, durch welchen der deutsche Geist im entscheidenden
Augenblicke noch einmal zum gesamten Volke spricht, durch seine Stimme
läßt er hören die Stimmen der Vorfahren und der Nachkommen, ja
das Ausland selbst, dem bei richtiger Einsicht vieles an Deutschlands
Erhaltung liegen muß, und er läßt diese Stimmen wie Blitz und
Schlag an die Jugend und die Greise, an die Gelehrten wie die Ge=
schäftsmänner und nicht mit geringster Macht an die Fürsten Deutsch=
lands dringen. Wie ein Gottbegeisterter steht er da, der von nichts
weiß, als von dem Amt, das er auszurichten hat. Das feindliche
Heer, in dessen Mitte er steht, flößt ihm keine Furcht ein, die Feigen
im eignen Volk lähmen nicht sein Vertrauen; was er weiß ist eine
Flamme, die ihn verzehren müßte, wenn sie nicht andere entzünden
dürfte.

Deutsch sind Fichtes Reden an die deutsche Nation durch und
durch: sie fassen aber den Beruf des deutschen Volks nicht unabhängig
von seinem Christenberuf. Sie erkennen auch in der Weise, wie sich
unser Volk zu dem Christentum gestellt hat, deutsche Art und sie wollen
kein Deutschland ohne die Segnungen des Christentums. Was wir
in der Einleitung als Beruf des deutschen Volks bezeichnet haben: die
sittliche That aus der innersten Tiefe des Glaubens, das schlägt bei
Fichte wieder durch, und wer seine Anknüpfungen an den Geist der
Reformation in sonst nichts sehen könnte, der müßte sie aus der Be=
geisterung herausfühlen, mit welcher er von Martin Luther spricht
und aus dem tiefen Verständnis seines Werks. Wir können uns nicht
versagen, die herrliche Stelle hier mitzuteilen. Fichte spricht davon,
daß die oberflächliche Erfassung der Religion bei nicht ursprünglichen
Völkern eine geringere Wirkung aufs Leben zur Folge haben mußte
und fährt dann fort: „War hingegen jene Frage (was sollen wir thun,
damit wir selig werden?) in einen ursprünglich lebendigen Boden
gefallen, so daß im Ernst geglaubt wurde, es gebe eine Seligkeit, und
der feste Wille da war, selig zu werden, und die von der bisherigen
Religion angegebenen Mittel zur Seligkeit mit innigem Glauben und

redlichem Ernste in dieser Absicht gebraucht worden waren, so mußte, wenn in diesen Boden, der gerade durch sein Ernstnehmen dem Licht über die Beschaffenheit dieser Mittel sich länger verschloß, dieses Licht zuletzt dennoch fiel, ein gräßliches Entsetzen sich erzeugen vor dem Betruge um das Heil der Seele; und die treibende Unruhe, dieses Heil auf andere Weise zu retten, und was als in ein ewiges Verderben stürzend erschien, konnte nicht scherzhaft genommen werden. Ferner konnte der Einzelne, den zuerst diese Ansicht ergriff, keineswegs zufrieden sein, etwa nur seine eigene Seele zu retten, gleichgültig über das Wohl aller übrigen unsterblichen Seelen, indem er, seiner tiefern Religion zufolge, dadurch auch nicht einmal die eigene Seligkeit gerettet hätte, sondern mit der gleichen Angst, die er um diese fühlte, mußte er ringen schlechthin allen Menschen in der Welt die Augen zu öffnen über die verdammliche Täuschung. — Auf diese Weise nun fiel die Einsicht, die lange vor ihm sehr viele Ausländer wohl in größerer Verstandes= klarheit gehabt hatten, in das Gemüt des deutschen Mannes Luther. An altertümlicher und feiner Bildung, an Gelehrsamkeit, an andern Vorzügen übertrafen ihn nicht nur Ausländer, sondern sogar viele in seiner Nation. Aber ihn ergriff ein allmächtiger Antrieb, die Angst um das ewige Heil, und dieser ward das Leben in seinem Leben, und setzte immerfort das letzte in die Wage und gab ihm die Kraft und die Gaben, die die Nachwelt bewundert. Mögen andere bei der Re= formation irdische Zwecke gehabt haben, sie hätten nie gesiegt, hätte nicht an ihrer Spitze ein Anführer gestanden, der durch das Ewige begeistert wurde; daß dieser, der immerfort das Heil aller unsterblichen Seelen auf dem Spiele stehen sah, allen Ernstes allen Teufeln in der Hölle furchtlos entgegenging, ist natürlich und durchaus kein Wunder. Dies nun ist ein Beleg von deutschem Ernst und Gemüt."

Und solchen Ernst des deutschen Gemüts wünscht Fichte auch dem gegenwärtigen Zeitalter. „Wo bei klarer Einsicht in die Unverbesser= lichkeit des Zeitalters dennoch unablässig fortgearbeitet wird an dem= selben; wo mutig der Schweiß des Säens erduldet wird, ohne einige Aussicht auf eine Ernte; wo wohlgethan wird auch den Undankbaren, und gesegnet werden mit Thaten und Gütern diejenigen, die da fluchen und in der klaren Voraussicht, daß sie abermals fluchen werden; wo nach hundertfältigem Mißlingen dennoch ausgeharret wird im Glauben und in der Liebe: da ist es nicht die bloße Sittlichkeit, die da treibt, denn diese will einen Zweck, sondern es ist die Religion, die Erge= bung in ein höheres, uns unbekanntes Gesetz, das demütige Verstummen vor Gott, die ewige Liebe zu seinem in uns ausgebrochenen Leben,

welches allein und um sein selbst willen gerettet werden soll, wo das
Auge nichts anderes zu retten sieht." Und von solcher Liebe zu seinem
Volke und solchem Glauben an die Macht des göttlichen Geistes erfüllt,
hält er seinen Hörern das Gesicht des Propheten vor von den Toten-
gebeinen, die lebendig werden, und ruft aus: „Lasset immer die Bestandteile unsers höhern geistigen Lebens eben so ausgedorrt und eben
darum auch die Bande unsrer National=Einheit eben so zerrissen und
in wilder Unordnung durch einander zerstreut herumliegen wie die
Totengebeine des Sehers: lasset unter Stürmen, Regengüssen und
sengendem Sonnenschein mehrere Jahrhunderte dieselben gebleicht und
ausgedörrt haben: — der belebende Odem der Geisterwelt hat noch
nicht aufgehört zu wehen. Er wird auch unsers Nationalkörpers erstorbene Gebeine ergreifen und sie aneinanderfügen, daß sie herrlich
dastehen in neuem und verklärtem Leben." Die größte Bedeutung
dieser Reden liegt darin, daß in ihnen Fichte das Dasein eines deutschen
Volkes für das deutsche Volk mitten in der Zertrümmerung der alten
Formen dieses Daseins mit der Weihe und Kraft eines Sehers offenbarte und erwies.

Aus solcher großartigen, tiefgreifenden Wirksamkeit ist Fichte bis
zu seinem Ende nicht wieder herausgekommen. Zunächst that sich ihm
eine neue Thür auf durch die Errichtung der Universität zu Berlin,
zu welcher im Grunde derselbe Gedanke, den Fichte in seinen Reden
ausgesprochen, trieb, der Gedanke nämlich, daß Preußen an geistiger
Kraft gewinnen müsse, was es an Umfang verloren, daß die Wehen
in welchen die Nation lag, Geburtswehen sein müßten zur Geburt
eines neuen Geschlechts. Fichte erhielt vor der Gründung den Beruf,
über die neue Anstalt Vorschläge zu machen, und als sie endlich eröffnet wurde, war er einer ihrer ruhmreichsten Lehrer. Auch in Berlin,
wie in Jena, suchte er, zumal als Rektor der Universität, zu welcher
Würde er bald durch Wahl gelangte, auf den sittlichen Geist der
Studenten zu wirken, und die Samenkörner, die er gestreut, sind nachmals in Gestalt der Burschenschaft aufgegangen. Freilich blieb die
Zeit nicht aus, da die Studenten singen mußten: „Man lugte und suchte
nach Trug und Verrat, verleumdete, verfluchte die junge grüne Saat."

Unter solcher Arbeit an der Erziehung der deutschen Jugend gingen
die Jahre der Knechtschaft hin und das Jahr der Befreiung kam heran.
Als der König den Aufruf an sein Volk erlassen hatte, da brach Fichte
am 19. Februar 1813 seine Vorlesungen über die Wissenschaftslehre
ab. Er konnte jetzt, wo das Vaterland jegliche Kraft zur Führung
des Kampfes verlangte, die Jugend, der die Herzen brannten, nicht

länger zurückhalten, und sich selbst in den Tagen der Entscheidung, wo seine ganze Seele das Geschick des Vaterlandes nach jeder Richtung verfolgte, die Ruhe nicht zutrauen, die er zu seinem Werke bedurfte. Aber was sollte er selbst ergreifen, wenn alles zu den Waffen griff? Den Plan von 1806 nahm er wieder auf, durch die Macht seiner Beredsamkeit im Heere zu wirken. Nicht das Mißlingen, das er schon einmal erlebt, nicht die Bedenklichkeiten, die sich von außen und innen ihm entgegenstellten, sollten ihn abhalten, wenn der Plan gut war. In eine tiefe, ernste Prüfung ging er, die er in schriftlichem Selbstgespräche führte. Er ward klar: dort war seine Stelle, wo das Vaterland focht, dort mußte er die leitenden Personen mit dem Flammenhauche seiner Liebe zu Deutschland zu ergreifen suchen. Bibel und Christentum will er predigen, nicht wie ein Motto zu moralischem Vortrag das Bibelwort behandeln, sondern aus seiner Tiefe schöpfend, will er das Leben zeigen und die Liebe, wie sie sein soll. Nicht will er die Feldprediger entbehrlich machen oder ihnen in den Weg treten, aber das eigentümliche Pfund, das ihm verliehen ist, will er für das Vaterland verwerten. Auch diesmal schien, was Fichte wünschte, unthunlich, und ruhig ergab er sich in den Willen der Gewalthaber, und that in kleinerem Kreise, was ihm vor dem Heere des Volks zu thun versagt war. Er trat in den Landsturm. Im Sommer des Befreiungsjahres 1813 sammelte sich doch wieder eine Schar Studenten um ihn und er hielt ihnen Vorlesungen über das Wesen des wahren Kriegs, gewaltige Reden, in denen Napoleon auf merkwürdige Weise im tiefsten Grundtrieb seines Wesens und seiner Thaten gefaßt und geschildert wird. Als dann im Herbste als reife Frucht dieses wahren Kriegs, den Deutschland führte, der Leipziger Sieg ihm zu Teil wurde, und die Heere bald darauf über den Rhein schritten, da fühlte sich Fichte zu seiner akademischen Winterarbeit wie verjüngt. Neue Erleuchtung schien ihm geworden zu sein, neue Lust zum Wirken durchdrang ihn. Aber schon war die Stunde nahe, in der er vom irdischen Schauplatz seiner Wirksamkeit abtreten mußte. Er sollte in voller Manneskraft von seinem Volke scheiden, damit sein Bild ohne alle Schwäche vor uns stehe, das Bild ungebrochener Willensenergie, ungedämpften Liebesfeuers.

Der Krieg hatte, wie uns das Leben der Prinzeß Wilhelm gezeigt, auch die Frauen zur Arbeit gernsen. Fichtes Frau gehörte von Anfang an zu den Frauen Berlins, die beim Beginn des Kriegs für die Ausrüstung der Freiwilligen und nach den blutigen Schlachten für die Pflege der Verwundeten und Sterbenden Sorge trugen. Unermüdlich war sie in den Lazareten thätig, besonders nahm sie sich

vieler Jünglinge an, die für das Vaterland geblutet hatten und nun
krank daniederlagen, ohne von den fernen Eltern etwas zu hören oder
ihnen einen Gruß senden zu können. Manches erlöschende Auge leuch=
tete unter dem Zuspruch der frommen Frau noch einmal auf. mancher
Mutter sandte sie die letzten Wünsche des sterbenden Sohnes. Wenn
sie dann todmüde das Lazaret verließ, eilte sie noch in der Stadt umher,
um Mittel der Krankenpflege zu sammeln. Da warf sie ein heftiger
Ausbruch des Nervenfiebers, das sie sich durch Anstrengung zugezogen
hatte am. 3. Jan. 1814 aufs Krankenlager nieder. Bald schien auch
die zärtlichste und vertrauensvollste Liebe alle Hoffnung auf Genesung
aufgeben zu müssen. Am Tage, wo die Krankheit den gefährlichsten Grad
angenommen hatte, riß sich Fichte vom Krankenbette los, um seine
Vorlesungen über Wissenschaftslehre zu beginnen. Der zusammenhal=
tenden Kraft seines Geistes gelang es, sich zwei Stunden lang in den
Gebieten des abgezogensten Denkens ungehindert zu bewegen. Er ver=
ließ den Lehrstuhl, und das Bild seiner sterbenden oder vielleicht schon
gestorbenen Frau nahm wieder von seiner Seele Besitz. Aber wie er
nach Hause kommt, hat die Krankheit eine Wendung genommen, die
die Hoffnung wiederbelebt. Voll Danks gegen Gott und Liebe zu
der Neugeschenkten beugt er sich über sie nieder — und dieser Augen=
blick ist's wohl gewesen, in welchem er selbst die Krankheit einatmete.
Am andern Tag setzte er seine Vorlesungen noch fort, aber bald muß
sein starker Wille unter Gottes Fügung sich beugen. Die Krankheit
wirft ihn danieder und umdüstert bald sein Bewußtsein. In einem
der letzten lichten Augenblicke hört er von seinem Sohne Blüchers Rhein=
übergang und das rasche Vordringen der Verbündeten in Frankreich.
Es war die letzte Freude, die ihm auf Erden wurde, und diese Freude
verflocht sich so eigen mit den Phantasien in seiner Krankheit, daß er
manchmal selbst am Kampfe teil zu nehmen schien. Dem Sohne, der
sich kurz vor seinem Tode noch einmal mit Arznei seinem Bette nahte,
rief er im Tone traulichster Liebe zu: „Laß das, ich bedarf keiner
Arznei mehr, ich fühle, daß ich genesen bin." Er war bald darauf ge=
nesen; am Abend des 27. Januar 1814 neigte sich das schöne Haupt,
das noch kein graues Haar hatte, zum Tode.

„In diesem Tode ist etwas, das an jenen Helden des Altertums
erinnert, der den Pfeil aus der Wunde zog, als er hörte, daß die
Seinigen gesiegt hätten. — „Du stirbst, Epaminondas, und hinterläßt
uns keine Söhne!" — „Aber ich hinterlasse euch zwei unsterbliche Töchter
die Siegesschlachten von Leuktra und Mantinea!" —

So sprach einer seiner Nachfolger auf dem philosophischen Lehrstuhl zu Jena. Es ist wahr: Fichte ist heimgegangen, als er seinen Beruf zur Befreiung des Vaterlandes erfüllt hatte. Doch hat er auch Söhne hinterlassen, Kinder, die er im Geiste gezeugt, und jenen leiblichen Sohn, der nun unter der Hut der frommen Mutter seines Vaters würdig aufwuchs und der uns später das Bild des Vaters gezeichnet hat, an welchem sich Deutschland je länger je inniger freut. Aus diesem Bilde haben wir auch die Züge entnommen, welche wir unsern Lesern vorgeführt, um zu zeigen, was Fichte seinem Volk gewesen. Wir fügen hinzu, daß der vaterländische Held zugleich der beste, treueste Hausvater war. Seinem Sohne gab er mit der größten Geduld, aber voll spannender Lebendigkeit Unterricht. Und wenn der Abend gekommen und das Tagewerk vollbracht war, da that Fichte, was ihm seine falschen Jünger nicht gerne nacherzählen: er setzte sich mit Weib und Kind zusammen und rief das Gesinde herzu und beschloß den Tag würdig und feierlich mit einer Abendandacht. Wenn dann unter Begleitung des Klaviers einige Verse aus einem Choral gesungen worden waren, nahm der Hausvater das Wort und sprach über eine Stelle oder ein Kapitel aus dem neuen Testament, besonders aus seinem Lieblingsevangelisten Johannes, oder er redete auch, wenn besondere häusliche Verhältnisse dazu aufforderten, ein Wort der Ermahnung oder des Trostes. Was er aber sagte, ging weniger auf besondere Lebensregeln und Nutzanwendungen hinaus, als daß es dahin trachtete, von der Zerstreuung und Eitelkeit der gemeinen Lebensbeschäftigung den Geist zu reinigen und zum Unvergänglichen zu erheben.

Wer das Christentum nicht nur in der fehlerlosen Lehrbestimmung sieht, sondern in der Auswirkung der neuen Lebenskraft, welche durch Christus in die Welt gekommen ist, der wird nicht anstehen, Fichte unter die Wecker' religiösen Lebens in den Befreiungskriegen zu setzen, unter die Männer, welche dem deutschen Volk seinen Beruf wieder vorgehalten: das Christentum in seiner innersten Tiefe zu fassen und in der schönsten Sittlichkeit auszugestalten. Mag uns die Sicherheit, mit welcher er einzelne christliche Wahrheiten verwirft, abstoßen, immer wieder zieht uns zu ihm hin die Kraft und Lauterkeit seiner Gesinnung, mit welcher er sich in Wort und That unter die christliche Grundordnung gestellt hat: Wer sein Leben lieb hat, der wird es verlieren; wer sein Leben auf dieser Welt hasset, der wird es erhalten zum ewigen Leben.[31])

9.

Ernst Moritz Arndt.

Keiner ist würdiger, neben Fichte zu stehen, als Ernst Moritz
Arndt. Wie verschieden beide sind in der Weise ihres Wirkens und
namentlich in dem Gebrauch des Worts, so sind sie doch eins in dem
Glauben, daß das Wort, als Träger des Willens und Geistes mit
wunderbar belebender Kraft auf das erstorbene Volk wirke, und eins
in der völligen Hingabe an das Vaterland. Arndt hat in Jena zu
Fichtes Füßen gesessen und sich von seiner tapfern Persönlichkeit
begeistern lassen. Und das Bild Fichtes ist ihm nicht wieder aus der
dankbaren Seele gekommen. Es war im Jahr 1812, als er in
St. Petersburg seinen Helden, Stein, gefunden hatte, und von dem
gewaltigen Manne aufs freundlichste empfangen worden war. „Ich
ging gerührt und bewegt durch die Haltung, Art und Rede des ritter=
lichen Mannes in mein eigenes Kämmerlein," so erzählt er, „und mußte
grübeln über eine Anwandlung von Erinnerungen und Ähnlichkeiten,
und meine Grübelei nahm die folgenden Tage noch zu, bis ich es
einmal plötzlich hatte und rufen mußte: Fichte! Ja, mein Fichte, mein
alter Fichte, war es fast leibhaftig: dieselbe gedrungene Gestalt, dieselbe
Stirn, die auch bei Fichte zuweilen recht hell und freundlich glänzen
konnte, dieselbe mächtige Nase bei beiden, nur mit dem Unterschiede,
daß dieser mächtige Schnabel bei Fichte in die Welt hineinstieß, als
die da noch suchte, bei Stein aber, wie bei einem, der sein Festes,
worauf er stoßen sollte, schon gefunden hatte. Beide konnten freundlich
sein, Stein noch viel freundlicher als Fichte; in beiden ein tiefer
Ernst und zuweilen auch eine schreckliche Furchtbarkeit des Blickes, der
bei dem Sohn des deutschen Ritters gelegentlich doch viel schrecklicher
war, als bei dem Sohn des armen Lausitzer Webers."[32]

Wir haben an einem andern Orte Arndts Leben ausführlich
erzählt und sein Bild gezeichnet und dürfen unsere Leser darauf
verweisen.[33] Hier gilt es, das Bild des Mannes nur in einigen

Hauptzügen vorzuführen und dann den Beweis zu liefern, daß er in der Zeit der tiefsten Erniedrigung Deutschlands zu denen gehörte, welche die Wiedergeburt des Volkes aus seinem gottgegebenen Wesen predigten und zu solcher nationalen Wiedergeburt den Christenglauben für unentbehrlich hielten. Es war im Jahre 1769, — auf der Insel Corsica lag Napoleon Bonaparte als ein Kind von vier Monaten in der Wiege — da ward zu Schoritz auf der Insel Rügen am Abend des zweiten Weihnachtstages dem Gutsinspektor Ludwig Nikolaus Arndt von seiner Ehefrau Friederike Wilhelmine, gebornen Schuhmacher, ein Knäblein geboren, das in der Taufe den Namen Ernst Moritz erhielt.

Die Erinnerungen seiner Kindheit gehören also jenem schönen Eiland an, dessen Haine, Felsen und Buchten, von uralten Sagen ahnungsvoll umklungen, die jugendliche Einbildungskraft mit großer Gewalt ergreifen mußten. Rügen gehörte damals zu Schweden, aus Schweden stammte Arndts Vater, nach Schweden ging auch früh des Sohnes Verlangen. Nordische Tiefe und Kraft, aber auch nordische Sagendämmerung und Traumspielerei haben sich dem Wesen Arndts mitgeteilt, in dessen Leben der gewaltigste Ernst mit der fröhlichsten Lust gemischt ist, in dessen Schriften die markigste Beredsamkeit mit allerlei leichtem Redespiel sich paart. Die Eltern stammten aus Bauernmark. Der Vater, eines unterthänigen Schäfers Sohn, war von seinem Herrn freigelassen worden und hatte sich zu einem Pächter aufgeschwungen; die Mutter war eines kleinen Wirts und Ackermanns Tochter. Was Chamisso im Märchen vom Riesenspielzeug singt, das hat eine symbolische Bedeutung:

Es sproßt der Stamm der Riesen aus Bauernmark hervor,
Der Bauer ist kein Spielzeug, da sei uns Gott davor!

Immer wieder, während altberühmte Geschlechter verwelken und absterben, treibt der fruchtbare Volksgrund gewaltige Männer hervor. Wie Luther, wie Fichte, wie Scharnhorst aus dem breiten Volksgrunde zur Höhe von Volksführern emporgewachsen sind, so auch Arndt. Wie im alten Bunde Moses und David und Amos von der Herde abberufen worden sind, um Volkshirten zu werden, so hat auch Ernst Moritz Arndt in frühster Jugend als Hirte und im Umgang mit Hirten im Sonnenaufgang und Sonnenuntergang, im Rauschen der Eichen und im Tosen des Meeres Gottes Wink und Stimme vernommen. Nur darf nicht vergessen werden, daß seine Eltern, selbst gebildeter, als man von ihrer Abkunft erwarten sollte, die Kinder nicht in den

ländlichen Arbeiten und Freuden versinken ließen, sondern ihnen höhere
Ziele vorhielten. Die Erziehung war streng, nach der Weise der
Zeit; aber wohl weniger der Zeit, als der Eigentümlichkeit des Vaters
und seines Berufes ist es zuzuschreiben, daß sie auf Abhärtung des
Leibes gerichtet war. Die Wanderungen, die Arndt gemacht, die
Mühsale, die er erduldet, und das neunzigjährige Alter, das ihm Gott
geschenkt, wurzeln in der Zucht, welche der Geist frühe über den Leib
übte. Zu der Zucht des Leibes kam dann eine schöne Geistes- und
Herzensbildung. Nicht der Vater und nicht die Hauslehrer mögen
auf Arndt so tief eingewirkt haben als die fromme Mutter, mit ihren
schönen blauen Augen und mit ihrer prächtigen breiten Stirn, mit
ihrem hellen, sichern Geiste und ihrem tiefen, warmen Herzen. Mit
der Mutter hat Arndt als Knabe wohl drei- bis viermal die ganze
Bibel durchgelesen, mit der Mutter in tiefer Nacht noch an den
geistlichen Liedern der deutsch-lutherischen Kirche sich erbaut. Und was
er von der Mutter gelernt, davon gab er im öffentlichen Katechismus-
unterricht fröhliches Zeugnis, und an die Kirche gewöhnte er sich
durch das Beispiel der Eltern und durch die eigene Lust. Es ist für
Arndts Wirken für die Wiedergeburt des deutschen Volkes von größter
Wichtigkeit, daß er als Knabe ganz in das deutsche volkstümliche
Kirchenwesen sich eingelebt hatte. Ward so sein Herz früh für die
Gnade des Heilands empfänglich gemacht, so war doch seine Seele
zugleich für die phantastischen Einwirkungen der Märchenwelt erschlossen.
Was er von Knechten und Mägden hörte, das ward mit den Geschwistern
zu wundersamen Geschichten gestaltet, die noch wie fröhliche Träume
der Jugend des Greises Schläfe umgaukelten. Und mit dem reiferen
Jugendalter kamen dazu die begeisternden Einflüsse der eben aufwachenden
deutschen Dichtung. Die Eindrücke des elterlichen Hauses verwischten
sich nicht auf dem Gymnasium zu Stralsund und auf den hohen
Schulen zu Greifswald und Jena. Arndt blieb unter allen Verlockungen
sich selbst treu, seinem Trieb, den Leib zu einem willigen Werkzeug
des Geistes zu machen, darum seine Kraft nicht in schandbaren Lüsten
zu vergeuden, den Geist aber zur thatkräftigen Erfassung des höchsten
Lebens heranzubilden. Nur in einem mag der Jüngling aus der
Bahn der Kinderjahre gewichen sein: die Kindlichkeit des Glaubens
wich der damals allgemeinen Prüfung durch die Vernunft; die Laufbahn
eines Geistlichen gab er auf, als er etlichemal „mit Schall und Beifall"
gepredigt hatte. Aber er kehrte zum Glauben zurück, und ein Prediger
ist er geworden, nicht für eine einzelne Gemeinde, sondern für das

ganze deutsche Volk, ein Prediger nicht bloß der Freiheit von der Tyrannei eines fremden Gewalthabers, auch ein Prediger der herrlichen Freiheit der Kinder Gottes.

Schon auf der Universität hatte Arndt, Fichte ähnlich, mehr Sprache, Philosophie und Geschichte als Theologie studiert. Die Oberflächlichkeit, mit welcher der Rationalismus die göttliche Wahrheit behandelte, mochte ihn wenig gelockt haben; gewiß ist, daß die niedrige Weise, mit welcher in seiner Heimat Rügen die fetten Pfarrstellen erschlichen wurden, ihn vom geistlichen Amt zurückschreckte. Der tiefste Trieb seiner Seele ging auf geschichtliche Erkenntnis des Völkerlebens, zu welcher Erkenntnis die Kenntnis der Sprachen notwendig gehört. Nachdem er als Kandidat im väterlichen und dann im Hause einer befreundeten Familie lehrend und lernend einige Jahre zugebracht hatte, ging er 1798 auf Reisen; er sah sich Deutschland an, blieb ein Vierteljahr in Wien, durchwanderte Ungarn, ging von da nach Italien, ward vom Krieg gehindert, weiter als bis Toscana vorzudringen, fuhr nach Marseille, hielt sich den Sommer 1799 in Paris auf und kehrte im Herbst dieses Jahres in die Heimat zurück. Nun siedelte er sich auf der Universität Greifswald in Pommern an. Am 5. März 1800 bestand er die Prüfung, durch welche die Erlaubnis, Vorlesungen halten zu dürfen, erlangt wird, mit großen Ehren, und ebenso ehrenvoll fiel seine öffentliche Disputation aus. Als er infolge dieser öffentlichen Leistungen Magister und Doktor der Philosophie geworden war, säumte er nicht, die Erlaubnis „Historie und Philologie zu dozieren", einzuholen, und begann mit dem Sommerhalbjahr 1800 seine Vorlesungen. Zu gleicher Zeit führte er seine Braut heim. Sein erstes eheliches Glück war kurz. Der Sohn, welchen die Frau ihm im Sommer 1801 schenkte, kostete ihr das Leben. Arndt las Geschichte der merkwürdigen Revolutionen Europas seit Karl VIII. von Frankreich bis auf den Tod Ludwigs XVI., daneben über Lukians Dialoge und hielt einige Privatkollegien in der lateinischen Sprache. Geschichte und Sprachen blieben die Hauptgegenstände seiner Vorlesungen, so lange er akademischer Lehrer in Greifswald blieb. Am 13. Dezember 1801 ward er Adjunkt bei der philosophischen Fakultät, mit „jährlich 100 Thalern Lohn, 20 Thalern Hausmiete, 20 Faden Holz, nebst 6000 Stück Torf." Zum außerordentlichen Professor ward er, nachdem er vom Herbst 1803 bis Herbst 1804 in Stockholm sich aufgehalten, am 6. April 1806 ernannt. Als im Herbste 1806 die Franzosen heranrückten, hielt Arndt, der sich bereits durch seine Schriften als einen treuen Deutschen erwiesen hatte, es für geraten, dem Feind aus dem Wege zu gehen, weil er nicht Lust hatte, „sich einfangen und von den Welschen als einen tollen Hund totschießen zu lassen." Er ging wieder nach Stock= holm, fand Beschäftigung und blieb ruhig, bis ihm auch bei den Schweden die Franzosenbewunderung zu arg ward. Als im Jahr 1809 Hoff= nungsstrahlen über Deutschland hinblitzten, als Österreich sich aufraffte, Hofers Büchsen in den Tirolerbergen knallten, Schill seinen kühnen Zug unternahm, da brannten ihm die Sohlen unter den Füßen, er kehrte nach Deutschland zurück, und hielt sich zunächst, da seine Eltern heimgegangen waren, auf seines Bruders Gut Trantow auf. Von hier aus machte er einen Besuch in Berlin und ward von seinem Freunde Georg Reimer in die Kreise der tapfern Männer eingeführt, welche eine Erhebung des deutschen Volks gegen die französische Herr= schaft vorbereiteten. Nach seiner Zurückkunft ward er am 1. Mai 1810, da Frankreich mit Schweden Frieden gemacht, unter die Zahl der Greifswalder Professoren wieder eingesetzt, aus deren Liste ihn Mar= schall Soult am 22. Juni 1808 gestrichen hatte. Mittlerweile hatte er durch seine politischen Schriften Meinungen und Gefühle ausge= sprochen und war überhaupt so tief in die politischen Bewegungen der Zeit mit hineingerissen worden, daß der gewöhnliche Universitäts= schlendrian vor der gewaltigen Rede des Mannes erschrak. Am 7. Oktober 1810 gedachte er auf des Königs Geburtstag eine Rede zu halten; da er aber so viel Gemunkel über diese Rede, ehe sie gehalten war, hören mußte, hielt er sie nicht und ließ sie erst 1847 als „Hoff= nungsrede vom Jahre 1810" in seinen gesammelten Schriften drucken. Auch eine Disputation über von ihm gestellte Thesen ward gehindert. Wir hören Arndts deutsches Herz auch in diesen lateinischen Thesen schlagen: „Nichts Traurigeres und Verderblicheres", heißt es darin, „könnte uns widerfahren, als die Gründung eines sogenannten Uni= versalreichs; der Friede, den es verheißt, ist gefährlicher als ein ewiger Krieg: ein solches Reich ist vom Menschen zu fürchten, vom Philo= sophen nicht zu billigen, vom Christen zu verabscheuen." Und weiter: „Ein gewisses neues System von Bündnissen wird gepriesen als das höchste und einzige Heil der Welt. Wir sind der Meinung, daß in jenem System kein Bündnis, sondern unter dem Namen des Bünd= nisses nur Knechtschaft sein könne." Die Beziehung auf die vielge= priesene Universalmonarchie Napoleons und den Rheinbund ist klar. Arndt bedurfte eines andern Feldes der Wirksamkeit als eine kleine Uni= versität. Er bat im Herbste 1811 um seine Entlassung und erhielt sie mit dem Zeugnis, „daß er die ihm obgelegenen Dienstpflichten stets mit rühmlichem Eifer und Fleiß erfüllt habe", und „mit dem aufrichtigen Bedauern seiner Amtsgenossen über seinen Weggang."[34] Er ging nach Trantow, verschaffte sich durch eine Reise nach Berlin einen Paß nach Rußland, und als die Franzosen im Januar 1812 heranrückten, machte er sich auf und zog nach Berlin und von da nach Schlesien, nach Böhmen, zuletzt nach Rußland, um sich dem Freiherrn vom Stein zu Diensten zu stellen für die Befreiung des deutschen Vaterlandes.

Es ist das Zeichen eines Volksmannes, daß Worte aus seinem Munde, die in scharfer Prägung eine heilsame Wahrheit verkünden, als Schlagwörter oft wiederholt werden, als geflügelte Worte durch das Land hineilen. Der ganze Arndt tritt vor uns hin, wenn ich solche Losungen ausrufe, wie diese: der Gott, der Eisen wachsen ließ, der wollte keine Knechte; die Freiheit und das Himmelreich gewinnen keine Halben; der Rhein, Deutschlands Strom, nicht Deutschlands Grenze; das ganze Deutschland soll es sein, so weit die deutsche Zunge klingt und Gott im Himmel Lieder singt; wer ist der Mann? der beten kann; betet, Männer, denn ein Jüngling kniet! Aber solche Worte sind nur die leuchtenden Wipfel eines rauschenden Waldes. Und in den Wald des Arndtschen Wortes, in den Reichtum seiner Schriften, die er für sein Volk geschrieben, muß man eindringen, wenn man den gewaltigen Mann kennen lernen will. Denn seine Schriften sind mit seinen Liedern seine Thaten. Während die kleinern Schriften gewöhnlich eine bestimmte Frage in der Stunde, da sie zur Entscheidung kommen mußte, erfassen, steht er in den größern, namentlich in dem „Geiste der Zeit", auf der Warte, übersieht die Weltlage, faßt in dem Volksgetümmel sein liebes deutsches Volk ins Auge, zeigt ihm seine Feinde, erzählt ihm, was es gewesen ist, und was es sein könnte und wie tief es gesunken und ruft Worte aus, die durch Mark und Bein schüttern und den letzten Funken deutscher Ehre zur Flamme anfachen müssen. Suchen wir nach einem Gleichnis für die Rede Arndts, wie er sie in seinen Schriften für seine lieben Deutschen führt, wir können kein beßres finden, als Luthers reformatorische Schriften. Luther ähnlich ist in Arndts Rede die brennende Liebe für sein deutsches Volk, neben welcher er keinem andern Gefühl gleiche Berechtigung einräumt; Luther ähnlich die volle Anschauung von dem Wohl des Volks, in welcher das Volkstümliche und Christliche unzertrennt sind, bei Luther das Christliche in erster, das Vaterländische in zweiter Linie, bei Arndt das Vaterland vor allem, aber nicht ohne christliche Frömmigkeit; Luther ähnlich ist die volle, warme Menschlichkeit, die in der Rede pulsiert, Haß und Liebe, grimmiger Zorn gegen die Verderber des Volks, zärtliche Liebe für alles gute Deutsche und für alle guten Deutschen; Luther ähnlich ist der heldenmäßige Gang der Rede, bei kühnen Abschweifungen das Festhalten des Ziels, das Körnige, Saftige, Dichterische des Ausdrucks; Luther ähnlich ist das unermüdliche Wiederholen derselben Wahrheiten in jeder neuen Schrift, was man das Prophetische nennen darf, weil es den Propheten nicht darauf ankommt, in ihren Reden ergötzende Mannigfaltigkeit zu bieten, sondern die Wahrheit, auch die schrecklichste, so lange wieder zu sagen, bis sie geglaubt wird und zur rettenden That ausschlägt. Es sind große, gesunde, heilskräftige Wahrheiten, die Arndt in allen seinen Schriften predigt: das ganze Deutschland, nicht bloß das Deutschland des deutschen Reichs bei seinem Zusammenbruch, sondern was Deutsch spricht, auch Elsaß und Lothringen; das starke Deutschland, darum deutsche Mannigfaltigkeit zum Trutz wider die feindlichen Völker zu straffer Einheit zusammengefügt; Besiegung Napoleons und der Franzosen durch die Volksmacht; im Innern freie Bewegung des Volks, freies Wort, freier Boden, ein freies Volk in Waffen, deutsche Sprache, deutsche Sitten, deutsches Kleid; die beste Bürgschaft solcher Volkseigentümlichkeit und Freiheit das Evangelium, der gesunde Atem protestantischen Geistes. Wir müssen ihn hören, wie er selbst spricht.

Ehe Arndt durch seine Verbindung mit Stein recht unmittelbar zur Mitarbeit an der Befreiung Deutschlands berufen worden war, hatte er durch seine Schrift „Germanien und Europa" aus dem Jahre 1802 und durch die beiden ersten Teile seines „Geistes der Zeit" aus den Jahren 1806 und 1809 schon auf die Belebung der Vaterlandsliebe zur Abwerfung des Joches mächtig hingewirkt. Von jener ersten größeren politischen Schrift aus dem Anfang unsers Jahrhunderts bis zu seinem Buch „pro populo Germanico", das er 1854 als fünften Teil des Geistes der Zeit mit dem Motto: „Sarò che fui, vivrò com'ho vissuto" (ich werde sein, der ich war, ich werde leben wie ich gelebt habe) hinausgehen ließ, ist er in der That derselbe geblieben.

Es war eine Wiedergeburt des deutschen Volks, worauf Arndt von Anfang an drang. Von der Fußsohle bis zum Scheitel sah er den deutschen Volksleib erkrankt. Da half kein Ausbessern hier und da, da konnte nur eine bis in die Wurzel dringende und das Ganze ergreifende Erneuerung helfen. „So stehen die Armen nun ohne

Leben im Leben, und was sie einst selbst waren, scheint nun etwas Fremdes zu sein und umbraust sie als Schicksal mit seinen Wogen. Sie stehen und zagen ohne Liebe, ohne Genuß und wollen nicht hinein in den feurigen Tod der Verwandlung, damit ihnen wieder Leben werde.

> Über diesen grauenvollen Schlund
> Trägt kein Nachen, keiner Brücke Bogen,
> Und kein Ufer findet Grund.

Aber der Mut trägt darüber oder stürzt sich hinein und schwimmt erquickt durch die Flammen, wie der Ermattete sich in der kühlen Welle erfrischt. Heroismus nur wird den Zauber lösen, aber er löset ihn leicht. . . . Aber das gegenwärtige Geschlecht ist klein und verzagt. Es wird und kann den Todessprung nicht wagen. Hineingerissen, hineingetrieben wird es werden durch das Unglück, das nachkommt, und durch langsame Qual wird es des Todes sterben zur Verjüngung." So sprach er weissagend im ersten Teil des Geistes der Zeit, ehe die Schlacht bei Jena Deutschlands Knechtschaft vollendet hatte. In den Tagen der Knechtschaft selbst trieb ihn sein mutiger Glaube zu solcher Rede: „Was sehet ihr mich dunkel an? Habe ich die Standrede meines Volkes und meines Vaterlandes gehalten? Habe ich sie halten wollen? Mit nichten. Für etwas anderes habe ich gesprochen. Man muß sein Übel ganz und tief durchschauen, um aus der Verwesung wieder Leben zu entzünden. Das ist ein schlechter Mann, der die Hoffnung verliert. Ein alter Poet spricht: Die Hoffnung ist bei den Lebendigen; ich spreche: sie ist auch bei den Toten. Sterben muß das Alte, auf daß das Neue werde. So wie sie aus dem Grabe neue Lebensherrlichkeit weckt, so lasse ich aus der Vernichtung Kraft und aus der Schande Rache aufblühen. . . . Teutsche, geliebte Brüder und Landsleute, unser Zeitalter ist schwer, unser Unglück groß, unsre Schande, wie unverschuldet, doch brennend; aber für den, der nicht an sich verzweifelt, ist nichts verloren. Großer Seelen Art ist, daß sie im Unglück wachsen, im Drang die Fülle der Kraft fühlen und selbst durch den herrlichen Untergang Beispiel werden. Lange nicht mehr sind wir ein Volk gewesen: jetzt ist der letzte Schein zerstört: der Anfang des Bessern kann beginnen; wenn man weiß, daß man nichts ist, kann man etwas werden; Mittelmäßigkeit verdirbt den Einzelnen und die Vielen. Laßt die Dinge auf die äußerste Spitze kommen, neues Leben wird blühen und neues Heil aufgehen. Ihr seid wenige, ihr seid zerstreut und unverbunden und verzaget nicht; die Kraft des Geistes ist unermeßlich und ein edler Wille, der das Rechte will, kann Millionen entzünden; Schwerter zerbrechen und Tyrannentrabanten erblassen vor ihm."

Als den tiefsten Schaden, an welchem Deutschland leidet, sieht er in „Germanien und Europa" die unter seinem Volke herrschende Geistigkeit oder Übergeistigkeit an; er versteht darunter die Verwaschung des eigentümlichen Lebens, die Verdünnung der festen Bestandteile des Menschendaseins, die Verflüchtigung der gesunden Realitäten in eine falsche Idealität, die Herabziehung der sittlichen Kräfte in das Gebiet der Gewöhnlichkeit, man könnte mit einem Worte sagen: die Auf= klärung des vorigen Jahrhunderts. Er verkennt nicht die reinigende Kraft dieser Geistesrichtung, aber ebensowenig ihre Unfähigkeit, etwas Neues und Großes zu schaffen. Auf allen Gebieten des geistigen und sittlichen Lebens begegnet ihm diese Übergeistigkeit. Ihr schreibt er es zu, daß die Erziehung der Jugend an platter Verständigkeit leidet und dem heranwachsenden Geschlecht die Kraft großer Triebe fehlt; daß die Religion ihre heilige Mystik verloren hat und ein widerliches Ge= misch von Aberglauben und Unglauben, eine Verbindung von fana= tischer Aufklärerei und unheimlicher Geheimbündelei entstanden ist; daß das gesellige Leben ohne Jubel in den Geleisen der Gewöhnlichkeit verläuft. Aber das Schmerzlichste ist ihm, daß diese Übergeistigkeit die Vaterlandsliebe durch einen elenden Kosmopolitismus zu ersetzen sucht, daß man Deutschland in einem Universalreiche aufgehen lassen will, daß die deutsche Reichseinheit geschwächt wird, hier zu gunsten des Kosmopolitismus, dort zu gunsten der Stämme, welche sich dünken, Nationen zu sein.

Gegen diese beiden falschen Richtungen, die kosmopolitische, die ein Universalreich sich gefallen lassen wollte, und die andere, welche die einzelnen Stämme über Gebühr erhob, wandte sich Arndt allezeit mit gleichem Eifer, denn sie waren wesentlich aus einer und derselben politischen Anschauung hervorgegangen. Ein kosmopolitischer Zug ging durch die deutschen Geister in den letzten Zeiten des deutschen Reichs, weil dieses zu wenig Erhebung bot. Nun kam Napoleon und verkündigte sich als politischen Messias auch für Deutschland, und die widerstandslose Schwäche hüllte sich in das schöne Gewand einer po= litischen Idee, indem man das Glück pries, der neuen französischen Universalmonarchie zugeteilt zu werden. Im Rheinbund glaubte man den Anfang zur Verwirklichung jener blendenden Idee zu haben und gerade in ihm zeigte sich der empörendste Versuch, die einzelnen deut=

schen Staaten auf Kosten des deutschen Reichs durch Napoleons Gnaden
zu einer falschen Größe emporzuschrauben, so daß also kosmopolitische
Verflüchtigung mit partikularistischer Stammespolitik sich paarte. Es
war eine Schmach, daß der Gehorsam, der dem deutschen Reiche nur
zu oft fehlte, von den einzelnen Staaten nun dem französischen ge=
leistet ward. Das ist darum so groß an Arndt, daß er in der Zeit,
da der deutsche Kaiser das Reich aufgab und die Reichsstände, wie
Schafe ohne Hirten, ihre eigenen Wege gingen, da Deutschland unter=
zugehen schien, auf die Quelle der Verjüngung Deutschlands hinwies
und am deutschen Reich nicht verzweifelte. Das ist die leuchtende That
seines ganzen Lebens, daß er Deutschland aus der Menge der Völker
immer wieder in seinen eigentümlichen Gaben und Beruf hinstellte
gegen die kosmopolitische Verflüchtigung und die falsche Besonderung
der Stämme. Die Naturgrenzen Deutschlands wies er schon in seinen
ersten politischen Schriften auf, wie er später sie beim Übergang der
verbündeten Heere über den Rhein an der Scheide von 1813 und 1814
in seiner meisterhaften Flugschrift „der Rhein, Deutschlands Strom,
nicht Deutschlands Grenze" den blöden Augen deutlich vorgezeigt.
Auf die herrliche Einheit deutete er, welche das deutsche Volk in seiner
Sprache habe. Deutsche Sitten und Trachten nahm er unter den
Schutz und die Pflege seines warmen, begeisterten Wortes. Die
Helden und Großthaten des deutschen Volks rühmte er vor den ver=
geßlichen Ohren. Erschütternd ist die Wahrheit, mit welcher er unsre
Fehler aufdeckt, hinreißend der begeisterte Flug seiner Ermahnungen.
Die Glut der Vaterlandsliebe, welche durch seine Worte schlägt, schlägt
in das Herz des Lesers ein, und man kann nur bedauern, daß bei
aller Liebe, welche Deutschland bis zuletzt dem Vater Arndt gezollt hat,
doch die gewaltigen Schriften aus der Zeit der Befreiungskriege wenig
gelesen werden.

Die Wiedergeburt des deutschen Volks, auf welche Arndt hin=
arbeitete, dachte er sich übrigens nicht ohne das Christentum. Gut
christlich ist die Buße, die er jedem Stand und Beruf des Volks zu=
mutet, der Glaube, mit welchem er sich in den schlimmsten Zeiten über
dem Wasser erhält, die Liebe und das neue Leben, das er in dem
Volk erwecken will. Während aber sein Christentum im Anfang seiner
schriftstellerischen Laufbahn sich noch mehr im Bereich der allgemeinsten
christlichen Gedanken hält, kommt er unter den Drangsalen der Zeit
zu immer größerer christlicher Bestimmtheit. Es erging ihm wie Fichte
und Schleiermacher; seine früheste Jugend verlief unter dem Segen

einer chriftlich gläubigen Erziehung, dann hat der fcharfe, dünne Wind
der neuen Geiftesfreiheit die zarten Keime jugendlicher Frömmigkeit
gedrückt, aber unter der Pflugfchar der göttlichen Züchtigung ift das
Herz zu lockerem Boden geworden, aus welchem die Gnade eine neue
Pflanzung des Glaubens hervorlockte. Er gehört mit zu den Aus=
erwählten, die aus der Zeit des alten Glaubens durch die Wüfte des
Unglaubens in die neue Gläubigkeit herüberführten. Arndt war in
lutherifcher Weife im Haufe mit der Bibel und dem Gefangbuch groß
gezogen worden und hatte die Segnungen der Predigt und der Ka=
techismuslehre in der Kirche empfangen. Mit einem guten Glaubens=
fchaß, freilich auch mit großer Luft zur Poefie und allerlei Wiffenfchaft,
war er aus der Hut des elterlichen Haufes auf das Gymnafium und
die Univerfität gezogen. Die Eindrücke der mütterlichen Erziehung
wichen denen der Zeitideen. Er hätte nach damaligen Begriffen auch
als Ungläubiger Theologe bleiben können, aber er war zu redlich, als
daß er ohne rechten Glauben ein Prediger des Glaubens hätte werden
mögen. Wir begegnen in „Germanien und Europa" einem Geftändnis
Arndts, das uns einen Blick in die Gefchichte feines innern Menfchen
in feinem Jünglingsalter thun läßt. Er erzählt von Rouffeaus Ein=
fluß auf die deutfchen Geifter, von der Aufklärung, die dem Menfchen
alle Religion genommen habe, indem fie ihm die reinfte geben wollte,
und fährt dann fort: „Nie ift wohl mehr Atheismus in der Welt ge=
wefen, als von 1770 bis 1790, von dem erften Palaft und der erften
Hure der Weltbeherrfcherin Paris bis zur ärmlichften Hütte und zum
fchmußigften Totengräber in Teutfchland, denn die Träumerei, als
habe man Gott allein im Begriffe, war ja auch Atheismus und zwar
der fchlimmfte, denn er konnte nie ins Leben und in das Schickfal
übergehen: diefer geiftige Gott konnte nicht als Geftalt mit dem
Menfchen im Glück und Unglück ftehen und des Herzens Größe be=
währen, fondern flog gefühllos und felig dort oben, während jener
unten ächzte und unterging. Auch diefe Epoche war die meinige. Ich
betete als Knabe mit Inbrunft, lachte und fpottete als Jüngling mit
Frechheit. Möge dem Manne und Greife die Unfchuld und Frömmig=
keit der Religion nie fehlen!" (S. 130.) Man hört aus diefen Worten
die Sehnfucht nach tieferem Glaubensleben heraus; die gewöhnliche
Aufklärung genügte ihm nicht und noch war ihm das Rätfel des Lebens
nicht durch die fleifchgewordene Liebe gelöft, noch hatte er nicht im
Glauben an Chriftum das Mittel gefunden, Gott in allem und das
All in Gott zu fehen, noch fiel ihm Göttliches und Weltliches zu fehr

auseinander. „Auch ich habe meine Göttlichkeit, Heiligkeit und Un= sterblichkeit; aber ich mische sie nicht in alles, sondern sie erscheinen mir nur wie Lichter, wie Ahnungen seliger Stunden, wie dunkel wal= tende Mächte in dem, was ich verstehe und worin ich wandle. Mein Himmel ist oben, meine Erde unten, fest geschieden, aber bei der Ge= schiedenheit oft zu Einem zusammenfließend. Ich weiß nichts; ich klügele nicht, wo ich nur ahnen und glauben kann, und der größte Unverstand ist mir von jeher gewesen, das Himmlische und Überschweng= liche entkleiden und nackt zeigen zu wollen. Durch dieses tolle Ver= fahren ist die Religion und der Glaube aus der Welt geflohen." (S. 264.) Man sieht, daß Arndt ein doppeltes Bedürfnis hat: eines= teils die Religion nicht durch Herabziehung in die Gewöhnlichkeit zu verflachen, anderenteils sie nicht durch Verbannung in die Regionen des bloßen Begriffs zu verdünnen; man wird gestehen, daß diesem doppelten Bedürfnis nur abgeholfen werden konnte durch die Botschaft: „Und das Wort ward Fleisch und wohnete unter uns, und wir sahen seine Herrlichkeit, eine Herrlichkeit als des eingebornen Sohnes vom Vater, voller Gnade und Wahrheit." Joh. 1, 14.

Im ersten Teile des Geistes der Zeit finden wir noch dasselbe Ringen einer durch die ungläubige Zeit arm gewordenen Menschen= seele nach Erfüllung mit himmlischem Leben, darum auch hier noch nicht Befriedigung. Er glaubt, daß der Katholizismus fallen müsse, aber die lutherischen Priester klagt er an, daß sie Schelme seien, weil sie nicht mehr glauben, aber doch den Glauben lehren. „Keine Re= ligion, keine Zucht, keine Schwärmerei mehr in der protestantischen Welt," so lautet sein Seufzer. „Fürchterlicher Zustand, bei welchem man vor zwei Jahrhunderten noch an den jüngsten Tag gedacht hätte! und erleben wir nicht jüngste Tage genug? Ich sehe keinen Rückgang möglich. Die zum Katholizismus hinübereilen, irren: da ist kein Heil; die sich gutmütig in den alten Glauben werfen, thun Vergebliches; für ihn kann dies kluge Geschlecht sich nicht mehr begeistern, da selbst die letzten Formen des alten trotz allem Gegendruck unaufhaltsam zusammen= stürzen. Nur eine Rettung ist da, mitzugehen durch den Feuertod, um das lebendige Leben für sich und andre zu gewinnen." (S. 62 u. 63.)

Bestimmter verkündigt er im zweiten Teil des Geistes der Zeit als den Grund aller Dinge, die werden sollen und welche der Sturz des Alten ankündigt, die Religion, das erhöhete und vergeistigte Christentum. „So wie dem Menschen in lichterer Geistigkeit, als bis= her geschehen konnte, das Ewige und Allgemeine erscheint, wird er es leicht auch auf das Irdische übertragen, und durch die höchste Kunst, die ihm durch göttliche Begeisterung ward, die höchste Einfalt auf Erden hervorbringen: denn er wird verstehen, wo er als Erdenwesen ewig gebunden sein muß und wodurch er gebunden sein muß, und wo sein mächtigeres Leben in himmlischer Freiheit beginnen darf. Ewig wird das Christentum, wie alle Religion, einen äußern Leib behalten müssen. Nur Verruchtheit, die aus Aberwitz, nur Übermut, der aus Satansherrschsucht, nur Atheisterei, die aus dem Irrtum entsprang, daß der Verstand der letzte Halter und Richter der Dinge sei, erklärte das Äußere und Leibliche der Religionen für Reste der rohen und kindischen Zeit des Menschengeschlechts, welche der mündige und reise Mensch, der im Geist herrschen soll, wegwerfen könne und wegwerfen müsse. Aber ich sage, nicht bloß die Menge, sondern jeder Mensch bedarf da, wo die innigste Sympathie, die seligste Vereinigung, die kindlichste Zusammenschmelzung mit der Natur und Gottheit sein soll, etwas Äußeres. Deswegen sei, so lange Menschen wohnen, eine Gemeinde der Heiligen, eine äußere Kirche mit Gebräuchen und Weisen, mit Symbolen und Priestern; aber diese müssen fortgehen mit der geistigen Bildung des Christentums. — O schöne Zeit, die da kommen soll, du wirst uns durch den heitern Götterglanz des vergeistigten Christentums zur Einfalt und Unschuld der Natur zurückführen, in allen unsern Einrichtungen, Thaten und Werken wirst du uns einfacher, kühner und freier machen. Die Zeit, die Christus, der Liebling und Prophet Gottes, verkündigte; die Zeit, die Luther schon kannte, die aber seine Zeitgenossen nicht verstehen konnten; die Zeit der Religion des Lichts wird kommen, und mächtige Begeisterte, fromme Himmelflieger werden das verworrene und ermattete Geschlecht wieder zu den Göttern emportragen; Licht im Haupt und Glut im Herzen, wird der erhobene Mensch in Stille und Frömmigkeit einherwandeln. Dann ist die Mitte zwischen Himmel und Erde, die er nun nicht mehr zusammenbinden kann, mit Geistern gefüllt, die sich zu einer langen Kette die Hände reichen, woran der Glückliche hinauf und hinabsteigt: dann erkennt der Mensch, wo sein himmlisches Leben dort oben ist, und die Sonne und Gestirne grüßen ihn freundlich und kommen zu ihm herab als seine Gespielen, und seine Gespielen aus Eden, Unschuld und Freude, sind mit dabei; dann hat er unverlierbar den Kinderglauben an die Natur und den treuen Gehorsam gegen ihr ewiges Gesetz." (S. 346.)

Es ist auch in dieser Verkündigung noch viel Unbestimmtes, Schwebendes, Fliegendes. Aber deutlich spricht aus ihr die Sehnsucht

nach einem Christentum, das nicht über der wirklichen Welt in abge=
zogener Geistigkeit sich hält, sondern das Leben mit seinen Kräften
durchdringt, nach einem volkstümlichen Christentum. Seine Hoffnungen,
die er in dieser Beziehung hegte, wurden durch seine Reise nach Ruß=
land und seinen Aufenthalt in dem russischen Reich während des Kriegs
mit Frankreich mächtig angefacht. Er sah hier zum erstenmal das wunder=
volle Schauspiel einer Volksbegeisterung, die ebensosehr aus religiösen als
aus nationalen Gluten entfacht war. Napoleon ward von Rußland nicht
bloß als Feind des Reichs, sondern auch als Widersacher des Glaubens
bekämpft. Zu einer solchen Bekämpfung Napoleons war von Anfang
an viel Ursache. Er hatte das Erbe der Revolution angetreten, welche
das Christentum durch Volksbeschluß abgeschafft hatte; war er auch zu
klug, um die Tollheiten der Revolution in ihren Flegeljahren fortzu=
setzen, so hat doch sein Verhalten gegen den Papst, sowie seine ganze
in vollendetem Maße selbstische, also antichristliche Politik den ursprüng=
lichen Verdacht in den Augen des christlichen Volks unmöglich besei=
tigen können. Wir kommen später auf diesen Punkt zurück. Hier
genügt es, daran zu erinnern, daß Napoleon nacheinander das
römisch=katholische, dann das griechisch=katholische und zuletzt das evan=
gelische Volk gegen sich in leiblicher und geistlicher Waffenrüstung sah,
das erstere in Spanien und Österreich, das zweite in Rußland, das
dritte in Preußen, und daß ihm auf seiner ganzen kriegerischen Lauf=
bahn nichts so gefährlich war, als Volkserhebungen, in welchen mit
den nationalen die religiösen Antriebe zu einer gewaltigen Wirkung
sich paarten. Als Arndt, von Stein berufen, im Herbst nach Ruß=
land kam, sah er mit Staunen die Nation vom Kaiser bis zum Bauer,
von der Großfürstin bis zum schlichtesten Weibe in einer wundervollen,
betenden, opfernden, kämpfenden Begeisterung. Der Kaiser hatte seinen
Entschluß, gegen Napoleon bis aufs Blut zu kämpfen, mit Gott ge=
faßt: seine tiefe christliche Erregung stammt aus jenen Tagen der Ent=
scheidung. Die heilige Synode vereinigte die Macht ihrer religiösen
Einwirkung auf das Volk mit der Gewalt des Kriegsheers und die
von oben gesprochenen Worte zündeten allenthalben. Diese fromme
Erhebung des Volks und darauf die schauderhafte Zerstörung des
Napoleonischen Heeres hatte Arndt in Rußland mit angesehen. „Das
ist Gottes Finger!" so rief er damals immer wieder aus, wenn er,
namentlich im dritten Teil des Geistes der Zeit, die Ereignisse jener
Tage erzählte. „Des Menschen Arm ist schwach, wenn Gott ihn nicht
stärkt, und sein Herz verzagt leicht, wenn ein unüberwindlicher Glaube

es nicht entflammt. Die Russen sind ein frommes Volk: sie verwandelten diesen gewaltigen Krieg in einen Religionskrieg; der Glaube des Volks, die Schändung der Heiligtümer durch die Fremden, die Gefahr des Vaterlandes entzündeten eine Begeisterung, welcher alle Mühen und Hindernisse überwindlich und Tod und Schmach süß waren. Die Kirchen, die Bethäuser, die heiligen Gräber wimmelten täglich von Menschen; die Krieger des Vaterlandes weiheten sich durch Gebet, zeichneten sich mit dem Kreuze, segneten ihre Fahnen mit feierlichem Gottesdienst ein, schwuren auf das Evangelium dem Kaiser und dem Vaterlande und zogen jauchzend aus wie zu einem Triumphzuge. Ein solches Volk sollte Bonaparte unterjochen, einen solchen Geist sollte er besiegen!" (S. 57.) So schildert er den Auszug in den Kampf, und die Schilderung des französischen Rückzugs begleitet er mit den Worten: „So verging durch die Verworfenheit und Verblendung eines einzigen Mannes in sechs Monaten die frischeste Blüte von Frankreich, Italien, Teutschland und Polen, und wurden viele Tausend Kinder Waisen, viele Tausend Weiber Witwen, viele Tausend Eltern und Bräute in Schwarz gekleidet. So groß ist das Schicksal, so unerhört die Niederlage, und so unglaublich das Unglück, daß auch der Zweifler gläubig werden muß und ausrufen; siehe hier ist Gott, dies ist Gottes Finger! Jenes Dunkle und Unbegreifliche, jene unendliche Macht über und in uns, die aus den Wolken und aus den Herzen blitzet, die wir Vorsehung, Schicksal, Vergeltung nennen, die vielnamig und vieldeutig in immer gleich furchtbarer Nähe und Ferne uns umgiebt, hat ein Weltgericht gehalten, wie Europa seit vielen Jahrhunderten nicht gesehen hat." (S. 193.)

Mit den in Rußland gemachten Erfahrungen und empfangenen Eindrücken, mit einer tiefen Beugung vor der Macht und Herrlichkeit des lebendigen Gottes und mit dem heißen Wunsche, auch das deutsche Volk nicht bloß in Waffen von Eisen, sondern zugleich in geistlicher Waffenrüstung gegen Napoleon im Aufstand zu sehen, zog Arndt aus Rußland über die deutschen Grenzen zurück. Im dritten Teil seines Geistes der Zeit erzählte er das Gericht Gottes, welches Napoleon in Rußland erreicht hatte, und beantwortete die Frage: was haben die großen Mächte jetzt zu thun? Er predigte in Beantwortung dieser Frage einen Krieg nicht mit gewöhnlichen Mitteln, sondern mit himmlischen Waffen. „Nicht das gewöhnlich Soldatische, nicht die gewöhnlichen Berechnungen und Künste menschlicher Klugheit, nicht auf das geschickteste zusammengesetzte und gebrauchte physische und mechanische

Hilfsmittel und Kräfte werden die Franzosen besiegen: Bonaparte und seine Franzosen sind glücksfest gegen die kleine Gesinnung; sie müssen fallen durch die hohe Gesinnung. Die hohe Gesinnung heißt Zuversicht auf Gott, Liebe und Treue zum Vaterlande, und der Stolz, für die Ehre zu leben und zu sterben; diese hohe Gesinnung heißt Glaube an die Tugend und das Volk." In kleineren Schriften, welche für die Volksmasse berechnet waren, suchte dann Arndt die ersehnte christlich=nationale Volkserhebung unmittelbarer zu fördern. Eine der merkwürdigsten von allen, die im Laufe seines langen Lebens seinem frommen deutschen Herzen entsprungen sind, ist der „Katechismus für den deutschen Kriegs= und Wehrmann." Welch ein herrlicher, fruchtbarer Gedanke war es, dem Soldaten in seinen Tornister zu anderm Nützlichen diese geistliche Waffenrüstung zu geben! Das Büchlein atmet eine starke vaterländische, durch den sanften Hauch der Frömmigkeit gemilderte Begeisterung. In der Vorrede giebt er einen Überblick der Geschichte des deutschen Volks und nachdem er die französischen Greuel geschildert, sagt er zuletzt: „Es ist nun Gottes Wille, daß dieser Stolz und Übermut gebändigt werden, daß die Franzosen bestraft werden für so viele himmelschreiende Greuel, die sie in allen Ländern und Völkern verübt haben; es ist Gottes Wille, daß die deutschen Männer aufstehen, des gerechten Zorns gedenken und auf die Franzosen und ihren Tyrannen schlagen und Ehre und Frei= heit wiedergewinnen, welche sie von ihren Vätern geerbt und welche die hinterlistigen Welschen ihnen so treulos gestohlen haben: es ist Gottes Wille, daß sie ihre jenseit des Rheins wohnenden Brüder befreien und die Menschen deutscher Art und Sprache wieder zum Reiche fügen, welche Hinterlist und Verräterei davon abgerissen haben. So daß man bei dieser Betrachtung den gegenwärtigen deutschen Krieg wohl einen christlichen und heiligen Krieg nennen mag, denn hätte Napoleon länger geherrscht, so wäre alle Freiheit, Tugend und Gerech= tigkeit von der Erde verschwunden." Um nun die Anweisung zu geben für eine heilige Führung dieses heiligen Kriegs, ruft er dem Volke das lang vergessene Gotteswort ins Gedächtnis zurück und han= delt in einer an der Bibelsprache, namentlich am prophetischen Worte gebildeten Sprache die wichtigsten Dinge ab: vom Bösen und vom Übel, von Zwietracht und Krieg, von des Menschen Herrlichkeit und Verworfenheit, vom gerechten und ungerechten Krieg, von dem großen Tyrannen, von dem fremden Volke, von der Sünde und dem Unglück, von dem Vertrauen auf Gott und der Eintracht, von der Liebe und Verträglichkeit, von Soldatenehre, von Freiheit und Vaterland, von

Bescheidenheit und Demut, von Güte und Milde, von Habsucht und
Grausamkeit, von der Manneszucht, von der Gottesfurcht, von der
Hingebung, wie ein deutscher Soldat jetzt sein muß, und zuletzt giebt
er Trost und Verkündigung. Schwerlich hat ein anderes Volk etwas
Ähnliches aufzuweisen, eine solche volkstümliche Einfassung der stärksten
nationalen Triebe in die heiligen Schranken christlicher Ordnung und
Tugend. Möchte das Büchlein mehr gekannt und gelesen sein! Zur
Kennzeichnung seines Geistes müssen hier wenigstens einzelne Aus=
sprüche stehen: „Es war die Liebe von euch gewichen,“ so redet er
seine Deutschen an, „und der Haß hatte die Herzen erkältet und
wußten nichts mehr von Deutschland und vom Vaterlande und von
der alten deutschen Ehre und Freiheit und ließen der eine von dem
andern und gingen ein jeglicher seinen eigenen Weg und trachteten
nur nach Gold und wie sie des Tages am besten gebrauchten. . . . .
Und weil du nun siehest, woher dein Unglück gekommen, und wie deine
Schlechtigkeit und Zwietracht die Fremden zu deinen Herren gemacht,
so mußt du zuvörderst wieder schauen auf Gott und dem vertrauen,
von welchem alle Dinge sind. Denn der Glaube an Gott thut noch
täglich Wunder und die Zuversicht auf den Himmel überwindet die
Hölle. Und den Menschen hilft keine Kraft ohne Gott und eitel
bleibt, was auf sterbliche Künste gebauet wird. . . . . Und dann mußt
du Gott bitten, daß er dir gebe einen stillen, freundlichen und festen
Geist, einen Geist des Friedens und der Liebe, daß du alle deine
deutschen Brüder zu dir versammeln magst, und sie weinen, daß sie
geschieden waren in ihren Herzen. . . . . Und sollet es alles zum Besten
kehren, auch wo etwas ungleich und ungerad ist, und gegen die
Irrenden sanftmütig und gegen die Thörichten liebreich sein. . . . .
Und sie werden rufen: Hie Papst! hie Luther! hie Calvin! . . . . Und
sie möchten euch gern verwirren und die alten Streite über die Re=
ligion erneuern und euch die Hände in Bruderblut baden lassen, damit
sie die Herren bleiben. Ihr aber sollet nicht hören auf diese, sondern
bedenken, daß ich der ewige Gott bin und daß mir alle gefallen, die
reines Herzens sind, und mit einfältigen Sinnen sich zu mir wenden. . . . .
Und soll der christliche Soldat mild sein wie ein Lamm und mutig
wie ein Löwe. Wer stark und gewappnet ist, dem ziemt die Freund=
lichkeit. Das ist der rechte Soldat, der in der Schlacht brennt wie
eine verzehrende Flamme und niederreißt wie ein schwellendes Wasser,
der aber in friedlichen Häusern friedlich ist wie ein fröhlicher Früh=
lingsregen und mild wie die Abendsonne des Sommers! . . . . Der

16*

Soldat soll ein Christ sein. Ein frommer und gläubiger Mann hat das rechte Panzerkleid um die Brust gelegt und die rechten Waffen angethan: das kindliche Vertrauen auf einen allmächtigen Gott und das feste Gewissen in einer treuen Brust. **Wer Gott fürchtet, über den ist niemand; denn die Furcht Gottes geht über alles.** ... Der Christ allein weiß, was ist und was sein wird, und die leeren Schrecken bewegen seine Seele nicht: **denn die Furcht des Herrn macht das Herz fröhlich und giebt Freude und Wonne ewiglich.** ... Ja, deutsches Volk, Gott wird dir Liebe und Vertrauen geben und du wirst erkennen, wer du bist und wer du sein sollst. Gott wird dir Flammen in die Brust blasen und den hohen und kühnen Geist der Freiheit in dir erwecken, der deine Feinde zerschmettern wird. Gott selbst wird mit deinen Heeren sein und dir als Streiter voran-schreiten und deine Fahnen mit Sieg und Wonne segnen, wenn du glaubest, daß eine ewige Gerechtigkeit ist und daß im Himmel lebt, der Tyrannen zermalmt.“

Denselben Geist atmet Arndts Schrift: „Was bedeutet Landsturm und Landwehr?“ die er in Königsberg drucken ließ, ein köstliches Ge-denkblatt an den herrlichen Aufschwung Preußens, der in den ersten Monaten des Siegesjahres 1813 in Königsberg seinen Anfang nahm. Auch in dieser Schrift sucht er den Krieg unter die Weihe des Gottes-dienstes und Gebets zu stellen. „Wenn also der Landsturm die Glocke läutet gegen den Feind und auszieht, so soll das große Werk mit Gottesdienst und Gebet begonnen werden, denn die Herzen gehen desto mutiger in den Streit. Bei der Landwehr aber wäre folgende Zucht wohl löblich: Sowie die junge Mannschaft eines Kreises ver-sammelt ist, wird feierlich Gottesdienst gehalten, und es wird den Jünglingen ausgelegt, was Krieg überhaupt und Krieg für das Vater-land und gegen die Franzosen bedeutet, und wie sie ein viel besseres Volk sind als die Franzosen und also nicht leiden dürfen, daß diese ihre Herren bleiben; es wird ihnen erzählt und vorgehalten, wie ihr Land sonst glücklich und ruhmvoll gewesen und wie es durch ihre Tugend und Redlichkeit wieder werden soll; es wird ihnen eingeschärft, daß der Tod für das Vaterland im Himmel und auf Erden großes Lob ist; es wird durch Reden und Predigten und durch geistliche und kriegerische Lieder ihr Gemüt zu Treue, Ruhm und Tugend entzündet. — Das auch ist eine fromme und christliche Sitte, daß jeden Tag nach geschehenen Kriegsübungen die Mannschaft sich feierlich in Reihen stellt, und, ehe sie auseinander geht, ein geistliches Lied singt; das geschehe auch vor und nach der Schlacht unter offenem Himmel. Solches giebt Mut und Freudigkeit und bewahrt vor vielem Bösen.... Beim Eintritt in die Landwehr wird ein teurer und fester Eid geleistet, immer aber in großer Gemeinschaft, so daß einige Hunderte und Tausende zugleich schwören und vorher feierlicher Gottesdienst und Einsegnung ist. — Auch werden die Fahnen mit christlichem Gebet und ernster Andacht eingeweiht. — Zieht eine Landwehr aus der Heimat gegen den Feind: so ist feierlicher Gottesdienst und Einsegnung: die ganze Mannschaft empfängt das heilige Abendmahl zu christlichem Gedächtnis und zu christlicher Freudigkeit, und geht so mit Gott, wie er es will, in den Sieg oder in den Tod."

In welchen Jubel, welchen Preis Gottes mußte nach erfolgtem Sieg der Mann ausbrechen, der so redlich auf denselben hingearbeitet hatte durch seine Mahnung, einen frommen, einen heiligen Krieg zu führen! Bald nach der Leipziger Schlacht ließ er eine kleine Schrift ausfliegen: „Das preußische Volk und Heer im Jahre 1813." „Unvergeßlich," heißt es darin, „jedem, dem ein deutsches Herz in der Brust schlägt, wird der Frühling und Sommer des Jahres 1813 bleiben. Wir können nun zu jeder Stunde sterben, wir haben auch in Deutschland das gesehen, weswegen es allein wert ist zu leben, daß Menschen in dem Gefühl des Ewigen und Unvergänglichen mit der freudigsten Hingebung alle ihre Zeitlichkeit und ihr Leben darbringen können, als seien sie nichts. . . . Das war das Schönste bei diesem heiligen Eifer und fröhlichem Gewimmel, daß alle Unterschiede von Ständen und Klassen, von Altern und Stufen vergessen und aufgehoben waren, daß jeder sich demütigte und hingab zu dem Geschäft und Dienst, wo er der brauchbarste war, daß das eine große Gefühl des Vaterlandes und seiner Freiheit und Ehre alle andern Gefühle verschlang, alle andern sonst erlaubten Rücksichten und löblichen Verhältnisse aufhob. Die Menschen fühlten es, sie waren gleich geworden durch das lange Unglück, sie wollten auch gleich sein im Dienst und Gehorsam. Und so sehr erhob die große Pflicht und das gemeinsame Streben, wovon sie beseelt waren, alle Herzen, daß das Niedrige, Gemeine und Wilde, dem in getümmelvollen Zeiten der Bewaffnungen und Kriege eine so weite Bahn geöffnet ist, nicht aufkommen konnte. Die heilige Begeisterung dieser unvergeßlichen Tage ist durch keine Ausschweifung und Wildheit entweiht worden; es war, als fühlte auch der Kleinste, daß er ein Spiegel der Sittlichkeit, Bescheidenheit und Rechtlichkeit sein müsse, wenn er den Übermut, die Unzucht und die Prahlerei besiegen wollte, die er an den Franzosen so sehr verabscheut hatte. . . . Das ist die Gewalt des überschwenglichen Geistes, die Gewalt Gottes, die über die Menschen kömmt, daß sie aus ihnen selbst heraus und über sich selbst emporgehoben werden und dann nicht mehr fühlen, wer sie gewesen sind, ja kaum fühlen, wer sie sind, wenn das Höchste sie beherrscht. Ihr tapfern und frommen Kämpfer, wie habt ihr in Er=staunen selbst ausrufen müssen: das haben wir nicht gethan, das waren wir nicht, das hat Gott gethan, das war Gott! Gott gab uns die Kraft, Gott gab uns das Glück. Gott wollte, wir haben wollen müssen!"

Was Rückert nach der Leipziger Schlacht gesungen, das war auch Arndts Meinung: „der Gott, der lange drein gesehn, hat endlich drein geschlagen." Er sprach es nach dem Kriege in der kleinen Schrift aus: „Fünf oder sechs Wunder Gottes", in welcher er den Finger Gottes in mehreren einzelnen Ereignissen jener Zeit nachweist, dann aber fortfährt: „Mehr Wunder könnte ich zeigen, worüber die Frommen anbeten und die Spötter lächeln: unter diesen das größte Wunder, die deutsche Begeisterung, welche die Lüge und die Tyrannei durch ihre Gewalt wie Spreu zerstäubt und das Vaterland wieder zu Ehren aufgerichtet hat. Diese wird von jedem frommen und redlichen deut=schen Manne immer im stillen und gläubigen Sinne gewogen werden."

Denselben Geist des Glaubens, daß Gott allein dem deutschen Volke helfen könne, atmen auch die vaterländischen Lieder von Arndt, von welchen wir im Zusammenhange mit den Liedern andrer vater=ländischer Dichter später handeln werden. Hier muß aber noch ein Wort gesagt werden über Arndts Verdienst um die Erneuerung des religiösen Lebens, welches er sich durch die Wiedererweckung des alten Kirchenlieds erworben hat. Mit dem Kirchenlied war die Reformation groß geworden. Das Kirchenlied war von Anfang an der Widerhall der evangelischen Predigt, welcher aus der Gemeinde zurückkam. Zur Zeit, da die Predigt den alten Ton der Buße und des Glaubens nicht mehr gab, konnte das Kirchenlied der Gemeinde als ein Ersatz und zugleich als eine Art Führer gelten, damit sie nicht ganz in der Dürre des Rationalismus verkäme. Eben darum aber konnten die rationa=listischen Führer das alte Kirchenlied nicht mehr dulden: im letzten Viertel des vorigen Jahrhundert ging man mit Eifer an die soge=nannte Gesangbuchsverbesserung, an jene verhängnisvolle Neuerung, durch welche viele der kernhaftesten Lieder aus den Gesangbüchern ge=strichen, andre auf unerhörte Weise mißhandelt und ihnen eine über-

wiegende Anzahl neuer, meist am Glauben und an der Poesie schiff=
brüchiger Lieder zugefügt wurde. Arndts Jugend fällt in diese Zeit.
Aber er hatte im Haus, im Volk, in der Kirche die alten Lieder schon
so liebgewonnen, daß er das Gefährliche in der Neuerung erkannte.
„Ich bin geboren‘" so erzählt er in seiner Schrift vom Wort und vom
Kirchenliede, „aus dem kleinen Volk dicht an der Erde, — mit diesem
kleinen Volke, unter diesem Volke und in diesem Volke habe ich mein
Zeitalter erlebt, und wenn ich etwas weiß, so weiß ich es durch das
Volk. Hier habe ich denn auch bei Menschen meines Bekenntnisses
die große Hungersnot gesehen, worin sie geraten sind durch die magern
und dürftigen Katechismen und Gesangbücher, die ihnen die alte Ein=
falt und Kraft des Worts, die alte Innigkeit und Fröhlichkeit der
Sprache und des Glaubens verdünnt und weggewässert hatten. Daß
viele dabei auch irre geworden sind, versteht sich in einem Zeitalter,
in welchem mehr geirrt als gefrevelt ist. Und weil das wirklich der
Fall ist, darum ist uns Gott seit den Jubeljahren 1812 und 1813
auch wieder gnädig geworden. Diese Hungersnot und dieser dünne,
wässrige Jammer dauert noch an zu vielen Orten, wo evangelische
Christen leben." Als nun Arndt seinen Katechismus für den deutschen
Wehrmann schrieb, fügte er demselben Lieder bei, im Tone des alten
Kirchenliedes, Lieder, welche den alten Christenglauben nach den alten
Weisen sangen. Er trachtete danach, sein Volk aufzuwecken, aber er
mochte sich das erwachte Volk nicht anders denken, als mit frommen,
starken Liedern im Munde, wie in den Tagen Luthers. Etliche Jahre
waren nach geendigtem Kriege vergangen: das Volk war in eine Be=
wegung gekommen, in eine Erregung seines tiefsten Wesens, die der
Wiederaufnahme des alten Kirchenliedes im höchsten Grade günstig
sein mußte. Aber die geistlichen Leiter des Volks fuhren noch immer
mit der schlimmen Gesangbuchsverbesserung fort. Da trat Arndt 1819
mit einer Schrift hervor: „Von dem Wort und dem Kirchenliede;" er
zeigte darin, was das evangelische Deutschland am Wort und am
Kirchenliede für unerschöpfliche Quellen der Erbauung habe, er forderte
auf, der Gesangbuchsnot durch ein neues christliches Gesangbuch abzu=
helfen, in welchem hauptsächlich Lieder aus der Zeit von Luther bis
1750 aufgenommen werden sollten, aber auch sonst was geistesmächtig
wäre, und gab im Anhang eine Reihe geistlicher Lieder von ihm selbst,
in denen sich eine tiefe christliche Frömmigkeit kundgiebt. So hat
Arndt, der Wecker deutscher Gesinnung, durch Hinweisung auf die
alten Liederschätze und durch eigene Lieder auch um die Weckung

christlicher Gesinnung im Volke sich ein großes Verdienst erworben. Er ist der erste gewesen, der in der Gesangbuchssache wieder klaren Weg wies, und wer sich heute freut, daß das Volk fast überall seine alten Lieder zurückempfangen hat, der wird auch um deswillen Arndts Andenken segnen. Er ist auch einer unter den wenigen geistlichen Liederdichtern unsers Jahrhunderts, dessen Lieder mit vollem Recht Aufnahme in die Gesangbücher der Gemeinden gefunden haben.

Wir sind mit dem eben Gesagten schon über die Zeit der Befreiungskriege hinausgeschritten. Nachdem dem Vaterland der Friede zurückgegeben war, wanderte Arndt noch zwei Jahre hin und her, bis er die Stelle fand, an welcher er sich eine neue Heimat gründen könnte. Im September hatte sich Arndt in Berlin mit Nanna Maria Schleiermacher, der Schwester des berühmten Theologen, vermählt. Ein Jahr darauf ward er an der neu errichteten Universität Bonn zum Professor der neuern Geschichte ernannt. Er begann in dem Winterhalbjahr seine Vorlesungen. Im freien Deutschland ein neues Familienleben, ein schöner Beruf an der Jugend — das Glück lächelte den lang Umhergeworfenen freundlich an! Aber es währte nicht lang. In die furchtsame, engherzige Stimmung, in welche die preußische Regierung durch die Studentenbewegungen, wie sie in der Gründung der Burschenschaft und dem Wartburgfest sich kundgaben, geraten war, in die allmählich sich einschleichende Meinung, man müsse den Volksgeist, der in den Tagen der Not von den Fürsten aufgerufen worden war, wieder dämpfen, in das Rückwärts der Regierungen, fiel 1816 Arndts vierter Teil des Geistes der Zeit, mit seinem gewaltigen Rufe: Vorwärts!

> Vorwärts! Vorwärts! rief der Blücher,
> Deutschlands schärfster, kühnster Degen,
> Und auf schlüpfrig blut'gen Wegen
> Schritt der alte Held so sicher.
>
> Rückwärts! ist ein Klang der Hölle,
> Schlechter Klang und schlechtes Zeichen,
> Worob Mut und Herz erbleichen
> Und erstarrt des Herzens Welle.
>
> Vorwärts! Vorwärts! rief der Blücher,
> Vorwärts! klinget frisch und freudig,
> Vorwärts! hauet scharf und schneidig,
> Vorwärts! schreitet kühn und sicher.

Und in der Weise, die wir kennen, dringt er darauf, daß nach dem Siege über die Franzosen Deutschland innerlich aufgebaut werde, spricht für ständische Verfassung und Preßfreiheit, Volkswehr, Turnen, Feste, Spiele, Denkmäler, gegen Geheimbündelei, französische Sprache und Sitte in den deutschen Häusern und redet die Jünglinge an: „Ihr seid das Salz der Erde; wenn ihr dumm werdet, womit soll man salzen? Ihr habt den letzten Krieg gesehen, viele aber sind mit auf seinen Schlachtfeldern gewesen, ihr habt gesehen nicht der Menschen Siege und Großthaten, sondern Gottes Wunder, weil die Menschen wieder an ihn glaubten; .... ihr habt die hohen Ideen, die fast verschollenen und versunkenen vom Vaterland, Freiheit und Deutschland wieder gewonnen, wonach die edelsten Deutschen seit zwei Jahrhun=derten mit vergeblicher Sehnsucht griffen und was ihnen immer ent=flog, ist mit Fleisch und Bein wieder ins Leben getreten. .... Das alte Germanien erhebt sich wieder in Glanz und Wonne. Und daß dieser Glanz und diese Wonne dem Enkel und Urenkel werde, dazu, glaubt, seid auch ihr berufen, und strebet in aller Liebe und Treue vorwärts und vorwärts!“ Das Wort war gut, aber es schien dem preußischen Kabinett, als ob Arndts Buch ganz unschickliche und un=nütze Dinge enthalte, die besonders einem Lehrer der Jugend übel anständen und nachteilig auf die Jugend wirken könnten. Arndt ward verwarnt, im Sommer 1818 einen halben Tag verhaftet, und, nachdem seine Papiere weggenommen waren, am 10. November 1820, am Ge=burtstage Luthers, des Helden des freien Worts, in seinem Amte stille gestellt und der Mund ihm geschlossen, der von Gott die Gabe hatte, auf die deutsche Jugend aufs beste einzuwirken. Eine Unter=suchung begann, so dumm als boshaft geführt, eine quälerische Unter=suchung, deren Ende war, daß man nicht den Mut der Schlechtigkeit hatte, ein Schuldig, und nicht den Mut der Ehrlichkeit, ein Nicht=schuldig auszusprechen. Arndt bewährte sich in diesem 20jährigem Kreuz nicht trotzig und nicht knechtisch, sondern wie ein Christ, der, demütig vor Gott, fest den Ränken der Menschen gegenüber stand, denn zum Christen war er in der Jahre Lauf immer schöner gereift.

In der Frömmigkeit der evangelischen Kirche war der Knabe er=zogen worden. Als er in die Jahre des jugendlichen Sturms und Drangs kam, blieb er, wie so viele Jünglinge, nicht in der Einfalt des Christentums. Unter den furchtbaren Schlägen, die sein Volk und er persönlich mit erfuhr, besann er sich auf den Glauben, den das Wort von dem lebendigen, heiligen und gnädigen Gott in uns schafft, und eine Herstellung Deutschlands ohne Christenglauben konnte er sich nicht denken. In der Sprache der Bibel verkündete er biblische Wahr= heiten und den alten Kirchenliederton schlug er in frommen Gesängen wieder an. In Bonn war er Mitglied, Repräsentant und Ältester der Gemeinde und nahm im Geiste der lutherischen Reformation an den kirchlichen Angelegenheiten teil, gleich scharf gegen die Jesuiten, gegen die Katholisierenden in der evangelischen Kirche und gegen die Pro= testanten, die von Gottes Wort wichen, gerichtet. Eine tiefe Furche, in welche das Wort von der Liebe Gottes sich tief einsenkte, riß seinem Herzen der Tod seines jüngsten Knaben, Wilibald, der beim Baden im Rhein ertrank. Ein größeres Opfer hätte der Lieblingsstrom nicht von ihm fordern können. Erst nach mehreren Tagen ward die Leiche einige Stunden stromabwärts gefunden. Der Vater holte sie selbst in einem Kahne herauf. In einer langen Reihe von Liedern klingt das schmerzliche Andenken an das liebe Kind nach. Wenn ein starker Mann, der gegen die Gewaltigen dieser Erde furchtlos gekämpft, im Familienleid weich wird, das hat etwas tief Ergreifendes. Wo er geht und steht, begleitet ihn das Bild des Kindes. Wenn abends die Geschwister gute Nacht sagen, da ist's dem Vater, als hörte er auch des Abgeschiedenen Stimme, als hätte er sich im Bette nur in süßem Spiel versteckt; wenn er durch den Wald wandelt, dann ruft ihm das wundersame Rauschen nur immer den einen Namen zurück: „o der süße grüne Wald, wie er immer wieder hallt, wie es schallt: Wilibald! Wilibald!" wenn er in tiefer stiller Nacht auf dem Grabe des Kindes wacht, ruft er aus: „o mein süßes Leben! Alters Lust und Zier! Könnt ich mit dir schweben! Wär' ich stets bei dir! Von dem Staubgewimmel, von den Gräbern fern! Stets in deinem Himmel! Stets auf deinem Stern!"

Aber noch war dem trauernden Vater ein langes Leben beschieden. Im Jahre 1840 ließ der Siebziger seine „Erinnerungen aus seinem äußern Leben" in die Welt hinausgehen. Er erinnert darin an einen Stein in Stralsund, der nicht fern vom Pranger als ein Platz der Ehre gelegen, und gleichsam zum Versuche, ob ihn jemand vom Platze der Ehre auf den Ort der Schande hinüberstoßen dürfe, rief er mit diesem Buche in das deutsche Volk: „Ich steh' auf einem breiten Stein, und wer mich lieb hat, holt mich ein!" Und es trat einer hervor, der ihn lieb hatte, das war König Friedrich Wilhelm IV., der setzte ihn in seine Ehren und Würden wieder ein im Sommer 1840, und die hohe Schule beeilte sich, ihn zum Rektor fürs nächste Jahr zu wählen und

er hielt am 18. Oktober 1840 seine lateinische Rede im echten deutschen
Arndt=Stile als Rektor vor Professoren und Studenten. Und als
im Jahre 1848 Deutschland Boten nach Frankfurt sandte, des deut=
schen Reiches Neugestaltung zu beraten, ward er von vier Wahlkreisen
gewählt und nahm an den Beratungen teil, wie er selbst die Hoffnung
aussprach, „als ein gutes altes deutsches Gewissen", vor Über=
stürzungen warnend, dem Volke: bete und arbeite als Lösung der
Armutsfrage predigend, die Umhalsung feindlicher Völker geißelnd, den
König von Preußen zum deutschen Kaiser kürend und ihn bittend,
daß er die Krone annehme. Und dann, als der schöne Traum von
Kaiser und von Reich wieder einmal ausgeträumt war, ging er wieder
heim, noch zehn Jahre an Deutschlands Geschicken, namentlich an der
Sache Schleswig=Holsteins, innig Anteil nehmend, in unermüdlicher
Liebe zu Deutschland und mit immer größerer Liebe überschüttet.
Ein Neunundachtziger schrieb er das lustige, trotzige Buch: „Meine
Wanderungen und Wandelungen mit dem Reichsfreiherrn vom Stein."
Am letzten Sonntag des Kirchenjahrs 1859 stand er der Älteste und
darum der erste am Tische des Herrn und erbaute durch seine bloße
Erscheinung schon die Gemeinde, die mit ihm das Abendmahl feierte.
Am zweiten Weihnachtstage ward er 90 Jahre alt. Es war, als ob
ganz Deutschland sich in sein Haus drängen wollte, so viele herzliche
Glückwünsche kamen. Ein paar Tage darauf schrieb er das Vorwort
zu seinen gesammelten Gedichten, das mit dem ossianischen Vers be=
ginnt: „Die Zeit meines Scheidens ist nah, nah ist der Sturm, der
meine Blätter herabweht." Er sagte darin seinen Freunden lebewohl.
Einzelnen Freunden schrieb er noch Dankesworte für ihre Glückwünsche.
Das scheint die Todeskrankheit beschleunigt zu haben. Als er zu un=
gewohnter Stunde sich niederlegen mußte, sagte er: „Die Freunde
und die Narren haben mir's angethan." Ein Fieber verzehrte mit
reißender Schnelle seine Kräfte. In der Phantasie hatte er mit
Vögelchen zu thun, die er lockte und mit denen er spielte. „Laß mir
die Augen zufallen!" das war das letzte halblaute Gebet, das seine
Frau hörte. Dann fielen ihm die Augen zu und er schlief ein, um
bei dem zu erwachen, den er in seinen Liedern gepriesen, am 29. Januar
1860 in der Mittagsstunde. Am Sarge wurden Paul Gerhardts
Liedesworte gesungen: „Wenn ich einmal soll scheiden, so scheide nicht
von mir", am Grabe sein eigenes Lied: „Geht nun hin und grabt
mein Grab" mit dem getrosten Glauben, daß sein Erlöser lebe und
auch ihm das Leben geben werde. Seine Witwe starb am 16. Oktober

1869. Deutschland hat ihm am Rheinesstrand in Bonn ein Denkmal gesetzt. Arndts Lieder und Schriften sind die lebendigste Erinnerung an die Befreiungskriege und das schönste Denkmal, das er sich selbst gesetzt.

Kaum mag ein anderer Deutscher sein, dem das Volk bis ans Ende so zugejubelt hat, als Ernst Moritz Arndt. Aber die meisten haben den ganzen Arndt nicht gekannt oder nicht kennen wollen. Dem deutschen Manne galt ihr Jubel, nicht dem Christenmann. Aber an einem Manne, wie Arndt, der so aus einem Gusse ist, gilt kein Halbieren. Er war ein Christ als echter Deutscher, er war ein Deutscher als echter Christ. Wir sehen in ihm eine vorbildliche Gestalt gerade darum, weil in ihm das Deutsche und Christliche in gleicher Gesundheit und Kräftigkeit vorhanden ist; seine Bedeutung liegt, wie die Geschichte lehrt, darin, daß er die vaterländische Gesinnung nicht anders zu beleben gedachte, als mit der christlichen zugleich, daß er in der großen Bewegung, welche unser Volk vor fünfzig Jahren erlebte, ihm seinen Gott und Heiland als Licht und Heil unermüdlich vor die Augen führte. In seiner großen Freundlichkeit hat er bis zum letzten Lebenshauche jeden Gruß erwidert, der ihm aus einem deutschen Herzen kam. Aber die deutschen Herzen sind ihm doch die verwandtesten, die mit ihm aus der Schrift täglich Nahrung ziehen, die mit ihm voll Andacht und Verlangen dem Tische des Herren nahen, die mit ihm einstimmen, wenn er aus der tiefsten Erfahrung von der Sünde und des Heilands Gnade singt:

Wenn um mich alles finster wird,
Als säß' ich in der dunkeln Hölle,
Wenn's in mir bangt und zagt und irrt,
Als wenn die Sintflut um mich schwölle,
Wenn diese tiefste Seelennot
Fast will am ew'gen Heil verzagen,
Wo dämmert dann das Morgenrot,
Der Sonne Zukunft anzusagen?

Aus dir, aus dir! du bist der Stern,
Du bist der Hoffnung lichte Sonne,
Der Knechte Knecht, der Herr der Herrn,
Der Kranken Arzt, der Schwachen Wonne,
Der Armen Schatz, der Finstern Licht,
Versöhner aller, die verloren,
Erlöser von des Zorns Gericht,
Der ganzen Welt zum Heil geboren.

10

Friedrich Schleiermacher.

So reich ist die Wirksamkeit dieses Mannes für die Erneuerung
des religiösen Lebens im ersten Drittel dieses Jahrhunderts, daß uns
für unsre Darstellung nur um das rechte Maß bange sein kann. Seine
erste entscheidende Geistesthat bestand in der siegreichen Zurückführung
der Frömmigkeit aus den Fesseln starrer Satzung, toten Wissens,
äußerlichen Thuns zu ihren tiefsten Quellen in der allerinnersten Be=
rührung der Seele mit Gott. Und aus dem mütterlichen Schoß einer
solchen Frömmigkeit, in welchem sein geistiges Leben heraufgewachsen
war, hatte er die klare Überzeugung, in jener Zeit fast eine neue
Entdeckung, mitgebracht, daß es kein Christentum gebe ohne Christus,
daß das fromme Leben von der unvergleichlich herrlichen Person des
Herrn ausgehen und zu ihr zurückstreben müsse. Aber wie groß es
auch scheinen muß, daß Schleiermacher in jener Zeit dies doppelte, die
Wurzelung der Religion im unmittelbarsten Leben der Menschen
und die Vollendung des religiösen Lebens durch Christus, mit über=
wältigender Kraft verkündigte, seine Wirksamkeit wäre doch eine viel
beschränktere geblieben, wäre er mit seiner Überzeugung nicht in den
ganzen Reichtum des Geisteslebens, der sich damals über unser Volk
ausgegossen hatte, eingetreten, hätte er nicht neben den größten Geistern,
die Stern bei Stern über Deutschland leuchteten, als ein völlig Eben=
bürtiger gestanden. Sollte Deutschland, wenn es aus seiner reli=
giösen Zerfahrenheit um die unversiegbaren Quellen der Frömmigkeit
sich wieder sammelte, zugleich zurückkehren zu der Geschmacklosigkeit
des orthodoxen, zu der Engigkeit des pietistischen, zu der Oberfläch=
keit des aufklärerischen Zeitalters? Sollte nicht das Evangelium seine
Kraft bewähren, alles zu durchdringen und darum die beste Gabe
dem Volke bieten, ohne die andern, die Gott uns dargereicht, zu ver=
werfen? Schleiermacher war vorzüglich geeignet, der Einführung des

chriſtlichen Glaubens in den Reichtum des neuen Geiſteslebens die Bahn zu
brechen. Er ſtand auf der Höhe der philoſophiſchen Forſchung; als Phi-
lolog konnte er ſich wohl zutrauen, einer der beſten Griechen in Deutſchland zu werden, und ſeine Überſetzung Platons gab Zeugnis, wie
tief er das Altertum begriffen hatte; künſtleriſche und kunſtrichterliche
Begabung ſtellte ihn eine Zeitlang in die romantiſche Genoſſenſchaft
zwiſchen die Schlegel und Hardenberg, und als deutſcher Patriot und
Staatsmann hat er Zeugnis abgelegt, daß der Staat, den er erſtrebte,
nicht der Religion bar war, und daß der Glaube, den er predigte, der
Volksgemeinſchaft nicht entbehren wollte. Ehe die großen Geſchicke
über die Nation hereinbrachen, hatten ſich ſeine religiöſen Überzeugungen
im weſentlichen ſchon feſtgeſtellt; eben darum konnte er ſein Volk
auf allen Stufen der Erniedrigung und Erhebung mit ſeinen furcht-
loſen Mahnungen, mit ſeinen glaubensvollen Tröſtungen begleiten,
und was er ſprach, das nahmen die gebildeten Deutſchen an, nicht
als ein Wort der prieſterlichen Zunft, ſondern als die Rede eines
Mannes, der an allem Weh und an aller Luſt des Vaterlandes Anteil nehmend, ein ſittliches Recht hatte, ſein Volk zu neuem Leben auf-
zurufen. Aus dem vielſeitigen Leben und Schaffen dieſes großen
Mannes iſt nun ein reicher Stoff vor uns ausgebreitet; jeder ſucht
ſich aus ihm des Mannes Bild in eigener Weiſe zuſammen, an der
Auswahl und Weglaſſung leicht Liebe und Abneigung verratend; auch
wir ſuchen es in unſrer Weiſe, hoffentlich ohne blinde Bewunderung,
welche vergißt, daß auch dieſer Gewaltige ein Werdender war, aber
auch ohne jene plumpe Chriſtlichkeit, die gerade dieſem Leben ſehr ungerecht geworden iſt; wir ſuchen mit geſchichtlicher Treue eine liebevolle Verſenkung in die Eigentümlichkeit dieſes bedeutenden Lebens zu
verbinden.

Friedrich Ernſt Daniel Schleiermacher iſt am 21. November 1768
in Breslau geboren, wo ſein Vater damals als reformierter Feldprediger ſtand. Seine Mutter, die Tochter des Hofpredigers Stubenrauch, übte den größten Einfluß auf ſeine Kindheit und leitete hauptſächlich ſeine Erziehung. Ehe der Sohn ſechs Jahre alt iſt, freut ſie
ſich ſchon ſeiner Aufmerkſamkeit und guten Antworten in der Religions-
ſtunde und läßt ihn einen Brief an den Oheim ſchreiben. Raſch
durchlief er die untern Klaſſen der Friedrichsſchule. Zehn Jahre alt
verließ er mit ſeinen Eltern Breslau und war die nächſten Jahre ab-
wechſelnd in Pleß oder auf der Kolonie Anhalt. Vom zwölften bis
vierzehnten Jahre war er in Penſion in Pleß, wo er durch einen

Schüler Ernestis in der Kenntnis der Sprachen und in der Darstellung seiner Gedanken wesentlich gefördert wurde. Seine Eltern waren christlich fromm. Und als sie, mit Rücksicht auf ihre Kinder, die Erziehungsanstalt der Brüdergemeinde zu Niesky in der Oberlausitz besuchten, wurden sie von dem Brüdergeist und seinem Walten ganz hingenommen. Zur größten Beruhigung gereichte es ihnen, daß hier die Wiedervereinigung mit Gott auf den einzig wahren Grund, das blutige Versöhnungsopfer Christi, gebaut, und daraus, wenn es erst im Glauben angeeignet sei, jegliche Tugend hergeleitet werde. „Ich habe für die armen Kinder schon recht gezittert, schrieb die Mutter dem Bruder, wegen der seelenverderbenden Meinungen, Grundsätze und Sitten unsrer gegenwärtigen Zeiten, ach! wie hätten wir sie für dem feinen Gifte der jetzigen Zeiten bewahren können. Da danken wir es denn unserm lieben Herrn von ganzem Herzen, daß er ihren zarten Herzen den Sinn gegeben, daß sie nicht mit der Welt ins Verderben laufen wollen, ach! Herr, erhalte sie in deiner Wahrheit, daß sie in deiner Liebe allein können glückliche und selige Menschen sein." Als das Los die Aufnahme Schleiermachers in die Anstalt zu Niesky entschieden hat, sind die Eltern glückselig. Es ist ihnen zu Mut, als hätten sie damit die Kinder vor der Welt für immer geschützt; mit der innigsten Dankbarkeit gegen den Herrn eröffnen sie den Kindern die Aussicht auf das schöne, friedliche, fromme Leben im steten Umgang mit ihrem Heiland, und von ahnungsvoller Sehnsucht erfüllt ging Schleiermacher mit seinem jüngern Bruder 1783 nach Niesky, während die Schwester Charlotte in Gnadenfrei Aufnahme fand. Die Briefe seiner Hand aus jener Zeit sind für sein Alter wunderbar klar, dabei frisch und kindlich; mit der liebenswürdigen Natürlichkeit geht Hand in Hand die in den Brüdergemeinden herrschende fromme Stimmung. Nachdem er seiner Schwester den Winter wider den Sommer gelobt, namentlich um der Studien willen, fährt er fort: „Doch kann mich weder die Liebe zum Winter, noch der Haß gegen den Sommer in meinem vergnügten Gange stören, sondern nur wenn ich sehe, ich liebe den Heiland nicht genug, ich bin Ihm nicht ganz zur Ehre, und wenn der tägliche Umgang mit ihm nicht ungestört und ununterbrochen fortgeht. Aber so oft man zu Ihm kommt als ein Sünder, der bloß aus seiner Gnade selig ist, so oft man sich einen Gnadenblick von Ihm ausbittet, so geht man nie leer von Ihm. Er wird nie untreu, so oft wir es auch werden; — aber doch je ungestörter, desto besser, je einförmiger, desto ruhiger, desto näher am Himmel — am liebsten aber ganz da. Aber sein Wille geschehe, er ist doch der beste." Und nach diesem Erguß, dessen letzter Satz gewiß am aufrichtigsten gemeint war, eine herzliche Erkundigung nach dem Befinden des Vaters und der Schluß: „Du kannst den Vater daran erinnern, daß mein Beutel die Schwindsucht hat und das vom Obst, es sollt's niemand glauben; Papa kann ihn kurieren. Nun leb wohl unter des Heilands Schutz, dem ich Dich und mich empfehle." Ein andermal tröstet er die Schwester, daß sie durch eine Versetzung die Feier der Marterwoche und des Osterfestes in der Gemeinde hatte entbehren müssen: die Sache sei doch, wenn auch die Weise nicht so erbaulich sei, an allen Orten die= selbe. „Man genießt ebenso Jesu Leib, der für uns dahingegeben ist, und Jesu Blut, das vergossen ist zur Vergebung der Sünden, und die Wirkung dieses Genusses muß ebendieselbe sein, wenn man mit einem Herzen, das beschämt über des Heilands Gnade und über seine Versehen, aber doch froh und getrost ist, weil es sich an ihm erlaben kann und mit einem ehrfurcht=, aber auch liebevollen Sinn hinzutritt — das wirst du wohl erfahren haben." Und dann, welche Besonnen= heit und Reise in dem Rat des fünfzehn= oder sechzehnjährigen Bruders an die Schwester: „Erstlich sei doch froh, daß du noch einmal wieder in Wirtschaftsgeschäfte hineinkommst; es ist für ein junges Frauen= zimmer unumgänglich nötig, etwas davon zu verstehen: Du kannst ja doch nicht wissen, wo Dich der Heiland noch einmal hinführt und ob es Deine Bestimmung ist, immer im Chorhause vor dem Nährahmen zu sitzen. Zweitens, sei nicht zu ängstlich, ob Du's auch recht machst, denn das taugt gar nichts. Mein Grundsatz heißt: Frisch gewagt, ist halb gewonnen. Versteht sich, daß das frische Wagen die nötige Be= hutsamkeit und Überlegung nicht ausschließt. Drittens bedenke fleißig, daß man von allen Seiten auf Dich sehen und von Dir auf die ganze Gemeinde schließen wird: darum sei nicht zu niedergeschlagen und melancholisch, damit die Leute nicht in der Meinung bestärkt werden, daß die Herrenhuter sämtlich Kopfhänger sind. Viertens, rede ordentlich und bediene Dich keines Wortes, das Du im Schwester= hause erst gelernt hast, denn die taugen nichts, denn es wird sie niemand verstehn." Wir sehen, daß der Knabe mit freiem Urteil über das Unwesentliche sich erhebt, aber wir dürfen nicht zweifeln, daß es ihm Ernst war, in das Wesen sich einzuleben. Er bittet die Schwester um ihre Fürbitte während seiner Vorbereitung zum Genusse des Abendmahls: „Ich will sie alle zu mir ziehen, hieß es in der gestrigen Losung: das wird er in Gnaden auch an mir erfüllen; er ist auferstanden, zu helfen allen Elenden auf Erden, das giebt mir auch ein Recht an ihn; er ist meine Zuversicht allein, der Gott, der für mich am Kreuz erblaßt." Er gesteht, in den zwei Jahren seines Aufenthalts in der Gemeinde viel erfahren zu haben, viel Schlechtes von seiner Seite und viel Gnade von Seiten des Heilands. „Ich habe Zorn verdient, heißt es meinerseits; ich habe dich versöhnt, ruft das Lamm am Kreuz."

In diese Zeit fällt der Tod der Mutter. Der Vater war nun doppelt glücklich, daß die Heimgegangene ihre Kinder an einem Gemeinort vor der Welt geborgen. Und wenn der Sohn klagte, daß er seinen Heiland nicht genug liebe, wenn ihm das Gefühl seiner Unwürdigkeit den Wunsch erweckte, bald aller Not überhoben zu sein, so weist ihn der Vater auf die Wunden Jesu und ist ganz getrost. Aber eine unbestechliche Wahrheitsliebe, die schon dem jugendlichen Schleiermacher eigen war, litt es nicht, dem Vater zu verbergen, daß seine Hinweisung auf Jesu Wunden nicht die gewünschte Wirkung hatte, und wenn die Eröffnung ihm auch die bittersten Schmerzen bereiten mußte. Schon vor seinem Eintritt in die Brüdergemeinde hatte der Knabe öfter religiöse Kämpfe bestehen müssen. Die Lehre von den unendlichen Strafen und Belohnungen hatte seine kindische Phantasie auf eine äußerst beängstigende Art beschäftigt, und in seinem elften Jahre kostete es ihn mehrere schlaflose Nächte, daß er bei der Berechnung des Verhältnisses zwischen den Leiden Christi und der Strafe, deren Stelle dieselben vertreten sollten, kein beruhigendes Fazit bekommen konnte. Nun in Niesky bereitete ihm die Lehre von den natürlichen Verderben und den übernatürlichen Gnadenwirkungen viele Sorgen. Daß er verderbt sei, davon hatte er Erfahrung, aber die übernatürlichen Wirkungen, die er hoffen mußte, um aus der Tiefe des Sündenelends zur Lust des neuen Lebens wieder emporzutauchen, und die er an den Gliedern der Gemeinde überall zu bemerken glaubte, wollten sich bei ihm nicht einstellen. Glaubte er etwas derart glücklich erlangt zu haben, so erwies es sich bald als Erregung seiner Phantasie. Indes fuhr er fort mit kindlicher Treue dem Heiland nachzutrachten, von dem er doch unzweifelhaft ergriffen war. So gingen die Jahre zu Niesky hin, nicht in völliger religiöser Befriedigung, aber im größten Fleiß. Mit dem nachmaligen Bischof der Brüdergemeinde Albertini verband ihn damals eine Freundschaft, die ihnen die Namen Orestes und Pylades eintrug. Ihre litterarischen Unternehmungen waren kolossalisch und abenteuerlich. Im Lateinischen erhielten sie

trefflichen Unterricht; die geringere Schulung im Griechischen hielt sie
nicht ab, rasch Homer. Hesiod, Theokrit, Sophokles, Euripides und
Pindar zu verschlingen; mit dürftigen Hilfsmitteln begaben sie sich
ans hebräische alte Testament und blieben erst, wie Schleiermacher sich
ausdrückte, in den Finsternissen des Hesekiel stecken. Das gemeinsame
Schaffen und Ringen setzten die beiden Freunde in Barby fort, auf
dem Seminar der Brüdergemeinde, wohin sie 1785 versetzt wurden.
Aber die religiösen Zweifel steigerten sich hier und riefen einen er=
schütternden Konflikt zwischen dem Sohn und Vater hervor, der tra=
gisch genannt werden müßte, wenn nicht die Redlichkeit der Gesinnung,
welche der offenen Aussprache des Sohnes und der strengen Zurecht=
weisung des Vaters gleichermaßen zu Grunde lag, eine friedliche
Lösung schließlich herbeigeführt hätte. Die geniale kritische Begabung,
das vorschreitende Alter, die kritische Luft, welche über Deutschland
lag und von der doch auch die abgeschlossenen Ansiedelungen der
Brüdergemeinde manchmal ein Wehen verspürten, ja nach welcher
gerade durch die Abgeschlossenheit die strebsamen Jünger lüstern wurden,
— das alles förderte in Schleiermacher den Zweifel und beunruhigend
war es für ihn, daß in den Vorlesungen die Einwendungen der
neuern Theologie gegen die altgläubige Lehre nicht mitgeteilt und
widerlegt wurden. „Nur eins gefällt mir nicht," schreibt er dem
Vater. „Ich möchte gern Theologie studieren und zwar recht von
Grund aus; des werde ich mich aber nicht rühmen können, wenn ich
von hier wegkomme, und daran ist unsre, wie mich deucht, etwas zu
große Eingeschränktheit in der Lektüre schuld; denn von allen jetzigen
Einwendungen, Einwürfen und Streitigkeiten über Exegese und Dog=
matik bekommen wir nichts zu lesen als in den gelehrten Zeitungen;
auch in den Kollegien erwähnt man ihrer nicht einmal hinlänglich
und doch ist die Kenntnis derselben einem angehenden Theologen
schlechterdings notwendig. Dies Verfahren erregt auch sogar bei manchen
den Verdacht, als müßten viel Einwände der Neueren sehr acceptabel
und schwer zu widerlegen sein, weil man sich fürchtet, sie uns vorzu=
legen. So denke aber ich nicht, und überrhaupt macht dies kleine Miß=
vergnügen für jetzt noch keine große Störung in meiner Ruhe und
Sie sind der einzige, mit dem ich davon geredet habe." Der Vater
versichert ihn, er verliere nichts, wenn ihm die Einwendungen und
Erklärungen der Neuern unbekannt blieben. „Vermeide diesen Baum
der Erkenntnis — und die gefährlichen Lockungen zu demselben unter
dem Scheine der Gründlichkeit. Ich habe fast alle Widerlegungen des

Unglaubens gelesen: sie haben mich aber nicht überzeugt, sondern ich hab's erfahren, daß der Glaube ein Regale der Gottheit und ein pur lauteres Werk ihres Erbarmens sei. Du willst ja überdem kein eitler Theologe werden, sondern Dich nur geschickt machen, dem Heiland Seelen zuzuführen und dazu brauchst Du das alles nicht und kannst es Deinem Heiland nie genug verdanken, daß er Dich zur Brüder= gemeinde hat gebracht, da Du dessen gar wohl entbehren kannst." Dann weist er die Wißbegierde des Sohnes auf die ganze Tiefe, Höhe, Länge und Breite der Liebe Gottes hin und hofft, er werde glücklich zur seligen Einfalt zurückgeführt werden. Aber so leicht läßt sich der Trieb nach sicheren Gründen der Wahrheit nicht dämpfen. Fünf Monate hielt der eingeschüchterte Sohn nach diesem Briefe des Vaters an sich. Das neue Jahr 1787 kam heran. Wie gern hätte er dem Vater aus der Fülle kindlicher Liebe Glück gewünscht! Das Be= wußtsein der Zweifel, die in ihm waren und die dem frommen Vater wie lauter Stiche ins Herz gehen mußten, hinderte ihn daran. Er schiebt den Neujahrswunsch hinaus bis zum 21. Januar. Freude an seinen Kindern wünscht er dem Vater mit beklommenem Herzen. Dann aber sagt er heraus, was seit Monaten in ihm wie ein heimliches Feuer brennt. „Der Glaube ist ein Regale der Gottheit, schreiben Sie mir. Ach, bester Vater, wenn Sie glauben, daß ohne diesen Glauben keine, wenigstens nicht die Seligkeit in jenem, nicht die Ruhe in diesem Leben ist, und das glauben Sie ja, o, so bitten Sie Gott, daß er mir ihn schenke, denn für mich ist er jetzt verloren. Ich kann nicht glauben, daß der ewiger, wahrer Gott war, der sich selbst nur den Menschensohn nannte, ich kann nicht glauben, daß sein Tod eine stell= vertretende Versöhnung war, weil er es selbst nie ausdrücklich gesagt hat, und weil ich nicht glauben kann, daß sie nötig gewesen; denn Gott kann die Menschen, die er offenbar nicht zur Vollkommenheit, sondern nur zum Streben nach derselben geschaffen hat, unmöglich darum ewig strafen wollen, weil sie nicht vollkommen geworden sind. Ach, bester Vater, der tiefe, durchdringende Schmerz, den ich beim Schreiben dieses Briefes empfinde, hindert mich, Ihnen die Geschichte meiner Seele in Absicht auf meine Meinungen und alle meine starken Gründe für dieselben umständlich zu erzählen, aber ich bitte Sie inständig, halten Sie sie nicht für vorübergehende, nicht tief gewurzelte Ge= danken; fast ein Jahr lang haften sie bei mir und ein langes, ange= strengtes Nachdenken hat mich dazu bestimmt. Ich bitte Sie, enthalten Sie mir Ihre stärksten Gründe zur Widerlegung derselben nicht vor,

17*

aber, aufrichtig zu gestehen, glaube ich nicht, daß Sie mich jetzt überzeugen werden, denn ich stehe fest darauf." Das Geheimniß war
mit klopfendem Herzen herausgesagt und die Bitte hinzugefügt, der
Vater möge ihn nach Halle gehn und für das Schulfach ausbilden
lassen, da er in der Gemeinde mit seinen Überzeugungen kein Amt
bekleiden dürfe und der Vater schwerlich die Zahl der ungläubigen
Prediger in seiner Kirche durch den eigenen Sohn vermehrt zu sehen
wünschen werde. Der Schmerz des Vaters, als er den Brief erhielt,
war erschütternd. Wie aus seinem Himmel war er niedergeworfen.
Im ersten überwältigenden Gefühle seines Kummers sah er in seinem
Sohn einen verlornen Sohn. „O Du unverständiger Sohn!" schrieb
er. „Wer hat Dich bezaubert, daß Du der Wahrheit nicht gehorchest?
welchem Jesus Christus vor die Augen gemalet war, und nun von
Dir gekreuziget wird. Du liefest fein, wer hat Dich aufgehalten, der
Wahrheit nicht zu gehorchen? Solch Überreden ist nicht von dem, der
Dich berufen hat; aber ein wenig Sauerteig versäuert den ganzen Teig.
Das nämliche Verderben Deines Herzens, welches vor vier Jahren
Dir bange machte, daß Du mit demselben in der Welt werdest ganz
verloren gehn und Dich damals zur Gemeinde hintrieb, ach! davon hast
Du leider noch immer etwas bei Dir geheget, das hat Dein ganzes
Wesen durchsäuert und treibt Dich wieder aus der Gemeinde. Ach,
mein Sohn! mein Sohn! wie tief beugst Du mich! welche Seufzer
pressest Du aus meiner Seele! und wenn Abgeschiedene einige Notiz
von uns nehmen, o welch grausamer Störer der Ruhe Deiner seligen
Mutter bist Du denn jetzt, da selbst Deine Dir fremde Stiefmutter mit
mir Dich beweint. — So gehe denn hin in die Welt, deren Ehre Du
suchst. Siehe, ob Deine Seele von ihren Trebern kann satt werden,
da sie die göttliche Erquickung verschmähet, welche Jesus allen nach ihm
dürstenden Seelen schenkt. Hast Du denn nie ein Tröpflein Balsam
aus seinen Wunden gekostet! und ist das alles Trug und Heuchelei
gewesen, was Du geschrieben und zu empfinden so oft beteuert hast?
War's aber Wahrheit, so wird's mächtig an jenem Tage wider Dich
zeugen, wo Du nicht umkehrst zu Deinem ewigen Erbarmer. Ev.
Joh. Kap. 12, B. 48—50; Hebr. Kap. 6, B. 4—6." Dann geht
der Vater auf des Sohnes Zweifel ein, aber die ruhige Erörterung
wird bald zur schmerzlichsten Beschwörung, zur flehentlichsten Bitte,
zum brünstigsten Gebet. „Und nun, mein Sohn! den ich mit Thränen
an mein beklommenes Herz drücke, ach! mit herzschneidender Wehmut
entlaß ich Dich, und entlassen muß ich Dich — da Du den Gott

Deines Vaters nicht mehr anbetest, nicht mehr vor einem Altar mit
ihm niederkniest — aber noch einmal, mein Sohn, ehe wir voneinan=
ander scheiden, — ach, sage mir doch: was hat denn der arme, sanft=
mütige und von Herzen demütige Jesus dir gethan, daß Du nun seiner
Erquickung, seinem Gottesfrieden entsagest? War Dir denn nicht wohl
bei Ihm, wenn Du Deine Not, den Jammer Deines Herzens ihm
klagtest? Und nun willst Du für die Gottes=Langmut und Geduld
mit der Er Dich trug, Ihn verleugnen? den Schwur brechen, den Du
so oft vor ihm thatest: bei dir Jesu will ich bleiben? — warum willst
Du von Ihm gehen — hast Du keine Lebensworte von Ihm ver=
nommen? . . . Kehre wieder, ach, mein Sohn, kehre wieder! . . . O
du Menschenhüter Jesu! führe du selbst dein verirrtes Schäflein zurücke,
thue es zu deines Namens Verherrlichung! Amen!" Wie erwünscht
wäre in diesem erschütternden Zusammenstoß eines trefflichen Vaters
und trefflichen Sohnes die vermittelnde Liebe der Mutter gewesen.
Sie würde keinen geringeren Schmerz gefühlt haben als der Vater,
aber sie hätte mehr Vertrauen zu dem Sohne gehabt. Der Mutter
Bruder, der Professor der Theologie Stubenrauch in Halle, leistete
dem Jüngling die treusten Dienste in der Ordnung seiner Angelegen=
heit. Der Vater ließ den Sohn nach Halle gehen, ward allmählich
ruhiger und gewann vor seinem Tode wieder volles Vertrauen zu
seinem Sohne. So war denn Schleiermacher aus der Brüdergemeinde
wieder in die große, mit der Welt tausendfältig durchwachsene Christen=
gemeinde hinausgetreten, aber er bewahrte ihr zeitlebens nicht bloß
ein liebevolles Andenken, er nannte sie den mütterlichen Schoß der
Frömmigkeit, in welchem er aufgewachsen; er liebte es, als Gast zu
ihr zurückzukehren und in freier Weise hielt er für seine Gedanken
von Kirche und Gemeinschaft vieles fest, was er unter den Brüdern
kennen und lieben gelernt; man darf sagen, das neue, warme, innige
Tonlegen auf die Person des Erlösers und auf die Gemeinschaft mit
ihm, dem Haupte, das ihn kennzeichnet, ist ein Erbe, das die Gemeinde
ihrem scheidenden, selbständig gewordenen Sohne mitgegeben.

„Gott segne Dich in Halle, bewahre Dich durch seinen Geist vor
allem Bösen und seine Vaterliebe ziehe Dich wieder hin zu seinem
Sohne, den Du verleugnet hast, ja dieser treue Menschenhüter wolle
selbst nicht ablassen, Dich zu suchen, bis Du mühselig und beladen
zu Ihm, unserm sanftmütigen und von Herzen demütigen, mitleidigen
Hohenpriester wieder zurückkehrst," das war des Vaters Segenswunsch
bei des Sohnes Eintritt ins akademische Leben. Und jeder Brief ver=

sichert den Sohn von des Vaters Fürbitte, damit er in seinem Heile
gewiß werde und giebt die treusten Ratschläge für sein irdisches Wohl.
Während er vor der neuen Schriftauslegung warnt, ermuntert er doch
zu einem gründlichen Studium der Philosophie, namentlich von Kants
Kritik der reinen Vernunft. Für das irdische Fortkommen im Lehrer=
beruf empfiehlt er die Vervollkommnung im Englischen, Französischen
und in der Mathematik. Nur warnt er, daß er die mathematische Ge=
wißheit mit der theologischen nicht verwechsele, weil beide auf ganz
andern Grundlagen beruhen. Besonders aber rät er das Lesen der
Bibel an. Der Sohn war denn fleißig, nicht wie jene, welche denken,
was man schwarz auf weiß besitze, könne man getrost nach Hause
tragen; er besuchte wenig Vorlesungen und diese nicht regelmäßig;
aber mit Heftigkeit, wie er sich ausdrückt, warf er sich auf die Gegen=
stände, die ihm gerade innerlich nahe traten. Als ein Jüngling von
selbständigem Geiste stellte er sich dar, nachlässig im Äußerlichen, in
sich gekehrt, die Einsamkeit suchend, und wenn er, nach des Vaters
Wunsch, zur Förderung der guten Lebensart unter die Vornehmen
ging, so vornehm in seiner Haltung wie sie. Zwei Jahre trieb er es
so in Halle, dann folgte er seinem Oheim Stubenrauch, der die Pro=
fessur mit einer Pfarrstelle vertauschte, an den neuen Wohnort, nach
Drossen in der Neumark bei Frankfurt a/O. Die Stille des Pfarr=
hauses, das Zusammenleben mit einem so trefflichen väterlichen Freund
und Ratgeber, war seinen Studien höchst förderlich. Auch hier war
es ihm unmöglich, nach einem Stundenplane bald dies bald jenes zu
treiben, sondern mit Dransetzung aller Zeit und Kraft, mit der er=
regtesten Anteilnahme seines ganzen Menschen liebte er es, eine Sache
zu Ende zu studieren, durchzudenken. Nicht auf die Aneignung trocknen
Wissens war sein Geist gestellt, ruhig hörte er die Stimmen für und
wider ab, besonnen fragte er sich, ob etwas davon sein inneres Ei=
gentum werden könne. Wie er in seinen Lehrjahren nicht Wissen
auf Wissen häufte, sondern aus allem den Nettogewinn herauszufinden
suchte, so war er in den Meisterjahren kein Schriftsteller von sich über=
stürzender Fruchtbarkeit, aber was er schrieb, kam aus dem Vollgehalt
seiner Persönlichkeit. Im Sommer 1790 bestand Schleiermacher die theolo=
gische Prüfung und wurde dann durch Vermittlung des Hofpredigers Sack
Hauslehrer bei dem Grafen von Dohna=Schlobitten in Preußen. Der
Aufenthalt in dieser Familie war für ihn von der größten Wichtig=
keit. Als Erzieher ward er selbst erzogen: er lernte „Geduld und
eine Geschmeidigkeit, die aus dem Herzen kommt und in der Dank=

barkeit für geselliges Glück gegründet ist." Der Umgang mit Menschen von adligem Geschlecht erweiterte seine Anschauungen und trug dazu bei, daß er sich später mit Freiheit in großen Verhältnissen zum Heile des Staats bewegen konnte. Der Hauptgewinn aber seines Aufenthalts in Schlobitten war die Anschauung eines christlich warmen Familienlebens, das Aufgenommensein in dies Leben und die Bekanntschaft mit edlen Frauen, die durch ihre stille Wirksamkeit im häuslichen Kreise auf das große Gesamtleben einen unberechenbaren Einfluß üben. Solch ein Leben bedurfte Schleiermacher; er mußte menschlich unter Menschen fühlen, sonst gedieh er nicht. „Ich strecke alle meine Wurzeln und Blätter aus nach Liebe; ich muß sie unmittelbar berühren, und wenn ich sie nicht in vollen Zügen in mich schlürfen kann, bin ich gleich trocken und welk. Das ist meine innerste Natur, es giebt kein Mittel dagegen und ich möchte auch keins." So hat er etliche Jahre später sein Wesen bezeichnet. Hier in Schlobitten fand er, was er bedurfte: ein mit bedeutenden Interessen erfülltes, religiös erwärmtes, durch innigste Familienliebe glückliches Leben. Der Vater hatte gewünscht, der Sohn möchte sich der gräflichen Familie durch seine Thätigkeit gleichsam notwendig machen. „Sie ist mir beinahe notwendig geworden," antwortet der Sohn. „Es sind alles so gute Menschen und es ist eine so lehrreiche und zugleich so liebe Schule. Mein Herz wird hier ordentlich gepflegt und braucht nicht unter dem Unkraute kalter Gelehrsamkeit zu welken und meine religiösen Empfindungen sterben nicht unter theologischen Grübeleien: hier genieße ich das häusliche Leben, zu dem doch der Mensch bestimmt ist und das wärmt meine Gefühle." Bei einem so schönen Glücke, das dem Fünfundzwanzigjährigen blühte, ist es bezeichnend für die Unbestechlichkeit seines Wahrheitssinnes, daß er in einem Widerstreit zwischen seinen und den erzieherischen Ansichten des Grafen nicht seine Überzeugung seinem Glück, sondern unbedenklich sein Glück seiner Überzeugung opferte und im Frühling 1793 seine Stelle aufgab. Er ging zunächst wieder zu dem Oheim nach Drossen. Im Herbst finden wir ihn in Berlin als Mitglied des Gedikeschen Seminars für gelehrte Schulen und als Hilfslehrer im Kornmesserschen Waisenhaus, in welchem er auch wohnte. Aber schon nach einem halben Jahre geht er von hier nach Landsberg an der Warthe, um dem Prediger Schumann, einem Verwandten, der durch Kränklichkeit an der Verrichtung seiner Amtsgeschäfte gehindert war, beizustehen. Hier ereilte ihn im Herbst 1794 die Nachricht vom Tode seines Vaters, die ihn tief er-

schütterte. Wie tröstlich, daß der ehrwürdige Mann wieder volles Ver=
trauen zu ihm gefaßt hatte! Er hatte sich wieder verheiratet und bei
der Geburt eines Töchterchens unter andern auch seinen Sohn zur
Patenschaft eingeladen. Der Sohn war glücklich über diesen neuen
Beweis der väterlichen Liebe. „Lieben will ich mein kleines Schwester=
chen mit der besten Bruderliebe, und sorgen? O bester Vater! Gott
gebe, daß ich es könne, ohne daß ich es zu thun brauche! Gottes
Segen über das liebe kleine Geschöpf! O küssen Sie es doch in meinem
Namen!" So herzlich blieb das Verhältnis bis ans Ende. Nun aber
drückte ihn alle Schuld, die er dem Heimgegangenen gegenüber je sich
aufgeladen, noch einmal, obwohl sie längst verziehen war. „Du hast
ununterbrochen im Genuß gegenseitiger Liebe mit ihm gestanden,"
schreibt er seiner Schwester Charlotte. „In meinem Leben hingegen
giebt es eine Periode, deren Erinnerung sich mir jetzt oft unwillkürlich
aufdrängt, wo ich das Herz des vortrefflichen Vaters verkannte, wo
ich glaubte, er beurteilte mich falsch, weil ich seinen Meinungen nicht
zugethan war. Eine gewisse Kälte gegen ihn, welche daraus entstand,
erscheint mir als die dunkelste Stelle meines Lebens. Doch ich habe
mein Unrecht im stillen erkannt und er hat verziehen, ohne daß ich
darum gebeten hatte. Ich habe sein Herz seitdem besser schätzen gelernt
und ihm doch einige Jahre mit warmer, ganzer Liebe und offener
Vertraulichkeit gelohnt." Und wie denn seine Seele sich allezeit nach
Liebe ausstreckt, fährt er fort: „Mit uns, meine Liebe, bleibt es übrigens
dabei, daß wir das Band unsrer Freundschaft noch enger zusammen=
ziehn, daß wir uns noch fester aneinanderhalten, da wir eine solche
Stütze verloren haben, und daß wir uns oft auf den hinweisen, der
uns verlassen hat. Friede, Friede mit seiner Asche und Wohlgefallen
seiner Seele an seinen Kindern!" Auch in Landsberg rühmt er reichlich
genossen zu haben, was für ihn als Mensch über alles gehe, ein glück=
liches Familienleben. In die Zeit seines Aufenthaltes daselbst fällt
auch seine erste schriftstellerische Thätigkeit. Von Hofprediger Sack
angeregt, übersetzte er die Predigten des Engländers Blair, eine Thätig=
keit, die indes noch nicht entfernt seinem Wesen entsprach, aus der
tiefsten Erregung des eignen Lebens heraus dem Publikum seine Gaben
zu bieten. Auf der Kanzel gab er zu jener Zeit, bereits unter großem
Zulauf, das Beste, was er hatte, Predigten, die er nach seiner Weise
nicht schriftstellerisch, sondern in lebendiger Unmittelbarkeit zustandebrachte;
wenn er sie niedergeschrieben hatte, waren sie doch aus einem lebendigen
Gedankenfluß gequollen, öfter aber waren sie ohne schriftliche Vermitt=

lung, aber nach klarster innerer Konzeption, unmittelbare Erzeugnisse
der heiligen Stunde.

Aus der kleinen Landstadt ward Schleiermacher 1796 nach Berlin
versetzt. Es war ihm die Wahl gelassen zwischen einer einträglichen
Stelle in Brandenburg und der Predigerstelle an der Charité in Berlin.
Uneigennützig überließ er die einträglichere Stelle einem ältern Manne
und ward in Berlin durch einen großen Reichtum geistiger Genüsse
entschädigt. Die sechs Jahre, die er in der Hauptstadt verlebte, sind
die folgenreichsten für seine geistige Entwicklung gewesen. Noch waren
seine großen auf die Erneuerung des geistigen Lebens zielenden Ideen
in jungfräulicher Verborgenheit geblieben; im Umgang mit Freunden
gönnte er sich reiche Aussprache, aber um in die Welt mit entscheidender
Geistesthat einzutreten, bedurfte sein Geist der Reife im Zusammenleben
mit ebenbürtigen Geistern, mit empfänglichen Gemütern. So natürlich
ihm die angestrengteste Geistesarbeit war, so notwendig die Erholung im
vertrauten Freundesgespräch. Was er bedurfte, bot ihm Berlin. Dort
fand er seinen alten Freund Gustav von Brinkmann wieder, eine
dichterische Natur, fähig, in reichster Gedankenwelt sich zu ergehen und
zugleich von schönster geselliger Begabung. Dort fand er Männer
wie Alexander Dohna, den nachmaligen Minister, und Scharnhorst,
den Mann von schlichtem Tiefsinn und unbestechlicher Redlichkeit, und
vor allen fand er dort Henriette Herz und Friedrich Schlegel. Diese
beiden haben wohl in den nächsten Jahren den größten Einfluß auf
Schleiermacher gehabt, die Frau, weil er in ihr die gleichgestimmte,
für die heiligste Lebensmitteilung allezeit offene und dann zum Leben
wiederanregende Freundin fand, der Mann, weil er durch die Fruchtbarkeit seines Geistes und die Gewohnheit, die Geistesfülle schriftstellerisch hinauszugeben, auf Schleiermacher anregend und belebend
wirkte. Es ist unmöglich, auf diese freundschaftlichen Verbindungen,
so interessant sie sind, hier näher einzugehen. Und bei den vielen
Mißverständnissen, die sie hervorgerufen, wäre nur eine genauere Besprechung von Wert. Von welcher Bedeutung zunächst die Freundschaft mit Henriette Herz, der schönen, geistreichen, später zum Christentum übergetretenen Frau des jüdischen Arztes Marcus Herz, für
Schleiermacher war, davon zeugt die Thatsache, daß er seine „Reden über
die Religion an die Gebildeten unter ihren Verächtern," die er zu Anfang
1799 bei einem mehrmonatlichen Aufenthalt in Potsdam niederschreibt,
in beständiger geistiger Mitteilung mit seiner Freundin verfaßt und ihr
Geschriebenes und Gedrucktes zuerst schickt. Und welches Werk hat die

Frau dadurch fördern helfen! Mit siegender Kraft tritt er den gebil=
deten Verächtern der Religion entgegen. Er verachtet die Bildung
nicht, keine der schönen Bildungen des menschlichen Geistes und Ge=
mütes ist ihm fremd, weder der Staat noch die Sittlichkeit, weder die
Kunst noch die Geselligkeit, an allen diesen nimmt er mit lebendigster
sittlicher Erregung teil, aber eben darum kann er die Verachtung nicht
ertragen, welche der Religion zu teil wird, wenn man ihres selbstän=
digen Wesens sie berauben und einer dieser Bildungen anhängen will.
Ihren innersten Quellpunkt deckt er auf, aus welchem sie sich ergießt,
in dem Gefühl, in dem unmittelbaren Selbstbewußtsein des Menschen.
Wie tief er aber hinabsteigt in der Brunnenstube des religiösen Lebens,
er kommt wieder hervor und zeigt, daß das lebendige Wasser für das
gesamte Leben des Menschen Erfrischung bietet und daß die Religion
Gemeinschaft wirkt, eine Gemeinschaft, in welcher der Einzelne sein
Leben erhöht wieder findet in dem Geist, der alle durchdringt. Es ist
unmöglich, hier eine irgend zutreffende Vorstellung von der Macht zu
geben, mit welcher diese Reden in die Zeit einschlugen. Klaus Harms,
der als Student das Buch las, hatte ein Gefühl, als würden zwei
Schrauben an seine Schläfe gesetzt; so mächtig griff es das ganze Ge=
bäude seiner seitherigen Gedanken an, und als er es hingelegt, geschah
es auf einsamem Spaziergange, daß er wie mit einemmal allen
Rationalismus und alle Ästhetik und alles Selbstwissen und alles
Selbstthun in dem Werke des Heils als nichtig erkannte und ihm die
Notwendigkeit wie einblitzte, daß unser Heil von andrer Herkunft sein
müsse. Und wie Klaus Harms haben viele andre von diesen Reden
den „Stoß zu einer ewigen Bewegung" erhalten. Mit den Reden
hatte Schleiermacher von dem alten Jahrhundert Abschied genommen,
mit den „Monologen" begrüßt er das neue. In ihnen erfaßt der Mensch,
der in der Religion in frommer Abhängigkeit, wie sie die Reden
schildern, sein besonderes Leben an das allgemeine hingegeben, dies
sein besonderes Leben in heiliger Freiheit wieder. Das wird in ihnen
als die höhere Geburtsstunde des Menschen bezeichnet, wenn er sein
besseres Ich, sein Urbild, den Schöpfergedanken Gottes in seiner
Individualität erkennt und in frischem fröhlichem Schaffen als Glied
des Ganzen die ewige Jugend seines eigentümlichen Daseins. Die
Reden führen den Menschen durch das Mittel der Religion in die
Tiefe seines Lebens, in den Quellpunkt desselben, die Monologen
zeigen, wie sich dasselbe in schöner Sittlichkeit ausbreiten soll. In
weiteren Kreisen als die Reden sind die Monologen bekannt, und wenn

der Leser der Vermittlung nicht vergißt, durch welche der Einzelne in ewiger Verjüngung nicht nur sich in Gott, sondern auch Gott in sich weiß, nämlich des Gottessohnes, der Fleisch geworden, so sind sie, nach Abzug von vielem der augenblicklichen Manier Angehörigen, noch immer eine schöne Darstellung des urbildlichen Lebens. Denn dieses wollte Schleiermacher schildern, nicht als ob er's schon ergriffen hätte, sondern wohl bewußt, daß „das erscheinende Leben zwischen seinem Urbild und seinem Zerrbild beständig hin- und herschwankt."

Wie die genaue Bekanntschaft mit Friedrich Schlegel überhaupt auf Schleiermacher die Wirkung hatte, daß er einmal schriftstellerisch aus sich herausging, so wurde durch dieselbe eine Schrift hervorgerufen, die den Verfasser am meisten in ein falsches Licht gebracht hat. Mit der hingebendsten Freundschaft hatte sich Schleiermacher an Schlegel angeschlossen, sie wohnten zusammen, sie teilten alles, die kleinen Ereignisse des häuslichen Lebens wurden die Träger des lebendigsten geistigen Umgangs. Die schwärmerische Liebe Schleiermachers hielt Schlegel in jeder Beziehung überlegen, aber die Charakterfehler desselben blieben dem scharfblickenden und in besonders hohem Grade sittlichen Wesen Schleiermachers auch jetzt schon nicht verborgen. Später gingen beider Wege auseinander. Schlegel wandte sich dem Katholizismus zu, Schleiermacher verleugnete protestantische Geisteshelle und sittliche Tüchtigkeit nie. Nun geschah es, daß Friedrich Schlegel gerade in jener Zeit seinen Roman „Lucinde" schrieb, — ein in Inhalt und Form verfehltes Buch, ein Versuch, der herrschenden Gemeinheit und Oberflächlichkeit in der Anschauung von der Liebe entgegen zu treten, bei welchem aber an die Stelle der im Jugendgewand einherschreitenden Sinnlichkeit die nackte Schamlosigkeit des Genies trat. Der Beifall, den das Buch unter den Genies jener Zeit fand, läßt sich nur aus einer tiefen Verstimmung gegen das Philistertum der Zeit, aus einer lebhaften Sehnsucht nach dichterischer Lebensauffassung erklären. Doch fielen natürlich die Leute der guten bürgerlichen Moral über das Buch her. Schleiermacher aber schrieb „vertraute Briefe über die Lucinde," Erörterungen über Freundschaft, Liebe, Schamhaftigkeit, voll feiner Ironie, zarter Versenkung in den Gegenstand, reich an treffenden Wahrheiten, wenn auch immerhin unter dem vertrauten Umgang mit der Romantik die Strenge des sittlichen Maßstabes nicht zu ihrem vollen Recht kommt. Schade überdies, daß das Gute, was Schleiermacher in der Lucinde fand, hineingelegt, schade, daß so viel Geist und Geschmack und feiner Sinn an einen unwürdigen Gegenstand verschwendet war. War dies Buch eine Verirrung, so war das Verhältnis, in welchem er in jenen Jahren zu der unglücklichen, geistreichen Frau eines Predigers stand, die er gerne gerettet hätte, und der Wunsch, daß sie durch Scheidung ihre Verheiratung mit ihm möglich machen möchte, eine viel größere, die größte seines Lebens, von der er aber nach bittern Schmerzen zurückkam, um hinfort durch Wort und That die Ordnung der Ehe nur in ihrer Herrlichkeit und Unverbrüchlichkeit darzustellen.

Eben dieses Verhältnis machte ihm die Versetzung als Hofpre=diger nach Stolpe 1802 willkommen. Der Gehalt war nicht bedeutend, den Titel, den er nicht begehrte, mußte er bezahlen. Unter unerquick=lichen häuslichen Verhältnissen, da ihm das erwünschteste Lebenselement, die Familie, fehlte, fand er Ruhe zur Einkehr in sich selbst und wid=mete sich mit Eifer dem Amte und der Wissenschaft. Während er die „Kritik der Sittenlehre" verfaßte, ein Buch von großer Schwere des Verständnisses und darum nur für wenige zugänglich, teilte er in be=geisterter Predigt zugleich der Gemeinde sein inneres Leben mit. Während er Platons Dialoge übersetzte, schenkte er seine ganze Liebe den katechisierenden Unterredungen mit der Jugend seiner Gemeinde. Ihm war es, was er auch mit der wunderbaren Kraft, Tiefe und Weite seines Geistes erfassen mochte, doch um die Kirche zu thun, und der jammervolle Zustand, in welchen sie zum Teil durch Schuld ihrer Diener gekommen war, ging ihm zu Herzen. „Mittwoch war die Synodalversammlung der hiesigen Diözese," schrieb er aus Stolpe, „und der Propst hatte die Artigkeit, mich dazu einzuladen. Damit ging fast der ganze Tag hin. Das hat mir einmal wehmütige Em=pfindungen gemacht! Ach liebe Freundin, wenn man so unter 35 Geist=lichen ist! — ich habe mich nicht geschämt einer zu sein; aber von ganzem Herzen habe ich mich hineingesehnt und hineingedacht in die hoffentlich nicht mehr ferne Zeit, wo das nicht mehr so wird sein können. Erleben werde ich sie nicht; aber könnte ich irgend etwas beitragen, sie herbeizuführen! Von den offenbar infamen will ich gar nicht reden, auch wollte ich mir gerne gefallen lassen, daß einige dergleichen unter einer solchen Anzahl wären, besonders solange die Pfarren noch 1000 Rthlr. eintragen — aber die allgemeine Herab=würdigung, die gänzliche Verschlossenheit für alles Höhere, die ganz niedere sinnliche Denkungsart — sehen Sie, ich war gewiß der einzige, der in seinem Herzen geseufzt hat; gewiß, denn ich habe so viel angeklopft und versucht, daß ich sicher den zweiten gefunden hätte." Schleiermacher hatte übrigens damals schon das befriedigende Gefühl, auf seine Zeitgenossen eine Wirkung auszuüben. Viele Seelen, Männer und Frauen, hatten ihm ihren Dank ausgesprochen für die Erregung und Belebung des Religiösen in ihnen durch die Reden und die Monologe. Das Neue, Geniale, durch und durch Kräftige in der Weise, wie er die Theologie erfaßte, konnte in Deutschland nicht verborgen bleiben. 1804 ward er als Professor der praktischen Theologie an die Universität nach Würzburg berufen. Der Gedanke, daß er Vorlesungen halten sollte, überraschte ihn; noch zu vieles, namentlich Litteraturkenntnis, schien ihm dazu zu fehlen. Doch wäre er auf den Ruf eingegangen, hätte ihm nicht die preußische Regierung den Abschied verweigert und zugleich eine außerordentliche theologische Professur und die Universitätspredigerstelle in Halle angeboten. Dahin ging er im Herbst 1804. Dahin rief er auch seine Halbschwester Nanny, damit seinem Hause die Sonne der Weiblichkeit nicht fehle, und sie blieb bei ihm, auch nach seiner Verheiratung, bis sie 1817 Ernst Moritz Arndts Frau wurde. Der neue Beruf eines akademischen Lehrers setzte alle seine Kräfte in Bewegung: mit gleicher Macht arbeitete er für den Inhalt und die Form seiner Vorlesungen, die sich hauptsächlich auf Ethik und Dogmatik und neutestamentliche Auslegung erstreckten. Zum Predigen kam er selten, da der Universitätsgottesdienst erst 1806 eingerichtet wurde und die lutherischen Kanzeln dem reformierten Prediger nach damaliger Sitte noch verschlossen waren, obwohl die konfessionellen Unterschiede der Mehrzahl der damaligen Geistlichen so „sinnlos" vorkommen mochten, als Schleiermacher selbst. An Platon, der ihm, nachdem die Unzuverlässigkeit Friedrich Schlegels die gemeinsame Arbeit unmöglich gemacht, allein zufiel, arbeitete er fort. Und zugleich von seiner Beschäftigung mit diesem Meister im Dialog und von seinem religiösen Leben zeugt die in den Haller Aufenthalt fallende „Weihnachtsfeier," ein Gespräch, welches in der anmutigsten Form die verschiedenen Auffassungen von der Person Christi bringt, alles aber im Rahmen einer häuslichen Feier und von einer Wärme durchdrungen, die auch dem gläubigen Leser das Büchlein noch heute lieb macht. Als Freund gewann er in Halle Henrich Steffens, mit dem er dann auch das furchtbare Geschick, welches nach der Schlacht von Jena über die Universität hereinbrach, in männlicher Vaterlandsliebe ertrug. — Nachdem wir Schleiermachers äußere Lebensführung bis zu diesem Punkte begleitet, könnten wir nun zur Darstellung des gewaltigen Einflusses übergehen, den er seit Deutschlands tiefster Erniedrigung auf die Erneuerung seines gesamten und insbe-

sondere seines religiösen Lebens gehabt, aber wir halten noch ein
wenig ein, um unsern Lesern das Bild von Schleiermachers „schöner
Individualität" zuvor zu vervollständigen. Denn nur aus dieser
heraus handelte er für das Große und Ganze; seine wissenschaft=
lichen Bestrebungen gingen immer Hand in Hand mit der Pflege des
Gefühls durch herzliche Freundschaft, nicht im Schreiben, sondern im
Umgang in der unmittelbaren Einwirkung des Menschen auf den
Menschen bestand seine eigentliche Lebensfreude. Und konnte er freilich
keine volle Freude im Haus finden, so lange das Vaterland danieder lag,
so fühlte und erfaßte er des Vaterlandes Herrlichkeit doch zunächst und
mit dem lebendigsten Bedürfnis in der schönen deutschen Häuslichkeit.

Der spät veröffentlichte Briefwechsel Schleiermachers mußte dem
großen Theologen in den Augen vieler, die ihn nur aus seinen wissen=
schaftlichen Schriften gekannt, eine ganz neue Bedeutung geben.
Während die christliche Glaubenslehre zum Teil auf seinen Schultern,
über ihn hinweggestiegen ist, erscheint die Persönlichkeit des Mannes
noch einmal als eine vorbildliche für das gesamte sittliche Leben. In
der That, wie viel wir auch an seiner Glaubenslehre vermissen, selten
hat Gott unserm Volk einen Mann beschert, der ein so reiches in=
dividuelles Leben so lauter in den Dienst des Ganzen gestellt, der die
Pflege der Individualität und der Gemeinschaft in so harmonischer
Weise vollzogen hätte. Ihm war die Gemeinschaft nicht die starre,
in toten Satzungen beharrende, das schöne Leben des Einzelnen unter=
drückende Ordnung, sondern der lebendige Leib, von dem jeder sein
Teil empfängt und zu dem jeder sein Teil, nämlich ein erschlossenes,
individuelles Leben, beizutragen hat. Immer war er darum bedacht,
neben seinem Wirken für das Ganze sich selbst durch den Umgang mit
edlen Menschen zu bereichern und andern das Leben, das er hatte,
mitzuteilen. Und die Frauen waren ihm in dieser Beziehung vorzüg=
lich wert. Man darf dreist behaupten, daß das achtungsvolle Benehmen
gegen die Frauen immer einen edlen, Geringschätzung derselben einen ge=
meinen Sinn verrate. Man rühmt es dem deutschen Volke nach, daß es
uranfänglich in dem weiblichen Geschlechte etwas Prophetisches verehrt,
dem Christentume, daß es die Frauen aus der heidnischen Gebunden=
heit befreit und gerade dadurch dem Leben eine durch nichts anderes
zu ersetzende Anmut und Wärme mitteilt, der Reformation, daß sie
die christliche Ordnung des Familienlebens und dadurch den Einfluß
der Frauen wieder in das rechte Licht gestellt habe. Man muß aber
sagen: es giebt auch aus dem Gesichtspunkte der Achtung der Frauen

schlechte Deutsche, Christen, Protestanten genug, wenn man betrachtet, in welchem nicht gerade äußerlich, aber innerlich gebundenen Zustande noch immer ein Teil der Frauenwelt durch die Schuld der Männer erscheint. Der Ruhm der deutschen Frauen, die besten Hausfrauen zu sein, soll ihnen bleiben, aber die Männer sollten der Schmach sich wehren, daß sie das Beste, Innerlichste, Heiligste mit den Frauen nicht teilen mögen. Vorbildlich erscheint in dieser Beziehung Schleiermachers Drang, in den Frauen den meist nur wenig bedeckten Quell höhern Lebens zu öffnen und aus dem erschlossenen Gemüt der Frauen für sich selbst Anregung zu holen.

Überraschend reich ist Schleiermachers Umgangsleben. Aus dem elterlichen Haus hat er einen unverwüstlichen Familiensinn mitgenommen. Wunderschön ist seine Geschwisterliebe, wie sie z. B. aus den Schilderungen hervorgeht, die er von seinem mehrwöchentlichen Zusammenleben mit seinem Bruder Karl in Berlin der Schwester Charlotte macht. Und wie innig war zeitlebens das Verhältnis zu dieser Schwester! Sie war von dem Bruder durch religiöse Anschauung sehr verschieden. Während er mit seinem aufstrebenden Geiste die Schranken der Brüdergemeinde durchbrach, fühlte sie sich von der Kindheit bis ins späteste Alter wohl in denselben. Sie gehörte nicht zu den seltenen Frauen, die in die Tiefe und Weite der Forschung miteinzugehen Lust und Kraft haben, sie hatte einen schlichten, genügsamen Sinn. Aber mit welcher Sorgfalt pflegt Schleiermacher dennoch die geschwisterliche Verbindung, wie treu giebt er der stillen Herrnhuterin Kunde von dem Reichtum seines geistigen Lebens und verschweigt ihr nichts, auch das nicht, was sie mißverstehen könnte. Sie soll an dem Besten teilhaben, was er besitzt. — Aus dem elterlichen Hause ausgetreten spürt Schleiermacher im Jünglingsalter den Trieb nach der Freundschaft, der als ein Trieb nach idealem Leben ein Zug des Vaters ist zum Sohne. Er erwähnt in einem Briefe, daß er in den ersten Zeiten der Entwicklung seines Selbst zwei Freunde gehabt; eine Denkart, die sie von allen ihren Umgebungen geschieden, ein gemeinschaftliches Streben sei ihnen zugleich aufgegangen. Der eine aber sei bald gestorben, den andern, Albertini, hätten Pietät und Furchtsamkeit in Verhältnissen gefesselt, die er verlassen; die Freundschaft sei aus Mangel an Mitteilung lahm geworden, obwohl sie beide gewiß noch in inniger Liebe einander gedächten. Dann fand er von Schlobitten aus einen Landgeistlichen, Wedeke, „einen herrlichen Mann von einfachem, echtem Gemüt, echter Sittlichkeit, reinem Wahrheitssinne und einem patriarchaischen Stile des Lebens." Aber außer der Verschiedenheit der Jahre seien doch wohl noch geistige Unebenheiten einer tieferen Freund=schaft hinderlich gewesen. In Schlobitten waren es die ältern Ge=schwister seiner Zöglinge, namentlich die Gräfin Friederike, die einen bildenden Einfluß auf ihn übten. „Die Kunst und die Frauen kannte ich noch gar nicht. Für die letzteren ging mir der Sinn erst in dem häuslichen Zirkel in Preußen auf. Dieses Verdienst um mich hat Friederike mit in die Ewigkeit genommen, und es wird, hoffe ich, nicht das Ge=ringste sein, was ihr schönes Dasein gewirkt hat. Und nur durch die Kenntnis des weiblichen Gemütes habe ich die des wahren mensch=lichen Wertes gewonnen." In Berlin ging das selige Freundschafts=leben erst recht an. Außer den früher genannten, fand er dort auch Reimer, den Buchhändler, einen echt deutschen Mann, bei sonstiger Verschiedenheit nur mit Perthes zu vergleichen durch den großen Sinn, mit welchem er die wissenschaftlichen Unternehmungen um ihrer selbst willen pflegte und dem Vaterland mit freudiger Opferwilligkeit diente. Es war ein seliger Moment, in welchem sich ihre Herzen einander er=schlossen. Schleiermacher hatte einen Blick gethan in das schöne eheliche Verhältnis des Reimerschen Ehepaars. Eine glückliche Ehe hatte für ihn immer etwas Entzückendes. Er drückte Reimer die Hand und sagte nach einer kleinen Pause zu ihm: „wenn mein Leben erst klar und vollständig dasteht, sollst Du es auch so rein anschauen." Reimer schloß den Freund in die Arme mit den Worten: „Nichts Fremdes sei mehr zwischen uns." Schleiermacher war damals drei=unddreißig Jahre alt, Reimer nicht jünger. Die Verbindung hatte nichts jugendlich Schwärmerisches, sie bewährte sich in heißer Arbeit für das Vaterland. Die letzte Zeit seines Lebens bis an sein Ende wohnte Schleiermacher in dem schönen Reimerschen Haus. Die beiden sprachen damals viel darüber, wie die Freundschaft sich macht und wie man den rechten Moment erwarten muß. Ein solcher Moment war's, in welchem er auch sein Herz vor Steffens erschloß. Die Universität Halle hatte die beiden zusammengeführt, sie gehörten beide zu den hervor=ragendsten Lehrern derselben. In beiden wohnte dieselbe Begeisterung, in Schleiermacher mit durchdringender Glut, in Steffens mit auf=leuchtender Lohe. Ihre Grundanschauung hatte viel Verwandtes und darum dienten sie sich in den verschiedenen Fächern, die sie betrieben, zu heilsamer Ergänzung. Bereits hatten sich ihre Seelen auf gemein=samen Wanderungen nach den benachbarten Bergen und im traulichen Gespräch des Hauses gefunden. Im November 1805 kamen sie nach einer Predigt Schleiermachers auf dessen Stube zusammen. Kaum waren sie allein, als Steffens dem Freunde herzlich und gerührt für die Predigt dankte, wie stärkend sie auf ihn und seine Frau gewirkt, so daß Schleiermacher im Innersten bewegt und wehmütig glücklich wurde. Steffens redete dann von Schleiermachers hellem reinem Gemüt, das nichts verwirren könne. Da trat Schleiermacher heraus und öffnete sein Herz, an welchem gerade damals der Schmerz bitterer Enttäuschung grimmig nagte. Unter einem durchsichtigen Flor um= armten sich in ihm der tiefste Schmerz und die reinste Freude. Die Freundschaft hatte tiefere Wurzeln geschlagen, und Schleiermacher, der damals glaubte, seinem Leben sei die Blüte ausgebrochen, faßte Mut zum Leben um seiner Freunde willen. „Ja, lieber Bruder," schrieb er an Ehrenfried von Willich, „ich fühle es recht tief, wie ich selbst eigentlich nichts mehr bin; aber ich bin das Organ so manches Schönen und Heiligen, der Brennpunkt, aus dem alle Freuden und Leiden meiner geliebten Freunde zurückstrahlen, und das achte ich in mir und deshalb lebe ich."

Aber das Köstlichste, was Liebe und Freundschaft ihm bot, haben wir noch darzustellen. Im Mai 1801 fuhr Schleiermacher mit Hen= riette Herz und ihrer Tochter nach Prenzlau; er wollte dort einen jungen Theologen Ehrenfried von Willich kennen lernen, der durch die Monologen zu Schleiermacher mächtig hingezogen worden war. Sie trafen sich und kauften die drei Tage des Zusammenseins aus. Abends brachen sie spät die lebendigste Unterhaltung von den höchsten Dingen ab, morgens ward sie früh wieder angeknüpft. Die Abschieds= stunde kam. In einem befreundeten Hause war ein größerer Kreis von Menschen zusammen, die Punschbowle dampfte, Lied drängte sich an Lied. Und während Schillers Lied an die Freude gesungen wurde, während die Überschwenglichkeit des Gefühls in dem Rufe ausbrach: „Seid umschlungen, Millionen, diesen Kuß der ganzen Welt!" saßen Schleiermacher und Willich im vertrautesten Gespräch, eine Tiefe des Gemüts nach der andern erschloß sich, sie kamen sich näher und näher. Und Henriette Herz, in dem schönen von aller Eifersucht freien Gefühle der Freundschaft, sieht, wie das Band sich fester und fester zuzieht und wird aufs freudigste davon bewegt. „Mein Herz war sehr voll, als Sie fortgingen, "so schreibt sie an Schleiermacher: „Ihr und Willichs Näherkommen während des Gesanges hatte ich mit inniger Freude und Rührung gesehn und stimmte ich nicht mit ins Chor ein, so war es die Unmöglichkeit, einen Ton von mir zu geben, denn die Bewegung des Gemüts erstickte Worte und Töne: gern aber hätte ich Euer beider Hände an mein Herz gedrückt und dem andern Freundschaft ge=geben, wie sie der eine schon hat. Sie gingen alle und ließen mich zurück. Mir war es lieb, daß ich allein blieb, ich dachte Ihnen nach und wurde nicht gestört; mir war wohler zu Mut als seit langer Zeit; mit wahrer Andacht fühlte ich alles, was gut und schön ist, mit Andacht und tiefer, reicher Rührung. Alles kam zurück, Willich setzte sich neben mich, ihm war ebenso und still, und heilig feierten wir Ihr Andenken. Er sagte mir leise, er sei lange nicht so religiös gewesen, als in diesen Momenten; ich freute mich des Einklangs und schwieg." Das war die Weise der Freundschaft, wie sie in Schleiermachers Kreisen geübt ward. Wer sie nicht nachempfinden kann, denn außerordentlich hat in unsern Tagen die Macht individueller Anziehung der Menschen abge=nommen, der soll sich doch hüten, Unverstandnes zu verunglimpfen. Für Schleiermacher war jene Stunde, wo er Ehrenfried von Willich fand, die Geburtsstunde des schönsten Glückes. Er fühlte augenblicklich, daß ihm hier eine bessere Freundschaft geboten werde, als die Schlegels: „er hat nicht das Große, nicht den tiefen, alles umfassenden Geist von Friedrich Schlegel; aber meinem Herzen ist er in vieler Hinsicht näher und hat im Leben und fürs Leben mehr einen dem meinigen ähnlichen Sinn." Die Lauterkeit der Seele, das sittliche Maßhalten das war's, was ihn von Schlegel unterschied und Schleiermacher so nahe brachte. Ein Besuch Willichs in Berlin vertiefte die Freundschaft. Und dann ward sie durch fleißigen Briefwechsel genährt. Die Freund=schaft hat etwas Kommunistisches. Der Freund hat teil an des Freundes Freunden. Sobald Willich in seiner Heimat Rügen ein Pfarr=amt gefunden, führt er Schleiermacher in den Kreis der lieben Menschen ein, die ihm das Leben auf der Insel verschönern. Mit Charlotte von Kathen, die auch mit Ernst Moritz Arndt eine innige Freundschaft hatte, einer herrlichen deutschen Frau, voll hohen Sinnes und lebendigen Gefühls, wird er bekannt. Die Monologen waren auch hier das verknüpfende Band. Bald waren sie im Briefwechsel über die heiligsten Angelegen=heiten des Lebens. Dann führt Willich dem Freunde die Schwester der Charlotte von Kathen als seine Braut vor, Henriette von Mühlenfels, ein sechzehnjähriges Mädchen, in vielem noch Knospe, aber eine Blüte des Gemüts versprechend, voll des süßesten Duftes. Da erscheint denn Schleiermacher wieder wie der Patron aller glücklichen Verbin=dungen, so vieles hatte er über Liebe und Ehe gedacht und gesagt, so fern schien ihm selbst das Glück, das er als das höchste pries, daß er in der Fülle seiner Liebe sich über jedes neue Verhältnis freute, als begrüßte er in ihm die freundlich tröstende Weissagung seines eigenen Glückes. Rügen ward ihm durch die Freundschaft mit so trefflichen Menschen der leuchtendste Punkt auf dem Erdenrund. Und als er endlich 1804 den lang ersehnten Besuch dort machen durfte, klang noch lange die genossene Liebe wie eine süße Melodie vom neuen Leben in seinem Gemüte nach. Er hatte den Freund in seinem Amte und seiner Liebe gesehen, beides war ihm köstlich. „Glaube nur, Ehrenfried," schrieb er nach seiner Heimkehr in das einsame Stolpe, „ich kann mich ganz rein und ungetrübt über das freuen, was ich nicht haben werde. Euer Glück war mir nie eine störende Mahnung, sondern ein stärkender Trost. Die Überzeugung, Ihr würdet ein solches Leben darstellen, als ich wollte, und ich würde mit darum wissen und mein Teil daran haben, dazu hat Euch jeder meiner Blicke, jeder Händedruck und jeder Kuß gesegnet." Des Freundes Braut lehnte sich, seit sie Schleiermacher kennen gelernt, an ihn an, wie an einen väterlichen Freund, der Unterschied der Jahre und der geistigen Kraft und Höhe berechtigte dazu. „Das sind zwei große Epochen meines Lebens", schrieb sie, „als mir die Liebe zuerst aufging und nun Ihre Freund= schaft und wie viel liegt noch vor mir, wie viel Großes! Ich will auch recht dankbar sein, recht fromm und gut werden, ich verspreche es Ihnen, mein väterlicher Freund." Und Schleiermacher antwortet: „Freuen wollen wir uns noch recht oft, daß wir diese schöne Zeit gehabt haben, die immer eine der hellsten Stellen meines Lebens bleiben wird. Könnte ich Ihnen nur beschreiben, wie ungläubig ich bin, wie höchst ungläubig eben in dem Punkte des höchsten Glücks, und wie ich immer auch bei unseresgleichen zittre, daß sich ein Irrtum eingeschlichen hat! aber mit welchem sichern Blicke sah ich immer auf Euch beide!" Und an Charlotte von Kathen: „Ihr geliebten Seelen alle, auf der schönen Insel, wie habt Ihr mir das Herz gefüllt und erweitert! was für ein herrliches Ganze bildet der Verein, dem ich auch angehöre! Wenig fehlt, so ist alles Schöne darin zu finden, was wir in der Menschheit lieben. Auch ich habe mein eigen Teil, was sonst keiner hat, und es stärkt mich, daß ich nichts mehr allein thue, sondern alles in Eurem Namen. Und wie schön schließen wir uns auch alle in gleichem frommen Sinn an den liebenden und bildenden Christus an. Seit ich die Brüdergemeinde verließ, habe ich mich noch nicht wieder so meines Christensinns und Christentums gefreut und seine Kraft so lebendig um mich her verbreiten gesehn." Zur Hochzeit, die im September 1804

18*

stattfand, konnte Schleiermacher nicht in Rügen sein. Aber in dem Augenblick, wo das getraute Paar sich umarmte, nannten sie Schleier= machers Namen, und dieser schrieb am Tag der Trauung segnende Worte an die Freunde: „Ihr habt mich eingeladen, lieben Freunde, und da bin ich nun, unter Euch allen zu leben und zu lieben. Ist nicht der Geist des Menschen da, wo er wirkt? Dann bin ich gewiß nur bei Euch, und unsre Freundin in Berlin ist aus ihrer einsamen Zelle auch bei Euch eingekehrt. Ich weiß nicht, wer Euren Bund eingesegnet, vielleicht ein ganz fremder Mensch. Aber wenn er nicht nach Euren Herzen spricht, so hört nicht ihn, sondern mich. Ihr wißt, wo das Wesentliche meiner Traurede steht, in den Monologen. Ihr kennt auch das schöne Geheimnis von Christo und der Kirche, wie sie sich bildet durch seine Liebe, wie sie auch ihn verherrlicht und erhöht und wie sie die ganze Welt aufs neue gebiert und heiligt. Ihr wißt das schöne Gebet Christi, daß sie mit ihm und in ihm eins sein möge und so könnt ihr auch wissen, was ich Euch sagen würde. — Liebe Tochter, ich vertrete heute Vaterstelle, und gebe Dich dem Manne, der mein Freund und Bruder ist. Du kennst das Auge voll süßer Thränen, das oft auf Deinem lieben Gesicht geruht hat. So schwimmt es auch jetzt in väterlicher Wonne und in heiliger Wehmut und segnet Dich zu allen Freuden und Sorgen, die aber Dir immer beides sein werden, und zu allem, was die Menschen Pflichten nennen, was aber aus Deinem schönen Herzen immer als freie Liebe hervorgehen wird, und zu dem großen Berufe, dem Du entgegen gehst, dem heiligsten, den der Mensch erreichen kann. — Und Du, mein geliebter Bruder, wenn Du das süße Mädchen aus den Händen unsrer teuren Charlotte empfängst, nimm sie auch aus den meinigen. Du wirst ihr alles sein, Vater, Bruder, Sohn, Freund, Geliebter; und doch werden wir alle auch Euch sein können, was uns gebührt. — Ich wiege Eure Ehe am Tage ihrer Geburt in Vaterarmen und lächle sie an mit Vater= augen. Laß mich sie recht oft sehen in schmeichelnder Kindlichkeit, in fröhlichem Mutwillen, in heiligem Ernst! Laßt alle unsre Freunde mit mir Eurem Bunde zurufen, frühe Weisheit und ewige Jugend! Verborgenes Leben vor der Welt, aber reich und rüstig im Gefühl der Unsterblichkeit! ich fühle mich stark in Euch und in Eurem Heil und umarme Euch mit aller Liebe, deren mein Herz fähig ist." Und wie dann die ersten Nachrichten kamen von dem Glück, das die Freunde genossen, regten sie immer neue Begeisterung an in Schleiermachers Gemüt. „Habe ich nicht ordentlich geweissagt von Euch in den Mono=

logen?" schrieb er. „Glaubt nur, liebe Menschen, ich schwärme ordentlich über Euch; ich liebe Eure Ehe gleichsam noch außer Euch selbst,
wie ein eignes Wesen, leidenschaftlich möcht' ich sagen, aber zart
und heilig, und so soll es wohl auch sein in mir; denn sie ist ja
etwas Wahres, Schönes und Heiliges ganz eigen für sich." Und weil
er die Ehe der Freunde als so vorbildlich schön ansah, war es ihm
selber darum zu thun, daß sie einen wohlthätigen Einfluß auf andere
üben möchte: „Jede Familie," schreibt er, „und zumal eine solche wie
Ihr, muß von Anfang an das Missionswesen treiben und sehen, wo
sie an sich ziehen kann oder retten aus der rohen Wüste." Für ihn
selbst war diese junge Familie gewiß Rettung aus Kümmernissen, die
damals, als sich sein eignes Los, wie er dachte, schmerzlich entschied,
auf seiner Seele lagen. Die Geburt des ersten Kindes begrüßt er
mit den wärmsten Segenswünschen und rührend ist es, wenn man
bedenkt, was die Zukunft brachte, wie sich die junge Mutter auch hier
wieder an den väterlichen Freund anlehnt: „Du guter Vater, mein
Herz hängt recht an Dir, Du bist so innig verbunden mit meinem
ganzen Glück, mit jedem Gefühl, das in mir ist. Du wirst auch
zweiter Vater meines Kindes sein, Du mußt es sehr lieben, ich laß
nicht ab mit Bitten, bis Du mir versprichst, daß Du mein Kind mit aufnehmen willst unter Deine Kinder und es recht nahe Deinem Herzen
legen. Ich verspreche dir auch dafür, daß ich nicht will künsteln und
erziehen an der jungen Seele, sondern das Kind ehren in seiner eigentümlichen Natur." Wie wunderbar erfüllten sich diese Worte als eine
unbewußte Weissagung! Der innige Verkehr der Freunde dauerte
fort, der Ernst der Zeit brachte im Jahre 1806 in das trauliche
Gespräch den mannhaften Ton der mutigsten Vaterlandsliebe; da im
März 1807 erfährt Schleiermacher durch einen herzzerreißenden Brief
der jungen Witwe, daß ihr Ehrenfried plötzlich heimgerufen worden
ist. „O mein Gott," schrieb sie, „ich bitte Dich bei allem, was Dir
lieb und heilig ist, wenn Du kannst, so gieb mir die Gewißheit, daß
ich ihn wiederfinde und wiedererkenne. Sag mir Deinen innersten
Glauben darüber, ach, ich bin vernichtet, wenn dieser Glaube sinkt."
Wir müssen gestehen, daß Schleiermacher die völlige Einfalt des
Christenglaubens nicht hatte, die allein über den Tod geliebter Menschen
befriedigenden Trost gewähren kann, aber voll Liebe und voll Glauben
an die Unsterblichkeit des wahrhaftigen Lebens, an die Unvergänglich-
keit des Geistes waren seine Worte. „Liebe Jette," so schreibt er,
„was soll ich Dir sagen? Gewißheit ist uns über dieses Leben hinaus

nicht gegeben, verstehe mich recht, ich meine keine Gewißheit für die
Phantasie, die alles in bestimmten Bildern sehen will, aber sonst ist
es die größte Gewißheit, und es wäre nichts gewiß, wenn es das
nicht wäre, daß es keinen Tod giebt, keinen Untergang für den Geist.
Das persönliche Leben ist ja aber nicht das Wesen des Geistes, es ist
nur eine Erscheinung. Wie sich diese wiederholt, das wissen wir nicht,
wir können nichts darüber erkennen, sondern nur dichten. Aber laß
in Deinem heiligen Schmerz Deine liebende fromme Phantasie dichten
nach allen Seiten hin und wehre ihr nicht. Sie ist ja fromm, sie
kann ja nichts wünschen, was gegen die ewige Ordnung Gottes wäre,
und so wird ja alles wahr sein, was sie dichtet, wenn Du sie nur
gewähren lässest." Treulich hat Schleiermacher sein Trostamt brieflich
verwaltet; die junge Witwe, die bald nach dem Tode ihres Mannes ihr
zweites Kind, einen Sohn, gebar, nahm die Worte des Freundes in ihr
Gemüt auf und fühlte unter dieser Leitung ihr Leben sich vertiefen offnes
und erstarken. Im Sommer 1808 konnte Schleiermacher von Berlin
aus die Freunde in Rügen besuchen. Das Wiedersehen führte zur
Verlobung mit Henriette von Willich. Beide hatten die Gewißheit,
daß der Heimgegangene diesen Bund segnen, daß er sein junges Weib
und die beiden Kinder am liebsten unter des besten Freundes Schutz
sehen würde. „O Gott, mir ist es oft," schrieb die Braut, „als
könne ich es kaum tragen, daß ich es bin, der Du Dein Leben, Deine
heilige Liebe weihen willst. — Wie danke ich Dir noch, Du Teurer,
für die schöne, zarte Weise, mit der Du Dich mir genähert!" — Sage
es mir, mein geliebter Vater, ist Dir das auch lieb an mir, daß ich
mich so ganz hingebe dem Gefühl des Glücklichseins und der Freude?
— O ich darf es Dir nicht erst sagen, wie Ehrenfried im Grunde
meiner Seele wohnt, wie mir jede Erinnerung von ihm so heilig ist
— Du weißt es. — Doch ich bin jetzt so ganz glücklich durch Dich
— Gott, wie ich nur immer sein kann." Und mitten aus den politischen Bewegungen, in welchen auch Schleiermacher seine Rolle hatte,
schreibt er der Braut voll süßer Freude und festen Mutes; „Sei nur
gutes Muts und denke, daß Vaterland, Du und die Kinder meine
Losung sind. . . . Es ist Dir doch noch immer recht wohl? so wohl,
so sicher und glücklich als mir? Herzliebste Jette, ich weiß, es kann
ja nicht anders sein, denn es ist in Dir ganz dasselbe und auf
dieselbe Weise geworden, wie in mir; aber sage es mir doch immer,
es freut mich gar zu sehr. — In Stralsund war ich noch an Ehren-
frieds Grabe und reichte ihm in schöner Zuversicht in die andere Welt

hinein die brüderliche Hand zum neuen Bunde; sein Geist ist gewiß mit uns." Bis in den Mai des folgenden Jahres 1809 währte der Brautstand. Die Briefe, die wir aus dieser Zeit haben, gehören zu den schönsten Briefen der Liebe, welche aus dem Nachlaß edler Menschen uns erhalten sind. Und das ist ihr Vorzug vor vielen andern, daß in ihnen ein ernster, gereifter Sinn mit der lieblichsten Jugendfrische der Liebe sich verbindet. Da ist „keine wilde, schwärmende Sinnes= übermeistrung," da ist „milde, wärmende, haltende Begeistrung." Als der schöne Abschluß einer wunderbaren Führung Gottes trieft diese Liebe von dem Tau seines Segens; von Gott kommt sie, zu Gott will sie, aber auf Erden. baut sie sich an, sich selbst zum Genuß und den Freunden zur Erquickung.

Man hat in Schleiermacher etwas Weibliches sehen wollen, weil er in sich eine so frische Unmittelbarkeit des Gefühls zu erhalten suchte, weil er so gerne auf die Frauen wirkte und sie auf sich wirken ließ, weil er mit so großem Eifer in einzelnen die schöne Individualität und in den einzelnen Ehen eine schöne Eigentümlichkeit des Lebens der Liebe pflegte. Aber dies alles war nur der traute heimische Boden, von welchem aus er auf die große Gemeinschaft wirkte; es beweist nur die harmonische Fülle seines Wesens, nicht einen Mangel an männlicher Kraft. Männlich war die wunderbare Geistesschärfe, mit welcher er die Wissenschaft von göttlichen Dingen neu aufbaute, männlich die Tüchtigkeit, mit welcher er jeden ihm angewiesenen Beruf erfüllte, männlich vor allem die Kraft, der Mut, die Kühnheit und zugleich die Klarheit, Besonnenheit, Ausdauer, mit welcher er seinem Vaterland diente, ein Gleichberechtigter an Ehren mit den Stein, Scharnhorst, Gneisenau, Wilhelm von Humboldt. Diese seine vater= ländische Thätigkeit ist nicht zu trennen von dem, was wir nunmehr darzustellen haben, von seinem Einfluß auf die Erneuerung des reli= giösen Lebens. Er gehört nicht zu denen, welche erst in der Not der Zeit zu Gott in Reue und Buße, in Glaube und Liebe zurückkehrten; schon ehe Deutschland unter den Schlägen der ihm gesandten Gottes= geißel zusammenbrach, hatte sich seine religiöse Überzeugung im wesent= lichen festgestellt. Aber eben dadurch, daß er mit einer warmen Frömmigkeit, mit einer klaren Erkenntnis dessen, was das Leben zum Leben macht, mit völliger Hingabe an den göttlichen Willen und völliger Rührigkeit des geheiligten eigenen Willens den großen Geschicken ent= gegenging, eben dadurch stand er in prophetischer Höhe über seinem Volk, konnte ihnen die Zeichen der Zeit aus der Erleuchtung des Geistes deuten und die Erschütterung der Gemüter für ihre Erneuerung zum göttlichen Leben verwerten.

Schleiermacher gehörte, wie Arndt und Fichte, zu jenen hellen Geistern, welche Deutschland einen besonderen Beruf für das Leben der Menschheit zuschreiben, und zwar vor allem durch die Tiefe und Innerlichkeit seines religiösen Lebens, welche die Reformation, den Protestantismus, als ein Zurücklenken zu der gottgegebenen Aufgabe des deutschen Volks, und den Kampf, der von Frankreich her drohte, nicht bloß als einen Angriff auf deutsches Land, sondern zugleich auf das innerste geistige, sittliche und religiöse Leben ansahen. Wie darum Arndt unermüdlich das Bewußtsein der Deutschheit in den Deutschen zu erwecken suchte, wie Fichte seine Reden an Deutsche schlechtweg richtete, so weiß auch Schleiermacher schon in den „Reden über die Religion" sich nur an „Deutschlands Söhne" zu wenden. Es war seine innige Überzeugung, daß diese „die einzigen seien, welche fähig und also auch würdig seien, daß der Sinn ihnen aufgeregt werde für heilige, göttliche Dinge." Den stolzen Insulanern wirft er damals vor, daß sie keine andere Losung kennen, als gewinnen und genießen, und auch später, als der christliche Eifer in England außerordentliche Werke hervorgebracht, kann er dieselben von einem sich einmischenden politischen und kaufmännischen Interesse nicht freisprechen. Die Ereignisse der Zeit nötigten aber, das Deutsche vor allem im Gegensatz zum Französischen zu fassen, wie es durch Napoleon Deutschland bedrohte. Daß dieser mit der deutschen Ideologie das tiefste Geistesleben, im Grunde den Protestantismus, das Innerliche, Freie und dadurch Weltüberwindende des Glaubens haßte, war seine wohlbegründete Überzeugung. „Deutschland ist immer noch da und seine unsichtbare Kraft ist ungeschwächt und zu seinem Beruf wird er sich wieder einstellen mit nicht geahnter Gewalt, würdig seiner alten Heroen und seiner vielgepriesenen Stammeskraft: denn es war vorzüglich bestimmt, diese Erscheinung (des Protestantismus) zu entwickeln und es wird mit Riesenkraft wieder aufstehen, um sie zu behaupten." so ruft er in den Reden über die Religion aus. Unter den politischen Gewittern des Jahrs 1806 entfaltet sich im vertraulichen Verkehr und in der kirchlichen Rede des Mannes heilige Vaterlandsliebe in prophetischer Macht. Als im Sommer 1806 die Befürchtung auftauchte, Napoleon möchte sich gegen Schweden wenden, schreibt er den unter schwedischer Herrschaft stehenden Freunden in Rügen ermutigende Worte. So an Charlotte von Kathen am 20. Juni 1806: „Und, liebe Freundin, wenn dann Ihr König den Gedanken einer ernstlichen Verteidigung faßt, dann fassen Sie auch rechten Mut und geben Sie alles hin, um alles zu gewinnen, und rechnen Sie alles, was Ihnen erhalten wird, für Gewinn. Bedenken Sie, daß kein einzelner bestehen, daß kein einzelner sich retten kann, daß doch unser aller Leben eingewurzelt ist in deutscher Freiheit und deutscher Gesinnung und diese gilt es. Möchten Sie Sich wohl irgend eine Gefahr, irgend ein Leiden ersparen für die Gewißheit, unser künftiges Geschlecht einer niedrigen Sklaverei preis=gegeben zu sehn, und ihm auf alle Weise gewaltsam eingeimpft zu sehn die niedrige Gesinnung eines grundverdorbenen Volks? Glauben Sie mir, es steht bevor, früher oder später, ein allgemeiner Kampf, dessen Gegenstand unsre Gesinnung, unsre Religion, unsre Geistes=bildung nicht weniger sein werden, als unsere äußere Freiheit und äußeren Güter, ein Kampf, der gekämpft werden muß, den die Könige mit ihren gedungenen Heeren nicht kämpfen können, sondern die Völker mit ihren Königen gemeinsam kämpfen werden, der Volk und Fürsten auf eine schönere Weise, als es seit Jahrhunderten der Fall gewesen ist, vereinigen wird, und an den sich jeder, jeder, wie es die gemein=same Sache erfordert, anschließen muß. . . . Mir steht schon die Krisis von ganz Deutschland, und Deutschland ist doch der Kern von Europa, ebenso vor Augen, wie Ihnen jene kleinere. Ich atme in Gewitter=luft und wünsche, daß ein Sturm die Explosion schneller herbeiführe; denn an Vorüberziehen ist, glaube ich, nicht mehr zu denken." Und als der Krieg Preußens gegen Napoleon beschlossen war, freut er sich und nimmt lebendigsten Anteil an der kriegerischen Stimmung. „Mir ist schon oft zu Mute gewesen," schreibt er an Willich, „ein politisches Wort laut zu reden, wenn ich nur die Zeit dazu hätte gewinnen können. Auch auf der Kanzel lasse ich dergleichen bisweilen fallen, wiewohl auf eine ganz andere Art, als ich es wohl von anderen höre." Seiner Freundin und nachmaligen Frau sucht er eine mutige Stimmung ein=zuhauchen. Sie hoffte damals zum zweitenmal Mutter zu werden. „Gieb uns jetzt einen Knaben," ruft er ihr zu. „Die Zeit wird Männer brauchen, Männer, die eben in dieser Periode der Zerstörung das Licht erblickt haben!" Als er diese Worte schrieb, war die Nieder=lage von Jena schon geschehen, Halle schon in der Gewalt der Fran=zosen. Gemeinsam mit Steffens hatte er die Einnahme und Plünderung der Stadt erlebt und ungebeugt blieb er, als die französische Wirt=schaft jede deutsche Kundgebung zurückzuschrecken versuchte. Wenn Halle einem französischen Prinzen zu teil werden sollte, so wollte er nicht bleiben, sondern so lange es noch einen preußischen Winkel gebe, sich in diesen zurückziehen. Er machte sich von seiten des Hasses, den Napoleon gegen den deutschen Geist hatte, auf alles gefaßt, ja, er konnte wünschen, in der gemeinsamen Sache den Tod zu finden. „Wenn das Glück nicht umschlägt," das ist seine Meinung von Napoleon, „so wird er gewiß bald wüten gegen den verhaßten Protestantismus und dann wird es vor vielen andern mein Beruf sein, hervorzutreten. Niemand kann wissen, was ihm bestimmt ist in dieser Zeit! es kann noch wieder Märtyrer geben, wissenschaftliche und religiöse." Auf den König setzt er das Vertrauen, daß er keinen schimpflichen Frieden schließen werde, wie ihm denn unter so viel Furcht und Feigheit der König und die Königin durch ihre Haltung zur größten Erhebung gereichen. Er selbst bewies, zu welchen Opfern er fähig sei. Er lebte in Halle seit dem Einfall der Franzosen in den armseligsten Verhältnissen. Und dennoch schlug er einen Ruf nach Bremen aus. In Halle wollte er bleiben, so lange Hoffnung war, eine Thätigkeit unter der Jugend wiederzugewinnen. Scheiterte diese Hoffnung, dann wollte er irgend wo sonst an der Wiedergeburt Preußens arbeiten; wie es aber auch komme, nur in Deutschland deutsch wirken. „Napoleon haßt den Protestantismus," schreibt er an Willich, „wie er die Spekulation haßt; meine Weissagung in den Reden ist, glaub' ich, nicht falsch. Wenn das kommt, Freund, dann laß uns nur auf unserm Posten stehn und nichts scheuen. Ich wollte, ich hätte Weib und Kind, damit ich keinem nachstehen dürfte für diesen Fall." Aus dem Tode Leben — das war seine Überzeugung auch in vaterländischen Dingen. Daß das zusammengeflickte, unhaltbare Wesen, das sich in der preußischen Monarchie fand, unterging, darüber trauerte er nicht. Er sah klar, daß die Zuchtrute über alles Deutsche gehen müsse, wenn etwas recht tüchtig Schönes daraus werden sollte. „Wohl denen, die es erleben," rief er aus; „die aber sterben, daß sie im Glauben sterben." Und das war sein Glaube: „Deutschland, der Kern von Europa, wird in einer schönen Weise wieder sich bilden!" Er verließ Halle, als Preußen nicht mehr da war. „Nur den Vorsatz habe ich," schrieb er an Charlotte von Kathen, „meinem unmittelbaren Vaterlande Preußen so lange nachzugehen, als es besteht und dieses Vorsatzes nicht ganz unwürdig ist. Sollte es dem Unglücke ganz erliegen, so will ich, so lange ich kann, das deutsche Vaterland da suchen, wo ein Protestant leben kann und Deutsche regieren." Von dem Augenblicke an, wo Jerome Bonaparte in Halle das Zepter führte, war seines Bleibens da nicht, selbst für den nachher eingetretenen Fall, daß er die Universität wieder herstellen sollte. „Nachdem das Kirchengebet für den König und die Königin von Westfalen verordnet war," erzählt er seiner Freundin, „war es mir nicht mehr möglich, die Kanzel zu besteigen." Er ging nach Berlin, um da sich einen Wirkungskreis zu suchen.

Die große Gesinnung, von welcher der Briefwechsel Zeugnis giebt, suchte Schleiermacher durch die Predigt dem Volke einzuhauchen. Das Neue, das er zu geben hatte, die frische, kräftige Fülle eines religiösen Lebens, das sich in keine der vorhandenen Formen einschließen, mit keinem der vorhandenen Parteinamen bezeichnen ließ, hatte schon vor Ausbruch des Kriegs auf die Gemeinde eine große Wirkung geübt, ihm aber auch gerade, weil er keiner Partei angehörte, die widersprechendsten Bezeichnungen eingetragen. Bald sollte er ein Rationalist, bald ein Spinozist, bald ein Herrnhuter, bald heimlicher Katholik sein. Daß er aber als Deutscher die Grundwahrheiten des Christentums für Deutsche in erhebender Weise verkündige, darüber konnte keinen Zweifel haben, wer den Mann in den Tagen der vaterländischen Trübsal auf der Kanzel sah. Mit nicht geringerem Mut als Fichte rief Schleiermacher mitten unter der französischen Herrschaft in immer neuer Wendung denselben Grundgedanken der Gemeinde zu, daß diese Herrschaft nicht dauern werde, wenn Deutschland nur Glauben habe an den Gott, der ihm einen großen Beruf zugewiesen. Der Natur der Sache gemäß bewegt sich der Prediger weniger im Gebiet des zweiten Glaubensartikels; aber die grundlegenden Wahrheiten des ersten, daß Gott im Regiment sitzt, daß er ein Reich hat der Wahrheit und Gerechtigkeit und daß es sich lohnt, alles aufzuopfern um dieses Reiches willen, verkündigt er so, wie sie der Sohn, der in des Vaters Schoß gesessen, uns geoffenbart hat. Die wunderbare Geistesschärfe, die dialektische Virtuosität des Predigers dient ihm dazu, die schlechte Dialektik der Selbstsucht bis in ihre letzten Winkel zu verfolgen, der gemeinen Gesinnung die blendendste Maske abzureißen, und aus der Fülle göttlichen Lebens, das in seiner Brust entzündet ist, giebt er das Bild des Neuen, das werden muß. Ein Neues war es in der That, was aus diesen Predigten befruchtend in die Gemüter fiel: diese Verkündigung der Liebe vor einem Geschlecht, das eben an der Selbstsucht zu Grunde zu gehen schien, diese Erfassung des Lebens in der Gesamtheit seiner Erscheinungen und in der Einheit seines Ursprungs und Ziels in einer Zeit, in der alles atomistisch auseinanderfiel, Staat und Haus, Wissenschaft und geselliges Leben, und diese reine, mannhafte Sprache, die nur durch die Ergriffenheit des Redners, nur durch die Eigentümlichkeit des Gegenstandes Ton und Farbe erhielt. Wie mußte den erschreckten Menschen zu Mute sein, die aus der Verwirrung im Leben sich in die Kirche flüchteten, wenn aus der Rede Schleiermachers ihnen Mut, Gewißheit, Klarheit zuversichtlich zum Herzen sprach! Als die Grundlage aller seiner politischen Predigten, wenn wir diesen nicht ganz zutreffenden Ausdruck gebrauchen wollen, kann die im Sommer 1806 in Halle gehaltene angesehen werden: „Wie sehr es die Würde des Menschen erhöht, wenn er mit ganzer Seele an der bürgerlichen Vereinigung hängt, der er angehört." Gegen den Weltbürgersinn kämpft er hier für den Bürgersinn, gegen eine Gesinnung, welche den Dienern des Staats die Sorge für die Volksgemeinschaft allein überläßt, für die lebendige Teilnahme aller an den öffentlichen Angelegenheiten. Indem er des Apostels Wort: „So seid ihr nun nicht mehr Gäste und Fremdlinge, sondern Bürger mit den Heiligen und Gottes Hausgenossen" auch auf die bürgerliche Gemeinschaft deutet, zeigt er, wie die Weltbürger nicht allein in ihrem Volke, sondern auch in der Menschheit nicht rechte Bürger und Hausgenossen, sondern nur Gäste und Fremdlinge sind, wie sie überhaupt nur lose mit der Gemeinschaft der Brüder zusammen= hängen, weder rechte Liebe und Treue, noch rechte Einsicht und Teil= nahme und keine Thätigkeit haben. Die durch die Gemeinsamkeit der Sprache, der volkstümlichen Eigentümlichkeit begründeten bürgerlichen Gemeinschaften werden als gottgewollt dargestellt und in trefflicher Weise gezeigt, welche Bereicherung für das gesamte menschliche Leben aus der lebendigen Einwurzelung in das Vaterland entspringt, wie der Mensch ohne Vaterlandsliebe auch ein fremdes Volk nicht wahrhaft in dem Besten, was es hat, erkennen und lieben kann, und wie in dem individuellen, häuslichen, wissenschaftlichen Leben alles durch die Volksgemeinschaft einen höhern Sinn empfängt, die Freundschaft, die sich für das Vaterland verbindet, die Ehe, die ihm ihre tapfern Söhne zuführt, die Wissenschaft, die, wie weit sie hinausstrebt, doch am besten in der Volksgemeinschaft Wurzel schlägt. Den Weltbürgern, die ihre schlechte Gesinnung gerne in einen schönen Schein kleiden, als sei ihnen das Volk für die Liebe zu klein, weist er auf das Bild Christi hin, dessen Erlöserthätigkeit in Israel ruhte, und auf den Heidenapostel, dem eine brennende Liebe zu seinen Brüdern nach dem Fleisch eigen blieb. — Und wie dann das Geschick über Preußen hereingebrochen, Halle von den Franzosen besetzt war, die ganze Sehnsucht Schleier= machers dahin ging, daß nur kein Friede geschlossen werden möchte, aber natürlich in vielen schwachen Seelen der Wunsch sich regte: wenn nur Friede wäre, und die Hoffnung, wäre erst wieder Friede da, so könnte man doch sein Leben wieder in Ruhe gottselig gestalten, — da tritt er auf die Kanzel und wie mit heiliger Jronie gegenüber den Friedenswünschen, die er doch zu verurteilen gedenkt, verkündet er, „daß überall, wo Gott waltet, Friede sein muß." Aber gerade aus dem Walten Gottes erklärt er den unerbittlichen Krieg gegen das Gott= widrige und preist das Heldentum, das in solchem Kriege sich verzehrt, und für die Anordnung des Lebens zieht er aus dem Frieden, der im Reiche Gottes wohnt, den doppelten Schluß, daß wir uns ja nicht verleiten lassen dürfen, der äußern Ruhe den innern Frieden aufzuopfern und dann, daß wir ja darauf halten, bei jedem äußern Streit unsern innern Frieden zu bewahren. So verstand er's, aus dem äußern Streit in den Gottesfrieden und aus dem Frieden des Gemüts zum begeisterten Kampf mit dem ungöttlichen Wesen zu führen! — Und wie er immer in der einen Hand das Öl hält, um Erquickung in die Wunden zu träufeln, in der andern den Wein, um Kraft zum Aufstehn zu bieten, so wird ihm das Wort „denen die Gott lieben, müssen alle Dinge zum Besten dienen" in der Predigt „über die Benutzung öffentlicher Unglücksfälle" zu einem Mittel, der Gemeinde zu Gemüte zu führen, daß das Wort wahr sei, aber nur für den, der Gott liebt, nicht für den, der äußere Güter liebt und diese von der Zukunft zurückzuempfangen hofft, daß das Beste, wozu das Unglück des Vaterlandes dienen müsse, eine vollkommnere Selbsterkenntnis und Gotteserkenntnis sei, die Klarheit der Einsicht in die nationale Schuld, an der ein jeder teilhabe, die Gewißheit des Glaubens, daß Gott dem göttlich Betrübten eine neue Freudigkeit schenken werde. Die aber nicht in das Ebenbild Gottes gestaltet zu werden, sondern nur ihr tierisches Leben zu genießen und zu verschönern trachten, die kann er nicht anders als der Furcht und Verwirrung über= lassen. — Von dem Glauben, der da weiß, daß aus dem Tode das Leben grünt, zeugt die am letzten Sonntag des Unglücksjahres 1806 gehaltene Predigt, „daß die letzten Zeiten nicht schlechter sind als die vorigen," weder in bezug auf die häusliche, noch die bürgerliche, noch die kirchliche Gemeinschaft. Solchen Trost zu bieten ist ihm dadurch möglch, daß ihm die im Unglück mit Stärke erwachende Liebe zum Familienleben, die neue Anspannung der Kräfte für den Staat, und der durch die Trübsal geweckte Sinn für die kirchliche Gemeinschaft viel köstlicher dünkt, als das Scheinleben, das in allen diesen Gebieten vorher herrschte. — Und am Neujahrstage 1807 tritt er dann mit dem

Rufe hervor: „Fürchtet euch nicht vor denen, die den Leib töten und die Seele nicht mögen töten, fürchtet euch aber vielmehr vor dem, der Leib und Seele verderben mag in die Hölle" und zeigt in jener Predigt, die ein Jahr später dem Minister vom Stein in die Verbannung die rechte Stimmung mitgab, was wir zu fürchten und was wir nicht zu fürchten haben, indem er immer mit derselben ernsten, tiefen, sittlichen Gesinnung Sichtbares und Unsichtbares, Vergängliches und Unvergängliches, im weitern Sinne Leibliches und Geistiges unterscheidet und ermutigt, alles hinzugeben, was Gott fordert, damit nur die Seele in seinem Wohlgefallen bleibe. — Und dieselbe Gesinnung atmet jene meisterhafte, wahrscheinlich noch in Halle gehaltene Predigt über 1. Kor. 7, 29. 30, „daß wir alles haben sollen, als hätten wir es nicht," in welcher mit gleicher Entschiedenheit das ernstliche Sichbefassen mit der Welt, ihren Gütern und Verbindungen wie die Bewahrung der Freiheit von allen Fesseln der Welt als echt christlich dargestellt wird, damit in dem Zusammensinken des Lieblichen im Leben weder stumpfe Gefühllosigkeit beim Verlust noch krankhafte Sehnsucht nach den verlornen äußern Gütern sich einstellen. „Wohlan denn," schließt er, „laßt uns wacker sein und stark! Mögen alle, die für eine gemeinsame Sache eifrig bemüht, alle die einander persönlich wert sind, sich auch unter einander ermuntern und kräftigen, einer bei dem andern entgegenarbeiten allem weichlichen Wesen, aller verführerischen Anhänglichkeit, damit das Band der Liebe in Wahrheit sei ein Band der Vollkommenheit und sie uns stärke, in den Kampf für alles Schöne und Gute nachzufolgen dem Anfänger und Vollender unsers Glaubens, der, wie ihm selbst kein anderer bereitet war, auch uns keinen andern Eingang bereitet hat, als den durch Leiden und Trübsal, in das Reich Gottes." Und abermals zum Kampf für das Gute mitten in der äußerlichen Niederlage fordert er auf, indem er nach Röm. 12, 21 „über die Beharrlichkeit gegen das uns bedrängende Böse" predigt. Unüberwindlich sollen sich die Christen zeigen, indem sie ihren Mut nicht niederschlagen, ihre Besonnenheit nicht überraschen, ihre Lust und Lebensfreude sich nicht rauben lassen. Das sind alles Mahnungen für alle Zeiten, aber wer diese Predigten liest mit lebendiger Vergegenwärtigung der damaligen Verhältnisse, der muß den Prediger bewundern, wie ihm der Mut geblieben, die Besonnenheit nicht ausgegangen, die Lebensfreude nicht erloschen ist, und muß sich freuen für die Hörer, die solchen Trost, solche Stärkung erhielten. Was ist's doch in allgemeiner Erschütterung für ein köstlich Ding um einen Mann!

Die beiden letztern der angeführten Predigten sind bereits in
Berlin gehalten, wo sich Schleiermacher, nachdem ihm in Halle jede
Wirksamkeit zerstört war, Arbeit für sein Vaterland gesucht. Er hielt
hier im Sommer 1807 Vorlesungen über Geschichte der griechischen
Philosophie, wie Varnhagen erzählt, vor einer ansehnlichen Zuhörerschaft
von Jünglingen und Männern, „ein geistreiches Kollegium, noch
besonders merkwürdig durch den freien, rednerischen Vortrag, der ohne
Stocken im Ebenmaß gebildeter Sprache klar dahinfloß, ohne daß der
Sprechende ein leitendes Heft oder auch nur, bei so vielen griechischen
Stellen, die er wörtlich anführte, ein aushelfendes Blatt zur Hand
gehabt hätte.“ Daneben ergriff er gern die Gelegenheit zum Predigen.
Im Sommer finden wir Schleiermacher auf dem nicht fern von Berlin
gelegenen Rittergute Friedersdorf, bei dem Dichter von Marwitz.
Dorthin brachten Varnhagen und Reimer die Nachricht vom Frieden
von Tilsit, über welchen Schleiermacher, nach Varnhagens Erzählung,
ganz betäubt war. Aber entmutigen ließ sich dieser Mann nicht, wie
die darauf gehaltenen Predigten beweisen. Und im nächsten Sommer,
um dieselbe Zeit, in welcher er das neue bräutliche Verhältnis zu
pflegen hatte, sehen wir ihn in der regsten politischen Thätigkeit.
Preußen war aufs tiefste gedemütigt und die französische Heeresmacht,
die im Lande blieb, hemmte die Erhebung. Und doch konnten die
besten Männer nicht anders, sie mußten an eine Erhebung denken, für
einen neuen Krieg gegen Frankreich rüsten. Man hoffte auf eine
Verbindung mit Österreich, mit dem nichtpreußischen Norddeutschland,
auf Englands Unterstützung, auf den spanischen Krieg, der Napoleons
Fortschritte in Deutschland hemmte. Eine freie, öffentliche Kriegsrüstung
war nicht möglich; die Thätigkeit der Regierung mußte sich auf die
innerliche Befreiung und die geheime Waffnung beschränken, wie sie
Stein und Scharnhorst betrieben. Daneben aber galt es eine Vereinigung aller, die das Vaterland brennend liebten, zu einem stillen
Männerbunde, die Anknüpfung von Beziehungen zwischen den Patrioten
durch ganz Norddeutschland hindurch, die Einziehung der genauesten
Erkundigungen über die eigenen und die Kräfte des Feindes. Kaum
war Schleiermacher von seiner Verlobung heimgekehrt, als ihm von
den Männern, die in Berlin die Befreiung des Vaterlandes am
eifrigsten betrieben, unter denen namentlich Eichhorn, der nachmalige
Minister und der Graf Chazot, der von Arndt besungene, genannt
werden, eine politische Reise nach Königsberg angesonnen wurde, wo
damals der Hof und die Regierung sich befand. In merkwürdigen

Briefen, in welchen die öffentlichen Angelegenheiten unter dem ver=
hüllenden Gewande von Familienverhältnissen besprochen und die Namen
der hervorragendsten Personen mit andern vertauscht werden — Stein
heißt Christ — giebt Schleiermacher Kunde von seiner Reise. Er
spricht den König, die Königin, Prinzeß Wilhelm, Stein, Scharnhorst,
Gneisenau. Daneben hatte er die Freude, im Hause seines alten lieben
Freundes Wedeke leben zu können. Und das erweckt die Sehnsucht in
ihm, selbst ein solches Haus zu gründen, eine Sehnsucht, die mit dem
besonnenen Mut, alles für das Vaterland zu wagen, Hand in Hand
geht. „Mir ist recht zuversichtlich zu Mute," schreibt er an seine
Braut, „und ich fühle mich gerade im Zusammentreffen dieser äußern
Lage mit unserm Verein in einem so hohen Grade und auf eine so
lebendige Weise glücklich, daß ich es gar nicht aussprechen kann. Jedes
erhöht das andre und bringt es in das rechte Verhältnis. Könnte
ich nicht, was ich thue — und ich fühle doch nun lebendig, daß ich es
kann — so würde mir gar nicht so gewiß sein, daß ich ein Recht
hätte, Anspruch zu machen auf Dich, auf Dein ganzes Dasein und
Deine Kinder. Und wiederum hätte ich Dich nicht, so würde ich gar
nicht so gewiß wissen, wie viel eigentlich wäre hinter meinem Mut
und meiner Vaterlandsliebe. Nun aber weiß ich, daß ich mich neben
jeden stellen kann, daß ich wert bin ein Vaterland zu haben und daß
ich wert bin, Gatte und Vater zu sein." Und so schlingt sich in den
Briefen das Zwiefache in Eins, die Liebe zu der Braut und die Arbeit
für das Vaterland, bis sie, in einer herrlichen Ehe vereinigt, gemeinsam
alle Lust und alles Weh, das von den öffentlichen Angelegenheiten
kommt, mit einander tragen. Am letzten Abend des Jahres 1808
schreibt er der Braut: „Niemals kann ich dahin kommen, am Vaterlande
zu verzweifeln: ich glaube zu fest daran, ich weiß es zu bestimmt, daß
es ein auserwähltes Werkzeug und Volk Gottes ist. Aber was auch
begegne, so hoffe ich nicht, daß irgend etwas uns länger soll getrennt
halten. Mit rechter Lust habe ich mir die Bilder einer verhängnisvollen
Zeit ausgemalt, Dich immer an meiner Seite oder mich zu Hause
sehnsuchtsvoll empfangend, wenn ich zurückkehrte von irgend einem
Geschäft, was alle Kräfte aufgeregt und in Anspruch genommen hatte!
Es ist eine herrliche Gabe Gottes, in einer Zeit zu leben wie diese;
alles Schöne wird tiefer gefühlt und man kann es größer und herrlicher
darstellen. Ja, auch wenn von reinem Genuß der Liebe die Rede ist,
will ich Dich lieber in diese Verhältnisse hineinführen, als in irgend
ein verborgenes, idyllisches Leben. Denn was kann die Liebe mehr

verherrlichen, als wenn man so alles, was es Großes giebt in der Welt, mit hineinzieht in ihr Gebiet. Darum laß uns frisch und selig allem entgegengehen, was da kommen kann." Und im wunderschönen Monat Mai des Jahres 1809, als in Österreich eine leider bald verwelkte Blüte der Hoffnung für das Vaterland aufging in dem mutig begonnenen Krieg, holte Schleiermacher die Braut heim und gründete ein häusliches Glück, das frisch und grün blieb bis ans Ende.

In demselben Jahre, in welchem sein häusliches Leben feste Gestalt gewann, ward ihm auch wieder ein sicheres Amt zu teil: er ward Prediger an der Dreifaltigkeitskirche. Das führt uns zu den Predigten zurück, durch welche er mit Fichte nach dem Zeugnis der Zeitgenossen in den Jahren der Knechtschaft die Gesinnung der preußischen Hauptstadt umschuf. Während er in den früheren politischen Predigten mehr im allgemeinen die tüchtige vaterländische Gesinnung mitten in dem Zerfall des Staats zu erwecken sucht, nehmen dieselben mit dem Jahre 1808 eine bestimmtere Richtung auf die Reform des Staates. Die Predigt Schleiermachers bereitet dem, was Stein und Scharnhorst unternehmen, den Boden. Vollendet ist die Weise, wie er am 24. Januar 1808, dem Geburtstag Friedrichs des Großen, die Verehrung gegen das einheimische Große aus früherer Zeit in die rechten Schranken weist. Anknüpfend an das Wort des Herrn über den Tempel zu Jerusalem: Wahrlich ich sage euch, es wird hier nicht ein Stein auf dem andern bleiben, der nicht zerbrochen werde, zeigt er, wie eine abgelebte Form des Staatslebens zerfalle, aber der unvergängliche Geist in frischer Jugend die neue, vollkommnere sich schaffe. Die Sehnsucht nach der Rückkehr des großen Königs verwirft er, denn wenn das Volk Mosen und die Propheten nicht hört, wird es auch nicht glauben, ob jemand von den Toten auferstünde; in einem Volke, das alles Vertrauen auf eine einzelne hervorragende Persönlichkeit setzt und sich selbst damit aufgiebt, kann auch der gewaltigste Herrscher nichts ausrichten. Und wie die Rückkehr des Heldenkönigs, wenn sie möglich wäre, doch nicht helfen könnte, so ist es thöricht, die einmal zusammengebrochene Verfassung und Einrichtung des Staates mit ihren Unvollkommenheiten wieder herstellen zu wollen, statt die Hände zu regen zur Gründung eines neuen Staatswesens. Aber wie er mit christlicher Milde die beurteilt, die von dem Alten das Heil erwarten, so will er den guten Kern des Staatswesens nicht verwerfen, sondern mahnt, festzuhalten an der Arbeitsamkeit und Sparsamkeit, an dem rechtlichen Wesen und der Biederkeit, an der Gleichheit der Bürger

vor dem Geſetz, an dem Beſtreben, richtige Erkenntnis unter allen
Bürgern zu verbreiten und zuletzt an der Freiheit des Glaubens und
Gewiſſens — alles Vorzüge, die dem Staate Friedrichs des Großen
Ruhm erworben. — Die Einführung der Städteordnung, die ein
Vermächtnis des damals ſchon geächteten Stein war, hat Schleiermacher
durch eine Predigt über Röm. 13, 1—5 gefeiert, in welcher er das
richtige Verhältnis des Chriſten zu ſeiner Obrigkeit darſtellte und
zeigte, wie unanſtändig es dem Chriſten ſei, um der Strafe willen
unterthan ſein; denn die Frömmigkeit ſei weſentlich Selbſtändigkeit
und feſter Mut, Liebe und Freiheit, aller Heuchelei entgegen, Furcht
könne ſich mit ihr nicht vertragen; wie es dagegen dem Chriſten
natürlich ſei, um des Gewiſſens willen ſich zu unterwerfen, und
welchen Segen ein ſolcher Gehorſam der äußern Teilnahme am Staat,
ſowie dem Nachdenken über denſelben bringe.   Die Predigt iſt ein
kräftiges Zeugnis gegen die Vaterlandsliebe, welche der Frömmigkeit,
und die Frömmigkeit, welche des Vaterlandes entraten zu können glaubt.
— Als im Sommer 1810 der plötzliche Tod der Königin Luiſe das
preußiſche Volk erſchütterte, da hat Schleiermacher mit der ganzen Liebe
eines treuen Unterthanen das Bild der Seligen der Gemeinde vor-
geſtellt, aber zugleich das Wort Jeſ. 55, 8 und 9 gebraucht, um die
Gedanken über dieſen Trauerfall zu läutern, damit auch aus ihm Segen
für das Vaterland komme.

Eins fehlte Schleiermacher noch, nachdem ihm Haus und Kanzel
gebaut war, — der Lehrſtuhl.   Seit er in Halle eine begeiſterte
Jugend lauſchend auf ſein befruchtendes Wort um ſich verſammelt
geſehen, war der Trieb zur Lehre unwiderſtehlich.   Dazu kam mit dem
Unglück des Staats „die tiefe Überzeugung, daß ein neues Geſchlecht
aus dem Geiſte geboren werden müſſe, wenn das Vaterland eine große
Zukunft haben ſolle.‟   In Berlin hielt er ſofort, nachdem er dort
ſeinen Aufenthalt genommen, öffentliche Vorleſungen, diejenigen über
Geſchichte der griechiſchen Philoſophie haben wir ſchon erwähnt, dazu
kam Ethik und theologiſche Encyklopädie, ſpäter Glaubenslehre.   Mit
Fichte, Wolf und Schmalz bildete Schleiermacher gewiſſermaßen eine
Univerſität in Berlin vor ihrer Gründung.   Aber auch an dieſe
Gründung ward Hand gelegt.   Früher gehegte Pläne wachten wieder
auf, als Halle franzöſiſch-weſtfäliſch geworden war.   „Das iſt recht,
das iſt brav,‟ hatte der König geſagt, als man ihm bald nach dem
Frieden von Tilſit davon ſprach, „der Staat muß durch geiſtige Kräfte
erſetzen, was er an phyſiſchen verloren hat.‟   Neben Fichte und Wolf

ward auf Schleiermacher am meisten gezählt. Durch seine „gelegentlichen Gedanken über Universitäten in deutschem Sinn, nebst einem Anhang über eine neu zu errichtende" förderte er die Sache wesentlich. Man wollte etwas ganz Ausgezeichnetes, die alten Schläuche akademischer Formen schienen für den jungen Most zu morsch; zwischen den philosophischen Konstruktionen und den zu sehr auf die einzelnen Fächer gebauten Plänen hindurch, hielt Schleiermacher die alte Idee der Universität fest in verjüngter Gestalt, auch hier wieder mit schöpferischer Genialität die klarste Besonnenheit im Erhalten des Guten verbindend. Endlich im Herbst 1810 ward sie eröffnet. Wie sie aus den Wehen des Vaterlandes herausgeboren wurde, so nahm sie teil an der Erhebung. Ja man kann sagen: die Universität Berlin hat diese Erhebung wesentlich mitbewirkt. Professoren und Studenten haben in dem Kampfe, der sich 1813 erhob, mit dem Schwert des Geistes und dem von Eisen tapfer gerungen. Schleiermacher hatte nun die Stätte gefunden, wo sein Wunsch, für die Erneuerung der deutschen Kirche etwas Tüchtiges thun zu können, reiche Gewährung fand. Ein Vierteljahrhundert lang hat er Tausenden von Jünglingen den Sinn für das Religiöse erschlossen, Christus als das A und O des religiösen Lebens verkündigt und seine reine Begeisterung für das Reich Gottes eingehaucht. Auch an der Regierung bekam er um jene Zeit seinen Anteil, indem er in der Abteilung des Ministeriums für den Unterricht arbeitete, bis 1814, wo er die Stelle aufgab, um als Sekretär der Akademie Zeit zu gewinnen. Gott hatte ihm alle Wünsche erfüllt. „Komme ich noch irgend," schrieb er auf Weihnacht 1808 an seine Braut, „wenn auch nur vorübergehend, in eine Thätigkeit für den Staat hinein, dann weiß ich mir wirklich nichts mehr zu wünschen. Wissenschaft und Kirche, Staat und Hauswesen — weiter giebt es nichts für den Menschen in der Welt, und ich gehörte unter die wenigen Glücklichen, die alles genossen hätten."

Und die Erhebung des Jahres 1813 kam endlich. Vom 3. Februar war des Königs Aufruf an die Freiwilligen datiert. Er erregte in Berlin eine ungeheure Bewegung. Schleiermacher widmete der Sammlung, der Ausrüstung der sich Meldenden seine ganze Thätigkeit. Schon am 8. März dankt ihm von Breslau aus im Namen des Staats Scharnhorst für die Verdienste, die er sich um die schnelle Fortsendung der Freiwilligen nach den ihnen angewiesenen Orten erworben, und bespricht mit ihm die von Schleiermacher vorgeschlagene Gründung einer Zeitung. Der kleine unansehnliche Mann war die Seele der

19*

kriegerischen Rüstung in Berlin. Der Aufruf „an mein Volk" erschien und sollte in der Kirche verlesen werden. Karl von Raumer schildert uns den tiefen Eindruck der Predigt, die Schleiermacher bei dieser Gelegenheit hielt. In der That, der wunderbare Frühlingsodem der vaterländischen Erhebung weht uns aufs erfrischendste aus ihr entgegen. Er beginnt mit der Schilderung der letzten Ereignisse, unter deren Eindruck noch alle stehen, wie die Franzosen gewichen, dem Namen nach Freunde, mit Freude entlassen, wie die Russen einzogen, dem Namen nach Feinde, mit Jubel begrüßt, wie die eigenen Truppen gekommen und wie in der ganzen Bevölkerung die Hoffnung sich regte, daß sie nun die rechte Bestimmung erhalten würden, den Kampf gegen den Nationalfeind, und wie die Hoffnung nun erfüllt sei durch das klare Wort, das der König zu seinem Volk gesprochen. Hierauf verlas der Prediger des Königs Aufruf und schilderte das Glück eines solchen Zusammenklangs der königlichen Macht und der Begeisterung des Volks. Dann das herrliche Prophetenwort Jerem. 17, 5—8 u. Jerem. 18, 7—10. Buße ist das erste, was er durch dieses Wort erwecken will; mit bewundernswürdiger Klarheit, durch sein demütiges „Wir" immer teilnehmend an der allgemeinen Schuld, schildert er, wodurch das Volk die Züchtigung herabbeschworen, das rasche Wachstum Preußens unter Friedrich dem Großen, die fleischliche Sicherheit im Bewußtsein der erlangten Macht, die innere Fäulnis im Staatsleben, die schlechte Gesinnung, mit welcher Preußen den Frieden zu erhalten suchte, dann das Auflodern der vaterländischen Begeisterung 1806 und den furcht= baren Sturz, hierauf durch die Knechtschaft knechtische Gesinnung, nun aber die Rückkehr zur Wahrheit aus der Heuchelei, die bis zu einer schauderhaften Vollendung getrieben worden war, Rückkehr zum freien Handeln, und dies in erhebendster Weise, wie die freiwilligen Gaben und die freiwillige Kriegsbereitschaft bezeugten. Hier verliest der Prediger des Königs Aufruf zur Landwehr. Dann zeigt er, was jeder in dem Kampfe zu thun schuldig ist; die Krieger ermahnt er, den Mut nicht zum Übermut oder Leichtsinn werden zu lassen, die Angehörigen und Befreundeten, die Liebsten mit Freuden zu opfern, die Lenker des Staats zur Treue in der Verwaltung der mit solcher Aufopferung dargebotenen Kräfte, alle aber ermutigt er zu dem innern Krieg gegen die schlechte Gesinnung. „So stehe jeder auf seinem Posten und weiche nicht! so halte sich jeder frisch und grün im Gefühl der großen, heiligen Kräfte, die ihn beleben! so vertraue jeder Gott und rufe ihn an!"

Als im Mai 1813 Berlin bedroht schien, ließ Schleiermacher Frau und Kinder nach Schlesien gehen, eine Maßregel, die er nachher hundertmal verwünschte, denn gerade nach Schlesien wälzte sich nach den ersten Schlachten der Krieg. Unter der Qual sich verklagender und entschuldigender Gedanken in bezug auf seine Familie wich er selbst nicht von seinem Posten. Durch die Zeitung, die er herausgab, wirkte er, namentlich in den trüben Tagen des Waffenstillstandes, für eine kräftige Politik, trotz der Quälereien der Zensur, die am hellen Tag wie ein Nachtvogel sich vernehmen ließ. Die Siegestage im Spätsommer und Herbst 1813 kamen, und er konnte sie in wieder= hergestellter, glücklicher Häuslichkeit verleben. Mit den kriegerischen Unternehmungen in Frankreich im folgenden Jahre stand er durch Briefwechsel mit seinen Freunden Steffens und Blanc in Verbindung, von denen der eine als Freiwilliger, der andre als Feldprediger den Feldzug mitmachte. Nach der zweiten Einnahme von Paris wendet er sich an Gneisenau wegen Zurücknahme der geraubten bibliothekarischen Schätze. Er konnte am Friedensfest 1815 als einer, der selbst das Seine redlich gethan, ausrufen: „Wohlan denn, hat der Herr uns gnädig gezüchtigt, weil er uns liebte; hat er schlummernde Kräfte geweckt in schweren Zeiten; hat er fröhliche, wenn gleich teure Errettung verliehen von drückenden Übeln; hat er mit unvergänglichem, wenn gleich teuer erkauftem Ruhm gekrönt das gesamte deutsche Volk und vornehmlich unsern König und sein Land; läßt er uns heute in blühender, jugendlicher Kraft und mit schöneren Hoffnungen als je das fünfte Jahrhundert reicher vaterländischer Segnungen beginnen: o so mögen von so viel Gnade besiegt, jedem fremden Zuge sich weigernd, alle Herzen sich neigen und alles Volk in seinen Wegen wandeln."

Noch zwei Jahrzehnte nach dem hergestellten Frieden war es Schleiermacher vergönnt, von Berlin aus eine ungemeine Wirksamkeit weithin zu entfalten. In diesen Jahren der heftigsten Parteiungen und der überraschendsten Wandlungen ist er sich gleich geblieben in seinem furchtlosen, unbestechlichen Wahrheitssinn. Als sein Schwager Arndt seines Amtes entsetzt ward, als man anfing, aus längst ver= schollenen Meinungen und Äußerungen Anklagen gegen die Männer zu schmieden, welche am meisten zur Rettung des Vaterlandes gethan, als das in der Kammer gesprochene, im vertraulichen Briefe nieder= gelegte Wort vor dem Lauscher und Späher nicht sicher war — da war auch Schleiermacher sehr verdächtig. Aber er ging seinen Weg,

in treuer, wenn auch lang unerkannter Liebe zum König, und erlebte die
Freude, daß auch dieser ihm sein Vertrauen völlig wieder zuwandte.
Auch in kirchlichen Dingen bewahrte er sich seine Selbständigkeit.
Mag man bedauern, daß er zu der neu erstarkten Orthodoxie, mit
welcher er doch die Richtung des gesamten religiösen Lebens auf
Christum gemein hatte, keine innigere Stellung einnehmen konnte, so
hatte er auf der andern Seite mit jenen sogenannten Denkgläubigen
nichts gemein, welche die Religion als ein oberflächliches Denken und
ein dürftiges Handeln predigten. Er bewahrte sich ein warmes,
inniges, religiöses Leben. Die Kraft desselben, die er zur Zeit, da
er die Reden und die Monologen schrieb, bereits fühlte, entfaltete er
mehr und mehr in dem schönen frommen Leben, das er führte. Wer
die Bedeutung eines Gottesgelehrten einfach nach der Zustimmung
oder Nichtzustimmung zur überlieferten Lehre der Kirche bemessen
wollte, der würde bei Schleiermachers Wirken kaum den Segen erkennen.
Seine Bedeutung liegt in der Lauterkeit und dem Ernst, mit welchem
er die Religion überhaupt und das Christentum als von Christo ausschließlich ausgehendes religiöses Leben wieder zu Ehren brachte. Nicht
quantitativ, sondern dynamisch ist seine religiöse Wirkung; nicht nach
der Menge orthodoxer Sätze, sondern nach der Kraft der Überzeugung
dessen, was er erfaßt hatte, ist er zu beurteilen. Männer der ver=
schiedensten theologischen Richtung rühmen seinen Einfluß. Das sind
die echten Schüler Schleiermachers, die in der Religion vor allem jene
mystische Einigung der Seele mit ihrem Gott suchen, in Jesus Christus
den ausschließlichen Weg zu solcher Einigung, die ihr tägliches Leben
durch das Wort Gottes und Gebet heiligen, die dahin trachten, die
Familie zu einer Gemeinschaft der Heiligen zu machen, die die Kirche
gegen alle unziemliche Beeinträchtigung verteidigen, ob sie nun von
dem „liturgischen Recht des Landesherrn" oder von dem Majoritäts=
gelüste des Volks ausgeht. Denn in all diesen Stücken hat uns
Schleiermacher vorgeleuchtet.

Die Ferienreisen, welche er zur Erfrischung, meist in Begleitung
lieber Freunde zu machen pflegte, dabei auch in vorgerücktem Alter
keine Anstrengung scheuend, ein immer rüstiger Fußgänger, darunter
einige Reisen in fernere Länder, nach Tirol, England, Schweden, sind
die Veranlassung zu dem Briefwechsel mit den Seinen gewesen, aus
welchem uns sein schönes Familienleben aufs erquicklichste anspricht.
Die Ehe, die er führte, entsprach völlig dem, was er vor der Schließung
derselben von ihr gehofft und geweissagt. Sie stellt sich als eine so

musterhafte dar, daß das Buch der Familienbriefe aus seinem Leben als ein rechtes Familienbuch empfohlen zu werden verdient. Der Kinder, die ihm seine Frau aus der ersten Ehe zuführte, und der eigenen nahm er sich mit gleicher Vaterliebe an. Die trefflichsten Winke über Erziehung, namentlich der Knaben, bieten die Briefe. Er wußte das jugendliche Alter, das Gefühle mit Thaten, erste Regungen eines nach Hohem strebenden Sinnes mit bewährtem Edelsinn zu verwechseln geneigt ist, klar und bestimmt auf die eigentliche Aufgabe: vor allem zu lernen, zu werden, hinzuweisen, dann aber der ernsten Mahnung so viel Liebe, so viel frische Lust am jugendlichen Leben beizumischen, daß das Vertrauen nicht gestört werden konnte. Der einzige Sohn, den ihm Gott beschert hatte, ward ihm zwölfjährig entrissen. Auch dies bezeugt den großen und innigen Sinn Schleiermachers, den ganzen Mann, daß er seinem Sohne selbst die Grabrede hielt, „unter rinnenden Thränen" freilich, aber doch mit wunderbarer Fassung, abwehrend allerlei Trost, mit welchem weniger scharf denkende Geister sich wohl hinhalten, aber um so tiefer sich versenkend in den Trost: Vater, ich will, daß wo ich bin, auch die bei mir seien, die du mir gegeben hast. Es giebt ein deutliches Bild von der Weise, wie auch der Sechzigjährige noch mit den Arbeiten seines Berufs die Pflege des Individuellen zu verbinden wußte, wenn er nach dem Tode seines Sohnes an seinen Freund Gaß schreibt: „Mir war es nun besonders, seit der Knabe angefangen, das Gymnasium zu besuchen, ein eigener Beruf, ihn unter meine nähere Leitung zu nehmen. Zuletzt hatte ich es mir eingerichtet, daß er in meiner Stube arbeitete, und so kann ich sagen, es war keine Stunde, wo ich nicht des Knaben gedacht und um ihn Sorge getragen hätte, so daß ich ihn nun auch in jeder Stunde vermisse. Da ist nun nichts zu thun, als sich zu fügen und seinen Schmerz zu verarbeiten. Denn kämpfen kann und will ich nicht dagegen, und hingeben darf ich mich ihm nicht. Gleich an seinem Begräbnistage habe ich angefangen, alles zu verrichten und das Leben geht seinen alten Zug fort, nur freilich geht alles langsamer und schwerer."

Unter einem vielverbreiteten Bilde Schleiermachers steht das Wort: „nur das habe ich mir immer gewünscht, recht bei voller Besinnung zu sterben, ohne Überraschung und ohne Täuschung, den Tod recht sicher und bestimmt kommen zu sehen." Dieser Wunsch ward ihm am 12. Februar 1834 erfüllt. In der Nacht vom 6. auf den 7. Februar, nachdem er vorher an Husten und Heiserkeit gelitten, ward er von so

fürchterlichen Schmerzen befallen, daß er sich äußerte, er könne nicht
sagen, wo er Schmerzen habe, sondern nur, daß keine Faser in ihm
sei, die nicht von Schmerz zerrissen würde. Während der schweren
Krankheit, die noch einige Tage währte, war seine Stimmung klare,
milde Ruhe, pünktlicher Gehorsam gegen jede Anordnung; ohne einen
Laut der Klage oder Unzufriedenheit, blieb er immer gleich freundlich
und geduldig, wenngleich ernst und nach innen gezogen. Das Opium,
das ihm gegeben worden war, brachte ihn in einen schlummernden,
zwischen Bewußtsein und Bewußtlosigkeit schwankenden Zustand, aber
er hatte Klarheit genug, diesen Zustand zu erkennen und fügte die
für sein Wesen so bezeichnenden Worte hinzu: „Aber in meinem
Innern verlebe ich die göttlichsten Momente — ich muß die tiefsten
spekulativen Gedanken denken und die sind mir völlig eins mit den
innigsten religiösen Empfindungen." Einmal hob er die Hand auf
und sagte feierlich: „Hier zünde eine Opferflamme an!" ein andermal:
„Den Kindern hinterlasse ich den Johanneischen Spruch: „liebet euch
unter einander!" Sein Herz war voll Liebe und sein Mund ging
davon über. Am letzten Morgen, als der Todeskampf sich einstellte,
sprach er die erste und letzte Klage aus: „ach Herr, ich leide viel!"
Dann legte er, die Züge des Todes im Angesicht, die beiden Vorder-
finger an das linke Auge, wie er that, wenn er tief nachdachte und
sprach: „Ich habe nie am toten Buchstaben gehangen, wir haben den
Versöhnungstod Jesu Christi, seinen Leib und Blut. Ich habe aber
immer geglaubt und glaube auch jetzt noch, daß der Herr Jesus das
Abendmahl in Wasser und Wein gegeben hat." Dem Kranken war
nämlich Wein verboten und so hielt er sich an die morgenländische
Sitte, Wein und Wasser zu mischen, um zu entschuldigen, daß er
nur Wasser genießen wollte. Während dessen hatte er sich aufgerichtet,
seine Züge belebten sich, seine Stimme ward rein und stark. Er
fragte, ob die Seinen mit ihm eins seien, daß Jesus auch das Wasser
in dem Wein gesegnet habe. Auf ihr Ja sagte er: „So lasset uns
das Abendmahl nehmen, euch den Wein und mir das Wasser."
Dann, als das Nötige herbeigeholt worden war, fing er an mit
verklärten Zügen und Augen, in denen ein wunderbarer Glanz, eine
höhere Liebesglut leuchtete, einige betende Worte zur Einleitung der
Handlung zu sprechen. Und dann teilte er den Seinen und sich das
Mahl aus, jedem die Einsetzungsworte mit lauter Stimme sprechend.
Und als die Handlung beendigt war, sprach er: „Auf diesen Worten
der Schrift beharre ich, sie sind das Fundament meines Glaubens.

Dann sprach er den Segen und mit voller Liebe in den Blicken sich zu seiner Frau wendend: „in dieser Liebe und Gemeinschaft sind und bleiben wir eins." Und sich auf das Kissen zurücklegend, suchte er einige Augenblicke eine bessere Lage, unter der Hilfe der liebenden Hände that er die letzten Atemzüge, und sein Auge schloß sich allmählich. In der Mitte seines Lebens hatte er in dem Monologen gesagt: „Ja, ungeschwächt will ich den Geist in die spätern Jahre bringen, nimmer soll der frische Lebensmut mir vergehen; was mich jetzt erfreut, soll mich immer erfreuen; stark soll mir bleiben der Wille und lebendig die Phantasie, und nichts soll mir entreißen den Zauber= schlüssel, der die geheimnisvollen Thore der höhern Welt mir öffnet, und nimmer soll mir verlöschen das Feuer der Liebe. Ich will nicht sehen die gefürchteten Schwächen des Alters; kräftige Verachtung gelob' ich mir gegen jedes Ungemach, welches das Ziel meines Daseins nicht trifft, und ewige Jugend schwör' ich mir selbst!" Was er aus der Gesinnung des urbildlichen Menschen, wir dürfen sagen: aus dem Glauben, der in der Zeit die Ewigkeit ergreift und die Kraft Gottes ins kreatürliche Leben herabruft, sich selbst gelobt, das hat ihm die Gnade Gottes in christlicher Verklärung gegeben.

11.

Henrich Steffens.

An die drei großen Erneuerer des deutschen Lebens, Fichte, Arndt und Schleiermacher, reiht sich würdig, wenn auch nicht in gleich durchgreifender Wirkung, Henrich Steffens. Mit Fichte hatte er gemein, daß im Frühling 1813 seine akademische Vorlesung unmittelbar in einen Aufruf zum heiligen Krieg sich verwandelte, mit Arndt, daß er den großen Krieg gegen Frankreich selbst mitmachte, aber als Soldat und bis Paris, mit Schleiermacher verband ihn die verwandte Anschauung von der Fülle und Einheit des Lebens, in dessen Tiefe der Quell der Religion sprudelt, zu inniger Freundschaft. Aber an ein Besonderes werden wir durch Steffens erinnert, daß nämlich die keimkräftige Fülle des Lebens, die in den Kriegs= und Siegesjahren geweckt ward, nachher nach verschiedenen Richtungen sich teilte; während der reformierte Schleiermacher bis an sein Ende mit aller Kraft seiner Überzeugung zur Union stand, ist der ursprünglich lutherische Steffens in späteren Jahren im bestimmten Sinne dieses Wortes wieder „Lutheraner" geworden.

Henrich Steffens stammte aus einem der nordischen Reiche, in denen bis in die letzten Jahre das lutherische Bekenntnis ausschließliche Herrschaft besaß. Dem Dänischen Staate gehörte er durch seine dänische Mutter, seine Geburt in Norwegen und den Dienst seines Vaters an; seine Vorfahren von väterlicher Seite waren Deutsche aus Holstein, und in Deutschland hat auch Steffens „die starken Wurzeln seiner Kraft" gefunden. Am 2. Mai 1773 zu Stavanger in Norwegen geboren, wo sein Vater als dänischer Distriktschirurg stand, zog er in seinem dritten Jahre mit den Eltern nach Trondheim, im siebenten nach Helsingör, im Jahre 1785 nach der alten dänischen Königsresidenz Roeskilde, wo sein Vater Regimentsarzt geworden war. Der Vater war von Natur leicht erregbar, zornig, nicht ohne Schuld seines Charakters oft in bedrängten äußern Verhältnissen. Rousseau hatte auf seine Erziehungsgrundsätze Einfluß gehabt. Damit vertrug es sich, daß er die Kinder viel sich selbst überließ. Nur die körperliche Erziehung, zu welcher ihn sein Beruf als Arzt besonders ermunterte, betrieb er mit Eifer. Früh wurden die Kinder an kalte Bäder gewöhnt und im Meer waren sie fast zu Hause wie auf dem Lande. Steffens war ein frühreifer Knabe, im vierten Jahr konnte er schon lesen, bald machte er kleine Gedichte. Der Unterricht in den alten Sprachen wurde ihm durch die geistlose Weise verleidet, in welcher er erteilt ward. Den tiefsten Eindruck auf die Seele des Knaben machte die Geschichte, die Natur, die Religion. Es ist bekannt, daß bis in die neueste Zeit das zu geringer Macht heruntergekommene dänische Volk sich von der Erinnerung an die größere Vergangenheit zu schwindelnder Höhe der Ruhmsucht emportragen ließ. Nirgends mag die Gegenwart mit der fernsten, in Sagendämmerung verschwindenden Geschichte durch die Erziehung, durch die Belebung des Nationalgefühls unmittelbarer verknüpft werden, als in Dänemark. Auch Steffens erfuhr in seiner Jugend, wie stark Sage und Geschichte von Göttern und Königen, von Kriegs- und Seefahrten, durch die festen Baudenkmale aus alter Zeit und die beständigeren Erinnerungszeichen einer gewaltigen Natur unterstützt, auf das Gemüt des Menschen wirken. Stärker aber noch als die Macht nationaler Erinnerungen wirkte auf Steffens die Natur: die mannigfaltigen großen Bilder, welche bei dem öfteren Wechsel des Wohnorts sich dem Auge des Knaben darboten, und die Bücher, die er in der Bibliothek des Vaters fand, weckten wetteifernd den angebornen Sinn für Betrachtung und Durchforschung der Natur. Und nachdem er einmal geweckt war, haftete der Knabe nicht an dem, was dem Auge unmittelbar sich darbot, die beflügelte Phantasie trug ihn in fernste Länder; aus den hohen, wilden, kahlen Gebirgen, in deren Mitte er geboren war, aus dem rauhen Meer mit seinen empörten Wellen und seinem Gewimmel von Schiffen, fühlte er sich oft unwillkürlich in die Mitte großer, schattiger Wälder, in die Glut tropischer Gegenden versetzt. „Zwar mochte ich mich gerne," so erzählt er von sich selbst, „wie andere Kinder, in der freien Natur leicht und fröhlich herumtreiben, und in Gesellschaft, von der Sonne beschienen, von der reichen Pflanzenwelt umgeben, bewußtlos in das Meer der Lust tauchen, welches sie mütterlich aufschließt; aber diese Freude war nicht meine höchste. Eine andere, tiefere ergriff mich dann, wenn ich einsam, von den Gespielen getrennt, in ein geheimes Gespräch —

ich habe keinen andern Ausdruck für die Seligkeit,
— mit ihr versank. Alles, was sie besaß, drängte
warmes, kindliches Herz; der innere Jubel war mit
Rührung verbunden, ich muß sie Andacht nennen
ich in ihrer Mitte lebte, daß ich ihr zugehörte,
Kind der alles beseligenden, alles belebenden, un
war." Dieses lebendige Gefühl, von dem Welt
Leben von ihm zu empfangen, Leben in dasselbe
leicht erregbaren, dichterischen Naturen, wie Stef
zur pantheistischen Weltanschauung, wurde in den
Glauben, wie die lutherische Kirche ihn hat, ge
Mannesalter fand Steffens gerade in der lutherisch
der vom Abendmahl, eine von ihm in eigentümlic
Versöhnung des Natürlichen und Geistlichen, ein
welcher Gott „Natur in sich, sich in Natur heg
eine volle Seligkeit ohne Leiblichkeit nicht haben l
der Jugendzeit nimmt Steffens einfach an, was
und vom Hause geboten wird. Bis zum siebenten
biblische Historien des kleinen Schülers Wonne.
Schule ward ein ziemlich ausgedehnter Religionsu
bergs Lehrbuch der natürlichen und geoffenbarte
Die Sprache des Buchs, die Weise des Unterr
vorteilhaft von dem Unterricht in den klassischen
ward lebhaft angeregt, nur das Auswendiglerne
des Buchs war ihm unmöglich. Während die A
schriebene Aufgabe buchstäblich lernten, nicht mehr
versenkte er sich in die Sache, in ihre Tiefe, i
was ihm gegeben ward regte eigne Gedanken a
drängt zur selbständigen Bearbeitung, es entstand
Gegenstände der Religion, die er nicht ohne Ei
vortrug, die aber für ihn den Gewinn eigenen D
auf einem Gebiete brachten, wo der Buchstabe nie
objektive Norm nie ohne subjektive Erschlossenheit l
aber erschloß die Mutter das Gemüt des Knab
seinen Heiland. „Jegliche Regung der Andac
„ein jedes religiöse Gefühl verdanke ich meiner
lich muß ich sie den guten Engel meines Lebens
es im tiefsten Sinne des Wortes, und wenn j
Alter, das strafende Gewissen sich aus der Ver

Verirrungen des Lebens erhob, so stellte es zu jeder Zeit mir ihre
wehmütig sorgende Gestalt vor die Seele, wie sie, durch die Sprache
einer höhern Welt seit früher Kindheit mit mir verbunden, dann
warnend winkte." Der Vater war durch sein Amt, die Sorgen, die
ihn drückten, seine aufklärerischen Meinungen an einer tieferen Wirkung
auf das religiöse Leben des Sohnes gehindert, die Mutter kränkelte,
die Kinder liefen in der Freiheit umher. Aber je ungebundener durch
strenge Fesseln der Zucht sich Steffens fühlte, desto fester fühlte er sich
durch den stillen Einfluß der schönen, frommen, leidenden Mutter gebunden. Ein doppeltes Leben führte der Knabe, für das doch in der
Tiefe eine Einheit gefunden werden konnte. War er draußen, so be-
rauschte er sich in den Spielen der Jugend; in der Kammer der
Mutter versenkte er sich in den Ernst des Lebens. Hatte er mit
schwärmerischem Entzücken sich dem Genuß der Natur hingegeben, so
zog ihn dann das Wort der Mutter wieder auf die Kniee zum Gebet
nieder. Während das bunte Leben der Welt ihn fortzureißen schien,
dachte er doch nicht anders, und die Mutter bestärkte ihn immer aufs
neue darin, als daß er einmal Geistlicher werden würde. Einmal,
mehrere Jahre vor ihrem Tode, wurden die Kinder in die wochenlang
unzugängliche Krankenstube eingelassen. Sie stellten sich um das Bett
der Kranken her, der Vater, tief bewegt, lehnte sich an das Bett,
Henrich las ein Gebet, die Mutter richtete sich empor, sprach mit
Freudigkeit von ihrem nahen Heimgang, befahl die Kinder getrost in
die Vaterhut Gottes, dann wandte sie sich zu Henrich, weihte ihn zum
Dienste des Herrn und sprach den Segen über ihn. Laut weinend
stürzte dieser auf seine Kniee, wünschte mit der Mutter zu sterben,
und doch durchdrang ihn ein freudiges Gefühl, er fühlte sich in der
That geweiht. Die Mutter ward ihren Kindern noch einmal erhalten.
Und hinfort durfte Henrich, als ob er auch zu diesem traulichen, tief
innerlichen Verkehr eine besondere Weihe empfangen hätte, viel an
dem Bette der Kranken weilen. Ihr schönes liebevolles Vertrauen
löste dem Sohn die Zunge, er sagte ihr von dem, was er gelernt, er
gestand ihr die Zweifel, die ihn quälten. Gebet- und Erbauungsbücher wurden gelesen. Stillings Jugend übte auf den Knaben ihre
wundervolle Wirkung, Fenelons Geist, mehr geahnt, als begriffen,
trat ihm nahe. Die religiösen Eindrücke, die er in der Krankenstube
der Mutter empfing, begleiteten ihn hinaus. Seinen Brüdern erschien
sein Wesen seltsam, er selbst fühlte sich selig. Er las die ganze Bibel
durch, suchte sich die Hauptlehren des Christentums durch Nieder-

schreiben anschaulich zu machen und eine Kirchengeschichte begann er zu schreiben, welche, wie die Stolbergs, mit Adam begann, aber nur bis zu Samuel voranschritt. Auch in der Kirche fand er in dieser glücklichen Zeit, was er suchte. In die Domkirche mußten die Schüler regelmäßig kommen, um beim Gesang zu helfen, aber beim Beginn der Predigt pflegten sie sich davon zu schleichen. Die große Kirche blieb ihm fremd. Da hörte er von einem Geistlichen einer entfernten Vorstadt, welcher eine Landgemeinde um sich hatte. Er ging dorthin, der Geistliche mit dem offenen, klaren Antlitz, der hellen, deutlichen Stimme und dem kurzen, warmen Gebete machte gleich das erstemal einen solchen Eindruck auf ihn, daß er mit neuer Seligkeit heimkehrte. Aber eben die Tiefe des Eindrucks, die Erregung, welche von dem gesamten Gottesdienst gekommen war, waren die Ursache, daß er nichts einzelnes im Gedächtnis behalten hatte, daß er der Mutter die Predigt nicht wiedererzählen konnte. Weinend erschien er vor ihr. „Nimm dir's nur vor, Henrich," sagte die gütige Mutter, „denke recht lebhaft daran, daß du die Predigt nicht bloß für dich, sondern auch für deine arme, kranke Mutter hörst, die leider keine Kirche besuchen darf, und es wird schon gelingen." Hinfort lauschte er jeden Sonntag dem Worte des geliebten Predigers, sammelte dann auf einsamem Gang durch die Felder das Gehörte und vor der Mutter und den Geschwistern in der Krankenstube quoll dann aus überfließender Seele die Rede wie erfrischendes Wasser. Von der Mutter, die in dem Sohne mit Wonne den künftigen Geistlichen sah, aufgefordert, schrieb er damals selbst ein paarmal Predigten auf und trug sie vor. Wenn nun auch die Domkirche dem Knaben in der Predigt nichts bot, so hatte doch auch sie ihre Wirkung auf sein Gemüt. Die Denkmäler der Könige, die sie enthielt, Erinnerungen an die in der Geschichte des Volks offenbar gewordenen Gerichte Gottes, verbanden sich mit der gottesdienstlichen Feierlichkeit zu einem gewaltigen Eindruck. An gewissen Tagen der Woche mußte ein Schüler, morgens früh um sechs Uhr, zwischen die immer offenen, eisernen Gitterthüren des großen Thores treten und laut ein Gebet lesen. Steffens freute sich, so oft die Reihe an ihn kam, und gerne übernahm er das Amt für andre. Ein Kirchendiener begleitete ihn dann, schloß den Chor auf, zündete die Lichter an, der junge Liturg trat in den Chor. Die weiten Räume waren noch in nächtliches Dunkel gehüllt. Nur hie und da saß ein Andächtiger, vor sich ein Licht. Als ob er in das offne dunkle Grab der Vergangenheit schaute, so ward es ihm dann zu Mute. Wenn er aber das

Gebet mit heller, lauter Stimme in die Dunkelheit hineinschallen ließ, dann ergriffen ihn die einfachen Worte tief; oft war die Stimme unsicher, sie klang wie eine fremde, die ihm warnend zurief; Thränen der Reue, der Sehnsucht,, der zweifelnden Hoffnung strömten die Wangen herab und ernste Wehmut geleitete ihn aus der Kirche und durch die nächsten Tage. In der Domkirche war es auch, wo ihn an einem Ostermorgen, nachdem er draußen in der heitern Landschaft mit fröhlichem Gefühle die ersten Blüten begrüßt hatte, der geistliche Gesang eines Liedes nach der deutschen Weise „Wie schön leuchtet der Morgenstern" mit jener Macht ergriff, die uns Goethe im Faust unnachahmlich geschildert hat. Oftmals sah er dort auch mit ahnungsvollem Erzittern der Seele der Feier des Abendmahls zu. Wenn gar die kranke Mutter in warmer Sommerzeit noch einmal mitwallen durfte und von freundlichen Frauen unterstützt mit schwankendem Schritte dem Altare nahte, wenn aus den großen, schönen, sonst matten Augen die Freudigkeit des Himmels strahlte und sie nun hinkniete — dann war es, als hätte des Sohnes Wesen sich mit dem ihrigen verschmolzen. „Ich zitterte," so erzählt er, „als träte mir ein Heiliges entgegen, dessen Nähe ich kaum ertragen konnte, wenn der Prediger sich der kranken Mutter näherte, wenn ihr das geweihte Brot gereicht wurde und ihr die geweihten Tropfen über die blassen Lippen flossen: dann strömten die Thränen mir aus den Augen, ich glaubte selbst das Heiligtum genossen zu haben und hatte keine Ruhe, bis ich der Mutter weinend in die Arme stürzte, damit sie — die Gesegnete — mich segnen möchte." Als sie das letztemal mit der Gemeinde in der Domkirche das Mahl des Herrn genossen hatte, trieb es Steffens, dem der matte Glanz der Augen den baldigen Heimgang der Mutter verkündigte, hinaus in die Einsamkeit. Mit überwältigendem Schmerze fühlte er die bevorstehende Trennung, und daß sein Vater und seine Brüder sein innerstes Leben nicht verstanden, mehrte sein Weh. Wie gerne wäre er einem Freunde ans Herz gesunken! Laut weinend warf er sich ins hohe Gras: erhalte meinen Glauben rein! rief er ängstlich ringend im Gebet. Dann sah er sich wieder in den Dom versetzt, die blasse Mutter näherte sich dem Altar und er genoß mit ihr verschmolzen, den Leib und das Blut des Heilands. Ihn durchdrang die ganze Fülle eines ungeteilten Daseins; jede Gestalt der Natur war ihm ein geoffenbartes Wort, dessen innerer Sinn ihm bekannt schien, auch ohne daß er es in einen Begriff zu fassen vermochte, jedes bedeutende Wort gewann eine Gestalt. Er, der geliebte Heiland, der

Mittelpunkt des Lebens und der Liebe, schien ihm durch alle Adern
der Natur zu strömen, sprach durch jede Form zu ihm, und gestaltete
sich durch alle seine Gedanken; er war es, er selbst, den das kindliche Gemüt überall als persönlichen Gegenstand der Liebe faßte. Aber
nicht immer blieb der persönliche Gott, die Person des Heilands bei
seiner Naturbetrachtung das lebhaft empfundene Eine in allem. Die
Natur an sich übte eine ergreifende Gewalt über ihn aus, sobald er
durch Buffons Naturgeschichte auf eine neue Betrachtung derselben
hingeführt worden war. Eine Umwandlung ging mit ihm vor, die
in dem Verkehr mit der Mutter sich spüren ließ. Sie forderte
den Sohn auf, ihr zu eröffnen, was ihn so ganz einnehme. Er that
es mit der größten Lebhaftigkeit. Von der Natur redete er ihr, von
der Gewalt, mit welcher diese inmitten der scheinbaren Zerstörung und
Unordnung ein stilles Gesetz der Bildung festzuhalten vermöge, ein
Gesetz, dessen immer tiefere Erforschung dem Jüngling unendlichen
Genuß versprach. „Henrich,“ sagte die Mutter mit schwacher Stimme,
„wie kannst du etwas so wundervolles erfahren, ja so tief davon ergriffen werden, ohne an den Herrn zu denken, der Himmel und Erde
bewegt hat, der die Sterne zusammenrollt wie ein Tuch, aber sich am
tiefsten offenbart in der innersten Bewegung der Seele in sich selber,
in der Reue des bekehrten, sündhaften Gemüts.“ Sie zeigte ihm, daß,
was ihn jetzt so lebhaft beschäftige, Sache des Naturforschers sei. „Du
aber bist bestimmt.“ fuhr sie fort, „sein unmittelbares Wort an die
Menschen zu verkündigen.“ Aber selbst die Stimme der todkranken
Mutter konnte den Sohn nicht mehr von der Bahn zurückbringen,
auf welche ihn Gott selbst durch den eingebornen Trieb geführt hatte.
Auf dem Totenbette, als sie schon das Abendmahl empfangen hatte,
wandte sie sich noch einmal an ihn: „Henrich, du sollst das Wort des
Herrn verkündigen, er hat dich berufen und mit Gaben ausgerüstet:
bleibe bei ihm, bleibe deinem Berufe treu und dann segne dich Gott!“
Die Macht des Augenblicks, als er laut weinend neben der Leiche der
Mutter kniete, rief in ihm noch einmal das Gelübde auf, der Sterbenden Wunsch zu erfüllen. So wie sie gehofft, hat er sein Versprechen
nicht gehalten. Die Konfirmation, die er bald nach dem Tode der Mutter
empfing, wirkte nur auf seinen Verstand, der in den Unterrichtsstunden
glänzte und auf seine Phantasie. Bei dem Genuß des Abendmahls
trat ihm seiner Mutter Bild mahnend vor die Seele, aber bald war
der Eindruck verwischt und jahrelang hat er den Tisch des Herrn
nicht wieder aufgesucht. Doch ist ihm ein Kern religiöser Gesinnung

durch den Segen der Mutter geblieben und im reifen Mannesalter kehrte er zum Glauben der Jugend zurück und ward, wenn auch nicht auf der Kanzel, ein Prediger der Wahrheit von Christus.

Wir haben das fromme Jugendleben ausführlicher erzählt, weil unsere Aufgabe in der Hervorhebung des Religiösen liegt. Durch die folgenden Jahre werden wir rasch eilen, um zu Steffens' patriotischer Thätigkeit zu kommen. Er ward 1790 Student in Kopenhagen; als aber sein Vater, weil er sich in Kopenhagen nicht wohl fühlte, sich in die holsteinische Heimat nach Rendsburg versetzen ließ, fehlten die Mittel, in Kopenhagen weiter zu studieren. Er war genötigt, eine Zeitlang bei Verwandten auf einem Gute zu Odsherred eine Haus= lehrerstelle anzunehmen. In dieser Zeit war sein Bruch mit der Theologie noch kein offener. Er hatte sogar als Student ein paarmal gepredigt, „sentimentale Moralitäten," wie er selbst sagt. Aber der Trieb zur Naturwissenschaft war so stark, die rationalistische Weise, mit welcher damals die Dogmatik die orthodoxen Sätze äußerlich festhielt, war ihm so zuwider, zugleich war das Genialische, Ungebändigte in ihm ein so starker Gegensatz gegen das würdevolle Benehmen, das man von einem Geistlichen verlangte, daß er endlich es wagte, seinem mütterlichen Oheim, dem Professor Bang in Kopenhagen, sich zu offenbaren. Dieser sah ein, daß hier durch Zwang nichts auszurichten sei und nahm den Neffen in sein Haus auf. Durch Stundenhalten suchte sich der Jüngling seinen Unterhalt zu verdienen. Bald kam er in lebhaften Verkehr mit bedeutenden Männern und gleichgesinnten Jünglingen, namentlich mit dem nachmaligen Bischof Mynster. Man versuchte sich in theatralischen Vorstellungen, bewegte sich in der dich= terischen Litteratur, genoß die Freuden der Geselligkeit. Von Thor= waldsen ward ihm der Blick in das Reich der Kunst geöffnet. Und auch die Religion kam wenigstens zuweilen wie eine Freundin aus ver= gangenen Jahren und begehrte Einlaß. Lavater erschien bei Gelegen= heit seines Besuchs bei den holsteinischen Freunden auch in Kopenhagen und predigte in der reformierten Kirche. Die Zuversicht des Glaubens, die herzliche Innigkeit, die aus seiner Rede sprach, ergriff Steffens gewaltig. Er predigte vom Gebet, und das Leben, das Steffens mit seiner Mutter geführt, schien wieder zu erwachen, schien den Schlum= mernden mit Donnerstimme aufzurütteln. Mit der ergreifenden Wahr= heit eigener Erfahrung schilderte Lavater jene äußern und innern Kämpfe, in welchen der Sieg nur durch Gebet zu erringen sei. Nach jeder Schilderung eines hoffnungslosen Zustandes hielt er ein wenig

ein und rief dann mit lauter Stimme: Betet! Die Stimme schnitt
dem Hörer durchs Herz, aber die Zeit war noch nicht gekommen, wo
eine dauernde Wirkung hätte erwartet werden dürfen. Nach mehr=
jährigem Studium wurden ihm von einer Gesellschaft die Mittel zu
einer naturwissenschaftlichen Reise in Norwegen geboten. In der
trübsten Stimmung ging er auf das Schiff und nur vorübergehend
wich dieselbe während der Reise. Die verhältnismäßig geringe Summe
die ihm zu Gebote stand, war vor dem Beginn der Reise durch
Schuldentilgung schon bedeutend geschmälert. Mit dieser äußern Lage
stimmte die Düsterheit eines in der Gärung begriffenen Gemütes.
Als die Zeit zu Ende lief, in welcher er seine Aufgabe gelöst haben
sollte, schien ihm das Ergebnis seiner Forschungen gering, und um das,
was er hatte, zu ordnen, fehlten ihm nicht nur die notwendigen Bücher,
sondern auch die zur klaren Durchdringung und Lösung einer Aufgabe
unentbehrliche Freudigkeit. Die Zerrissenheit in seinem Innern stei=
gerte sich bis zu jenem Zweifel, dem zuletzt das eigene Dasein
nur noch wie eine Täuschung erscheint, der die schaffende Thätigkeit
völlig hemmt. Die einzelnen hellen Tage schwebten grundlos über
der verschlingenden Tiefe eines zertrümmerten Daseins. Da ihm der
Gedanke schrecklich war, mit dem dürftigen Ergebnis seiner Untersuchungen
in Kopenhagen zu erscheinen, so faßte er plötzlich den Entschluß, nach
Deutschland zu gehen und von dort aus seinen Reisebericht in die
Heimat zu senden. „Alles, was die Deutschen wollen," sagte er sich,
„was ihre größten Geister suchen, ist auch Gegenstand deines sehn=
süchtigen Strebens; dort regt sich ein geistiger Kampf, an dem du
teilnehmen mußt: du bist hier, aber jetzt schon lebst du dort; erst,
wenn es dir gelungen ist, dich auszuzeichnen, wirst du nach Kopenhagen
zurückkehren." Er stellte sich vor, daß er bei seiner gänzlichen Ent=
blößung von Geldmitteln durch vieles Harte hindurch müsse. Um
sofort die Probe anzustellen, ob er etwas ertragen könne, hielt er einen
Finger an die Lichtflamme, bis er voller Blasen, ja tief verwundet
war. Ein Freund in Bergen schoß ihm eine Summe vor; den Freunden
in Kopenhagen schrieb er, sie möchten seine Bibliothek und seine
Naturaliensammlung verkaufen. So glaubte er für die nächste Zukunft
gesorgt zu haben und bestieg das Schiff, — als ein Schiffbrüchiger,
aller seiner Habe, aller Sammlungen, die er auf der Reise gemacht,
beraubt, kam er nach einer schrecklichen Fahrt, dem Tode mit Mühe
entronnen, nur mit seinem treuen Hunde in Blankenese an. Er begab
sich nach Hamburg und brachte dort Wochen der größten Not zu.

zuletzt verfiel er in eine gefährliche Krankheit, in welcher ihn teil=
nehmende Freunde zum Glücke aufsuchten, sonst wäre er vielleicht in
seinem Dachstübchen elend verkommen. In solcher äußersten Bedrängnis
brachte er es über sich, bei seinem mit Schulden schwer belasteten Vater
in Rendsburg eine Zuflucht zu suchen und ward mit offenen Armen
aufgenommen. Die schlimmsten Gerüchte hefteten sich an sein Unglück.
Aus Kopenhagen kam statt des ersehnten Geldes für die Bibliothek
und Sammlung die Nachricht, daß diese letzte Habe, an welche die
Wasserwellen nicht herankommen konnten, in einer Feuersbrunst ver=
zehrt worden sei. Aber mitten unter diesen Schlägen des Geschickes
erwachte die ursprüngliche Kraft in ihm; nie war er fleißiger, als
damals in Rendsburg und die zerstreuten Anschauungen gewannen
durch die zusammenfassende Kraft des in die Tiefe dringenden Geistes
Einheit. Er fühlte eine unergründliche Freude. Die neue Erkenntnis
teilte er seinem geistig regsamen Bruder mit, — eine Vorbereitung
zu der Lehrthätigkeit, die er alsbald in Kiel suchte. Es war im Früh=
jahr 1796, als er um zu lernen und zu lehren, diese deutsche Uni=
versität bezog. Bald fand er Gelegenheit, durch naturgeschichtlichen
Unterricht etwas zu verdienen. Nach bestandener Prüfung erhielt er
die Erlaubnis zu naturwissenschaftlichen Vorlesungen, die mit dem
schönsten Erfolg gekrönt wurden. In den letzten Monaten des Jahrs
schrieb er seine erste deutsche Schrift „über die Mineralogie und das
mineralogische Studium." Im Frühjahr 1797 ward er Doktor. Nun
wagte er's, in Kopenhagen einen Besuch zu machen und verlebte
einige fröhliche Wochen mit den alten Freunden. Alle bösen Gerüchte
waren wie weggewecht. Nach Kiel zurückgekehrt und dem stillen Forschen
wie es auf den kleinen deutschen Universitäten besonders heimisch ist,
wieder hingegeben, fühlte er, daß eine geistige Umwandlung mit ihm
geschah. Eine Zeitlang hatte er sich durch die Führung eines Tage=
buchs der schärfsten sittlichen Kontrolle unterworfen, aber diese Weise,
über Soll und Haben des innern Menschen Buch zu führen, wider=
strebte dem ihm angebornen Trieb, das Leben in seiner Fülle und
Einheit zu schauen. Auch Kants einseitige Moralität konnte ihm
nicht genügen. Da ward er, durch Goethe und Shakespeare bereits
aufs mächtigste angeregt, durch Jacobis Schrift „über die Lehre des
Spinoza in Briefen an Mendelssohn" auf Spinoza hingeführt. Daß
die Philosophie dieses Mannes aus dem Hunger der Seele nach innerer
in allen Wechselfällen des Lebens sich gleich bleibender Gewißheit,
aus einem praktischen, nicht aus einem bloß theoretischen Bedürnis

hervorgegangen war, gewann ihn, sobald er die Vorrede zur Ethik
gelesen hatte. Alles drängte auch ihn dahin, „feste, unwandelbare
Sicherheit, innere, geistige Übereinstimmung, nicht mit andern, sondern
mit sich selbst, einen unerschütterlichen Mittelpunkt zu finden, aus
welchem so Leidenschaften wie Gedanken und Gefühle, Denken, Wollen
und Dasein hervorgehend, die Besinnung behielten, und zu welchem
sie immer wieder den einmal erkannten Rückweg finden würden." Er
fand denn in Spinoza eine gewisse Ruhe und Sicherheit, aber eine
solche, die mit dem Aufgeben aller einzelnen Wünsche und Hoffnungen
verbunden war, eine Gelassenheit und Uneigennützigkeit, durch welche
die ganze lebendige Natur, das ganze bunte Leben zu erblassen schien.
Dennoch wirkte die Ruhe, die aus dem stillen Grunde des Alls ihm
kam, nicht niederschlagend, sondern erhebend. Und als er, tief er=
schüttert vom Sterbebette seines Vaters heimkehrend, Schellings „Ideen
zu einer Philosophie der Natur" fand, schien ihm der Jude Spinoza
nur noch von alttestamentarischer Bedeutung, denn nur den in sich
verborgenen Gott hatte dieser ihm gezeigt; bei dem was Schelling
gab, war es ihm, als „vernähme er den ersten bedeutenden Pulsschlag
in der ruhenden Einheit, als regte sich ein göttlich Lebendiges, die
ersten Worte der zukünftigen Weihe hoffnungsvoll auszusprechen."
Bald darauf erhielt er durch den Minister Graf Schimmelmann, der
sich des jungen Gelehrten aufs freundlichste annahm, ein Reisestipendium,
— Deutschland stand ihm offen, über dessen Schwelle er bereits in
Kiel den ersten, gesegneten Schritt gethan, Deutschland, mit dem
er eben durch Jacobi und Schelling neu verknüpft worden war, nach
dessen geistigem Leben ihm Lessing und Goethe und Schiller, der
Kleineren nicht zu gedenken, eine unauslöschliche Sehnsucht ein=
geflößt hatten.

Wir müßten den ganzen Reichtum des geistigen Lebens, welches
damals in Deutschland aufgegangen war, schildern, wir müßten mit
nach Jena, Weimar, Freiberg, Dresden, Berlin gehen, den Thüringer
Wald und den Harz durchwandern, Rheinland und Franken besuchen
und uns an all die bedeutenden Männer erinnern, welche den
verschiedenen Städten und Ländern zum Ruhme gereichten, wenn
wir von dem Einfluß seiner deutschen Reise auf Steffens uns eine
Vorstellung machen wollten. Für die Naturwissenschaft fand er bei
Werner in Freiberg die reichste Anregung, aber seine Fachwissenschaft
betrieb er aus einer tiefen Gesamtanschauung und kein Gebiet des
geistigen Lebens blieb ihm fremd. Die Philosophen Fichte und

namentlich Schelling, die Dichter Schiller und namentlich Goethe,
dann die Genossenschaft der Romantiker, die beiden Schlegel und Tieck,
traten ihm nahe. Novalis, der tiefsinnige Dichter und Philosoph,
machte einen bedeutenden Eindruck auf ihn. Steffens bekennt, daß
durch den Umgang mit ihm der tiefe Ernst des Glaubens, wie er
seine Kindheit einst durchdrungen, wieder anfing, sich in ihm zu regen
und immer mächtiger alle geistige Untersuchung zu tragen. Bezeichnend
ist's, daß für Steffens in den ungemein reichen Tagen seines Aufenthalts
in Deutschland, wo von allen Seiten der innerste Grund seines Wesens
heilsam angeregt ward, wo er unablässig in sich arbeitete, um die
Gesamtheit des erscheinenden Lebens in ihrem Quellpunkt erfassen zu
können, die Tage von Roeskilde sich ihm erneuert zu haben schienen.
Wir sehen darin den Beweis, daß auch sein philosophisches Bemühen
im Grunde religiös war, daß der jugendliche Glaube und das männliche
Forschen denselben Ursprung und dasselbe Ziel hatten, Gott in allem
und alles in Gott zu haben und zu schauen. „Wunderbar war es,"
so bezeugt er selbst, „wie alle Äußerungen um mich her, selbst wo sie
anscheinend feindselig gegen die Religion auftraten, mir niemals so
erschienen; vielmehr war es mir, als müßte meine früheste Jugend,
ja Kindheit zurückkehren, als läge in dem, was ich jetzt suchte, die
frische, blühende und heitre Natur verborgen, die mich in meiner
Kindheit entzückte, als müßten auch bei mir alte Zeiten jung werden.
Es ruhte eine tiefe Erinnerung an die stille Hingebung der Religion
hinter dem zuversichtlichen Streben, und als die in sich selbst ruhende
Substanz das Antlitz erhob, um sich blickte und zu sprechen anfing,
als spräche hinter den Konstruktionen der Vernunft ein Höheres, als
blickte hinter den bunten, ja fast betäubenden Blüten der Poesie aller
Blumen schönste Blume, als regte sich in der großen, alles tragisch
vernichtenden, und wieder zum neuen Leben hervorrufenden Geschichte
ein Geist, der mächtiger war als sie — wenn ich mich in diese Zeit
versetze, so erkenne ich eine seltsame Ähnlichkeit zwischen ihr und dem
stillen Leben in Roeskilde. Was mich damals besaß und beherrschte,
hoffe ich jetzt als eigenen Besitz zu erlangen." Steffens kehrte im
Frühling 1801 nach Dänemark zurück. Er war nach Deutschland
gekommen, um zu lernen, er kehrte heim als ein Gelehrter von Ruf,
den er sich durch seine „Beiträge zur innern Geschichte der Erde"
erworben; er galt bereits nächst Schelling als der bedeutendste Vertreter
der neuauflebenden Naturphilosophie. Deutschland hatte ihm viel
Gutes gethan, auch die Braut hatte es ihm zugeführt, eine Tochter
des Kapellmeisters Reichardt in Giebichenstein.

Aber der „deutsche Doktor" fand bei den im Punkt der Nationalität
überaus empfindlichen Dänen nicht überall leichten Eingang. Seine
neue Erkenntnis, die durch öffentliche Rede mitzuteilen er als die
schönste Aufgabe seines Lebens ansah, entbehrte in der herrschenden
Anschauung jeder Anknüpfung. Und dies ganz Neue sollte aus
Deutschland eingeführt werden! Mochte man's mit Recht bedenklich
finden, daß die Minister Bernstorf und Schimmelmann, von denen
der letztere Steffens entschieden begünstigte, nicht dänisch sprachen, so
wurde über Steffens nun das Gerücht verbreitet: er könne nicht
dänisch denken. Wie verächtlich mußte der damals schon gegen
Deutschland gereizten dänischen Nationalität ein Mann vorkommen,
der zwei Jahre abwesend war und nun nicht mehr in der Sprache
seiner Heimat sollte denken können! Es kam alles darauf an, daß
durch die beabsichtigten naturphilosophischen Vorlesungen der Gegen=
beweis kräftig geführt ward. Im Oktober 1803 konnten dieselben
beginnen. Unmittelbar vorher hatte er seine Frau heimgeholt. Steffens
hatte ganz das Gefühl, daß nach der Wirkung der Vorlesungen seine
äußere Stellung und die Schätzung des Gehalts seiner Persönlichkeit
sich bemessen würde. Eine große Angst, bei tüchtigen Persönlichkeiten
kein schlimmes Zeichen, ergriff ihn, als die Eröffnung heranrückte.
Er fühlte, daß es hier nicht bloß um die Verteidigung einer Theorie
sich handle, sondern um gesinnungsvolles Eintreten für die Verkündigung
des Lebens, des Ewigen, Gottes. „Der letzte Augenblick vor meinem
Auftreten auf meiner einsamen Kammer war ein stilles Gebet," so
erzählt er selbst; „es war vielleicht das erste, wahre Gebet seit meiner
frühesten Jugend. Ich hatte viel vom Christentum gesprochen, hier
lag der Keim zur christlichen Gesinnung, wie er mich damals durch=
drungen hatte. Dieser ernsthafte Moment war nicht ohne Einfluß
auf meine Vorträge. Von diesem Augenblicke an lag im Hintergrunde
alles meines Wissens ein Glaube, der nie verschwand." Durchs Gebet
gestärkt, von dem Dichter Oelenschläger und einem andern Freunde,
denen das Herz schlug, wie dem Redner selbst, abgeholt, drängte er
sich mühsam durch die Menge, die gekommen war, um zu hören und
die der große Saal nicht zu fassen vermochte. Sobald er auf dem
Katheder stand, fühlte er wieder volle Freudigkeit. Wie der gewaltsam
hervorquellende Strom eines innern Lebens, der mühsam durch besonnene
Überlegung in heilsamen Schranken gehalten wurde, wirkte die Rede.
Vorlesungen, die sich nicht blos als Lehre, sondern als warme Gesinnung
offenbarten, waren in Kopenhagen neu, der Inhalt fremd, aber für

alle, welche noch Luft und Kraft fühlten, morsche Formen der Erkenntnis zu zerschlagen und in neuen Bahnen zu wandeln, hinreißend. Nicht bloß Studenten waren die Hörer, sondern, wie bei Fichte und Schleier= macher, Professoren, hohe Beamte, Kaufleute, neben den Jünglingen Greise, denen das Rätsel des Lebens noch nicht gelöst schien. Und wenn auch die verkündete Lehre eine freie, philosophische war, die sich unabhängig von dem Christentum darstellte, „daß Gott als die lebendige, persönliche Einheit ewiger, lebendiger Persönlichkeiten von uns erkannt wird und so die Quelle alles Erkennens sei," das lag schon damals, obgleich noch unentwickelt, vor dem Redner. Indes, Steffens wollte nicht bloß als Philosoph wirken, er hoffte durch geognostische Vor= lesungen und geognostische Reisen nach Norwegen seinem Vaterlande nützen zu können. Dazu mußte der Minister Graf Reventlow die Mittel bieten, und dieser, aller Spekulation feind, hielt an dem Satz, daß ein Philosoph durchaus unfähig wäre, eine praktische Beschäftigung zu treiben. Vorübergehend zwar war er durch Schimmelmann in eine solche Thätigkeit gekommen, da er den Auftrag erhielt, die Salzquellen bei Oldesloe und die Gipsberge bei Segeberg geognostisch zu untersuchen. Auf die Länge konnte er sich vor der Thatsache nicht verschließen, daß er, wie er einmal geworden war, in Dänemark den Boden für eine gesegnete Wirksamkeit nicht finden könne, den er suchte. Und fort= während befand er sich in Geldverlegenheiten! Welch eine fröhliche Botschaft mußte ihm darum ein Brief Reils, des Professors und Arztes, aus Halle sein, der ihm eine Berufung nach dieser Hochschule in Aussicht stellte, und bald darauf die Berufung selbst! Welch eine Freude für die Frau, die in dem fremden Lande viel Trübseliges, darunter den Tod des Erstgebornen, zu tragen gehabt, nun in der Nähe des elterlichen Hauses sich ansiedeln zu dürfen! Welch eine Aussicht für Steffens, mit Schleiermacher zugleich an eine Universität zu kommen, welche durch Männer wie Friedrich August Wolf und Reil schon einen bedeutenden Ruf genoß! Es waren zwei Jahre des schönsten Wirkens, der freundlichsten Lebensgestaltung, die er in Halle verlebte. Die Freundschaft mit Schleiermacher brachte Gewinn für die öffentliche Wirksamkeit; die beiden ergänzten sich gegenseitig, indem eine verwandte Anschauung von dem einen mehr auf dem Gebiete des Geistes, von dem andern auf dem der Natur vertreten ward. Eine frühlingshafte Werdelust war in beiden! Sie ist uns bezeichnet durch jenen berühmt gewordenen gemeinsamen Spaziergang auf den Peters= berg. Am Tage nach ihrem Ausgang hatte Schleiermacher in der

Frühe die Gedächtnispredigt auf die eben verstorbene verwitwete Königin zu halten. Doch blieben sie in der Nacht nach dem schön verlebten Frühlingstage auf dem Lande. „Noch immer," erzählt Steffens, „erscheint mir diese Nacht wie eine der merkwürdigsten meines Lebens, wie geheiligt. Im Hintergrunde lag der fröhlich genossene Tag, die weite, fruchtbare Gegend mit ihren Dörfern, von dem ersten Frühlings= hauche belebt. Wie eine feierliche Tempelhalle umgab uns die unendliche Natur, trug, durchdrang, beflügelte einen jeden Gedanken, und der keimende Frühling erwärmte, wie die Natur, so den Geist. Die tiefe Religiosität seiner (Schleiermachers) Sittlichkeit trat mir näher. Der Erlöser war in unsre Mitte getreten, wie er es versprochen hatte, daß er da sein würde, wo zwei oder drei in seinem Namen versammelt sind. Damals ward es mir klar, daß ein Positives des Christentums, wenn es auch namenlos blieb, ihn dennoch von seiner frühesten Kindheit in der Brüdergemeinde an durchdrang, und daß, was er theologisch= wissenschaftlich Gefühl nannte, zum christlichen Bewußtsein gesteigert, das Ewige, Positive der göttlichen Liebe sei. Dieses Gefühl war wie Liebe, so Glaube, wie Gesinnung, so Sinn, der letzte als der Träger und Pfleger der ersteren." Es ist interessant, neben das, was Steffens Jahrzehnte nachher aus der Erinnerung erzählt, die Schilderung zu stellen, die Schleiermacher in einem bald nach jenem Spaziergang an Henriette Herz geschriebenen Brief von seinem Freunde Steffens giebt: „Ich habe Dir wohl lange nichts von Steffens gesprochen und ich habe ihn seitdem erst näher kennen gelernt, so daß ich Dir jetzt ganz anders von ihm reden kann. Und wie? Du weißt, liebe Freundin, ich bin eben so wenig hochmütig, als bescheiden; aber nie habe ich einen Mann so aus vollem Herzen und in jeder Hinsicht über mich gestellt, als diesen, den ich anbeten möchte, wenn es Mann gegen Mann geziemte. Zuerst, seine Ehe ist eine rechte Ehe im ganzen Sinn. Man sieht äußerlich nicht viel davon, aber es ist innerlich die schönste Wahrheit. Mit welchem Enthusiasmus ergießt er sich über sein Verhältniß mit ihr, mit welcher Kindlichkeit giebt er den vertrauteren Freunden kleine Züge von ihrer Tiefe, von ihrer Religiosität, von ihrer Eigentümlichkeit, immer mit den schönsten Thränen in den Augen. Und dann, der ganze Mensch ist über alle Beschreibung herrlich, so tief, so frei, so witzig, als Friedrich Schlegel nur immer sein kann. Im Philosophieren mit einer viel größeren Lebendigkeit noch, mit einer glühenden Beredsamkeit, selbst in unserer ihm eigentlich fremden Sprache, ist er nicht nur durchaus rechtlich und von aller Parteisucht entfernt, sondern durch und durch heilig, und in dem Sinn, in welchem ich es ehren und lieben muß, milde. Kannst Du Dir denken, wie der erste Naturphilosoph bis zu hellen Thränen gerührt von einem köstlichen Sonnenuntergang scheidet, den wir oben hatten? Aber dieser ist auch ein wahrer Priester der Natur. Es war, seit er verheiratet ist, d. h. seit beinahe zwei Jahren, das erste Mal, daß er 24 Stunden von seiner Frau getrennt war. Du kannst Dir denken, wie voll er von ihr war, und nun das Leben unter den alten Felsen und die herrliche Aussicht oben, und die Lust, die uns die frische Luft gab und die Freiheit! Der heiligste Ernst und die lustigste Tollheit gingen so durcheinander und machten ein so schönes Ganze, wie man es nur selten in diesem Leben findet. — Es ist auch zwischen Steffens und mir eine wunderbare Harmonie, die mir große Freude macht und mir gleichsam eine neue Bürgschaft giebt für mich selbst. Wenn er im Gespräch sittliche Ideen äußert, so sind es immer die meinigen, und was ich von der Natur verstehe und von mir gebe, fällt immer in sein System. Auch unsere Zuhörer bemerken es, wie wir uns (von ganz verschiedenen Seiten ausgehend, also daß es nichts sein kann, als die reine innere Harmonie) immer im Mittelpunkt vereinigen und einander in die Hände arbeiten." Es verdient keineswegs zur Nach= ahmung empfohlen zu werden, was der geniale Briefschreiber that, daß er am Sonntag Morgen erst mit Steffens nach Halle zurückkehrte, als schon die Glocken das Gedächtnisfest der Königin verkündigten, denn es möchte selten einem gelingen, was Schleiermacher vermochte, daß er mit der intensivsten Sammlung unmittelbar aus dem Natur= genuß und dem Freundesgespräch auf die Kanzel ging, um eine seiner geistesklaren, folgerichtigen, in ruhiger Rede die Hörer mächtig anfassenden Predigten zu halten. Aber welche Jugendfrische in den Männern, von welchen Schleiermacher bereits die Dantesche Lebensmitte, das fünfunddreißigste Jahr, überschritten hatte! Welch eine Wirksamkeit mußten sie entfalten, da sie die reifen Früchte ihres Forschens mit so vollem, begeistertem Herzen darreichten! Wie schön mußte es damals in Halle sein! Aber es dauert nicht lang, so haben die ehernen Tritte der französischen Gewaltherrschaft auch diese Saat des deutschen Geistes zertreten, hineingetreten in den Boden, daß sie später mit neuer Trieb= kraft aufspröße!

Kurz vor dem Ausbruch des Krieges mit Frankreich hatte Steffens Gelegenheit, durch einen Besuch in Berlin die in Preußen vorhandenen Kräfte noch genauer kennen zu lernen. Er wohnte bei Georg Reimer,

hatte lange Unterredungen mit Alexander von Humboldt, ward in die
Kreise eingeführt, in welchen damals die nationale Begeisterung ihre
Flügel regte. Im Herbst desselben Jahres 1806 lernte er dann in Halle
die Heeresmacht, die gegen Thüringen sich zusammenzog, näher kennen.
Sie flößte ihm kein Vertrauen ein. Der Übermut, den die Offiziere
zur Schau trugen, ließ ihn den Fall fürchten. Die Niederlage bei
Jena erfolgte. Halle ward von den Franzosen eingenommen. Wir
können die von Steffens erzählten Einzelheiten, wie er mit Schleiermacher und Gaß die gewaltigen Ereignisse durchlebte, hier nicht wiederholen. Napoleon kam. Er spürte alsbald heraus, daß die deutsche
„Ideologie" der Schleiermacher, Steffens, Wolf seiner Herrschaft nicht
günstig sein könne und hob die Universität auf. Die „Ideologen"
verloren den Mut nicht. „Je mehr alle äußere Aussicht und Hilfe
verschwand, je drohender die Verhältnisse um uns herum wurden, desto
mehr stärkte sich, aller äußern Unwahrscheinlichkeit zum Trotz, die innere
Zuversicht, die feste Überzeugung, daß das Heilige und Große, wie es
in Deutschland keimte, die göttliche Macht, die in der Geschichte waltet-
ein so herrliches Gut sein mußte, daß der rohe Fußtritt siegreicher
Heere es nie vernichten konnte. In diesem Sinne wagte ich es
auszusprechen, was von diesem Augenblick an auch das leitende Prinzip
meiner ganzen Gesinnung wurde, so lange die Franzosen das Land
besetzt hielten. Die Schlacht von Jena, behauptete ich eben in diesen
Tagen der Hoffnungslosigkeit, wäre der erste Sieg über Napoleon,
denn er hatte die mit ihm im Bunde stehende Schwäche vernichtet,
und von jetzt an in allen Preußen die innere großartige Erbitterung
hervorgerufen, die sich endlich bewaffnen und siegen mußte. Die
Gewißheit, daß ich seinen Sturz erleben würde, verließ mich nie."
Die Professoren gerieten in die dürftigste Lage. Aber sie behalfen sich
und fuhren in ihrer lebendigen Geselligkeit fort. Die Abende, welche
die Freunde Schleiermacher, Steffens, Blanc. Marwitz, Varnhagen
und andere miteinander zubrachten, waren von dem frischesten Hauch
der Vaterlandsliebe belebt. Steffens ward indes bald in die Heimat
gerufen und ging. Er sah sich noch immer als Professor in Halle an
und erklärte das dem Minister. Nur mit Urlaub ging er in die
Heimat, um seine Familie ernähren zu können.

Neujahr 1807 kam er nach Hamburg, wo die Großmutter seiner
Frau wohnte. Erst im März konnte er nach Kiel gehen, um sich dem
Prinz-Regenten vorzustellen, der ihn in die Heimat hatte zurückrufen
lassen. „Es ist mir lieb," sagte dieser, „daß Sie wieder zu uns

kommen; Sie sind ein guter Kopf, wir werden Sie brauchen können; aber Vorlesungen dürfen Sie nicht halten." „Ich bedaure," antwortete Steffens. „Ew. Königl. Hoheit, daß ich dann mich aus meinem Vaterlande, aus dem Dienste ausgeschieden betrachten muß." Steffens war von der Aussicht, das nicht thun zu dürfen, worin er seine Lebensaufgabe sah, so betroffen, daß er gegen alle Sitte Miene machte, sich stillschweigend zu entfernen. „Sind Sie so kurz angebunden?" fuhr der Prinz=Regent fort. „Wir können doch miteinander sprechen." Steffens blieb stehen. „Ich kann Sie nicht lesen lassen, Sie machen mir meine Unterthanen verrückt." Diese Äußerung bezog sich auf eine viel ausgebeutete Geschichte, daß nämlich ein unglücklicher, durch ganz andre Dinge leiblich und geistig zerrütteter, aber von Steffens' Vor= lesungen angefaßter Jüngling in seinem völlig gewordenen Irrsinn öfters die Namen Steffens und Oelenschläger rief. Es gab eine längere Erörterung zwischen dem Prinzen und dem Professor, die beiden einen bittern Eindruck hinterließ. Steffens eilte nach Kopen= hagen, um seinen Gönner Schimmelmann zu sprechen. Die Bezeugungen der fürstlichen Ungnade waren ihm zuvorgekommen. Es war klar, daß für Steffens im dänischen Staate jetzt keine Stellung, keine Existenz zu finden sei. Er befand sich in der traurigsten Lage. Da ward ihm durch ein gerade in die Tage der größten Verlegenheit fallendes Ereignis nicht nur für die erste Zeit äußere Hilfe, sondern eine Glaubensstärkung zu teil. Gerade an dem Tage seiner Ankunft in Kopenhagen ward die Witwe eines mütterlichen Oheims begraben und die einzige Erbschaft, die er zu erwarten, mit deren Entziehung ihm aber sein unphilophischer Oheim gedroht hatte, fiel ihm zu. „Ich war jahrelang von einer Ansicht beherrscht," äußert Steffens bei dieser Gelegenheit, „die eine ewige Notwendigkeit alles Daseins annimmt, eine Notwendigkeit, die zwar in ihrer Urwurzel auf den Willen einer Intelligenz hindeutet, aber einen Willen, der, einmal ausgesprochen, alle Freiheit verliert. — Aber es giebt Begebenheiten des Lebens, die den innersten, reinsten Kern der noch nicht ganz versunkenen Persönlichkeit unmittelbar treffen. Sie erhalten die Bedeutung einer Offenbarung, sie treten uns bei der erneuerten Erinnerung als innere, mahnende Glanzpunkte eines durch freie göttliche Liebe bestätigtem Daseins entgegen." So wirkte die Erbschaft, die ihm wie aus Gottes Hand zufiel, dazu, seine Kindschaft zu befestigen. Ärmer an irdischen Hoffnungen, reicher an Erfahrungen von der ewig waltenden Liebe, kehrte er nach Hamburg zurück. Der Aufenthalt dort, der Umgang mit dem Sievekingschen Hause, mit Perthes, Runge, die Bekanntschaft mit dem spanischen General Romana, zuletzt ein Besuch in Lübeck bei Rumohr, dem Kunstkenner und Kenner der Kochkunst, war anregend genug, aber drückend, schwer drückend war dennoch die Lage, in welcher er sich mit Frau und Kind befand.

Mittlerweile war das Königreich Westfalen errichtet, Halle ihm zugeteilt und die Universität wieder eröffnet worden. So wenig Verlockendes jetzt unter französischer Herrschaft der Aufenthalt in Halle hatte, kehrte Steffens doch dahin zurück, um seiner peinlichen Lage ein Ende zu machen. Von den Männern, mit denen er durch wissen= schaftliches Streben und tüchtige Gesinnung verbunden gewesen war, fand er nur noch Reil, den Arzt, und Blanc, den Prediger. Niemeyer, der Kanzler der Universität, benutzte, ohne die Liebe zu Preußen und Preußens König zu verleugnen, jede sich darbietende Gelegenheit klüglich, um der Universität wieder aufzuhelfen. An der Spitze des ganzen Unterrichtswesens stand Johannes von Müller als Staatsrat in Kassel, bereits innerlich gebrochen durch das „Umdenken“, das er unter der Wucht der Ereignisse vorzunehmen für nötig gehalten hatte. Aber was unter preußischer Regierung möglich war: eine frische Blüte des geistigen Wesens, eine fröhliche Werdelust auf allen Gebieten des Erkennens und Lebens, das mußte unter französischer Regierung verkümmern. Von 1200 Studenten, die vorher in Halle gewesen, kamen nur 300 wieder, meist Brotstudenten; Steffens fühlte sich unter der Zuhörerschaft, die er nun fand, gedrückt, während er früher das erhebende Gefühl der Wirkung und Gegenwirkung, des wechselseitigen Gebens und Empfangens gehabt hatte. König Jerome kam nach Halle. Steffens ließ sich durch die Neugier bestimmen, an dem Empfang teil zu nehmen. Blumen waren dem jungen Wüstling gestreut. „Heute“, sagte der Professor Rüdiger in dem Kranz der harrenden Professoren, „wird das Wahrzeichen der Stadt Halle dargestellt: ein Esel, der auf Rosen geht.“ Die Professoren wurden dann vor den König geführt: eine wahrhaft kümmerliche Gestalt; eine nichtssagende Physiognomie; jugendliche Züge, durch Ausschweifungen entstellt, seine Augen matt, seine Haltung unsicher. Er versicherte die Professoren, daß er die Wissenschaften ganz vorzüglich liebe und die Universität beschützen werde. Mit Johannes von Müller hatte Steffens darauf eine eingehende Unterredung. Der Staatsrat warnte den Professor vor unvorsichtigen Äußerungen, an denen es Steffens freilich nie fehlen ließ; er könne keinen schützen. Nach einer halben Stunde

reichte ihm der Geschichtsschreiber, der einst in Berlin mit dem Natur=
philosophen auf dem Grund gemeinsamer großer Gesinnung zusammen=
gekommen war, mit Thränen in den Augen die Hand: „Sie müssen
sich entfernen, ein zu langes Gespräch könnte verdächtig werden," und
mit innigem Mitleid ging Steffens. Zur vollen Freudigkeit des
Wirkens und Lebens konnte Steffens in Halle nicht kommen. Die
Geldnot hatte ihn nach Halle begleitet, die Besoldungen der Professoren
mußten sich mancherlei Schmälerungen gefallen lassen. Das Familien=
leben war durch den Tod zweier Kinder sehr getrübt, das wissenschaftliche
Streben verkümmert, die politische Lage im höchsten Grade widerlich.
Als die Universität in Berlin eröffnet war, ging auch Reil dorthin.
Wie gerne wäre Steffens ihm gefolgt! Reil und Schleiermacher boten
alles auf, einen Ruf für den Freund zu erwirken; sie erklärten sich
sogar bereit, zu seinen gunsten einen Teil ihres Gehaltes zu opfern;
Schleiermacher machte die wünschenswerte Ergänzung, die seine Vor=
lesungen bei großer Verwandtschaft der Anschauung durch die des
Naturphilosophen finden würden, geltend; manchmal schien die Berufung
ganz nahe, aber Steffens blieb ausgeschlossen aus der Zahl der Männer,
welche der neuen Hochschule ihre weltgeschichtliche Bedeutung in der
Entwicklung der rettenden, sittlichen und geistigen Kräfte zu geben
berufen waren. Endlich, als die Universität in Frankfurt a/O. nach
Breslau verlegt ward, erhielt er einen Ruf nach dieser Stadt. Im
Herbst 1811 sollte er dort anziehen. Vorher besuchte er noch einmal
Jena und traf dort Goethe. Er schwelgte noch einmal in einem
bedeutenden wissenschaftlichen und poetischen Leben, wie er denn in
den Jahren des tiefsten Jammers in Halle in stetem Zusammenhang
mit dem überall sich regenden Neuen, namentlich mit den dichterischen
und deutsch=volkstümlichen Bestrebungen Achims von Arnim, Klemens
Brentanos, der Gebrüder Grimm geblieben war. Dann machte er
im Sommer einen Besuch in Berlin. Der Komet von 1811 stand
am Himmel. Eine Schauspielerbande, die in Halle in der Kirche
Schleiermachers eine Zeitlang gespielt hatte, war um diese Zeit weg=
gezogen. „Die Komödianten sind fort," fragte eine Frau aus dem
Volke, „warum steht der Komödiantenstern noch am Himmel?" Aber
diese Auffassung war doch vereinzelt. Das Volk im ganzen schaute
mit geheimnisvollem Schauer in den hellen Sommernächten nach dem
wunderbaren Stern und ahnte gewaltige Welterschütterungen. Diese
konnte Steffens aus den Gärungen in Berlin deutlich voraussehen
und aus dem, was er selbst bisher erlebt und woran er mitgearbeitet.

Niemals hat er in dem Reiche Jeromes seine deutsche Gesinnung verleugnet. Seine Schrift „über die Idee der Universitäten" enthielt einen keineswegs versteckten Aufruf, die innern, im tiefsten Sinne eigentümlichen Kräfte des Landes in sich zu vereinigen und so den Druck fremder, vernichtender Kräfte abzuwehren und zu besiegen. Aber das war nur eine „Idee", das war „Ideologie", das schien den Franzosen nicht gefährlich. „Sie würden verloren sein." schrieb damals der deutschgesinnte französische Emigrant Villers an Steffens, „wenn Sie nicht für Ihre Darstellung eine Sprache gewählt hätten, die den Franzosen ein völlig unverständliches Sanskrit ist." Gefährlicher als diese Schrift, die doch unter der Jugend viel zur Belebung der die französische Herrschaft gefährdenden Gesinnung beitrug, ward für Steffens die Teilnahme an jenen geheimen patriotischen Verbindungen, durch welche der Sturz Napoleons in Norddeutschland vorbereitet ward. Jeden Tag konnte er erwarten, daß er aufgehoben, abgeführt, vielleicht gar hingerichtet würde; seine nächsten Freunde wurden in der That nach seiner Abreise gefänglich eingezogen. Zur rechten Zeit, im September 1811 verließ er Halle und zog nach Breslau.

Nicht leicht war es für Steffens, hier heimisch zu werden. Doch fand er Gaß hier, den Theologen, Schleiermachers Freund, und Karl von Raumer, der um diese Zeit eine Tochter Reichardts heiratete und nun sein Schwager ward. Die häuslichen und wissenschaftlichen Angelegenheiten traten übrigens bald hinter die vaterländischen zurück. Steffens atmete unter preußischem Regimente wieder freier, nur drückte es ihn nieder, daß gerade um die Zeit seiner Rückkehr in den preußischen Staat derselbe durch das Bündnis mit Napoleon gegen Rußland einer neuen Erniedrigung entgegen zu gehen schien. Er fragte sich: was unternehmen jetzt jene kühnen Männer, die mich, während ich in Halle war, in jene gefahrvolle Thätigkeit hineingerissen hatten? Haben Gneisenau, Chazot, Eichhorn, Schleiermacher jetzt alle Hoffnung aufgegeben, oder sind sie noch in der alten Weise thätig? Er selbst fühlte sich mit seinem Glauben an den Sieg Deutschlands über Frankreich, des Geistes über die Gewalt, der Sittlichkeit über die Gewissenlosigkeit, ziemlich allein in Breslau. Aber dieser Glaube war bereits ein religiöser geworden, der mit fester Zuversicht aller äußern Wahrscheinlichkeit Trotz zu bieten vermochte, und so harrte er aus. Der Frühling 1812 kam heran und mit ihm erschienen auf einmal zum Staunen der Behörden und der Bevölkerung merkwürdige Gäste in Breslau: Gneisenau, Chazot, Justus Gruner, Ernst Moritz Arndt.

zuletzt Blücher! Sie knüpften mit Steffens die patriotische Verbindung
wieder an. Oft in Steffens' Haus oder an einem andern stillen Orte
trat dieser „starke, deutsche Männer-Chor" zusammen. Die Befreiung
des Vaterlandes, an welcher sie trotz allem Augenschein erneuerter
Knechtschaft nicht zweifelten, war der Gegenstand ihrer ernsten und
kühnen Besprechungen. Der Sommer ging hin, Preußen mußte mit
gegen Rußland ziehen. Aber der Winter kam auch und mit ihm
Gottes Gericht über Napoleon. Steffens geriet in die tiefste Bewegung;
er fühlte, daß der große seit sechs Jahren in den Gemütern der kühnsten
Männer vorbereitete Augenblick gekommen sei. Nur eins schien ihm
jetzt eine peinliche Hemmung für die Geltendmachung seiner patriotischen
Begeisterung und Opferwilligkeit, daß nämlich Breslau, wie er glaubte,
vom Schauplatz der zu erwartenden rettenden Thaten zu entfernt sein
würde. Da kam der König mit den königlichen Kindern nach Breslau,
Ende Januar, und bald ward offenbar, daß gerade von hier aus die
deutsche Erhebung, die in Königsberg begonnen, weiter nach Westen
sich fortpflanzen werde. Der Krieg ward von dem König erklärt, der
Feind zwar nicht ausdrücklich bezeichnet, aber das Herz jedes Deutschen
in den preußischen Landen kannte ihn. Steffens hatte ihn längst
scharf ins Auge gefaßt. Eines Abends erfährt er, daß am andern
Morgen der Aufruf an die Freiwilligen in den Zeitungen erscheinen
würde. Eine Abschrift ward in der Gesellschaft, in der er sich befand,
vorgelesen. Auch in diesem Aufruf ward der Feind nicht genannt.
Gespannt, freudig erregt und doch zugleich beunruhigt, verließ Steffens
nach Mitternacht die Gesellschaft. In wilden, unruhigen Träumen
brachte er die Nacht zu. Um acht Uhr sollte er eine naturphilosophische
Vorlesung halten. Unter der Vorbereitung dazu ging ihm der Aufruf
durch den Kopf. „Es steht ja bei dir," sagte er sich selbst, „den
Krieg zu erklären, deine Stellung erlaubt dir es, und was der Hof
beschließen wird, wenn es geschehen ist, kann dir gleichgültig sein."
Seiner Frau hatte er nichts davon gesagt, die Folgen, die für ihn
aus dieser Kriegserklärung gegen Napoleon, nur aus dem Drang und
der Macht des Gewissens entstehen konnten, stellte er sich vor. Er
blieb bei seinem Gedanken. Am Schluß seiner Vorlesung sprach er:
„Meine Herren, ich sollte um elf Uhr einen zweiten Vortrag halten,
ich werde die Zeit aber benutzen, um über einen Gegenstand mit Ihnen
zu sprechen, der wichtiger ist. Der Aufruf Seiner Majestät an die
Jugend, sich freiwillig zu bewaffnen, ist erschienen oder wird noch
heute an Sie ergehen. Dieser wird Gegenstand meiner Rede sein.

Machen Sie meinen Beschluß allenthalben bekannt. Ob die übrigen Vorträge in dieser Stunde versäumt werden, ist gleichgültig. Ich erwarte so viele, als der Raum zu fassen vermag." Die Bewegung war an diesem Tage grenzenlos. Truppen, Munitionswagen, Kanonen drängten sich auf den Straßen; mit den Bewohnern der Stadt wogten Tausende, die vom Lande gekommen waren, um etwas zu erfahren, hin und her; wo ein Wort von der großen Angelegenheit des Vaterlandes geredet ward, fiel es in lauschende Ohren und wurde von raschen Zungen weiter gesprochen. Schon um zehn Uhr strömten die Studenten zu Steffens' Hörsaal. Bald war er gedrängt voll, Thüren, Treppen, Fenster, die nächstliegenden Räume der Straßen waren von Menschen besetzt. Seiner erstaunten Frau ließ Steffens sagen, sie möge sich gedulden, sie werde bald alles erfahren. „Ich hatte," erzählt er selbst, „diese zwei Stunden in einem seltsamen Zustande zugebracht; was ich sagen wollte, regte mein ganzes innerstes Dasein auf: ich sollte jetzt und unter solchen Verhältnissen aussprechen, was fünf Jahre hindurch zentnerschwer auf meinem Gemüte gelastet hatte: ich sollte der erste sein, der nun öffentlich laut aussprach, wie jetzt der Rettungstag von Deutschland, ja von ganz Europa da war; die innere Bewegung war grenzenlos. Vergebens suchte ich Ordnung in meine Gedanken zu bringen, aber Geister schienen mir zuzuflüstern, mir Beistand zu versprechen, ich sehnte mich nach dem Ende dieser quälenden Einsamkeit; nur ein Gedanke trat vorherrschend hervor: Wie oft hast du dich beklagt, sagte ich mir, daß du hier in diese Ecke von Deutschland hingeschleudert wurdest; und sie ist jetzt der alles ergreifende, begeisternde Mittelpunkt geworden: hier fängt eine neue Epoche in der Geschichte an, und was diese wogende Menschenmenge bewegt, darfst du aussprechen. — Thränen stürzten mir aus den Augen, ich fiel auf die Knie, ein Gebet beruhigte mich. So trat ich unter die Menge und bestieg mein Katheder. Was ich sprach, ich weiß es nicht, selbst wenn man mich nach dem Schlusse der Rede gefragt hätte, ich würde keine Rechenschaft davon haben ablegen können. Es war das drückende Gefühl unglücklich verlebter Jahre, welches jetzt Worte fand; es war das warme Gefühl der zusammengepreßten Menge, welches auf meiner Zunge ruhte. Nichts Fremdes verkündigte ich. Was ich sagte, war die stille Rede aller, und sie machte eben deswegen, wie ein Echo von der eigenen Seele eines jeden, einen tiefen Eindruck. Daß ich, indem ich die Jugend so aufforderte, zugleich meinen Entschluß erklärte, mit ihnen den Kampf zu teilen, versteht sich von selbst." Kaum war die

Rede gehalten, kaum hatte er seiner Familie einige beruhigende Worte gesagt, so strömten die Studenten in sein Haus und baten ihn, die Rede im großen Fechtsaale zu wiederholen. Aber nicht die Studenten allein kamen, es erschien auch der Rektor der Universität, vom Staats= kanzler Fürst Hardenberg gesandt. Der französische Gesandte, St. Marsan, hatte bei diesem bereits Beschwerde eingelegt. „Was hat das zu bedeuten?" rief der bestürzte Diplomat. „Wir glauben mit Ihnen in Frieden zu leben, ja wir betrachten Sie als unsere Bundesgenossen, und nun wagt es ein Universitätslehrer, unter den Augen des Königs uns den Krieg zu erklären!" Hardenberg gab die kluge Antwort: die Gesinnung der Jugend und des Volks könne dem Gesandten nicht unbekannt sein, die Rede sei so plötzlich geschehen, daß sie nicht zu verhindern gewesen. „Fordern Sie Genugthuung," fuhr er fort, „sie soll Ihnen werden. Aber wir dürfen Ihnen nicht verheimlichen, daß ein jeder Schritt gegen den übereilten Redner ihn in einen Märtyrer verwandeln und eine Bewegung erregen wird, die uns in große Verlegenheit setzen würde und die wir schwerlich zu hemmen vermöchten." Der Staatskanzler ließ durch den Rektor Steffens sagen, er wolle die Wiederholung der Rede auf dem Fechtsaal nicht hindern, er bitte ihn nur, Napoleons Namen nicht zu nennen. Das konnte Steffens leicht, um so mehr, als er durch eine Art von Instinkt auch in der ersten Rede die Nennung des Namens vermieden hatte. Kaum war der Rektor weg, so eilte Steffens zu Scharnhorst. Der General stürzte dem Professor in die Arme und rief: „Steffens, ich wünsche Ihnen Glück! Sie wissen nicht, was Sie gethan haben." Der Wurf war gewagt. Auf Scharnhorsts Rat, der durchaus nötig fand, daß Steffens wenigstens für den Anfang mitten unter der von ihm begeisterten Jugend blieb, wandte er sich an den König mit der Bitte um Urlaub und daß er den Feldzug in irgend einer vom König zu bestimmenden Weise mitmachen dürfe. Der König belobte seinen Entschluß und verstattete ihm, die Offiziersuniform als Volontär zu tragen, bis er zum Leutnant ernannt würde. Er trat in das Jäger=Detachement des Gardejägerbataillons ein. Nun mußte er exerzieren lernen und unendliche Arbeit wuchs ihm täglich durch die Meldung der Freiwilligen zu und später durch die Einkleidung derselben. Er hatte die Ehre, die ersten fünfzig Eingekleideten dem König vorstellen zu dürfen.

Bald begann der Feldzug, den Steffens von Breslau bis Paris mitmachte, anfangs in gebundener Stellung als Sekondeleutnant, später in der freieren eines dem Hauptquartier angeschlossenen, zu allerlei

Aufträgen gebrauchten Offiziers. In Dresden trat er dem Minister vom Stein näher, der schon in Breslau ihn an sein Krankenbett gerufen und seine That gelobt hatte. Stein war kein Freund der Spekulation, er griff den Philosophen mit Härte an, als er mit Arndt an seiner gastlichen Tafel saß. „Eure Konstruktionen a priori," sagte er, „sind leere Worte, armseliges Schulgeschwätz und recht eigentlich dazu gemacht, alle Thaten zu lähmen." — Steffens bewies daraus, daß er, der Mann der Wissenschaft, im Offiziersrock neben dem Mann der That saß, die praktische Richtung seiner Philosophie und wies darauf hin, daß das Streben, alles, was man erfährt und erlebt, als das, was es ist, nicht bloß als das, was es scheint, in geistiger Einsicht zu erkennen, ein wahrhaft deutsches sei. — „Ja," antwortete Stein, „das weiß ich wohl, daß die deutsche Jugend von dieser leeren, spekulativen Krankheit angesteckt ist; der Deutsche hat einen unglücklichen Hang zur Grübelei, daher begreift er die Gegenwart nicht, und ist von jeher eine sichere Beute seiner schlaueren und gewandteren Feinde geworden." — „Exzellenz," antwortete Steffens, „zwar hat die Jugend auf eine erfreuliche Weise sich in Masse erhoben, dennoch ist eine nicht geringe Zahl zu Hause geblieben. Ich möchte eine Wette darauf wagen, daß kein einziger Angesteckter unter diesen ist. Wer ist kühner hervorgetreten, wer hat das Volk entschiedener entflammt, als es galt, den Feind mit geistigen Waffen zu bekämpfen, als die zwei spekulativ grübelnden Deutschen, Fichte und Schleiermacher? Das a priori Konstruieren findet oft da statt, wo man es eben bekämpft, und Ew. Exzellenz haben ein zu großartiges, thätiges Leben geführt, als daß Ihnen viele Zeit bleiben sollte, sich um unsere Grübeleien zu bekümmern; doch selbst unpraktisch scheint es mir, eine Geistesrichtung zu übersehen, die, wie Sie bekennen und beklagen, ein wesentliches Element der Nation ist." Stein polterte und that zornig, lachte aber dabei laut auf. „Am Ende," rief er aus, „bin ich selbst ein unpraktischer Grübler, der sich über das Grübeln in unnütze Grübeleien verliert." Der spekulative Philosoph und der thatkräftige Staatsmann kamen trefflich überein in dem gemeinsamen deutschen Sinn, der um keinen Preis die Herrlichkeit des Vaterlandes hinzugeben bereit war. Noch öfter fand Steffens Gelegenheit, mit seiner aus der Fülle des geistigen Lebens quellenden Beredsamkeit zur That zu rufen, so in Gießen, wo er in Blüchers Auftrag in der Aula der Universität die Jugend aufrief und in Marburg, wo er als Herold der deutschen Freiheit begrüßt ward und dem Gefühl des treuen hessischen Volks, mit dem

er unter Jeromes Herrschaft gemeinsam gelitten und gestritten hatte,
Worte verleihen konnte. Er hatte den Auftrag, in Westfalen überall
das Volk zu den Waffen zu rufen. Es bedurfte kaum seiner Bemühungen.
So machte er durch Hessen und Westfalen einen Ritt in freier deutscher
Luft, blieb längere Zeit in Düsseldorf, bis er sich über Köln, Koblenz
und Trier zu Anfang des folgenden Jahres wieder zur Armee begab.
Nach der Einnahme von Paris zog er bald den Waffenrock aus und
verfolgte namentlich im Umgang mit Cuvier die Interessen seiner
Wissenschaft. Dann suchte er, von dem König ehrenvoll des Kriegs=
dienstes entlassen, Familie und Amt in Breslau wieder auf.

In die ersten Jahre des hergestellten Friedens fällt die Abfassung
von Steffens' umfangreicher Schrift: „Die gegenwärtige Zeit und wie
sie geworden, mit besonderer Rücksicht auf Deutschland." Die Teilnahme
an den öffentlichen Angelegenheiten war in den Kriegsjahren auch bei
denen, die durch keine amtliche Stellung zu Ordnung und Leitung des
Staatswesens berufen waren, allgemein geworden. Besonders glaubten
sich die, welche mit in den Krieg gegen Frankreich gezogen waren,
berechtigt, ihre Stimme abzugeben. Für Deutschland war man in
den Kampf gegangen, aber nicht für das alte, das eine leichte Beute
des Feindes geworden war, sondern für ein neues Deutschland, das
erst werden sollte. Wie es werden sollte, darüber sprach jeder, dem
das Herz davon voll war, gern seine Meinung aus. Echt deutsch war
es, wenn die Frage nach der zukünftigen Gestaltung Deutschlands nur
im Zusammenhang mit den höchsten Fragen des Lebens überhaupt
und mit einem geschichtlichen Gemälde der Stellung der Völker zu
einander besprochen wurde. Wer in Deutschland damals über das
deutsche Reich sich aussprach, gab zugleich seine Ansicht vom Reiche
Gottes, vom Christentum, von der Erziehung, von der Familie und
seine gesamte Geschichtsanschauung. Arndt hatte diese Bahn zuerst
betreten und mitten im Kriegsgetümmel in seinem „Geist der Zeit"
dieselben Überzeugungen in immer neuer Wendung und Färbung aus=
gesprochen mit der heißen Leidenschaft seines Zorns und seiner Liebe.
Ruhiger betrachtet Steffens im Frieden die Dinge. Für uns ist die
tiefe Religiosität, mit welcher der Naturphilosoph aus der Unruhe
des Kriegs in die stille Wirksamkeit eines Lehrers der Jugend zurück=
gekehrt, von besonderem Interesse. „Glaube," so schreibt er auf den
ersten Blättern, „ist eine ewige unveränderliche Zuversicht. Daß es
bei dem Glauben nicht darauf ankomme, was man glaube, hat selbst
einer der geistreichsten Männer unserer Zeit behauptet. Ein tiefer

Irrtum. Vielmehr giebt es nur einen Glauben, nur Eins, was ge=
glaubt werden muß! alles übrige ist nicht Gegenstand des Glaubens.
Und dies ist der Glaube an das Mysterium der Versöhnung. Wie
alles Wankende, sich Widerstrebende und Vernichtende seine verborgene
Wurzel hat in einer tiefen Selbstschuld, ist uns allen innerlich bewußt;
wie wir dieses Grundübel nicht aus eigener Kraft zu heben, das Leben
in seiner innersten, erkrankten Wurzel nicht zu heilen vermögen, fühlen
wir wohl. Und doch ist das ganze Dasein hohl und leer und alle
Erscheinung ein furchtbares Gaukelspiel finsterer, täuschender Geister,
wenn wir an dieser Heilung zweifeln. Daß ein persönlicher, lebendiger
Gott alles erhält und zum Besten lenkt, ist nur dann ein Gegenstand
des Glaubens, wenn wir an ihn als einen versöhnten Gott glauben;
denn die Selbstschuld verwandelt ihn in einen strafenden. Daß wir
alle Fäden des trennenden, zerstreuenden Lebens zerreißen, das ganze
Dasein in sich selber versenken sollen, um uns ungeteilt Gott zu
weihen, das sagt uns ein inneres Gefühl; aber der Mensch vermag
das nicht. Drängt sich nicht alles Dasein nach dem Menschen zusammen,
deuten nicht alle Zeichen der verschlossenen Natur wie zerstreute
Weissagungen auf ihn? Und in seinem Innern findet er einen Ab=
grund von Kraft und Streben in jedweder Richtung gleich unendlich,
eine nicht abzuweisende Forderung, das Tiefste und Höchste, das Gött=
liche selbst darzustellen. Aber wie ein gestürzter Fürst wandelt er
ratlos und zerstört unter den Trümmern seiner eigenen Herrlichkeit,
und wir fühlen es wohl, daß wir der innigsten Gemeinschaft mit der
höchsten Gewalt verlustig sind. Ja eben in der eigenen, von Gott
getrennten Kraft, in dem leeren Hochmut der inneren Trennung liegt
die unendliche Schwäche, die äußere furchtbare Verschmelzung und Ab=
hängigkeit. Wie alle Elemente zur Ruhe kamen in der menschlichen
Gestalt, wie mit dieser ein heiteres Dasein aus dem Chaos hervor=
quoll, und wie dieses selbst die Zeit der Verheißung, unter den Trümmern
verwüstender Kräfte die Spuren der Weissagung einer zukünftigen
Erlösung verbirgt, so zeigt das Christentum in Jesus Christus, Gottes
Sohn, den reinsten Menschen, alle Kraft und Herrlichkeit in ihm,
alle Klarheit und Göttlichkeit dem Menschen gegeben, und das Höchste
und Mächtigste, geheiligt durch ein unendliches Opfer. Die ganze
alte Welt und ihre Schicksale deuten auf ihn, das Bild der ewigen
Liebe ist die heitere Sonne des Lebens geworden nur durch ihn, und
wie der harte Stein in Fleisch zerschmolz und die wilden Gewässer
in Blut verwandelt durch die Adern rollen, nachdem die Erde die

Kräfte der Zerstörung in ihre verschlossenen Tiefen zurückdrängte, und sich der Sonne ganz weihte; so hat das wilde Geschlecht einen Mittel= punkt des höchsten Daseins gefunden, wo die Schicksale der Völker und die stille Sehnsucht eines verschlossenen Gemütes gleiche Be= friedigung finden können. Denn eine tiefe Schuld, unerklärbar in ihrer Entstehung, hat das Geschlecht ergriffen, und, wie sie ent= standen sein mag, uns selber müssen wir sie zuschreiben; nur aus der Mitte des Geschlechts, doch nicht durch irdische Kraft, konnte die Rettung entspringen, und wir bedürfen eines persönlichen Versöhners, wie eines persönlichen Gottes. Ja, durch ihn ist uns Gott erst wahr= haft persönlich, und wo der Glaube an ihn verschwindet, verwandelt sich für die verirrte Seele die Anschauung Gottes in ein ruchloses Spiel mit Begriffen, in tote, nichtige Formeln, entspringt nicht heiligend, erhebend, andächtig aus den innersten Tiefen eines bewegten, sich selbst in seiner Nichtigkeit ergreifenden, nur durch Opfer zu rettenden Gemüts. Das ist das verborgene Wunder des Christentums, daß es das innerste Weh eines jeden einzelnen Menschen in den trübsten Stunden, wo er seine tiefe Zerrüttung fühlt, und des ganzen Geschlechts in seinem verworrenen Treiben, mit gleich seliger Kraft, mit gleich göttlicher Heilung trifft." Wie wohl thut aus dem Munde des Philosophen dieses schöne, christliche Bekenntnis, in welchem die ewige Wahrheit von dem Herzens= und Geistesbedürfnis des Menschen ergriffen wird! Die Rückkehr zu den christlichen Grundwahrheiten bewirkte damals auch bei vielen Protestanten eine mildere Beurteilung des katholischen Mittelalters, erschloß den Sinn für das Echte und Wahre, das unter den Formen der mittelalterlichen Kirche sich barg. Steffens hatte in seinem Buche die günstigste, weil tiefste Auffassung des katholischen Gottesdienstes gegeben, deren ein evangelischer Christ fähig ist. Unter dem Eindruck eines Besuchs im Kölner Dom während des Feldzuges hatte er jene Blätter geschrieben, in welchen uns Dom, Altar und Bild, Priestergewand, Weihwasser und Weihrauch als tiefsinnige Symbole religiösen Lebens entgegentreten. Die Darstellung erregte in der Familie des zur katholischen Kirche übergetretenen Grafen Friedrich Leopold Stolberg die größte Aufmerksamkeit. Die Gräfin schrieb an Steffens: er sei auf dem Wege zur wahren Kirche, der Kampf, den er noch zu bestehen habe, werde für die Kirche siegreich endigen, täglich beteten sie für seine Bekehrung und hofften, daß er ein wichtiges Werkzeug für die Kirche werden würde. Steffens ward durch den Brief tief gerührt, ja erschüttert. Aber er beantwortete ihn

nicht. Die Auffassung der Stolbergschen Familie beruhte doch auf
einer großen Verkennung. Das Bedürfnis des Naturphilosophen,
auch in der Kirche die Natur, das Element als Symbol, Träger und
Werkzeug des Geistes anzusehen, ward ihm in der lutherischen Kirche
befriedigt, in welcher seine selige Jugend wurzelte, in die er mit
ganzer Liebe im Alter sich wieder versenkte.

Die Religion ward ihm, wie er sich selbst ausdrückt, alles; sie
war das tiefste Thema aller seiner Vorlesungen, worüber sie sich auch
verbreiten mochten. Nur wurde er in den nächsten Jahren durch poli=
litische Streitigkeiten von der ruhigen Versenkung in die Tiefe des
Christentums noch zurückgehalten. Der Geist, der nach den Befreiungs=
kriegen in den Studentenkreisen wehte, flößte ihm ernste Besorgnis
ein. Das Lob der Freiwilligen auf Kosten des stehenden Heeres ge=
fiel ihm nicht, weil er überzeugt war, daß nur durch den festen Halt
des doch auch für die Befreiung des Vaterlandes begeisterten Heers
die Freiwilligen etwas ausrichten konnten. Ihm war das Politisieren
der Jünglinge zuwider, die, wie tapfer sie auch gefochten haben mochten,
doch keine politische Erfahrung, jedenfalls vor allem den Beruf hatten,
etwas Tüchtiges zu lernen. Wenn er auf die Schlagwörter hörte,
vor denen die Menge sich beugte, wenn er auf die Verfassungsmacherei
sah, die überall sich regte, so kam es ihm vor, als lägen noch immer
Franzosenketten auf Deutschland. Seiner ganzen Anschauung von der
Organisation widerstrebte das Mechanische, das er hie und da zu ent=
decken glaubte. In jedem Volkstum, in jedem Stand, in jeder
Familie, in jedem einzelnen sah er ein Eigentümliches und es schien
ihm, als ob die neue Lehre mechanisiere, nicht organisiere. Am
meisten waren ihm die Turner mit ihrer manierierten Deutschheit
zuwider, wie sie durch Jahn gepflegt worden war. Schon in den
„Karikaturen des Heiligsten", in denen er die in der Schrift über die
„gegenwärtige Zeit" ausgesprochenen Meinungen mit stärkerer Be=
tonung des Gegensatzes ausführte, hatte er sich gegen die Turnplätze
gewendet. Er fuhr in dem Kampfe fort. Es gab eine Spaltung
unter den Professoren und Studenten. Mit so lieben Männern, wie
mit seinem Schwager K. v. Raumer und seinem Freunde Schleier=
macher, kam er in Zwiespalt. Den Männern, welche die Stimmung
der Befreiungskriege zu bewahren suchten, galt er als Abtrünniger,
denen, welche den Geist zu dämpfen suchten, als ihr Helfer. Beides
glaubte er nicht zu sein.

Durch die bittern Erfahrungen, die er machte, ward er nur um so kräftiger zur Kirche und ihren Schätzen der Lehre, des Trostes und der Erbauung getrieben. Wie im Politischen, wich er nun auch im Kirchlichen von der aus den Befreiungskriegen stammenden Grundstimmung ab. Diese war in der Religion eine unierende, Steffens aber lernte Scheibel, den strengen Lutheraner kennen, er fand in seinen Predigten die tiefste Erbauung und übergab seinem Religionsunterricht die einzige Tochter. Als seit dem Jahre 1830 durch die Einführung der Agende des Königs Friedrich Wilhelm III. eine Ausscheidung von Lutheranern aus der preußischen Landeskirche erfolgte, eine lutherische Gemeinde unter Scheibel sich bildete, schloß sich Steffens an diese Bewegung an und trat mit dem ganzen Gewicht seiner Stellung, seiner Wissenschaft, seiner Überzeugung für dieselbe ein. Daß diese Gemeinde größtenteils aus schlichten Bürgern bestand, daß vielen die Gemeinschaft des Professors mit diesen als ein Ärgernis und eine Thorheit erschien, ja, daß sein Kämpfen wider die „administrative Union" und für das Recht des lutherischen Bekenntnisses und der Gemeindebildung auf Grund desselben in jener Zeit, in welcher Regierung und Verwaltung sich zum Schaden der Kirche mit der Union ganz identifiziert zu haben schienen, als aufrührerische Gesinnung aufgefaßt wurde, hielt ihn nicht zurück. Die Religiosität, wie sie im Umgang mit Schleiermacher in ihm lebendig geworden war, so viel Freude seinem Gemüt, so viel Anregung seiner wissenschaftlichen Forschung, so viel Mut in der gefahrvollsten Zeit seines Lebens sie ihm gegeben, genügte ihm nicht mehr. Sie beruhte ihm zu sehr auf der persönlichen Stimmung, auf der Anziehung und Anregung eines bedeutenden Freundes. „Der Übergang von dem rein persönlichen oder von der durch persönliche Zuneigung und Vertrauen vermittelten Religiosität, bis zur rein wirklichen, ist der wahrhaft entscheidende, und erst, nachdem man sich einer Kirche ganz hingegeben hat, so daß man nicht in diese hineinlebt durch das reflektierende Erkennen, sondern geistig und schlechthin aus ihr herauslebt, wie die sinnliche Seele aus ihrem Leibe, darf man sich in vollem Sinne einen Christen nennen. Ist man nach vielen Kämpfen dahin gekommen, das Bedürfnis einer Kirche zu finden, dann kann man in der That erst sagen, man habe das höchste Ziel erreicht, nach welchem eine wahre Religiosität hinanstrebt, und nur die Kirche vermag uns einen wahren Frieden zu geben." Wir sehen in diesen Worten von Steffens den Begriff der Kirche als Anstalt gegen den Begriff der Kirche als Gemeinschaft, wie er von Schleiermacher

besonders geltend gemacht wurde, auftauchen, wir blicken damit in
Gegensätze hinein, welche in unsern Tagen noch die Gläubigen zer=
spalten. Steffens bedurfte einer Kirche. Das Band, welches ihn
früher mit der Kirche verknüpfte, war eigentlich die Freundschaft mit
Schleiermacher, und da dieser der reformierten Kirche angehörte, so
hielt sich Steffens in Halle, wie ein Unierter vor der Union, zu den
Reformierten. Jetzt durch Scheibels Persönlichkeit, die weniger durch
glänzende Eigenschaften hinreißend, einfältiger auf die Kirche, auf die
in ihr gegebenen Schätze hinwies, ward er zur lutherischen Kirche
zurückgeführt; die Jugenderinnerungen erwachten, der lutherische Gottes=
dienst in seiner größeren Fülle, namentlich das Kirchenlied lockte die
dichterische Natur, die lutherische Lehre schien seiner naturphilosophischen
Anschauung die Versöhnung mit dem Christentum anzubieten. Ihm
war es unerläßliches Bedürfnis des Geistes, in dem Menschen den von
allen untern Stufen geweissagten Gipfel der Schöpfung, die Einheit
von Geist und Natur zu schauen; die Geschichte der Schöpfung
gipfelte ihm im Menschen, auch die Geschichte der Naturverklärung
konnte er nur im Zusammenhang mit der Herstellung des sündigen
Menschen anschauen. Die richtige Schätzung des Leiblichen in der
Religion, die Durchdringung des gesamten Lebens mit Christus sah
er nun in der lutherischen Kirche, namentlich in ihrer Lehre vom
Abendmahl. „Nicht bloß Worte für die erwägende Seele rede ich,"
so läßt er den Heiland in dem Worte von seinem Fleisch und seinem
Blut Joh. 6 reden. „Ich bin ganz für euch da, wie ich mich für
euch geopfert habe; ich durchdringe euer ganzes Dasein, ich bin ge=
staltete Nahrung, so daß ihr um meinetwillen leben werdet." Das
Abendmahl war ihm der höchste individualisierende Prozeß des Christen=
tums; durch dasselbe sah er das ganze Geheimnis der Erlösung in
seiner reichen Fülle in die empfängliche Persönlichkeit sich senken. Von
dem rechten Genuß des Abendmahls erwartete er darum die Heiligung
und Verklärung unseres gesamten irdischen Lebens. „Man denke sich,"
sagte er, „daß die heilige Lehre, welche den Heiland erblickt als den
allgegenwärtigen Schöpfer einer erneuerten, für die Seligkeit bestimmten
Schöpfung, welche inmitten der Erscheinung die Keime einer neuen
Welt pflegt, welche ihn erblickt, wie er alle Schöpfungskraft geistig
gestaltet in seiner Kirche und wie diese Gestalt jedem nahe ist, und
in Stunden der Reinigung sich ihm ganz als selige Nahrung hingiebt
— man denke sich, sage ich, daß diese Lehre, (wie sie sich erhalten hat
und in vielen einfachen Gemütern die herrschende ist) immer die Grund=

lage unserer bürgerlichen, sittlichen, ja geistigen Bildung wäre — wie
ganz anders stände es um die Gesinnung der Zeit? Jene Quelle
der Liebe scheint versiegt, wir wühlen in uns selbst und in unserm
hohlen Innern, ja, da der Urgegenstand aller wahren Hingebung ver=
schwunden ist, scheint es unmöglich, uns irgend einem Gegenstand
völlig hinzugeben. Die heilige Treue, welche uns an König und
Vaterland bindet, ist schwankend geworden; Meinungen sind an ihre
Stelle getreten — wir lesen kein Buch, wir sehen kein Bild, wir
hören keinen Ton mit jener Unbefangenheit, die sich ihrem Gegen=
stande hingiebt, um aus ihm neubelebt wieder hervorzugehen; nur
uns selbst lesen, hören, sehen wir, und inmitten der größten Reich=
tümer, welche Wissenschaft, Kunst und Poesie aller Zeiten uns dar=
bieten, leben wir in grauenhafter Einsamkeit. Wir verachten unsere
eigene Kindheit und haben den Sinn für die Kindheit der Geschichte
verloren, ja selbst die ewig blühende Natur liegt in Hypothesen und
Fiktionen vergraben." So schrieb Steffens 1831 in seiner Schrift: „Wie
ich wieder Lutheraner ward und was mir das Luthertum ist." Man
muß gestehen, daß diese Anschauung einer liebenden Hingabe der
Persönlichkeit an die höchste Persönlichkeit und die daraus gefolgerte
Hingabe an die menschlichen Vertreter der göttlichen Macht, zwar mit
jenem selbstbewußten, trotzigen, die Obrigkeit meisternden Geiste, welcher
sich hie und da nicht ohne Schuld der Obrigkeit aus den Befreiungs=
kriegen entwickelt hat, in den Kampf treten mußte, daß aber auch sie
eine echte Frucht jener Zeit ist, in welcher sich Gottes Macht dem
hilflosen Volke wieder offenbart hat.

Als die Breslauer Verhältnisse für Steffens drückend zu werden
anfingen, indem ihm die alten Freunde um seines offenen christlichen
Bekenntnisses ferner traten, Scheibel aber seinen Weg in einer Weise
verfolgte, die der Freund nicht immer billigen konnte, versetzte ihn ein
durch den Kronprinzen erwirkter Ruf nach Berlin noch einmal in ein
neues Leben. Eine treue Jüngerschar sammelte sich um den im Alter
noch jugendfrischen Lehrer. Die Religion war auch jetzt das pulsierende
Blut in allen seinen Vorlesungen, die Einwohnung Gottes in aller
Kreatur der Grundgedanke seiner Lehre. Als lebendigen, durch Gottes
Einwohnung belebten Organismus faßte er die Natur, und an die
Spitze aller Naturentwicklung, deren verborgener Grund Gott ist,
stellte er die in und mit Gott freie und ewige Persönlichkeit des
Menschen, als die Mitte zweier Welten, einerseits als die Vollendung
der organischen Entwicklung des sichtbaren Weltalls, andrerseits als

Anfang der verhüllten höheren Entwicklung der unsichtbaren Welt. Und wie die Natur ihm ein durch Gott belebter Organismus war, so war ihm die Idee des Staats das Innewohnen Gottes in der Geschichte, und die Aufgabe des Staats sah er darin, einen lebendigen Organismus im Bilde einer Gottesfamilie darzustellen, in welche das durch Gnade geordnete Oberhaupt und das zu göttlichem Leben berufene Volk sich innig zusammenschlössen. Wenn in allen diesen Anschauungen die Idee der Persönlichkeit eine große Bedeutung hat, so wußte er wohl zu unterscheiden die durch die Sünde gebundene und die durch die Gnade frei gewordene Persönlichkeit; und der allein frei machenden Persönlichkeit des Heilands, wie sie in die Natur und Geschichte hineintritt, aber nicht aus Natur und Geschichte hervorgegangen und eben darum fähig, die Gebundenen zu erlösen, wandte er sich glaubend und forschend immer aufs neue zu. Ein Schüler hat es bezeugt, daß er durch seine Vorlesungen die unsichtbare Kirche wieder habe bauen helfen und daß viele jüngere Geister durch ihn vor dem Abgrund der Vernünftelei bewahrt, viele gerettet worden seien. Denn was er sprach, kam nicht aus der kalten Erkenntnis; aus dem innersten Grund der Persönlichkeit quellend, traf er das persönliche Leben in seiner Wurzel. Wie ein König der Gedanken, so schildert ihn ein Schüler, saß er frei und gewaltig auf seinem Lehrstuhl, durch nichts Geschriebenes gehemmt, mit einem Silberstifte spielend, wickelte er die köstlichsten Gedanken ab. Geist strahlte aus den scharf geschnittenen blitzenden Augen, Liebe verklärte seinen Mund. Sein graues Haar gebot Ehrfurcht, auf den Wangen blühte noch die Jugend, oft wurden sie durch die Begeisterung höher gerötet, oft überkam den Redner eine tiefe Rührung und seine Augen wurden feucht, wenn er durch einen von ihm selbst ungeahnten Flug seines Geistes fortgetragen, die seligen Geheimnisse Gottes aufschloß. In solchen Augenblicken riß er unüberwindlich hin. „Wir glauben nicht an den Heiland um der Wunder willen, wir glauben an die Wunder um des Heilands willen," rief er einmal aus. „Sehen Sie," sagte er ein andermal über das Vaterunser, „es weht ein Klang der Unendlichkeit durch das Gebet: Christus hätte sich als göttlich bekundet, auch wenn er nichts gesprochen hätte als dieses." Unter den Zuhörern war dann eine feierliche Stille: sichtbar ergriffen und schweigend verließen alle den Hörsaal.

Steffens' letzte Jahre waren überaus friedlich, ein schöner Abschluß seines bewegten Lebens. Große Freude war es ihm, mit Schelling noch gemeinsam leben und wirken zu können. Auch ward es ihm vergönnt, auf Einladung des Königs Christian VIII. die Heimat wiederzusehen und die Erinnerung an sein reiches Jugendleben an Ort und Stelle aufzufrischen. Über seine letzte Lebenszeit verdanken wir der Güte seiner Tochter einen handschriftlichen Bericht, dem wir folgen. Nach Berlin heimgekehrt, führte er ein Leben, in welchem Vergangenheit, Gegenwart und Zukunft zu einem schönen Akkorde zusammenklang. Er versenkte sich gerne in das, was er erlebt hatte; er sehnte sich nach der Ruhe bei seinem Heiland; aber so lang er auf Erden wandelte, nahm er, wenn auch so ruhig als möglich, an dem gegenwärtigen Leben teil. Wenn er im Kreise der Seinen den Tag mit einer Hausandacht begonnen hatte, arbeitete er in den Morgenstunden. Nachmittags hielt er seine Vorlesungen. Die freien Stunden brachte er gerne im Genusse der Kunst und Natur zu. Er war viel im botanischen Garten und freute sich über jede Pflanze, die er sah, häufig besuchte er mit seiner Tochter das Museum und ließ das noch immer lebendige Auge auf den Werken der Künstler in entzückter Anschauung ruhen. Regelmäßig wohnte er den musikalischen Aufführungen im Mendelssohnschen Hause bei; eine Geselligkeit, in welcher das Zusammensein durch einen geistigen Genuß gewürzt ward, war ihm die liebste. Wenn er abends um 11 Uhr sich in sein Zimmer zurückzog, so wachte er noch lange Stunden, er ordnete seine wissenschaftlichen Sammlungen, vertiefte sich in Ritters Geographie, zum Schlusse seines Tagewerks, oftmals erst bei Grauen des neuen Tages, las er einen Abschnitt aus Thomas a Kempis' Nachfolge Christi. Im Sommer öffnete er wohl, ehe er zu Bette ging, noch das Fenster, um die Sonne aufgehen und den Garten im frischen Schmucke des leuchtenden Taus zu sehen. Ruhig sah er seinem Ende entgegen, er konnte sich wundern, daß es nicht früher gekommen, da keiner seiner Brüder so alt geworden als er. Den Glauben, der das Sterben zum Gewinn macht, ließ er sich gerne in den Versammlungen und bei der Abendmahlsfeier der Brüdergemeinde stärken. Es war am 8. Februar, er hatte am Morgen den Seinen 2. Kor. 5. in der Hausandacht vorgelesen, das reiche Kapitel, das anhebt: wir wissen aber, so unser irdisches Haus dieser Hütte zerbrochen wird, daß wir einen Bau haben von Gott erbauet, ein Haus nicht mit Händen gemacht, das ewig ist im Himmel. Am Nachmittage hörte er einen Vortrag über Raphael mit der größten Teilnahme und begrüßte dabei eine alte, lange nicht gesehene Freundin mit wahrhaft seliger Freude. Als er nach Hause kam, fühlte er sich sehr schwach, aber einer Vorlesung Dantes mit Erklärungen, die Göschel in einem Freundeskreise gab, und die Steffens mit dem größten Genusse anzuhören pflegte, wollte er auch heute nicht versäumen. Er unterhielt sich beim Thee sehr lebhaft mit den Freunden. Es war der letzte Gesang des Paradieses, der die Freunde gerade an diesem Abend beschäftigte. Gleich nach der Vorlesung stand Steffens auf, um zu gehen. Als er der Wirtin die Hand gereicht, sank er ohnmächtig in einen Lehnstuhl. Ein Blutsturz erfolgte. Er erholte sich für den Augenblick und konnte nach Hause gefahren werden. Aber die Blutergüsse wiederholten sich, bis seine Kraft erschöpft war und er seinem Ende schmerzlos und wie es scheint ohne Bewußtsein entgegenschlummerte. Am 11. Februar 1845 ging er heim. Der Ausdruck der zurückgelassenen Leibeshülle war unaussprechlich schön, wie verklärt. An seinem Grabe wurden ihm die Verse des Liedes „O Haupt voll Blut und Wunden" gesungen, von denen er oft versichert, daß er sie nie ohne die tiefste Bewegung hören könne. Ohne Verabredung, in stiller Übereinstimmung eines gemeinsamen Gefühls, begaben sich viele von Steffens' Grab zu Schleiermachers Grabdenkmal; sie bezeugten damit, welch einen Segen Gott Deutschland durch die beiden Männer geschenkt, die in der bewegtesten Zeit der neueren Geschichte mit mannhaftem Mut und jugendlicher Begeisterung uns in Christus den Quell des ewig frischen Lebens wieder gezeigt haben.[35])

12.

Friedrich Perthes.

Deutschland hat keinen edleren Vertreter seines Bürgertums, als Friedrich Perthes. In seiner Jugend auf die gewöhnlichen Bildungs= mittel eines künftigen Geschäftsmannes beschränkt, stellte er sich durch unermüdliche Strebsamkeit auf die Höhe geistiger Anschauung als ein Ebenbürtiger neben die Männer der Wissenschaft. Durch rastlose Thätigkeit, kluge Gewandtheit und unerschütterliche Redlichkeit hob er, von Haus aus ohne Vermögen, sein Geschäft zu einem der bedeutendsten empor. Ohne den äußern Beruf einer amtlichen Stellung, nur durch den innern einer reinen und heißen Vaterlandsliebe, steht er unter den Rettern unsres Volks aus französischer Knechtschaft mit einem vollen Anteil an ihrem Ruhm. Und als ein rechter deutscher Bürger, in neuer Weise ein Vertreter jenes alten Bürgertums der freien deutschen Städte, in welchen die Predigt der Reformatoren und das evangelische Kirchenwesen so kräftig Wurzel geschlagen, erscheint er uns durch die gesunde Verbindung des vaterländischen Strebens und der christlichen Frömmigkeit, die wir in seinem Leben bemerken. Wir mögen den Mann betrachten, von welcher Seite wir wollen: als Familienvater, Geschäftsmann, Patrioten, Glied der Kirche, Menschenfreund, überall zeigt er Leben, Liebe, Thätigkeit, immer werden wir zu dem Zeugnis getrieben: er war ein ganzer Mann!

Friedrich Christoph Perthes, am 21. April 1772 zu Rudolstadt geboren, wo sein Vater fürstlicher Steuersekretär, sein Großvater fürst= licher Leibarzt gewesen, mußte sein Joch in der Jugend tragen. Da sein Vater frühe starb, seine Mutter bei einem Witwengehalt von einundzwanzig Gulden in befreundeten Häusern ein Unterkommen suchte, öffnete die mütterliche Großmutter dem Knaben das Haus. Als auch diese starb, nahm sich der mütterliche Oheim, Friedrich Heubel, im

Verein mit seiner Schwester Karoline des siebenjährigen Knaben an, ein treffliches Geschwisterpaar: der Bruder streng rechtlich, lebendigen Geistes, mit seinen Gedanken ins Weite schweifend, durch die Weltereignisse lebhaft erregt, aber seinem Fürsten mit Leib und Leben ergeben; die Schwester thätig, kräftigen Willens, von niemand Hilfe annehmend, jedem zur Hilfe bereit. In den Ferien ging der Knabe gern zu dem Vetter Johann David Heubel, der als Oberstleutnant und Landbaumeister auf Schloß Schwarzburg wohnte, und führte mit ihm in der schönen Gegend ein für Leib und Seele erfrischendes Leben in den Wäldern und auf den Bergen. Auf den Schulbänken des Rudolstädter Gymnasiums hielt es ihm schwer, voranzukommen: sein früher genossener Unterricht war zu wechselnd gewesen, sein Zahlengedächtnis war schwach, seine Gabe, Sprachen zu erlernen, gering. Aber er las mit Heißhunger, und viel Wissen lag ungeordnet in ihm durcheinander, als der Fünfzehn= jährige zu dem Buchhändler Böhme in Leipzig in die Lehre kam. Es waren ernste, gesegnete Lehrjahre. Der Lehrvertrag ist ein schönes Zeugnis aus einer Zeit, in welcher noch religiöse und sittliche Zucht als die Grundlage für geschäftliche Tüchtigkeit angesehen wurde. Böhme verspricht den Lehrling nicht allein in der Buchhandlung möglichst zu unterrichten, sondern auch zu aller Gottesfurcht und wohlanständigen Tugenden anzuhalten, und der Oheim will den Neffen während der Lehrzeit nicht nur mit notdürftiger Wäsche und Kleidern versehen, sondern ihn zugleich ernstlich ermahnen, daß er in diesen seinen Lehr= jahren seines Lehrherrn Bestes eifrig beobachten, jederzeit treu, fromm, fleißig, gehorsam und unverdrossen sich bezeugen, des Sonntags fleißig in die Kirche und außerdem weder bei Tag noch bei Nacht ohne Er= laubnis aus dem Hause gehen, alle böse Gesellschaft meiden und alles andere, was einem frommen und getreuen Lehrburschen geziemt, ge= horsamst verrichten solle. In der Michaelismesse kam Friedrich Perthes bei seinem Lehrherrn an. „Mein Himmel, Junge," rief ihm dieser entgegen, „du bist ja noch eben so klein, wie voriges Jahr; nun, wir wollen es mit einander versuchen." Die Barschaft, bestehend in 1 Thaler 20 Groschen, nahm ihm Böhme alsbald ab und that dem Oheim Meldung davon, die Bitte hinzufügend: „Wenn Sie mich wieder mit Briefen beehren, so seien Sie so gut und lassen die Überschrift: Wohlgeboren weg, denn diese kommt mir durchaus nicht zu." Im Familienkreis, namentlich bei den „Mamsells", fand er sich alsbald wohl, denn sie waren sehr gütig gegen ihn. Als er auf sein Zimmer gezogen war, das er mit einem andern Lehrling teilte — oben vier

Treppen hoch, mit einem einzigen kleinen Fenster im Dach, mit zwei Betten, zwei Stühlen, zwei Koffern, einem Tisch, einem kleinen Öfchen zu dessen Heizung an jedem Winterabend drei Stückchen Holz verabreicht wurden — kam bald Friederike, die zweite Tochter zu ihm, um ihm die Grillen zu vertreiben. Am andern Morgen waren die ersten Worte des Lehrherrn: „Friedrich, du mußt dir die Haare vorn zu einer Bürste, hinten zu einem Zopf wachsen lassen und dir ein Paar hölzerne Locken anschaffen. Deinen runden Matrosenhut legst du fort, für dich schickt sich ein dreieckiger. Ohne meine Erlaubnis gehst du weder morgens noch abends aus dem Hause, jeden Sonntag begleitest du mich in die Kirche." Morgens bekam er eine Tasse Thee, jeden Sonntag für die Woche sieben Stückchen Zucker und sieben Dreier zu Semmeln. Mittags gab es reichliche Kost, dann nichts weiter bis abends acht Uhr. Seine Hauptbeschäftigung war, in den Buchläden der Stadt nach den bei Böhme bestellten, aber nicht vorrätigen Büchern umherzulaufen. Verstand er die Büchertitel nicht gleich, so donnerte der Lehrherr: verstehst du kein Deutsch? brach wohl auch einmal in einen heftigen Zorn aus, der aber bald verrauchte. Manchmal feierte Böhme die Versöhnung, indem er dem Lehrling Obst mitbrachte oder mit ihm seine zwei Tassen Nachmittagskaffee und die dazu gehörigen zwei Stückchen Zucker teilte. Der Lehrherr heizte den Buchladen nicht. Wenn ihn fror, stampfte er mit den Füßen und rieb sich die Hände. Perthes erfroren im ersten Winter die Füße. Böhme hatte nicht eher Mitleid, als bis der Knabe nicht mehr gehen konnte. Da ward der Wundarzt geholt; der erklärte, vierundzwanzig Stunden später hätte der Fuß abgenommen werden müssen. Neun Wochen mußte er auf dem Dachkämmerchen liegen, aber wie ein Engel stand ihm Friederike zur Seite, ein liebliches Mädchen von zwölf Jahren, Sie plauderte und las ihm vor, das Strickzeug in der Hand, und die innigste Freundschaft entspann sich zwischen den beiden. Es läßt sich denken, daß den Lehrling in der fremden Stadt und ihrer waldlosen flachen Umgebung manchmal ein Heimweh nach den Schwarzburger Bergen beschlich, und wenn der Kuhhirt von Gohlis blies, ward er an den Hirten der Heimat erinnert, und es war ihm ganz „kurios" zu Mute. Welch eine Freude darum, wenn zur Messe der Oheim Justus Perthes aus Gotha kam und ihm einige Groschen gab, die Menagerie zu sehen oder ihn gar mit hinaus nahm nach Raschwitz, wo „des heiligen römischen Reichs Buchhändler" beisammen waren und er diesen vorgestellt wurde! „Wie viel Ehre," rühmt er selbst,

„habe ich da mitgenoſſen, an die ein andrer der Lehrburſchen gar nicht denken kann!" Mit den Jahren entpuppte ſich Geiſt und Gemüt des Lehrlings mehr und mehr. Die Liebe zu Friederike, die neben ihm aufwuchs, war eine Schutzwehr gegen die Verſuchungen ſeines Alters. Er war zum Jüngling, ſie zu einer bezaubernd lieblichen Mädchen= geſtalt heraufgewachſen. Der kindlichen Vertraulichkeit folgte jene Verſchloſſenheit des Jünglingsalters, die, wenn ſie nicht den letzten, tiefſten Gedanken der Seele ſagen darf, lieber gar nichts ſagt. Schon ſuchte er ſich zu der Klarheit hindurchzukämpfen, daß dieſe Liebe zu nichts Dauerndem zu führen beſtimmt ſei. Dann aber, als dieſe Klarheit in ſein Gemüt zu ſcheinen begann, fühlte er eine Leere in ſich, aus welcher er heftig nach dem Glücke der Freundſchaft verlangte. Seinem Nebenburſchen Rabenhorſt, einem ſittlich, geiſtig, geſchäftlich ausgezeichneten Jüngling, hatte er ſchon früher das Zeugnis gegeben: „wenn der nicht wäre, ſo hätte mir unfehlbar die Welt zeitlebens zur Hölle werden müſſen." Jetzt lernte er einige tüchtige junge Schwaben kennen, mit welchen er die deutſchen Dichter las und durch deren Freundſchaft er ſein Lebensgefühl aufs wohlthätigſte erregt empfand. „Ja, ich fühle ein Feuer in mir," ſchrieb er dem Oheim, „und wenn dies Feuer, das mich jetzt für andere Gegenſtände beſeelt, einmal bloß für Religion, Vollkommenheit und Tugend geſtimmt iſt, dann wird alles Eigennützige wegfallen, und ich werde alle, alle als meine Brüder lieben." Man erkennt aus dieſer Äußerung ein ſittlich religiöſes Streben des Jünglings. Und was in ſeinem Gemüte ſich regte, das ſuchte er in klare Gedanken zu faſſen. Da er in den ſpäten Abendſtunden, die ihm allein zur weiteren Ausbildung zu Gebote ſtanden, bei der fran= zöſiſchen oder engliſchen Grammatik zu leicht einſchlief, warf er ſich auf Bücher, die ſeinem innern Leben Nahrung gaben. Er ward ein Philoſoph, er forſchte den Gründen und 'Antrieben für unſer Handeln nach und machte ſich ein Bild von der Tugend, welche der Menſch zu üben habe. In der franzöſiſchen Revolution glaubte er mit manchem edlen deutſchen Manne einen bedeutenden Fortſchritt zu der erſehnten Vollkommenheit der Menſchheit zu ſehen. Als ſie aber in blutigen Greueln bis zum Königsmord verlief, rief er aus: „daß ſie verdammt wären, die franzöſiſchen Bluthunde, welche die heilige Sache der Freiheit ſo ſchändlich ſchänden!"

Perthes hatte ſeine Lehrzeit ſo völlig zur Zufriedenheit ſeines Lehrherrn beſtanden, daß er ihm ein halbes Jahr vor dem vertrags= mäßigen Ende derſelben, Oſtern 1793, erlaubte, eine Stelle bei dem

Buchhändler Hoffmann in Hamburg anzutreten. Mit Dank gegen Gott sah er auf die Leipziger Jahre zurück. „Hier war es," schrieb er, „wo mein Geist anfing, sich zu bilden und Menschenwürde zu ahnen. Ich habe viele böse Tage gehabt, aber diese bösen Tage haben viel Gutes gewirkt. Ich war, als ich hierher kam, ein leichtsinniger Junge, der viele, viele Fehler hatte: ich habe deren noch viele, aber viele sind doch auch unterdrückt und gebessert worden. Alles dies Gute verdanke ich Gott, der so viele gute Anregungen in mein Schicksal legte, daß mein Leichtsinn die Oberhand nicht erhalten konnte." Er war eben einundzwanzig Jahre alt geworden, als er in Hamburg ankam. Auch hier mußte er sehr anstrengend arbeiten, doch fand er Zeit, die Werke unsrer größten Dichter zu lesen. Und wenn er sich an freien Tagen mit fröhlichen Gesellen in Spiel und Tanz, zu Wasser und zu Land, der jugendlichen Freude hingab, so suchte er doch auch die Geselligkeit auf die innere Vervollkommnung zu beziehen. Und von Leipzig her wirkte das Bild Friedrikens, und es ward ihm zu Mute, wie's in dem Liede heißt; „Mir ist es, denk ich nur an dich, als in den Mond zu sehn, ein stiller Friede kommt auf mich, weiß nicht, wie mir geschehn." Er konnte in Briefen an die Freunde ausrufen: „O, die Wehmut, von der Phantasie erzeugt, ist das Süßeste, was ich kenne! Bruder, zu liegen in der stillen Natur, nicht zu wissen, was man denkt und empfindet und es doch so klar zu wissen! Da, wo jeder Grashalm, jedes Blatt mir Freund sein und ich aus jedem Träume ziehen kann und weinen möchte in süßem Schmerz, da wird's dem Menschen klar, daß Gott die Seele ist in allem." In solchen Seelenstimmungen genügte ihm der gewöhnliche gesellige Verkehr nicht, er suchte nach einem bedeutenden, bildenden Umgange. Es gelang ihm der Zutritt in die Hamburger Geistesaristokratie, die in dem Sievekingschen Hause sich versammelte. Aber bedeutender wirkte doch auf ihn der Umgang mit drei Freunden, Speckter, Runge und Hülsenbeck. Tief eingetaucht in den Strom geistigen Lebens, welcher damals durch Deutschland flutete, hatten sie ihre Lust daran, wie der junge Buchhändlergehilfe in dasselbe erquickende Bad sich warf. Wie eine Jungfrau stand er vor ihren Augen mit seinem überaus zarten Körper, lockigem Haar, feiner Gesichtsfarbe und dem sanften Einschnitt seines Auges. Und doch mußten sie gestehen, daß der kleine Perthes den männlichsten Geist von ihnen allen habe. Perthes aber pries sein Glück: „Ich genieße jetzt mit vollen Zügen, was ein rasches feuriges Gefühl genießen kann. Drei Freunde habe ich gefunden, voll Geist und Innigkeit, voll reinen echten Sinnes und ausgezeichneter, weitumfassender Bildung. Als sie meinen Willen zum Guten, meine Liebe zum Schönen erkannten; als sie sahen, wie ich suchte und strebte; da nahmen sie mich auf, und wie selig bin ich nun! Mir ist es wie einem Fisch, der vom trocknen Land ins Wasser kommt." Während der junge Most seines neuen Lebens noch in Gärung war, hatte er doch schon Klarheit und Besonnenheit genug, um selbständig ins Geschäftsleben zu treten. Mit einem jungen Hamburger Kaufmann und seinem Freund in den Leipziger Lehrjahren Nessig, der mit ihm die Neigung zu Friedrike Böhme teilte, gründete er eine Firma, die seinen Namen allein trug. Der Buchhandel litt damals noch an großer Schwerfälligkeit. Perthes, der nicht am meisten den eignen Gewinn, sondern die Hebung des geistigen Lebens in weiteren Volkskreisen im Auge hatte, wählte sich nicht den Verlags=, sondern den Sortimentsbuchhandel, er setzte sich die Aufgabe, jedes Buch, wo es auch erschienen sein möge, an jeden Ort, wo es verlangt werde, zu liefern, und um den Aufenthalt in seinem Laden angenehm zu machen und Litteraturkenntnis zu befördern, versprach er, von jeder deutschen Zeitschrift, jeder Neuigkeit des Tags und jeder allgemein interessanten Schrift immer ein Exemplar vorrätig zu haben. Des heiligen römischen Reichs Buchhändler, wie sie der Lehrling einst ge= nannt hatte, schauten den jungen Geschäftsmann mit großen Augen an, der auf der Ostermesse 1796 mit so kühner Freudigkeit sich ihnen empfahl. Aber das bare Geld, das die Hamburger Freunde ihm in die fleißige, geschäftsgewandte, redliche Hand legten, half über die Be= denklichkeiten der Buchhändler bald hinweg. Schwieriger war ein Sturm zu beschwichtigen, den leidenschaftliche Liebe in dem Augenblick erregte, als das Schifflein seines Geschäfts mit frischen Segeln eben vom Stapel lief. Mit rührender Uneigennützigkeit, wie sie oft der Jünglingsliebe eigen ist, hatte er seinem Freunde Nessig den ersten Anspruch auf Friedrikens Hand eingeräumt, er hatte gewähnt, es sei nichts Leidenschaftliches mehr in seiner Liebe. Aber, da er nun in Leipzig wieder der Jungfrau gegenüberstand, machte die gegenwärtige Schönheit und Anmut ihre Macht geltend. Friederike sollte nun selbst entscheiden. „Ich habe Perthes lieb, ich habe Nessig lieb, aber meine Hand kann ich keinem geben," war ihr Spruch. Perthes ward starr und kalt, zentnerschwer lagen bei dieser Gemütsverfassung die Geschäftsverpflich= tungen auf ihm. Aber er raffte sich auf, that, was vorlag, kehrte nach Hamburg zurück, mietete in einer belebten Gegend der Stadt, „hinter dem breiten Giebel", ein Haus, nahm seine Mutter und

Schwester bei sich auf und eröffnete am 11. Juli 1796 sein Geschäft. Der junge Buchhändler mit der hohen geistigen Auffassung seines Berufs ward bald mit vielen ausgezeichneten Männern der nächsten Umgebung und des weiteren Vaterlandes bekannt, und diesen Ver= bindungen verdankte er das schöne Lebensglück, das ihm bald auf= blühen sollte.

Nicht lange nach Eröffnung des Geschäfts trat ein Mann in Perthes' Laden, ein Fünfziger, schlank und hoch, mit feiner Gesichts= bildung, leicht gebräunter Farbe, herrlichen blauen Augen, in Kleidung und Haltung vornehm, aber doch Vertrauen erweckend. Es war Friedrich Heinrich Jacobi, der Philosoph, einst zu Pempelfort bei Düsseldorf der vielbesuchte Mittelpunkt einer überaus gastfreien litterarischen Hofhaltung, jetzt durch die französische Revolution nach dem Norden getrieben und im Wandsbecker Schlosse angesiedelt. Perthes hatte den Mann kaum erkannt, in dessen Schriften sein geistiges Streben immer neuen Antrieb gefunden, als er ihm seine Verehrung bezeugte. Die erste Begegnung führte zu einer freundschaftlichen Ver= bindung für das ganze Leben. Durch Jacobi kam Perthes in das Haus des Wandsbecker Boten. Die älteste Tochter, Karoline Claudius, war damals zweiundzwanzig Jahre alt, zwei Jahr jünger als Perthes, schlank gewachsen, nicht blendend schön, aber von angenehmen, regel= mäßig und edel gebildeten Zügen; aus ihren lichtblauen Augen blickte eine wunderbare innere Welt, rege Einbildungskraft und tiefes Gefühl. Kraft und Ruhe, die unwiderstehlich anzogen. Mit dem Leben draußen war sie kaum in Berührung gekommen, sie hatte den häuslichen Ar= beiten sich gewidmet, durch den Unterricht des Vaters sich schöne Sprach= kenntnisse angeeignet, mit ihrer schönen Stimme zu den musikalischen Freuden des Hauses mitgewirkt. Der Briefwechsel mit ihrer mütter= lichen Freundin, der frommen Fürstin Gallitzin, hatte ihre Seele auf die tiefsten Lebensgründe hingewiesen und der Tod einer kleinen Schwester ihr im Jahr vorher eine heiße Sehnsucht eingeflößt nach dem, der über den Tod hinweghilft. Am 27. November 1796 sah sie Perthes zum erstenmal und war ihr sogleich von Herzen gut. Am Weihnachtsabend fand er sich mit ihr in Jacobis Haus zusammen. Es war ihm unbeschreiblich wohl in ihrer Nähe. Er hätte ihr gern die beste Gabe zu Weihnacht gegeben. Hoch oben im Wipfel des Christbaums hing ein kunstreich vergoldeter Apfel. Ihn holte Perthes, als ein Symbol der besten Gabe, mit großer Mühe herunter und gab ihn Karolinen. Von diesem Abend an war sein Herz entschieden.

Aber erst im April erhielt er ihr Ja. Und der Vater Claudius fand in seiner fast eifersüchtigen Liebe zur Tochter das Wort: du sollst Vater und Mutter verlassen, hart und konnte erst nach der Leipziger Messe sich dazu verstehn, dem Paar seinen Segen zu geben. Am 15. Juli 1797 wurde die Verlobung nach holsteinischer Sitte kirchlich gefeiert. Von Freunden war die Fürstin Gallitzin und Graf Friedrich Leopold Stolberg zugegen. Als der Pfarrer die Braut erinnerte, daß sie, einmal verlobt, nur durch das Konsistorium geschieden werden könne, gab sie zur Antwort: „Ich bin schon lange völlig fest gewesen und konnte schon lange weder durch Sie noch durch das Konsistorium ge= schieden werden." Am 2. August war die Hochzeit. Am Tage vorher schrieb Karoline an Perthes: „Heute war ich beim Pastor; das For= mular, nach welchem wir getraut werden sollen, ist weder kalt noch warm, weder alt noch neu, sondern ein unseliges Mittelding. Das soll uns aber nicht schaden, lieber Perthes: wir wollen Gott nach alter Weise um seinen Segen bitten und er wird uns nach alter Weise segnen. Thue es doch mit mir, du lieber Perthes, und mache die Arme weit auf und halte mich fest, bis du mein Auge zudrückst. Ich bin dein mit Leib und Seele und vertraue Gott, daß ich mich wohl dabei befinden werde." Sie haben sich an einander fest gehalten, wie verschieden sie im Anfang durch ursprüngliche Natur wie durch Lebens= führung und Gewöhnung waren. Ohne daß sie ihr eigentümliches Wesen aufgaben, reiften sie sich zu immer innigerer Gemeinschaft einander entgegen. Karoline ging ihren Weg, den Glaube und fromme Übung ihr zeigten, Perthes den seinen, auf den er durch den Drang seiner lebhaften, auf Überwältigung der Welt gerichteten Natur und durch den Drang des Geschäfts gewiesen ward, aber eins gab dem andern das Beste, was es selbst hatte: Perthes ward durch Karoline nach der tiefen Stille des Lebens in Gott sehnsüchtig, sie lernte durch ihn, mit dem köstlichen Pfund des verborgenen Lebens mitten in der äußerlichen Thätigkeit zu wuchern. Perthes ward durch diese Ehe näher auf die köstliche Perle hingeführt, nach der er schon lange gesucht, denn der lieblichste Glanz, in welchem Karolinens Wesen ihm erschien, kam doch von der Gnade ihres Heilands.

Für Perthes war das Sittengesetz ein Zuchtmeister auf Christus, das ideale Geistesleben ein Zug des Vaters zum Sohne geworden. Gut sein, nicht im Fleische, sondern im Geiste leben, hatte er immer gewollt. Die ganze Kraft, die er hatte, mußte er zur Erreichung dieses Ziels aufbieten, um sich zu überzeugen, daß die eigne Kraft zu schwach

dazu sei. „Liebster, bester Onkel," schrieb der achtzehnjährige Jüng=
ling, „es ist wahr, himmlische Freude kann der genießen, der an seiner
Besserung arbeitet, und ich habe solche lichthelle Stunden oft gehabt,
in denen ich durch das Betrachten der Vollkommenheiten Gottes und
seiner Werke und das Gefühl meiner eigenen menschlichen Würde den
Vorgeschmack von dem künftig mir bestimmten Ziele genoß. Dann war
alles, alles in mir Freude, und ich sah alles neben mir zur Voll=
kommenheit arbeiten; dann waren alle Menschen meine Brüder, die
mit mir zu demselben Ziele gelangen sollten." Dann aber ruft er
wieder aus: „Wie oft habe ich mit Thränen im Auge meine Ver=
kehrtheit beseufzt, wenn ich kurz vorher mir vorgenommen hatte, stand=
haft in Ausübung des Guten zu sein und dann doch wieder gefallen
war, weil ich eine Leidenschaft nicht besiegen konnte! Dann ist in
meinen Augen jeder andere besser als ich, auch wenn jener Verbrechen
begangen hat und ich nur in Gedanken gefehlt habe; denn ich stelle
mir vor: hätten die andern Menschen solche Antriebe zum Guten, wie
du, so würden sie gewiß besser sein als du." Himmelhoch jauchzend
— zum Tode betrübt, das sind die immer wechselnden Stimmungen
einer Seele, die aus eigner Kraft vollkommen werden will. Der warm=
blütigen, leicht erregbaren Natur, dem lebendigen Gefühl, der geschäf=
tigen Einbildungskraft des Jünglings konnte die verstandeskalte
Tugendlehre keine Befriedigung gewähren. Aber wenn das Gute, das
er wollte, im Gewand der Schönheit vor ihn trat, wenn die Tugend
in anmutiger Gestalt vor ihm herschwebte, das gab seiner Seele
neuen Schwung, ihr nachzueilen. Darum ward ihm Schiller sehr teuer,
der es auf bewunderungswürdige Weise versucht, den Weg der Tugend
und der Schönheit als einen und denselben zu zeigen. Durch diesen
Dichter und den Umgang mit seinen Freunden gewann dann sein Ideal
der Tugend an Tiefe und Fülle, sie erschien ihm nicht mehr als die
Summe einzelner Handlungen, sondern als ein dauernder Zustand, aus
welchem sich die Meidung des Bösen, das Vollbringen des Guten ganz
von selbst verstände. Aber je höher das Ziel gesteckt wird, desto deut=
licher wird das Unvermögen. Gefühl war das Lebendigste, Kräftigste
in ihm. Aber welche Schmerzen bereitet das Gefühl, wenn die Kraft
fehlt, das lebhaft Gewünschte zur Wirklichkeit werden zu lassen!
„Perthes," sagte Speckter, „all dein jetziges Lieben ist Narrenspiel und
nimmt nur den Schein einer edleren Leidenschaft an, weil du ein feines
und zartes Gefühl hast." „Ach, er hat recht," mußte Perthes sagen,
„und wenn auch alles schläft, die bösen Geister wachen doch. Aus

diesem Zwiespalt des Wollens und Könnens, des Fühlen und Thuns konnte Jakobi nicht heraushelfen, der selbst zeitlebens den Widerstreit zwischen Fühlen und Denken, zwischen der unmittelbaren Gewalt, die das Christentum auf sein Gemüt übte, und den Ansprüchen, welche menschliches Forschen demselben entgegensetzte, nicht völlig zu überwinden vermochte. Perthes konnte nur durch christliche Erkenntnis und christlichen Glauben zum Frieden gelangen. Ein guter Schritt vorwärts war es, als er einem Freund, den er für überaus gut und gütig hielt, schrieb: „Ach daß ich es auch wäre! Es ist so schwer, gut zu bleiben, und so schwer, besser zu werden, daß mir schon oft der Zweifel aufgestiegen ist, ob wir denn auch wirklich gut geboren sind." Was die Vernunft, das Gefühl, die Schönheit nicht vermochten, das mußte die Liebe thun, die als göttliche Macht zu dem Menschen sich hinabneigt, um ihn emporzuziehen und deren Wiederschein im Menschenherzen er im Hause seines Schwiegervaters und in den christlichen Kreisen der frommen Lutheraner in Holstein und der frommen Katholiken in Münster, bei den Reventlow und Stolberg, bei der Fürstin Gallizin und bei Fürstenberg kennen lernte. „Nur wer die Liebe hat," schrieb er an Jacobi „kann das Rätsel unseres Seins und unsrer Freiheit lösen." Anfangs erkannte er noch nicht, daß in Christus allein die befreiende und versöhnende Liebe offenbar werde. „Daß ich etwas in mir habe, das lebt und ewig leben wird," schrieb er an seine Frau, „fühle ich mit einer Gewißheit, deren Sicherheit durch keine Worte sich bezeichnen läßt; aber ich fühle auch, daß dieses mein ewiges Ich nur in der Liebe zu Gott seine Befriedigung finden kann. Jedem, der nach dieser Liebe strebt, dem es Ernst hiermit ist, der niederfällt, bebt, betet und dankt, dem wird der Herr gnädig sein, selbst wenn er ein Stück Holz anbeten sollte, statt den Gekreuzigten. Denn da der Unsichtbare für uns hinter dem Vorhang der sinnlichen Welt steht, ist jedes Mittel, durch das ich wagen darf, mich Gottes Herrlichkeit zu nähern, ein heiliges Erlösungsmittel von der Sünde, und keine Abgötterei. In mir tobt das Böse und ist mächtig. Meine Gebete sind nur Notschüsse und helfen nicht, denn ich bin nicht wie du, durchdrungen von der Heiligkeit des Höchsten, von seinem Lichte und Glanze, aber von dir, meine Heilige, bin ich durchdrungen und durch die Liebe zu dir werde ich die höhere erlangen, deren ich unmittelbar nicht teilhaftig werden kann." Es währte nicht lange, so erkannte Perthes, daß die versöhnende Liebe in keiner anderen Gestalt erschienen sei, auch nicht in der des frömmsten Weibes, als in Jesus Christus. „Meine innere

Angst," schrieb er dann an an seine Frau, „fordert jemand, der statt meiner genug thut, und Ahnungen steigen in mir auf, welche einen Gott verlangen, der als Mensch die Menschenqual gefühlt hat. Schon auf manchen Stab habe ich mich gestützt, der nicht gehalten hat, und manchen Stern habe ich vom Himmel fallen sehen." Die letzte Stufe der Erkenntnis war erstiegen, er stand vor dem kündlich großen Geheimnis: Gott geoffenbaret im Fleisch, er fühlte die Wahrheit des Spruchs: „wär Christus tausendmal in Bethlehem geboren, und nicht in dir, du bliebst doch ewiglich verloren," er las die Bibel mit dem brennenden Verlangen, zu werden, was er nun wußte, er war fröhlich in der Gnade, aber unermüdlich thätig, das Leben, das ihm geschenkt war, auszuwirken. Es hat etwas in hohem Grade Erbauliches, zu sehen, wie in jener Zeit tüchtige Menschen jede Stufe der Erkenntnis sich erkämpften, um durchs Werden zum Wissen und durchs Wissen zum völligeren Werden zu kommen, während heute die einen auf die Arbeit an ihrem inneren Leben in der äußerlichsten Gewohnheit des Daseins Verzicht leisten, andre die dargebotne Wahrheit ergreifen, aber so kampflos, so frühfertig, daß man zweifeln muß, ob die von außen gegebene Erkenntnis mit innerer Wahrhaftigkeit angenommen worden sei.

Während Perthes' inneres Leben zu fester Gestalt sich durchkämpfte, hatte sein Geschäfts- und Familienleben den erfreulichsten Fortgang genommen. Die erste Geschäftsverbindung war nach zwei Jahren wieder gelöst worden, weil sie den Hoffnungen der Mitbeteiligten nicht völlig entsprach. Er fand in Johann Heinrich Besser einen wackern Genossen, von trefflichen Eigenschaften des Herzens und bedeutenderer wissenschaftlicher Vorbildung, namentlich in den Sprachen, als er selbst besaß. Sie gingen gemeinsam an die Arbeit, und bald war die Firma Perthes eine der geachtetsten in Deutschland. Und im Hause ward es immer lebendiger. Bis zum Jahre 1807 waren ihm sechs Kinder geboren und nur eins wieder gestorben. Nichts hätte seinem Glücke gefehlt, wäre nicht der Schmerz um das unglückliche Vaterland gewesen. Perthes, ein geborner Rudolstädter, hatte von Jugend auf sein vaterländisches Genüge nicht in seinem kleinen Stammlande finden können, er hing darum am Kaiser und am Reich, für die einzelnen deutschen Staaten sah er nur in einem großen, einigen Deutschland Glück und Freiheit. Wie die Kleinstaaterei, so war ihm das Weltbürgertum zuwider. Die deutsche Erniedrigung fühlte er darum mit dem nagendsten Schmerz, aber er gehörte zu der gläubigen Schar derer, die niemals an dem Wiedererstehen Deutschlands verzweifelt haben. Eine heilige Entrüstung erfüllte seine Seele, daß nicht alle,

die in Deutschland einen großen Namen hatten, daß z. B. Göthe die
Schmach des Vaterlandes nicht lebendig genug fühlte. „Scham, glühende
Scham über die Zerreißung unseres Vaterlandes," schrieb er 1804 an
Jacobi „sollte und müßte unsere Herzen foltern! Statt sich zu waffnen
durch Nährung der Scham, und sich Kraft, Mut und Zorn zu sammeln, entfliehen sie ihrem eigenen Gefühle und machen Kunststücke.
So wenig aber Rettung für einen Sünder zu hoffen ist, der, um die
Reue nicht zu fühlen, Karten spielt, so wenig wird unser Volk, wenn
unsre Besten sich so betäuben, dem Schicksal entgehen, ein verlaufenes,
über die Erde zerstreutes Gesindel ohne Vaterland zu werden." Aber
das war nur die eine Ansicht von der Lage Deutschlands, die an der
äußeren Erscheinung haftete; sein Glaube sah unter der Verderbnis die
Kraft der neuen Geburt. Er rief in großer Gesinnung aus: „Muß
das Herz uns nicht deshalb schon groß werden, daß wir gerade in der
schlimmsten Zeit leben?" Er hoffte auf einen Helden, dem alle Deutschen zufallen würden. „Lieber Reimer," schrieb er an einen Freund
in Berlin, „Menschliches hilft in solchen Zeitläuften nicht mehr, es
muß eine höhere Erscheinung auftreten, an die sich alles Volk der Erde
anschließen kann." Als im Jahre 1805 Österreich eine so schreckliche
Niederlage erlitt, drang Perthes in Johannes Müller, den Geschichtsschreiber, den er gern als den Führer aller guten Deutschen angesehen
hätte, daß er Preußen zur Rettung Österreichs, Deutschlands aufwecke.
Es war zu früh. Erst im Herbst 1806 raffte Preußen sich auf.
„Gottlob, es wird Ernst," schrieb Perthes damals, wenige Tage vor
der Jenaer Schlacht, „der Herr der Heerscharen, der den Willen und
den Eifer seiner Völker sieht und erforscht, wird uns helfen und beistehen. O, daß ich meinen Kopf auf einen militärischen Rumpf setzen
könnte!" Nicht lange nachher rückte der französische Marschall Mortier
in Hamburg ein. Aller Verkehr mit England war bei Todesstrafe
verboten, Hamburgs Handel und Wohlstand damit auf Jahre vernichtet.
Und dabei verursachten die ungebetenen Gäste und die zu ihrer Ver-
pflegung mit beispielloser Unverschämtheit geforderten Lieferungen ungeheure Kosten, — beispielsweise vom 18. November 1806 bis 30. Juni
1808 nicht weniger als in runder Summe 7,372,776 Mark Kurant.
Auch Perthes verlor alles, nur seinen Mut, seinen Glauben nicht.
„Mein Geist wird mit jedem Tage sicherer und freier," schrieb er ein
Jahr nach der Jenaer Schlacht an Jacobi, „und so bin ich bei allen
Ereignissen mutvoll und heiter. Ein gebrechlicher Mensch bin ich wohl,
aber ein unglücklicher nicht, sondern vielmehr ein sehr glücklicher, dem

es beschieden ist, eine unruhige Laufbahn zu durchlaufen. Viel Inter=
esse für Leben und Tod, viel Liebe, viel Leidenschaft, viel Kinder,
viel Freunde, viel Arbeit, viel Geschäfte, viel Lust, viel Unlust, viel
Unruhe und nicht viel Geld! Dazu ein Dutzend Spanier im Hause
und seit neun Tagen drei Gendarmen, die mich fast zur Verzweiflung
bringen." Was wird wohl aus der ungeheuren Umwälzung werden?
so fragte er sich oft. „Notwendig," so urteilte er, „mußte sich aus
der allgemeinen Schwäche und selbstsüchtigen Verdorbenheit eine Kraft
erheben, welche alles besiegte, weil nichts Kräftiges sich ihr entgegen=
setzte. Napoleon ist und bleibt eine historische Naturnotwendigkeit. Er,
der Gewaltige der Welt, ist eins in sich und sicher und fest wie kein
anderer, weil er, wie kein anderer, nichts will, als sich selbst, und wie
kein anderer ist er des Teufels geworden, weil er, wie kein anderer,
sich selbst zu seinem Gott gemacht hat." Diesem dämonischen Menschen
glaubte Perthes die Welt von Gott dahingegeben, damit unter dem
Schrecken des Gerichts ein Neues zur Geburt sich durchringe. „Zu
einer neuen Ordnung der Dinge," schrieb er „will Gott uns auf
praktischen Not= und Angstwegen führen. Rückwärts läßt sich das
Stück nicht spielen, also vorwärts! Es falle, was nicht stehen kann!
Die Schauspieler in dem großen Stücke werden selbst zur Rolle, und
hinter den Kulissen steht der große unsichtbare Theatermeister und ist
Trost und Halt für uns arme Zuschauer, denen leider nur zu arg
mitgespielt wird." Von Deutschland, über dessen Grab Frankreich und
Rußland sich die Hände gereicht zu haben schienen, erwartete Perthes
gleichwohl die Rettung Europas. Er beklagte, daß die Deutschen ihre
reichen Schätze nie recht praktisch zur Belebung der Nationallehre und
zum Schutz gegen die Fremden zu verwerten verständen. Aber er
rühmt seinem Volke nach: „So weit wir Deutsche überhaupt ein
Leben hatten, haben wir es nie für uns allein, sondern immer noch
für Europa gelebt." Daß das deutsche Leben der gesamten Völker=
familie wieder zu gut komme, das erwartete er von einer heiligen
Volksbewegung, nicht von den seitherigen Regierungsformen. „Kein
Stab soll halten," schrieb er an Jacobi, „sie brechen alle, auf daß
ein jeder nur Gott anhange und sich in sich bereite, bis das Gericht
kommt, und das Gericht ist nahe, aber auch für die Richtenden ist mir
bange." Von Leipzig kam er auch in jener schrecklichen Zeit mit ge=
hobenem Gefühl zurück, denn er hatte allenthalben im Volke Willen,
Kraft und Entrüstung bemerkt, aus aller Herzen nur die eine Stimme:
Vaterland, Freiheit und Rache, herausgehört. „Nein, Deutschland

geht nicht unter, und die Deutschen sterben nicht ab als ein thatenloses Volk, ein neues Geschlecht deutscher Art wird entstehen und wird blühen auf Jahrhunderte hinaus."

Perthes wünschte alles, was unter den gegenwärtigen Verhält= nissen nur möglich schien, zu thun, um die künftige Erhebung Deutsch= lands vorzubereiten. Er arbeitete schon vor der Jenaer Schlacht an einem stillen Bunde deutscher Männer von den Alpen bis zum Meer. Zunächst war es ihm um Verständigung zu thun. „Ist das Verständ= nis eröffnet," so schrieb er, „ist der Weg bereitet, so schließt sich viel= leicht mit des Höchsten Hilfe ein Thatenbund. Für die Ausbreitung ist mir nicht bange, so etwas wälzt sich fort. Aber er müßte durch wenige einfache unverbrüchliche Grundsätze verbunden und durch die Zusammensicht talentvoller Männer geleitet sein. Gedruckt müßten die Grundsätze nicht werden, sie müßten von Mund zu Mund, von Brief zu Brief in Kraft und Saft übergehen." Als auch die öster= reichische Erhebung 1809 nicht zur Abschüttelung der französischen Ketten geführt hatte, als Deutschland nicht allein zertreten, sondern auch in Stücke zerrissen war, sann er nach, wie das deutsche National= gefühl als letztes Band der Einheit, als erstes Erfordernis, um die Einheit auch äußerlich wieder darstellen zu können, wach gehalten werden könne. Durch eine zu gründende Zeitschrift hoffte er, die bedeutendsten Männer von deutscher Gesinnung zur Besprechung wissenschaftlicher Fragen zu vereinigen. Mit dem Frühling 1810 trat das „vaterländische Museum" ins Leben, von den besten Männern nicht allein mit Jubel begrüßt, sondern auch mit Beiträgen versehen, die sich durch wissen= schaftliche Tüchtigkeit, deutsche Gesinnung und zum guten Teil christliche Frömmigkeit auszeichneten. Wir begegnen darin geschichtlichen Be= trachtungen von Heeren, Friedrich Schlegel, Arndt, philosophischen von Reinhold und Jean Paul, religiösen von Claudius und Marheineke, Gedichten von Stolberg und Fouqué; auch finden wir eine gar sehr zum Ruhme der Deutschen gereichende Betrachtung des trefflichen fran= zösischen Emigranten Villers „über den wesentlich verschiedenen Charakter der erotischen Poesie bei den Franzosen und Deutschen." Aber nur kurze Zeit konnte die Zeitschrift bestehen. Der neue Frankenkaiser, der sich als Nachfolger Karls des Großen ansah, hielt es für ein bitteres Unrecht gegen die alte Stadt Hamburg, die von Karl dem Großen ge= gründet sein soll, wenn dieselbe nicht dem neuen Kaiserreiche einver= leibt würde. Hamburg ward ein französisches Departement. Der Generalgouverneur Marschall Davoust, Prinz von Eckmühl, zog ein.

Das „vaterländische Museum" erschien nicht länger, aber der durch das=
selbe fester zusammengeschlossene deutsche Männerbund dauerte fort.
Und Perthes mußte sein Geschäft auch unter den schwierigsten Ver=
hältnissen aufrecht zu erhalten. Im französischen Reiche war der Buch=
handel unter ein Netz polizeilicher Aufsicht und Quälerei gestellt, zu
dessen Erfindung nur französischer und namentlich Napoleonischer Ver=
stand fähig war. Galt dies französische Wesen nun auch in Hamburg,
so mußte Perthes, wenn er ein Buch aus Kiel oder Göttingen oder
einer andern deutschen Stadt nach Hamburg oder durch Hamburg in
die deutschen Teile des französischen Kaiserreichs bringen wollte, zu=
vor aus Paris sich einen Erlaubnißschein holen, und bis das Buch
glücklich am Ort seiner Bestimmung war, mußte es durch eine ganze
Gasse polizeilicher Vorsichtsmaßregeln Spießruten laufen. Wie konnte
mit einer solchen Einrichtung ein Geschäft bestehen, das in der alten
und neuen Welt sein Gebiet hatte und namentlich in Holland, im nord=
westlichen Deutschland, in England und im Norden Europas den
lebendigsten Verkehr unterhielt! Zwei Wege, durch die böse Zeit zu
kommen, boten sich dar; entweder sich ducken, bis das Wetter vorüber
wäre, oder den Kopf hoch und frei zu halten, um mit der Tauben=
einfalt eines ehrlichen und mit der Schlangenklugheit eines geschäfts=
gewandten Mannes der bösen Zeit so viel abzuringen, als irgend mög=
lich wäre. Perthes wählte den kühneren. „Meine Lage ist durchaus
verändert," schrieb er an Jacobi, „doch so, daß durch alle Umstürze
das, was ich als Geschäftsmann betreibe, noch größeren Aufschwung
erhalten muß. In meinem Innern ist die Fülle der Liebe und des
Lebens nicht weniger durch die Jahre geworden, und so wie ich
von Tag zu Tag mich mehr bändigen lerne, vermag ich auch mehr
meine Kräfte nach außen zu richten, um die Zwecke zu erreichen, die
mir nach meinen Verhältnissen vorgelegt sind. Furcht vor Gott und
Mut vor den Menschen sind ein und dieselbe Sache, so lautet meine
Philosophie und mein Christentum." Perthes hauchte seinen Mut
andern ein. „Ihr Brief," schrieb Fouqué, „hat mich mit Wasser und
Feuer getauft, mit dem Thränenwasser der tiefsten Wehmut, aber auch
zugleich mit dem Feuer des sichersten, stählendsten Glaubens und
Mutes." Und Niebuhr und Nicolovius, welche die Freude hatten, den
Freund im Sommer 1812 bei sich in Berlin zu haben, können ihm
nicht genug bezeugen, wie stärkend sein Besuch auf alle gewirkt habe,
die ihm nahe getreten.

Mittlerweile war die Not in Hamburg aufs höchste gestiegen und mit ihr die Hoffnung auf Erlösung. Handel und Schiffahrt lagen darnieder. Von 428 Zuckersiedereien hatten sich nur einige wenige erhalten, die Kattundruckereien hatten alle aufgehört, die Tabakspinnereien waren durch den Handel, den die Regierung mit dem Tabak trieb, verdrängt. Immer neue Steuern wurden erfunden und mit der größten Härte beigetrieben. Die milden Anstalten, das Waisenhaus, der Krankenhof, die Gotteswohnungen wurden ihrer Einkünfte beraubt, in ihrem Bestande bedroht, das Grundeigentum verlor seinen Wert. Zu den öffentlichen Steuern kamen heimliche Bedrückungen und Erpressungen, die das eigene Haus unsicher machten. Als Napoleon nach Rußland gezogen war, und eine Siegeskunde nach der andern durch die französischen Bülletins verbreitet ward, legte sich eine dumpfe Trauer über die Stadt. Da auf einmal, am 24. Dezember, kam wie eine Weihnachtsbotschaft von der Erlösung, die Kunde, welche Napoleons 29stes Bülletin nicht länger verschweigen durfte, daß die große Armee in den Schneefeldern Rußlands begraben sei. Perthes ward durch diese Nachricht in große Bewegung versetzt. Schon der Brand von Moskau, obwohl in Hamburgs Kirchen ein Tedeum für die Einnahme dieser Stadt gesungen werden mußte, war ihm wie eine Gerichtsflamme für die Franzosen, ein Freiheitszeichen für Deutschland erschienen. Er sprach mit vertrauten Männern, die Frage wurde aufgeworfen, ob Hamburg nicht die damals nur schwache französische Besatzung verjagen könne. Der Schwede von Heß, Perthes, Freund, für Hamburgs Rettung alle Kraft aufzubieten bereit, warf in einen Kreis tüchtiger Männer den Gedanken einer Bürgerbewaffnung. Perthes trug ihn weiter. Unter den Handwerkern hatte der Bleidecker Mettlerkamp, ein mutiger, entschlossener Volksmann, viel Einfluß, er sprach in seinen Kreisen von der Bewaffnung, und bald waren Hunderte von Männern bereit loszuschlagen, und warteten nur auf die rechte Stunde. Diese schien nahe zu sein, als im Februar der größte Teil der Besatzung zu einem bei Magdeburg versammelten Heere abberufen ward. Aber Perthes wünschte, daß das Losbrechen der Hamburger für das ganze nordwestliche Deutschland das Zeichen würde, gegen Napoleon aufzustehen. Sollte aber etwas Umfassendes, etwas Deutsches erreicht werden, so bedurften die Männer aus dem Volke soldatischer Anführer, die ganze Bewegung eines höheren Haltes. Perthes schrieb eine Aufforderung an den Herzog von Oldenburg, dessen Name vom besten deutschen Klange war, sich an die Spitze zu stellen. Während Perthes mit seinem ältesten

Sohne Matthias reiste, vom 11. bis 24. Februar 1813, um die Aufforderung in die Hände des Herzogs zu bringen, gingen in Hamburg
wichtige Veränderungen vor. Die Russen nahten. „Gestern Morgen,"
schrieb Karoline Perthes an ihren Vater in Wandsbeck, „sind Kosaken
in Perleberg, siebzehn Meilen von hier gewesen. Ach, daß ich tausend
Stimmen hätte, um zu singen: Benedictus, qui venit! In der Stadt
ist alles lebendig, und ganz gewiß stehen ernsthafte Auftritte bevor.
Ich habe nicht Ruhe, nicht Rast auf meiner Stube. Gott helfe weiter
und gebe uns Lob und Dank ins Herz gegen Gott und Menschen
und lehre uns thun nach seinem Wohlgefallen." Am 24. Februar, am
Tage vor Perthes' Rückkehr, brach der Grimm des Volks bereits in
gewaltsamen Handlungen hervor, er richtete sich zunächst gegen das
verhaßte Douanenwesen, dann wurden Bürgerssöhne, welche zu französischem Dienst gezwungen und eingeschifft werden sollten, wieder befreit, die französischen Adler, die „Aasvögel", wie das Volk sie nannte,
überall abgerissen und mit Füßen getreten. Da riefen Heß und Besser
die Bürger auf, straßenweise zusammenzutreten und die Stadt vor
Plünderung zu schützen. Die französische Obrigkeit, der es unheimlich
ward, erklärte sich damit zufrieden. Die Trommeln der alten reichs-
städtischen Bürgerwehr wirbelten durch die Straßen, und die Bürger
aus allen Ständen sammelten sich unter ihren früheren Hauptleuten.
Die Nacht darauf kam Perthes zurück und ließ alsbald in seiner
Wohnung die hervorragendsten Männer zu einer Beratung zusammen-
treten. Die französischen Behörden willigten in die Bewaffnung von
fünfhundert Bürgern; rasch waren aus ihnen einige Reservekompanieen
gebildet, Heß ward ihr Anführer. Aber die Eifersucht, welche sich in
den Hauptleuten der alten Bürgerwehr regte, veranlaßte Perthes, die
Auflösung der neuen Kompanieen zu beantragen. Am 2. März gingen
sie auseinander, aber schon am 3. März versammelte Perthes bereits
in freierer Weise wieder die entschlossensten und zuverlässigsten Männer
in seiner Wohnung zur kriegerischen Übung. Die Franzosen thaten
noch kurze Zeit streng und ernst. Die quälerischsten Haussuchungen
wurden vorgenommen. Der Präfekt ließ eine Liste von Männern
fertigen, welche aufgehoben werden sollten, darunter auch Perthes, und
dieser ersah sich für die gefährliche Stunde bereits den Weg zur Flucht.
Aber der Präfekt hatte nicht Mut durchzugreifen. Als er geschärften
Befehl erhielt, hing er sich auf, ward zwar lebendig wieder abgeschnitten,
blieb aber wahnsinnig. Und statt daß der Kaiser selbst kam, wie er
verkündigt hatte, zog auf einmal am 12. März alles, was Franzose

hieß, ab. Als am 16. März General Morand in dem Städtchen Berge=
dorf, das nur wenige Stunden von Hamburg entfernt liegt, einrückte,
erwachte die Besorgnis, Hamburg könnte wieder in die Hände der
Franzosen zurückfallen, aber Perthes und seine Freunde waren ent=
schlossen, jedem feindlichen Angriff die aufs höchste gestiegene Volkswut
entgegenzusetzen. Die Gefahr ging vorüber. Morand mußte Berge=
dorf verlassen, und an demselben Tage rückten 1500 Kosaken in dem
Städtchen ein, ja, an demselben Tage kamen ihrer schon dreizehn bis
vor das Hamburger Steinthor. Der Kommandant der Steinthorwache
überreichte dem Führer der Kosaken, ohne dazu die Ermächtigung zu
haben, den Schlüssel unter dem Ruf: es lebe Deutschland und Ruß=
land hoch! und der Jubel pflanzte sich bald von dem Thor durch die
ganze Stadt fort. Deutsch, Ruß, Kosack, Alexander, waren die ein=
zigen verständlichen Laute, in vielen Augen glänzten helle Thränen.
Als dann in der Nacht vom 17. auf den 18. März die Nachricht kam,
daß die Russen unter Tettenborn am folgenden Tag in Hamburg ein=
ziehen würden und zwar als Feinde, wenn sie noch irgend eine fran=
zösische Behörde innerhalb der Stadt in Thätigkeit fänden, da sagte
man sich mit Freuden von Frankreich los. Und wie der Tag anbrach,
füllten sich alle Straßen mit fröhlichen Menschen, welche die Kosacken
sehen wollten. Tettenborn wurde am Nachmittag mit unbeschreiblichem
Jubel empfangen. Weißgekleidete Mädchen hingen ihm einen Blumen=
kranz über die Schultern, „dem Götterboten einer glücklichen Zeit.“
Die Fenster, die Dächer sogar, waren mit Menschen besetzt, welche den
Zug sehen wollten. Wehende weiße Tücher, Hüte mit grünen Zweigen,
auf Stangen getragen, in die Luft geworfen, flatternde Fahnen, Weinen
und Lachen Bekannter und Unbekannter, die sich einander in die Arme
warfen, Hände, die dankend gen Himmel gehoben wurden und zu=
letzt ein feierliches „Nun danket alle Gott“, bei Endigung jedes Verses
von weithin schallendem Jubel unterbrochen — das alles sprach die
Freude einer Bevölkerung aus, der es war wie Träumenden. „Mein
lieber Papa,“ schrieb Caroline Perthes an Claudius, „wie soll ich es
machen, um Dir das allgemeine Freudenleben von alt und jung, von
arm und reich, von schlecht und gut zu schreiben. Das gesehen, ge=
hört und empfunden zu haben ist eine Gottesgabe. Ein jeder Mund
rief und jubelte, und jedes Herz dankte Gott im Himmel und den
Russen auf Erden. Niemals, mein lieber Papa, habe ich eine solche
Vereinigung in einem Punkt, ausgehend von tausend Herzen, empfunden.
Könnten wir so zum besten Punkt uns vereinigen, das müßte eine

herrliche Kirche sein. Leute, die kein Gemüt gehabt haben, haben gestern und heute eins bekommen, und wenn man nur öfter den Menschen so tief in die Seele kommen könnte, sollte es wohl gute Folgen haben. Ich fühle die Erlösung mehr, als ich die Freiheit fühlen werde; denn so werden wir nicht frei sein, wie wir von dem Übel erlöst sind." In der Mittagsstunde hielten die Kosacken unter unendlichem Jubel ihren Einzug; alles Weh der Vergangenheit schien für immer dahin. Als es dunkelte, war kein Posten ausgestellt, keine Patrouille durchschritt die Gassen, der Mond schien in der schönen Frühlingsnacht auf eine stille, friedliche Stadt hernieder, deren Bewohner freudemüde nach langer Zeit zum erstenmal sich völlig sorglos unter dem Schutze Gottes zur Ruhe niedergelegt hatten.

Es war nur eine kurze Ruhe. Der Senat ergriff zwar alsbald nach dem Abzuge der Franzosen die Zügel der Regierung wieder, aber damit waren die alten Verhältnisse nicht wiederhergestellt. Ein Freiwilligenkorps, das unter dem Namen der „Hanseatischen Legion" auszog, bezeugte den Eifer Hamburgs, an der Befreiung Deutschlands an seinem Teil mitzuhelfen, aber die Stadt, welche die tapfern Söhne hinter sich ließen, war noch keineswegs der Gefahr entrückt. Eine Bürgergarde kam zustande, bis Ende April hatten sich 6000 Mann zu den Übungen gedrängt, aber es fehlte an Waffen, Übung und tüchtiger Führung. Tettenborn, so tüchtig er als kühner Reiteroffizier war, so unfähig war er, in die verwickelten Verhältnisse der alten Hansestadt Licht und Ordnung zu bringen. Und jenseit der Elbe, von Hamburg nur durch den Fluß und einige Inseln getrennt, hatten Vandamme und Davoust bereits Harburg besetzt und dachten an die Wiedereinnahme Hamburgs. In dieser gefährlichen Lage war Perthes rastlos thätig. Zuerst hatte er für die Ausrüstung armer Bürger und Unterstützung ihrer Familien Gaben zu sammeln. Dann hatte er sich der Hanseatischen Legion zugewendet. Von dieser Arbeit rief ihn das allgemeine Vertrauen zur Pflege der Bürgergarde. Er ward zu ihrem Stabsmajor ernannt. Er hatte keine soldatische Kenntnis und Übung, aber er war unermüdlich thätig, klug, mutig, aufopfernd und genoß Vertrauen nach allen Seiten. Und nach allen Seiten stärkte er die Eintracht und suchte durch die Hinweisung auf die große Sache des Vaterlandes die kleinlichen, selbstischen Rücksichten zu überwinden. Schon hatte sich der Feind auf den Elbinseln Wilhelmsburg und Veddel festgesetzt. Die Beschießung Hamburgs begann. Perthes belebte in rastloser Thätigkeit den guten Geist der Stadt. Bald besänftigte er den leidenschaftlichen Haß, bald beruhigte er die durch die Sturmglocke er-

schreckte Bevölkerung, und dann eilte er von Wachtposten zu Wacht=
posten, um ihnen Mut einzusprechen. Einundzwanzig Nächte kam er
nicht aus den Kleidern und in kein Bett. Nur zuweilen war er auf
eine halbe Stunde in seiner Wohnung. Seine tapfere Frau kam ihren
schweren häuslichen Pflichten ohne männliche Hilfe nach. Die drei
kleinsten Kinder hatte sie nach Wandsbeck zur Mutter gebracht, die vier
älteren waren bei ihr. Immer gingen Leute ein und aus, die essen
und trinken wollten. In der großen Stube lagen Strohsäcke, auf
denen die Müden sich ausruhten. Und unter all der Unruhe trieb die
Angst des Gemütes die Frau immer wieder, bei Tag und bei Nacht
auf den Balkon des Hauses, um zu sehen, ob nicht Perthes oder einer
der Freunde unter den Verwundeten wären, die vorbeigetragen wurden.
Die Gefahr ward immer größer. Tettenborn konnte auf die Dauer
nicht schützen, Heß war seiner Aufgabe nicht gewachsen, die Hoffnung,
welche nacheinander auf die Dänen, Schweden und Preußen gesetzt
wurde, erwies sich als trügerisch. Da schaffte Perthes am 28. Mai
des Abends Frau und Kinder nach Wandsbeck. Und kaum waren sie
weggefahren, so donnerten die Geschütze aufs neue. Die Franzosen
gewannen die Insel Ochsenwärder. Am Morgen des 29. Mai hatten
sie Hamburg vor sich, ohne daß noch große Hindernisse im Weg ge=
standen hätten. Perthes hatte die Wache am Steinthor. Um Mitter=
nacht erhielt er von Heß die Nachricht von Tettenborns Abzug. Nun
wäre es eine unnötige Preisgebung des besten Kopfes in die Fran=
zosenhände gewesen, wenn Perthes nicht auf den Rückzug bedacht ge=
wesen wäre. Um 2 Uhr war er in Wandsbeck bei seiner Familie und
überlegte, wohin er sie entsenden solle. Er hatte einen Freund, den
Grafen Moltke, der in der beweglichsten Weise ihm und den Seinen
für die Zeit der Gefahr eine Zuflucht angeboten hatte. Auf ein Gut
des Grafen, Rütschau, richtete nun Perthes den Weg seiner Familie.
Er selbst mußte, bei der Nähe der Franzosen, voraneilen. Er nahm
im Fluge Abschied und fuhr dann in die Nacht hinein. Bald darauf
fuhr seine Frau mit sieben Kindern und eins unter dem Herzen tragend,
von einer Schwester und der Amme begleitet, todmüde auf einem offenen
Korbwagen von dannen. „Es war ein gewaltiger Abschied,“ schreibt
sie, „meine Mutter war außer sich, mein Vater tief bewegt, die Kinder
weinten laut, ich selbst war wie versteinert und konnte nichts als ohne
Unterlaß sagen: nun in Gottes Namen!“ Abends kamen sie in
Rütschau bei Lübeck an und da für zehn Personen nur zwei Betten
vorhanden waren, mußten Mäntel und Bündel mit Wäsche verteilt

werden, damit die Kinder wenigstens etwas unter die Köpfe erhielten.
Sie hofften, daß Perthes denselben Abend eintreffen würde. Er blieb
aus. „Jetzt bin ich hart wie Stein," schreibt die Frau „und es graut
mir vor dem Auftauen." Am 1. Juni kam Perthes, aber da die Nähe
Lübecks gefährlich war, mußte er augenblicklich weiter. Die Familie
folgte. Auf verschiedenen Wegen trafen sie am 7. Juni in Eckern=
förde in Schleswig wieder zusammen. Nicht weit von dieser Stadt,
am einsamen Strande der Ostsee, hatte der Graf Cajus Reventlow
ein Gartenhaus. Dort fand die Familie eine Zuflucht, froh, beim
Zusammensturz aller Verhältnisse, daß sie doch alle, Eltern und Kinder,
glücklich vereinigt waren.

Am 30. Mai waren die Franzosen in Hamburg wieder eingerückt.
Die Stadt war außerhalb des Gesetzes erklärt. Davoust, der Furcht=
bare, durfte machen, was er wollte. Achtundvierzig Millionen
Franken mußte Hamburg bezahlen, und unbeschreiblich sind die übrigen
Lasten, welche der Stadt auferlegt wurden. Sogar die Bank, welche
als unangreifbares Heiligtum galt, ward geplündert. Perthes verlor
alles, was er besaß. Seine Handlung ward versiegelt, sein übriges
Vermögen mit Beschlag belegt, sein Haus, nachdem es aller beweglichen
Sachen beraubt war, von einem französischen General bezogen. Nicht
lange darauf erschien sein Name unter der Liste der Abwesenden, die
Davoust für vogelfrei erklärt. Bares Geld hatte er weder für sich noch
für seine Gläubiger. Die Handlungsbücher hatte er gerettet, er ar=
beitete von früh bis spät, um seine Angelegenheiten zu ordnen. Dann
eilte er wieder hinaus in den Kampf, denn nur wenn das Vaterland
gerettet war, konnte er sein Haus wieder erbauen. Der Abschied war
herzzerreißend. „Mit ihm kann ich, glaube ich, alles ertragen." sagte
seine Frau, „aber ohne ihn weiß ich nicht, was aus mir wird." Aber
es mußte dennoch geschieden sein. Am 8. Juli riß sich Perthes unter
den dunklen Tannen des Gartens von den Seinen los. „Ich trete
wieder in die Welt", schrieb er in sein Tagebuch, „in eine neue un=
bekannte Welt voll großer Umrisse und voll Gefahren: aber ernster,
froher, großer Mut ist in meiner Seele. Ergebung in Gott, sichere
Überzeugung und reiche Erfahrung, ein Herz voll Liebe, Jugend und
Gesundheit, Wahrheit, Gerechtigkeit und Treue im Charakter, das ist
das Gut und der Schatz eines vierzigjährigen Lebens. Herr, mein
Gott, dir danke ich. Vergieb dem armen Sünder und führe mich nicht
in Versuchung." Die beiden ältesten Kinder begleiteten den Vater bis
Kiel. Hier traf er seinen Freund Besser und sie fuhren miteinander

nach Heiligenhafen an der Ostsee, von wo er zur See nach Rostock zu gehen gedachte. Als ihn in Heiligenhafen auch Besser verließ, war ihm das Zuschlagen der Thür, als ob der Sargdeckel zugeschlagen würde, aber auch die Hoffnung des neuen Lebens fehlte nicht. Wegen widrigen Windes wurde er fast acht Tage in einem kleinen Fischerhause des Städtchens zurückgehalten. Er griff nach der Bibel. „Das Evangelium Johannis," schreibt er an seine Frau, „führt mich zu mir selbst, ich rekapituliere streng mit mir und der Schluß aller Prüfung und Betrachtung ist, daß ich in Gottes Händen war und bin, so wenig ich auch den Tempel, den er sich in mir erbaut, rein erhalten habe." Endlich schlug der Wind um und die Fahrt über die Ostsee nach Warnemünde ward unternommen. Der Anblick der Wogen, die das kleine Fahrzeug lustig auf und niederwarfen, erhöhte seinen Mut, der prächtige Tagesanbruch, als der Mond weit hinaus ins Meer eine silberne Linie, die Sonne ein strahlenloses, glühend rotes Licht warf, überwältigte ihn und beugte ihn unter Gottes gewaltige Hand. Er war nun in Mecklenburg. Was suchte er hier? Daß er einige Ausstände beitrieb, war, so bedürftig er war, doch nur Nebensache, ihm galt es vor allem, den Punkt zu finden, wo er seine Kraft für die Rettung des Vaterlandes einsetzen könnte. Zunächst fiel ihm die Sorge für seine flüchtigen Landsleute schwer auf die Seele. Er reiste hin und her, um sich ein deutliches Bild ihrer Lage zu verschaffen. Er überzeugte sich bald, daß Geld notwendig sei, um die Hungrigen zu speisen, und die Waffenfähigen zu rüsten. Durch Heß kamen Mittel aus England, zu deren richtiger Verwendung ein Hilfsverein gegründet ward. Und an diesen knüpfte dann Perthes wieder weitaussehende Gedanken. Was sollte aus Hamburg werden, wenn es von den Franzosen frei würde? Es war eine Zeit der Gärung und Neugestaltung. Jeder Staat galt so viel, als er selbst aus sich machte. Hamburg aber war in dem Augenblick als Staat nichts, ohne Obrigkeit, die es vor den Gewalten der Welt vertreten konnte, ein Preis für den, welcher den Sieg davon tragen würde. Den Hansestädten eine Obrigkeit zu geben, darauf war Perthes' Sinn gerichtet. Kurz vor dem Wiedereinrücken der Franzosen in Hamburg waren Syndikus Gries aus Hamburg und Syndikus Curtius aus Lübeck als Abgeordnete an den Kronprinzen von Schweden abgesandt worden und galten bei demselben noch immer als Vertreter der beiden Städte. Perthes forderte sie auf, sich mit Mettlerkamp, dem Bürgeroberst, Dr. Benecke, Dr. Sieveking und ihm selbst zu vereinigen. Sie alle zusammen sollten sich dann zur Vertretung der Hansestädte als „Hanseatisches Direktorium“ bei den kriegführenden Mächten einführen. Der Plan gelang. Wenn auch die Anerkennung etwas langsam kam, so hinderte sie das nicht, das Wohl der Städte zu beraten. Sofort war es für Perthes eine ernste Sorge, daß die Hanseaten durch Waffenthaten der Genossenschaft mit den übrigen Deutschen, welche gegen Napoleon aufgestanden waren, sich würdig zeigten. Noch war die hanseatische Legion, an Zahl eine stattliche Truppe, aber ohne Sold, zum Teil ohne Schuhzeug, nur in Kleiderfetzen gehüllt, lange in Nässe, Kälte und Schmutz umhergetrieben, ohne Kriegszucht, in Gefahr zu verwildern. Herrliche junge Leute von frischem Leben und verwegener Kühnheit machten vier Fünfteile der Legion aus, aber Gesindel, das sich darunter gemischt hatte, brachte die ganze Schar in schlechten Ruf. „Dem muß abgeholfen werden,“ sagte Perthes, „und so wahr ein Gott lebt, ich lasse diese Sache nicht fallen, und ich ruhe nicht, bis die Tenne gefegt ist, und ich werde durchdringen.“ England nahm auf seinen Antrag die Legion in Sold und sie trat unter Oberst von Witzleben mitten in die Reihe der Scharen, welche Deutschlands Freiheit erfochten. Nachdem der Legion geholfen war, nahm sich Perthes der Hamburger Bürgergarde an, die sich unter ihrem Oberst Mettlerkamp in Güstrow gesammelt hatte. Aufrufe wurden erlassen, durch welche die Schar sich mehrte; Geld wurde geschafft; Perthes trat als Major mit an die Spitze. Alles kam ihm darauf an, daß die Bürger in dem Kampf sich erproben dürften. „Wenn der Name Bürgergarde vor Hamburgs Thoren gerufen wird,“ meinte er, „so wird er die Thore sprengen und im Innern wird alles aufstehen.“ Als aber nach Ablauf des Waffenstillstandes und Wiederausbruch der Feind= seligkeiten der General Vegesack die Bürgergarde in den Rücken der kämpfenden Truppen nach Rostock in Garnison legte und sich weigerte, eine fast nur aus Familienvätern bestehende Schar ohne die dringendste Not den Gefahren der Schlacht auszusetzen, und als zwischen Bürger= garde und Legion Eifersucht erwachte, die Bürger der Legion den englischen Sold, die Legion den Bürgern die Unthätigkeit zum Vor= wurf machte, gab es für Perthes wieder zu versöhnen und herzustellen. Er schlug die Verschmelzung der beiden Truppen vor, sie geschah am 29. Oktober, und aller Groll war vergessen.

Während Perthes mitten im Kampf für das Vaterland stand, kämpften die Seinen im Gartenhause am Ostseestrande um die ein= fachen Bedürfnisse des Lebens. Sie hatten einen Saal und zwei Kammern. Außer dem Pächter des Grafen Cajus Reventlow wohnte

im Umkreis einer Stunde kein Mensch. Nur Milch und Butte
konnten sie von dem Pächter bekommen, alles andere: Brot, Sal;
Seife, Öl u. s. w. mußten die Kinder mit der Tante aus den ent
fernten Orten holen. Fleisch und Weißbrot hatten sie achtzehn Woche
lang nicht im Hause. Die sogenannte Küche war vierzig Schritt
von der Wohnung entfernt. Das Küchengeräte bestand aus vie
kupfernen Töpfen, einer zinnernen Schüssel und einigen Tellern
Löffel hatten sie aus Hamburg mitgebracht, einige Messer und Gabel
gekauft. Von den sieben Kindern war das älteste, Agnes, eben fün
zehn Jahre alt, das jüngste, ein Knabe, lief noch nicht; Matthias de
älteste Sohn, wanderte jeden Morgen nach Altenhof, um mit de
Söhnen des Grafen den Unterricht zu genießen, für den Unterric
der andern Kinder konnte nichts geschehen. Die Frau sah ihrer En
bindung entgegen. Eine alte Magd hielt treulich aus. Ein Arz
der bei den mancherlei durch die feuchte Wohnung veranlaßten Un
päßlichkeiten sehr willkommen gewesen wäre, war nur in dem vier b
fünf Stunden entfernten Kiel zu finden. Die schwerste Sorge tru
die Frau um den Mann, den süßesten Trost gewährten ihr die Kinde
zumal das jüngste. „Wenn ich meinen lieben Bernhard in die Arme schlo
schrieb sie, „und ihm in sein helles Kinderauge sah und gewahr war
wie er sich um nichts kümmerte und für nichts fürchtete, sondern nu
freundlich war und mich lieb hatte, so fand ich auch meinen Hal
punkt wieder und bat Gott, mich werden zu lassen wie mein liebe
Kind." Aber diesen Trost entbehrte der Vater. „Du hast doch n
mich von Dir gelassen," schrieb er der Frau, „wie viele Menschenlebe
aber ließ ich zurück, von denen jedes, wenn es erlischt, mir das He
brechen wird! Der Anblick kleiner Kinder treibt mir jedesmal d
Thränen in die Augen." Und doch war er fest von seiner Pflic
überzeugt, daß er Weib und Kind um des Vaterlandes willen lasse
daß er„ Leib und Leben, Gut und Blut daran setzen müsse, um d
Wahrheit und dem Rechte die Ehre zu geben." — — „Ich habe M
und Kraft und Demut," schrieb er, „und bin einig mit Gott und m
selbst. Ich kann beten, wie ich niemals gebetet habe, und bete vie
Liebe Herzenskaroline, sei mutig und ruhig, Gott wird dir und m
helfen."

Mittlerweile war Tettenborn in Bremen eingezogen, und dam
der Reitergeneral in die bürgerlichen Verhältnisse nicht zu tief eingreif
ward Perthes nach Bremen geschickt. Er war der Vertrauensman
für alle Parteien. „Du mein Gott," betete er, „gieb mir Weishe

und Verstand und den Mut der Wahrheit und laß mich niemals dich
vergessen." In Bremen arbeitete er für die Stärkung der Legion aus
Bremens Söhnen. Dann aber erwuchs ihm eine neue Aufgabe. Es
galt, die Freiheit der Hansestädte gegen fürstliche Einverleibungsgelüste
zu behaupten, namentlich gegen den Kronprinzen von Schweden, auch
gegen Hannover. Die verbündeten Herrscher waren in Frankfurt ein=
gezogen, ihnen war Stein gefolgt, der an der Spitze der wieder er=
oberten deutschen Länder stand; an ihn wies Wallmoden, sein Schwager,
die hanseatischen Abgeordneten, unter ihnen Perthes. Sie reisten nach
Frankfurt und erhielten nicht nur von Stein, sondern auch von den
Monarchen die Zusicherung der Freiheit der Hansestädte, und Perthes
und Sieveking konnten am 20. Dezember im Ratskeller zu Bremen
den versammelten Senatoren die Freudenbotschaft verkündigen. In
Bremen hatte Perthes vergeblich auf Briefe von den Seinen gehofft.
Er eilte mit seiner fröhlichen Kunde nach Lübeck. Dort erhielt er die
Nachricht, daß ihm am 16. Dezember glücklich ein Knabe, Andreas,
geboren sei. In der Weihnachtswoche reiste er weiter, am ersten
Feiertag traf er in Kiel ein. Unerwartet, abends im Halbdunkel, trat
er nach fast sechsmonatlicher Trennung in den Kreis seiner Lieben.
Alle Kinder waren gesund und dazu ein gesunder Knabe mehr. Es
war eine selige Weihnachtszeit für die Familie. Aber schon am
1. Januar ward er aus ihrem Kreise herausgerufen, um Tausenden
von Elenden Hilfe zu bringen.

Der wüste Davoust hatte das Maß seiner Scheußlichkeit voll ge=
macht. Als er in Hamburg nach der Schlacht bei Leipzig immer enger
eingeschlossen wurde, schaffte er sich Luft durch Unmenschlichkeiten,
gegen welche die bisherigen Erpressungen ein geringes Übel erschienen.
Schon im November wurde der Befehl gegeben, sich auf sechs Monate
mit Lebensmitteln zu versehen, wer es nicht könne, solle die Stadt ver=
lassen. Viele wanderten aus, die meisten aber wußten nicht wohin,
und blieben in der Hoffnung, die Not werde bald aufhören. Die
Gartenhäuser wurden verbrannt, das Zucht= und Waisenhaus geräumt.
In der Weihnachtswoche stieg der Jammer aufs höchste. Alle Vor=
städte, Vordörfer und alle die prächtigen Landhäuser an der Alster
wurden nach einer nur achtstündigen Ankündigung niedergebrannt. In
der heiligen Nacht wurden die noch nicht Verproviantierten aus ihren
Betten geholt, durch Soldaten in die Petrikirche getrieben, um am
Morgen aus der Stadt gestoßen zu werden. An zwanzigtausend
Menschen verließen nach und nach die Stadt. Die Kinder aus dem

Waijenhaufe, die Gebrechlichen aus den Gotteswohnungen, die Ver
brecher aus den Zuchthäusern wurden vor die Thore gebracht, und am
Nachmittage des 30. Dezember befahl der abscheuliche Davoust sogar
das mit achthundert Kranken und Wahnsinnigen gefüllte Krankenhau
zu leeren, denn am Mittag des andern Tages werde es in Brand ge
steckt werden. Es gelang den Anstrengungen braver Bürger, die Un
glücklichen aus dem Hause zu schaffen, aber die strenge Kälte de
Januar kostete in den nächsten Tagen fast sechshundert von ihnen da
Leben. Draußen vor Hamburgs Thoren auf holsteinischem Gebiet lieg
an der Elbe das Dorf Ottensen. Auf dem Friedhof bei der Kirch
hatte Klopstock sein Grab gefunden und die Grabschrift, die ihr
F. L. Stolberg gesetzt, spricht noch heute eine bewegliche Sprache
Dort hatten auch die Gebeine des greisen Herzogs von Braunschweig
der an einer bei Jena empfangenen Wunde gestorben war, eine Zeit
lang geruht; dort lagen unter dem grünen Rasen ohne Kreuz un
Leichenstein die Gebeine von Hunderten, welche Davoust geopfert hatt
bis sie in neuerer Zeit auf einem Hamburgischen Friedhofe begrabe
wurden.

Zu Ottensen auf der Wiese
Ist eine gemeinsame Gruft,
So traurig ist keine wie diese
Wohl unter des Himmels Luft.

Darinnen liegt begraben
Ein ganzes Volksgeschlecht,
Väter, Mütter, Brüder, Töchter, Kinder, Knaben,
Zusammen Herr und Knecht.

Die rufen Weh zum Himmel
Aus ihrer stummen Gruft,
Und werden's rufen zum Himmel,
Wenn die Trommet' einst ruft.

Es ist unmöglich, die Brandstätten, die Verwüstung an Häusern
Gärten, Bäumen, den Hunger, die Kälte, die Verkümmerung zu schildern
welche nun die Umgegend Hamburgs mit ihrem Jammer erfüllten
Der Kronprinz von Schweden wies Mittel zur Hilfe an und rie
Perthes zur Verwendung herbei. Dieser ließ sich in Flottbeck, unter
halb Hamburgs, nieder und strengte alle Kräfte an. Nur einzelne
konnte gelindert werden. „Zu helfen ist der Gegenwart nicht," rie
er aus, „möge Gott die Zukunft retten!" Darum galt es jetzt, da

Hamburg bald Teil an der Befreiung Deutschlands gewann, daß dem besiegten Napoleon die Befreiung der Stadt als Friedensbedingung gestellt wurde. Und während Perthes zur Erreichung dieses Ziels alle seine Verbindungen benutzte, lag die Sorge um die Seinen schwer auf ihm. Er hatte seinen kleinen Bernhard, der Mutter Augenweide und Herzenstrost in der Verbannung, in den Weihnachtstagen seine Lust und Freude, ein Kind von ungewöhnlicher Schönheit und Lebendigkeit, krank verlassen. Ohne zu wissen, wie's stand, trat er nach mehreren Wochen der Abwesenheit wohlgemut ins Zimmer. „Sind alle wohl?" fragte er — und die Mutter führte ihn zu der Leiche des lieben Kindes, wo er sich dem heftigsten Schmerze überließ. Fünf Tage blieb er, selbst an Leib und Seele matt, bei den Seinen, dann eilte er nach Flottbeck unter die Elenden zurück und half so lange, bis er den Anstrengungen unterlag. Er war aus dem Wagen gefallen und hatte das beschädigte Bein nicht pflegen können. Dieser Leibes= schaden, die fortdauernden maßlosen Anstrengungen auf winterlichen Wegen, die Jammerbilder auf allen Seiten, im Gemüt die frische Wunde, das alles brachte ihn ganz herunter. Er kam mit dem Keim des Nervenfiebers zu den Seinen, und die Untersuchung des Beins ergab, daß es gebrochen war. Von Februar bis April lag er darnieder. Als er wieder aufstand, war der schönste Frühling seit Jahrtausenden über Deutschland angebrochen; die deutschen Scharen, mit grünen Reisern geschmückt, durchzogen siegreich Frankreich, Paris lag den Ver= bündeten zu Füßen. Perthes machte sich auf und zog mit den Seinen heimatwärts. Zunächst ließ er sich in dem schönen Fischerdorfe Blanke= nese nieder, um da die Entwickelung der Dinge abzuwarten. Mitte Mai zogen die Franzosen ab, und der Senat trat in sein Amt wieder ein. Da wehte plötzlich in Harburg und vom Michaelisturm in Hamburg die weiße Fahne und nun strömten von allen Seiten die Vertriebenen wieder der Stadt zu. Wunderbar groß und rührend war die Liebe der Leute zu Haus und Herd, obgleich die meisten nur Jammer und Elend zu erwarten hatten. „So wie die von Bremen und aus dem Han= növerschen Herüberkommenden von der Elbe ans Land stiegen," erzählt Karoline Perthes, „brachen sie schweigend Zweige von den Bäumen, und alt und jung, bis auf die kleinsten Kinder herunter, bekamen einen Busch in die Hand, dankten Gott unter Freudenruf und Trauer= thränen für die Erlösung von dem großen und allgemeinen Übel, wohl wissend, daß ein jeder seinen Privatpacken mit hineintrüge in die Stadt." Unter den einziehenden Truppen hielt auch Perthes mit seiner Familie den Einzug in die Heimat wieder, die er seit einem Jahre nicht gesehen, für die er aber unermüdlich gekämpft hatte.

Derselbe lebendige Christenglaube, durch welchen Perthes in den furchtbarsten Nöten des Vaterlandes und des Hauses fröhlichen Mut behielt, gab ihm nun die Freudigkeit, sein Haus wieder aufzubauen und zum Volksbau gute, feste Grund= und Eckfteine herbeizutragen. Schauderhaft sah es in Perthes' Wohnung aus, als er sie wiedersah. Die schönen freundlichen Räume zur ebenen Erde waren monatelang Wachtstuben französischer Soldaten gewesen. Mitten im größten Zimmer stand ein mächtiger Ofen. Zum Fenster herein hatten die Soldaten Baumstämme geschoben, die mit einem Ende noch außerhalb des Fensters waren, mit dem andern im Ofen stafen. Der Rauch hatte sich seinen Ausweg suchen müssen. In den obern Stockwerken hatte ein französischer General gewohnt. Aber auch da war die Zerstörung groß, alles Holzwerk, das zur Feuerung dienen konnte, war abgerissen und verbrannt. Die Möbel waren zum Teil von Freunden in Sicher= heit gebracht, zum andern Teil von den Franzosen geraubt worden. Fußdick lag der Schmutz in den Räumen. Sollte aus dieser wüsten Stätte wieder eine freundliche Ansiedelung werden, so war viel Geld nötig. Dazu und zur völligen Herstellung der Häuslichkeit bedurfte das Geschäft einer Neubelebung. Davoust hatte sogleich nach seinem Einzug in Hamburg das Bücherlager und die Handlung versiegeln lassen und bekannt gemacht, daß die Schuldner nicht an Perthes, sondern an die französischen Behörden zu zahlen hätten. Besser hatte indes mit Hilfe eines treuen, allezeit in Hamburg gegenwärtigen Dieners vieles zu retten gewußt. Nun galt es einen frischen Wieder= anfang. Die Tüchtigkeit der Gesinnung gab überall Kredit. „Kann ich Ihnen," schrieb ein reicher Jude an Perthes, „von Ihren kleinen Sorgen, die Sie eigentlich nicht haben sollten, um kräftig für alles Gute und Edle wirken zu können, etwas abnehmen, so thue ich es sehr gerne. Besondren Papieres bedarf es dazu nicht, ein Billet von Ihnen genügt völlig, und ich bitte Sie, bei der Rückzahlung keine andre Rücksicht als die Ihrer Konvenienz zu nehmen." Perthes und Besser gingen miteinander freudig ans Werk, in kurzer Zeit waren alle Gläubiger befriedigt und die Handlung sehr rasch wieder ein blühendes und bedeutendes Geschäft.

Perthes hat den Buchhandel nie als ein bloßes Mittel des Geld= erwerbes, sondern allezeit als eine sehr wichtige Einrichtung angesehen, um geistiges Leben im Volke anzuregen und zu verbreiten. Den frischen,

edlen vaterländischen Trieb, den er aus Volksnot und Volksrettung
mitgebracht, suchte er nunmehr dem Buchhandel zu geben. Auf Deutschlands Einheit, auf die Einheit deutscher Sprache, deutschen Geistes,
deutscher Sitte und durch diese Einheit auf die Größe des Vaterlandes
suchte er jetzt durch den Buchhandel hinzuwirken. Er hoffte, daß die
der Einheit und Größe Deutschlands gefährlichen Gegensätze von
Preußen und Österreich, Nord und Süd, Protestantismus und Katholizismus und wie sie alle heißen mögen, durch die Litteratur gemildert
und in ein schönes Gesamtgefühl aufgelöst werden könnten. Wenn
aber der Buchhandel zur innern Befreiung Deutschlands mithelfen
sollte, so mußte er selbst von seinen Gebrechen geheilt werden, und
als das größte unter allen stellte sich der Nachdruck dar. Gegen
diesen mußten deutsche Maßregeln getroffen werden, denn was half
z. B. der preußische Schutz, wenn die Württemberger ungestraft, was
ihnen in die Hände kam, nachdrucken durften? Schon auf dem Wiener
Kongreß war die Angelegenheit durch einundachtzig angesehene Buch-
handlungen angeregt worden. In die deutsche Bundesakte ward ausdrücklich die Bestimmung aufgenommen, daß die Bundesversammlung
sich alsbald mit deutschen Maßregeln gegen den Nachdruck beschäftigen
solle. Perthes arbeitete eine Denkschrift aus: „Der deutsche Buchhandel als Bedingung des Daseins einer deutschen Litteratur.“ Dann,
im Januar 1816, begab er sich auf die Reise nach Süddeutschland im
Interesse dieser Angelegenheit, mit hervorragenden Staatsmännern,
Gelehrten und Buchhändlern besprach er die Sache, überall suchte er
dem Strom des deutschen Geistes ein Bett zu graben, damit das ganze
Deutschland heilsam von ihm überflutet würde. Von seinem ältesten
Sohne Matthias begleitet, fuhr er über Bremen zunächst nach Münster
in Westfalen. Er erquickte sich an der treuen Liebe, dem hellen Geiste,
dem rastlosen Eifer des Oberpräsidenten von Vincke, er sah noch Proben
des schönen Katholizismus, wie ihn die Fürstin Gallitzin gepflegt hatte, auch
Proben großer sittlicher Versunkenheit unter den katholischen Geistlichen.
Durch das schöne, gewerb- und glaubensreiche Wupperthal fuhr er nach
Köln, wo er bei dem Oberpräsidenten, Grafen von Solms-Laubach,
offenen Sinn für seine buchhändlerischen Gedanken und Pläne fand.
Von Koblenz wanderte er die Lahn hinauf zu Stein in Nassau. Dort
wurden die deutschen und insbesondere die buchhändlerischen Angelegenheiten kühn und offen besprochen. In Frankfurt am Main betrieb er
seine Sache unter den verschiedenartigsten Menschen, bei Protestanten
und Katholiken, Staatsmännern und Gelehrten. In Darmstadt suchte

er das Haus auf, wo der Wandsbecker Bote einst die Landeszeitung geschrieben. Die Heidelberger Naturpracht entzückte seine Seele, und manches ernste Gespräch ward in „der Vaterlandsstädte ländlich schönsten" gehalten. Dann ging's nach Stuttgart und über Augsburg, München, Salzburg nach Wien. Anfangs Oktober wandten sich die Reisenden wieder gen Norden. Sie nahmen den Weg durch die Rudolstädter Heimat. Am 2. Oktober befanden sie sich nahe bei Blankenburg im Thüringer Walde, wenige Stunden von Schwarzburg, wo der Knabe seine Spiele gespielt. Perthes hatte den Wagen voraus= geschickt, um mit seinem Sohne altbekannte Fußpfade aufzusuchen. Der Weg führte über die durch Regengüsse mächtig angeschwellte Schwarza. Die Brücke war weggeschwemmt, nur einige Bäume lagen über dem rauschenden Wasser. Matthias ging voran. Noch ein paar Schritte war er vom jenseitigen Ufer entfernt, da rief er plötzlich: Halt mich, ich falle! Der Vater ergriff den fallenden Knaben beim Mantelkragen und ward mit in die Flut hinabgerissen. Er kämpfte mit der Flut, einmal noch tauchte er auf und rief: Halt dich besonnen! und sank in die Tiefe zurück, und so rauschten die beiden hinab, bald der Vater über den Sohn, bald der Sohn über den Vater sich hinwälzend. Wie ein Blitz traten ihm Frau und Kinder noch einmal vor die Seele, dann trieb er bewußtlos einer unterhalb liegenden Sägemühle zu. Dort aber stand der Müller, der den Unfall mit angesehen, in einer Untiefe wartend, er faßte Perthes am linken Arm und zog ihn langsam empor. Er glaubte einen Menschen zu retten, und rettete zwei, mit seinem rechten Arm hatte Perthes krampfhaft den Sohn umschlungen. Sie wurden in die Mühle gebracht, hatten sich bald erholt und kamen am Abend, vom schnellen Lauf erwärmt, in Schwarzburg an. Wenige Tage darauf konnten sie in Hamburg erzählen, wie gnädig sie Gott gerettet.

Recht deutlich läßt sich in Perthes' Leben erkennen, wie die Kriegs= jahre mit dem Christenglauben die Christenliebe erweckt haben und wie diese nach hergestelltem Frieden die segensreichsten Werke hervor= bringt. Von dem unaussprechlichen Elend, welches die Einnahme Hamburgs durch die Franzosen und namentlich Davoust's Grausamkeit über viele Tausende gebracht, war schon die Rede. Viele waren er= legen, aber größer war die Anzahl derer, die nach Vertreibung des Feindes in die Stadt zurückkehrten. Die Heimat war wieder gewonnen, aber es fehlte an Nahrung, Kleidung und Obdach, und sollte dieser Zustand nicht fortdauern, so mußte jeder wieder zur Arbeit, zum Ge=

schäft und Verdienst' gebracht werden. Die Stadt bot große Mittel auf, die reichen Häuser schenkten bedeutende Summen, auch von außen kam Hilfe. Es kam sehr viel auf die rechte Verteilung an. Als ein Mann von gutem Gerüchte, voll Geistes und Weisheit, nahm sich Perthes der Armenpflege an. Die Verzeichnisse über die verteilten Gaben, die sich unter seinen Papieren gefunden haben, beweisen die bunte Mannigfaltigkeit der Bedürfnisse und die treue Fürsorge auch im Kleinsten. Da finden wir: Bezahlung der Miete für einen Blinden; Kleidung eines Mädchens, um wieder in Dienste gehen zu können; Handwerkszeug für einen Tischler; Heilung eines bei der Vertreibung aus Hamburg wahnsinnig geworden Mädchens; Erziehung mehrerer Kinder, deren Eltern und Verwandte sämtlich während der Vertreibung umgekommen waren; Unterhalt einer Witwe, deren Mann die Franzosen erschossen hatten; Wiederaufrichtung eines von Davoust abgebrannten Hauses; Unterstützung für zwei rechtliche Weiber zum Wiederanfang ihres Fischhandels und für einen achtzigjährigen Schuster, welcher mit ausgetrieben gewesen war.

Der Mensch lebt nicht vom Brot allein. Perthes lernte durch seinen Verkehr mit dem Volke, daß ihm viel tiefere Schäden anhafteten, als die leibliche Not. Das Wort Gottes war teuer im Lande, das Volk war nicht mehr im Worte gegründet. Zehn Jahre vor der ersten Besiegung Napoleons, im Jahre 1804, war die britische und ausländische Bibelgesellschaft in England gegründet worden, und hatte seitdem vielfältig versucht, dem Werke auch in Deutschland Eingang zu verschaffen. Jetzt kamen die Geistlichen Steinkopf und Paterson aus England nach Hamburg herüber und wandten sich zunächst an den Senior Johann Jakob Rambach, den berühmten Hymnologen, an Gilbert van der Smissen, einen unter den Frommen jener Zeit wohlbekannten Mann, und Perthes. Der letztere ergriff die Sache mit gewohntem Eifer und Geschick. Er fürchtete nicht die Spottnamen des Mystizismus und Pietismus, mit welchem man schon damals die Bestrebungen für biblischen Glauben und biblisches Leben ehrte, aber offen wollte er die Sache betreiben, darum stellte er sie den Männern vor, welche die obersten geistlichen und weltlichen Ämter in Hamburg bekleideten. Den Bürgermeister Bartels wies er in einem Schreiben darauf hin, daß Hamburg, welches in Not Geld aus England empfangen, nun die geistliche Gabe, die von dorther geboten werde, nicht zurückweisen dürfe. Dann bot er sein Haus für die ersten Beratungen an und hatte die Freude, daß am 19. Oktober, dem ersten Jahrestag der Leipziger

Schlacht, die Hamburg-Altonaische Bibelgesellschaft ins Leben trat. — Perthes war durch seine Thätigkeit für die Bibelgesellschaft mit manchem frommen Christenmann in Berührung gekommen, und es ward zwischen diesen ernsten Männern auch das nicht vergessen, daß es mit dem bloßen Verbreiten der Bibel nicht gethan sei, daß es gelte, den Inhalt des Buchs zum Herzensinhalt des Menschen zu machen. „Was können die Bibelvereine für sich allein," äußerte der Herzog von Holstein-Beck gegen Perthes, „wenn nicht zugleich auch in anderer Weise das Werk angegriffen wird? Die preußischen Kirchenreformen sind wohl gut und werden auch nicht, wie das Religionsedikt Friedrich Wilhelms II., das Kind mit dem Bade verschütten; denn es scheint jetzt in Preußen ein Geist innerer Frömmigkeit zu herrschen, welcher, von guter Liturgie und guten Gebräuchen unterstützt, viel Gutes erwarten läßt. Gott gebe nur, daß wir nicht einem neuen Opferdienst oder einem theatralischen Gottesdienst verfallen mögen! Aber was werden uns auch im besten Falle neue Kirchenreformen und neue Liturgieen neben den Bibelvereinen helfen, wenn nicht kräftiger auf die Schulen und durch die Schule auf die Jugend gewirkt wird, damit sie wieder Sinn für die Religion Christi, Liebe zu ihm und Begierde zu seinem Worte bekomme, und die Achtung vor den Dienern der Kirche neu erwache! Es ist ein Jammer, auf dem Lande und in den kleinen Städten die Kinder den ganzen Sommer hindurch neben und bei dem Vieh herumlaufen zu sehen, wo sie das wenige in dieser oder jener Schule etwa Gelernte vergessen. In den meisten Landschulen lernen sie überdies wenig oder nichts und wo sie etwas lernen, sind es Worte, selten Sachen. Kommen die Kinder aus der Schule, so erfahren sie nichts mehr vom Worte Gottes; denn das Landvolk nicht weniger als der größte Teil der Städter hält Kirchengehen für unnötig, selbst für lächerlich. Da muß geholfen werden!" In Perthes' Herzen fanden solche Worte einen vollen Widerklang. Ihm war es darum zu thun, das Volk nicht bloß von dem fremden Tyrannen, sondern innerlich frei zu machen, durch christliches Leben und christliche Gesittung. Darum wünschte er für das Volk eine gute geistliche Nahrung und hielt gute Volksschriften für ein treffliches Mittel, diese darzubieten. „Es ist," schrieb er an Fouqué, „unsern Volksschulen ein vaterländischer historischer Katechismus nötig, welcher der Jugend einprägt, wie wir von Gott herkommen; wie das Menschengeschlecht sich durch Sünden zur Abhängigkeit zurückgeführt hat, bis der Erlöser kam; wie das Christentum über die Völker sich verbreitete und wie die

Natur durch das Drängen der germanischen Völker dem Christentum menschlich Wege bereitete; wie wir Deutsche dann neugeboren aus der neuen Weltstellung hervordrangen und wie bei uns der Same einer besseren Zukunft erhalten wurde und noch erhalten ist. Ich verstehe es nicht so anzugeben, Du aber wirst den Anklang gleich in Dir haben. Wenige Bogen müßten es sein, in Frage und Antwort, oder doch in kurzen Sätzen. Gelänge dieses, ein vor Gott und Menschen unschätzbares Verdienst würde der Geber sich erwerben." Das war damals der Gedanke und die Sehnsucht der besten deutschen Männer, daß mit dem christlichen der vaterländische Geist in der Jugend und dem gesamten Volke gepflegt werden müßte. Und Perthes konnte mehr als fromme Wünsche aussprechen. Als Napoleon zum zweitenmale entthront worden war und die Kirchenglocken die deutsche Freiheit verkündeten, schrieb ihm ein Freund: „die Glocken sollen heute Gedeihen auf die Sache Deutschlands erflehen. Sollte das nicht der rechte Augenblick sein, um eine außerordentliche Sammlung für die Armen zu machen?" Perthes folgte der Aufforderung, den ersten Schritt zu thun. „Wir bekamen," schrieb er an Fouqué, „gleich dreißigtausend Mark zusammen zum Unterricht armer Kinder und wir hoffen noch viel mehr zu bekommen. Nun haben wir denn unser zwölf die Stadt durchsucht, und wieviel herrliche Kinder haben wir gefunden! Gottes Segen ist noch recht bei unserm Volke. Siebenhundert haben wir bereits aufgenommen. Ein solches Geschäft und Betreiben ist in dieser auf das Allgemeine hintreibenden Zeit, welche Menschen wie Summen von Zahlen verrechnet, recht heilsam." Das später weit ausgedehnte Armenschulwesen Hamburgs hat durch die damals gemachten Sammlungen eine Hauptwurzel geschlagen. — Aber noch eine andere Gestalt der christlichen Liebesthätigkeit, welche gerade in Hamburg bis auf diesen Tag in schönster Blüte steht, führt ihre Anfänge auf jene Zeit zurück, die Thätigkeit der Frauenvereine. Auf sie setzte Perthes große Hoffnungen, die er, in einer bestimmtenn Frage angegangen, in diesen Worten aussprach: „Die Vereine entsprangen in der höchsten Notzeit aus der richtigen Ansicht, daß, wenn die Männer und Jünglinge dem Tode entgegengingen, es Sache der Frauen sei, für Rettung und Pflege der hilflos gewordenen zu sorgen. Zweimal in kurzen Zeiträumen haben die Frauenvereine ihre Bestimmung herrlich erfüllt und dem innigen Gefühl und dem unverleiteten Wahrheitssinn der Frauen darf man sicher vertrauen, daß sie nun auch in der Friedenszeit, die uns Gott lange erhalten wolle, ihren Beruf erkennen werden. Wir Deutsche nicht weniger als die andern Völker haben lange und schwere Lehr= jahre durchlebt, zuerst ein halbes Jahrhundert der Vernachlässigung, der Verflachung, des falschen Strebens, dann fünfundzwanzig Jahre der Revolution, des Kriegs, der Verwilderung. Während dieser Zeit sind die letzten Reste frommer und milder Stiftungen unsrer Vor= eltern durch Aufhebung der Klöster und durch Raub und Vernichtung des den Kranken=, Armen und Weisenhäusern gehörenden Eigentums verloren gegangen und keine neuen Gaben und Vermächtnisse haben einen Ersatz geliefert. Hier ist ein unendliches Feld der Thätigkeit für die zarte Sorgfalt der an Pflege und an Beistehen gewöhnten Frauen eröffnet, welche immer auf persönliche Hilfe sehen und achten. Die Vereine derselben werden zunächst jeder an seinem Orte und in seiner Provinz wirken, bald aber werden sie sich einander anschließen und gemeinsam handeln und als ein großer Bund der deutschen Frauen Segen rund um sich her verbreiten. Ihnen wird eine Fülle von Gaben zuströmen, indem fromme Gemüter wieder wie ehemals sie zu Ausführerinnen des eigenen Willens machen und sicherer als durch die stärkste Männerkraft werden die neuen Stiftungen in Frauenhand be= hütet sein. Ob künftig zwei oder drei deutsche Staaten brüderlich mit= einander sein werden, kann niemand wissen; aber durch allen Zwie= spalt und durch alle Kämpfe hin können die Frauenvereine des ganzen Deutschlands sich zu einem großen segensreichen Ganzen zusammen= schließen und fest und einig bleiben, wenn sie sich rein und frei er= halten von allem Einmischen in die Verhältnisse der Staaten und in die vielen Streitfragen über Recht und Unrecht, welche die nächste Friedenszeit erfüllen müssen." — Die Liebesarbeit an den leiblich und geistlich Verkümmerten hat in Hamburg seit jenen Tagen nicht wieder aufgehört. Dasselbe Hamburg, in welchem damals Perthes nach allen Richtungen hin der Elenden sich annahm, hat Deutschland seine Amalie Sieveking, die Hamburger Tabea geschenkt, und seinen Doktor Wichern, den Vater des Rauhen Hauses.

Aus dem öffentlichen Leben, aus dem Wirken für das Vaterland und die Menschheit kehrte Perthes immer gern ins Haus zurück, das ihm durch seine Frau und die heranwachsenden Kinder zur Stätte des lieblichsten Friedens, des süßesten Glückes geworden war. Karoline hemmte ihn nicht in der öffentlichen Thätigkeit, ihr eigenes Herz schlug viel zu stark für das Vaterland. In den Tagen der Schlacht bei Waterloo weilte sie in Wandsbeck. Als sie die erste Nachricht von Napoleons Niederlage erhielt, schrieb sie sogleich in höchster Bewegung:

„Iſt es wahr, lieber Perthes? warum biſt du nicht hier, oder ich bei
dir? Schreibe mir doch, ob es wahr iſt, oder ſage mir, ob es wahr
iſt, ich kann es nicht glauben und horche auf Töne in der Luft.“
Dann, als ſie den Boten mit der Antwort erwartete, ſtellte ſie ihre
Kinder auf der Straße nach Hamburg auf, um die Nachricht ſo ſchnell
als irgend möglich zu empfangen. Endlich ſprengte ein Reiter in
geſtrecktem Galopp heran, der ſchon aus der Ferne unter lautem Jubel-
ruf ein weißes Tuch in der Luft wehen ließ. Es war ein Freund
des Hauſes, welcher das Zeitungsblatt mit der Siegesnachricht und von
Perthes die Worte überbrachte: „Siehe die Wunderwerke Gottes und
preiſe und danke.“ — „Das iſt ein Sieg“ antwortete Karoline, „Gott
helfe weiter, und, wenn es ſein kann, ohne zu kriegen und zu ſiegen,
wenn's nicht zu viel verlangt iſt“. Aber Vaterland und Glaube und
alles Köſtliche, was ihr Gott gegeben hatte, das funkelte im Scheine
des häuslichen Lebens mit ſeinem lieblichſten Glanze. Sie hatte einen
hellen Geiſt und ein warmes Herz, bei der ſchönſten Bildung blieb ſie
durchaus einfältig; in ihrer friſchen, freudigen und kindlichen Weiſe,
das Leben zu nehmen, die doch keine Höhe und keine Tiefe zu ſcheuen
brauchte, war ſie das weibliche Abbild ihres Vaters. War ihr Herz
gegen Gott geöffnet, ſo war es ganz Dank; that es gegen die Menſchen
ſich auf, ſo floß es von lauter Liebe über. Danken und liebhaben
konnte ſie nicht genug. „Laßt uns,“ ſo ſchrieb ſie mit den Weih-
nachtsgeſchenken an ihre verheiratete Tochter und deren Mann, „laßt
uns in dieſem Augenblick einmal aus Herzensgrund Gott danken und
uns und die uns nahe ſind, vertrauensvoll und glaubensvoll in ſeine
Arme legen und fröhlich ſein. Auch wir hier nehmen Eure Hilfe,
uns danken zu helfen, gerne an. Lies den Geſang in unſer aller
Namen: o wenn ich tauſend Zungen hätte! Er kommt einem recht zu
Hilfe, der liebe Geſang, wenn man ſich nicht zu helfen weiß, und ge-
wißlich, dies begegnet mir oft, wenn ich unſre einundzwanzig Jahre
durchdenke.“ Und wie mit dem Danken, ſo ging es ihr mit dem Liebhaben. „Liebhaben bringt immer Gedeihen,“ ſchreibt ſie, „leidend und
thuend, wenn es aus Herzensgrund kommt, und iſt das Wunder aller
Wunder und das einzige, was ich mir als ewig denken kann, während
alles andre mir, wenn ich es ewig denke, Grauen und Angſt erweckt“.
Die Liebe zwiſchen Perthes und Karoline blieb bis aus Ende eine
bräutliche, und ſie feierte ihre goldenen Stunden, wenn beide nach des
Tages Laſt am feſtlichen Abend zuſammenſein, wenn ſie, der Stadt
einmal entflohen, durch den Frühling miteinander wallen konnten.

Das Festefeiern hatten beide im Elternhause zu Wandsbeck gelernt. Und auch die Freude an Gottes Schöpfung war ein Erbteil der Eltern, die den Sternenhimmel oben und die Blumenau unten, die den Duft und Glanz des Frühlings, und den Reif und Schnee des Winters als Geschöpfe Gottes mit dankbarer Freude bewunderten. Seit den schweren Erlebnissen des Jahres 1813 war Karoline nicht mehr recht gesund geworden. Ehe sie die fünfzig erreichte, sollte sie den blühenden Kreis ihrer Lieben verlassen. Aber sie sollte nicht scheiden, ehe sie zwei Töchter glücklich verheiratet gesehen, von der einen eine Enkelin ans Herz gedrückt und des ältesten Sohnes Eintritt ins akademische Leben mit ihren Gebeten und ihren köstlichen Ermahnungen begleitet hatte. Den letzten Verlobungstag feierte sie wie den ersten mit frischer, fröhlicher Liebe. „Morgen ist mein lieber erster Mai", schrieb sie, „und gerne ginge ich recht tief in Berg und Wald mit meinem lieben Bräutigam, dorthin, wo ich keinen andern Menschen sähe und hörte, und dankte Gott, daß ich diesen Tag noch nach 24 Jahren so durch und durch freudig und fröhlich feiern kann. Einige Seufzer würden sich wohl meines kurzen Atems wegen eindrängen, aber sie würden nicht lange dauern, und ich würde immer von neuem anfangen mich zu freuen. Ja gewiß, im Wald, im grünen Wald, da wär mein Aufenthalt, aber auch meine Aussicht hier durch die jungen Blätter, auf dies blaue Wasser und den wunderlieben klein gewölkten Himmel ist so köstlich, daß man, wenn man sich besinnt, nur mit Scham und Gram mehr wünschen kann. Ein solches Übermaß von Pracht und Schönheit des Frühlings ist uns, glaube ich, noch nie geworden: es ist gar nicht auszusprechen, wie wunderschön Büsche und Blätter, Gras und Blumen sind. Und diese große Veränderung vom Tode zum Leben ist in wenigen Tagen, ja, man möchte sagen, in wenigen Stunden gekommen. Wenn man so im lieben Frühling steht und die hohen hellgrünen Bäume gegen den reinen lichten Himmel ansieht, so scheint es unglaublich, daß dabei doch so viel Jammer und Not in und um uns sein kann. Ja, eine Freudenzeit ist der Frühling, und wenn ich kein krank Kind habe, so nimmt er mich dorthin, wo wir uns keinen Jammer und keine Not mehr denken und vorstellen können." Dorthin durfte sie bald gehn. Am Hochzeitstag, den 2. August 1821, machte sie mit Perthes, „ihrem lieben Bräutigam", wenn auch unter viel Beschwerde noch einmal einen glückseligen Gang um die große Wiese bei Wandsbeck. Dann lebte sie noch einige Wochen in Hamburg ein krankes Leben, das sich im Glauben zur völligen Genesung durchdrang. Am Abend des 28. August stellte ein Nervenschlag ihren Atem so plötzlich still, daß kein Wort, kein Händedruck, kein Blick den Umstehenden als Abschiedsgruß zu teil ward.

Perthes gab die Entschlafene in die Hände Gottes hin, aber nicht aus seinem Herzen weg. „Mein Schmerz macht mich nicht unmutig," schrieb er den Töchtern, „ich möchte vielmehr Liebe geben und möchte helfen rund um mich her, so weit ich irgend reichen kann." Und durch die Kraft der Liebe hielt er Gemeinschaft mit der Abgeschiedenen. „Nun weiß sie, wo und wie ich sündigte, was sie hier nicht wissen konnte, aber nun kennt sie auch ganz das Maß meiner Liebe. — Daß sie mich kennt, ganz und gar, und mir hilft, mich an Gott zu halten zu aller Zeit und in seiner Gegenwart zu wandeln, das glaube ich, weil ich nicht anders kann, obschon ich weiß, daß die Offenbarung diesen Glauben durch keine bestimmten Aussagen stützt." Karolinens sehnlichster Wunsch war, einmal dahin zu kommen, daß sie mit ihrem Manne in ungestörter Ruhe leben könnte. Aber erst nach ihrem Tode vermochte es Perthes, sich aus dem Hamburger Geschäfte loszumachen und es allein in Bessers Hände zu legen. Im März 1822 siedelte er nach Gotha über. Vier Kinder waren damals noch um ihn, zwei Töchter in Gotha verheiratet. Hier wollte er ein Verlagsgeschäft gründen. Die Ruhe, die ihm geworden war, verwandte er nicht bloß auf das eigentliche Geschäft; um dasselbe aus höheren Gesichtspunkten mit Segen betreiben zu können, warf er sich, wiewohl nunmehr ein Fünfziger, auf die umfassendsten Studien. Es stimmt ganz mit den mächtigen Anregungen, welche die Befreiungskriege gegeben hatten, zusammen, daß er hauptsächlich Werke geschichtlichen und religiösen Inhalts in seinen Verlag aufnahm. Die gewaltigen Völkerbewegungen, der Kampf um das nationale Dasein, das in einem elenden geschichtslosen Weltbürgertum unterzugehen in Gefahr gewesen war, hatte den geschichtlichen Sinn wieder erweckt, und der religiöse Sinn war durch die unmittelbare Erfahrung von der menschlichen Ohnmacht und der Wunderhilfe Gottes heilsam erregt worden. In diesen beiden Gebieten bewegten sich auch Perthes' Forschungen vorzugsweise. Die Bibel war dabei nicht das letzte Buch, das er las. Und wenn seinem Verständnis des Einzelnen sich manchmal Schwierigkeiten entgegenstellten, so hatte er für die Erkenntnis des Ganzen den rechten Schlüssel in dem eigenen Heilsbedürfnis. „Nur in den Stunden offenbart sich uns die heilige Schrift," so sagt er, „in denen wir nichts suchen, als den Weg zur Versöhnung mit Gott und als Hilfe in dem Kampfe gegen unsere

Selbstsucht und unsere Sinne." Diesen Kampf führte er mit ganzem
Ernste. Er hatte durch seine Forschungen in der Bibel erkannt, daß
der Teufel nicht in der Leiblichkeit zunächst seinen Sitz aufschlägt, sondern im Geiste durch Selbstsucht und Hochmut, Stolz und Haß; darum
glaubte er auch nicht, daß das Wesen des Christentums in der Ab-
tötung von Gott gegebener Kräfte und in feiger Weltflucht bestehe,
sondern vom innersten Quellpunkt menschlichen Wesens aus wollte er
dasselbe ganz nach Geist, Seel' und Leib erneuert sehen, und in die
Welt wollte er eintreten, um sie mit dem Salz des göttlichen Lebens
zu durchsalzen. Aber gar demütig erkannte er die geringen Fortschritte,
die er selbst gemacht, und die Notwendigkeit, bis ans Ende zu kämpfen.
Dem studierenden Sohn giebt er einen Rat, den er selbst zu befolgen
fortwährend für nötig hält: „Wir sollen leiden und handeln, aber
leiden und handeln in Liebe; wenn sie uns verlassen hat gegen den
Nächsten in Härte oder gegen uns in Sinnlichkeit oder gegen Gott in
Hochmut, so sollen wir fühlen, daß wir der Versöhnung bedürfen durch
Jesus Christus. Wir können nicht anders als kämpfen bis ans Ende;
sind wir aus dem Groben und Rohen, so haben wir stündlich mit dem
feiner und leiser Auftretenden zu thun. Zum Ausruhen nach dem
Siege ist diese Welt nicht gemacht; kämpfe, liebe und vertraue der
Gnade Gottes!" Der sittliche und religiöse Ernst, der seinem innern
Leben aufgeprägt war, offenbarte sich auch in seinem Buchhändler-
beruf. Unter seinen Berufsgenossen nahm er eine höchst ehrenvolle
Stellung ein. Es gelang ihm, sie durch den Börsenverein der deutschen Buchhändler mit dem Mittelpunkt Leipzig zu einer festen Genossenschaft zu vereinigen. In einer Versammlung dieses Vereins trat
er einst vor zweihundert Männern gegen einen deutschen Buchhändler
auf, der ein schmutziges Werk verlegt und verbreitet hatte: die Ehre
des deutschen Buchhandels sei durch diesen Unflat befleckt, der Verleger
eines solchen Werks sei gefährlicher als der gemeinste —wirt, und jede
Buchhandlung werde schon durch die Zumutung, ein solches Buch zu
verbreiten, herabgewürdigt. Er verlangte ein Zeugnis des Börsenvereins
gegen das Buch und die öffentliche Zerreißung seiner noch vorhandenen
Exemplare. Der angeschuldigte Buchhändler war selbst zugegen. Einen
Augenblick schwiegen die Anwesenden still, dann stimmten sie bei; das
Buch ward vernichtet. Perthes ward durch den Verleger des vernich-
teten Buches verklagt, aber vom Rügegericht freigesprochen. Er selbst
hatte einen ausgewählten Verlag, namentlich geschichtlicher und religiöser Werke. Die Vertiefung und Belebung der deutschen Theologie,

die im Zusammenhang mit den weltgeschichtlichen Ereignissen erfolgt war, leitete er an seinem Teile weiter, indem er es sich zur Aufgabe machte, die Bücher der neuen gläubigen Theologie, die Werke der Schleiermacher, Lücke, Ullmann, Umbreit, Tholuck zu verlegen. Dadurch und durch das ganze Gewicht seiner Persönlichkeit kam er fortwährend mit den bedeutendsten Männern in nahe Berührung und an der gesamten Entwicklung des Vaterlandes nahm er den lebendigsten Anteil.

Furchtbar schwer wurde ihm die Einsamkeit, in der er lebte, als auch seine dritte Tochter Mathilde, die ihm den Haushalt geführt, sich in Gotha verheiratet hatte. Um jene Zeit besuchte ihn Rebekka Claudius, die Mutter seiner heimgegangenen Karoline, in Gotha und, von einem tiefen Jammer über seine Lage ergriffen, riet sie ihm, sich eine Gefährtin für sein übriges Leben zu wählen. Gott führte ihm Charlotte Becker zu, eine Witwe, die Schwester seines Schwiegersohnes, der er seither in schweren Nöten ein treuer Freund gewesen. Am 13. Mai 1825 trat er in die zweite Ehe. Aus der ersten Ehe lebten sieben Kinder, in der zweiten wurden ihm vier geschenkt. Neue Freuden, neue Schmerzen begannen für ihn. Der Tod des einzigen Sohnes aus zweiter Ehe versetzte ihn in das herbste Weh, denn nie zuvor hatte er so mit einem Kinde zusammenleben und zusammenwachsen können, als mit diesem. Es schien ihm, als ob nun auch sein Lebensabend nahe sei, er ward gleichgültiger gegen das Drängen und Treiben der Menschen; oft, wenn er allein in seinem Zimmer auf- und abging, rang sich ihm der Seufzer aus der Brust: „mein Rudolf, wo bist du! wo bist du!" In den letzten Lebensjahren hatte er einen wunderlieblichen Ruheplatz gefunden, in Friedrichsroda, drei Stunden von Gotha, ganz nahe bei Reinhardsbrunn. Dort brachte er die Sommermonate gerne mit seiner Familie zu, von dort aus durchstreifte er die Thüringer Berge, erquickte er sich an dem Würzgeruch des Waldes, am Grün der Wiesen, am Rauschen der Wasser. Manche Ehre war ihm zu teil geworden, ein Orden schmückte seine Brust, die Universität Kiel hatte ihn zum Doktor der Philosophie gemacht, die Stadt Leipzig zum Ehrenbürger — aber das Ehrenbürgerrecht, das ihm Bürgermeister und Rat des Städtchens Friedrichsroda erteilt, war ihm die liebste von den irdischen Ehren. Ein Denkstein, den die Familie gesetzt, bezeichnet noch heute dem Wanderer die Stelle in der Nähe von Friedrichsroda, wo am heitern Lebensabend Friedrich Perthes, dem Atem Gottes in seinen Bergen lauschend, seine Spaziergänge machte.

Am 1. Januar 1843 schrieb Perthes in sein Tagebuch: „mir ist meinem Zustande nach nicht wahrscheinlich, daß ich das Jahr 1844 schreiben werde." Leberübel und Gelbsucht war sein Leiden. Ende März schien alle Kraft des Leibes aufgezehrt. Er schrieb und las und ordnete alles zu seiner letzten Reise. In den Zeiten, wo sein Geist noch mit einer heftigen Natur einen beständigen Kampf zu führen hatte, war ihm der Römerbrief sein liebstes biblisches Buch gewesen. Jetzt ward es das Johannesevangelium. Die Abschiedsreden des Herrn im 14. 15. und 16. Kapitel und im 17. das hohepriesterliche Gebet gereichten ihm zum köstlichsten Troste. An seinem Geburtstage, dem 21. April, lag er so ruhig und freudig in seiner Stube, daß auch die Seinen nicht unruhig und traurig werden konnten. „Wenn ich tot bin, so klagt nicht," sprach er, nachdem er Gottes Gnade gerühmt. „Ich sterbe gewiß ruhig und bin bereit dazu; ich habe mich Gott ergeben, dem liebsten Vater mein. Hier ist kein Immerleben: es muß geschieden sein; der Tod kann mir nicht schaden, er ist nur mein Gewinn; in Gottes Fried und Gnaden fahr ich mit Freud dahin." Dies köstliche Sterbelied war ihm in diesen letzten Wochen immer im Sinn, oftmals betete er: „Ach selige Freud' und Wonne hat mir der Herr bereit, da Christus ist die Sonne, Leben und Seligkeit; was kann mir doch nun schaden, weil ich bei Christo bin? in Gottes Fried und Gnaden fahr ich mit Freud' dahin." Und neben diesen Liederversen war es der Ruf: „Gott sei mir Sünder gnädig um seines lieben Sohnes willen," der sich am häufigsten seiner Seele entrang. Er hatte noch schwere Tage, die Gesichtsrose war eingetreten und wirkte auf die Gehirnhäute. Die Schmerzen waren furchtbar. Das Opium, das sie stillen sollte, lähmte die Geisteskraft. „Ach Herr, wenn ich nur einmal weinen könnte!" schrie er heftig, und wieder betete er: „Herr, Herr, führe mich nicht in Versuchung!" Dann aber brach der Glaube wieder durch, und während die Umstehenden meinten, er schlummere betäubt und bewußtlos, begann er mit leiser rührender Stimme: „Mein Weg geht jetzt vorüber, o Welt, was acht' ich dein? der Himmel ist mir lieber, da muß ich trachten ein, mich nicht zu sehr beladen, weil ich wegfertig bin, in Gottes Fried' und Gnaden fahr ich mit Freud' dahin." Ein andermal rief er, aus halbem Traum erwachend: „Nur eine Idee noch begehrte Herder auf dem Sterbebette; Licht, Licht verlangte Goethe; hätten sie nach Liebe gerufen und nach Demut, es wäre ihnen besser gewesen." Von dieser Zeit an ward der Leib zwar immer schwächer, aber der Geist verlor seine Klarheit nicht wieder völlig und immer freundlicher strahlte die Liebe und immer gewisser ward er seines Heilands. „Lob und Preis sei Gott," sprach er leise, „mein Glaube ist fest und hält aus im Sterben wie im Leben. Gott ist mir armen Sünder gnädig um seines lieben Sohnes willen." Am 18. Mai konnte ihm der Arzt die nahe Erlösung verkündigen. Seine Seele war ganz Gebet, auch wenn er nicht laut beten konnte. Noch am Nachmittage sprach er mit sichrer Stimme: „Gesegn' euch Gott, ihr Meinen, ihr Liebsten allzumal, um mich sollt ihr nicht weinen, ich weiß von keiner Qual. Den rechten Port noch heute nehmt fleißig ja in acht, in Gottes Fried und Freude fahrt mir bald alle nach." Abends gegen acht Uhr wurde sein Atem langsam und schwer, aber ohne Qual und Unruhe. Die Seinen standen um ihn her, er betete wohl eine Stunde lang laut, aber mit gelähmter Zunge, nur die oft gehörten Worte: mein Erlöser, Herr, Vergebung, waren verständlich. Als Licht geholt ward, sahen alle eine große Veränderung in des Sterbenden Zügen, das Auge leuchtete, das Gesicht war ruhig und zeigte keinen Schmerz. „Ja, selige Freud und Wonne hat dir der Herr bereit, wo Christus ist die Sonne, Leben und Seligkeit," das waren die letzten Worte, welche der Sterbende vernahm. Ein letzter tiefer Atemzug, ein letzter Schmerzensausdruck auf dem Antlitz, dann hatte er überwunden abends halb zehn Uhr. Milde und Friede ruhte auf der Leiche. Am 22. Mai ward sie eingesenkt unter dem Lied: „Was kann mir doch nun schaden, weil ich bei Christo bin? In Gottes Fried und Gnaden fahr' ich mit Freud dahin." Im Leben und Sterben hat er dem deutschen Volke gezeigt, daß es um den Glauben ein lebendig, geschäftig und mächtig Ding ist, daß er aus gebeugten Sündern, um mit Luther zu reden, „hoffärtige, selige Menschen macht, die weder nach dem Teufel, noch nach der Welt und allem Unglück fragen."

13.

Napoleons Sünde.

Das Religiöse in der Erhebung der Völker gegen Napoleon, das aus den bisher vorgeführten Lebensbildern deutscher Männer und Frauen uns bereits entgegen getreten ist, wird uns erst dann völlig klar, wenn wir das Recht zu einer religiösen Erhebung, zu einer Anrufung Gottes gegen ihn bedenken, welches die Person Napoleons darbot. Er war eine außerordentliche, weltgeschichtliche Erscheinung, einer jener Gewaltigen, die wie ein reinigender, belebender Sturm durch den Dunst verrotteten Menschenlebens fahren, die Gott als Werkzeug braucht, obwohl er sie nicht gesandt hat, die er nach dem Gebrauche verwirft. Er war ein riesiges Genie, aber kein guter Geist. Daß manche der Gewalthaber, die er niedergetreten, nicht reiner waren als er in ihrer Gesinnung, nur geistloser in ihrem Thun, entschuldigt sein Auflehnen gegen Gottes Ordnungen nicht. Daß der kühne Emporkömmling unwürdige Thronerben stürzte, daß der vaterlandslose Weltbeherrscher ungerechte Grenzen verrückte, daß der geschichtslose Revolutionär sociale Schranken niederriß — dies elementare Wirken giebt ihm keinen sittlichen Wert. Als eine geniale Ausprägung der wider Gott sich setzenden Selbstheit, als ein Typus des Bösen, als ein Dämon, dem Gott erlaubt hat, das deutsche Volk zu plagen, so wie er einst Hiob dem Teufel für eine Zeitlang preisgegeben, stellte er den frommen Gemütern sich dar, und viele, welche in der Offenbarung Johannis forschten und die Erfüllung der apokalyptischen Weissagungen in der Geschichte der Jahrhunderte aufsuchten, sahen in ihm den Apollyon jenes heiligen Buchs. Gegen ihn durfte gebetet und der rächende Arm Gottes angerufen werden; im Kampfe mit ihm galt es der Wahrheit wider die Lüge, der Gerechtigkeit wider die Ungerechtigkeit; wer gegen ihn in heiliger Entrüstung sich erhob, der schien dem Teufel zu entfliehen und Gott zu ergreifen. Das Gesamtbild des gewaltigen Eroberers zu zeichnen, wäre eine Aufgabe, zu der wir keinen Beruf fühlen, zu deren Lösung hier der Ort nicht ist. Nur einige Züge desselben werden wir geben, um zu erklären, warum das Volksgemüt in Napoleon den apokalyptischen Apollyon erkannte, warum der Dichter, der zum Kampfe gegen ihn aufrief, sagen durfte:

Es ist kein Krieg, um den die Kronen wissen,
Es ist ein Kreuzzug, ist ein heil'ger Krieg!

Schon Fichte beginnt sein Urteil über Napoleon mit den Worten: „zuvörderst, er ist kein Franzose." In der That, die Volkslosigkeit dieses Herrschers, der Umstand, daß er als Corse aus italienischem Blut an Frankreichs Spitze sich stellte, erklärt zum Teil, daß er in seiner Politik nicht bloß das Volkstum der Völker, mit welchen er Krieg führte, verachtete, sondern aus den Schranken, die selbst Ludwig XIV. für die französische Politik eingehalten, aus dem Streben, Frankreichs Grenzen bis zum Rhein auszudehnen und Frankreich zur ersten Macht Europas zu machen, heraustrat, und eine Weltmacht zu gründen versuchte. Napoleons Vater, Carlo Maria Bonaparte, war Paolis, des corsischen Freiheitshelden, Genosse in dem Kampf für Corsicas Unabhängigkeit gegen Frankreich gewesen und seine Mutter, Lätitia Romalini, hatte ihren Gatten auf den Kampfesfahrten begleitet. Zwei Monate nach der Schlacht bei Ponte Nuovo, die Corsicas Niederlage entschied, am 15. August 1769, ward Napoleon in Ajaccio geboren. „Ich ward geboren." schrieb er 1789 an Paoli, „als das Vaterland zu Grunde ging; die Wehrufe des Sterbenden, die Seufzer des Unterdrückten, die Thränen der Verzweiflung umgaben meine Wiege." Die Erzählungen von dem Freiheitskampfe eines trotzigen Volkes, die Gestalt eines Freiheitshelden von antikem Stil, nicht ein Leben des Genusses, sondern der Entbehrung waren die Eindrücke seiner Kindheit. Der Vater, Paolis Sekretär, Doktor der Rechte, Advokat, Gerichtsassessor, war vermögend gewesen, aber sein Aufwand scheint die Familie verarmt zu haben, dieselbe freute sich, als Napoleon unentgeltlich in die Kriegsschule von Brienne aufgenommen ward. Er war elf Jahre bei seinem Eintritt. Der Anblick eines Bildes von Choiseul, der als Urheber der Unterwerfung Corsicas gelten konnte, in einem Saale der Schule erregte den lebhaften Zorn des Knaben. Als Schüler zeigte er sich verschlossen, nicht geneigt zum Spiel, übrigens fleißig und wo es galt einen Vorteil zu gewinnen, entweder streitfertig oder geneigt, das finstere Wesen mit geschmeidiger Fügsamkeit zu vertauschen, im Grunde unliebenswürdig. Als er 1785 in die höhere Kriegsschule zu

Paris überging, ward ihm das Zeugnis gegeben: „gute Konstitution, ausgezeichnete Gesundheit, unterwürfiger, ehrenwerter und erkenntlicher Charakter, immer ausgezeichnet durch seinen Eifer für die Mathematik. Er weiß seine Geschichte und Geographie zur Genüge, er ist ziemlich schwach in allen Übungen, die zur Annehmlichkeit des Lebens gehören (exercices d'agrément), und im Lateinischen, wo er nur die vierte Klasse erreicht hat. Er wird ein ausgezeichneter Seemann werden." Während das Zeugnis den Eifer für die Mathematik vor allem hervor= hebt, weiß man, daß er Geschichte besonders gerne in Plutarch und Cäsar lernte. In Paris steigerte sich seine Verschlossenheit durch den Gegensatz der eignen Armut zu den reichen Mitteln seiner vornehmen Kameraden bis zur finstern Bitterkeit, die am liebsten einsam ist und die Weise, in welcher die Zeitgenossen leben, scharf beurteilt. 1786 als Sekondeleutnant nach Valence versetzt, mildert er unter dem Einfluß der Frauen seinen Sinn. Aber da war nichts von jener edlen Schwärmerei, welche sonst einem achtzehnjährigen Jüngling eigen zu sein pflegt. In einem „Gespräch über die Liebe", das sich in seinen Jugendpapieren vorgefunden, sagt er: „Die Liebe thut mehr Übles als Gutes und es wäre eine Wohlthat, wenn eine schützende Gottheit uns von ihr losmachen und die Menschen von ihr befreien wollte." Der Einfluß Rousseaus, der die Gesellschaft verklagte und das Recht des Einzelnen verteidigte, läßt sich spüren, wenn er, traurig über die Unterwerfung seiner heimatlichen Insel, ausruft: „Franzosen, ihr habt, nicht zufrieden, uns alles dessen, das uns teuer war, beraubt zu haben, auch noch unsre Sitten verdorben! — das Leben ist mir zur Last, weil ich kein Vergnügen schmecke und alles eine Pein für mich ist, weil die Menschen, mit denen ich lebe und wahrscheinlich immer leben werde, von den meinigen so entfernte Sitten haben als die Klarheit der Sonne von der des Mondes unterschieden ist. Ich kann die einzige Lebensweise nicht befolgen, die mir das Dasein erträglich machte. Daraus folgt ein Ekel an allem." Er versuchte eine Geschichte von Corsica zu schreiben: ein Volksmann in dem Geiste Paolis zu werden, schien sein höchster Ehrgeiz. Die Revolution kam. Man hoffte einen Augenblick, daß sie der Insel ihre Freiheit zurückgeben werde. Paoli eilte nach Paris. Ehe er ankam, hatte die Nationalversammlung be= schlossen, daß Corsica mit Frankreich vereinigt sein sollte. Als das Jahr darauf (1790) Paoli nach Corsica kam, befand sich Napoleon gerade in der Heimat. Er ward beauftragt, die Adresse zu verfassen, mit welcher die Bevölkerung ihren Helden begrüßen wollte, und bekam

Gelegenheit dem Manne, der seine Jugendliebe gewesen, nahe zu treten. Und dieser weissagte dem Jüngling aus der Bekanntschaft, die er mit ihm machte, eine große Zukunft. Bald darauf (1791) veröffentlichte Napoleon seine erste politische Flugschrift, den „Brief an Matteo Buttafuoco." Dieser Corse war Choiseuls Werkzeug zur Unterwerfung der Insel gewesen und nun, als Abgeordneter des Adels von Corsica in der konstituierenden Versammlung, erwies er sich als Gegner der gerechtesten Reformen. Das Leben und Treiben dieses Landsmannes deckte Napoleon auf, damals beliebter Redner in den Volksversamm= lungen. „O Lameth, ruft er aus, o Robespierre, o Pétion, o Volney, o Mirabeau, o Barnove, o Bailly, o Lafayette, das ist der Mann, der es wagt, sich neben euch niederzulassen! Ganz triefend von dem Blute seiner Brüder, beschmutzt durch Verbrechen jeder Art, stellt er sich mit Zuversicht dar unter dem Rocke des Generals, der ungerechten Belohnung seiner Übelthaten! Er wagt es, sich Vertreter des Volks zu nennen, er, der es verkauft hat, und ihr duldet ihn! Er wagt es, die Augen aufzuschlagen, euren Reden Gehör zu schenken, und ihr duldet ihn! Wenn das die Stimme des Volks ist, — er hatte nie mehr als die der zwölf Adligen — wenn das die Stimme des Volks ist, Ajaccio, Bastia und die Mehrzahl der Cantone, haben mit seinem Bilde das gethan, was sie Lust gehabt hätten, mit seiner Person zu thun!" Bald zeigte sich Gelegenheit, daß des Jünglings Eifer für sein Vaterland den Mann des 18. Brumaire ahnen ließ. Die National= garde war in der französischen Republik eingeführt und Corsica schickte sich an, die Führer zu wählen. Napoleon, gerade auf Urlaub in der Heimat, trachtete, obgleich Offizier in der Armee, nach der Stelle des Bataillonschefs der Nationalgarde in Ajaccio. Marius Peraldi und Pozzo di Borgo waren seine einflußreichen Gegner. Er versuchte alle Mittel, die Stimmen für sich zu gewinnen: Geld, Versprechungen, Drohungen, Familienverbindungen und Einfluß der Freunde. Es schien, wie die Parteien standen, alles darauf anzukommen, zu welcher die Kommissäre der Regierung sich schlagen würden. Sie kommen an. Der einflußreichste, Murati, steigt bei Peraldi, Napoleons mächtigstem Gegner, ab. Napoleon ist niedergeschlagen, unruhig, unentschlossen. Auf einmal erwacht er zum entscheidenden Entschluß. Peraldi sitzt mit seinen Gästen zu Tische. Da pocht's an die Thür. Der Diener öffnet, bewaffnete Männer dringen ein, Murati flieht, wird festgenommen und in Napoleons Haus geführt. Angstvoll erwartet dieser den Aus= gang der Unternehmung. Dann, seine Bewegung bemeisternd, empfängt er seinen Gefangenen: „Ich wollte Sie frei haben, völlig frei, bei Peraldi waren Sie's nicht." Am andern Tage ward Napoleon gewählt. Bald darauf ging er nach Paris, von dem Kriegsminister als Artillerie-Offizier abgesetzt, um sich zu verteidigen. Er wird freigesprochen. Der Aufenthalt in Paris gewährt ihm Einblick in die wirklichen Verhältnisse. Ihm stellte sich der Mangel an Offizieren, der infolge der Emigration in dem Heer eingerissen war, und die glänzende Bahn, die er machen konnte, vor die Augen. Corsica trat zurück. Sein Ehrgeiz band ihn an Frankreich. Wir finden ihn bald darauf vor Toulon, welches von England geschützt, von den Truppen der Republik belagert war. Auf der Durchreise war er geblieben, hatte in der Ratlosigkeit der belagernden Truppen durch seine Vorschläge Staunen erregt, und benahm sich bald als der eigentliche Leiter der Belagerung, welche Stellung seiner Einsicht willig zugestanden wurde. Toulon fiel. Napoleons Ruhm durchflog zum erstenmal Frankreich. Mit vier und zwanzig Jahren wird er General der Artillerie. Bald thut er große Dinge im italienischen Kriege.

Wir haben nach unserer Art die Anfänge des gewaltigen Mannes uns ins Gedächtnis gerufen. Wir haben gesehen, wie der Schüler in der Mathematik sich am meisten hervorthut, wie der junge Offizier die militärische Unterordnung dem Freiheitsdrange seiner heimatlichen Insel opfert, wie derselbe aber das jugendliche Pathos der Vaterlandsliebe vor der klaren Berechnung, wo die Aussichten seines Ruhmes liegen, zurücktreten läßt. Es scheint sich jetzt das Geheimnis dieser Persönlichkeit uns aufzuschließen. Unter allen natürlichen Gaben und Neigungen war es die Liebe zur Mathematik, die am völligsten seinem Willen, seinem Streben, seinem Lebenszweck sich zum Dienste stellte. Man darf vielleicht sagen, daß dies die Signatur seines ganzen Schaffens, Wirkens, Herrschens war: ein mathematisches Genie im Dienste der unbändigsten Selbstsucht. Sein Stolz, sein Trotz, seine Herrschsucht ließ ihn alle geschichtlichen Verhältnisse, alle menschlichen Beziehungen, alle gemütlichen Bedürfnisse für nichts achten: hatte er Lust, ein Gebäude niederzureißen, so gab ihm kalte Berechnung den Plan zum Neubau. Addieren, subtrahieren, multiplizieren, dividieren — mit kaltem Griffel, das war seine Lust. Die Menschen mit der ganzen Fülle eigentümlichen Lebens, das jedem einzelnen gegeben ist, waren ihm nur Ziffern, die Königreiche Nullen, vor welche er sich als gewaltigen Einer setzte, die Nationalreichtümer mathematische Formeln für seine titanischen Entwürfe, die Länder tabulae rasae, auf welchen er, unbekümmert um alte Grenzen und um die tiefsten Heiligtümer des volkstümlichen Lebens, beliebige gerade Linien zog, um neue Reiche zu schaffen. Wenn eine solche Selbstsucht mit einem solchen Genie sich verbindet, es müssen gewaltige Dinge ausgerichtet werden, aber das Volksgemüt empört sich im Innersten, wie gegen einen kalten Dämon, gegen einen Gewaltigen, der mit dem Gott, der die Liebe ist, keine Gemeinschaft hat, und an dem empörten Volksgemüt sind alle Berechnungen des großen Mathematikers zu schanden geworden. Ganz natürlich ist der Zug eines solchen Charakters zur Revolution, denn auch in der Revolution verbindet sich die selbstische Leidenschaft mit kühler mathematischer Berechnung. Nachdem sie aus heißen gärenden Trieben ans Leben geboren ist, verfährt sie mechanisch, nicht organisch: sie meint, die Einrichtung eines neuen Staatswesens sei ein einfaches, bald zu lösendes Rechenexempel; aber wenn sich Schwierig=keiten entgegenstellen, die aus den geschichtlichen Verhältnissen, aus der Mannigfaltigkeit menschlicher Interessen entspringen, streicht sie aus, um neu zu rechnen, mit der Unbarmherzigkeit mathematischer Konsequenz. Die Revolution und Napoleon reiften sich einander entgegen. Brutus Bonaparte nannte er sich, die Lust an antiken Vorbildern und an der neuen Bewegung zugleich bezeichnend. Schon 1793, als er den Zug der Konventsarmee gegen die Royalisten und Girondins mitmachte, offenbarte er in einem Briefe an zwei Konventsdeputierte die grausame mathematische Konsequenz, von welcher wir geredet haben: „Bürger Repräsentanten! vom Felde der Ehre, marschierend im Blute der Ver=räter bring' ich euch mit Freuden die Kunde, daß eure Befehle aus=geführt und daß Frankreich gerächt ist. Weder das Alter noch das Geschlecht sind geschont worden. Die durch die republikanischen Kanonen nur verwundet waren, sind durch das Schwert der Freiheit und das Bajonett der Gleichheit umgebracht worden. Brutus Bona=parte, Bürger Sansculotte."[36] Kein Mann war würdiger als er, das Erbe der Revolution anzutreten. Er war die Person gewordene Revolution. Thiers, indem er die sittliche Maßlosigkeit als den hervor=springendsten Zug im Charakter seines Helden bezeichnet, giebt eine treffende Schilderung von seinem Eintritt in die Bahn der Revolution. „Ein Wunder an Genie und Leidenschaft, in das Chaos einer Re=volution hineingeworfen, breitet er sich in ihr aus, entwickelt sich in ihr, beherrscht sie, setzt sich an ihre Stelle und nimmt ihre Energie, Kühnheit und Unenthaltsamkeit an. Nachfolger von Leuten, die sich in nichts Schranken gesetzt, weder in der Tugend noch in dem Ver=

brechen, weder im Heroismus noch in der Grausamkeit, von Menschen umgeben, die ihren Leidenschaften nichts versagt haben, versagt er den seinigen ebenso wenig. Sie haben aus der Welt eine Universal=Republik machen wollen, er will gleicherweise eine Universal=Monarchie aus ihr machen; sie haben einen Chaos aus ihr gemacht, er macht aus ihr eine beinahe tyrannische Einheit; sie haben alles in Unordnung gebracht, er will alles in Ordnung bringen; sie haben den Souveränen verächtlich begegnen wollen, er entthront sie; sie haben auf dem Schafott getötet, er tötet auf den Schlachtfeldern, aber indem er das Blut unter dem Ruhm verhüllt; er opfert mehr Menschen, als je die asiatischen Eroberer geopfert haben, und auf den engen Ländern Europas, die mit widerstrebenden Völkerschaften bedeckt sind, durchläuft er mehr Raum als die Tamerlan und Dschengischan auf den leeren Gebieten Asiens durchlaufen haben." Und dann fährt Thiers fort: „Die Maßlosigkeit ist also der wesentliche Zug seiner Laufbahn. Daher rührt es, daß dieser tiefsinnige Feldherr, dieser weise Gesetzgeber, dieser vollendete Verwalter, ein Politiker war, den wir als den thörichtsten bezeichnen müßten, wenn Alexander nicht gelebt hätte. Wenn die Politik nur Geist wäre, so hätte ihm sicher nichts gemangelt, um die raffiniertesten Staatsmänner zu übertreffen. Aber die Politik ist viel mehr Charakter als Geist, und darin sündigt Napoleon."[37] Wir brauchen weiter nichts zu thun, als das Urteil des französischen Geschichtsschreibers uns anzueignen: Napoleon war ein großes Genie, aber in seinem Charakter lag seine Sünde; er war ein Narr durch seine sittliche Maßlosigkeit, im alttestamentlichen Sinn der Narrheit als einer Auflehnung gegen den lebendigen Gott, die allemal den Sturz zur Folge hat.

Es läßt sich denken, daß es mit der Religion eines Mannes, der in solchem Maße sein Ich zum Gott machte, schlecht gestanden haben muß. Wir wollen nicht sagen, daß nicht Hunderte von Herrschern christlichen Namens dieselbe oberflächliche, äußerliche, politische Auffassung der Religion gehabt haben wie Napoleon, aber schwerlich hat einer einen so empörenden Gebrauch davon gemacht. Man kann zugeben, daß er, im Gegensatz zu den Greueln der Revolution, geschichtlich betrachtet gewissermaßen als ein Förderer und Hersteller der Kirche erscheint, aber das durchaus Politische in seiner Behandlung der Religion empört uns bei genauerer Betrachtung immer aufs neue. Die Weise, wie Napoleon die Religion ansah, war im Grunde heidnisch. Wir haben es früher schon als dem Heidentum eigentümlich bezeichnet, die Religion nur als eine Seite des Volkstums anzusehen, so daß jemand, so gewiß er einem Volke angehört, auch die Religion des Volks bekennt und übt, daß aber eben darum von einer Universalreligion nicht die Rede sein kann. So macht er, weil er im Katholizismus geboren war, den katholischen Gottesdienst mit, ohne innerliche Teilnahme an dem Positiven der Lehre. „Meine Religion," sagte er im Beginn seiner Laufbahn zu Monge, „ist sehr einfach. Ich betrachte diese so große, so mannigfaltige, so herrliche Schöpfung, und ich sage mir, daß sie nicht das Spiel eines Zufalls sein kann, sondern das Werk eines unbekannten, allmächtigen Wesens, das so hoch über dem Menschen steht, als die Schöpfung über unsern schönsten Maschinen." Und dann den Wert der Religion verteidigend, fährt er fort: „Erlaubt doch, daß die Religion dem Menschen alles sagt, was er zu wissen begierig ist, und haltet in Ehren, was sie sagt. Es ist wahr, daß, was die eine Religion vorbringt, die andere leugnet. Was mich betrifft, so urteile ich anders, als Herr von Volney. Daraus, daß es verschiedene Religionen giebt, die sich natürlich widersprechen, schließt er gegen alle: er behauptet, daß sie alle schlecht sind. Ich möchte sie vielmehr alle gut finden. Denn im Grunde sagen sie alle dasselbe. Sie haben nur unrecht, wenn sie sich einander in den Bann thun wollen, aber das muß man durch gute Gesetze hindern. Die katholische Religion ist die unseres Vaterlandes, die, in welcher wir geboren sind."[38] Man sieht, er gehört der katholischen Kirche durch seine Geburt an, aber nicht durch Überzeugung, es sei denn die Überzeugung von der Gleichgültigkeit gegen alle Unterschiede in der Religion. Ganz so spricht er sich noch auf St. Helena aus. Nachdem er seinen Glauben an den eben so nachsichtigen als mächtigen Gott bekannt, dem er trotz seiner Fehler ruhig nahe, fährt er fort: „Weniger sicher bin ich, sobald ich ins Gebiet der positiven Religionen eintrete. Da begegne ich auf jedem Schritt der Hand des Menschen, und oft bereitet sie mir Dunkelheit und ist mir zuwider ... Aber man darf diesem Gefühl nicht nachgeben, in welches viel menschlicher Stolz sich eindrängt. Wenn man die nationalen Überlieferungen, mit welchen die Völker die Religionen verflochten haben, beiseite setzt, so findet man darinnen die Erkenntnis Gottes, die Erkenntnis des Guten und Bösen stark ausgesprochen, und das ist das Wesentliche. Ich war in den Moscheen, ich habe die Menschen auf den Knieen gesehen vor der ewigen Allmacht, und obwohl meine nationalen Gewohnheiten oft einen Stoß empfingen, so habe ich doch nie das Gefühl des Lächerlichen gehabt.

Die Verleumdung, die meine Handlungen travestiert, hat gesagt, daß ich in Kairo den Jslam bekannt hätte, während ich in Paris vor dem Papst den Katholiken spielte. Jn alle dem ist etwas Wahres, nämlich, daß ich selbst in den Moscheen etwas Verehrungswürdiges fand, und daß ich, ohne dort bewegt worden zu sein, wie in den katholischen Kirchen, wo meine Kindheit erzogen ward, doch daselbst den Menschen auf den Knieen sah, seine Schwachheit vor der Majestät Gottes de= mütigend. Jede Religion, die nicht barbarisch ist, hat Anspruch auf unsere Achtung, und wir Christen haben den Vorteil, eine Religion zu haben, die aus den Quellen der reinsten Moral geschöpft ist. Wenn man sie alle achten muß, so haben wir doppelt Ursache, die unsrige zu achten, und im übrigen soll jeder in derjenigen leben und sterben, in welcher seine Mutter ihn gelehrt hat, Gott anzubeten. Die Religion ist ein Teil der Bestimmung. Sie bildet mit dem Boden, den Gesetzen, den Sitten das heilige Ganze, welches man Vaterland nennt und das man niemals verlassen soll. Mit mir haben einige alte Revolutionäre in der Zeit des Konkordats davon gesprochen, Frankreich protestantisch zu machen; ich war empört, als ob man mir zugemutet hätte, meine Eigenschaft als Franzose abzulegen und Engländer oder Deutscher zu werden."[39] Jn der That war es die Überzeugung, daß für Frank= reich nur der Katholizismus passe, daß, wenn kein Papst wäre, er eigens geschaffen werden müsse, die ihn als Konsul zum Konkordat trieb. „Jst denn der Protestantismus die alte Religion Frankreichs?" rief er damals aus. „Jst er die Religion, welche aus langen Bürger= kriegen, aus tausend Kämpfen als die den Sitten, dem Geiste unserer Nation angemessenste hervorgegangen ist? Sieht man denn das Ge= waltsame nicht ein, das darin läge, wenn jemand sich an die Stelle eines Volks setzen wollte, um ihm Liebhabereien, Gewohnheiten, Er= innerungen zu schaffen, die es nicht hat? Der Hauptreiz der Religion liegt in der Erinnerung."[40] „Letzten Sonntag," so erzählt er, „ging ich mitten in der allgemeinen Stille der Natur in den Gärten von Malmaison spazieren: der Ton der Glocke von Ruel traf plötzlich mein Ohr und erneuerte alle Eindrücke meiner Jugend. Jch war bewegt, so stark ist die Macht der ersten Gewohnheiten; und ich sagte mir: wenn es mit mir so ist, welche Wirkungen müssen solche Erinnerungen nicht auf einfache und gläubige Menschen hervorbringen! Mögen eure Philosophen darauf antworten! Das Volk braucht eine Religion."[41] Das blieb seine Meinung bis ans Ende. Für das Volk hielt er eine sehr positive Religion für notwendig, für sich selbst hatte er mit den dürftigsten religiösen Vorstellungen genug. Wie einen äußerlichen, durch die Erziehung und Erinnerung geheiligten Brauch, ohne innere Teilnahme machte er den katholischen Gottesdienst mit. Er bat sich vor seinem Tode noch einen katholischen Geistlichen nach St. Helena aus. Sein Oheim Fesch schickte ihm zwei unbedeutende, aber wackere Männer. „Ich hätte einen gelehrten Priester bedurft,“ klagte er, „mit dem ich über die Dogmen des Christentums hätte sprechen können. Gewiß hätte er mich nicht gläubiger an Gott gemacht, als ich es bin, aber er hätte mich vielleicht über einige Punkte des christlichen Glaubens erbaut. Es ist so süß, dem Grabe zu nahen mit dem schlechthinigen Glauben der Katholiken! aber ich habe nichts derart von meinen zwei Priestern zu erwarten. Doch werden sie mir die Messe lesen, und wenigstens dafür gut sein!“ Die katholische Kirche mag die Genugthuung haben, daß der Gewaltige in ihrem Glauben gestorben sei. Wir aber kennen kaum eine oberflächlichere, äußerlichere, dürftigere Auffassung der Religion als die Napoleons. Ihm ist die Religion nichts durch göttliche Erleuchtung Gegebenes, vom Glauben Ergriffenes, den Menschen Durchdringendes, keine Sache des Gewissens, sie ist ein Stück des nationalen, also des natürlichen Lebens, das man hat, wie man existiert, ohne Kampf des Gewissens, ohne Gefühl des Siegs durch die göttliche Gnade. Indem Napoleon für die katholische Kirche in Frankreich eintrat, schuf er, der keine Gewissensregung achtete, die offizielle Religion für Frankreich und griff eben damit der Religion an ihre Lebenswurzel, an das freie Verhältnis des Gewissens zu dem lebendigen Gott. „Er hatte einen Klerus nötig,“ sagt Frau von Staël, „wie er Kammerherren, Titel, Dekorationen, kurz, wie er alle die alten Fußgestelle der Macht nötig hatte.“ — „Wissen Sie,“ so sprach er selbst, „was es mit dem Konkordate, das ich eben unterzeichnet habe, auf sich hat? Es ist die Einimpfung der Religion; in fünfzig Jahren giebt es in Frankreich keine mehr.“ Kein Wunder, wenn Napoleon aus politischen Gründen, gelegentlich jeder Religion gerecht zu werden schien und eben dadurch jede gegen sich aufrief. Wär' er nur für seine Person religiös indifferent gewesen, so hätte er das Volksgemüt so wenig gegen sich empört, wie die unzähligen, die seine Meinung teilen. Aber daß er diesen Indifferentismus bis zur Verleugnung des Christentums politisch verwertete, das hat ihm das christliche Volksgewissen, wie wenig erregt es sonst sein mochte, doch nie vergessen können. Am empörendsten aber wirkte der religiöse Schein, mit welchem er seine Mission, seine Tyrannei, seine Selbstvergötterung umgab.

Wie der Teufel gern in einen Engel des Lichts sich verkleidet, so stellte sich Napoleon gern als Gesandten Gottes dar, und es war ihm willkommen, wenn Schmeichler ihn als den politischen Messias der Welt begrüßten. Wenn er dann auch den Namen Gottes in den Mund oder in die Feder nahm, in Wahrheit wußte er nichts von Gott, weil er an den geoffenbarten Gott nicht glaubte. Gott erschien ihm nicht als die ewige Liebe, nicht durch Christum hindurch war göttliches Leben ihm nahe getreten und nicht durch Christum hindurch suchte er Gottes Herz. Gott war ihm die Notwendigkeit, die Macht; viel wahrer war Napoleon, wenn er statt von Gott vom Schicksal redete. Der Stern, an den Napoleon glaubte und seine Familie, ist nur die poetische Bezeichnung für das unerbittliche Geschick, als dessen Vollstrecker er sich ansah. An die Armee richtete er wenige Tage vor seiner Landung in Ägypten eine Proklamation, in welcher er sagt: „Wir werden einige ermüdende Märsche thun, mehrere Gefechte liefern, und in allen unsern Unternehmungen glücklich sein, das Schicksal ist für uns." Um den Muselmännern seine göttliche Sendung einleuchtender zu machen, scheute er sich nicht, sich ihnen als den Vollender des Werks, das Mohammed begonnen, darzustellen und den Glauben an den Propheten zu affektieren. Eine wahrhaft heidnische Proklamation nennt Leo mit Recht die an seine ägyptischen Truppen: „Die Völker, mit welchen wir nun leben werden, sind Mohammedaner; ihr erster Glaubensartikel ist: es ist kein anderer Gott als Gott und Mohammed ist sein Prophet. Widersprecht ihm nicht. Handelt mit ihnen, wie ihr mit den Juden, mit den Italienern gehandelt habt, habt Rücksichten für ihre Muftis und ihre Imams, wie ihr sie gehabt für die Rabbiner und für die Bischöfe. Habt für die Zeremonieen, welche der Koran vorschreibt, für die Moscheen dieselbe Duldung. die ihr für die Klöster, für die Synagogen, für die Religion Moses' und Jesus Christus' gehabt. Die römischen Legionen beschützten alle Religionen."[42]) Er ging noch weiter. Er erließ bei seiner Landung in Ägypten eine Proklamation in arabischer Sprache, in welcher es hieß: „Ich verehre Gott, seinen Propheten Mohammed und den Alkoran." „Auch wir," heißt es an einer andern Stelle, „sind wahre Muselmänner. Haben wir nicht den Papst zu Grunde gerichtet, welcher gesagt, daß man mit den Muselmännern Krieg führen müsse? Haben wir nicht die Malteserritter zu Grunde gerichtet, weil diese Unsinnigen glaubten, daß Gott wolle, sie sollten mit den Muselmännern Krieg führen? Dreimal glückselig sind die, welche auf unserer Seite stehen werden! Sie werden in ihrem Vermögen und in ihrem Rang vorankommen! Glückselig die, welche neutral bleiben, sie werden Zeit haben, uns kennen zu lernen und dann zu uns sich scharen! Aber Unheil, dreimal Unheil denen, die sich für die Mamelucken bewaffnen und gegen uns streiten werden. Es giebt keine Hoffnung für sie, sie werden zu Grunde gehn!" Und als er in Syrien einrückte, begann er seine Proklamation: „Im Namen des allmächtigen, ewigen, unendlichen und allweisen Gottes, der nie erschaffen worden ist und der keinen Sohn hat." Als aber trotz dieser abscheulichen Rolle, die er spielte, in einem Aufstand französisches Blut geflossen war, sühnte es Bonaparte mit einem Blutbad unter den Muselmännern und erließ dann folgende Proklamation an die Bewohner von Kairo: „Scheriffs, Ulemas, Redner der Moscheen, belehret das Volk, daß die, welche meine Feinde sein wollen, weder in dieser noch in jener Welt eine Zuflucht finden werden. Sollte es jemand geben, der blind genug wäre, um nicht zu sehen, daß das Schicksal selbst alle meine Unternehmungen lenkt? Sollte jemand ungläubig genug sein, zu bezweifeln, daß alles in dieser großen Welt der Herrschaft des Schicksals unterworfen ist? Belehret das Volk, daß, seitdem die Welt ist, geschrieben stand, daß nach der Vernichtung der Feinde des Islams und dem Sturze des Kreuzes, ich aus dem fernen Occident kommen würde, um die Aufgabe, die mir gestellt ist, auszurichten. Mögen die, welche nur die Furcht unsrer Waffen abhält, uns zu fluchen, sich ändern; denn indem sie Gebete gegen uns an den Himmel richten, erflehn sie ihre eigne Verdammung! Mögen die wahren Gläubigen Gebete thun für das Glück unsrer Waffen! Ich könnte von jedem von euch über die geheimsten Regungen seines Herzens Rechenschaft fordern, denn ich weiß alles, selbst das, was ihr niemand gesagt habt; aber ein Tag wird kommen, wo alle Welt klar sehen wird, daß ich durch höhere Befehle geleitet werde, und daß alle Anstrengungen der Menschen nichts gegen mich vermögen." Mag sich der junge General in dem muselmännischen Ägypten besonders frei gefühlt haben und mag manches von dem Gesagten nur abenteuernde Übertreibung gewesen sein — das ist seine tiefste Ansicht, daß das Schicksal durch ihn mit eisernem Fuße über die Welt hinschreitet, eine Ansicht, welche dieselbe bleibt, auch wo er den heiligen Namen Gottes gebraucht. An den Dei von Algier schreibt er 1802: „Gott hat beschlossen, daß alle die, welche gegen mich ungerecht sein werden, dafür ihre Strafe empfangen sollen." Und nachdem er sich zum Kaiser gemacht, schrieb er an den Erzbischof von Mainz: „Da ich mich durch die göttliche Vor-

sehung zu der kaiserlichen Würde berufen sehe, so ergebe ich mich gänz=
lich in den allmächtigen Beistand des Allerhöchsten." In diesem Wahn
einer göttllichen Vollmacht schritt er fort bis zur frevelhaftesten Selbst=
überhebung. Dahin müssen wir auch den übermütigen Versuch, sich
in den Augen des Volkes mit glänzenderem Nimbus zu umgeben,
rechnen, daß er seinen Namen in die Reihe der Heiligen auf den
16. August in den Kalender setzen ließ, da sein Geburtstag, der
15. August schon durch den Marientag besetzt war. — Am stärksten
und planmäßigsten aber tritt das Bestreben dieses Mannes, der selbst
nicht glaubte, sich in den Herzen der gläubigen Menge festen Grund
zu verschaffen, durch den 1811 eingeführten kaiserlichen Katechismus
hervor. In ihm ist nicht etwa der Gehorsam gegen die Obrigkeit, wie
in andern Katechismen, nur im allgemeinen gelehrt, sondern Napoleon
läßt seinen Namen in das Lehrbuch setzen: „Die Christen sind den
Fürsten, ihren Beherrschern, und wir insbesondere Napoleon dem
Ersten, unserm Kaiser, Liebe, Ehrfurcht, Gehorsam, Treue, den Kriegs=
dienst und alle die Abgaben schuldig, welche zur Erhaltung und Ver=
teidigung seines Reiches und seines Thrones angeordnet sind; außer=
dem sind wir ihm noch eifriges Gebet für sein Heil und für die geist=
liche und leibliche Wohlfahrt des Staats schuldig. — Frage: Warum
sind wir schuldig, alle diese Pflichten gegen unsern Kaiser zu erfüllen?
Antwort: erstens, weil Gott, der die Staaten errichtet, und nach seinem
Gutdünken sie austeilt, dadurch, daß er unsern Kaiser mit seinen Gaben
sowohl in Friedens= als in Kriegszeiten reichlichst begnadigt hat, ihn
zu unserm Oberhaupte eingesetzet, und zum Diener seiner Macht, zu
seinem Bilde auf Erden aufgestellt hat. Wenn wir also unsern Kaiser
ehren und ihm dienen, so ehren und dienen wir Gott selbst. Zweitens:
weil Jesus Christus, sowohl in seinen Lehrvorträgen, als durch sein
Beispiel uns selbst von den Pflichten unterrichtet hat, welche gegen
unsern Regenten uns obliegen. Im Gehorsam gegen den Befehl des
Kaisers Augustus ist er geboren worden; er hat die vorgeschriebenen
Abgaben entrichtet; und ebenso wie er befahl, Gott zu geben, was
Gottes ist, so hat er auch verordnet, dem Kaiser zu leisten, was dem
Kaiser gebühret. — Frage: Giebt es nicht noch besondere Beweggründe,
die unsere Ergebenheit gegen Napoleon den Ersten, unsern Kaiser, noch
um vieles verstärken sollen? Antwort: Ja, denn er ist derjenige, den
Gott der Herr unter den schwierigsten Umständen erweckt hat, der
Wiederhersteller der öffentlichen Ausübung der heiligen Religion unsrer
Voreltern und der Beschützer derselben zu sein; er hat durch seine tiefe

und thätige Weisheit die öffentliche Ruhe und Ordnung wieder her=
gestellt und erhalten; er ist der Verteidiger des Staats durch die Kraft
seines mächtigen Arms, und durch die heilige Salbung, welche er
von den Händen des Papstes, des Oberhauptes der allgemeinen Kirche
empfangen hat, ist er zum Gesalbten des Herrn geworden. — Frage:
Was soll man von denjenigen halten, die etwa an den Pflichten gegen
unsern Kaiser treulos handeln? Antwort: Nach der Lehre des heiligen
Apostels Paulus widerstehen sie der Anordnung, die Gott selbst ein=
geführt hat, und machen sich der ewigen Verdammnis schuldig." —
Und dieser Katechismus war nicht allein für die Franzosen bestimmt,
es ward der deutschen Jugend am linken Rheinufer eingeprägt: daß
jeder, der Napoleon nicht gehorche, ewig verdammt sei — mußte nicht
das Volksgewissen zuletzt mit furchtbarer Gewalt sich gegen einen
Menschen erheben, der es wagte, sich zwischen die gläubige Christen=
seele und ihren Gott hineinzudrängen als einen Maßstab für das Ge=
richt? Was für einen Eindruck konnte der Schutz der Religionen, dessen
er wie ein römischer Imperator sich rühmte, machen, wenn er in greu=
licher Selbstvergötterung dem christlichen Glauben Hohn sprach? Es ist
wahr: er hat den römischen Priestern seine Achtung bewiesen, die Un=
entbehrlichkeit des Papstes behauptet, die katholische Religion als die
der französischen Nation gepriesen; er hat am 7. Dezember 1804 dem
Konsistorium zu Genf gesagt: „das Reich der Gesetze hört dort auf,
wo das unbeschränkte Reich des Gewissens angeht. Weder das Ge=
setz, noch der Regent dürfen diese Freiheit verletzen. Dies sind meine
Grundsätze und die des Volks, und sollte einer meiner Rasse mir nach=
folgen und den Schwur vergessen, den ich geleistet habe, und verführt
durch die Eingebungen eines falschen Gewissenseifers ihn brechen wollen,
so überliefere ich ihn hiermit dem öffentlichen Tadel, und autorisiere
Sie, ihm den Namen eines Nero zu geben." Daß er auch einen
jüdischen Sanhedrin einberufen, ist bekannt, und wer zweifelt daran,
daß er gelegentlich den griechischen Katholiken etwas Schmeichelhaftes
hätte sagen können, wenn es die Politik erfordert hätte? Aber die
Religion war ihm nur ein politisches Mittel, und während er aus
politischer Berechnung jedem Volksglauben gerecht zu werden trachtete,
hat er durch die im Hintergrund lauernde tiefe Verachtung der religiösen
Innerlichkeit den Volksglauben gegen sich aufgerufen, und nacheinander
haben der Islam in Ägypten, der römische Katholizismus in Spanien
und Tyrol, der griechische in Rußland und der Protestantismus in
Norddeutschland bis aufs Blut mit ihm gekämpft. Freilich, dem Kampf

der empörten Völker gegen Napoleon ging die Unterwürfigkeit knech=
tischer Seelen voraus. Als er sich selbst zum Kaiser gemacht, strömten
die Adressen herbei, die in solchen Tönen ihm schmeichelten. „Eurer
kaiserlichen Majestät war es vorbehalten," schrieb der Bischof von Turin,
„Frankreich seine wahren Bedürfnisse kennen zu lehren: einen Gott
und einen Monarchen. Wie der Gott der Christen allein der Anbetung
und des Gehorsams würdig ist, so ist Napoleon der einzige unter den
Menschen, der da würdig ist, über die Franzosen zu herrschen." Der
Bischof von Aix schrieb: „Wie ein andrer Moses, ist Napoleon aus
den Wüsten Ägyptens berufen." Die Generalvikare und Chorherrn
von Lyon schrieben: „Wir verherrlichen in der Person Eurer Majestät
die Vorsehung selbst, welche Sie zum Befreier der Religion und des
Vaterlandes auserwählt hat. Sire, aus den Ratschlüssen des Ewigen
leiten wir Ihren Beruf zur kaiserlichen Herrschaft her; zu ihm senden
wir unsere Wünsche für Eure kaiserliche Majestät empor, wie für alle
Prinzen Ihres Blutes, die in der Reihenfolge der Jahrhunderte be=
rufen sein werden, die ruhmreichste aller Herrschaften zu übernehmen."
Napoleon gefiel sich in solchen Schmeicheleien. „Ich bin zu spät ge=
kommen, sagte er am Tage nach seiner Krönung zu seinem Marine=
minister Degrès, es bleibt nichts Großes mehr zu thun." Und als
Degrès lebhaft widersprach, fuhr er fort: „Ja, ich geb' es zu, meine
Laufbahn ist schön, ich habe einen hübschen Weg gemacht, aber wie
verschieden von dem Altertum! Nehmen Sie einmal Alexander: nach=
dem er Asien erobert und sich vor aller Welt als den Sohn Jupiters
ausgegeben, hat da nicht, außer der Olympias, die freilich wußte, wie
sie daran war, außer dem Aristoteles und einigen Pedanten in Athen,
das ganze Morgenland an ihn geglaubt? Nun wohl, wenn ich mich
jetzt für den Sohn des ewigen Vaters erklären und ankündigen wollte,
daß ich ihm in dieser Eigenschaft meinen Dank abstatten werde, welches
Fischweib würde mich da nicht auf der Straße verhöhnen? Die Völker
sind heutzutage zu aufgeklärt: es giebt nichts Großes mehr zu thun."
Aber trotz aller Aufklärung fehlte es nicht an Vergötterung des
Tyrannen. Und wenn nun dem von seinem Ruhme Berauschten
Schmeichler einen Taumelkelch nach dem andern reichten, wenn ein
französischer Maire sagte, Gott habe Napoleon geschaffen und dann
geruht von seiner Arbeit, wenn ein rheinbündnischer Pfarrer auf der
Kanzel rief: Napoleon, der nächste nach Gott! wenn er sogar als
Gottes Sohn gepriesen wurde, und er nicht wie Paulus sein Kleid zer=
riß, sondern sich in dieser Weihrauchwolke wohlgefiel, kein Wunder,

daß zuletzt das evangelische Volk auf den Gedanken kam: Er ist der
Mensch der Sünde, das Kind des Verderbens, der da ist ein Wider=
wärtiger und sich überhebt über alles, das Gott oder Gottesdienst
heißt, also daß er sich setzet in den Tempel Gottes als ein Gott und
giebt sich vor, er sei Gott (2. Thess. 2, 3. 4), er ist der König über
die verderblichen Scharen, der Engel aus dem Abgrund, des Name
heißt auf hebräisch Abaddon, und auf Griechisch hat er den Namen
Apollyon. (Offenb. 9, 11.)

Mußte durch solche Selbstvergötterung und die unchristliche Gleich=
gültigkeit gegen das religiöse Bekenntnis der religiöse Volkshaß er=
weckt werden, so gab Napoleon zugleich tausendfältige Ursache, daß die
tiefste sittliche Verachtung ihn traf. Wir nennen hier in erster Reihe
den Frevel, dessen er sich gegen die göttliche Ordnung der Ehe schuldig
gemacht. Die Geschichte lehrt, daß Dynastieen in solchem Frevel ihr
Ende gefunden haben; die Dynastie Napoleons begann damit. Er
war mit Josephine, der Witwe des hingerichteten Generals Alexander
Beauharnais verheiratet. (9. März 1796). Wenn man den Maßstab
der Weltleute anlegt, so war diese Ehe gar nicht übel. Napoleon und
Josephine waren sich einander etwas, sie ergänzten und liebten sich
einander; die Kreolin aus St. Domingo verband mit körperlicher
Schönheit so viel Anmut in der Unterhaltung, sie war in der
Pariser Gesellschaft so heimisch, ihr eigenes Leben war mit der jüngsten
Geschichte Frankreichs so sehr verknüpft, daß sie sich vorzüglich eignete,
in dem Hause ihres zur höchsten Macht aufstrebenden Gemahls die
Honneurs zu machen und im Kabinette ihm politischen Rat, nament=
lich den zur Mäßigung, zu geben. Und Napoleon huldigte ihr mitten
in seinen Kriegszügen in Ergüssen der schwärmerischsten Liebe. „Meine
einzige Josephine," schrieb er ihr einst, „fern von Dir ist keine Freude,
fern von Dir ist die Welt eine Wüste, wo ich vereinsamt bleibe, und
die Süßigkeit, mich auszusprechen, nicht finden kann. Du hast mir
mehr als meine Seele genommen, Du bist der einzige Gedanke meines
Lebens. Wenn ich von der Mühe der Geschäfte gelangweilt bin, wenn
ich ihren Ausgang fürchte, wenn die Menschen mich anwidern, wenn
ich geneigt bin, das Leben zu verfluchen, so lege ich die Hand auf
mein Herz: Dein Bild schlägt darinnen, ich betrachte es, und die Liebe
ist für mich das vollkommene Glück und alles lacht mich an, nur die
Zeit nicht, da ich fern von meiner Geliebten bin. — Durch welche
Kunst hast Du alle meine Kräfte zu fesseln, mein ganzes sittliches
Wesen in Dir zusammenzudrängen gewußt? Es ist eine Trunkenheit,

meine süße Freundin, die nur mit mir selbst endigen wird. Leben für Josephine — das ist die Geschichte meines Lebens!" Wie schändlich hat Napoleon diese Gelübde gebrochen! Aber die Lüge ist von Anfang an dieser Ehe Begleiterin gewesen. Josephine war eine Schönheit, die schon die höchste Blüte hinter sich hatte; der General Bonaparte zählte sechsundzwanzig Jahre. In der Urkunde machte er sich ein Jahr älter und Josephinen ein Jahr jünger. Die Ehe mit Josephine war nur durch einen Zivilakt geschlossen worden. Als nun Napoleon Kaiser geworden und der Papst zur Krönung nach Paris gekommen war, da ward Josephinens Gewissen bange und sie eröffnete am Vorabend der Krönung dem Papste, daß sie nicht kirchlich getraut sei. Napoleon war ärgerlich, ihm hätte die Überlistung des Papstes keine Sorgen gemacht. Aber Josephine hatte nun einmal nach Weiberart ihre Gewissensangst ausgesprochen. Da blieb denn nichts übrig, als daß in der Nacht die kirchliche Trauung vollzogen ward. Kardinal Fesch verwaltete das kirchliche Amt, Talleyrand und Berthier waren Zeugen. Die Gegenwart des Pfarrgeistlichen, welche zur Gültigkeit der Ehe gehört, ward unterlassen. Diese Ehe war aber durch ihre Kinderlosigkeit ein großes Hindernis für die Befestigung der Dynastie. Sie mußte darum — das Rechenexempel war einfach — getrennt werden. Josephine willigte mit den bittersten Schmerzen darein. Der Senat schied bürgerlich, und um die kirchliche Scheidung möglich zu machen, ward geltend gemacht, daß jene Winkeltrauung in der Nacht vor der Krönung darum keine Geltung habe, weil bei ihr der Pfarrer des Kirchspiels nicht nach den Anordnungen der gallikanischen Kirche zugegen gewesen sei. Welch ein nichtswürdiges Gaukelspiel: dieselbe Trauung, welche die Gültigkeit der Ehe beweisen sollte, hat ihre Ungültigkeit beweisen müssen! Es ist bekannt, wie unglücklich diese Ehe endigte, es ist auch bekannt, daß die beiden Ehen für Napoleon kein Hindernis waren, mit andern Frauen zu sündigen. „Ohne keusch zu sein, ward er nie von einer groben Liederlichkeit befallen," sagt Thiers von ihm. Aber er hat dennoch genug gethan, um sich in den Augen der Christenheit verächtlich zu machen, durch die Weise, wie er seine eigene Ehe behandelte, und die seiner Brüder, namentlich Jeromes, und man weiß, daß es da und dort in seiner Familie auch an dem „grossier libertinage" nicht gefehlt hat. Die deutsche Erhebung hat nicht geringe Nahrung aus den in Flugschriften gegebenen Enthüllungen über Napoleons Familienverhältnisse gesogen.

Mit derselben Schamlosigkeit, mit welcher er die Eheordnung be=
leidigte, sündigte er gegen die göttliche Ordnung des Eigentums. Wir
denken zunächst nicht an die eine große Sünde, der er sich als Eroberer
schuldig machte, sondern, wenn wir zugeben wollten, daß er zu seinen
Eroberungszügen ein Recht, eine Nötigung gehabt, so müßte uns die
Raubgier, die er in seinem Heer entflammte, die Zügellosigkeit, mit
welcher er selbst geschlossene Verträge brach und Bundesgenossen be=
leidigte, aufs höchste empören. Der erste Krieg, in welchem er selb=
ständiger Heerführer war, ist dafür schon im höchsten Grade bezeichnend.
„Ich werde euch in die fruchtbarsten Ebenen der Welt führen," so
redete er die schlecht verpflegten Truppen an, „ihr werdet dort große
Städte und reiche Provinzen finden, ihr werdet dort Ehre, Ruhm und
Reichtümer finden. Soldaten der italienischen Armee, sollt' es euch an
Mut fehlen?" Die Lust zu plündern, teilte sich bald der Regierung
mit. Von dem Papst will das Direktorium nicht bloß Gebete für das
Glück der französischen Waffen verlangen. Der geistliche Segen genügt
nicht. „Einige seiner schönen Denkmäler, seiner Statuen, seiner Me=
daillen, seine Bibliotheken, seine silbernen Madonnen, und selbst seine
Glocken werden uns für die Lasten schadlos halten." Und Napoleon
geht wieder auf die Gedanken des Direktoriums aufs willigste ein.
„Es wäre ersprießlich,‘ so schreibt er an dasselbe, wenn Sie mir drei
oder vier bekannte Künstler sendeten, um auszuwählen, was geeignet
ist, um nach Paris geschickt zu werden." Und im größten Maßstabe
vollzog das französische Heer die Plünderung in Italien, welches zu
befreien die Franzosen, „die Freunde aller Völker," gekommen waren.
Als dann Napoleon nach Ägypten fuhr, konnte er die Soldaten an die
Beute, die sie in Italien gemacht, erinnern. „Ich versprach euch,
euren Mühseligkeiten ein Ende zu machen, ich führte euch nach Italien,
dort ist euch alles bewilligt worden. Hab ich nicht Wort gehalten?
Wohlan, vernehmet, daß ihr noch nicht genug für das Vaterland ge=
than habt und daß das Vaterland noch nicht genug für euch gethan
hat. Ich will euch in ein Land führen, wo ihr dem Vaterlande die
Dienste leisten werdet, die dasselbe ein Recht hat von einer Armee von
Unbesieglichen zu erwarten. Ich verspreche jedem Soldaten, daß er
bei der Rückkehr von dem Feldzug so viel zur freien Verfügung haben
soll, um sich sechs Morgen Land zu kaufen." Wer so rücksichtslos
die Ruhmsucht und die Habgier aufstachelte — was sollte der nach
Redlichkeit und Treue fragen?

Als Napoleon 1805 mit Österreich Krieg führte, war Preußen neutral. Es war aber für Napoleons Heer unter Bernadotte wünschens- wert, durch das preußische Gebiet von Anspach marschieren zu können. Er ließ die Verletzung des preußischen Gebiets so höflich als möglich vornehmen: von seiner innersten Gesinnung giebt indes seine Instruktion Zeugnis, in welcher er sagt: „Ich muß den Sieg haben; wenn ich ihn mir durch falsche Skrupel entgehen lasse, wenn ich geschlagen werde, so vereinigt sich Preußen mit der Koalition, weil ich unglücklich bin; wenn ich dagegen den Sieg gewinne, werde ich hinlänglich wegen des Bruchs des Völkerrechts gerechtfertigt sein.“ Aber was ist dieser einzelne Bruch des Völkerrechts, was ist der scheußliche Mord, den er an dem Herzog von Enghien verübt, was sind hundert ähnliche Fälle gegen die große Grundsünde des Hochmuts, der Habgier, der Tyrannei, daß er alle Völker sich unterwerfen wollte, daß er gut nannte, was ihm gehorchte, bös, was ihm widerstand, daß ihm nur die Völker für treu galten, welche ihm auf die Schlachtfelder folgten, daß er die, welche bei ihrem rechtmäßigen Herrn hielten, Jakobiner schalt, daß er die Tapferkeit des Feindes pries, wenn er den Sieg davontrug, da- gegen, wenn der Feind siegte, den Sieg den Elementen oder andern ungünstigen Umständen zuschrieb, überhaupt daß er ein unerhörtes System der Lüge gründete und das Lügen seiner Bülletins sprichwörtlich machte und jede freie Meinung, ob sie auf der Kanzel oder der Bühne oder in der Presse laut werden wollte, gewaltsam unterdrückte.

Selbst der Lüge verfallen, konnte er die Wahrheit nirgends er- tragen. Lanfrey schildert seinen erkünstelten Enthusiasmus, in welchem er sich gern auf die Heldengestalten der Griechen und Römer berief, der uns kalt läßt. „Bei den großen Rednern der Revolution,“ sagt der Biograph Napoleons, „in dem Munde eines Mirabeau, eines Vergniaud, bewegen uns diese Bilder, obgleich derselben Quelle ent- nommen, noch immer und haben eine gewisse Größe bewahrt; weil sie der wahrhafte und tragische Ausdruck ihrer Gefühle sowohl als ihrer Lage sind, in den Proklamationen Bonapartes sind sie lediglich thea- tralisch, weil man in ihnen zu viel Gesteigertes (procédé) merkt.“ Übrigens hat er sich selbst die Mühe genommen, sein Geheimnis in dieser Beziehung zu sagen in der so seltsamen und bezeichnenden Empfehlung, die er an einen seiner Agenten, den General Gentili richtete: „Wenn die Bewohner der Insel, sagte er zu ihm, (es handelte sich um Corsu), zur Unabhängigkeit geneigt sind, so schmeicheln Sie ihrem Geschmack, und verfehlen Sie nicht, in den verschiedenen Proklamationen, die Sie erlaſſen, ihnen von Griechenland, Athen und Rom zu reden." Etwas Theatraliſches hatte der gewaltige Mann. „Komödiant, Komödiant!" murmelte Pius VII., als ihn Napoleon nach einer rhetoriſchen Leiſtung verließ.

Niemals iſt die Selbſtſucht in einem mit großen Gaben ausge= ſtatteten Menſchen vollendeter erſchienen; denn ſelbſt das Edelſte, das von ihm erzählt wird, hat er denen erwieſen, von denen er Dienſte erwartete; von dem ſchönen Edelmute gegen den Feind, der ſonſt die Helden kennzeichnet, hat er nichts. Niemals hat er ſeine Macht auf die edlen Triebe des Volks zu gründen geſucht, er rechnete mit den böſen Leidenſchaften, und ſein eigener Ruhm war die ſtärkſte Triebfeder ſeines Handelns. Dieſer maßloſen Selbſtſucht ſchreibt ſelbſt Thiers ſeinen Fall zu. Sechs große Fehler zählt er auf, in welchen ſeine „intempérance morale" zum Schaden ſeiner Politik beſonders her= vortrat, „Erſtens: daß er 1803 die ſtarke und gemäßigte Politik des Konſulats verließ, den Frieden von Amiens brach und ſich auf Eng= land warf, welches ſo ſchwer zu erreichen war. — Zweitens: daß er nach der Unterwerfung des Kontinents in drei Schlachten, Auſterlitz, Jena, Friedland, nicht 1807 zur gemäßigten Politik zurückkehrte, daß er, ſtatt England durch die Vereinigung des Kontinents gegen das Inſelreich zu bezwingen, die Gelegenheit ergriff, um eine Univerſal= monarchie zu verſuchen. — Drittens: daß er zu Tilſit dieſe Univerſal= monarchie auf der eigennützigen Mitſchuld Rußlands ruhen ließ, eine Betheiligung, welche nur Dauer haben konnte, wenn ſie durch Über= laſſung Conſtantinopels bezahlt wurde. — Viertens, daß er ſich in Spanien vergrub, in dem Schlund ohne Grund, in welchem alle un= ſere Kräfte zu verſinken drohten. — Fünftens: daß er nicht verſuchte, durch Beharrlichkeit mit dieſem Kriege zu Ende zu kommen, und daß er in Rußland die Löſung ſuchte, die er auf der ſpaniſchen Halbinſel nicht finden konnte, was zu der unerhörten Kataſtrophe von Moskau führte. — Endlich ſechſtens das Traurigſte: daß er, nachdem er bei Lützen und Bautzen den Sieg wieder unter unſere Fahnen geführt, den Frieden von Prag ausſchlug, der uns ein Ländergebiet gelaſſen hätte, viel größer, als die Politik hoffen und wünſchen konnte."⁴³) Wenn ein franzöſiſcher Geſchichtsſchreiber, der für den Ruhm Napoleons und Frankreichs durch Napoleons Thaten ſehr empfänglich iſt, ſo ſpricht, was ſollen erſt die Deutſchen ſagen, auf deren Koſten jener Ruhm hauptſächlich erworben worden iſt, die Deutſchen, welche von dem teufliſchen Übermut des Eroberers am meiſten betroffen worden ſind?

Es hat auch in Deutschland nicht an Bewunderern Napoleons gefehlt. Fürsten des Rheinbundes, nachdem sie der Gewalt gewichen, suchten aus der Unterwerfung so viel als möglich Ehre und Nutzen zu ziehen. Das Volk am linken Rheinufer, auf einmal durch Napoleon von feudalen Lasten befreit, jauchzte eine Zeitlang dem Eroberer zu. Und zwischen den Hohen und Niedern standen Gelehrte und Schriftsteller, vom kosmopolitischen Zug der Zeit ergriffen, welche die untergegangene Herrlichkeit des deutschen Reiches in Napoleons Weltreich größer wieder zu finden meinten. Napoleon war eine so ungeheure Erscheinung, daß niemand an ihm vorbei konnte: er mußte geliebt oder gehaßt werden. Eitle Charaktere ließen sich am leichtesten durch ihn überwinden. Johannes von Müller, noch jüngst entschlossen, alles gegen den Emporkömmling aufzubieten, fand es nach einer Unterredung mit ihm wünschenswert, über Preußen zur Tagesordnung überzugehen und notwendig sich „umzudenken." Auch ein anderer berühmter Geschichtsschreiber, Heeren in Göttingen, brachte dem „Helden des Zeitalters," so lange er die Macht hatte, seine Huldigungen dar. Dorothea Schlegel, die von Veit geschiedene, mit Friedrich Schlegel verheiratete geistreiche Frau, war im Sommer 1804 in Köln zugegen, als Napoleon und Josephine dort ihren Einzug hielten. Ein Brief, den sie über das Ereignis an Helmine von Chezy schrieb, ist voll von Bewunderung der katholischen Festlichkeiten und des imperatorischen Auftretens. „Das Läuten aller Glocken, das Abfeuern des Geschützes und mehr als alles das, der wirklich enthusiastische Ruf des Volks in den Straßen, dazu die Trommeln, Musik aller Art, der Lärm der Wagen und Pferde im Zuge — es ist ganz unglaublich, man muß dies gesehen und gehört haben! Der Kaiser hatte sich in dem Wagen zurückgelegt; das war dem Volke nicht lieb, welches gehofft hatte, ihn zu Pferde zu sehen. Da er nun auf dem Platze anlangte, drängte das Volk sich immer dreister an den Wagen; die Gendarmen wichen und ließen den immer froher jubelnden Bürgern Raum. Der Kaiser lehnte sich hinaus und begrüßte sie. Nun waren sie ausgelassen und zogen den Wagen bis vor das Haus. Er stieg aus und stellte sich an den Altan, von wo herab er mit großer Freundlichkeit grüßte. Dadurch wurde das Volk bis zur Überspannung erfreut und aufgemuntert . . Der Kaiser war sehr zufrieden; Köln ist bezaubert von ihm, und jemehr er sich hingab, je vertraulicher er ward, desto mehr gewann man ihn lieb. Auch war er hier, wie man ihn sonst nie sieht, offen und freundlich, ja zutraulich. Eines Abends sprach der Kaiser über die verſchiedenſten Gegenſtände, über die Religion, die Unſterblichkeit der Seele, ſeine Regierungsmaximen, wie er nämlich glaubte, die erſte Tugend eines Regenten ſei die Mäßigung. Dann ſprach er über die Kantiſche Philoſophie und über die deutſche Litteratur überhaupt. Von der erſteren behauptete er, ſie ſei eine unnütze Chimäre ohne Grund, und die letztere habe durchaus kein Verdienſt und keinen Wert. Nach= her ſprach er von Geſchäftsſachen. Im Handel und allem, was dazu gehört, zeigte er die allergründlichſten Kenntniſſe, zum größten Erſtaunen aller Anweſenden. . . Sein ganzes Betragen war liebenswürdig und mußte die Herzen gewinnen. — Die Liebe, das unvergängliche An= denken im Herzen dieſes guten Volkes iſt ihm nun gewiß. Auch er ſcheint von dem Eindrucke gerührt zu ſein, den er auf die Bürger ge= macht. Die letzte Parole, die er hier austeilte, hieß: „Cologne con- tentement!" Wir haben hier eine Probe jener Geſchicklichkeit, ſich in ein Neues hineinzudenken, welche die Kehrſeite iſt unſerer Vielſeitigkeit. Die Verachtung der Kantiſchen Philoſophie, welche übrigens in der Königsberger Erhebung von 1813 doch dem Verächter Achtung ein= flößte, der deutſchen Litteratur, von welcher ihm ſpäter tödliche Pfeile entgegenflogen, hinderte die philoſophiſche und litterariſche Frau nicht, in eine Bewunderung einzuſtimmen, welche aus der Schwachheit und Eitelkeit des menſchlichen Herzens ſtammt. Gegen ſolche Erſcheinungen war Arndts zündendes Wort gerichtet: „Laß den Satan aus der Hölle herausfahren und König der Teutſchen werden, ſogleich werden hundert und tauſend Federn in Bewegung ſein und aus allen möglichen Gründen mit Vorder=, Hinter= und Mittelſätzen, ja womöglich mit Hinterhinter= und Vordervorderſätzen beweiſen, daß es ein Glück der Welt und beſonders ein Glück des teutſchen Volkes iſt, daß Herr Satanas ihm das Regiment über ſie belieben läßt."[44])

Die Geſinnung Arndts ſchlug durch. Der redliche Deutſche konnte in Napoleon nichts finden, was ſeiner Vorſtellung vom edel Menſch= lichen entſprach. Anſtaunen konnte er die ungeheure Erſcheinung des dämoniſchen Emporkömmlings; ſittliche Bewundrung war unmöglich. Der Deutſche iſt religiös: Napoleon hatte die Religion ſelbſt in dem Schutze, den er ihr gewährte, entweiht. Der Deutſche iſt züchtig im Familienleben: Napoleon hatte der göttlichen Ordnung, auf welcher die Familie beruht, Hohn geſprochen. Der Deutſche hat Gemüt; in allem ſeinem Leben, dem häuslichen, kirchlichen, politiſchen, übt das Gemüt eine ſtille, aber große Gewalt: Gemüt war eben das, was dem Corſen völlig mangelte. Die romaniſche Natur mußte die deutſche abſtoßen, wenn sie in so typischer Sündhaftigkeit erschien. Auch in politischen Händeln will der Deutsche Redlichkeit: die italienische Tradition, welcher Napoleon folgte, fragte nur nach dem Erfolg. Die Deutschen sind allzu gerecht gegen fremde Nationen: Napoleon ließ in allen Proklamationen und Bülletins die Fanfare der französischen gloire ertönen. Und nun dazu die Gewaltthaten, die er an den Deutschen übte! Durch ihn ward das alte deutsche Reich zerbrochen; die letzten Reste seiner Herrlichkeit wurden durch ihn begraben. Der deutsche Kaiser, die deutschen Fürsten wurden von ihm wie Vasallen behandelt. Die deutschen Länder wurden hinüber und herüber geteilt nach seinem Belieben, dem einen Fürsten wurden sie geraubt, damit der andre entschädigt würde. Für das Tiefste des deutschen Geisteslebens hatte er nur Verachtung. Die Universitäten, der Deutschen Stolz, waren ihm ein Dorn im Auge, die Philosophie, ja der deutsche Protestantismus, „Ideologie". Aber die deutschen Kräfte an Menschen und Gütern gebrauchte er nach Willkür und im Übermaß. Unterstützt durch habgierige Heerführer, durch beutelustige Soldaten saugte er das deutsche Land aus. Wohin er zog, mußte Deutschland ihm Heerfolge leisten. Das gesamte deutsche Leben war von ihm mit ehernem Fuße zertreten, und wo es sich regte, war er mit Feuer und Schwert bereit, es auszutilgen. Was er an Palm, an der Königin Luise, an Stein gefrevelt, das waren nur einzelne hervorspringende Erscheinungen in seiner ganzen Weise, Deutschland zu behandeln. That er das alles nach göttlichem Recht? Unmöglich. Er that es als eine Geißel Gottes, an der Gott selbst kein Wohlgefallen hatte, er that es, weil ihm Gott für eine Zeitlang Frist gab, Deutschland zu plagen, — er that es als ein Apollyon, dem die Tage gezählt waren. Es war erlaubt, ja es war geboten, in Gottes Namen aufzustehen, Gott gegen den Verderber anzurufen. Es lag in der Natur des Feindes, als eines gottlosen, wider Gott sich setzenden Menschen der Sünde, daß die nationale Erhebung mit der ganzen Glut und Tiefe religiöser Erregung sich paarte.

Sehen wir zunächst, wie Fichte den Eroberer ansieht. Zwei verschiedenere Männer konnten nicht in derselben Zeit leben: beide von einer außerordentlichen Klarheit des Denkens und von einem unbeugsamen Willen, aber während der deutsche Philosoph alles Erkennen und Wollen in den Dienst der sittlichen Weltordnung stellt, gebraucht der corsische Zwingherr alle Einsicht und Thatkraft zur Zerstörung dieser Ordnung und zur Aufrichtung eines willkürlichen Baus der Selbstsucht. Mit unsrer oben gebrauchten Formel: Napoleon sei ein mathematisches

Genie im Dienste der unbedingtesten Selbstsucht, stimmt Fichtes Urteil wohl zusammen, wie er es in seinen Vorlesungen „über den Begriff des wahrhaften Krieges in bezug auf den Krieg im Jahr 1813" ausspricht: „Er hat eine völlige Klarheit, einen absoluten Willen, aber er ist gänzlich blind für die sittliche Bestimmung des Menschengeschlechts. Der absolute Wille, das Weltgesetz, als dessen Verteidiger er sich setzt, ist in der That nur ein individueller Wille, eine Grille, ausgerüstet mit der formalen Kraft des sittlichen Willens. Aus einem Volke — dem corsischen — das schon unter den Alten wegen seiner Wildheit berüchtigt, das gegen die Zeit seiner Geburt in harter Sklaverei noch mehr verwildert und aus den Kämpfen um die Freiheit nur in härtere Sklaverei gekommen war, ausgegangen, in Frankreich gebildet in den Jahren, da die Revolution sich verbreitete, erkannte er diese als eine höchst regsame Masse, die da fähig wäre, durchaus jede Richtung anzunehmen, keineswegs aber durch sich selbst sich eine bestimmte und dauernde zu geben." „Konnte es," fährt Fichte fort, „anders kommen, als daß er, wie er diese Nation fand, der er selbst seine Verstandesausbildung dankte, und die er ungefähr für die erste halten mochte, so auch das ganze übrige Menschengeschlecht ansah? Von einer höheren sittlichen Bestimmung hatte er durchaus keine Ahnung. Woher sollte er sie bekommen, da sie nicht, wie etwa bei den Franzosen, durch eine glückliche Angewöhnung in früher Jugend ihm zu teil ward, durch deutliche Erkenntnis aber vermittelst der Philosophie oder des Christentums seine spätere Bildung sie ihm auch) nicht darbot? Zu dieser vollkommenen Klarheit über die eigentliche Beschaffenheit der Nation, über die er sich der Oberherrschaft bemächtigte, trat ein durch seine Abstammung aus einem kräftigen Volk begründeter, und durch seinen steten, aber zu verbergenden Widerstreit gegen die Umgebungen seiner Jugend gestählter, kräftiger und unerschütterlicher Wille. Mit diesen Bestandteilen der Menschengröße, der ruhigen Klarheit, dem festen Willen ausgerüstet, wäre er der Wohlthäter und Befreier der Menschheit geworden, wenn auch nur eine leise Ahnung der sittlichen Bestimmung des Menschengeschlechts in seinen Geist gefallen wäre. Eine solche fiel niemals in ihn, und so wurde er denn ein Beispiel für alle Zeiten, was jene beiden Bestandteile rein für sich und ohne irgend eine Anschauung des Geistigen geben können." Es bildete sich ihm hieraus die Ansicht: die Menschheit sei an sich eine blinde, entweder stagnierende oder wild durch einander wogende Masse, die von Zeit zu Zeit, vielleicht nur alle tausend Jahre einmal durch einen Herrschergeist Richtung erhalte, so durch Karl den Großen, so durch ihn. Die Eingebungen dieser Geister seien das wahrhaft Göttliche und Heilige, die ersten Prinzipien der Weltbewegung; für sie müssen alle andern Zwecke aufgeopfert, alle Kräfte in Bewegung gesetzt, alles Leben in Beschlag genommen werden. Und da nun in ihm dies neue Weltgesetz erschienen sei, so sei es Auflehnung gegen die göttliche Ordnung, wenn gegen ihn sich jemand auflehne. — „Es ist allerdings wahr," urteilt der Philosoph weiter, „daß alles aufgeopfert werden soll — dem Sittlichen, der Freiheit; daß alles aufgeopfert werden solle, hat er richtig gesehen, für seine Personbeschlossen, und er wird sicher Wort halten bis zum letzten Atemzuge: dafür bürgt die Kraft seines Willens. — Nur soll es eben nicht geopfert werden seinem eigensinnigen Entwurfe; diesem aufgeopfert zu werden, ist er selbst sogar viel zu edel: der Freiheit des Menschengeschlechts sollte er sich aufopfern, und uns alle mit sich, und dann müßte z. B. ich, und jeder, der die Welt sieht, wie ich sie sehe, freudig sich ihm nachstürzen in die heilige Opferflamme. — In dieser Klarheit und in dieser Festigkeit beruht seine Stärke. — In der Klarheit: alle unbenutzte Kraft ist sein; alle in der Welt gezeigte Schwäche muß werden seine Stärke. Wie der Geier schwebt über den niedern Lüften, und umherschauet nach Beute, so schwebt er über dem betäubten Europa, lauschend auf alle falschen Maßregeln und alle Schwäche, um flugschnell herabzustürzen, und sie sich zu nutze zu machen. In der Festigkeit: die andern wollen auch wohl herrschen, aber sie wollen noch so vieles andere nebenbei, und das erste nur, wenn sie es neben diesem haben können; sie wollen ihr Leben, ihre Gesundheit ihren Herrscherplatz nicht aufopfern; sie wollen bei Ehre bleiben; sie wollen wohl gar geliebt sein. Keine dergleichen Schwäche wandelt ihn an: sein Leben und alle Bequemlichkeiten desselben setzt er daran; der Hitze, dem Frost, dem Kugelregen setzt er sich aus, das hat er gezeigt: auf beschränkende Verträge, dergleichen man ihm angeboten, läßt er sich nicht ein, ruhiger Beherrscher von Frankreich, was man ihm etwa bietet, will er nicht sein, sondern ruhiger Herrscher der Welt will er sein, und falls er das nicht sein kann, gar nichts sein. Dies zeigt er jetzt, und wird er ferner zeigen. . . Ehre und Treue! . . So lange es ihm selbst zuträglich ist, — ja, wenn es ihm nachteilig wird, — nicht mehr. Daher kommt auch in allen neueren Staatsschriften desselben das Wort: Recht gar nicht mehr vor, und fällt nach ihm heraus aus der Sprache, sondern es ist allenthalben nur die Rede vom Wohle der Nation, dem Ruhme der Ar-

meen, den Trophäen, die er in allen Landen erfochten. So ist unser
Gegner. Er ist begeistert und hat einen absoluten Willen: was bisher
gegen ihn aufgetreten, konnte nur rechnen und hatte einen bedingten
Willen. Er ist zu besiegen auch nur durch Begeisterung eines absoluten Willens, und zwar durch die stärkere nicht für eine Grille,
sondern für die Freiheit. Ob diese nun in uns lebt und mit derselben
Klarheit und Festigkeit von uns ergriffen wird, mit welcher er ergriffen hat seine Grille, und durch Täuschung und Schrecken alle für
sie in Thätigkeit zu setzen weiß, davon wird der Ausgang des begonnenen
Kampfes abhängen." Und in seiner Staatslehre sagt Fichte: „Erkenne ich recht Gott und seinen Weltplan — so ist in unserm Feinde
alles Böse, gegen Gott und Freiheit Feindliche, was seit Beginn der
Zeit bekämpft worden ist von allen Tugendhaften, zusammengedrängt
und auf einmal erschienen, ausgestattet mit aller Kraft, die das Böse
haben kann. Wozu? auch alle Kraft des Guten, die jemals in der
Welt erschienen ist, soll sich vereinigen und es überwinden. Dies ist das
große Schauspiel, welches, meines Erachtens, dieser Zeit vorbehalten
ist. — Ist dieser Mensch eine Rute in der Hand Gottes, wie viele
meinen, und wie ich in gewissem Sinne zugebe, so ist er's nicht dazu,
daß wir ihr den entblößten Rücken hinhalten, sondern, daß wir dieselbe zerbrechen. — Es kommt bei dieser Frage darauf an, ob man
glaube, Gott dadurch zu dienen, daß man über seine vorgeblichen geheimen Pläne träumt und die Entwicklung derselben leidend abwartet,
oder daß man handelt nach seinem klar zu erkennenden Willen. Die
größte Gefahr, der man dabei sich aussetzen kann, ist der zeitliche Tod."
Und das schien Fichte keine Gefahr, die in Anschlag zu bringen sei,
wo es das wahrhaftige Leben gegen den Zwingherrn zu schirmen galt.
Man muß gestehen, daß Fichte seinem Gegner alle großen Eigenschaften,
die er hat, gern zugesteht, aber man muß auch sagen, daß völlige Klarheit und absoluter Wille, verbunden mit gänzlicher Blindheit für die
sittliche Bestimmung der Menschheit, nichts anders ist, als was die
Theologie das Teuflische nennt.

Vor Fichte hatte sein Schüler Arndt bereits sein Urteil über
Napoleon gesprochen. Wir haben alle Ursache, auf dieses Urteil ein
großes Gewicht zu legen. Es war fertig, ehe Napoleon Deutschland
zu Boden getreten hatte, und blieb dasselbe in den Tagen der deutschen Erniedrigung und Erhebung, und durch alle die Urteile, durch
alle die geschichtlichen Arbeiten, welche nach Napoleons Tod der lang
überlebende Arndt noch kennen lernte, ward er in keinem Punkte von

seiner ersten Ansicht abgebracht. Sie beruhte auf der klarsten Kenntnis, aber zugleich auf der ernstesten Gesinnung. Arndt war in demselben Jahre wie Napoleon geboren. Wie Napoleon einen Trieb hatte, sich die Völker zu unterwerfen, so war es Arndts nie ermattendes Streben, die Völker in ihrer Eigentümlichkeit zu erkennen, jedem in der Menschheitsfamilie die ihm gebührende Stellung anzuweisen und vor allem des deutschen Volkes Art, Recht und geschichtlichen Beruf zu sichern. Aus seiner tiefen sittlichen Auffassung des Völkerlebens, aus seiner Überzeugung, daß kein Volk das andre unterdrücken solle, daß die Mannigfaltigkeit der Völker bestimmt sei, den Reichtum des menschheitlichen Lebens durch freies Nebeneinander= und Füreinanderleben darzustellen, daß das deutsche Volk einen besondern Beruf für das Beste, Geistige, Sittliche des Menschenlebens habe, aus seiner innersten Seele kam der unausgesetzte Kampf gegen Napoleon. Schon dem ersten Konsul Bonaparte trat er 1802 in seiner Schrift „Germanien und Europa" entgegen. Schon sieht er die weltgeschichtliche Bedeutung des kühnen Generals: „O Bonaparte," ruft er aus, „wärest du so edel und groß, als du vielen scheinst: du würdest so thöricht nicht darauf einfahren!" Aber edel und groß findet er den Gewaltigen nicht. Denn Ruhm und Schimmer setzt er über die wahren Güter des Volks. Um die ungeheuren Übertretungen der Naturgrenze zu beschützen, ist ein Heer von 600,000 Soldaten nötig, und der Soldat wird über alle andern Staatsbürger erhoben. Er, der suchen sollte, dem Volke Ruhe und Festigkeit, die Grundstützen des Bürgerglücks zu geben, reißt es in den tollen Wirbel der Ruhmsucht, entweder aus Unverstand, oder weil er Herr sein will; in beiden Fällen ist er ein großer Sünder gegen sein Zeitalter und ein frischer Begründer des Despotismus. Er ist eitel, das beweist die Prunksucht: die Eitelkeit bricht durch alle seine Größe durch, wie Knallfeuerchen, welche die dunkle Majestät der Nacht nicht erhellen, sondern verderben. Und sogar feig ist er, wie die Sorg= falt beweist, mit welcher er die Polizei pflegt. Wie klein, wenn der Mensch, auch selbst der große Mensch um seine kleine Person alles sich drehen und den Himmel und die Erde an ihr hängen läßt! Welche Eitelkeit, zu meinen, an seiner Parze hänge Frankreich! Was ist diese geheime Polizei? Wehe dem Regenten, der sich ohne Scheu vor dem Eisen des Mörders nicht in Liebe mit seinem Volke verbinden kann!" Arndt gesteht ihm eine gewaltige Naturkraft zu, welche die Achtung des Menschen abnötigt, wie jedes stärkere Wesen, aber ist dieser Mann mehr als stark und gewandt? ist er auch verständig und gerecht?[46]

Deutlicher hat sich mit Napoleons Fortschritt auf seiner Bahn Arndts Urteil entwickelt. Im ersten Teil des „Geistes der Zeit," der im Jahr 1805 geschrieben ist, erkennt Arndt das Weltgeschichtliche, das Typische in Napoleon mit völliger Klarheit. „Man darf den Fürchter=lichen so leicht nicht richten, als es die meisten thun in Haß und Liebe. Die Natur, die ihn geschaffen hat, die ihn so schrecklich wirken läßt, muß eine Arbeit mit ihm vorhaben, die kein anderer so thun kann. Er trägt das Gepräge eines außerordentlichen Menschen, eines erhabenen Ungeheuers, das noch ungeheurer scheint, weil es über und unter Menschen herrscht und wirkt, welchen es nicht angehört. Be=wunderung und Furcht zeugt der Vulkan und das Donnerwetter und jede seltene Naturkraft, und sie kann man auch Bonaparte nicht ver=sagen. . . . Des Südens tief verstecktes Feuer, das strenge, erbarmungs=lose Gemüt des corsischen Insulaners, mit Hinterlist gemischt, eiserner Sinn, der furchtbarer sein wird im Unglück als im Glück, innen tiefer Abgrund und Verschlossenheit, außen Bewegung und Blitzesschnelle; dazu das dunkle Verhängnis der eigenen Brust, der große Aberglaube des großen Menschen an seine Parze und an sein Glück, den er so auffallend zeigt — diese gewaltigen Kräfte, von einer wildbegeisterten Zeit ergriffen und vom Glücke emporgehalten, wie mußten sie siegen!"⁴⁶) — Im zweiten Teil des „Geistes der Zeit," von welchem Stein mit Recht urteilte, daß er mit erschreckender Wahrheit geschrieben sei, zeigt sich nun Arndts heiliger Zorn wider Napoleon auf seiner Höhe. Die deutsche Erniedrigung war mittlerweile vollendet worden. Zu der klaren Erkenntnis von der Art und den Thaten seines Gegners gesellt sich die heißeste Vaterlandsliebe und wirkt eine flammende Be=redsamkeit. „Du bist ein tapferer und glücklicher Krieger, ein schlauer Überlister, ein großes unsterbliches Ungeheuer, das die Welt erschreckt: das giebt dir der Kleine und der Große. Aber was bist du mehr? . . . . Eine enge, treulose, geizige, blutige Seele bist du, die der ganzen Welt nur einen Nacken wünscht, um sie so leicht, als deine Franzosen zu bejochen." Und dann sagt ihm Arndt, daß er mit keinem der alten Helden sich vergleichen dürfe. Er hält ihm die unedle Weise vor, mit welcher er die Königin Luise verunglimpfte. „Und wie fremd dem bessern Geist der Zeit, dem alten guten Geist des Christentums und der Ritterlichkeit und Fürstlichkeit, Bonaparte hast du dich gezeigt, du, der du so gern Held und Ritter heißen möchtest! Wie hast du ein kaltes, grausames und geiziges Gemüt, ohne Ahndung, daß man dich erkennen würde, vor ganz Europa ausgelegt! Wer des Glückes mißbrauchen, wer so des Unglücks spotten, wer so die gefallne Majestät schänden kann, der soll die Vergeltung fürchten. Du bist ein Mann, und verbrichst wie ein Barbar gegen die Ehre einer Frau? Du heißest Kaiser und wagst eine unglückliche, von ihrem Volke geliebte Königin zu beflecken, die mit all ihren weißen Tugenden deine schwarze Schande nicht bedecken konnte!" Ganz deutlich sieht Arndt nun in ihm das Dämonische. „Es liegt in ihm der vollste und listigste Teufel, der je in menschlicher Gestalt in einer so großen Rolle auf Erden erschienen ist, und darum ist er einer kraftlosen und geistlosen Zeit ein so wunderbares Zeichen. Auch der Teufel war ein Engel des Lichts, unter den ersten nach Gottes Ebenbilde geschaffen, mit reicher Herrlichkeit und Kraft ausgerüstet; er fiel ab und ward durch den Mißbrauch der göttlichen Natur der Darsteller des Bösen, er ward Satan, der Regent der Finsternis und der Feind der Söhne des Lichts. Ein solches Gefühl wandelt einen jeden unbefangenen Menschen bei einem sterblichen Wesen an, das große Kraft und seltene Talente und die Wundergabe des Glücks zum Bösen mißbraucht, und die Erde verwüstet und zerstört, die es hätte befreien und beglücken können. Dadurch ist Bonaparte so groß, daß er das Böse auf das böseste, das treulose und die Lüge auf das treuloseste und lügenhafteste thut; daß er besonnen alle Bosheit und Schwäche anderer anwendet, damit größere Schwäche und Bosheit daraus werde; daß er über Treue und Menschlichkeit, wovor andere schaudernd stehen bleiben, wie über einen niedergetretenen Zaun weghüpft, und Freiheit, Gerechtigkeit, Vaterland, die heiligsten Namen, die keiner mehr haßt als er, zu der gleisnerischen Gaukelei und Äfferei gebraucht. Wenn ihr, bethörte Zeitgenossen, vor solchem Götzen die Kniee beuget, so haben wir nichts miteinander gemein. Einen solchen Virtuosen des Bösen haben freilich die früheren Jahrhunderte Europa nie gezeigt." Aber eben weil Napoleon ein Virtuos des Bösen ist, so kann die göttliche Weltregierung ihn zwar als Gottesgeißel in ihren Plan aufnehmen, aber nur um ihn, nachdem er zur Züchtigung der Völker gedient, wegzuwerfen. „Auch du und deine Arbeiten werden endlich beweisen, daß kein Verstand und keine Schlauheit hinreicht das Allmächtige zu hemmen, was dunkel durch alle diese Greuel, Umkehrungen und Revolutionen geht. — So fahre denn hin in deinem unstäten und nichtigen Sinn! Wenn die Arbeit gethan ist, wird die Vorsehung das Instrument zerbrechen."⁴⁷) Auf dieser Überzeugung, daß Napoleon nur ein Werkzeug Gottes ist, wie der Teufel, der die Frommen plagt, damit ihr Glaube sich bewähre, beruht auch

die Acht, die er im Namen Gottes über ihn ausspricht im Katechismus
für den deutschen Kriegs= und Wehrmann: „Und der Abgrund hat sich
aufgethan, spricht der Herr, und die Hölle hat ihr Gift ausgespieen
und die Schlangen ausgelassen, die da giftig sind. Und es ist ein
Ungeheuer geboren und ein blutgefleckter Greuel aufgestanden. Und
heißt sein Name Napoleon Bonaparte, ein Name des Jammers, ein
Name des Wehs, ein Name des Fluchs der Witwen und Waisen, ein
Name, bei welchem sie künftig Zeter schreien werden, wie wenn arme
Sünder zum Richtplatz gehen. Und wenn Satan der Vater der Lüge
heißt, so heißt Bonaparte Satans ältester Sohn. . . . Aber ich werde
die Missethat zerschmettern und die Falschheit zeigen und die Lüge zer=
stören, daß die Welt sich freue. Wann die Sünde erfüllt ist, dann
werfe ich ihn weg; wann des Unglücks genug ist, dann offenbare ich,
wie schändlich er war, und ich rufe es aus mit starker Stimme, mit
Worten des Grimms, die Feuerflammen sind: ich rufe es zu den
Völkern über dem Meer und zu denen, die in fernen Landen wohnen:
Auf ihr Völker! diesen erschlagt, denn er ist verflucht von mir, diesen
vertilgt, denn er ist ein Vertilger der Freiheit und des Rechts.“⁴⁸)
Man muß der tief gekränkten Vaterlandsliebe die erschreckende Sprache
zu gut halten. Aber wenn Arndt in ruhigeren Zeiten ruhiger sich
aussprach, im tiefsten Grunde blieb er derselben Ansicht. Als Napoleon
gestorben war, fand Arndt einst in Steins Büchersammlung die „Vite
e Ritratti d'illustri Italiani“ und darinnen Napoleons Bild. „Ich
habe oft ein U! und Hu! über ihn ausgerufen,“ schreibt da Arndt,
„und muß es bei diesem Bilde wieder thun. Bewundert mir den
großen Feldherrn, die zusammengedrängt geschlossene Kraft des Mannes,
so viel ihr wollt, aber stellt mir ihn nicht hin als einen Schaffenden
und Bildenden oder als einen, der nur je einen Gedanken gehabt habe,
etwas Edles, Göttliches und Menschliches zu bereiten oder zu schaffen. . . .
Edles, etwas Sehnsüchtiges, selbst dem siegreichsten Helden Unerfüll=
bares und Unerreichbares, wie es auf den breiten erhabenen Stirnen
eines Alexanders, Cäsars, Friedrichs des Zweiten thronend gedacht
werden darf, hat nimmer auf seiner Stirn gethront. Es war, — was
man selbst auf den Bildern, die den Jüngling darstellen, am klarsten
sieht — die enge, kurze Stirn des Falken, wodurch viele glückliche
und geschwinde Schlachtengewinner gezeichnet gewesen sind. Diese
Stirn und Nase, überhaupt der Oberteil des Gesichts, schön und
ebenmäßig, obgleich die kleinen scharfen Augen immer wie Lämpchen
aus einem düstern Kerker herausgeleuchtet haben; das Untergesicht zu=

gleich dürftig und gemein: ein lippenloser, herzloser und kußloser Mund, bissig und scharf zusammengezogen, Backenknochen und Kinn für breite tierische Gelüste, zu dick und weit ausspringend, voll Unbarmherzigkeit und Unersättlichkeit. Kurz, als Menschenzermalmer und Menschen= verächter gezeichnet. Mag die Geschichte ihm als einem zum Teil rätselhaften iustrumentum Dei seine Stelle anweisen: unter die Schöpfer oder Wiederhersteller des Geschlechts oder als einen, in dessen finstrer Seele nur je ein Gedanke für die Veredelung und Beglückung des= selben aufgedämmert wäre, sollt ihr mir diesen nicht einschieben."⁴⁹)

Wenn die ruhige geschichtliche Betrachtung zu solchem Urteil führte, so dürfen wir von der erregten Sprache des Liedes nichts anderes erwarten, als daß es den Zwingherrn, zu dessen Bekämpfung es auffordert, überall als den Feind Gottes, als den Teufel, den Antichrist darstellt. In seinem Lied der Rache singt Arndt schon 1811:

Drum zur Rache auf! zur Rache!
Erwache, edles Volk! erwache!
Und tilge weg des Teufels Spott!
Ist er stark durch Lügenkünste,
Du reiße höllische Gespinste
Entzwei durch deinen stärkern Gott.

Und in den Liedern, die dem Katechismus für den deutschen Kriegs= und Wehrmann angefügt sind:

Frischauf ihr deutschen Brüder!
Frischauf zum heil'gen Streit!
Der Satan drückt uns nieder
Und wütet weit und breit.
Er will die Erdenflur
Zur Schlangenwüste machen,
Mit Tigern und mit Drachen
Verheeren die Natur.

Frischauf! Ihr tragt das Zeichen
Des Heils an eurem Hut.
Dem muß die Hölle weichen
Und Satans Frevelmut.
Wenn ihr mit treuem Herzen
Und rechtem Glauben denkt,
Für wie viel bittre Schmerzen
Sich Gottes Sohn geschenkt.

Schenkendorf betet bei der Gefangenschaft des Papstes 1810 in der Weise „Dies irae, dies illa" gegen Napoleon:

> Ärgster aus dem argen Heere,
> Fühl' er des Gerichtes Schwere,
> Herr, um deines Namens Ehre!

> Wappne dich mit deinem Blitze!
> Ihn, der an der Frevler Spitze,
> Triff in seinem Höllensitze!

> Daß umsonst nicht deine Wunden,
> Sei, wie Sodoma verschwunden,
> Nirgend seine Statt gefunden.

Daß Napoleons Verleugnung des Christenglaubens in Ägypten unvergessen war, beweist das Wort:

> Ich zieh ins Feld für meinen Glauben,
> Für aller Welten höchstes Gut;
> Am Nile schwur der Feind zu rauben
> Uns vom Altar des Heilands Blut.

Körner, dem man gewiß nicht eine zu große Neigung zutrauen wird, in biblischer Weise zu typisieren, singt doch auch:

> Wie auch die Hölle braust,
> Gott, deine starke Faust
> Stürzt das Gebäude der Lüge!
> Führ uns, Herr Zebaoth,
> Führ uns, dreiein'ger Gott,
> Führ uns zur Schlacht und zum Siege!

Christian Stolberg in seiner Ode auf die Leipziger Schlacht sagt:

> Die Rach' erkor ihn! Unter des Corsen Fuß
> Gestampfet, solltest büßen du, Gallia,
>   Das Blut der Bessern, die zum Schmaus des
>   Thronenden Pöbels dein Mordstrahl würgte.

> Verduftet war die Würze des Mörderspiels,
> Da schwoll empor er selber, die lebende —
>   Verzeih mir's, Muse! — Guillotine,
>   Schleppend zur Schlachtbank auf Heerschar Heerschar.

Und in der Ode „Napoleon" vom 15. Januar 1814 sagt Friedrich Leopold Stolberg:

> Er fällt! ihn stürzet Gott, der Allmächtige,
> Der auf der Wage, welche Tyrannen wägt
> Und Landesväter, mit umwölkter
> Rechte den Frevelnden wog und leicht fand.

> Er fällt! Vielleicht schon stäubet der Schnee vom Huf
> Der schnellen Boten, welche, „verworfen sei
> Vom Volke der von Gott Verworfne,"
> Melden dem Aufgang und Niedergange.

Wie verschieden sie sonst sein mögen, in der Auffassung Napoleons als der inkarnierten Revolution sind Stolberg und Rückert völlig eins. Wir haben von dem letzteren Dichter unter dem Namen Freimund Reimar eine politische Komödie in der Weise des Aristophanes. In derselben erscheint der gallische Hahn, der einen Drachen ausbrütet, nämlich die Revolution. Dieser wird von zwei Dirnen gefüttert, der Freiheit und der Gleichheit. Sie bedienen sich der Guillotine als Futter= bank und scheuen sich nicht, Lilienstengel abzubrechen und diese Königs= blumen mit Nesseln, Kletten und Disteln in eins zusammenzumengen. Die große Nation, durch Ohnehos und seine Kinder Ohnestrumpf und Ohneschuh vertreten, sieht behaglich zu, wie der Drache gefüttert wird. Während der Geist der Zeit, auf dem Storche reitend, sich bei diesem Anblick das Blut gerinnen fühlt, gebeut St. Georg einem Engel die übrigen Lilien in ein Land zu retten, wo sie vor Drachen sicher, mit Thränen begossen, stehn mögen, bis sie zur Heimat zurückkehren können. Nach der Fütterung des Drachen pflanzen die Dirnen einen Freiheits= baum und schlingen, die Freiheit mit Ohneschuh, die Gleichheit mit Ohnestrumpf, einen Reigen und Ohnehos ladt das ganze Menschen= geschlecht zur Verbrüderung ein. Es kommen trotz der Hoffnung St. Georgs, es werde der Einladung niemand folgen, trotz der Warnung des Zeitgeistes, dennoch die Fremden, unter welchen man sich die Deutschen zu denken hat. Sie fragen, was sie denn Gutes hier kriegen sollten, und da ihnen Ohnehos die Freiheit und Gleichheit anbietet, die Fremden aber sagen: „da hat ja schon jede den ihren," belehrt Ohnehos die „deutschen Tölpel," es seien französische Liebchen: „da ist nicht eine für einen allein; je mehr als sein kann, je lieber!" und setzt seinen Vortrag fort, indem er unter anderm sagt:

Gleich sein soll geachtet die Sonne dem Mond und gleich
die Erde dem Himmel:
Gleich sein soll gesetzt dem Menschen das Tier, Gott gleich
dem Menschen nicht minder,
Und wenn er nicht gleich dem Menschen will sein, so soll
er künftig gar nicht sein.

Mittlerweile hat die Ratsversammlung das Gefährliche des Drachen erkannt, und während von ihm Frankreich im Innern verwüstet wird, pochen von außen mächtige Völker an die Thore. Da tritt Napoleon, auf den Schultern zweier Mamelucken, von andern Mamelucken begleitet, herein. Er ist der Sohn der Corsica, die ihn geboren, daß er das Widerspiel des Heilands sei. Er bietet sich der Ratsversammlung als ihr Genius an, indem er seine Bildungsgeschichte erzählt; wie er von seiner niedern Mutter mit zukünftiger Größe Milch gesäugt und mit Hochmutsliedern eingelullt, bei dem revolutionären Frankreich im Blutvergießen, Diebstahl, Vertragsbruch unterrichtet worden sei und zuletzt gleichsam auf die Akademie nach den Pyramiden gegangen und von der afrikanischen Wüste, vom Sirocco, vom toten und roten Meer und vom Krokodil die Künste des Verderbens gelernt. Allerlei Fragen werden ihm vorgelegt: da er aber im Examen trefflich besteht, wird er als Konsul begrüßt. Die Mamelucken beschwören den Drachen, der ungebärdig hereindringt; er wird kleiner und immer kleiner, bis ihn Napoleon verschlucken kann. Der Hahn kräht ihm seinen Dank zu. Ohnehos, Ohneschuh und Ohnestrumpf werden von den Mamelucken angezogen und erscheinen als honette Leute in Uniform wieder. Freiheit und Gleichheit werden mit der Guillotine weggejagt:

Fort mit euch. Will ich vom Hals mir Köpfe schaffen, laß ich sie
Füsilieren, strangulieren oder ieren irgendwie;
Anders weiß ich mir zu helfen: Guillotinen braucht es nicht,
Selber bin ich die lebend'ge Guillotine künftig hier.

Die aufgefressene Revolution wirkt übrigens einen ungeheuern Brand, der heraus will. Napoleon entschließt sich darum, die Glut über fremdes Land auszugießen. Der Geist der Zeit ruft Weh! wird aber seines Amts entsetzt, das Napoleon zu seinem andern Amte noch hinzunimmt. Darauf geht der Geist der Zeit ab, um siegreich einst wiederzukehren, indem er spricht:

So hülle nun, Tag, die Stirn dir in Nacht,
Und Sonne den Glanz ins Trauerg.wand;

Ihr Stern', entfällt dem azurnen Plan,
Löscht euern Strahl in Dunst und Dampf,
  Und, o Mond du, die Lamp'!
Auslösche, was Macht zu leuchten noch hat,
In Meer und Land, in des Erdballs Mark!
Und Menschengedank', auslösch' er in Nacht!
Daß düster und schwarz Nacht, nichts als Nacht,
Mit giftigem Qualm von Achse zu Achs'
  Umlagre das All!
So geh ich in die Verbannung.

Der Zeitgeist geht ab. Es ist Nacht. Napoleon spricht:

Was Licht in der Luft? Was Glanz im Azur?
Die innere Glut ist selbst sich genug.
Ausbreche du Glut, aus Kerkerverschluß
Durch dampfenden Schlund, und fülle mit Dunst
  Jetzt Himmel und Luft!
Daß irdisches Rund ein dunkeler Wust,
Kein leuchtender Punkt, kein Strahl, kein Funk',
In Höh und Kluft, als in flammender Lust
Ich Einziger nur mit schrecklichem Wurf
Aus vulkanischer Brust ausschleudernd Wut
  In die Welt voll Furcht!
So steh ich herrschend im Dunkeln.

Unter den Dichtern der Befreiungskriege darf auch J. G. Wetzel nicht vergessen werden. Steht er den andern an dichterischer Begabung nach, so verdient er bei einer Schätzung des religiösen Gehalts der Lieder jener Zeit besondere Beachtung, weil er fast in jedem seiner Lieder den Gedanken ausspricht, daß man gegen Napoleon als eine teuflische Macht mit Gott streiten müsse, und zwar meist in der Weise und im Ton der evangelischen Kirchenlieder.

Wir sehn das Tier der Lästerung
  Das Heiligtum zertreten,
Und wie beeifert alt und jung,
  Das Untier anzubeten,
So von dem Drachen Macht empfing,
Zu thun auf Erden große Ding.
  Um eine Zeit zu herrschen.

Ja, wo dein Arm nicht Einhalt thut,
  Wird's doch am Ende siegen,

Und deiner Kämpfer Heldenmut
  Dem Drachen unterliegen,
Und wird der Feind im Wahnsinn gar
Auf deinen heiligen Altar
  Sein Greuelbildnis stellen.

Schon tilgt er Völker, Sitt' und Sprach
  Und alles Geistes Leben,
Mengt Höll und Himmel, Nacht und Tag
  Und Gott und Teufel eben,
Bis aller Gottesfunke tot,
Und nur der Drache blutig rot
  Wird überm Erdpfuhl thronen. —

Wohlauf mit Gott! Wohlauf ins Feld,
  Und gürtet eure Lenden,
Und laßt den Götzen dieser Welt
  Nicht euer Auge blenden!
Steht fest mit Gott und wanket nicht!
Bald überwindet Recht und Licht!
  Des Drachen Reich muß enden.

Als Napoleon von Elba nach Frankreich zurückgekehrt war und der Kampf gegen ihn sich erneute, vierzehn Tage vor der Schlacht bei Waterloo, brachte der „Rheinische Mercur" den Joseph Görres herausgab, einen übrigens nicht von diesem selbst herrührenden Aufsatz: „der Antechrist." Er beginnt: „Die Weltgeschichte hat bis heute kein vollendeteres Gegenstück gegen den heiligsten Sohn Gottes, den frommen Welterlöser, aufgestellt, als den eingebornen Sohn des Verderbens und der Sünde, das Fleischgewordne Wort der Hölle, den schrecklichen Weltverwüster unserer Tage. — Hat das gute Prinzip nie persönlich reiner unter uns gewandelt, denn in der Demut, der Liebe, dem Lichte des Menschensohnes von Nazareth, so ist das böse Prinzip nie gebiegener, nie persönlicher unter uns aufgetreten, denn in der Hoffart, dem zügellosen Menschenhasse und der Macht der Finsternis des Teufelskindes Napoleon Bonaparte. — O wer möchte denn wohl einen verderblicheren Antechristen noch erwarten wollen?!" Im Fortgang paralellisiert der Aufsatz das Leben des wahrhaftigen Christus mit dem Leben dieses „Antechristen", die Wiedererscheinung in Frankreich ist seine Auferstehung, sein Befehl lautet: „gehet hin in alle Welt, und verblendet alle Völker, und taufet sie in meinem Namen mit Blut und Thränen und dem Feuer der Verzweiflung zur Vergeltung ihrer

Liebe für Recht und Wahrheit." Und zum Schluße heißt es: „Mag ihm gegeben sein eine Weile alle Gewalt der Hölle, sein Reich wird enden — aber furchtbar enden! — Fällt es euch denn noch nicht gleich ein, was an der vollendeten Erfüllung des Antechristen fehlt: seine Höllenfahrt!"

Daß die Anschauung, welche in Napoleon den weltgeschichtlichen Typus eines satanischen Prinzips erkannte, nicht bloß in der Phantasie einiger erregter Dichter und der sittlichen Entrüstung einzelner Politiker wohnte, beweisen die dem eigentlichen Volk angehörigen apokalyptischen Grübeleien über seine Person und Regierung. So wird von einem frommen Mann in einem heſſiſchen Dorfe erzählt, über deſſen Pedanterie die Kinder zuweilen spotteten, der dem Erzähler aber durch sein andächtiges Beten während des Gewitters oftmals mächtig imponierte, daß er den Namen Napoleons in der Stelle Offenb. Joh. 9, 11 gefunden und beim Beginn des ruſſiſchen Krieges unüberwindlich überzeugt gewesen, daß die Herrſchaft Napoleons nur noch nach Monaten zu berechnen sei.[50]) So hat man die Stelle Offenb. Joh. 13, 18: Wer Verstand hat, der überlege die Zahl des Tiers: denn es ist eines Menschen Zahl, und seine Zahl heißt: 666, auf Napoleon gedeutet und aus den Buchstaben der Worte L'empereur Napoléon die Zahl 666 herausgerechnet. Ein Flugblatt aus dem Jahr 1814 trägt die Überschrift: „Friede für Deutschland! Friede für ganz Europa! Der siebenköpfige Drache, welchen der apokalyptische Adler in seiner Offenbarung unter dem sechsten Strafengel gesehn, deſſen Regierung 1814 aufhören soll, ist gefallen, seine Regierung hat ein Ende. Also Heil der ganzen Welt." — Von der volkstümlichen Anschauung, daß Napoleon in seiner Herrſchſucht und Überhebung eine Karrikatur des Göttlichen, eine widerchriſtliche, teufliſche Gewalt sei, geben auch die in bitterer Ironie verfaßten, uns anwidernden Traveſtien des Vaterunsers, des Glaubensbekenntniſſes und anderer heiliger Worte Zeugnis, in welchen an die Stelle des göttlichen Namens der Name Napoleons gesetzt wird. Da heißt es: „entheiliget werde dein Name, wegkomme dein Reich, dein Wille geschehe in der Hölle, aber nicht auf der Erde. Gieb uns unser Brot, Geld, Gut und alles wieder, was wir dir geben mußten. Bezahle uns unsre Kriegsschulden, dann vergeben wir auch unsern Schuldigern; führe uns nicht mehr in franzöſiſche Versuchung, sondern erlöse uns von allen franzöſiſchen Übeln." Und vieles andre findet sich in Flugblättern zerstreut, das zu wiederholen die Feder sich sträubt.[51]) Solche Spielereien, die man mit gött-

lichem und kirchlichem Wort trieb, sowie die vielen Spielereien mit
Buchstaben und Zahlen beweisen, daß nicht allein in dem gläubigen
Gemüt eine Gewißheit, sondern auch in dem abergläubigen eine
Ahnung von der dämonischen Bedeutung Napoleons wohnte. Drangen
die einen mit ihren Gebeten zu Gottes Herzen, so suchten die andern
die in Zahl oder Wort verborgene Formel, welche das Geheimnis
dieser weltgeschichtlichen Erscheinung enthüllen sollte. —

Noch viel mehr Zeugnisse könnten beigebracht werden. Aber die
angeführten genügen schon, um die merkwürdige Erscheinung zu bezeugen, daß in Deutschland Philosophen und Dichter, Flugblattschreiber
und apokalyptische Grübler übereinstimmend in Napoleon die Inkar-
nation eines widergöttlichen, der Menschheit verderblichen Prinzips
sahen und daß darum Deutschland mit voller Zuversicht gegen den
Tyrannen den rächenden Gott um Hilfe anrief. Dieser Zorn des ruhigen
deutschen Volks ist besonders bemerkenswert. Es ist wahr, das deutsche
Volk hat nicht die französische Ehrfurcht vor der „vollendeten Thatsache“,
das Gelungensein einer That rechtfertigt sie noch nicht vor dem deutschen Gewissen, glänzender Schein des Ruhms verdeckt dem deutschen
Auge nicht die innere Faulheit. Der Deutsche liebt, die Erscheinungen
von dem religiösen und sittlichen Standpunkt aus zu betrachten und
bis in ihren tiefsten Quellpunkt mit prinzipieller Schärfe hinabzudringen.
Aber der Deutsche ist auch geduldig, wenn er gedrückt wird und allzu
gerecht für fremde Lorbeeren. Daß gegen Napoleon dennoch die ganze
Macht des deutschen Gewissens und des christlichen Glaubens sich erhob,
das beweist die durch den Eroberer hereingebrochene Gefahr für die
höchsten Güter, für das Reich Gottes auf Erden. Ein Mensch hat es
gewagt, sich als Mittelpunkt der Menschheit darzustellen, als Angel,
um welche die Weltgeschichte sich drehen sollte: das ist eine Würde,
die nur dem zukommt, der für die Menschheit gestorben ist, damit sie
nicht sterben müsse. Als aber der Tyrann, der kein Menschenleben
und kein Menschenrecht schonte, damit er lebe und herrsche, zu solcher
Würde sich zu erheben gedachte, da schauten alle, die noch ein Fünklein
Gewissens und Glaubens hatten, mit Spannung auf ihn hin: sie
konnten nicht zweifeln, daß Gott den verwerfen müsse, der ohne göttlichen Beruf als sein Abgesandter erscheinen wollte. Und wie eine
Krone für den Glauben, darum wie eine wunderbare Glaubensförderung
erschien der furchtbare Fall des Gewaltigen, der zuerst in Rußland
über ihn verhängt war.[52])

14.

Das Gottesgericht in Rußland.

Während die deutsche Aufklärung auf den Lehrstühlen der hohen
Schulen sich bemühte, die alten Wunder der Bibel natürlich zu er=
klären und diese neue Ansicht durch aufklärerische Schulbücher in den
untern Schichten des Volkes einzudringen fortfuhr, gedachte Gott, sich
unter seinem verblendeten Volke durch neue Wunder zu verherrlichen,
durch ungeheure Ereignisse das Volksgemüt zum Wunderglauben zu
stimmen und die bereits beginnende Rückkehr tieferer Geister zu einer
lebendigeren Anschauung vom unmittelbaren Walten Gottes in den
Menschengeschicken auf ihrer Bahn zu bestärken. Das ist eine überaus
erquickliche Wahrnehmung in der Geschichte der Menschheit, daß, während
der winterliche Hauch noch mit Schneeflocken über die Felder hinfährt,
schon die grünen Spitzen einer neuen Saat hoffnungsvoll den Augen
sich zeigen, während das alte Laub scheinbar noch fest an den Bäumen
hängt, der junge Saft schon steigt, um mit unwiderstehlicher Gewalt
das alte abzuschütteln und das neue hervorzutreiben.

Die Völker Europas, welche Napoleons Herrschaft hatten fühlen
müssen, befanden sich in ungeheurer Gärung. Die Aufstände Hofers,
Braunschweigs, Dörnbergs, Schills, waren wie einzelne ausbrechende,
bald verlöschende Flammen gewesen, die aber von einem geheimen Feuer
von ungeheurer Ausdehnung und Gewalt, den einen erschreckendes, den
andern erhebendes Zeugnis gaben. Unter dem Drucke vollzog sich
eine innere Umwandlung der Völker. „Die Süßigkeit fleußt aus der
Traube, wenn du sie wohl gekeltert hast." In Deutschland bestand
ohne Bündelei ein Bund der besten Männer, die mit brennendem
Schmerze die Ursache der deutschen Erniedrigung erkannten und mit
stiller Glut des Glaubens auf die Zeit der Wiedererhebung warteten.
Wenn sie zusammenkamen und ihren düstern Unmut einander ausge=
sprochen, erweckten die Nachrichten von dem Volkskampfe gegen Napoleon

in Spanien Freude und Jubel; sie stießen auf die Helden an und fühlten die Kraft in sich zu gleichem Kampfe. Das Jahr 1811 kam; in den Monaten August, September und bis in den Oktober hinein zeigte sich ein ungeheurer Komet am Himmel und wies mit seinem weitausgedehnten Schweife gen Nordosten. An den sternhellen Abenden standen die Leute scharenweise auf den Straßen: das wunderbare Gestirn schien wie die Bestätigung ihrer Ahnungen, daß Ungeheures in der Welt geschehen werde. Was Goethe, nachdem das Ungeheure geschehen war, in des „Epimenides Erwachen" sang: „Kometen winken, die Stund ist groß," das lag jetzt schon in der Ahnung des Volks. Die in die Irrgänge der Staatskunst Eingeweihten wußten bereits, daß der Stern nach Rußland weise, und als das neue Jahr 1812 anbrach, ward es bald ganz Europa offenbar, daß Napoleon nichts Geringeres im Schilde führe, als einen Feldzug gegen Rußland. Das Gottesgericht, welches auf diesem Zuge Napoleons Heer vernichtete, war von der größten Bedeutung für die Belebung des Glaubens in der Christenheit. Indem wir diese Bedeutung aufzuweisen suchen, müssen wir auf drei Faktoren aufmerksam machen: auf den Übermut, mit welchem der Zug unternommen ward, auf das Gebet des Glaubens, das während des Kriegs gegen Napoleon kämpfte, und zuletzt auf die Erhörung des Gebets, die in der Niederlage Napoleons an den Tag trat. Diese innere Geschichte, dieser religiöse Verlauf des russischen Feldzugs drängt sich in so überraschender Weise zwischen dem politischen und Militärischen hervor, daß kaum ein Geschichtsschreiber gefunden wird, der nicht auf diesem Blatte der Geschichte von einem Wunder Gottes spräche.

Mit unerhörtem Übermut begann Napoleon den Krieg gegen Rußland. Hormayr, nun auch Pertz im Leben Gneisenaus, teilt eine Anrede Napoleons an seine Minister mit, die er 1811 im Staatsrate gehalten. „Meine Herren," sprach er, „ich muß mich erklären; meine Stellung zu Rußland ist falsch, das kann nicht länger dauern. Der Kaiser von Rußland hält die Verträge nicht, die wir geschlossen. Er läßt englische Waaren in seine Häfen ein. Er will dem Kontinentalsystem nicht anhängen. Ich werde ihn zwingen. Ich kann auf ihn nicht zählen, ich muß alle Häfen der Ostsee haben. Meine Douaniers müssen über meine Interessen bis Petersburg wachen. Meine Stellung verlangt es. Wenn er sich weigert, gut — so wird er den Krieg haben, in Petersburg werde ich ihm meine Bedingungen diktieren. — Preußen ist mir nicht gleichgültig, es bildet eine Avantgarde. Wissen

Sie, daß Preußen mir 120,000 Mann wert ist? Der König von
Preußen hat mir seine Truppen angeboten, aber ich brauche Bürg=
schaften. Der Preußische Soldat liebt mich nicht. Der König — er
könnte mit mir gemeinsam in den Krieg ziehen, aber ein Kaiser
und ein König in einer Armee, das geniert. Ich will die Prinzen
haben, sie werden mir als Pfänder für die Treue der Truppen dienen.
Wenn Preußens Betragen nicht falsch ist, so werde ich ihm so viel
Gutes thun, als ich ihm Übels gethan, ich werde es vergrößern, aber
die Häfen der Ostsee muß ich haben. — Der König von Sachsen,
vieille bête, versteht das Herzogtum Warschau nicht zu regieren. Ich
werde sehen, was ich mit Polen mache. Bayern, Württemberg sind
brav — aber sie haben genug, Baden ist im Grunde auch gut, aber
der Großherzog von Würzburg ist mein Verwandter, er beträgt sich
gut, ich bin ihm anhänglich, ich will ihn ein wenig vergrößern.
Auch dem Großherzog von Frankfurt will ich eine Kleinigkeit geben.
Mit Dänemark bin ich sehr unzufrieden, ich weiß noch nicht, was ich
damit machen werde."⁵³) In solchem Übermut hatte Napoleon am
9. Mai 1812 Paris verlassen; in Mainz huldigten ihm seine west=
deutschen Vasallen; glänzender noch war die Huldigung, welche ihm zu
Dresden zu teil ward, wo auch sein Schwiegervater, der Kaiser Franz
und der König von Preußen sich einfanden. Auf der Bühne ward
der Corse vergöttert. Italienische Worte und Weisen im Munde der
Priester und Priesterinnen des Sonnengottes bekannten: „Groß und
unaufhaltsam steigt der Sonnengott, die Welt erleuchtend und er=
wärmend am Himmel empor. Du aber, größer als er, zwingst ihn
durch deine Erscheinung, seinen Wagen zurückzulenken und zu bekennen,
daß die Welt seiner nicht mehr bedarf." Bei seinen Levers sah man
deutsche Fürsten mit gekrümmtem Rücken zwischen französischen Hof=
leuten, die nicht auf sie achteten. Der Kaiser gefiel sich darin, die
Fürsten aus altem Geschlecht zu demütigen. Sie antichambrierten vor
dem berühmten Emporkömmling, der sie nach Belieben zwischen seinen
Höflingen warten ließ. Mit bittern Gefühlen verließen die Fürsten
den Hof. Napoleon aber war ganz verblendet in seinem Übermut.
Nur eins mochte ihn schon jetzt bedenklich machen: der volkstümliche
Jubel, der dem König von Preußen entgegenschallte, und die kühle
Stimmung, die er, Napoleon selbst, im Volke wahrnehmen konnte. Auch
in einer anderen Beziehung ward er enttäuscht. Er hatte halb und
halb erwartet, die europäische Revue, die er in Dresden gehalten,
werde Rußland einschüchtern. Als aber der Gesandte Krieg und nicht

Frieden von Alexander brachte, brach Napoleon nach Polen auf.
„Rußland ist fortgerissen durch sein Verhängnis, seine Geschicke müssen
sich erfüllen," verkündigte er alsbald der Welt. Was hatte Napoleon
im Sinn? Er hatte wohl früher den Gedanken gehegt, mit dem
russischen Kaiser sich in die Welt zu teilen. Jetzt waren allerlei Miß-
verhältnisse zwischen den östlichen und westlichen Cäsar getreten. Ich
oder Er? das war die Frage, die sich Napoleon, die sich in gleicher
Weise Alexander vorlegte. Napoleon zweifelte nicht im geringsten, daß
er den Sieg davontragen würde. Und war erst Rußland besiegt, dann
war das ganze Festland sein — dann konnte England in seiner Ab-
gesperrtheit sich nicht halten. Und war's nicht möglich, durch das
überwundene Rußland nach Persien und von Persien nach Ostindien
vorzudringen? Was war nicht alles noch möglich! „Und von dannen
nach Golkonde und von dannen nach dem Monde." „Alexander
der Große," sagte Napoleon zu Narbonne, seinem Gesandten, „hat
einen eben so weiten Weg nach dem Ganges gehabt, als ich von
Moskau. Ich habe seit St. Jean d'Acre daran gedacht; ohne die Aufhebung der Belagerung und ohne die Pest hätte ich eine Hälfte von
Asien erobert und wäre von da nach Europa zurückgekehrt, um die
Throne Deutschlands und Italiens zu erringen. Denken Sie sich
Moskau genommen, Rußland niedergeschlagen, den Zaren versöhnt oder
durch eine abhängige Regierung ersetzt, und sagen Sie mir, ob eine
Armee Franzosen und Verbündeter nicht von Tiflis bis zum Ganges
vordringen kann, um dort schon durch ihre Berührung das Gerüste
kaufmännischer Größe in Indien fallen zu machen." Bei solchen Unterredungen ward es doch auch seinen Bewunderern bange. „Man ist
zwischen Bedlam und dem Pantheon," sagte Narbonne.⁵⁴) Ungeheuer
war der Plan und ungeheuer die Rüstung. Von Portugal bis Rußland wohnte kein Volk, das nicht mit in die Unternehmung gezogen
worden wäre: Franzosen, Deutsche aller Länder, außer den Rheinbün-
dischen die Preußen und Österreicher mit ihren Hilfstruppen, im
ganzen mehr als 200,000 Deutsche. Holländer, Italiener, Polen,
Schweizer, selbst Portugiesen und Spanier. Viel mehr als eine halbe
Million Soldaten sammelten sich unter den französischen Fahnen, treffliche Truppen unter den besten Anführern, das glänzendste Heer, das
die Welt je gesehen. Und Rußland war schlecht genug gerüstet. Und
doch schon beim glanzvollen Einzug des Heers in die russischen Grenzen
um die Sommersonnenwende des Jahrs 1812 konnte sich mancher
eines unheimlichen Gefühls nicht erwehren; es war eine Ahnung von

dem ungeheuren Sturz, der so ungeheurer Selbstüberhebung folgen müsse. War doch Napoleon mit Spanien noch keineswegs im reinen! Hatten doch in Preußen Blücher, Scharnhorst, Gneisenau mit dreihundert Offizieren den Abschied genommen, als der König noch einmal mit Frankreich gehen mußte, und der Führer des preußischen Hilfskorps, York, verband mit der größten Diensttreue gegen seinen König den grimmigsten Haß gegen die Franzosen! Und wenn die ganze Unternehmung auf einer furchtbaren Hoffartssünde beruhte, — auf wie morschen sittlichen Grundlagen beruhte das Einzelne! Die Soldaten hatten nicht Lust zum Kriege, wenn nicht Lohn und Glanz der Mühe entsprach. Die Marschälle umgaben sich mit ungeheurem Luxus auf dem Heereszug. Und während Rußlands Kaiser die tiefsten religiösen Gefühle des Volks auf seiner Seite hatte, wußte Napoleon nur Ruhm, gutes Winterquartier und baldige Rückkehr in die Heimat zu versprechen.

Dem Hochmut Napoleons stand in Rußland die Demut gegenüber. Der Kaiser ward durch die Macht der Verhältnisse über sich selbst emporgehoben. Er war kein Charakter: zwar edler Wallung und hohen Aufschwungs fähig, war er im Grunde weich und wandelbar, schwach, wenn die Sinne versuchten, wenn die Schmeichelei ihre Stimme hören ließ. Jetzt aber, wo die Frage lautete: Napoleon oder ich? jetzt, wo er sich wie der Epheu an Stein, als die Eiche, schmiegen konnte, jetzt, wo in seinem Volke die religiöse Begeisterung aufflammte, ward Alexander größer, als er sonst war. Er erkannte in dem Kampf, in welchen Napoleon ihn hineinriß, eine Mahnung Gottes zur Buße. Obwohl durch seinen Erzieher Laharpe zum Guten früh angeleitet, fehlte ihm doch der Halt eines lebendigen Christenglaubens. Und die Schatten, welche von der scheußlichen Ermordung seines Vaters Paul, obwohl er unschuldig daran war, in seine Seele gefallen waren, die Versündigungen gegen die eheliche Treue konnten ihm wohl das Verlangen nach göttlichem Troste erregen. Aber eine entscheidende Erschütterung seiner Seele, eine durchgreifende Erweckung seines Gewissens ward ihm erst zu teil, als sein Reich, sein Volk in Gefahr war. Kräftigung im politischen Verhalten und Stärkung seines sittlichen Charakters bot ihm Stein, den er an seine Seite gerufen. Aber er bedurfte mehr, er bedurfte Trost und Zurechtweisung für seine Seele. In tiefster Schwermut eröffnete er sein Herz seinem Freunde Alexander Gallitzin. Dieser, selbst jüngst vom Leben in der Welt zum Leben in Christus bekehrt, wies den Kaiser auf die heilige Schrift. Ein paar

Tage darauf erschien er bei der Kaiserin mit der Frage, ob sie ihm eine Bibel leihen könne. Mit Entzücken nahm er das ihm dargebotene göttliche Buch mit sich, las hinfort mit größtem Eifer darin und fand Erleuchtung und Frieden. Bald darauf, mitten im Kriege, ward unter seiner Anregung die Bibelgesellschaft gegründet. Er wollte, daß alle seine Unterthanen an der ihm gewordenen Wohlthat teilnehmen könnten. Nicht lange darauf geschah es, daß eine Hofdame, die von seinen innern Kämpfen Kunde hatte, ihm für seine Heerfahrt eine Abschrift des 91. Psalms überreichte, und ihn bat, ihn oft zu lesen.[55] Er werde allen Trost, dessen er bedürfe, darin finden. In der That, eine verschiedenartigere Seelenstimmung ist nicht denkbar, als diejenige, mit welcher die beiden Kaiser gegeneinander ins Feld zogen. Während die christlichen Völker in Napoleon einen Feind des Reiches Christi sahen, erschien unter den Verbündeten gegen Napoleon ganz besonders Alexander als der Freund Christi und seines Reichs. In der That war es nicht bloß eine Anbequemung an die Volksgesinnung, wenn Alexander in seinen Kriegsmanifesten an den christlichen Glauben seines Volks sich wandte, sondern in Wahrheit war eine völlige Übereinstimmung zwischen dem Kaiser, der Geistlichkeit und dem Volke, daß man unter dem Kreuze gegen Napoleon streiten und im Gebet Gottes Arm gegen ihn anrufen müsse. Arndt, der, wie wir oben gezeigt haben, für seinen eigenen Glauben und die volkstümlich christliche Aufweckung, die er bei seinem Volke versuchte, der religiösen Erregung des russischen Volks viel verdankte, hat uns dieselbe beschrieben und mit Zeugnissen belegt. In dem Manifest, in welchem Alexander zu einem Volksaufstand gegen Napoleon ermuntert, sagt er: „Adel, du warst in allen Zeiten der Verteidiger des Vaterlandes, heilige Synode und du, russische Geistlichkeit, durch eure inbrünstigen Gebete haben wir immer Gnade und Heil auf das Reich herabgerufen; Völker Rußlands, heldenmütige Enkel der tapfern Slovenen, dies wäre nicht das erstemal, daß ihr den Bären und Tigern, die sich auf euch stürzten, die Zähne ausbrächet. Vereinigt euch alle, tragt das Kreuz in dem Herzen und das Eisen in der Hand — und keine menschliche Macht wird euch besiegen können." Die heilige Synode aber erließ eine Pastoralinstruktion, in welcher es heißt: „Seitdem die französische Nation, durch das Hirngespinst der Freiheit verblendet, den Thron der Monarchie und die Altäre des Christentums umgestürzt hat, hat sich die rächende Hand des Herrn sichtbarlich schwer auf sie und darauf durch sie und mit ihr auf die Völker gelegt, die ihrer Verirrung am meisten nachgeahmt haben. Auf die

Greuel der Anarchie sind die Greuel der Unterdrückung gefolgt; ein Kampf entsprang aus dem andern, und selbst der Friede gab keine Ruhe. Rußlands Kirche und Reich, bis hierher durch Gott gerettet, sind größtenteils nur mitleidige Zeugen und Zuschauer der fremden Leiden gewesen, als wenn Gott sie gerade dadurch im Vertrauen auf die Vorsehung hätte stärken und sie mit desto mehr Mut für den Augenblick der Prüfung bereiten wollen. Russen! dieser Augenblick der Prüfung ist gekommen... Demnach ergeht unser Aufruf an euch, Kinder der Kirche und des Vaterlandes, ergreift die Waffen und den Schild, erhaltet den Glauben und die Treue eurer Väter, bringt dem Vaterland mit Dank die Güter dar, die ihr von ihm habet, schont euer zeitliches Leben nicht für die Ruhe der Kirche, die für euer ewiges Leben und eure ewige Ruhe sorgt. Erinnert euch der Tage des alten Judäa, der Tage eurer Altvordern, die im Namen Gottes sich mutig in die Gefahren stürzten und rühmlich darüber triumphierten. — Dieser Aufruf ergeht an euch, glänzende Männer, die ihr Macht oder Rechte zu einer besonderen Achtung unter euren Mitbürgern habt: öffnet durch das Beispiel eures Muts und eures edlen Eifers denen den Weg, deren Augen auf euch gerichtet sind. Möge der Herr aus eurer Mitte Josuas erwecken, welche die Vermessenheit Amaleks bändigen, neue Richter, welche Judäa erlösen, neue Makkabäer, welche viele Könige demütigten und Israel durch ihre großen Thaten verherrlichten! — Dieser Aufruf ergeht vorzüglich an euch, Hirten und Diener der Altäre! Nach dem Beispiel Moses', der am Tage der Schlacht gegen Amalek seine zu Gott gerichteten Hände nicht senken wollte, stärkt die eurigen durch das Gebet, bis der Arm des Feindes gänzlich seine Kräfte verloren hat. Flößet unsern tapfern Verteidigern eine feste Zuversicht ein auf den Herrn der Heerscharen; ermutigt durch die Wahrheit die schwachen Seelen, die den Verführungen des Betrugs preisgegeben sind: belehret sie alle durch das Wort und die That, kein Eigentum zu schonen als das des Glaubens und des Vaterlandes; und wenn jemand von den Kindern Levi, der noch nicht in die Verrichtungen des Heiligtums eingetreten ist, vom Verlangen nach Schlachten brennt, segnet ihn im Namen der Kirche und laßt ihn seinem Triebe folgen." — Als Napoleon in Moskau eingezogen war, erließ Alexander ein Manifest an sein Volk, um ihm klar zu machen, daß mit der Einnahme der alten Hauptstadt für den Feind nichts gewonnen sei, zumal er sie leer gefunden habe, und um das Volk bei gutem Mut zu erhalten, und schließt mit dem Gebet: "Allmächtiger Gott, wirf barmherzige Blicke

auf die im Gebete knieende russische Kirche; gieb deinem treuen und
für die Gerechtigkeit bewaffneten Volke Kraft und Beharrlichkeit, gieb
ihm den Sieg über seine Feinde, daß es sie niederlege und durch seine
eigene Befreiung den Königen und Völkern die Unabhängigkeit und
die Freiheit wiedergebe." Als aber der Untergang des Napoleonischen
Heers sich offenbarte, versäumte der Kaiser nicht, dem Herrn der Heerscharen vor allem, dann aber auch seinem tapfern Volk Dank darzu-
bringen. — Wie der Kaiser, so erwies sich die Kaiserin voll Gott-
vertrauens und Mutes. Als viele in Petersburg, um sich zur Flucht
zu rüsten, ihre Kostbarkeiten einpackten, hatte sie jemand gefragt, warum
sie nicht dasselbe für ihre Juwelen und Geschmeide anordne. „Rußlands Kaiserin auf der Flucht bedarf des Mutes, nicht der Juwelen,"
war die Antwort. Und herrlich war die Volksstimmung. „Das war
das Erhabenste," berichtet Arndt, „daß sie in diesem heiligen Volks-
kriege alles mit Gott begannen und mit Gott beschlossen, die Petersburger Te Deum waren wahre Te Deum; die großen Volksfeste, die
großen Feste des Herrscherhauses waren nicht bloße prunkvolle und
gaukelische Umzüge, nicht bloße Schimmer der Pracht, wo die menschliche Eitelkeit sich neben die göttliche Größe stellt — es waren An-
rufungen, Gebete und Danksagungen des Volks, die teuern und hoch-
verehrten Häupter des Kaiserhauses wurden mit dem ganzen Volke
vor dem Angesichte Gottes brüderlich und väterlich zu einer Familie,
zu einer Liebe und Gemeinschaft gestellet. Wenn von der Petersburger Besatzung einzelne Scharen auszogen, als die mit dem Kreuz
des Glaubens bezeichnete Petersburger Landwehr sich und ihre Fahnen
feierlich einsegnen und von ihrem Kaiser mustern ließ — welch ein
großes und schönes Gewimmel von Menschen! welch eine rührende, begeisterte, andächtige Freude! welche Umarmungen, welche Begrüßungen,
welche Worte und Thränen der Freude auf allen Straßen und Plätzen!
Die Fenster, die Dächer der Häuser hielten die versammelten Menschen
kaum, die Bäume ringsum waren voll, die Gitter und Staketen um
die Häuser und Spaziergänge brachen unter ihren Lasten ein: so fröhlich als die Krieger auszogen, begleitete alles Volk sie. Solche Augenblicke sind göttlich, denn nur durch die große Gemeinschaft und Andacht
des Volkes wird der Einzelne aus seiner engen Kümmerlichkeit zum
Himmel emporgetragen. — Und wenn eine glückliche Botschaft gekommen
war von einer gewonnenen Schlacht, von Fünftausenden oder Zehn-
tausenden von Franzosen, die das Gewehr gestreckt hatten — ehe es
tagte, wurden die Menschen in ihren Häusern und Betten durch das

Saufen und Brausen des Volkes draußen und durch den jub⸗ ⸗lnden Freudenklang seiner Hurras erinnert und geweckt; darauf Kanon⸗ ⸗en⸗ donner, die wimmelnde Menschenmenge ausgegossen, dann die Kirche ⸗n mit Betenden gefüllt, der Abend und die Nacht erleuchtet. . . . Gott war lebendig in ihnen, Gott begeisterte sie für ihr Land, Gott gab ihnen die Freudigkeit, die Beharrlichkeit, den Sieg." — Mit der re⸗ ligiösen Begeisterung war die vaterländische unmittelbar verbunden. Zu jedem Opfer war Adel und Volk bereit. Wenn nur Haus und Hof, Kirche und Altar, Geld und Gut dem Feinde nicht zur Beute wurde, für sich selbst verlor man gern alles. Der gewaltige Typus dieser Opferwilligkeit ist Rostoptschin, der Statthalter von Moskau. Was er den Bewohnern der Hauptstadt zumutete: alles zu verderben, daß nichts dem Feinde bliebe, das that er selbst. Er hatte in der Nähe von Moskau ein Gut und Schloß. Seine Bauern baten um die Erlaubnis, auf ein Gut, das Rostoptschin in Sibirien besaß, ziehen zu dürfen, da sie lieber dort leben als sich der französischen Herrschaft unterwerfen wollten. Nachdem sie die Erlaubnis erhalten, trat die Kolonie, aus 1700 Seelen bestehend, die Wanderung an. „Gott ver⸗ leihe Sieg unserm Kaiser und Rußland! des Himmels Segen walte über unserm Heere!" Das waren die einzigen Ausrufe, die man hörte. Als nun der Feind herannahte, und mit den Vorposten schon hand⸗ gemein war, begab sich Rostoptschin mit seinen Freunden in seinen Palast. Jeder hielt eine brennende Fackel, ein Gemach nach dem andern wurde in Brand gesteckt, bis das ganze Schloß eine lohende Masse war. Der Herr des Schlosses stellte sich ruhig vor das Ge⸗ bäude und sah dem Schauspiel zu. Als das Werk der Zerstörung fast vollendet war und die feindlichen Kugeln schon um ihn pfiffen, zog er sich zurück und überließ dem Feinde nichts als eine Brandstätte und an einem Pfeiler die Inschrift: „Ich habe acht Jahre lang diesen Herrensitz geziert, wo ich im Schoße meiner Familie ein glückliches Leben führte. Die Bewohner dieses Grundeigentums, 1700 Seelen an der Zahl, verlassen es bei eurer Annäherung und ich stecke das Haus freiwillig in Brand, damit es durch eure Gegenwart nicht be⸗ sudelt werde. Franzosen, ich überließ euch meine zwei Häuser in Mos⸗ kau mit ihrer Ausstattung und allem, was sie enthielten, in einem Wert von einer halben Million Rubel. Hier werdet ihr nur Asche finden!" Und was der Statthalter that, das thaten alle. Moskau ging in Flammen auf und mit ihm die Hoffnung Napoleons. Es ist etwas Asiatisches, etwas Alttestamentliches in dieser Kriegsführung.

Wie Israel seine Siege erfocht, nicht durch Roß und Reiter, nicht durch Wehr und Waffen, sondern durch den Glauben an den lebendigen Gott, der die Mauern Jerichos vom Posaunenschall kann fallen lassen, der durch Kriegsgeschrei und Fackelglanz die Feinde in die Flucht schlägt und den Würgengel sendet in Sanheribs Heer, so erschien in Rußland Gott selbst um so deutlicher als der Kriegsherr, je weniger von dem russischen Heer durch entschiedenen Widerstand und kräftiges Vordringen geschah. Jener kluge menschliche Plan, den deutsche Feldherren empfahlen, daß das russische Heer durch seinen Rückzug den Feind in die weiten, unwegsamen Gebiete Rußlands locken solle, war von den russischen Feldherrn keineswegs angenommen worden. Aber was nicht nach menschlichem Plane geschah, das ereignete sich durch Gottes Fügung. Das Heer wich zurück, als wollte es Gott die Kriegsführung allein überlassen. Und Gott hat das Werk vollendet: durch Feuer, Hunger, Kälte, Schnee, Wasserwogen, Pestilenz.

Der Wahnsinn des Hochmuts hatte den Krieg begonnen, demütiges Gebet hatte Gottes Hilfe angerufen — nun mußte der erfochtene Sieg recht als Gottes Werk, als ein Gericht Gottes erscheinen. „Ich sah den Ungerechten am Morgen sich erheben wie die Zeder am Libanon," sprach Alexander in einem Manifest, „ich ging am Abend vorüber, und er war nicht mehr, ich fragte nach ihm, und seine Stätte ward nicht gefunden." Was war aus Napoleon geworden? So lange es irgend möglich war, hatte er Europa in seinen Bülletins belogen und nur von Siegen gesprochen. Dann trat im Winter eine dumpfe Stille ein in den Ländern, deren Söhne er in den Krieg geschleppt hatte. Auf einmal erscheint Napoleon in Wilna in einem kleinen Schlitten und eilt, so schnell er kann, durch Polen und Deutschland nach Paris. Er war von Gott geschlagen, aber nicht gebeugt. „Vom Erhabenen zum Lächerlichen ist nur ein Schritt," sprach er damals zu de Pradt in Warschau. Und als ihm die polnischen Minister beim Wiedereinsteigen gutes Befinden wünschten, antwortete er: „Ich habe mich nie besser befunden; wenn ich den Teufel hätte, so würde ich mich um desto besser befinden." Muß man sein Wohlbefinden mitten in dem ungeheuren Jammer, den er über Millionen Menschen, über ganz Europa gebracht, nicht daher leiten, daß er den Teufel hatte, aber mit Gott nicht im Bunde war? Fast spottend sagte er in seinem letzten Bülletin: „Menschen, welche die Natur nicht genugsam gestählt hat, um über alle Wechsel des Glücks und des Schicksals erhaben zu sein, verloren ihren Frohsinn und ihre gute

Laune und träumten von nichts als von Katastrophen; diejenigen
aber, welche sie allen überlegen schuf, bewahrten ihren Frohsinn und ihr
gewöhnliches Wesen und erblickten einen neuen Ruhm in den Schwierigkeiten anderer Art, die sie zu bewältigen hatten. Seine Majestät hat
sich nie wohler befunden:" Ist das nicht teuflisch, ob's nun Wahrheit
war oder Lüge? Daß es erlogene Gefühle waren, scheint das Wahr-
scheinlichere, denn zu seiner eiligen Flucht durch Deutschland half doch
auch das böse Gewissen mit und die Furcht, von einer rächenden Hand
erschlagen zu werden. In Oszmiana, wo der Kaiser durch eine rhein-
bündnerische Wache beschützt war, sagte der französische Major bedeu-
tungsvoll zu einem deutschen Offizier: „Jetzt wäre der Augenblick gekommen." Dem ältesten Hauptmann, der eine weimarsche Grenadier-
kompanie führte, ward es zugemutet, sich des Kaisers zu bemächtigen.
Deutsche Gewissenhaftigkeit hinderte ihn daran, und er entfloh.⁵⁶)
Eine deutsche Posthalterin hat, da sie ihn erkannte, sich wenigstens bestimmt geweigert, ihm Speise und Trank zu reichen und sich schließlich
nur zu Kamillenthee verstanden! So war denn das Ende des Sieges-
zugs nach dem Ganges — die Flucht nach Paris! Und die stolzen
Marschälle, die auf dem Hinweg den deutschen Städten unerhörte
Lieferungen auferlegt hatten für ihre eigene Bequemlichkeit, denen kein
Quartier stattlich, kein Mahl üppig, kein Lager bequem genug war?
Und die Offiziere, die deutschen Pfarrfrauen zumuteten, die letzte Habe
aufzuraffen, um ihnen den Schinken in Rotwein zu kochen? Und die
Soldaten, die unaussprechbaren Hohn trieben mit dem lieben Brot?
Was war aus ihnen geworden? Das Volk, das den Heißhunger der
Flüchtigen sah, glaubte an einen von Gott über sie verhängten Hunger,
der nie gestillt werden könne! Daß Gott ein Gericht gehalten, das war
auch dem blödesten Auge offenbar! Da zogen über das schneeige Land
dahin die ungeordneten Häuflein der Entronnenen, keine Kriegsmusik
ertönte, keine Trommel ward gerührt, kein Kommandoruf erschallte,
mit unsäglicher Mühe trugen die erstarrten Glieder die hungernden
Leiber weiter, auf jedem Schritt durch die Leichname auf dem Weg
daran erinnert, was aus ihren Kameraden geworden, alle zu Fuß,
auch die stolzesten Generale, denn die Pferde waren aufgezehrt, ohne
Waffen, die ihnen längst zu schwer geworden; auch die Beute, die sie
in den verlassenen Städten gemacht, hatten sie abgeworfen, die Last
des Leibes, von unsäglichem Jammer beschwert, war Last genug. In
wunderlichem Aufzug kamen sie, nur darauf war jeder bedacht, daß
er Haupt und Glieder vorm Frost schütze, und was zu solchem

Schutze dienen konnte, ward aufgerafft. Und wenn sie in ein Quartier kamen, so fielen sie über die Speise her und starben, oder drängten sich dicht an das Feuer, und wurden tot gefunden, mit erfrornen und versengten Gliedern. Keine Feder kann den Jammer schildern, aber der unmittelbaren Anschauung ergab sich immer aufs neue die Gewiß= heit: Hier ist Gottes Finger! Hier ist ein unmittelbares Dreingreifen Gottes, um an den Sündern ein Gericht zu vollziehen! „So verging," schließt Arndt seinen Bericht über den russischen Feldzug, „durch die Verworfenheit und Verblendung eines einzigen Mannes in sechs Monaten die frischeste Blüte von Frankreich, Italien, Deutschland und Polen, und wurden viele tausend Kinder Waisen, viele tausend Weiber Witwen, viele tausend Eltern und Bräute in Schwarz gekleidet. So groß ist das Schicksal, so unerhört die Niederlage und so unglaublich das Unglück, daß auch der Zweifler gläubig werden muß und aus= rufen: siehe! hier ist Gott, dies ist Gottes Finger. . . . Hier hinkt der Kürassier ohne Roß, ohne Schwert, fast ohne Blut und Leben, die gefrornen Füße mit Bast und Lumpen umwunden, der Kürassier, der vor sechs Monaten dem armen Bauer in Masuren das letzte Brot nahm, es spaltete und jede Seite zu einem Schuh aushöhlte worauf er wie auf Holzschuhen einherging; dort trägt einer, der grausam nach fremdem Gute griff, die Stumpen der abgelösten Hände umwunden und empfängt mit der Zunge die traurige Gabe des Mit= leids; hier flehet einer vergeblich um ein Stücklein Brot und bietet dafür Leben und Glieder zum ewigen Dienst, welcher der Witwe den letzten Bissen verschlang und dem Säugling die Milch in der Mutter Brust verkümmerte; dort liegt ein andrer, der ein Wolfsrachen der Wollust und des Geizes war, ächzend und erfrierend am Wege und hört die Wölfe schon die Zähne über seinem Gerippe fletschen; hier streckt einer, der Gott leugnete und denen, die ihn des großen Walters und Vergelters erinnerten, spottend zurief: Pah! was ist euer Gott für ein Ding? die welken Arme vergebens zum Himmel, daß er ihn geschwind von dem elenden Leben löse; dort in der letzten Todesnot will einer beten, der sonst nur fluchte, aber er hat keine Worte für Gott, er hat auf seinen Lippen überhaupt keine Sprache mehr: so schrecklich wird die Verruchtheit gestraft. So wimmert, so sterbet ihr, so lieget ihr da, die aus dem Nil und dem Ebro, aus der Donau und der Weichsel getrunken haben, die Roms Kapitol und Numantias Trümmer, die des stolzen Philipps Eskorial und des unsterblichen Friedrichs Sanssouci, die Rudolfs von Habsburg Kaisersitz und Mos=

twas heilige Tempel entweiht haben, ein nichtiger, schändlicher, ver-
fluchter Staub, worauf keine Thräne vergossen ward, worüber kein Gebet gesprochen ward, wobei Wölfe heulten und Raben krächzten, und
Hunde bellten, und Menschen fluchten. — So hat Gott gerichtet, so
wird Gott richten!"[57])

Dies Gottesgericht übte eine gewaltige Wirkung auf das religiöse Leben der Völker. Alle religiöse Erkenntnis des Menschen beruht auf der Offenbarung, aller Glaube auf dem Wunder, alles Gebet
auf dem Glauben, daß Gott noch jeden Augenblick ein Wunder thun
könne. Eine Offenbarung, ein Wunder Gottes war, was in Rußland
geschah. An dieser Offenbarung entzündete sich ein neues Glaubens-
feuer, an diesem Wunder erhob sich das Gebet. Der Mensch kann
nichts aus sich selbst, was zu seinem Heile dient, er kann sich weder
selbst demütigen, noch selbst erheben. Es war die gewaltige Hand
Gottes, welche das deutsche Volk durch das Gericht bei Jena demütigte. Seit jener Demütigung hatte Deutschland ernstlich Buße
gethan und gläubig auf Gottes Hilfe geharret. Da war's denn desselben Gottes starker Arm, der ein zweites Gericht vollzog, diesmal
um Deutschland zu erheben. So ging es also nicht nach der stolzen
Regel: Hilf dir selbst, so wird Gott dir helfen! sondern Gott half,
und das Volk lernte erst durch Gottes Hilfe die Kräfte kennen, die es
noch hatte, und sie brauchen. Nicht die Menschen zogen voran im
Streit und Gott kam helfend nach. Der helfende Gott zog voran
und Schritt für Schritt folgte Deutschland seinen Fußstapfen. Ohne
das, was Gott in Rußland gethan, können wir uns die deutsche Erhebung nicht denken, und ohne den Sieg, den Gott bei Leipzig gegeben, hätte sich Deutschland nicht zu dem Gedanken aufgeschwungen,
bis nach Paris vorzudringen. Aber außer diesem unmittelbaren politischen Gewinn, den Deutschland aus der Gottesthat in Rußland zog,
ist der Gewinn an religiöser Belebung und Vertiefung ungemein hoch
anzuschlagen. Es läßt sich auf einmal ein ganz neuer Geist in Deutschland spüren, eine ganz neue Sprache hören. Von dem Wunder, das
eben geschehen, fällt ein Licht auf die Wunder der Schrift, von der
Offenbarung der Allmacht Gottes auf seine Liebesoffenbarung in
Christus. Deutschland erscheint wie der Israel Gottes: Gott hat ihm
geholfen, nun will Deutschland danken, beten, ein neuer Bund soll
geschlossen werden zwischen dem alten Gott und dem Volke. Es ist,
als ob Gott und sein Volk sich wieder verstünden, als ob es auf das
lange, bange Jahre hindurch zu Gottes Throne hinaufgestiegene: warum?

und wie lange? nun seine Antwort empfangen, als ob aller Zweifel gelöst wäre; der Wechselverkehr wird inniger, die Sprache wärmer. Der Geist Gottes hat sich über das Fleisch ergossen und frisches, heiliges Leben erwacht unter seinem Wehen.

Deutschland verstand die Sprache, die Gott in Rußland ge= sprochen und gab aus der Tiefe kommende Antwort.

> Mit Mann und Roß und Wagen
> So hat sie Gott geschlagen!
> Es irrt durch Schnee und Wald umher
> Das große mächt'ge Franzenheer,
> Der Kaiser auf der Flucht,
> Soldaten ohne Zucht!

> Mit Mann und Roß und Wagen,
> So hat sie Gott geschlagen!
> Speicher ohne Brot,
> Aller Orten Not,
> Wagen ohne Rad,
> Alles müd und matt;
> Kranke ohne Wagen,
> So hat sie Gott geschlagen!

Aber kein müßiger Zuschauer wollte Deutschland sein. Es spürte augenblicklich, daß in Rußlands Schneegefilden ein Strom des Lebens entsprungen sei, der fortschwellen und rauschen müsse durch Deutsch= land hindurch, bis alle untertretenen Länder in neuer Saat der Frei= heit grünten. Was Yorks kühne That, als er von Frankreich zurück= trat und mit Rußland sich einte, bedeute, das haben die Dichter in hundert Weisen ihrem deutschen Volke vorgesungen: Gott giebt euch ein Zeichen zum Aufstand. Schenkendorf sang vom KaiserAlexander:

> Ein Held ist ausgezogen,
> Ein Retter dieser Zeit
> Mit Roß und Mann und Bogen
> In Gottes heil'gen Streit.
> Es drang zu seinen Ohren
> Ein hohes Gotteswort,
> Da hat er sich verschworen
> Der Freiheit Held und Hort.

> Gen Deutschland sollst du ziehen,
> Du lieber Gottesheld,

In Deutschland soll erblühen
Das Heil für alle Welt.
Da wird es dir erscheinen,
Was Gott der Herr gedacht,
Als er zum Heil der Seinen
Den großen Plan gemacht.

O nehmt ihn auf, ihr Brüder;
Er stammt aus deutschem Blut,
Den Deutschen bringt er wieder
Der Freiheit altes Gut;
Wie man die heil'gen Boten
Des Himmels nur geehrt,
Sei ihm der Gruß entboten,
Der Gottes Ruf gehört!

Arndt kam selbst mit aus Rußland gezogen und ward nicht müde dem Siegeszug ein fernstes Ende zu zeigen in Paris. Und der Sachsenjüngling in der Kaiserstadt Wien griff nach Leier und Schwert und sang:

Frisch auf, mein Volk, die Flammenzeichen rauchen,
Hell aus dem Norden bricht der Freiheit Licht!

Und Rückert hat dem deutschen Volke das Wort in den Mund gelegt

Der Wehruf stieg
Aus aller Welt
Zum Sternenzelt,
Der Herr noch schwieg.

Bis Moskows Brand
Vor die Augen ihm trat;
Da war es sein Rat
Zu heben die Hand.

Der Herr, der lange drein gesehn,
Hat endlich drein geschlagen;
Jetzt darf ich es wagen
Auch aufzustehn.

Immer wieder kamen die deutschen Dichter, welche ihr Volk zum Kampf aufriefen, auf das Zeichen zurück, welches Gott selbst in Rußland gegeben. Namentlich ist es Wetzel, der in echt biblischer Weise die ganze Niederlage Gott zuschreibt, ja, nicht die Niederlage bloß, sondern der schon die Verblendung Napoleons, mit welcher er seinem Verderben entgegeneilte, als eine Strafe seines Hochmuts, als ein Gericht der Verstockung ansah. Es wird die Leser nicht verdrießen, wenn wir eins der Wetzelschen Lieder, die weniger bekannt sind, als sie es verdienen, als Zeugnis für die biblische Auffassung des Gerichts in Rußland unverkürzt mitteilen:

Von Osten kommt die Sonne,
    Von Osten kommt das Heil der Welt,
Von Osten, Tag der Wonne!
    Kommt heut auch der erkorne Held,
        Der unsre Bande löst,
            Der Deutschland hilft ermannen,
            Und siegreich den Tyrannen
        Zur Hölle niederstößt.

Der Stolze sprach vermessen:
    Der Westen ist mein großes Reich,
Den Ost will ich nun fressen,
    Wer ist mir denn auf Erden gleich?
        Da gab ihn Gott dahin,
            Den seine Blitze suchten,
            Den Lästrer, den Verruchten,
        In den verkehrten Sinn:

Zu thun, was sein Herz wollte,
    Was aber nach des Höchsten Rat
Zum Fall ihm werden sollte,
    Und führt ihn des Verderbens Pfad:
        Da wurde weit und breit
            Ein Sengen, Morden, Schänden,
            Und ward mit Räuberhänden
        Das Haus des Herrn entweiht.

Da zogen Roß und Reiter
    Herein zur alten Kaiserstadt:
Bis hierher und nicht weiter!
    Sprach, der das Heft in Händen hat,
        Des Cherubs feurig Schwert
            Wies dir in Moskaus Brande
            Den Rückweg aus dem Lande,
        Das deine Wut verheert.

Da hat der Allgerechte
      In seinem Zorn sich aufgemacht,
Und vierzig Tag' und Nächte
      Hielt sein Würgengel große Schlacht,
      Es fiel wie welkes Laub
            Der Feind auf Schnee und Eise
            Und wurde tausendweise
      Der Wölf' und Bären Raub.

So lang die Welt gestanden,
      Ist nimmer solcher Schlag gesehn,
Der Hochmut ward zu schanden
      Durch ihn, der Großes ließ geschehn;
      Ihr Völker, schlaft ihr noch?
            Euch rufet Gottes Stimme:
            Auf, auf, mit Löwengrimme,
      Und brecht das schnöde Joch!

Er wird auch uns erretten,
      Der Jenen half, der starke Held!
Sprengt sie nur rasch, die Ketten,
      Wohlauf! und sag' dereinst der Welt:
      Wie daß in Moskaus Brand
            Die Freiheit, so verloren,
            Ein Phönix neu geboren,
      Uns wieder auferstand.

Wir fassen die Gesamtwirkung des Gottesgerichts in Rußland
auf die religiöse Stimmung des deutschen Volks in die Worte zusammen, die ein Zeuge jener großen Ereignisse aus lebendiger Erinnerung niedergeschrieben hat. „Die eingreifendste und allgemeinste
Wirkung dieser Ereignisse war die, daß die Überzeugung wie ein
Blitz durch alle Herzen fuhr und das Bekenntnis von allen Herzen
sprang: das hat **Gott** gethan! Allerdings gab es damals einen
so absichtlichen Widerspruch gegen Gott und göttliche Dinge, einen so
krassen Hohn gegen den christlichen Glauben nicht, wie heutzutage.
Aber ein lebendiger christlicher Glaube war auch nicht vorhanden, war
n i r g e n d s vorhanden, wenn man von ganz vereinzelten Ausnahmen
und von den „Stillen im Lande" absieht. Der l e b e n d i g e Gott war
aus dem Bewußtsein der damaligen Generation verschwunden, von
einem lebendigen, nahen, gegenwärtigen Gott wußte man nichts mehr:
ein historischer Gott, ein ferner Gott, ein Gedankengott war allein
übrig geblieben, aber allerdings in weit größerer Allgemeinheit im
Bewußtsein der damaligen Welt, als das heutzutage der Fall ist. Der

lebendigste Glaube der „Gebildeten" jener Generation war ein Gefühls=
glaube, ein sentimentaler Glaube; das Christentum bestand sonst fast
nur noch im Herkommen, ehrlich, aber tot, stand indes noch allgemein
fest. In diese tiefe, stille Dämmerung, welche sich bereits dem Dunkel
der Nacht, der Bewußtlosigkeit, zuzuneigen begann, fuhr nun der blendende
Lichtstrahl jener furchtbaren Ereignisse urplötzlich hinein: nicht Menschen=
thum und Menschenmacht hatte den großen Götzen, den Erdengott, zu
Boden geschlagen, sondern der Herr der Natur, der Herr der Welt, durch
seine Todesengel, durch den Hunger und den Frost. „Der allmächtige
Gott hat Gericht gehalten!" das habe ich damals mit dem tiefsten Ernste
von Personen aussprechen gehört, die sonst niemals, als zu den ge=
wöhnlichen frivolen Beteuerungen, den Namen Gottes in den Mund
zu nehmen pflegten, von solchen, welche durch ihr Leben und ihre Ge=
wöhnung schon in der Finsternis des Indifferentismus zu versinken im
Begriffe waren. „Gott lebt, ja Gott lebt, der alte Gott lebt noch,
und wenn ich es auch sonst nicht geglaubt habe, jetzt glaube ich es,
jetzt weiß ich es, und ein Blinder muß es sehen, kein Blinder kann's
mehr leugnen!" sagte ein sonst gutmütiger und in irdischen Dingen so=
gar mitunter fein fühlender, aber von allen religiösen Dingen längst
entwöhnter und entfernter Ökonom. Eine so mächtige, so allgemeine
Bewegung der Geister nach dem lebendigen Gott hin, wie sie damals,
jetzt vor fünfzig Jahren, im Januar und Februar 1813, erwachte, durch
die folgenden Begebenheiten gestärkt und erhöht wurde, und zu Ostern
1814 ihre höchste Spitze erreichte, hat die Welt seitdem nicht wieder
erlebt; wer sie aber erlebt hat, wer teil an ihr genommen hat, in dessen
Herz ist sie auch mit unverlöschlichen Zügen eingegraben. Gott der Herr,
Er selbst, hatte gerufen, und der Ruf wurde verstanden; Gott der Herr
hatte die Schlafenden erweckt, und sie erwachten — damals alle, alle;
und die Erleuchtung, welche damals begann, die Buße, in der man sich
damals demütigte, und der Glaube, zu dem man sich damals erhob, sind die
Grundlage zu der Rückkehr zum lebendigen Christentum, zu dem gekreuzig=
ten, auferstandenen Christus dem Herrn, zur heiligen, seligmachenden Kirche,
deren wir uns heute freuen, wir, die wir dahin zurückgekehrt sind."[58])

Wir schließen mit dem Wunsch, daß etwas von dem Segen, den die
Zeitgenossen aus dem großen Gerichte Gottes empfangen, in uns Nachge=
bornen zur Belebung des Glaubens an den lebendigen Gott fortwirken, mit
dem Wunsch, daß das Gottesgericht, das im Jahre 1870 den dritten Napo=
leon niedergeworfen, zur Erneuerung des religiösen Lebens in unsern
Tagen helfen möge.

Anmerkungen.

1) Perthes, politische Zustände und Personen in Deutschland zur Zeit der französischen Herrschaft. I. S. 26 f.
2) Perthes a. a. O.
3) Friedrich Perthes' Leben von Cl. Perthes. I. S. 31.
4) Karl von Raumer, die deutschen Universitäten. S. 80.
5) Tholucks luth. Lebenszeugen in dem Lebensbilde des Moscherosch.
6) E. M. Arndts Schriften für und an seine lieben Deutschen. II. S. 183. ff.
7) Perthes a. a. O. S. 118.
8) Vgl. Rühs, über den Einfluß Frankreichs auf Deutschland, und Tellkampf, die Franzosen in Deutschland. Elsaß und Lothringen, Nachweis, wie diese Provinzen dem deutschen Reich verloren gingen, v. A. D. Schmidt.
9) Arndt, Geist der Zeit. II. S. 29 f.
10) Eylert, Friedrich Wilhelm III. Bd. III. S. 80.
11) Steffens, Was ich erlebte. V. S. 184.
12) Les troupes Prussiennes sont bonnes, très-bonnes. Elles n'ont rien fait qui vaille. pourquoi? parceque personne ne les savait commander; si je les eusse conduites, elles se seraient battues comme des Français. Rede im Staatsrat, vgl. (Hormayr), Lebensbilder aus den Befreiungskriegen. II. S. 68.
12b) Gneisenaus Leben von Pertz. I. S. 121 ff.
13) Leo, Universalgeschichte. V. S. 492.
14) Adami, Königin Luise. S. 295.
15) Varnhagen, Leben Blüchers. II. S. 47 ff.
16) Arndt, Schriften an seine lieben Deutschen. III. S. 383 ff. Karl v. Raumer, Erinnerungen aus den Jahren 1813 und 1814. S. 128 ff. Gneisenaus Leben von Pertz.
17) Vgl. Nettelbecks Selbstbiographie, herausgegeben von Hale.
18) Vgl. Yorks Leben von Droysen.

[19]) Vgl. Beitzke, Geschichte der deutschen Freiheitskriege in den Jahren 1813 u. 14 I. S. 59 ff. Aus Steins Leben von Pertz. I. S. 277.

[20]) Aus Schleiermachers Leben in Briefen, II. S. 72.

[21]) Droysen a. a. O. II. S. 558.

[22]) Eynard, Vie de Madame de Krudener. I. S. 160.

[23]) Aus Steins Leben von Pertz. I. S. 359.

[24]) Steffens, a. a. O. VI. S. 9 f.

[25]) Arndt, Wanderungen und Wandelungen mit Stein. S. 250 f.

[26]) Wangemann, 7 Bücher preuß. Kirchengeschichte. I. Bd. S. 19 u. 123 f.

[27]) Vgl. über den König und die Königin: Eylert, Charakterzüge aus dem Leben Friedrich Wilhelms III. 3 Bde. u. Adami, Leben der Königin Luise.

[28]) Außer dem, was Steins Leben von Pertz zu dem Lebensbild der Prinzessin Marianne dargeboten hat, beruht die ganze Darstellung auf handschriftlichen Mitteilungen.

[29]) Eilers, meine Wanderungen durchs Leben. I. S. 138 u. 281.

[30]) Die Darstellung ruht auf Pertz' Leben Steins und Arndts Wanderungen und Wandelungen mit Stein, und lehnt sich hie und da an die von mir früher gegebenen Lebensbilder an, das Leben des Freiherrn vom Stein. Gotha, bei Besser 1860, und Stein und Perthes, Barmen bei Hugo Klein.

[31]) Vgl. Fichtes Leben und litterarischer Briefwechsel von seinem Sohne J. H. Fichte. II. Aufl. Leipzig 1862; und das von dem Enkel Ed. Fichte herausgegebene Buch: Johann Gottlieb Fichte, Lichtstrahlen aus seinen Worten und Briefen, nebst einem Lebensabriß. Leipzig 1863. Die citierten Stellen aus Fichtes Werken sind diesen selbst entnommen.

[32]) Arndts Wanderungen und Wandelungen mit Stein. S. 5; und Erinnerungen aus meinem äußeren Leben. S. 147 f.

[33]) Ernst Moritz Arndts Leben, Thaten und Meinungen, ein Buch für das deutsche Volk von Wilhelm Baur. V. Aufl. Hamburg, Agentur des Rauhen Hauses.

[34]) Über Arndts Greifswalder Verhältnisse vgl.: Ernst Moritz Arndt und die Universität Greifswald zu Anfang unsers Jahrhunderts v. Dr. Alb. Höfer o. ö. Professor der Universität Greifswald. Berlin 1863.

[35]) Steffens, Was ich erlebte. 10 Bde. Breslau 1840—44. — Wie ich wieder Lutheraner wurde und was mir das Luthertum ist. Eine Konfession von H. Steffens. Breslau 1831. — Steffens, die gegenwärtige Zeit u. s. w. Berlin 1817. — Neuer Nekrolog der Deutschen. Weimar 1847. I. S. 128—142. — Handschriftliche Mitteilung.

[36]) Leo, Universalgeschichte. Bd. 5. S. 215.

[37]) Thiers, histoire du consulat et de l'empire. Bruxelles et Leipzig. 1862. V. S. 610 f.

[38]) Thiers. III. S. 169.

[39]) Thiers. V. S. 571 f.

[40]) Thiers. III. S. 169 f.

[41]) Walter Scott, Vie de Napoléon Buonaparte. Paris. XVIII. S. 39.

[42]) Leo, Universalgeschichte. V. S. 317.

[43]) Thiers. XX. S. 546.

[44]) Arndt, Geist der Zeit. II. S. 380 f.

45) Arndt, Germanien und Europa. S. 391 ff.

46) Arndt, Geist der Zeit. I. S. 426 f.

47) Arndt, Geist der Zeit. II. S. 39. 90. 159. 171. 366.

48) Arndt, Schriften an und für meine lieben Deutschen. I. S. 258 f.

49) Arndt, a. a. O. II. S. 493 f.

50) Hessenzeitung, 1863, No. 11.

51) Volkswitz über Bonaparte. Stuttgart. I. S. 168 ff. II. S. 150. XI. S. 179 und a. a. O. In dieser interessanten Sammlung finden sich auch die Lieder von Wetzel und die Komödie von Freimund Reimar.

52) Zur Charakteristik Napoleons ist benutzt P. Lanfrey, Histoire de Napoléon. Troisième Edition. Paris. 1869. — Napoleon und sein Geschichtsschreiber Thiers von Jules Barni. Verdeutscht von A. Ellison. Leipzig 1870.

53) Hormayr, Lebensbilder aus den Befreiungskriegen. 2. Abtl. S. 65 f.

54) Villemain, Souvenirs contemporains. Bruxelles. I. S. 114 ff.

55) Ch. Eynard, Vie de Madame de Krudener. Paris. I. S. 323 ff.

56) So erzählt Scherr, Blücher, II. S. 50, nach Bernhard.

57) Arndt, Geist der Zeit. III. S. 14 f. S. 193 ff. S. 199 ff., in welchem auch die angeführten russischen Proklamationen abgedruckt sind.

58) (Vilmar?) Erinnerungen von fünfzig Jahren her aus einem abgelegenen Dorfe. Hessenzeitung, Jahrgang 1863, No. 12.